국제저작권과 통상문제

박 덕 영 · 이 일 호

세창출판사

국립중앙도서관 출판사도서목록(CIP)

국제저작권과 통상문제 / 공저: 박덕영, 이일호. -- 서울 : 세창출판사, 2009
p. ; cm

참고문헌과 색인 수록
ISBN 978-89-8411-266-7 93360 : ₩32000

저작권법(법률)[著作權法]

011.2-KDC4
346.0482-DDC21 CIP2009000847

| 머 리 말 |

필자가 저작권법과 인연을 맺은 것은 2001년 말부터이다. 당시 정보통신부 산하 프로그램심의조정위원회가 교수들로 구성된 지적재산권법연구회를 조직하였고, 필자도 15인 멤버 중의 한 사람으로 참여하였다. 그 직후인 2002년 1월부터는 동 위원회 연구실에서 수석연구원으로 1년 3개월간 근무하게 되었다. 위원회 근무시절 주로 담당하였던 업무가 저작권 관련 미국의 통상압력에 대응하는 업무이다 보니 자연스럽게 국제지적재산권에 관심을 갖게 되었고, 사직한 후에도 관련 글들을 일부 정리하여 발표한 이래, 줄곧 WTO TRIPs 협정과 각종 FTA에서의 지적재산권 대응방안 등 국제지적재산권 분야에 관심을 기울여 왔다.

1980년대 레이건 행정부 시절 미국이 자국의 무역적자를 메우기 위하여 서비스교역과 지적재산권 보호의 강화를 선언한 이래, 지적재산권 보호는 단순히 지적재산권만의 문제가 아니라 통상문제로서 국제적인 이슈가 되었다. 당시 미국은 브라질과 우리나라를 희생양으로 삼아 지적재산권 보호를 세계적으로 확산시켰다. 우리 정부는 1986년 미국과 체결한 공업소유권양해각서를 이행하기 위하여 1986년 12월 30일 우리나라의 모든 지적재산권 관련법을 전면적으로 개정하였고, 컴퓨터프로그램보호법을 제정하기도 하였다.

1995년 출범한 WTO는 지적재산권 보호와 통상문제를 연계시키기 위하여 WTO TRIPs 협정을 포함하고 있다. 우리 정부는 WTO TRIPs 협정 발효 및 베른조약 가입을 위하여 관련 국내법을 개정하는 등, 최근 우리나라 지적재산권법 개정의 역사는 모두가 통상문제와 밀접하게 연결되어 있다. 오늘날 지적재산권법을 제대로 이해하기 위해서는 관련 국제조약을 이해하고, 통상문제와의 연관성을 이해하는 것은 이제는 필수적이 되었다. 본서가 필자의 능력과 시간 부족 등으로 인하여 비록 깊이 있는 전문서적이 되지는 못하였으나, 향후 전문적인 연구를 위한 하나의 시발점이 될 수 있기를 기대한다.

본서는 필자가 그 동안 저작권과 통상문제와 관련하여 발표한 글과 저작권위원회가 주관하는 저작권문화학교에서 저작권관련 국제조약을 강의하기 위하여 만들었던 강의안을 바탕으로 하여 만들어졌다. 진작 한 권의 책으로 묶고자 하는 생각을 가졌으나 로스쿨법의 통과로 시간에 쫓겨 미루고 있던 차에 연세대학교 대학원을 졸업한 이일호 석사의 도움을 받아 공동작업을 하게 되었다. 그 동안 필자가 발표하거나 써 놓았던 글들을 단행본에 맞추어 편집하고, 단행본으로 엮기에 부족한 부분들을 보충하고, 독일을 비롯한 유럽의 연구결과를 보완하는 일 등은 이일호 군이 지난해 여름부터 땀흘려가며 수고하였다. 특히 제2장과 제3장은 이일호 군이 새로 정리한 내용을 대폭 추가하였다. 연세대학교 시간강사 시절 국제경제법 수업에서 만나 그에게 저작권법 전공을 권유한 바가 있었는데, 이제는 우리 대학교 남형두 교수님의 지도 아래 매우 훌륭한 저작권법 연구자로 성장하여 독일 유학을 앞두고 있다.

본서는 그 동안 발표하였던 보고서와 논문 등에 기반하고 있다. 특히 다음 글들의 상당부분 또는 일부를 수정, 보완하여 반영하였음을 밝힌다. 제2장 내용 중 일부는 남형두 · 이일호, 「e스포츠 저작권 연구」(한국게임산업진흥원, 2008); 그리고 제4장에서 제6장까지의 내용은 박덕영(이하 모두), 한미 지적재산권 분야 국경조치제도에 관한 비교 고찰(무역구제, 2009.1); 한-EU FTA 지적재산권 집행분야 주요쟁점(산업재산권, 2008.8); 국제조약상 저작권 예외와 제한 규정 및 국내법상 권리제한 입법의 한계(산업재산권, 2008.4); 한미 FTA 저작권 분야 주요내용과 국내이행(창작과 권리, 2007.9); 김병일(공동), WTO TRIPs 협정상의 저작권분쟁 사례 개요(계간저작권, 2006.10); WTO 미국저작권법 사건의 통상법적 고찰(통상법률, 2004.4); 한미 간의 통상과정과 주요통상현안의 법적 고찰(통상법률, 2003.12); WIPO 저작권조약(WCT)의 국내이행과 향후과제 (산업재산권, 2003.11); WTO TRIPs 협정상의 저작권 보호체계와 최근 동향(국제법학회논총, 2003.10.) 등의 글을 단행본 체계에 맞게 재구성하고, 새로운 내용을 추가하여 하나의 책으로 엮게 되었다.

바쁜 와중에도 초안 원고를 읽고 미비한 점을 지적하여 관련 부분을 첨삭하도록 조언을 해 준 한남대학교 정상기 교수님, 한양대학교 김병일 교수님, 그리고 문화체육관광부 저작권정책과에 파견근무 중인 김혜창 책임연구원님께 감사의 말씀을 올린다. 특히 김혜창 연구원은 과거 프로그램심의조정위원회 연구실에서 같이 근무한 이래, 그 동안 필자가 저작권 관련 글을 쓸 때마다 관련 자료를 제공하거나 부족한 점을 지적하는 등 조언을 아끼지 않았다.

여러 일로 바쁜 교수의 조교를 맡아 고생하고 있는 우리 대학원 석사과정 조유미 님과 외교통상부에 근무 중인 박사과정 이경화 님은 편집에서 수정, 교정에 이르기까지 그 동안 수고를 아끼지 않았다. 최종원고를 검토해 주신 홍익

대학교 법학연구소 최진원 박사님, 국내문헌 검색과 교정을 맡아 준 석사과정 이주연 님, 강승관 님, 김승민 님, 숙명여대 박민아 석사님에게도 감사를 표한다. 이 모든 분들의 도움이 없이는 본서의 출간이 불가능하였을 것이다. 모두에게 마음속 깊이 감사드리며, 이들의 학문적 성공을 기원한다.

끝으로 어려운 출판계의 사정에도 불구하고 흔쾌히 출판을 수락해 주신 세창출판사 이방원 사장님과 임길남 상무님께 심심한 감사의 말씀을 올린다.

많은 사람들의 기대와 우려 속에 금년부터 마침내 대한민국에 법학전문대학원 체제가 도입되었고, 필자가 근무하고 있는 연세대학교를 비롯한 여러 대학에서 지적재산권 분야를 특성화하고 있다. 본서 역시 연세대학교 법학전문대학원에서 강의하기로 되어 있는 "International Trade and Intellectual Property"라는 과목을 염두에 두고 준비되었다. 아무쪼록 본서가 지적재산권과 통상문제의 학제간 연구와 강의에 조금이나마 도움이 되기를 기대해 본다.

2009년 신학기를 맞이하여

박 덕 영 씀

차 례

제1장 저작권과 국제통상법

제2장 저작권과 국제규범

제3장 저작인접권과 국제규범

제4장 디지털시대 국제저작권규범

제5장 저작권관련 통상규범

제6장 | 한미 FTA 협정과 저작권법

제7장 | 저작권과 통상문제의 향후 과제 _ 414

부록 저작권과 통상관련 국제조약

제 1 장 저작권과 국제통상법

I. 저작권 · 국제통상법 개설

1. 저작권법의 범위 및 규율체계

저작권(copyright 혹은 author's rights)이란 저작자(author)[1]가 자신의 사상과 감정을 표현하여 창작한 저작물(copyright works or copyrighted works)에 대해 법적으로 부여받는 일체의 권리로서 저작자가 자신의 저작물에 대해 갖는 재산적 · 인격적 권리 모두를 일컫는다. 이러한 저작권과 관련된 제 규정들을 담고 있는 것이 저작권법(copyright law)이다. 저작권은 배타적 권리(exclusive right)[2]로, 법에서 정한 영역에서 타인이 자신의 저작물을 이용하는 것을 동 권리행사를 통해 배제시킬 수 있도록 한다. 가령 저작자는 배타적 권리로서 복제권을 향유하는데, 저작자를 제외한 모든 이는 저작자의 허락 없이는 당해 저작물을 복제하여 이용할 수 없고, 저작자와의 계약에 의해 이용권한을 부여 받거나 법에서

1) 저작자와 저작권자는 동의어가 아니다. 저작자(author, Urheber, auteur)는 창작활동을 통해 자신의 저작물에 대한 권리를 원시적으로 취득하는 주체이나, 저작권자(copyright holder, Rechtsinhaber)는 양도 등을 통해 저작권을 취득한 자까지 포함하는 넓은 개념이다.

2) 저작권법상 배타적 권리는 자신의 저작물을 이용할 권리와 타인에게 이용을 허락을 권리를 모두 포함한 개념이다. 이에 반해 급부청구권은 저작물이용여부에 대한 통제는 불가능하지만, 이용에 따른 대가를 요구할 수 있는 권리이다. Schricker/*Schricker* (2006), §31 UrhG paras. 4-5.

일부 인정하고 있는 영역 내에서만 저작자의 허락 없이 저작물을 이용할 수 있을 뿐이다.

이렇듯 배타적 권리를 통해 저작자를 보호하는 이유는 다양하지만, 자연법사상 및 사물의 본성(the vary nature of thing, Natur der Sache)에 따라 저작자에게 배타적 권리를 부여하는 것이 합리화되기도 하고,[3] 정책적으로 저작자에게 경제적 유인으로서 배타적 권리를 주어 다양한 저작물이 창작되고, 결국 문화향상에 이바지하도록 해야 한다는 견해도 피력된다.[4] 그러나 그 근거 중 어느 하나만이 타당하다고 말할 수는 없으며, 무엇보다 지적재산에 대해 배타적 권리를 부여하는 것이 시장에서의 저작권이 경제적 기능을 다하도록 하는 데 가장 적절한 형태라는 현실적 이유가 저작권제도가 현재까지 유지될 수 있도록 한 가장 큰 동력이라고 생각된다.[5]

고대에서 중세까지 작가 및 예술가는 독립된 경제능력을 갖지 못하고 Patron에 예속되거나 작가직업집단인 Aetas에 소속되는 하나의 직업군이었다. 그러던 중 근세에 와서 이들은 직업작가 및 직업예술가로서 독립된 경제활동을 영위하였고, 이를 시작으로 문화산업 분야에서 분업이 일어나게 되었다. 문화생활을 향유하는 계층도 소수의 귀족부터 시민계급까지 확대되었다.

현재는 대중에 의한 저작물의 대량소비와 기업화・대형화된 예술집단들에 의한 콘텐츠의 대량생산이 이루어지고 있다. 이러한 사회현상은 정보전달자의 등장을 가속화시켰다. 즉, 단지 콘텐츠를 직접 만들어내는 자 이외에 이러한 콘텐츠를 대중에게 전달하는 사람이 필요하게 된 것이다. 이러한 시장참여자의 확대는 곧 엔터테인먼트 산업의 탄생을 야기하였고, 엔터테인먼트 산업은 저작권의 발전에 있어 경제적 요인을 제공해 주었다고 할 수 있다.

콘텐츠 제작자로서의 작가 등과 전달자로서 실연자, 방송사 및 통신사들의 상호관계는 끊임없이 변화해오고 있고, 저작자에 대한 보호뿐 아니라 전달자들에 대한 보호에 대해서도 관심이 점차 증대되어 왔다. 따라서 저작권법은 콘텐츠를 원시적으로 창작하는 자들을 저작자로서 보호하며, 저작자들이 창작한 저

---

3) B. Edelman, "The Law's Eye: Nature and Copyright," in B. Sherman & A. Strowel, *Of Authors and Origins* (Oxford: Clarendon Press, 1994), pp.82-83.

4) P. E. Geller, "Must Copyright be for Ever Caught between Marketplace and Authorship Norms?" in: Sherman & Strowel, *op.cit.*, pp.164-166.

5) Schack (2007), para. 5.

작물을 매개하여 부가가치를 증대시키는 자들을 저작인접권자로서 보호한다. 그러나 이러한 보호에 의해 인류공동의 문화적 산물이 독점되지 않도록 하는 법적 장치도 마련되어 있는데, 저작권법은 이러한 문화의 향유자들인 이용자들을 저작자나 저작인접권자 못지않게 여러 제도를 통하여 보호하고 있다. 결국 저작권법은 저작자와 저작인접권자, 이용자라는 세 주체를 보호하는 것을 내용으로 하고, 이들의 이익이 서로 균형을 유지할 수 있도록 노력하는 법 영역이라고 할 수 있다.[6]

그러나 저작권에 대한 인식은 각 나라의 문화에 대한 관념이 어떻게 형성되어 있는가에 따라 다를 수 있으며, 실제로도 다른 양상을 보이고 있다. 즉, 흔히 저작권법을 영미법계 전통에 터잡고 있는 Copyright 체계와 프랑스와 독일을 중심으로 하는 유럽대륙 계통의 Droit d'auteur 체계로 나누곤 하는데, 이는 저작권과 문화, 산업, 자연법, 인권에 대한 양 체제의 차이를 잘 보여준다.[7] 기본적으로 저작권의 보호를 자연권적 혹은 인격권적 측면을 강조하느냐, 그렇지 않고 산업적 측면에서 보느냐에 따라 권리의 본질은 달라질 수 있다.

우선 Copyright 체제의 효시인 영국은 현재 최초라고 인정되고 있는 1710년 제정 앤여왕법(Statute of Anne)[8]으로부터 내려오는 오랜 저작권법의 역사를 가지고 있다. 앤여왕법은 종래 출판업자의 보호로부터 벗어나 저작자들의 권리를 인정한 최초의 법이었다. 그러나 앤여왕법은 보호대상이 서적(books)에 한정되어 있다는 한계가 있고, 그 내용 역시 매우 추상적이었기 때문에 추가적 입법이 불가피하였다. 이에 따라 1734년과 1767년에 판화 저작권법(Engraving Copyright Act)과 1777년에 인쇄물 저작권법(Prints Copyright Act), 그리고 1814년에 조각 저작권법(Sculpture Copyright Act)이 제정되었다.[9] 그리고 그 후로 1911

6) 저작권법 제1조(목적) "이 법은 저작자의 권리와 이에 인접하는 권리를 보호하고 저작물의 공정한 이용을 도모함으로써 문화의 향상발전에 이바지함을 목적으로 한다."

7) 미국의 저작권법 발전 경향은 영국 혹은 영연방(Commonwealth) 국가들과는 다르게 나타나고 있으며, 미국의 저작권법은 전형적인 영국 저작권법 중 많은 부분을 수정하였다. 따라서 일반적으로 영미 저작권법을 살피는 데 있어 미국을 모범으로 삼는 것은 자제되어야 하며, 연구의 중심에는 영국법이 자리하고 있어야 한다.

8) 앤여왕법의 공식명칭은 "An act for the encouragement of learning, by vesting the copies of printed books in the authors, or purchasers, of such copies, during the times therein mentioned"이며 인쇄술의 발달에 따라 발생하는 저작물의 무단 복제를 막기 위해 첫 출판 이후 14년간 배타적 권리를 부여하였다.

년과 1956년 입법을 거쳐 현재는 1988년 저작권, 디자인, 특허에 관한 법(Copyright, Designs and Patents Act)이 저작권을 규율하고 있다. 이와 같이 저작권법에 의해 보호되는 저작물의 유형이 확대되는 것은 이러한 저작물의 산업적 의미가 그만큼 확대된 것을 의미하며, 저작권의 확장은 경제·산업적인 측면에서의 영향력과 변화를 의미하는 것이었다.[10] 따라서 영국에서 저작물로 보호를 받기 위한 요건 역시 "지식, 기술, 판단 그리고 노동"이라고 설명되고 있으며, 저작권법 정책적 의미에서 말하자면, "모방하지 않았다"라는 수준에 이르면, 작은 창작만으로도 저작물로 보호받을 수 있다고 할 것이다.

영국을 비롯한 영미 저작권법의 발전은 다분히 산업 중심적이었는데, 그 이유는 길드 출판사가 16세기경에 성립된 데 반하여 작가 및 예술가 단체는 18세기경이 되어서야 나타나기 시작했기 때문이다. 출판사들은 엄밀한 의미에서 저작자는 아니다. 이들은 저작권자들로 창작이라는 직접적 행위 없이 다른 이들의 창작물을 경제적으로 활용하여 부가가치를 높이는 일을 담당한다. 이러한 출판이 저작권의 중심에 서기 위해서는 저작권제도가 이에 조력하였다는 것을 의미한다. 저작자단체가 성장하면서 길드 출판사와 저작자단체는 각자의 이익을 옹호하고 경제적 규모를 키워가는 시기를 보냈다. 이들은 각자의 이익을 관철시키고자 노력하였으며, 이는 일종의 충돌로 나타나기도 하였는데, 이러한 대결은 저작권법 및 출판관련 법 발전에 결정적 역할을 하였다. 현재까지 영미 저작권법은 보호하고자 하는 목적물의 경제적 가치에 비추어 보호 필요성을 결정하려는 법경제학적이고 법정책적인 입장을 고수하고 있다.

특히 대중매체 발전과 함께 양자의 이해관계가 더욱 첨예화되었다. 콘텐츠 제공자와 전달자의 규모가 커지면서 기업화가 시작되었고, 엔터테인먼트는 산업화의 길을 걷게 되었기 때문이다. 이러한 상황에서 산업주체들의 이익을 법적으로 옹호해주려는 노력은 법의 발전을 더욱 가속시키고 있다.[11]

---

9) 오승종(2007), 24-25면.

10) 미국의 경우, 1790년 서적, 지도, 도표만을 보호대상으로 하여 시작한 미국 연방저작권법은 1802년 프린트물, 조판, 동판인쇄를 추가하였고, 그 이후에도 작곡, 연극, 사진, 회화, 조각, 모형, 미술 공연 등으로 확대되었으며, 1909년에는 인간의 지적 창작물 또는 물리적인 묘사에 관한 모든 것을 포함하게 되었다.

11) 저작자와 엔터테인먼트산업은 경쟁적 관계를 형성하는 것이 보통이었다. 미국 저작자단체인 ASCAP에서 고액의 저작물 사용료를 요구함에 따라 일부 방송사들을 중심으로 한 새로운 단체인 BMI가 출범하여 저작자를 모집하였다. 동 단체는 ASCAP과 비교하여 사용

이러한 영미법의 모습에 반해 Droit d'auteur 체제를 가지고 있는 프랑스는 저작권을 보다 자연법에 입각하여 인격적인 권리로 접근한다. 1789년의 프랑스혁명 이후 프랑스정부는 1791년과 1793년에 두 개의 저작권법을 통과시켰다. 출판업자들의 특권을 철폐시키고, 작가의 특정한 권리를 신장시키는 내용이었다. 혁명 직후의 동 입법들은 프랑스 저작권법에 있어서 중요한 두 가지 개념을 파생시켰다. 첫째, 작가의 지적 창작에서 나오는 작가의 배타적인 소유권이 작가 자신에게 귀속된다는 것이며, 둘째, 작가의 배타적인 권리는 그의 작품이 궁극적으로는 퍼블릭 도메인이 되어야 하기 때문에 보호가 한정된 기간만큼 인정된다는 것이었다. 약간의 변화를 거치기는 했지만, 1957년 저작권법에 양법이 통합되기 전까지 효력을 유지한 이 두 법은 문학과 미술저작물에 대한 규정을 두고 있었는데, 이러한 저작물 유형 이외의 다른 저작물에 대해서도 그 적용은 계속 확대되어 나갔다.

이러한 보호저작물의 확대는 영미법계가 경제적 이유에서 저작권을 확대하여 인정해준 것과는 달리, 다른 저작물에 대해서도 저작권을 인정해주어야 한다는 당위가 주된 이유였다. 또 한 가지 주목할 점은 프랑스가 판례에 의해 재산권적 성격을 가지면서도 또 다른 한편으로는 인격권적 측면을 강조하는 저작권의 이원론적 구조를 완성하였다는 점인데, 이 역시 재산적 권리로서의 저작권에서 인격적 측면을 발견한 결과였으며, 이는 성문법으로 인정하기 전에 판례법에서 자연권의 발견을 통해 도입되었다.

종합해보면, 영국에서 산업이 저작권 확장을 주도했다면, 프랑스에서는 사물의 본성에 따라 존재하던 저작권을 새롭게 발견하고, 사회변화에 적응시키고 있다고 할 수 있다. 대륙법계 저작권법은 대개 저작물을 유형에 따라 보호하는 것을 꺼리고, 저작권의 유형을 한정하는 것에도 부정적이다. 오직 창작성만을 가지고 저작물로 보호되는지 여부를 판단할 수 있다고 보며, 영미에서 저작권을 권리의 다발(bundle of rights)라고 이해하는 것에 대해서도 반대하여 저작권은 오로지 하나의 권리(ein Recht, un droit)로 보고, 영미의 개별권리는 저작권 중 하나의 발현으로 이해한다.[12)]

그러나 영미와 대륙 저작권법을 막론하고, 저작권법은 그 시작부터가 기술

료가 저렴하면서도 저작자에게 분배되는 로열티는 ASCAP에 비해 많다고 전해지고 있다.

12) Manfred Rehbinder, *Schweizerisches Urheberrecht,* 3. Aufl. (Bern: Stämpfli, 2000).

발달에 대한 법적 대응에서 비롯하였다. 이는 저작권의 시작이 불법복제와 유통에 대한 도전이었기 때문이다. 저작권법은 저작물보호를 시작한 이후로 줄곧 새로운 전달매체들의 등장으로 도전을 받아오고 있다. 저작권법의 규율대상은 과학문명의 발달에 따라 그 영역을 넓혀왔으며, 질적인 차원에서도 저작권 내용의 확대가 진행되었다. 일찍이 Negroponte 교수가 아날로그에서 디지털시대로의 변화를 예견한 것처럼 사회전반에 걸쳐 많은 변화가 일어났고, 디지털화로 인한 변화를 논하는 것도 새롭지 않다. 그러나 제도적 영역인 저작권 영역에서의 디지털 딜레마는 아직까지 극복해야 할 과제이다.[13)]

과거 아날로그 저작물은 그것을 복제하는 데 시간과 노력 및 비용이 많이 소요될 뿐만 아니라 복제의 차수가 거듭될수록 질적 저하가 나타나 불법복제와 이용에 내재적 한계가 있었다. 이 때문에 권리 침해에 대한 자연적인 억제력이 있었고, 저작물의 유통에 관여하는 자는 소수에 불과했으며, 침해가 발생하더라도 국지적인 현상에 한정된 것이 일반적이었다. 그러나 디지털 저작물은 누구나 쉽고 저렴하게 고품질의 복제본을 만들어 낼 수 있으며,[14)] 개작이나 멀티미디어적 융합도 용이해져 저작물에 대한 법적 보호에 변화가 요구되고 있다. 또한 고도화된 광대역 네트워크를 통해 저비용으로 광범위한 배포가 가능해지면서 사회적 발전에 긍정적 영향을 미치는 반면 저작권 침해를 비롯한 무단이용에 대한 수단으로 이용된다는 문제점도 병존하고 있다.

특히 과거 소수이며 특정되어 있었던 정보전달자들이 현재에 이르러서는 다양하게 등장하면서 새로운 이해관계를 형성하게 되었고, 이로 인해 마찰이 발생하였으며, 콘텐츠 제공자들은 콘텐츠 소비가 대규모로 이루어지면서 가급적 많은 이윤을 창출하려고 노력하고 있다. 이동통신사, 검색이나 포털서비스 제공자 등의 콘텐츠 전달자들은 콘텐츠 유통을 장악하여 시장에서 지배력을 행사하려고 한다. 원칙적으로 저작자를 비롯한 문화산업의 각 이해당사자들의 입장은 점차 대립적으로 변화되어 왔는데, 이러한 이해관계의 첨예화는 저작권의 위기인 동시에 저작권을 발전시킬 수 있는 동력으로 작용하고 있다. 그리고 이러한 대결양상은 콘텐츠 창작자와 전달자가 상호간에 이윤을 배분하기 위해

---

13) 가령 기술적 보호조치와 관련된 논란에 대해서는 Brill D. Herman & Oscar H. Gandy, Jr., "Catch 1201: A Legislative History and Content Analysis of the DMCA Exemption Proceedings," 24 *Cardozo Arts & Ent. L. J.* 121 (2006) 참조.

14) 현대에 있어서 복제를 가장 많이 행하는 기기는 컴퓨터이다.

서로 교섭하고 협상하는 데 따른 노력과 비용에 상당한 투자를 하도록 했으며, 그로 인해 콘텐츠 제공과 유통에 대한 불확실성이 대두되었는데, 이는 저작권법의 위기를 의미하는 것이다.15)

이러한 저작권의 위기는 문화발전을 저해할 수 있는 요인으로 작용한다. 무엇보다 기술이 발전하는 데 따른 빠른 자본투입이 불가피한 상황과 세계시장에서의 경쟁력 강화가 필요한 상황에서 시간과 비용낭비의 문제가 심각하게 제기되고 있다. 더욱이 이러한 긴장관계는 상호경쟁을 통해서는 해결될 수 없는 것이었고, 때때로 콘텐츠 제작자와 전달자 사이에 일정한 결합현상이 나타나면서 제도권 밖에서 문제가 해결되기도 하였다. 그러나 이들의 이해관계를 조율하기 위한 법적 장치들도 다양하게 실현되고 있다. 아직 진행 중이기는 하지만, 이들은 과학발전에 따른 저작권의 위기에 대해 공동으로 대응해 나가고 있으며, 상호양보를 통해 이익을 극대화하고자 하는 경향은 점차 강화될 것으로 보인다.

경제적 혹은 시장적 관점에서 본다면 기술의 발전에 따라 문화상품의 생산·유통에 대한 비용이 절감되었고, 이는 곧 문화상품에 대한 공급증대로 이어지고 있다. 이로 인해 이용자는 과거보다 양질의 저작물을 더욱 저렴하게 이용할 수 있으며, 권리자는 신규수요의 창출로 수익을 보장받을 수 있고, 이로 인해 과거보다 더 많은 사람들이 창작활동에 직접 참여할 수 있는 환경이 마련되었다. 그러나 이러한 순기능 외에도 저작권 환경변화와 그에 따른 새로운 법적 대응은 저작물의 원활한 이용을 방해하는 역기능도 동반하고 있다. 디지털시대의 매개축소현상으로 기존 저작권 산업의 맹주였던 음반제작자나 출판사들이 소외되는 현상이 발생하고 있고, 이들은 이전의 지위를 유지하기 위해 새로운 법적 보호를 요청하기도 한다. 이에 따라 매체발전으로 창출된 이익을

---

15) 이와 관련한 국내문헌으로는 방석호(2007), 정윤경, 「저작권과 방송콘텐츠 유통」(서울: 커뮤니케이션북스, 2005); 지성우·김영우, 「뉴스저작물의 저작권」(서울: 한국언론재단, 2005); 심상민 외, 「디지털 뉴스 유통과 저작권」(서울: 한국언론재단, 2006), 박석규, 「디지털콘텐츠 저작권과 멀티플랫폼」(서울: 진한M&B, 2008) 등을 참조. 해외문헌으로는 Simon Stokes, *Digital Copyright: Law and Practice* (Oxford: Hart, 2005); Irini A. Stamatoudi & Paul L. C. Torremans (ed.), *Copyright in the New Digital Environment* (London: Sweet & Maxwell, 2000); Sherri Marby Gordon, *Downloading Copyrighted Stuff from the Internet: Stealing or Fair Use?* (Aldershot: Enslow, 2005); M. Ficsor, *Collective Management of Copyright and Related Rights* (Geneva: WIPO, 2002) 등을 참조.

누구에게 배분할 것인가의 문제가 다시금 나타나고 있으며, 그 중요성은 점점 더해지고 있다.[16]

무엇보다 저작물의 유통이 국제적으로 이루어지고 있고, 인터넷망을 통해 시간적·공간적 유통한계도 사라지고 있는 현실에서 저작물의 국제적 유통에 대해 보호하고, 세계적으로 이루어지는 저작권 침해를 방지하기 위한 노력이 현대 저작권법의 키워드가 되고 있다.[17] 우리나라는 다양한 저작권관련 국제조약에 가입함으로써 저작권법의 국제화를 경험하였고, 최근에는 한미 FTA 협상 타결을 기화로 저작권법의 광범위한 변화 역시 예정되어 있으며, EU를 비롯한 여러 경제공동체와의 FTA 및 경제협력을 위한 노력 또한 가속되고 있다.

영국법계 저작권법의 입장을 취하든 대륙법계 저작권법 체제에 의하든 모두 이러한 국제화라는 변화를 경험하고 있고, 기술발전과 함께 범세계적으로 일어나는 저작권 침해를 방지하려고 노력한다는 점에서는 마찬가지의 입장이라 하겠다. 또 각국의 저작권법은 서로 교류하면서 영향을 주고받음으로써 공통된 가치와 공통된 제도적 틀을 형성해 가고 있다.

[영미법계 및 대륙법계 저작권법의 비교]

법 계 / 비교항목	영미법계 copyright 전통	대륙법계 authors' right 전통
저작권의 성격	공공복리 강조, 계몽, 문화의 발전, 산업의 보호·육성, 공공의 이익 강조	자연권설, 정신적 소산으로서의 저작물의 보호, 저작자의 산업으로부터의 보호, 공공보다 저작자 이익 우선
저작물의 성립 요건	독창성(originality), 저작물에 대한 저작자의 인적 귀속	창작성(creativity) + 일정한 형성의 정도(질 혹은 양)
저작인격권	불인정 베른협약 제6조의2라는 외부적 요인에 따라 보호하게 됨	인정 저작자와 저작물의 관계에 대한 보호로 일반 인격권과 구별됨

16) 글로벌 이슈로서 지적재산권 보호의 중요성에 대해서는 베인 & 컴퍼니, 「지식수출강국」(서울: 매일경제신문사, 2001); Aaron Schwabach, *Contemporary World Issues: Intellectual Property - A Reference Handbook* (Denver: ABC-CLIO, 2007); Laure Lee Stapleton (ed.), *E-Copyright Law Handbook* (New York: Aspen Law & Business, 2003) 참조.

17) 저작권에 관한 각종 국제조약 전문은 「저작권에 관한 국제협약집」 개정판 (서울: 저작권심의조정위원회, 1997) 참조. 지적재산권 보호조약 원문은 Paul Goldstein (ed.), *International Legal Materials on Intellectual Property* (New York: Foundation Press, 2006) 참조.

저작재산권	권리의 다발(bundle of rights)로 이해	하나의 권리로 이해 (물건에 대한 소유권에 상응)
저작인접권	저작물의 한 유형으로 보호. 보호내용에는 다소의 차별이 있음	저작인접물로 별도의 규정을 둠 일반 저작물과 보호수준에 있어 차이가 많음
보호기간	공리를 위한 단기보호론과 산업을 위한 장기보호론이 대립됨	원칙적으로 장기보호를 지향
이용자가 향유하는 이익	공정이용, 공정취급규정 등 유연성 있는 해석지향	법령에서 요건을 엄격하게 정한 경우에만 인정
창작자 법리 (creator doctrine)	법인저작물의 자연스러운 수용	원칙적으로 불수용 창작행위는 자연인만 가능 산업적 필요에 따라 소극적으로 제도를 도입하는 경우 있음
고정(fixation) 요건	대부분 보호요건으로 요구됨 일부 보호시 수정원리를 적용	요구하지 않음
저작권의 양도	양도 가능	일원론에서는 불가능 (채권적 이용허락만 가능) 이원론에서는 가능 저작인격권은 양도 불가
공표에 따른 보호방법	공표 전후의 보호방법에 있어 차이가 있음	보호기간 산정에 대한 차이를 제외한 차별은 없음
국제적인 공조	소극적	적극적(베른협약 주도)
최근동향	양 법계가 서로 통합되어 가는 경향을 보임 저작권관련 국제조약이 체결되면서 법조화에 기여 기술발전이라는 환경변화에 대한 대응이라는 공통의 과제 있음	

2. 국제통상법의 범위 및 규율체계

국제통상법은 WTO를 중심으로 하여 국가 간의 거래와 교역 전반에 관한 규범을 담고 있는 하나의 거대한 법체계이다. 특히 각 국가가 고유하게 가지고 있는 수·출입 절차, 관세, 시장규제 등은 타 국가와의 교역을 방해하는 결과를 초래하기도 하는데, 이는 국제통상법이라는 표준적 규범의 확립을 통해 점차 완화되고, 보다 광범위하면서도 자유로운 경제활동이 가능해지고 있다. 국가가 동 규범의 수범자가 된다는 점에서 사인 간의 국제거래에 대해 다루는 국제거래법과 구별되며, 주권국가의 자발적 합의에 의해 무역자유화를 실현하고, 이러한 과정을 더욱 심화·발전시키기 위하여 국제기구를 창설하고자 노력한다는 점에서 전통 국제법의 법원리들을 거의 그대로 따르고 있다고 할 수 있다. 그러나 전통 국제법은 그 실제에 있어서 국제의무의 이행을 강제할 수 있는 수단이 매우 적고, 그 실효성을 담보할 수 있는 방법도 제한적이었지만, 오늘날의 국제통상법은 확립된 골격을 갖추고, 각 국가에 대한 국제의무의 위반을 발견하고, 이행을 강제하며, 불이행에 따르는 제재를 가하는 등의 강력한 집행체제를 마련하고 있다.[18)]

현재 국제통상규범의 세계적이고 보편적 기준을 마련하고 있는 것은 세계무역기구(World Trade Organization, WTO)로 동 기구는 세계 각국의 상품무역에 있어 관세 및 비관세 장벽의 완화뿐만 아니라 서비스 무역, 무역관련 지적재산권 보호를 아우르는 광범위한 통상규범체계를 제공하고 있으며, 이에 더 나아가서 국가 간의 이익을 조절하고, 새로운 통상규범을 협상하는 일종의 포럼 역할도 담당하고 있다.

WTO는 본래 국제무역기구(International Trade Organization, ITO)라는 이름으로 이른바 "브레튼우즈 체제"[19)]의 일부를 구성하는 것이었다. 이러한 국제기구의 창설 작업은 1945년 국제연합(UN)이 설립되면서 더욱 탄력을 받았고, UN의 주요 기관인 경제사회이사회에 의해 다자간무역협상이 주도되었다. 브레튼우즈 체제의 일부로서 이미 언급한 ITO, 국제부흥개발은행(International Bank for Reconstruction and Development, IBRD), 국제통화기금(International Monetary Fund, IMF)의 기구적 창설이 예정되었다.

특히 ITO와 관련해서는 1947년 제네바 회의에서 ITO의 근간이 되는 헌장의 작성과 관세양허안 확정, 관세 및 무역에 관한 일반협정(General Agreement on Tariffs and Trade, GATT)의 준비 등이 예정되었다. 동년 GATT와 ITO헌장 초안이 마련되었으며, 관세양허에 대한 것은 이듬해에 완성되었다. 우선 GATT와 관세양허합의를 잠정적으로 적용하기 위한 잠정적용의정서(Protocol of Provisional Application)에 의해 임시적으로 시행되도록 하였으나, 궁극적으로는 ITO의 창설과 함께 동 기구가 해당업무를 담당하는 것으로 합의되었다. 그러

18) 특히 WTO 분쟁해결양해 제21조, 제22조 참조.

19) 동 체제는 1944년 브레튼우즈에서 개최된 국제회합인 "국제연합 통화·재정회의(United Nations Monetary and Financial Conference)"에서 구성되었다.

나 완성된 ITO 헌장은 미 의회의 거부로 인하여 결국 발효하지 못하게 되고, GATT의 잠정적용의정서에 따라 잠정적 적용으로 시작된 GATT 체제가 시한 없이 계속 유지되었다. GATT 창설 이후 관세 및 비관세 장벽을 줄이고자 하는 시도는 점진적으로 계속 이어졌으나, 그다지 개혁적이지는 못하였다.

마침내 1986년 시작된 우루과이 라운드 도중에 과거 예정되었던 ITO를 대체할 세계무역기구(World Trade Organization, WTO)의 창설이 본격 추진되었다. 그 결과 WTO를 탄생시킨 WTO 설립협정 등 여러 협정들이 패키지 방식으로 1994년 4월 15일 마라케쉬에서 서명을 위해 공개되었다. 이들 일련의 조약들은 WTO를 설립하는 마라케쉬 협정(WTO Establishing Agreement)에 부속된 다자간무역협정(Multilateral Trade Agreements, MTAs)의 형태로 구성되어 있다. 이러한 독창적인 고안을 통하여 WTO 협정에 부속된 복수국간 무역협정을 제외한 나머지 모든 무역협정들은 일체의 규범으로 전체적으로 모든 회원국을 구속하게 되었다.[20)]

부속서 1A에는 다수의 상품무역 관련 협정들이 포함되어 있으며, GATT 1994와 부속서 1A 협정 간에 "충돌"이 있다면 후자가 우선한다고 규정하는 일반적인 해석원칙이 규정되어 있다. 이전의 GATT 체제와는 달리 WTO 체제는 새로운 분야를 포괄하고 있는데, 부속서 1B에는 서비스무역일반협정(GATS)이 규정되어 있고, 부속서 1C에는 무역관련 지적재산권협정(TRIPs)이 규정되어 있다. 부속서 2에는 분쟁해결에 관한 규칙과 절차(DSU)가 규정되어 있는데, 여기서는 WTO 회원국 간의 무역 분쟁을 해결하기 위한 절차와 이행조치에 대해 정하고 있다. 부속서 3에는 무역정책검토제도(TPRM)를 규정하여 WTO 회원국들이 WTO 협정상 의무를 준수하고 있는지 여부를 정기적으로 검토할 수 있게 한다. 부속서 4에는 4개의 복수국간 무역협정(Plurilateral Trade Agreements, PTAs)을 규정하고 있는데, 복수국간 협정은 WTO 회원국들 중에서 별도로 그 협정을 수락한 당사자들만을 구속한다.[21)]

WTO 협정에서 GATT 1947은 공식적으로 GATT 1994로 대체되었고,[22)]

---

20) 전반적인 WTO 설립협정의 구성체계는 고준성 외, 「국제경제법」(서울: 박영사, 2006), 19-61면 참조.

21) 국제낙농협정과 국제우육협정은 1997년에 종료되었고, 현재는 정부조달협정과 민간항공기협정이 복수국간 무역협정의 형태로 남아 있다.

22) GATT 1994의 구체적인 내용은 박덕영 외 편저, 「WTO 통상조약집」(서울: 박영사,

GATT 1994는 GATT 1947의 대부분의 규정을 그대로 받아들이고 있기는 하지만, 새로운 내용을 포함한 법적으로 구별되는 별개의 협정이다.[23] GATT 1994는 GATT 1947 발효의 근간이 된 잠정적용의정서(Protocol of Provisional Application)를 삭제시켰고, WTO 협정이 발효하는 1995년 1월 1일 이전에 GATT 아래 발효되었던 모든 법적인 조치들을 포함한다. 이러한 법적 조치들에는 다양한 협정과 양해, 의무면제에 대한 결정, 기타 결정들 및 마라케쉬 의정서 등이 포함되어 있다.

마라케쉬 협정에 부속된 여러 다수국간협정 중 무역관련 지적재산권협정(Agreement on Trade-Related Aspects of Intellectual Property Rights, TRIPs 협정)은 특히 지적재산권 관련된 전반적인 내용을 다룬다.[24] 동 협정은 무역과 직접적으로 관련되는 지적재산권 규범들에 대한 실체적 내용보다는 기존에 존재하고 있는 지적재산권관련 국제협약들을 더욱 강화하도록 규정되어 있다. 따라서 무역과 관련된 지적재산규정의 집약이라기보다는 자유무역을 위한 지적재산권 제도 전반의 개선이며, 특히 같은 부속서 중 하나인 분쟁해결양해에 의해 협정상의 지적재산권관련 의무에 대한 이행과 위반에 대한 제재를 보다 견고한 틀 안에서 제어할 수 있도록 하는 기틀을 마련했다는 점에서 더 큰 의의가 있다고 할 것이다.[25]

한편 WTO 출범과 함께 TRIPs 이사회가 창설되었는데, 동 이사회는 TRIPs 협정의 기능을 감시하는 것을 주된 기능으로 삼고 있다. WTO 회원국의 대표로 구성된 이사회는 제네바에서 정기적으로 회합한다. 각 회원국은 이사회에 참가할 수 있을 뿐 아니라 다른 회원국의 행정적 규제나 사법적 결정, 규율, 지적재산권법 체계의 개선을 요구할 수도 있다. 이사회는 회원국의 법과 제도, 집행 등을 모니터링하고 조사하고, 질의하고 답변을 요구할 수 있다. 이러한 조사는 결함을 제거하고 TRIPs 협정과 다른 해석을 수정하고 심의한다. 또 TRIPs 협정의 개선을 위해서도 노력한다. 특히 TRIPs 이사회는 WIPO와 WTO 사이의 1995년 특별협정에 의해 서로 협력하도록 되어 있다.[26]

2006), 34-38면 참조.

23) WTO 설립협정 제2조 4항 참조.

24) WTO TRIPs 협정 전문은 박덕영 외 편저, 「WTO 통상조약집」, 600-668면 참조.

25) 특히 WTO 분쟁해결양해에서 인정되고 있는 WTO 의무불이행시 적용 가능한 교차보복 제도가 WTO 회원국들의 지적재산권 보호에 있어서 큰 역할을 하고 있다.

WTO TRIPs 협정뿐 아니라 각종 개별 조약에서도 지적재산권과 관련된 내용을 찾아볼 수 있는데, 이러한 규정들 역시 국제통상규범의 일부를 이룬다. 특히 최근 타결된 한미 FTA 협정이나 북미자유무역협정(North American Free Trade Agreement, NAFTA), 현재 논의 중인 한-EU FTA 협정 등에는 지적재산권 보호를 위한 광범위한 실체법 및 절차법적 규정을 포함하고 있어 상호 간에 지적재산권 보호 의무를 규정하고 있다.

II. 국제통상과 저작권 간의 인터페이스

국제통상과 저작권을 포함한 지적재산권 제도가 서로 마찰을 일으킨 사례는 의외로 많았다.[27] 특히 이러한 분쟁은 지적재산권의 집행문제를 둘러싸고 많이 발생하고 있다.[28] 일찍이 영국은 저작권법을 도입하여 저작권법 역사의 선구자가 되었지만, 1842년 저작권법 개정에 있어 영국 무역위원회(Board of Trade)는 저작권 강화가 무역을 저해할 것이라는 이유로 반대의사를 밝힌 것으로 전해진다. 한편 프랑스는 스위스에서 제작되어 수입되는 오르골에 프랑스 저작자의 음악이 탑재되자 저작권 침해를 묻지 않는 대가로 리옹 지역에서 생산되는 프랑스 실크가 스위스 내에서 특혜를 받을 수 있도록 상호 협정을 체결한 사례도 있다.[29] 이처럼 저작권과 국제통상은 상호 마찰을 일으키거나 상호 대체적인 것으로 인식되었다.[30]

---

26) Agreement Between the World Intellectual Property Organization and the World Trade Organization. 1996년 1월 발효한 협정으로 두 기구 간의 상호 협력을 주요 내용으로 하고 있다.

27) 최근 WTO에서의 지적재산권 분쟁사례에 대해서는 박덕영, "WTO TRIPs 협정상의 특허분쟁 사례 개요," 「법학연구」(인하대학교 법학연구소, 2004. 12.) 및 박덕영 · 김병일, "WTO TRIPs 협정상의 저작권분쟁 사례 개요," 「계간 저작권」(2006. 10.) 등을 참조. 2009년 1월, WTO는 중국과 미국 간의 중국의 지적재산권 보호에 관한 분쟁 패널보고서를 발표한 바 있다. WT/DS362/R.

28) 주요 사례들에 대해서는 Louis Harms, *The Enforcement of Intellectual Property Rights: A Case Book* (Geneva: WIPO, 2005) 참조.

29) Lipszyc (1999), p.357.

30) 미국 역시 국내적으로 무역과 관련한 지적재산권 보호를 위한 각종 제도를 두고 있다.

그러나 WTO 체제에 TRIPs 협정이 포함됨으로써 이러한 과거의 논의는 어느 정도 설득력을 잃게 되었다. 대부분의 다른 우루과이 라운드 협상의제와 달리 TRIPs 협정은 1947년 GATT에서 다루어진 의제를 발전시킨 것이 아니며, GATT는 지적재산권 침해물품에 대한 통관 정지 가능성을 열어 두었을 뿐,[31] 지적재산권 자체에 대하여는 침묵하였다. 무역과 지적재산권의 연계는 미국의 주도하에 이루어졌으며, 이는 서구의 선진국들이 기존의 지적재산권관련 국제협약인 베른협약이나 파리협약을 통한 발전을 기대할 수 없었기 때문이기도 하다. 1979년 도쿄 라운드가 끝난 이후로 개도국들은 미국이 지적재산권에 관하여 엄격한 강제수단이나 높은 규범적 기준을 채택하려고 하는 데 우려하였고, 그러한 시도를 저지하였다. 그러자 미국은 지적재산권을 우루과이 라운드의 의제로 제시하였다. 지적재산권의 보호가 국제통상의 틀 내에서 기능을 할 수 있는 주된 이유는 지적재산권을 침해하는 상품이 정식으로 라이선스를 받아 유통되는 상품을 대체함으로써 무역질서를 왜곡시킬 수 있으며, 이는 하나의 무역장벽으로 작용할 수 있기 때문이다.

적어도 1994년 4월 15일 다른 WTO 협정들과 함께 채택되어 1995년 1월 1일부터 발효한 무역관련 지적재산권의 보호에 관한 WTO TRIPs 협정은 무역과 지적재산권 논쟁에서 선진국 입장을 확인하는 것이었다.[32] 특히 WTO 회원국 간의 분쟁을 해결하는 데에 WTO 분쟁해결절차를 적용할 수 있도록 하고 있다는 점에서 이러한 선진국들의 시도는 성공적인 것으로 보인다. 그러나 개도국들은 이러한 지적재산권 강화에 쉽게 찬성할 수는 없을 것이다. 특히 의약품 특허와 국내보건문제의 딜레마는 개도국에게 큰 문제로 작용하게 되었고, 이러한 문제를 해결하기 위해 의약품특허와 보건문제는 도하개발아젠다(Doha Development Agenda)의 일부가 되기도 하였다.[33] 그러나 이는 구속력

관련 문헌으로는 박덕영, "한미 간의 통상과정과 주요통상현안의 법적 고찰—스크린쿼터 문제와 지적재산권 보호를 중심으로—" 「통상법률」(2003. 12.); 박덕영, "한미 지적재산권 분야 국경조치제도에 관한 비교 고찰," 「무역구제」(2009. 1.) 등 참조. 우리나라의 관련 제도에 대해서는 김나현 · 이일호, "지적재산권침해구제조치의 보완을 통한 효율적 무역구제 제도운용에 대한 연구," 「무역구제」(2008. 1.) 참조.

31) GATT 제9조, 제20조 (d)호 참조. 상세한 내용은 본서 제5장 참조.

32) WTO TRIPs 협정의 채택과정과 배경, 그리고 각 조항의 상세한 내용에 대해서는 Correa (2007) 및 Gervais (2008), Thoma Cottier & Pierre Veron (eds.), *Concise International and European IP Law* (Boston: Kluwer, 2008) 등을 참조.

을 갖는 규범이라기보다는 단지 향후 논의의 틀을 제공하는 역할을 하는 정도이므로 아직까지는 지적재산권 규범이 보호강화의 추세라고 말해도 무방할 것이다.

이처럼 국제통상과 저작권은 자칫 교차하지 않고 평행하는 것으로 생각될 수도 있지만, 상호 충돌하기도 하고, 때로는 상호 보완적인 작용을 하기도 한다. 따라서 국제통상법 그 자체에 대한 이해만을 통하여 저작권관련 통상문제를 바라보는 것은 바람직하지 않으며, 특히 저작권을 단지 국내적 차원에서 고찰하거나 통상문제와는 전혀 별개의 것으로 취급하는 것은 적어도 지적재산권 관련 통상문제가 첨예한 통상이슈가 된 오늘날에는 매우 단순한 사고의 틀이라고 할 수 있다.[34] 현재의 WTO 체제는 과거의 상품무역 중심에서 벗어나 점차로 서비스교역, 무역관련 지적재산권 문제의 중요성이 나날이 증가하고 있다. 저작권과 통상문제를 이해하는 데 있어서 각각의 법 영역의 독자성은 인정하되, 각 분야에 대한 개별적 이해를 바탕으로 하여 교차하는 지점을 찾고 그 관계를 면밀하게 검토함으로써 저작권과 국제통상의 문제 모두를 보다 분명하게 파악할 수 있을 것이다.

III. 세계지적재산권기구(WIPO)

저작권에 관한 최초의 국제협약인 베른협약 제1조는 "이 협약이 적용되는 국가들은 문학 · 예술 저작물에 대한 저작자의 권리의 보호를 위한 동맹을 구성한다."라고 규정하고 있다. 여기서 "문학 · 예술 저작물에 대한 저작자의 권리의 보호를 위한 동맹(Union for the protection of the rights of authors in their literary and artistic works)"[35]은 무엇을 의미하는가.

---

33) Doha Ministerial Declaration, paras. 17-19, 박덕영 외 편저, 「WTO 통상조약집」, 823면 참조.

34) 국제사회의 저작권보호체계 전반에 대해서는 박덕영, "WTO TRIPs 협정상의 저작권보호체계와 최근 동향," 「국제법학회논총」(2003. 10.), 그리고 von Lewinski (2008) 및 Goldstein (2001) 등을 참조.

35) 줄여서 베른동맹(Berne Union)이라고도 한다.

현재 세계지적재산권기구(World Intellectual Property Organization, WIPO)는 베른협약을 비롯하여 저작권과 관련된 대부분의 조약을 관할하고 있다.[36] 그러나 베른협약이 처음 체결된 것은 1886년인 데 반해 WIPO가 창설된 것은 1967년의 일이다. 베른협약 제1조는 동맹이 베른협약을 체결하거나 이미 성립된 베른협약에 가입한 회원국들로 구성된다고 선언하고 있는데, 여기서 동맹(Union)은 회원국 전체 이상의 의미를 갖기는 어려웠다.

즉, 동맹은 지금의 WIPO와 같은 위상이나 기능을 갖는 국제기구가 아니었으며, 단지 체약국단(Contracting Parties)의 또 다른 표현에 불과하였다. 따라서 베른협약의 1886년 조약문을 보면, 제16조에서 동맹의 국제사무소를 두게 되어 있었는데,[37] 동 사무소는 스위스 행정부의 지시하에서 운영되도록 규정되어 있었으므로 이러한 사무소가 국제기구에 있어 불가결의 요소가 되는 독립하여 행위하는 기관(organ)에 해당할 수 없었다. 또 1886년 베른협약에 부속되어 있었던 Final Protocol 제5항에도 국제사무소의 역할이 정보의 수집과 제공, 간행물의 발간, 개정회의 보조 등에 국한되어 있음이 명시되어 있다.

현행의 파리 개정에 의한 베른협약을 보면, 총회를 비롯하여 현재 WIPO의 조직에 대한 규정을 찾아볼 수 있는데, WIPO가 성립되지 않았던 1948년 브뤼셀 개정시까지 협약에서 규정하고 있는 것은 국제사무소가 유일했다. 그러던 중, 1967년 스톡홀름 개정을 통해 현재의 기구적 구조를 완성했으며, 이러한 구조는 지금까지 이어지고 있다. 그러나 베른협약에 규정되어 있는 기관은 어디까지나 베른동맹의 기관이라고 보아야 할 것이고, 기존의 동맹이 새롭게 창설된 WIPO로 편입되었다고 보기는 어렵다. 하지만 이것은 단지 법적인 차원의 설명이고, 실제로 WIPO의 기관들이 베른동맹의 각 기관의 업무를 담당하고 있다. WIPO 설립협약 제24조 1항 b호는 "베른동맹의 모든 회원국이 [WIPO]의 회원국이 될 때에는 동 동맹 사무소의 권리, 의무 및 재산은 기구의 국제사무소에 귀속된다."고 규정하고 있는데, 현재까지 베른협약의 모든 회원국이 WIPO에 가입한 것은 아니며, 베른협약 회원국에게 WIPO 가입이 강제되지도 않는다.

---

36) 베른협약의 구체적 내용에 대해서는 허희성, 「베른협약축조해설」(서울: 일신서적, 1994) 참조.

37) 공식명칭은 "Office of the International Union for the Protection of Literary and Artistic Works"이다.

현재 WIPO는 184개국이 참여하고 있는 범세계적 국제기구로서 주요 국가들이 가입되어 있으며, 우리와 실질적인 교역이 이루어지고 있는 거의 모든 나라가 동 기구에 가입되어 있으므로 굳이 WIPO와 베른동맹의 기구적 차이에 대해 상술할 필요는 없다고 생각된다.

1. WIPO의 목적과 연혁

(1) 목 적

세계지적재산권기구(WIPO)는 국제연합(UN) 경제사회이사회의 관할하에 특정 업무를 수행하는 16개 전문기구 중 하나이다.[38] WIPO의 설립을 위해 1967년 스톡홀름에서 체결된 'WIPO 설립협약(Convention Establishing the World Intellectual Property Organization)'에도 명시되어 있듯이, WIPO의 목적은 국가간 협조를 통하여, 필요한 경우에는 기타 모든 국제기구와 공동으로 전 세계의 지적재산권의 보호를 촉진하고, 제 동맹 간의 행정적 협조를 확보함에 있다.[39]

(2) 연 혁

WIPO의 근간은 Robert L. Stevenson이 '보물섬(the Treasure Island)'을 집필하던 1800년대 말로 거슬러 올라간다. 1873년도에 개최된 비엔나 국제발명전시회에서 출품자들은 그들의 아이디어가 외국에서 도용되거나 상업적으로 이용되는 것을 우려하여 참석을 거부한 사건이 있었는데, 이 사건 이래로 지적재산에 대한 국제적 보호가 필요하다는 공감대가 형성되고 있었다. 이러한 배경하에 1883년 지적재산에 관한 최초의 국제협약인 '산업재산보호에 관한 파리협약(Paris Convention for the Protection of Industrial Property)'이 탄생되었다. 이어서 1886년에는 '문학 및 예술 작품의 보호에 관한 베른협약(Berne Convention

38) 국제연합(UN)의 구성체계와 조직도는 김정건, 「신판 국제법」(서울: 박영사, 2004), 1002면 참조.

39) WIPO 설립협정 제3조 원문은 다음과 같다:

The objectives of the Organization are: i) to promote the protection of intellectual property throughout the world through cooperation among States and, where appropriate, in collaboration with any other international organization. ii) to ensure administrative cooperation among the Unions.

for the Protection of Literary and Artistic Work)'이 체결되어 저작물을 국제적으로 보호하고, 저작물에 대한 이용료를 지불하도록 합의하였다.

두 협약을 관할하던 별개의 사무국[40]이 하나로 통합되어 1893년 'BIRPI (Bureaux Internatinalaux Réunis pour la Protection de la Propriété Intellectuelle, 영문은 United International Bureaux for the Protection of Intellectual Property)'로 개편되었다. 7명의 직원으로 스위스 베른에 정착한 이 작은 기구는 현재 184개 회원국[41]이 가입하고, 95개국 출신의 약 1,000명에 이르는 직원을 보유하는 WIPO의 전신으로서 그 기반을 마련하였다. 그렇지만 BIRPI는 국제기구가 아니었으며, 단지 베른협약과 파리협약에서 요구되는 행정적・절차적 업무만을 담당하였다.

그러던 중 1967년 스톡홀롬에서 열린 외교회의를 통해 BIRPI는 구조적 개혁을 단행하여 오늘날의 WIPO가 되었다.[42] 이후 WIPO는 UN 회원국의 지적재산권 문제를 담당하는 전문기구(Specialized Agency)로 그 역할과 위상을 확대하여 온 한편, 자유무역시대를 맞아 점차 그 이해관계가 첨예하게 대립되어 가는 지적재산 의제에 보다 효과적으로 대응하고 개발도상국의 발전을 도모하기 위하여 '세계무역기구(World Trade Organization, WTO)'와 협정[43]을 체결하여 공동의 노력을 개진하고 있다.[44] WIPO 설립조약에 따르면, 동 기구는 각 회원국 내에서 각국의 국내법에서 정한 바에 따라 법인격을 가진 것으로 되며,[45]

---

40) 즉, International Bureau of the Paris Convention for the Protection of Industrial Property 및 International Bureau of the Berne Convention for the Protection of Literary and Artistic Work.

41) http://www.wipo.int/members/members/index.html.

42) 베른협약 제24조 1항은 "동맹에 관한 관리업무는, 공업소유권의 보호를 위한 국제협약에 의하여 설립된 동맹사무국과 통합된 동맹사무국의 연장인 국제사무국에 의하여 수행된다."라고 규정하고 있어 BIRPI가 WIPO의 기관인 국제사무소(International Office)의 전신임을 밝히고 있다.

43) WTO의 출범에 따라 1995년 1월 1일 발효한 무역관련지적재산권협정(The Agreement on Trade Related Aspects of Intellectual Property Rights, TRIPs)은 저작권 및 저작인접권, 특허권, 상표권, 지리적 표시, 의장, 집적회로 배치설계 등을 관할하며(TRIPs 협정 제1조 2항), 기존의 WIPO가 관장해오던 국제조약의 이행을 보완하고 있다. 1996년 1월 1일 발효한 WIPO-WTO 협정에 따르면 WIPO 회원국 입법 정보 공표, 개발도상국을 대상으로 한 법・기술적 자문, 기술 원조에 관한 TRIPs 협정 이행에 공조하도록 규정하고 있다.

44) WIPO, *Introduction to Intellectual Property: Theory and Practice* (The Hague: Kluwer Law International, 1997), pp.27-40.

45) WIPO 설립조약 제12조 1항. 1982년 이래 스위스 법에 따라 베른 및 파리동맹 역시 국

여타의 UN 전문기구들과 마찬가지로 국제법상의 법인격 있는 국제기구로서 조약체결권과 면제 · 특권 역시 향유하고 있다.[46]

WIPO 주요일지[47]
· 1883년: 파리협약 (Paris Convention)
· 1886년: 베른협약 (Berne Convention)
· 1891년: 마드리드협정 (Madrid Agreement)
· 1893년: BIRPI 설립
· 1925년: 헤이그협정 (Hague Agreement)
· 1960년: BIRPI 제네바 이동
· 1967년: WIPO 협약 (WIPO Convention)
· 1970년: WIPO 설립
· 1970년: 특허협력조약 (Patent Cooperation Treaty)
· 1989년: 마드리드협정 의정서 (Protocol to Madrid Agreement)
· 1996년: WCT · WPPT 채택
· 2000년: 특허법조약 (Patent Law Treaty)
· 2002년: WCT · WPPT 발효

2. WIPO의 조직과 운영

WIPO 설립협정에 의하면, WIPO는 '총회(General Assembly)', '회의(Conference)', '협력위원회(Cooperation Committee)', '사무국(International Bureau of WIPO or Secretariat)'으로 구성된다.

총회는 WIPO의 최고기관으로서 WIPO가 관할하는 동맹[48]에 가입한 WIPO 회원국으로 구성된다.[49] 총회는 협력위원회가 지명한 사무총장을 임명

내법인격을 향유한다.

46) WIPO 설립조약 제12조 3항.

47) http://www.wipo.int/about-wipo/en/gib.htm.

48) WIPO가 관할하는 동맹(Union)은 조약에 기반하며, 특정 조약의 가입국인 제 국가로 구성된다. 동맹의 이름은 대부분 조약이 처음 체결된 장소를 차용하고 있다(예를 들면, 파리동맹, 베른동맹 등).

49) WIPO의 총회는 베른협약과 파리협약이 갖는 각각의 총회와는 다른 것이다. 베른동맹 역시 총회를 갖고(베른협약 제22조), 별도의 재정규정을 가지는데(베른협약 제25조), WIPO 설립조약에서 예정한 재정계획은 WIPO 자체 관할에 대한 것과 베른 · 파리 동맹의 공통사안에 관한 것으로, 여기에 베른협약 및 파리협약 각자의 고유한 사안에 대한

하며, WIPO 예산과 조약관련 사무에 관하여 협력위원회와 사무총장이 제출한 보고서를 검토하고 승인할 권한을 갖는다. 총회와 달리, 회의는 동맹에의 가입 여부와 관계없이 모든 WIPO 회원국으로 구성된다. 회의는 회원국의 지적재산권에 관한 제 문제에 대하여 논의하는 장으로서 개발도상국을 지원하는 프로그램을 발의 및 추진하고, 이에 필요한 예산을 편성한다.[50] 또한 WIPO 회원국, 협력위원회 또는 사무총장이 제안한 WIPO 설립협정 개정안을 수용할지 여부에 대한 결정권을 갖는다. 사무국은 사무총장을 수반으로 하여 일반직원들로 구성된다. 사무국의 전문 인력과 고위급 간부는 UN 체제상 적용되는 지리적 형평성 원칙을 고려하여 채용되며, 타 직원들은 세계 각지 출신으로 고르게 분포되어 고유의 임무를 수행하고 있다.[51]

3. WIPO의 주요업무

(1) 국제지적재산권법의 발전

WIPO는 지적재산권 보호의 증진을 목적으로 하며, 관련 분야의 법률적 · 기술적 원조를 요청하는 국가를 지원하고, 이 분야의 연구를 수행하고 있다. 현재 WIPO는 23개의 조약(산업재산권 : 15, 저작권 : 7, WIPO설립조약 : 1)을 관장하고 있으며, 이 중 WIPO의 근간이 된 파리협약과 베른협약 이후의 조약들은 이 두 협약이 보호하는 부분을 확대하고 심화하여 디지털시대에 새롭게 부상하는 의제까지 포함하도록 발전되어 왔다. 소위 '인터넷조약'이라 불리는 WIPO 저작권조약(WIPO Copyright Treaty, WCT)[52]과 WIPO 실연 · 음반조약

부분은 포함되어 있지 않다.

50) WIPO의 예산은 회원국이 매년 납부하는 부담금보다는 특허협력조약(Patent Cooperation Treaty, PCT)에서 정한 국제특허 등록비용에 더욱더 의존적이라고 할 수 있다. WIPO에서 가장 부담금이 큰 5개국이 부담하는 비용은 기구예산의 3%에도 못 미친다고 알려져 있다. Christopher May, *The World Intellectual Property Organization: Resurgence and the Development Agenda* (New York: Routledge, 2007), p.25.

51) WIPO, *WIPO Intellectual Property Handbook*, pp.3-14.[WIPO Publication NO.489(E)].

52) WIPO 저작권조약의 주요내용은 다음과 같다:
① 컴퓨터프로그램을 문학저작물로 인정, ② 창작성 있는 데이터베이스(전자적 데이터베이스를 포함)를 저작물로서 보호, ③ 배포권과 대여권을 명시, ④ 공중전달권을 확장, ⑤ 기술적 보호조치의 무력화를 규제, ⑥ 효과적인 권리관리정보의 보호 등.

(WIPO Performances and Phonograms Treaty, WPPT)은 인터넷상의 저작권보호에 관한 조약으로 저작권자의 허가 없이 무단으로 유통되는 저작물들을 법적으로 보호하기 위하여 1996년 비엔나외교회의에서 제정되어 2002년도에 발효되었다.[53] 지난 10여 년간 방송사업자 보호를 위한 조약의 채택을 추진 중이나, 디지털의제의 복잡성으로 인하여 현재는 협상이 교착상태에 빠져 있다. 다음 도표는 WIPO의 저작권보호체계와 WIPO가 주관하고 있는 23개 조약에 대한 주요 현황이다.

[WIPO 저작권조약 주요내용]

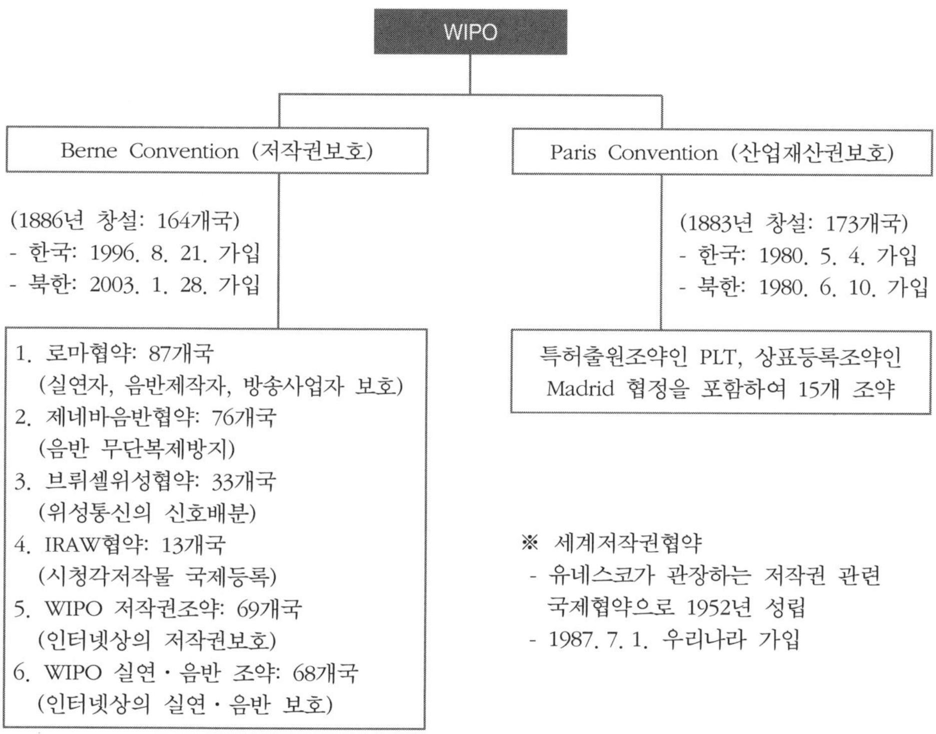

53) WIPO 보도자료, PR/2002/313 (2002. 5. 20).
http://www.wipo.int/wilma/pressinfo-en/200205/msg00000.html

[WIPO주관 지적재산권조약 현황]

조약 명칭	서명일 또는 채택일	체약국	한국의 경우	
			가 입	발 효
WIPO Convention	1967. 7. 14.	184	1978. 12. 1.	1979. 3. 1.
IP Protection				
Berne Convention	1886. 9. 9.	164	1996. 5. 21.	1996. 8. 21.
Brussels Convention	1974. 5. 21.	33		
Film Register Treaty	1989. 4. 20.	13		
Madrid Agreement (Source)	1891. 4. 14.	35		
Nairobi Treaty	1981. 9. 26.	47		
Paris Convention	1883. 3. 20.	173	1980. 2. 1.	1980. 5. 4.
Patent Law Treaty	2000. 6. 1.	19		
Phonograms Convention	1971. 10. 29.	76	1987. 7. 1.	1987. 10. 1.
Rome Convention	1961. 10. 26.	87		
Trademark Law Treaty	1994. 10. 27.	42	2002. 11. 25.	2003. 2. 25.
Washington Treaty	1989. 5. 26.	0	Not yet in force	
WCT	1996. 12. 20.	69	2004. 3. 24.	2004. 6. 24.
WPPT	1996. 12. 20.	68	2008. 12. 18.	2009. 3. 18.
Global Protection System				
Budapest Treaty	1977. 4. 28.	72	1987. 12. 28.	1988. 3. 28.
Hague Agreement	1934. 6. 2.	55		
Lisbon Agreement	1958. 10. 31.	26		
Madrid Agreement (Marks)	1891. 4. 14.	56		
Madrid Protocol	1989. 6. 27.	78	2003. 1. 10.	2003. 4. 10.
PCT	1970. 6. 19.	139	1984. 5. 10.	1984. 8. 10.
Classification				
Locarno Agreement	1968. 10. 8.	49		
Nice Agreement	1957. 6. 15.	83	1998. 10. 8.	1999. 1. 8.
Strasbourg Agreement	1971. 3. 24.	59	1998. 10. 8.	1999. 10. 8.
Vienna Agreement	1973. 6. 12.	25		

(2) 등 록

WIPO는 특허출원, 상표·산업디자인의 등록과 관련하여 이용자 측면에서 보다 편리한 등록체계를 제공하기 위한 역할을 수행하고 있다. 1994년의 'TLT(Trademark Law Treaty, 상표권조약)', 2000년에 채택된 'PLT(Patent Law Treaty, 특허법조약)'는 개별 국가에서 상표권과 특허권을 획득하고 유지하기 위한 절차를 간소화하고 합리적으로 개선한 것이다. 특히 PLT는 국가와 지역에 따라 다양한 특허요건을 표준화한 것으로 특허를 유지하는 데 일어날 수 있는 각종 변수에 대한 예견이 가능하도록 돕고 있으며, 지난 2005년 4월 28일에 발효되었다. 등록업무는 WIPO의 재정 운영에도 결정적인 기여를 하고 있어, 회원국의 기부금에 의탁하여 운영되는 타 국제기구와 달리 약 85%의 예산을 자체 등록수입으로 충당하고 있다.

(3) 분쟁해결

WIPO는 지적재산권에 관련된 분쟁해결을 도모하기 위해 1994년 10월 '중재·조정 센터(WIPO Arbitration and Mediation Center)'를 설립하였다. WIPO는 분쟁해결과 관련하여 원만한 결과의 도출을 위해 당사자들이 WIPO가 설정한 일정한 절차와 추후 비용 산정을 따르도록 돕는다. 한편, 1000명이 넘는 지적재산권과 관련된 전문 지식을 갖춘 중재·조정인 명단을 센터의 데이터베이스로 구축해두고, 당사자가 원할 경우에 심리·회의 장소, 녹취 장비 등을 제공하고, 번역과 같은 기타 보조적인 업무를 지원한다.[54)]

한편, WIPO 중재·조정센터는 2005년 7월부터 분쟁당사자들의 편의를 제공하기 위한 일환으로 'WIPO Electronic Case Facility(WIPO ECAF)'를 새로 도입하였다.[55)] 이로써 분쟁당사자들은 WIPO 중재·조정 및 촉진 규정[56)]하에 회부된 분쟁에 대하여 WIPO ECAF를 이용할 수 있게 되었다. WIPO ECAF는 '온라인보안 소송등록부(secure online docket)' 기능을 통해 분쟁관련 문서가 게재되도록 하여 회부된 사건의 관련 당사자가 각각 다른 지역에 위치하더라도 대량의 문서를 용이하게 열람할 수 있도록 한다. 또한, 이 등록부의 검색기능은 사

---

54) http://arbiter.wipo.int/center/role.html.

55) WIPO 보도자료, WIPO/UPD/257/2005 (2005. 7. 21).
http://www.wipo.int/edocs/prdocs/en/2005/wipo_upd_2005_257.html

56) WIPO Mediation, Arbitration and Expedited Rules 참조.

건기록을 당사자별 또는 연대별로 구분할 수 있어 이용자의 편의를 돕는다. 이밖에 WIPO ECAF는 사건에 있어 사건요지, 특정 기한 등을 기재한 사건의 연대, 당사자들의 연락처 및 소요비용 등 핵심정보를 제공하며, 이용자들이 성명 및 비밀번호를 통해 접근할 수 있도록 운영되고 있다.[57)]

(4) 개발도상국 지원

WIPO는 각국의 경제적·사회적 번영을 도모하기 위해 선진화되고 안정된 지적재산권 보호제도의 구축을 추구한다. 지적재산권을 보호함으로써 안정적인 투자환경을 조성할 수 있고, 이는 국내·외 투자를 유치하는 유인의 제공을 추구하고 있다. 특히, 최소의 비용으로 적절한 시기에 개발도상국의 지적재산권제도를 개선하는 문제는 WIPO가 당면한 의제 중 하나이다. 이러한 맥락하에 WIPO는 1년에서 3년의 기간을 설정하여 개별 국가의 지적재산권 보호 현황과 당면과제를 반영한 '국가별 행동계획(Nationally Focused Action Plans, NFAPs)'을 수행하고 있다. 2001년에는 51개의 NFAPs가 아프리카, 아랍국가, 아시아·태평양 지역, 라틴아메리카, 카리브해 연안지역에서 수행된 바 있다. 한편, 각국의 인적 자원 개발을 위해 WIPO Worldwide Academy를 개설하여 지적재산권 전문가 그룹, 관련 정책담당관, 이해관계인 및 학생을 대상으로 한 다양한 교육프로그램을 제공하고 있다.

(5) 정보교류

인터넷의 급격한 발달에 따른 정보 및 지식교류, 지적재산권 보호는 디지털사회의 발전을 위한 필수적인 요소가 되었다. WIPO는 WIPO.net[58)]을 이용하여 인터넷 환경 속으로 지적재산권 관련 정보와 서비스의 전달경로를 통합하고 있다. WIPO.net은 필요한 정보를 제공함으로써 회원국에서의 PCT 등 지적재산권 관리에 관한 국제조약의 이행을 원활하게 하도록 도모하고, 회원국간에 지적재산권 관련 정보교환을 용이하게 함으로써 국제협력을 촉진하고 있다. 한편, 국제적인 디지털 환경조성을 위해서는 개발도상국의 전자적 통합을 촉진할 필요가 있으므로, WIPO는 WIPO.net 프로젝트의 일환으로 개도국 지적재산권 사무소에 인터넷 연결을 위한 기초 장비를 제공하고 있다.

---

57) WIPO ECAF 이용 매뉴얼은 http://arbiter.wipo.int/ecaf/help 참조.

58) http://www.wipo.net/appl/entrypoint.nsf/welcome?readform.

제2장 저작권과 국제규범

I. 국제적 저작권보호의 태동

베른협약이 성립되기 이전부터 유럽국가들 사이에서 저작권 관련 양자조약이 시도된 예가 있었다. 특히 프랑스와 독일, 스위스, 이탈리아 상호간의 조약들이 대표적이었다. 그러나 이러한 조약들은 저작권 문제가 특정한 정치문제로 비화되는 것을 막고, 서로의 이해를 절충하기 위한 시도에 불과했으며, 저작권법의 실체적인 규정을 일원화하는 데 목적을 두지는 않았다. 따라서 저작권과 관련하여 세계적으로 광범위한 규범은 베른협약이 최초라고 평가해도 좋을 것이다. 베른협약은 1886년 성립된 이래 수차례의 개정은 있었지만, 오늘날까지 효력을 발하고 있는 규범으로 저작권 관련 국제규범은 물론, 국내규범의 정립에 있어서도 지침이 되고 있다.[1] 이하에서는 베른협약이 성립되기 이전에 국제적인 저작권관련 협력경향과 각국의 저작권 발전경향을 비교법적으로 살펴보도록 할 것이다.

1886년 무렵만 하더라도 각국의 저작권법은 수십 년 전의 모습을 그대로 유지한 채 발전을 거듭하지 못하고 있었다. 우리가 알고 있는 영국에서의 저작

---

1) 비슷한 시기에 성립된 조약으로서 현재까지 효력을 미치고 있는 것으로는 같은 지적재산권 분야의 산업재산권 보호에 관한 파리협약(Paris Convention for the Protection of Industrial Property)과 국제전신협약(International Telegraph Convention), 세계우편협약(Universal Postal Convention) 등이 있다.

권법 발전의 예는 매우 예외적인 것이다. 영국은 이른바 앤여왕법(Statute of Anne)을 통해 1710년[2]에 이미 현대적 의미의 저작권법을 도입한 바 있으며,[3] 비록 처음에는 보호객체를 서적(books) 등 문학저작물이 유형물로 구현된 것에 한정하는 태도를 취하였지만, 점차 보호범위를 확대시켜 나갔다.[4] 그러나 이러한 경향은 당시 영국만의 것이었고, 다른 유럽 국가들은 저작권법 발전 이전의 제도인 인쇄특권 제도를 여전히 유지하고 있었는데, 저작권법 및 이와 유사한 제도를 도입하는 데는 인색하였다. 오늘날 저작권 선진국으로 손꼽히는 프랑스와 독일, 이탈리아, 스페인 역시 예외가 아니었는데, 인쇄특권제도는 대략 18세기 말엽까지 지속되었다고 할 수 있다.[5]

---

2) 앤여왕법은 보통 1709년법으로 알려져 있고 또 널리 그렇게 설명되고 있지만, 당시 영국 교회의 관행인 3월 25일을 새로운 해의 첫 날로 삼았던 것(율리우스력을 이용한 결과로서 당시의 일반대중은 현행의 그레고리우스력을 사용하였음)을 법 분야에서도 계승하여 사용하고 있었는데, 앤여왕법이 의회(House of Commons)에 제출된 것이 1710년 1월 17일이고, 법은 1710년 4월 10일 시행된 것으로 되어 있기 때문에 당시의 관행에 따르면, 동법을 1709년법이라고 하는 것이 맞지만, 현재의 기준에서는 1710년법이라고 하는 것이 정확하다. Ellins (1997), p.40 n.33; 우리나라에서도 1962년 1월 1일 이전에는 단기를 사용하였으나 그 시기의 법이나 제도를 단기로 일컫지 않는 것과 마찬가지이다.

3) 물론 Edward IV/V, Richard III, Henry VII가 통치하던 1476-1557년 사이에 이른바 printing patents, royal prerogative 제도가 있었다. 1557년 이후 이른바 Stationer's Company라는 출판독점의 시대가 열리게 되었고, 이를 뒷받침하는 법률로 Charter Mary 1557, Star Chamber Decrees 1566, 1586 및 1637, Ordinances 1643, 1647 및 1649, Licensing Act 1662 등이 있었다.

4) 영국 최초의 미술저작권법인 "본법에 제시된 기간 동안 발명자 및 판화가에게 재산권을 부여함으로써 예술디자인과 판화 및 역사적인 인쇄물 등을 에칭하는 것을 장려하기 위한 법률(an Act for the Encouragement of the Arts designing, engraving, and etching historical and other Prints, by vesting Properties thereof in the Inventors and Engravers during the Time therein mentioned)"이 1735년 발효되었는데, 법률명에서 알 수 있듯이 동법은 수공장인을 포함하는 판화 및 식각(蝕刻) 예술가 등에게 복제권이라는 재산권을 부여하는 것을 목적으로 삼고 있었다.

5) 그러나 인쇄특권제도 역시 수없이 변천하였다. 출판과 인쇄업 영위 그 자체에 대한 특허인 인쇄특허(Druckprivileg), 인쇄기술과 기기의 보급에 따라 인쇄업 자체가 아닌 특정 도서의 발행 및 인쇄에 관한 허락인 서적특허(Bücherprivileg), 저작자에게 특허권을 부여하고, 그가 이에 근거하여 특정 출판업자에게만 도서발행을 허락하는 저작자특허(Autorenprivileg) 그리고 관할권 내에서의 출판물에 대한 독점을 일정 기간 동안 보호하는 지역특허(혹은 역내특허, Territorialprivileg)로 시기를 나누는 것이 일반적이다. Rehbinder (2004), pp.10-12; 이러한 허가제도가 등록제도로 남아 현재까지 이어지고 있는 경우도 있다고 한다. 최경수

프랑스는 1789년 대혁명을 통하여 이른바 구체제의 붕괴를 꾀하였고, 1791년 새로운 입법을 통해 저작권법을 도입하게 되었다. 동법은 저작자가 생전 및 사후 5년간 자신의 연극저작물을 공연할 수 있도록 배타적 권리를 부여하였다. 프랑스 최초의 저작권법이 제정되고 2년이 지난 후 다시금 새로운 법이 제정되었는데, 저작자의 사망 이전까지 모든 유형의 저작물에 대해 배타적 권리로서의 복제권을 부여하는 내용이었다.[6] 이러한 프랑스의 저작권법은 유럽의 여러 나라로 전파되었는데, 네덜란드, 벨기에, 이탈리아의 여러 분방 등이 대표적이다. 독일 역시 저작권법 도입에 동참하였는데, 신성로마제국이 해체된 이후 각 분방으로 나누어지기는 하였지만, 각 분방국가들은 기존의 인쇄특권제도를 타파하고 자신들만의 고유한 저작권법을 도입하였다. 결과적으로 1886년, 즉 베른협약이 논의될 당시에는 이미 거의 모든 유럽 국가들이 저작권법을 도입한 상황이었다. 미국 역시 각 주에서 저작권법을 도입하여 운영하고 있다가 1791년 연방차원에서의 저작권법을 도입했고, 라틴아메리카의 일부 국가 역시 저작권제도를 마련해놓았다.[7]

영국과 미국, 라틴아메리카를 제외하고, 유럽 국가들 및 일부 아시아 국가들은 프랑스법인 1791년 저작권법과 1793년법을 모델로 각자의 저작권제도를 마련하였다고 할 수 있다. 주의해야 할 점은 프랑스 저작권법은 19세기에 들어서면서 대단히 빠른 속도로 발전했다는 것과 이러한 발전을 주도했던 것은 입법자가 아니라 사법적 판단과 판례의 축적이었다는 것이다.[8] 그러나 이러한

(2001), 39면.

6) 저작권법의 사상적·철학적 기원도 프랑스법에서 찾는 것이 일반적이다. 이른바 자연법 사상에 따라 다른 재산권과 마찬가지로 저작권법 역시 법제정 이전부터 존재하는 것으로 이러한 것은 사물의 본성(Natur der Sache)에 해당한다고 본다. 따라서 제정법이나 판결에 의한 저작권의 승인은 단지 자연권의 존재를 확인하는 과정에 불과하며, 자연권의 존부 자체는 실정법 등으로 부정될 수 없다고 한다. Rehbinder (2004), para. 34.

7) 불가리아, 터키 등지에서도 저작자의 보호에 관한 제도가 있었지만, 민법상의 인격권에 의하거나 저작물의 무단이용을 형사적 제재의 대상으로 삼는 등의 방법으로 보호하였으며, 저작권법을 도입하거나 배타적 권리를 부여하는 방법에 의하지는 않았다.

8) 저작물의 이용에 있어 그것이 공개적으로 행해지는 경우에만 저작자의 배타적 권리 내로 포섭되도록 하는 태도는 프랑스 저작권법에 대한 법원의 판례에 의해 확립되었다고 할 수 있다. 최초의 프랑스 저작권법인 1791년법에는 단지 공개된 극장(theatre publique)에서의 공연만을 권리범위로 정하고 있었지만(법 제3조), 1881년 프랑스 항소법원은 해석에 의해 극장이 아니더라도 그곳이 공개된 곳이라면 당해 장소에서 저작자의 허락 없이

프랑스의 발전경향이 다른 나라의 저작권법 발전으로 이어지지는 못했다. 각국의 저작권법은 저작권법에 의해 보호되는 저작물 유형, 저작권의 내용, 보호기간을 달리했으며, 일부 저작물에 대한 차별적 태도 역시 줄곧 견지하였다.[9]

당시 가장 보편적으로 보호를 향유한 저작물은 문학과 예술저작물이었으며, 공연될 수 있는 연극이나 음악저작물 역시 통상적으로 보호되었다. 그러나 건축저작물이나 무용저작물, 사진저작물은 비교적 보호저작물로 인정되지 못하였다.[10] 번역저작물에 대한 차별 역시 있었는데, 보호가 부정되는 경우도 있었고, 보호되더라도 제한된 범위 내에서만 권리를 향유하도록 하는 경우도 많았으며, 무엇보다 보호기간이 다른 유형의 저작물에 비해 대체로 짧았다.

보호기간에 있어서도 포르투갈[11]이나 멕시코, 과테말라 저작권법은 저작권이 저작자의 사후에도 영원히 존속한다고 규정하였지만,[12] 나머지 거의 대부분의 나라는 저작자의 잔여수명에 일정 연수를 더하여 보호기간을 정하는 것이 일반적이었다. 물론 저작물 중 발행을 기준으로 거기에 일정 기간 더하여 보호하는 태도를 취하는 경우도 있었고, 사후시점의 기준과 발행시점의 기준을 병행하여 사용하는 경우도 있었다. 사후보호기간은 짧게는 5년에서 길게는 80년까지 다양했는데, 이탈리아는 특이하게도 저작자 사후 40년간은 저작권이 완전한 형태로 존속하는 것으로, 동 기간이 지난 후 40년은 배타적 권리로서가 아닌 급부청구권으로서의 저작권이 존속한다고 하였다.[13]

행해진 공연은 저작자의 재현권을 침해한 것이 된다고 판시하였고, 이러한 해석경향은 계속 이어졌다. Makeen (2000), p.15.

9) 과거 독일에서는 저작물의 유형에 따라 일부 유형은 문학저작권법(Literaturhebergesetz)에서 또 다른 유형의 저작물에 대해서는 예술저작권법(Kunsturhebergesetz)에서 규율토록 한 예가 있다. 각 법에서 포섭하는 저작물 유형들에 대해 양법이 부여하는 보호의 정도 역시 달랐다.

10) 심지어 미국은 1990년 건축저작물저작권보호법(Architectural Works Copyright Protection Act)에 의해서야 건축저작물을 본격적으로 보호하기 시작하였다.

11) 포르투갈은 1927년 저작권법에서 저작권의 보호기간제한을 폐지하고, 소유권과 마찬가지로 영속적인 보호를 향유하도록 규정하였으나 1960년에 50년간으로 보호기간을 제한하는 것으로 회귀하였다.

12) 물론 현재까지 이러한 태도를 유지하고 있는 것은 아니다.

13) 이러한 태도는 이미 공유영역에 들어간 저작물을 이용함에 있어 이용자로 하여금 저작자단체 등에게 보상금을 지급하도록 하는 제도인 domaine public payant로 발전하여 여러 나라에서 시행되고 있다. 구체적으로 브라질, 코스타리카, 칠레, 쿠바, 폴란드 등에서는 공유 저작물의 이용에 대한 보상제도를 시행하고 있다고 전해진다.

보호되는 권리에 대해서도 영국에서 최초로 복제권을, 프랑스에서 최초로 재현권(공연권)을 도입했던 것과 같이 거의 대부분의 저작권법은 복제권과 공개재현권을 저작재산권의 근간으로 삼고 있었다. 복제권과 공연권의 범위, 복제권과 공연권의 경계 등에 대해서는 다양한 태도가 존재했다. 가령 2차원의 형태인 원저작물을 3차원 형태로 복제하는 것은 복제권의 범위에 들지 못한다고 하거나, 2차적 저작물작성권이나 개작권의 시원이 되었던 번역권(translation right)은 각국의 문화적·교육적 필요에 따라 다소 소극적으로 운영되는 경우가 많았다. 배타적 권리를 제한하려는 장치도 상당수 도입되었다. 교육, 종교, 여러 공공활동이 저작권이 미치지 않는 영역으로 선언되었고, 배타적 권리범위 자체도 제한적이었으며,[14] 권리자 사이에 이익이 충돌하는 경우에 이들을 조화시키는 경우도 있었다.

한편 거의 대부분의 저작권법이 저작권으로 보호를 향유하기 위한 형식적인 요건을 요구하였다. 등록을 요구하는 경우가 대부분이지만, 납본을 요구하는 경우도 있었고,[15] 신문이나 관보에 등록한 사실을 알리도록 하는 경우도 있었다. 등록의 효과 역시 다양하였는데, 저작물의 성립요건으로서 형식적 요건을 갖추지 못하면, 저작물로서의 보호 자체가 부정되는 경우도 있었으며, 단지 집행을 위한 요건으로 정해진 경우도 있었다.[16] 유럽의 여러 국가들은 동 요건을 폐지하는 경향을 보였지만, 그 밖의 여러 나라들은 그렇지 못했다.

국제적인 교역량이 급증하면서 저작물에 대한 교역량 역시 증대되었다. 그러나 각국은 외국의 저작자가 작성한 저작물에 대한 보호에는 인색하였고, 이러한 묵인하에 해적판 서적들과 음악들이 성행하게 되었다. 심지어 해적판의 발행은 국가에 의해 장려되기도 하였는데, 유럽의 문화적 풍성함과 미국의 고

14) 가령 프로이센 저작권법 제32조는 연극 및 음악저작물의 공개상연(Öffentliche Aufführung dramatischer und musikalischer Werke)이라는 제목하에 연극저작물 및 음악저작물의 저작자에게 인쇄되어 공표되지 않는 저작물에 대해서만 이것을 공개적으로 상연·연주할 권리를 부여한다고 정하고 있었다.

15) 최초의 납본제도는 1537년 프랑스 국왕 François의 Ordonnance de Montpellier였다.

16) 앤여왕법은 등록부에 등록하지 않은 서적을 저작물로 보호하지 않은 것은 아니지만, 선의의 침해자에 대해서는 제재수단을 강구할 수 없도록 하였다. *Beckford v. Hood*, 101 Eng. Rep. 1164 (K.B. 1798) 판례 참조; 미국은 아직까지 저작권법상의 납본규정을 유지하고 있다. 17 U.S.C. §407; 발행 후 납본하지 않은 경우에는 벌금을 물어야 하는데, 동 제도는 저작권 등록과는 달리 저작권의 존속이나 행사에 영향을 주지 않는다.

속성장 이면에도 외국 저작물에 대한 대가 없는 이용이 큰 몫을 차지하고 있다고 해도 과언이 아닐 것이다. 가장 큰 피해를 보았던 국가는 영국과 프랑스였다.[17)]

특히 잉글랜드의 작가들은 아일랜드 해적출판사들에 의해 큰 피해를 보았고, 영국이 당시 가지고 있던 해상무역에서의 우월적 지위는 그 피해를 더욱 키웠다. 정치적 · 경제적 사정으로 말미암아 아일랜드 해적판이 주춤한 사이에 미국의 해적판들이 난무하게 되었는데, 이러한 경향은 미국이 저작권에 대해 전향적인 자세를 취하기 시작한 20세기 초에 와서야 개선될 수 있었다. 프랑스 작가들 역시 스위스, 독일, 네덜란드, 벨기에 등에서 제작되는 해적판의 희생자가 되었다. 물론 법적인 의무는 없으나 저작자에게 보상하려는 경향이 다소 나타나기도 했다. 또 라이선스를 굳이 취득하지 않아도 출판이 가능한 경우에도 저작자의 동의를 얻어 제작되는 판본도 있었다. 해적판 도서는 해적출판사에 따라 내용상 차이가 있었고, 대형출판사들은 가격경쟁뿐만 아니라 더욱 정확한 판본을 제작하고, 그것에 권위를 부여하기를 원했기 때문이었다.[18)] 그러나 이는 규범적 차원에서의 논의는 아니었으며, 보편적으로 행해지던 것도 아니었다.

이러한 해적행위는 외교문제로까지 비화되었는데, 그 해결방안 역시 외교적인 성격을 지녔다. 19세기 초만 하더라도 주로 피해국의 주요 수출품에 대해 특혜관세를 부여한다거나 교역에 있어서의 우대가 보장되는 경우가 많았지만, 18세기 중엽으로 접어들면서 점차 외국인의 저작권을 내국민과 비슷한 수준으로 보호한다는 내용의 특별협정을 체결하는 방향으로 전환되었다. 물론 저작권 관념이 공고해지기 이전의 상황에서 해적판은 계몽사상을 실현하는 효율적인 매체였으며, 이러한 경향은 계몽군주에 의해 장려되기도 하였다. 그러나 이해를 달리하는 국가들 사이에서 절충은 불가피한 것으로 받아들여졌다.

무엇보다 저작자는 해적행위로 인해 창작의욕을 상실하고, 궁극적으로 경

---

17) 아이러니컬하게도 18~19세기 영국에서 문학작품 사이에 표절이 성행하였다. Stuart P. Green, "Plagiarism, Norms, and the Limits of Theft Law: Some Observations on the Use of Criminal Sanctions in Enforcing Intellectual Property Rights," 54 *Hastings L. J.* 167(2002), p.176; 결국 저작자들은 해적판에 의한 피해자이자 표절에 따른 수익자였다.

18) Donald A. Redmond, *Sherlock Holmes Among The Pirates: Copyright and Conan Doyle in America 1890-1930* (New York: Greenwood Press, 1990), p.75.

제적 여건이 악화됨에 따라 문화향상에 기여하지 못하는 단계에 이르게 될 것이라는 우려가 제기되었다. 이러한 위기의식은 해적판의 주요 생산 국가들이 저작권의 국제적 보호를 지지할 수 있도록 하는 전환점이 되었다.[19)]

외국 저작자의 저작권에 대한 보호에 있어 초기에 가장 보편적인 형식은 상호주의 원칙을 천명하는 것이었다. 그러나 프랑스는 자연법적 저작권사상에 입각하여 1852년 세계주의 저작권을 천명하였다. 즉, 특정 저작자가 프랑스 저작자를 보호하는지 여부와 상관없이 프랑스 저작권법에 의해 보호되는 저작물을 작성한 경우에는 단지 저작자라는 이유만으로 프랑스법상의 보호를 향유할 수 있도록 한 것이다. 물론 동법에서 천명하는 세계주의는 자연법이라는 철학적 기반 위에 서 있기는 하지만, 프랑스는 프랑스 저작자의 저작물에 대한 실질적 소비국들과 상호주의적으로 양자의 저작권을 존중한다는 내용의 조약을 체결하였다.[20)]

내국민대우원칙이 천명된 경우는 베른협약 성립시까지는 매우 적었는데, 연방국가는 아니었지만, 독일의 일부 분방이 상호간에 저작자를 보호함에 더하여 자신의 국민에 상응하는 보호를 부여한다는 내용의 내국민대우원칙을 천명하였다. 이러한 내국민대우원칙은 이후의 국제협약에 의해 답습되면서 보편화되었고, 현재에 이르고 있다.

아울러 저작자에게 실체적으로 어떠한 권리가 부여되어야 하며, 그 권리의 내용은 구체적으로 어떤 것인지에 대한 합의양상도 나타나게 되었다. 즉, 협약에서 저작권법에 담길 실체적 내용에 대해 정하고, 회원국이 이에 구속되는 형식의 규범이 등장하게 된 것이다. 이러한 최소보호가 최초로 천명된 것은 오스트리아와 현 이탈리아인 사르디니아 공국 사이의 조약이었으며, 이후 프랑스와 영국 사이의 조약에도 최소보호의 요건이 나타나게 되었다. 최소보호 규정에는 주로 보호가 부여되어야 할 저작물의 유형, 저작자의 통제하에 놓여야 할 저작물 이용행위의 유형, 주요 제한사유들이 포함되어 있었다. 보호되는 권리에는

---

19) 물론 표절 작가를 포함하여 직업작가들의 출현은 전 유럽적인 것이었으므로 자국 저작자를 보호하려는 의도도 있었다. 19세기까지 해적국가로 여겨졌던 미국이 20세기 들어 보호국으로 전환되고, 21세기에 접어들면서 저작권보호를 주도하는 모습을 보면, 각국의 이해관계와 저작권제도 사이의 관계를 가늠할 수 있게 한다.

20) 당시 저작권과 관련된 양자조약을 체결한 예를 보면, 프랑스는 베른협약이 성립되기까지 13개로 가장 많은 조약을 체결했고, 뒤를 이어 벨기에가 9개, 이탈리아와 스페인이 각각 8개 그리고 영국과 독일이 5개씩으로 나타나고 있다.

해적판 억제를 위한 복제권과 번역권, 더 나아가 공연권이 있었으며, 저작권의 제한조치로서 교육 및 종교 활동을 위한 저작물의 자유이용규정은 이 당시부터 보편화되어 있었다.

보호기간에 있어서는 최소보호기간을 정하기보다는 상호주의의 원칙을 천명하는 방식을 취하였다. 그래서 일국은 더 짧은 저작권보호기간을 가지고 있는 다른 국가의 저작자를 자신의 보호기간에 맞추어 보호할 필요가 없었으며, 단지 저작자의 국적국(이른바 본국)에서 부여하는 기간만큼만 보호하면 충분하였다.[21] 영국은 1887년까지도 이른바 Stationers' Hall에 등록된 저작물에 대해서만 보호를 향유할 수 있도록 하였는데, 저작권보호에 일정한 형식요건을 부여하는 것은 국제조약에도 종종 나타났다. 무엇보다 외국인이 국적국에서 정한 형식요건을 자국 내에서 만족하는 경우에 타방 체약국에서의 절차가 불필요한 경우도 있었지만, 보호를 향유하고자 하는 국가에서도 형식적 요건을 이행토록 하는 경우도 있었다.[22]

이러한 각국의 저작권법 발전과 국제적 합의의 시도는 베른협약의 준비단계로서 기능하였으며, 베른협약은 이러한 국제적 경향을 심화하고 발전시켰다. 이하는 베른협약을 비롯한 국제저작권법에 나타나는 기본원칙들에 대한 설명으로 구체적인 내용은 베른협약에 그 근간을 두었지만, 동 원칙들은 현재까지 계승되고 있으므로 그 의의가 크다 할 것이다.

---

21) 지금의 베른협약 역시 저작권의 보호기간에 있어서 상호주의를 원칙으로 하고 있다. 다만, 최소보호기간으로 50년을 상정하고 있으므로 초기 저작권관련 조약들과는 차이가 있다고 할 수 있다. 베른협약 제7조 3항.

22) 가령 캐나다는 독립국이 된 이후에도 얼마간 영국법이 적용되었는데, 이른바 *Durand & Cie v. La Patrie Publishing Co.* [(1960), 20 Fox Pat. C. 84 at 92(S.C.C.)] 사건에서 캐나다 대법원은 자국의 저작권법이 1868년 제정되어 현행의 1928년법이 시행되고 있음에도 불구하고, 1842년 영국 문학저작권법과 1833년 극저작권법이 여전히 효력이 있다고 천명한 바 있다. 영국은 이른바 International Copyright Acts를 통해 영연방 식민지에 영국 저작권법이 적용되도록 하였으며, 결과적으로 식민지 주민이 저작권을 얻기 위해서는 영국의 Stationers' Hall에 그들의 저작물을 등록할 것이 요구되었다. 영국은 베른협약 가입과 함께 이러한 형식요건을 폐지하였는데, 캐나다는 이러한 조치가 시행되기 이전의 법을 받아들였으므로 영국에 등록되지 않은 저작물을 캐나다 내에서도 보호하지 않았다.

II. 국제저작권규범의 기본원칙

여기서는 국제저작권법관련 국제규범의 근간으로서 기능하고 있는 여러 가지 기본원리들에 대해서 살펴보도록 한다. 이들 원칙 중 두 번째로 설명할 최혜국대우원칙을 제외하고는 모두 베른협약 혹은 그 이전에 이미 확립되었던 원칙들인데, 이들의 구체적인 내용이 확립되고, 이후의 조약들에 영향을 미친 계기가 된 것이 베른협약상의 제 규정들이었으므로 여기서는 베른협약을 중심으로 그 원칙들을 조명해보고자 한다. 최혜국대우원칙은 통상에 관한 국제규범에서 주로 발전되어 온 원칙으로, WTO TRIPs 협정을 통하여 본격적으로 국제지적재산권 영역에까지 적용되기에 이르렀다. WTO TRIPs 체계가 갖는 세계적인 영향력을 고려해 보았을 때, 동 원칙 역시 국제저작권 전반에 적용되는 일반원칙으로 설명할 수 있을 것이므로 다른 원칙들과 함께 다루도록 하겠다.

1. 내국민대우원칙

(1) 내국민대우원칙 일반론

내국민대우원칙은 통상관련 다자조약, 우호통상항해조약, 지적재산권관련 조약들에서 어렵지 않게 접할 수 있는 원칙인데, 다른 가맹국 국민 혹은 그에 준하는 자격을 보유하는 자를 내국민과 동등하게 대우해야 한다는 것이다. 조금 더 구체적으로 말하자면, 조약의 일방 당사국이 자국영역에서 자국민에게 부여하는 것과 동등한 권리와 이익을 자국 영역에서 조약의 타방 당사국 국민에게도 부여하는 원칙이다.[23] 이러한 원칙은 베른협약을 비롯하여 거의 모든 저작권조약에서 채택되고 있다.

저작권의 국제적 보호와 관련해서 내국민대우원칙은 자국 저작자가 향유하는 보호를 다른 회원국의 저작자 역시 향유할 수 있도록 해야 한다는 원칙으로 이해할 수 있다. 그러나 구체적으로 어디까지가 자국 저작자에게 부여되

---

23) 김명기, “베른협약상 내국민대우원칙에 관한 일반적 연구,” 「계간 저작권」 제44호(1998), 2면.

는 권리로서 내국민대우의 대상이 되는지는 다소 불분명하다. 가령 일국에서 저작자에게 저작장려금을 지급하는 경우, 자국 저작자에게만 동 장려금을 지급하고, 외국인 저작자를 배제하였다고 해서 이것이 내국민대우원칙에 위반하였다고 할 수 있는지 등이 문제된다.[24] 내국민대우가 적용되는 범위는 분명히 존재할 것이고, 그것은 일정한 기준에 의해 구분되어야 할 것이다. 이하에서는 베른협약 및 TRIPs 협정 및 WPPT에 나타난 내국민대우에 관한 규정을 살펴보도록 한다.[25]

| 베른협약 |

저작자는 이 협약에 따라 보호되는 저작물에 관하여, 본국 이외의 동맹국에서 각 법률이 현재 또는 장래에 자국민에게 부여하는 권리와 이 협약이 특별히 부여하는 권리를 향유한다.[26]

---

24) 그 밖에도 최근에 문화와 관련된 통상문제가 다양하게 제기되고 있다. 특히 문화다양성의 보호와 촉진을 위한 협약이 채택되는 과정에서 조약상 의무의 충돌 등 다양한 문제가 제기되었다. 문화다양성협약 전문은 박덕영, 「국제법 기본조약집」(서울: 박영사, 2007), 530-564면 참조. 관련 문헌으로는 박경신, "문화다양성협약과 WTO 협정 상이의 상호지지적인 관계정립을 위하여 -관계정립조항의 해석을 중심으로-," 「법과 사회」 제34호(2008.6), 395-426면; Tania Voon, *Cultural Products and the World Trade Organization* (Cambridge: Cambridge University Press; 2007); Nina Obuljen & Joost Smiers (eds.), *UNESCO's Convention on the Protection and Promotion of the Diversity of Cultural Expressions: Making It Work* (Zagrev: Institute for International Relations, 2006) 등을 참조.

25) WCT에는 별도의 내국민대우 조항이 없는데, 이는 동 조약이 베른협약상의 내국민대우 조항을 승인하고 있기 때문이다. WCT 제3조.

26) "1. 이 협약의 적용상, 내국민대우란 보호가 주장되는 체약국의 국내법에 의하여, 다음의 사람에게 주어지는 대우를 말한다.

(a) 자국 내에서 이루어지거나 방송되거나 또는 최초로 고정된 실연에 관하여, 자국민인 실연자

(b) 자국 내에서 최초로 고정되거나 최초로 발행된 음반에 관하여, 자국민인 음반제작자

(c) 자국 내에 소재하고 있는 송신기로부터 송신된 방송에 관하여, 자국 내에 주사무소를 가지는 방송사업자

2. 내국민대우를 이 협약이 특별히 보장하는 보호 및 특별히 정하는 제한에 따를 것을 조건으로 한다.

Authors shall enjoy, in respect of works for which they are protected under this Convention, in countries of the Union other than the country of origin, the rights which their respective laws do now or may hereafter grant to their nationals, as well as the rights specially granted by this Convention." 베른협약 제5조 1항.

| TRIPs 협정 |

각 회원국은 파리협약(1967년), 베른협약(1971년), 로마협약 또는 집적회로에 관한 지적재산권 조약에 각각 이미 규정하고 있는 예외의 조건에 따라, 지적재산권 보호에 관하여 다른 회원국의 국민에게 자기 나라 국민보다 불리한 대우를 부여하여서는 아니 된다. 이러한 의무는 실연자, 음반제작자, 방송기관에게 이 협정에 규정되어 있는 권리에만 적용된다. 베른협약(1971년)의 제6조 또는 로마협약의 제16조 제1항 나문에 규정된 가능성을 원용하고자 하는 회원국은 동 조항에 규정된 바에 따라 무역관련 지적재산권위원회에 통보한다.[27)]

| WPPT |

각 체약당사국은 제3조 제2항에서 규정한 바와 같이, 이 조약에서 특별히 부여한 배타적인 권리 및 이 조약 제15조에서 규정한 정당한 보상청구권에 관하여 자국민에게 부여하는 대우를 다른 체약당사국의 국민에게 부여하여야 한다.[28)]

여기서 로마협약은 따로 언급하지 않았는데, 베른협약의 문언과 로마협약[29)]의 문언은 그 표현방식이 다소 다를 뿐, 내용은 실질적으로 같다고 보는

27) "Each Member shall accord to the nationals of other Members treatment no less favourable than that it accords to its own nationals with regard to the protection of intellectual property, subject to the exceptions already provided in, respectively, the Paris Convention (1967), the Berne Convention (1971), the Rome Convention and the Treaty on Intellectual Property in Respect of Integrated Circuits. In respect of performers, producers of phonograms and broadcasting organizations, this obligation only applies in respect of the rights provided under this Agreement. Any Member availing itself of the possibilities provided in Article 6 of the Berne Convention (1971) or paragraph 1 (b) of Article 16 of the Rome Convention shall make a notification as foreseen in those provisions to the Council for TRIPs." TRIPs 협정 제3조 1항.

28) "Each Contracting Party shall accord to nationals of other Contracting Parties, as defined in Article 3 (2), the treatment it accords to its own nationals with regard to the exclusive rights specifically granted in this Treaty, and to the right to equitable remuneration provided for in Article 15 of this Treaty." WPPT 제4조.

29) "1. For the purposes of this Convention, national treatment shall mean the treatment accorded by the domestic law of the Contracting State in which protection is claimed:

(a) to performers who are its nationals, as regards performances taking place, broadcast, or first fixed, on its territory;

(b) to producers of phonograms who are its nationals, as regards phonograms first fixed or first published on its territory;

견해가 지배적이고, 실제로 그 적용에 있어서도 차이가 없다.[30] 그러나 TRIPs 협정과 베른협약상의 내국민대우에는 문언상 차이가 있는 것으로 지적되기도 한다. 즉, TRIPs 협정에서 정한 내국민대우의 적용범위는 베른협약이나 로마협약에 비해 더 넓게 규정되어 있다.[31]

구체적으로 본다면, 베른협약에서 내국민대우의 대상으로 규정하고 있는 '권리'라는 개념보다 TRIPs 협정에서의 "지적재산권의 보호(protection of intellectual property)"가 더 포괄적인 의미를 가지고 있다고 해석할 수 있다.[32] 그러나 이러한 규정의 차이로 인해 베른협약과 TRIPs 협정상의 내국민대우원칙이 저작권법 적용에 있어 실질적으로 어떻게 달라질지는 분명하지 않다. 논란이 있을 수 있지만, 실질적인 차이가 없다고 보는 것이 바람직할 것인데, 이는 '권리'와 '보호' 사이의 차이가 실제적으로 적용범위의 차이를 가져올 만한 실례는 아직까지 발견되지 않기 때문이다.

WPPT와 베른협약의 규정 역시 비교할 필요가 있다. WPPT의 내국민대우 규정은 그 대상이 배타적 권리와 보상청구권이라고 하였는데, 베른협약은 "현재 또는 장래에 자국민에게 부여하는 권리 및 이 협약이 특별히 부여하는 권리"라고 하였다. WPPT에서 보상청구권이라는 표현을 분명하게 명시한 것은 베른협약에서 내국민대우의 대상을 단지 권리라고 하였던 것에서 진일보한 것이라는 평가가 있는데, 일부 국가에서 이 권리라는 표현은 단지 배타적 권리에 한정되는 것으로서 보상청구권에까지 미치지는 않는다고 해석했던 것을 방지하고자 이러한 규정을 둔 것이다.[33] 그러나 보다 근본적인 차이는 WPPT에서는 "이 조약에서 특별히 부여"한 권리에 대해서만 보호를 향유케 하면 족하다고 규정하고 있는 데 반해, 베른협약은 "현재 또는 장래"에 부여할 권리에 대

(c) to broadcasting organisations which have their headquarters on its territory, as regards broadcasts transmitted from transmitters situated on its territory.

2. National treatment shall be subject to the protection specifically guaranteed, and the limitations specifically provided for, in this Convention." 로마협약 제2조.

30) Ficsor (2003), para. RC-2.5.

31) Goldstein (2001), p.84.

32) 동 규정에서 로마협약 규정에 대한 내국민대우에 대해서는 단지 보호라는 용어 대신 권리라는 용어를 사용하고 있으므로 보호의 의미가 베른협약 등에서의 권리보다 확장된 것임을 짐작할 수도 있다.

33) 이상 최경수 (2001), 86면.

해 내국민대우원칙을 적용해야 한다고 하였으므로 굳이 베른협약 규정이나 베른협약 체결 당시 국내 저작권법에 존재하지 않는 권리라 하더라도 이후 창설되는 권리[34]에 대해서도 보호를 해주어야 베른협약상 내국민대우에 저촉되지 않을 것이다.[35]

한편, 내국민대우를 부여해야 할 저작물의 유형과 권리유형도 문제가 되는데, 한 회원국에서 보호되는 유형의 저작물이나 권리가 다른 회원국 저작자에게 어느 정도까지 인정되어야 하는지에 대한 규명이 필요하다.

(2) 내국민대우가 적용되는 저작물

베른협약 제2조 1항은 협약상 보호를 받을 수 있는 저작물의 유형을 열거하고 있는데, 이렇듯 저작물을 열거하는 것은 저작권보호에 있어서 한계가 될 수 있다. 우선 신유형의 저작물이 나오는 경우, 조약을 개정하는 것 이외에 이들 저작물을 보호할 수 있는 확실한 방법이 없다는 점을 지적할 수 있다.

또 한 가지의 문제는 저작물 유형 사이에 경계획정을 하기 어렵다는 것인데, 베른협약 제2조 6항은 동조 제1항에서 열거된 저작물의 유형에 대해서만 보호를 부여하도록 정하고 있어서 문제가 된다. 특히 미술저작물과 여타의 저작물을 엄격하게 구별하는 것에 대한 어려움을 예로 들 수 있을 것이다.

예를 들어 조형예술이자 설치예술인 백남준의 비디오아트를 검토해보자. 이러한 작품은 모니터의 배치와 조명 등이 함께 어우러졌다는 점에서 미술저작물에 해당한다. 그러나 배치된 모니터 내에서는 전체 작품과 일체적 관련성을 갖는 영상들이 재생된다는 점은 비디오아트만의 특징이다. 이러한 영상은 작품 전체와는 별개로 우리 저작권법 제2조 13호의 정의에 따라 영상물에 해당하며, 이는 다시 저작권법 제4조 1항 7호의 예시 및 베른협약상의 관련규정인 제2조 1항에 따라 보호받는 영상저작물이 된다. 문제는 당해 영상저작물인 모니터 영상과 미술저작물인 모니터와 조명 등의 설치가 혼재하는 상황에서 발생한다. 당해 작품 전체가 미술저작물이 될 수 있는지, 아니면 미술저작물과 그와 별개인 영상저작물로 존재한다고 볼 수 있는지가 문제된다.

---

34) 그것이 국내법에 의해서 부여되든 국제조약에 의해 부여되든 상관없이 적용된다.

35) WPPT상 내국민대우원칙이라는 이름을 가지고 있는 제4조는 엄밀한 의미에서 조약상 규정되어 있는 제 권리에 대한 회원국간 실질적 상호주의를 의미하는 것이지 내국민대우 자체를 의미하는 것은 아니다. Ficsor (2003), para. PPT-4.4.

우선 영상과 설치조형을 별개의 저작물로 보아 전자를 영상저작물로 후자를 미술저작물로 보는 방법이 있다. 이 경우 설치물만이 미술저작물로 된다. 이렇게 본다면, 영상의 재생을 배제하고, 조형물과 함께 설치된 모니터에 저작자가 삽입한 것과 다른 영상을 입력하여 재생되도록 하더라도 이와 불가분의 관계인 조형저작물을 해하지 않는 것이므로 동 저작물에 대한 동일성유지권의 침해가 문제되지 않으며, 각 저작물의 개별적 이용이 다른 저작물에 영향을 미치지 않을 것이다.[36] 다시 말해 이들은 별개의 저작물이므로 각각의 저작물을 별도로 이용하거나 분리되는 부분 중 하나를 배제시키고 이용하더라도 저작권법상 문제가 발생하지 않는다는 것이다. 그러나 비디오아트에서 영상과 설치된 조형물 사이에는 일체적으로 인식될 수 있는 연결고리가 존재하기 때문에 영상과 설치물이 별개의 저작물이라는 이러한 접근방법에는 문제가 있다.

두 번째로 미술저작물 혹은 영상저작물이 결합되어 있으므로 저작권법 제4조 1항 및 베른협약 제2조 1항의 저작물 유형에 예시되지 않은 신유형의 하이브리드 저작물로 보는 방법이 있다.[37] 비디오아트는 일면 미술저작물로서의 성격을 갖지만, 다른 한 면으로 영상저작물로서의 성격도 가지므로 전체적으로 하이브리드 저작물, 즉 제3유형의 저작물이라고 할 수도 있다. 그러나 이 경우, 베른협약 제2조 1항에 열거된 저작물에는 해당하지 않게 되어 보호의 공백이 발생할 수 있다.

세 번째로 비록 전체적으로 미술저작물이라고 보기는 어렵지만, 전체적으로 미술저작물과 영상저작물로서의 성격을 동시에 갖는 저작물이 된다고 확대해석하는 방법이 있다. 즉, 주된 성격이 미술저작물에 해당한다면, 미술저작물로 인정하거나 경우에 따라 영상저작물과 미술저작물로 동시에 인정하는 것을 생각해볼 수 있다.

만약 어떠한 베른체약국이 두 번째 태도를 취하여 비디오아트를 하이브리드 저작물, 즉 신유형의 저작물로 새기게 되면, 동 저작물은 베른협약 제2조 1

---

36) 이 같은 일은 현실화된 바 있다. 서울시립미술관에서 비디오아트 작품에 본래의 영상물 대신 서울시 홍보영상 DVD를 삽입하였다.

37) "멀티미디어 저작물(multimedia works, Multimedienwerk)"이라는 개념이 필요한지에 대해서도 논의가 진행되고 있다. 멀티미디어 저작물은 공연의 대상이 되고 공연은 저작물의 유형에 따른 차별을 가하고 있지 않기 때문에 현재 상황에서 멀티미디어 저작물을 따로 인정해 줄 필요는 없다고 생각된다.

항에 열거된 저작물 유형 어디에도 해당하지 않으므로 동 체약국은 보호를 거절할 수 있을까? 이러한 저작물 유형화와 보호공백의 문제는 내국민대우원칙에 의해 어느 정도 해결될 수 있다. 즉, 내국민대우는 베른협약 제2조 1항 규정에 나열되지 않은 것에 대해서도 보호를 향유하도록 하는데, 각 회원국은 창작성의 정도나 고정되어 있을 것 등, 저작물로 성립하기 위한 자국 저작권법상의 기본원칙들을 정한 경우에는 동일한 요건 아래서 이러한 요건을 만족시키는 모든 외국저작물에 대해서도 보호를 같은 향유토록 해야 한다.[38]

가령 우리 저작권법은 제4조 1항은 저작물의 유형을 제시하면서도 "저작물을 예시"한다고 하여 저작물 유형에 따른 저작권 부여여부에 차별이 없음을 천명하고 있는데, 이러한 원칙은 외국저작물에 대해서도 그대로 적용되어야 한다. 만약 이를 위반하는 경우에는 내국민대우원칙을 위반한 것이 된다. 그러나 어느 베른동맹 회원국이 국내법으로써 베른협약에 열거된 저작물에 대해서만 보호를 향유하도록 한다면, 비디오아트 등의 저작물에 대해서 보호를 부여하지 않더라도 문제를 제기하기는 어렵다.

한편 국내법에 의해 요구되는 창작성의 요건을 만족시키는 저작물에 대해서만 내국민대우를 적용하면 족하며, 이를 초과하는 보호는 회원국이 재량에 따라 그 보호 여부를 결정할 수 있다. 가령 미국과 영국에서 녹음물(sound recordings)을 저작물로 보호하고 있지만, 상당수의 대륙법계 국가에서 녹음물을 저작물로 보호하지 않는데, 주로 녹음물에까지 저작물성을 인정할 정도의 창작성이 인정되지 않는다고 보고 있다. 녹음물을 저작물로 인정하는 국가에서 인정하는 창작성의 척도는 대륙법계 저작권법에 비해 낮은 것인데, 만약 이들 국가가 녹음물의 보호근거로 충분한 창작성이 있기 때문이라고 한다면, 베른협약의 다른 체약국의 녹음물에 대해서도 같은 창작성의 기준에 따라 보호를 향유토록 해야 할 것이다. 그러나 녹음물을 창작성 여부와 관계없이 단지 정책적 이유나 저작인접권의 부재 등을 이유로 저작물로 의제하여 보호하는 경우에는 다른 체약국 녹음물에 대한 저작권 부여를 하지 않더라도 이는 저작권보호의 본질적인 내용이 아니므로 내국민대우원칙을 위반하는 것은 아니라고 할 것이다.[39]

---

38) 여기서 외국저작물은 베른협약의 회원국을 본국으로 하는 저작물만을 의미한다.

39) 과거 우리나라는 음반을 저작물 유형 중 하나로 인정한 바 있다. 이러한 태도는 1987년 저작권법이 전면 개정되면서 수정되었는데, 우리 대법원은 "1986. 12. 31. 법률 제3916호

(3) 내국민대우가 적용되는 권리

베른협약 내에서 명시적으로 국내법에 도입할 것을 요구하는 경우와 도입 여부에 대해 재량권을 부여한 경우[40]를 제외하고, 국내법에만 정해진 저작권이 내국민대우 원칙의 적용을 받는지 여부를 규명할 필요가 있다. 내국민대우원칙이 어떤 저작권에 적용되는지 여부를 알아보기 위해서는 우선 조약법에 관한 비엔나협약에서 정한 해석의 기본원칙부터 살펴보아야 할 것이다. 조약법에 관한 비엔나협약 제31조 1항은 다음과 같이 규정하고 있다.

> 조약은 조약규정의 문맥과 조약의 객체 및 목적에 비추어 조약의 문언에 부여된 통상적 의미에 의거하여 성실하게 해석되어야 한다.

독일의 저작권법학자인 Burger는 베른협약상 내국민대우의 원칙에 대한 논고에서 일단 문언해석의 중요성을 강조한다.[41] 그의 견해에 따르면, 베른협약 제5조 1항은 "저작자는 이 협약에 따라 보호되는 저작물에 관하여, 본국 이외의 동맹국에서 각 법률이 현재 또는 장래에 자국민에게 부여하는 권리 및 이 협약이 특별히 부여하는 권리를 향유한다."라고 되어 있는데, 현재 자국민에게 부여하는 권리 이외에 "장래에 자국민에게 부여할 권리" 역시 내국민대우의 대상이 되도록 규정하고 있다는 점에서 베른협약에서 권리를 부여하고 있지 않거나 베른협약 체결 당시 국내저작권에 규정이 없던 권리 유형도 내국민대우의 대상임이 확인된다고 하겠다.[42] 더욱이 베른협약 서문에는 "동맹국은 문학·예술 저작물에 대한 저작자의 권리를 가능한 한 효과적이고 통일적으로 보호하도록 모두 희망"한다고 되어 있으므로 문맥해석에 의해서도 내국민대우

로 전문 개정되기 전의 저작권법 제2조는 음반을 저작물의 하나로 규정하고 있었으므로 같은 법의 적용을 받는 내외국인의 음반을 기초로 한 2차적 저작물이 작성될 수 있다고 할 것"이라고 하여 일단 저작물로 보호되었던 음반에 수정과 증감을 가하면, 그것이 개정법 시행 이후에 이루어졌다고 하더라도 2차적 저작물로 보아야 한다고 판시한 바 있다. 대법원 2006. 2. 10. 선고 2003다41555 판결.

40) 가령 베른협약 제14조의3에서 규정하는 추급권은 저작자의 국적국에서 이를 인정하는 경우에만 주장할 수 있다(제2항).

41) Peter F. Burger, "The New Photocopy Remuneration Provisions in the Federal Republic of Germany and Their Application to Foreign Authors under International Copyright Law — Part One," *IIC* 1988, p.490.

42) *Id.*, p.491.

가 베른협약에 규정되지 않은 저작권에도 적용됨이 명시되었다고 할 수 있다.[43)]

그렇다면, 국내법에 의해 보호되는 "저작권"이란 무엇인가. 어떠한 권리가 일반적으로 국내 "일반 저작권법의 일부(a part of general copyright laws)"를 구성하게 되면, 내국민대우의 대상이 된다고 보고 있다.[44)] 좀더 구체적으로 보면, 어떠한 저작권이 내국민대우원칙이 적용되기 위해서는 일반적으로 당해 권리유형이 세 가지 요건을 갖출 것이 요구된다고 한다. 즉, 첫째, 당해 권리가 대세적(erga omnes) 효력을 가질 것, 둘째, 당해 권리가 저작자로 하여금 저작물의 이용을 통제토록 하거나 저작물의 이용으로부터 이득을 취하도록 할 것, 셋째, 당해 권리가 시장에서의 저작물의 현재 혹은 미래적 성과에 상응하여 저작물의 이용에 대해 평가할 것이라는 세 요건이 모두 만족될 경우에는 내국민대우원칙이 적용된다는 것이다.[45)]

사적복제보상금제도가 특히 문제되는데, 동 제도의 골자는 우선 녹음·녹화기기 및 사진 복제기기를 제조하거나 수입하는 자는 저작자에게 저작물의 이용자가 추후에 행할 사적 복제로 발생할 저작물의 이용에 대한 대가를 저작물의 실제 이용자를 대신하여 지불해야만 한다는 것이다. 그러나 저작자에게 보상청구권을 부여된다고 하여 동 권리를 바로 행사할 수 있는 것이 아니고, 행사방법에 제한이 있는 것이 보통이다.[46)] 본질적으로 당해 권리는 i) 모든 기

43) *Id.*

44) Ricketson/Ginsburg (2005), p.740.

45) Goldstein (2001), pp.81-82; 세 가지 요건의 의미가 명료한 것은 아니다.

46) 대개 신탁관리단체에서만 동 권리를 한꺼번에 행사할 수 있다고 규정하고 있다. 기기에 대한 보상금 요율의 결정과정은 나라에 따라 다를 것이지만, 우리에게는 매우 생소한 것이다. 아래에서 판례를 통해 독일의 제도운영의 예를 살펴보기로 하자.

원고는 저작권신탁관리업자이다. 원고는 컴퓨터 제조업자들인 피고에 대해 독일 저작권법 제54조의g에 따라 컴퓨터의 생산량에 대해 통보해줄 것을 요구하였다. 그러나 제조업자들은 복제기기를 제조하지 않는 전자기기 생산자들에게 생산량을 통지해줄 의무가 없다는 이유로 원고의 이와 같은 요구를 받아들이지 않았다. 한편 저작권단체는 기기보상금의 합의를 위해 컴퓨터 제조업자에게 협의에 응할 것을 요구했으나 의견조율에 실패했고, 결국 조정절차에 의해 12유로의 보상금이 적절하다는 조정안이 나왔다. 이 조정안은 컴퓨터 제조업자들은 물론이고, 저작권단체들이 만족할 만한 수준이 아니었다. 이에 저작자단체는 저작자단체와 컴퓨터 제조업자들 사이에 생산량의 통지에 관한 권리·의무관계가 있는지 여부와 보상금으로서 12유로가 적절한지를 확인해줄 것을 구하는 소송을 제기했다. 법원은 생산량의 통지에 관한 권리·의무관계의 존부에 대해 살피면서, 컴퓨터가 복

기 및 매체, 저작물에 적용되고, ii) 저작자는 저작물의 이용을 허락하거나 거절할 권한은 갖지 않지만, 저작물의 이용으로부터 이득을 취하며, iii) 저작자에게 지급되는 보상은 시장에서의 저작물의 이용정도에 상응하여 세 요건을 모두 만족시키므로 내국민대우원칙의 대상이 된다. 그럼에도 불구하고 이러한 사적복제보상금의 지급을 저작자에게 청구권을 부여하는 방식이 아닌 다른 방법

제기기에 해당하는지를 판단했다. 우선 인터넷이나 디지털 미디어를 통해 컴퓨터에서 불러들여지고, 장기기억장치에 저장되며, 그 상태가 유지되는 경우는 명백하게 저작물이 복제된 것이라고 보았다. 그러나 위와 같이 장기간 저장되는 것이 아닌 이용에 수반되는 복제에 대해서는 평가가 내려지지 않았다.

주목해야 할 점은 일반적인 복제개념과 기기보상금제도에서 이야기되는 복제와는 차이가 있다는 것이다. 즉, 독일 저작권법 제16조에 규정된 복제의 개념은 복제의 유형에 제한을 받지 않지만, 저작권법 제54조의a에서 복제(Ablichtung)는 오로지 "사진복제"의 방법으로 복제가 이루어지거나, 이와 동일한 효과를 갖는 방법에 의한 복제만을 말하게 된다. 따라서 후자에 대해 설명하면서 "이러한 복제는 오로지 하드카피만을 의미한다."고 표현하기도 한다. 이용에 수반되는 복제는 광의의 복제개념에는 포함될 수 있으나, 제54조의a에 의해서도 복제가 되는지 여부에 대해서는 더 정교한 판단이 필요할 것이다. 어느 범위까지가 이른바 하드카피에 해당하는지를 논의하는 실익은 기기보상금의 산정문제와 직결되어 있다. 독일 법원들의 공통된 견해에 따르면, 본래적 복제기기와 부수적으로 복제기능을 갖는 기기들은 구별된다. 과거 연방법원의 판단에 따르면, 팩스기기, 스캐너 등은 복사기나 프린터·플로터와 같이 오로지 복제를 위해 제조되거나 주로 복제를 위해 사용되는 기기들과는 구별된다고 보았다. 법원의 판단에 따르면 컴퓨터 역시 팩스, 스캐너와 마찬가지로 부수적으로 복제를 수반하는 기기로 분류된다고 하는데, 복제에 이용될 가능성이란 면에서는 차이가 있을 것이다.

독일 저작권법 제54조의d의 추가규정을 보면, 복제기기의 기기당 보상금액이 적시되어 있다. 대개의 경우 저작자단체와 제조업자들의 합의에 의해 법정보상금보다 다소 낮은 금액의 보상금이 합의된다고 한다. 만약 이 합의에 실패하더라도 더 높은 법정보상금이 적용되기 때문에 저작자로서는 손해가 없다. 다만 요율표에 적시된 기기의 유형은 오로지 복제를 위한 것들이어서 위의 컴퓨터를 비롯하여 스캐너나 팩스기기에는 부합되지 않는다. 결론적으로 컴퓨터에 대한 기기보상금의 결정은 오로지 저작자단체와 컴퓨터 제조업자의 합의에 의해서만 가능한 것이다(개정논의가 있다). 본 사례에서 법원은 보상금액의 적정성을 판단함에 있어 다음의 두 가지 요소를 고려하였다. 우선 다른 기기에 대해 이미 합의된 내용을 참조했다. 다음으로 기기의 복제용도의 사용과 그 이외의 사용가능성이 비율로서 고려되었다. 법원의 판단에 의하면, CD라이터에 대한 보상금이 약 7유로이고, DVD라이터에 대해서는 약 10유로의 보상금이 부과되는 점을 고려해볼 때 12유로는 적정하다고 한다. 또 컴퓨터에서 저작권에 의해 보호되는 저작물이 복제되는 경우가 아닌 용도의 이용이 약 70-80 퍼센트에 이르기 때문에 12유로가 보상금으로 과소하다는 저작자단체의 의견을 배척했다. 법원은 결국 12유로가 보상금으로 적정하다는 판단을 내렸다. LG München, ZUM 2005, 241.

에 의하는 경우가 있다. 가령 사적복제보상금을 세금으로 징수한다거나 펀드를 조성하여 보상금이 펀드에 편입되도록 하되 그것에 대한 수혜를 국내 저작자에게만 부여하는 경우가 더러 있다. 이러한 제도를 운영하는 것은 내국저작자만을 지원하는 결과를 가져오므로 결국 내국민대우 위반 소지가 있다.

2. 최혜국대우원칙

최혜국대우원칙은 GATT 1947에서부터 줄곧 고수되어온 원칙으로서 GATT 체제가 WTO 체제로 확대됨에 따라 지적재산권에 관한 WTO TRIPs 협정에도 그대로 수용되었다.

TRIPs 협정은 제4조에서 "지적재산권의 보호와 관련, 일방 회원국에 의하여 다른 회원국의 국민에게 부여되는 이익, 혜택, 특권 또는 면제는 즉시, 그리고 무조건적으로 다른 모든 회원국의 국민에게 부여된다."고 하여 최혜국대우를 회원국의 의무로 규정하고 있다. 다만, i) 사법공조에 관한 국제협정, 또는 특별히 지적재산권의 보호에 한정되지 아니하는 일반적 성격의 법률 집행에서 비롯되는 경우, ii) 상호주의를 허용하는 로마협약 또는 베른협약의 규정에 따른 예외,[47] iii) TRIPs 협정에 규정되지 아니한 실연자·음반제작자 및 방송사업자의 권리에 관한 경우, iv) WTO 협정 발효 이전에 발효된 지적재산권 보호 관련 국제협정에서 이미 예외가 인정되는 경우에는 예외를 인정하고 있다.

최혜국대우의 원칙이 특히 문제되는 것은 FTA와의 양립가능성 문제이다. 최근 FTA에 저작권을 비롯한 지적재산권관련 규정이 다수 포함되면서 TRIPs 협정보다 더욱 강화된 보호를 상호 부여하는 경우가 많다. 그런데 최혜국대우원칙의 기본적인 개념에 따르면, WTO의 회원국이 FTA협정상 어떤 국가에 부여되는 혜택을 WTO 모든 회원국에게 부여해야만 최혜국대우의 원칙에 반하지 않게 된다. 원래 FTA의 근거가 된 GATT 제24조[48]는 FTA 협정에서 인정

---

47) 가령 응용미술저작물에 보호에 대한 규정인 베른협약 제2조 7항, 보호기간의 상호주의 원칙에 대한 제7조 8항 등.

48) GATT 제24조(영토적 적용, 국경무역, 관세동맹 및 자유무역지역) [일부 발췌]

4. 체약당사자들은 자발적인 협정을 통하여 동 협정 당사국 경제 간의 보다 긴밀한 통합을 발전시킴으로써 무역의 자유를 증진하는 것이 바람직하다는 것을 인정한다. 체약당

하는 혜택에 대해서는 GATT상의 최혜국대우를 적용하지 않을 수 있도록 배려하고 있다. 그러나 동 규정은 상품교역에 관한 규정으로 서비스 교역을 규율하는 WTO GATS 협정 제5조에서도 유사한 규정을 두고 있다. 그러나 GATT 제24조 규정만으로는 TRIPs 협정상의 지적재산권에 대하여 최혜국대우원칙의 배제를 위한 근거규정이 될 수 없으며, 더구나 TRIPs 협정에는 동 규정에 상응하는 규정이 포함되어 있지도 않다. 이러한 점에 비추어 보면, WTO 회원국 간에 더욱 강화된 지적재산권 보호를 규정한 FTA 협정을 체결하여 상대국에게만 더욱 강화된 보호를 부여하는 것은 TRIPs 협정상의 최혜국대우원칙 위반이 될 수 있다.

그렇기는 하지만 GATT체제가 WTO 체제로 재편된 점을 감안할 때, GATT의 기본원리가 WTO 전반에 인정되는 것으로 볼 수도 있고, 또한 현실적으로 많은 FTA 협정에서 지적재산권에 관한 규정을 포함하고 있다는 점을 간과할 수도 없다. 즉, 조약의 법문을 문리적으로 해석할 경우에는 적법성에 의문이 있을 수 있지만, 국제통상이라는 현실과 관련된 문제임을 고려하여 현실적으로 받아들일 수밖에 없는 측면이 있다는 것이다. 또 현재 많은 FTA 협정이 WTO TRIPs 협정보다 강화된 지적재산권 보호규정을 포함하고 있으나 이를 문제 삼은 예는 아직 발견되지 않는다. 입법론적으로는 WTO TRIPs 협정에도 FTA 예외규정을 포함하도록 향후 개정하는 것이 바람직할 것이다.

3. 보호독립의 원칙

베른협약의 기본원칙 중 하나로 보호독립(independence of protection 혹은 independent treatment)의 원칙이 제시되고 있는데, 동 원칙은 TRIPs 협정과 WCT에서 그대로 수용하고 있으므로 저작권법을 지배하는 대원칙이 되었다. 동 원칙은 내국민대우원칙에 대한 파생원칙이라 할 수 있다.

사자는 관세동맹 또는 자유무역지역의 목적이 구성영토 간의 무역을 원활화하는 것이어야 하며 다른 체약당사자의 동 영토와의 무역에 대한 장벽을 세우는 것이어서는 안된다는 것을 또한 인정한다.

5. 따라서 이 협정의 규정은 체약당사자 영토 간에 관세동맹 또는 자유무역지역을 형성하거나 관세동맹 또는 자유무역지역의 형성을 위하여 필요한 잠정협정을 채택하는 것을 방해하지 아니한다.

베른협약 제5조 2항 2문은 "그러한 향유와 행사는 저작물의 본국에서 보호가 존재하는 여부와 관계가 없다."라고 규정하고 있다. 동 규정의 의미는 저작자가 저작권을 베른협약 체약국에서 향유하고 행사하는 데 있어서 저작자의 국적지에서 동 저작자에게 저작권을 부여하는지 여부 혹은 발행지에서 저작물로서 보호를 향유토록 하는지 여부는 의미를 갖지 않는다는 것이다. 따라서 베른협약에서 정한 국적의 요건 혹은 발행의 요건, 저작물로서의 성립요건을 충족시킨 저작자 혹은 저작물은 다른 베른협약 체약국에서 그 회원국의 저작자가 향유하는 권리를 그대로 부여받아야 한다. 특히 어떠한 저작자가 자신의 국적국에서 형식요건을 만족시키지 못해 권리를 취득·유지하지 못한 경우에도 다른 회원국은 이를 근거로 동 저작자에게 보호를 부정할 수 없다.

4. 보호국법주의

한 국가의 입법 및 집행관할권은 일부 특별한 경우[49]를 제외하고는 자신의 주권이 미치는 영토에 한정된다. 이러한 국가의 입법·집행관할권을 속지주의(territoriality)라고 일컫기도 한다. 저작권보호의 준거법은 보통 세 가지 기준에 의해서 정해진다고 말할 수 있다. 우선 본국법(lex loci originis), 즉 저작자의 국적국이나 저작물의 발행국을 기준으로 하여 보호나 구제가 결정되는 본국법주의가 있고, 동 저작물이 보호를 향유하는 국가, 달리 말하면, 보호가 주장되는 국가의 법(lex loci protectionis)이 보호나 구제의 기준이 된다고 보는 보호국법주의가 있으며, 보호와 구제의 요건은 법정지의 법원이 그들의 법정지법(lex fori)에 따라 결정하여야 한다는 법정지법주의가 있다. 보호국의 법을 일컫는 라틴어 술어 lex loci protectionis에서 loci는 라틴어 명사 locus의 속격인데, 이는 장소나 위치를 의미하므로 영토 내에서의 행위에 대한 관할권을 의미하는 속지주의와 보호국법주의는 그 의미상 차이가 없다고 볼 수 있다.

그러나 보호국법주의가 직접 저작권관련 조약문언에 천명되는 예는 흔치 않다. 그럼에도 불구하고 보호국법주의가 통용되고 있다고 보는 데는 두 가지의 논거가 제시된다. 우선 저작권이 원래 군주에 의해 발부되는 특허로부터 기원하며, 동 특허는 그것을 발하는 군주의 관할하는 영토에 한정되었다는 점에

49) 가령 타국 경쟁법 위반에 대해 국내법이 역외적용되는 경우가 있다.

서 이러한 경향이 현대 국제저작권법에도 이어지고 있다는 역사적 접근방식이 있다.[50] 한편 실제로 저작물의 이용자 입장에서 자신이 저작물을 실제로 이용하고 있는 곳의 국내법에 준거하여 저작물을 이용하면 족한 것이지 이용하려는 저작물의 본국을 탐지하고, 본국의 저작권법 규정을 숙지할 수는 없을 것이라는 현실론도 제기된다.[51]

이렇듯 국제저작권법에서 속지주의 원칙이 통용됨에도 불구하고, 주의할 점은 베른협약의 태도인데, 협약 제5조 2항 2문은 다음과 같이 규정하고 있다.

> 이 협약의 규정과는 별도로, 보호의 범위와 저작자의 권리를 보호하기 위하여 주어지는 구제의 방법은 오로지 보호가 주장되는 국가의 법률의 지배를 받는다.

베른협약상 위 규정의 의미에 대해 단지 법정지법주의를 의미한다고 보는 견해와 보호국법주의를 천명하고 있는 것이라는 견해가 대립되고 있다.[52] 동 규정은 보호와 구제에 대한 사안은 보호가 주장되는 국가의 국내법에 의해서만 지배를 받는다(governed exclusively by the laws of the country where protection is claimed)고 규정하고 있는데, 이는 저작권의 보호와 구제에 대해 국제사법 등의 국내법이 결정한다는 것을 의미하는 것이지 그 보호와 구제 자체에 있어 국내의 저작권 관련 규정을 그대로 적용해야 함이 강제된다는 것을 의미하지는 않는다. 따라서 베른협약상 인정되는 준거법의 기준은 법정지법주의에 따라 결정된다고 보아야 할 것이다.

한편 본국법주의는 저작권관련 조약에 매우 드물게 등장하고 있다. 대표적인 것은 1889년의 몬테비데오협약으로 동 협약 제2조에는 본국법주의가 천명되어 있다. 그러나 동 협약에 가입한 회원국이 많지 않으며, 더욱이 베른협약 제20조는 동 협약과 저촉되는 협약은 적용되지 않는다고 정하고 있다.[53] 따라서 베른협약과 몬테비데오 협약에 모두 가입한 국가들 사이에는 본국법주의가

---

50) von Lewinski (2008), para. 1.07.

51) Schricker/Katzenberger (2006), Vor §120 ff. UrhG para. 123.

52) 보호국법주의를 주장하는 대표적인 학자는 독일의 Ulmer 교수이다. 이에 대한 비판은 Schack (2007), para. 891 참조.

53) "동맹국 정부는 그들 사이의 특별 협정이 저작자에게 이 협약보다 광범위한 권리를 부여하거나 이 협약에 저촉되지 아니하는 다른 규정들을 담고 있는 한, 그 협정을 체결할 권리를 유보한다. 이러한 조건을 충족하는 기존의 협정 규정들은 그대로 적용된다."

적용될 수 없으며, 현실적으로 베른협약의 회원국수는 몬테비데오협약과는 비교할 수 없을 정도로 많으므로 몬테비데오협약은 그 실효성이 없다고 할 것이다.

그러나 실제에 있어 보호국법의 적용은 그렇게 간단한 것은 아니다. 저작권의 귀속에 대해 각 국가의 태도가 다르기 때문에 다양한 국적의 사람들이 저작물의 창작에 참여하고, 여러 나라에서 이용하는 경우에 국제사법적 문제가 다양하게 발생할 수 있다.[54] 저작권 문제의 핵심적인 사안들은 준거법에 따라 결과가 달라지며, 어느 나라의 법을 적용하느냐에 따라 저작권의 귀속주체가 달라질 수 있다. 가령 독일에서 창작된 저작물은 그것이 고용관계에서 작성되었다 하더라도 저작자는 창작주체 자신들이지만, 우리법에서는 단체명의 저작물에 해당하는데, 고용주인 독일 법인이 원고로서 우리나라에서 소송을 제기하는 것이 가능한지가 문제될 수 있다. 또 어느 국가에서는 종업원저작자만이 저작자가 될 수 있다고 정할 수 있을 것이고, 별도의 이용권 설정[55]을 통해서만이 법인이 소제기가 가능하다고 보는 경우도 있는데, 이러한 경우에 권리의 귀속과 소제기의 가능성은 달라질 수 있다.

저작권 분야에 대한 우리 국제사법의 적용에 있어 권리의 귀속은 본국법, 즉 저작자의 국적국법에 의한다고 볼 수는 있다. 그렇게 하더라도 그 권리가 제3자에 대한 관계에서 어떠한 효력을 갖는가 등에 관해서는 이용지의 법[56]에

---

54) 본 주제에 대한 심도 있는 논의는 金彦淑, 「知的財産權과 國際私法」(東京: 信山社, 2006) [일본어 문헌]; Mireille van Eechoud, *Choice of Law in Copyright and Related Rights* (The Hague: Kluwer, 2003); Dan J. B. Svantesson, *Private International Law and the Internet* (Boston: Kluwer, 2007); Josef Drexl & Annette Kur (eds.), *Intellectual Property and Private International Law* (Oxford: Hart, 2004); James J. Fawcett & Paul Torremans, *Intellectual Property and Private International Law* (Oxford: Clarendon Press, 1998) 등을 참조.

55) 입법이나 판례에 의해 설정 받은 배타적 이용권에 준물권적 성격이 있음이 인정하고, 그 결과 이러한 이용권에 근거해서 침해에 대한 소를 제기할 수도 있다는 태도가 존재한다. 독일에서는 저작권침해에 대한 청구권의 양도가 가능하다고 본다. BGHZ 30, 162, 166.

56) 최근 X-Girls 상표사건(대법원 2004. 7. 22. 선고 2003다62910 판결)에서 법정지법주의가 우리나라에서도 통용되는 원칙으로 선언되었다고 보는 견해가 있다(강영수 판사). 현재 지적재산권 분쟁에 있어 국제재판관할 및 준거법 결정 등에 관한 국제적 규범은 아직 정립되지 않았지만, 헤이그 국제사법회의, 국제지적재산권기구 등의 국제기구 등에서 활발하게 논의가 되고 있는바, 앞으로의 추이를 주목할 필요가 있다. 추가적인 사항은 강영수, 「국제 지적재산권침해 소송에 있어서 국제사법적 문제에 관한 연구: 속지주의 원칙의 한계 및 그 수정을 중심으로」(서울대학교 박사학위논문, 2005), 89면 이하 참조.

의한다는 데 별다른 이견이 없다.[57] 따라서 우리나라에서의 저작물 이용행위가 저작권을 침해하는지 여부는 보호국인 우리나라의 저작권법과 국제사법을 준거법으로 판단하게 된다. 우리나라에서 지적재산권의 보호는 침해지법에 의하고,[58] 계약의 해석에 있어 "당사자 자치(party autonomy)"에 따르고 있다고 봄이 타당할 것이다.[59]

5. 최소보호의 원칙과 예외

베른협약 제5조 1항은 내국민대우가 적용됨을 천명하는 한편, 저작자가 "협약이 특별히 부여하는 권리"를 향유한다고 규정하고 있다. 협약이 특별하게 부여한 권리는 협약 제8조 이하에서 규정하고 있는 권리들을 의미하는데, 동 권리들은 회원국이 저작권으로서 국내법에 따라 부여해야 할 계약상의 의무(contractual obligations)들이며, 동 의무는 각 회원국을 구속한다. 따라서 동 권리를 도입하지 않거나 불완전하게 도입하는 회원국은 베른협약을 위반하였다고 볼 수 있다. 이에 더해서 베른협약상 보호를 향유하는 주체들인 저작자는 국내법에서의 당해 권리를 도입하여 조약상의 의무를 이행하였는지 여부와는 관계없이, 협약 제6조의2와 제8조 이하에서 정한 권리의 내용에 따라 협약 규정을 원용하여 회원국에서 보호를 주장할 수도 있다.

한편 최소보호라고 하였을 때, 최소한도로 보장되는 보호의 범위가 무엇인지 문제될 수 있는데, 일단 협약 제6조의2에서 규율하고 있는 저작인격권[60]과 제8조 이하에 규정된 저작재산권이 그 범위에 속하며, 협약 제5조 1항의 해석상 협약

---

57) 강영수, "지적재산권의 속지주의 원칙과 국제사법," 「국제사법연구」 제11호(2005), 238면.

58) 국제사법 제24조는 동법 제32조의 특별조항으로 보는 것이 타당하다는 견해가 있으나, 상기 X-Girls 판례에서 법원은 제32조의 적용을 배제하지 않고 있다.

59) 국제사법 제25조 이하; 자세한 내용은 손경한 외, 「저작권의 국제사법적 문제 연구」(서울: 문화관광부, 2003), 46-60면 참조.

60) 미국의 1988년 베른협약이행법(Berne Convention Implementation Act of 1988)은 제2조에서 베른협약의 각 규정은 자기집행적(self-executing) 성격을 갖지 않으며[동조(1)], 미국의 의무는 오로지 국내법률에 의해 실행되며[동조(2)], 재판에서 베른협약상 규정을 원용할 수 없다고 하였다[동법 제3조(a)(2)]. 이는 조약위반에 해당한다고 생각된다. 특히 미국은 저작인격권의 보호에 관하여 대단히 인색한 태도를 보이고 있는데, 이행법의 동 규정들은 저작인격권을 소극적으로 보호하려는 의도와 무관하지 않다.

제2조 1항에 열거된 저작물에 대해서도 최소보호의 원칙이 적용된다고 본다.

보호기간에 대해서도 최소보호의 원칙이 적용되는지는 협약의 문언상 그렇게 명확한 것은 아니다. 협약 제7조 1항은 “이 협약이 부여하는 보호기간은 저작자의 생존기간과 그의 사망 후 50년이다.”라고 하여 동 보호기간이 협약에서 저작자에게 직접 부여한 보호기간임을 암시하고 있는 반면, 같은 조 제8항 본문에서는 “어떠한 경우에도 그 기간은 보호가 주장되는 국가의 입법의 지배를 받는다.”고 하여 보호기간은 국내법에 의해 결정될 문제임을 선언한 것으로 해석할 여지도 남겨두었다. 더욱이 베른협약 회원국을 본국으로 하는 저작물이나 저작자 중 일부를 보호에서 배제하는 국내법이 있다고 할 때, 동 국가에서 보호에서 배제된 다른 회원국 국적의 저작자가 최소보호의 원칙에 따라 협약상의 50년간의 보호기간을 직접 주장할 수 있는지에 대해서도 의문이 제기된다.[61] 그러나 협약의 여러 규정들을 고려해 본다면 저작자 생존기간과 사후 50년간 저작권보호는 베른협약 동맹국들에게 필수적으로 요구되는 요소라고 해석하여야 할 것이다.[62]

6. 연결점 보호

(1) 보호의 원칙

저작권과 관련된 국제조약은 저작권의 국제적 보호를 표방하는 조약으로서 외국 저작자에 대한 보호가 일차적 목적이라고 할 수 있다. 그러나 외국 저작자를 무조건 자국 저작자와 동등하게 대우하는 것을 요구하기에는 현실적인 어려움이 있다. 자국 저작자를 실질적으로 보호하지 않는 다른 국가의 저작

---

61) 사후 50년의 보호기간 보장과 이른바 회원국을 본국으로 하는 저작물이 다른 회원국에서도 보호되도록 하는 것은 분명히 베른협약상 규정된 회원국의 의무이기는 하지만, 동 의무로부터 저작자 개인이 회원국 법정이나 행정청에서 조약문을 직접 원용할 수 있어야 한다는 결론이 바로 도출되지는 않는다. 따라서 보호기간이나 외국인에 대한 보호자격 등에 결정권한은 실제에 있어서 회원국의 국내법과 그 해석에 달려 있다고 보아야 할 것이라는 견해도 존재한다.(이일호)

62) 우리 헌법 제6조 1항에 따르면, 헌법에 의하여 체결·공포된 국제조약은 국내법과 같은 효력을 갖는다고 규정하고 있고, 저작자의 생존기간과 사후 50년 보호규정은 구체적인 추후 입법을 필요로 하는 사항도 아니므로 협약상의 규정을 직접 적용할 수도 있을 것이다.(박덕영)

자를 보호할 것을 강요할 수 없으며, 보호수준이 현저하게 다른 국가들 사이에서 일국 저작자와 타국 저작자를 차별하지 않는 것 역시 불합리할 수 있다. 따라서 저작권관련 조약에서는 이른바 보호받을 수 있는 자격을 가진 자를 한정하는 규정을 두고 있는데, 그 내용을 살펴보기로 하자.

우선 베른협약은 동 협약의 회원국 국적을 가진 저작자가 보호가 주장되는 베른협약의 다른 회원국에서 보호를 향유할 수 있다고 규정하고 있다.[63] 이중국적자의 보호여부는 비교적 간단하게 해결되고 있는 듯하다. 즉, 보호를 주장하는 저작자가 보유하는 국적 중 하나라도 베른협약에 가입한 회원국의 국적이면 족하다는 것이 일반적인 관점이다.[64] 그러나 국적이 변경되는 경우에는 문제가 다소 다르다. 저작물의 저작시기, 저작권의 주장시기, 침해의 발생시기 등과 국적의 취득시기에 따라 보호여부가 달라질 수 있을 것이나 이에 대한 구체적인 기준이나 해석은 존재하지 않는다.[65]

베른협약의 회원국 저작자가 아니더라도 보호를 향유할 수 있는 방법은 있는데, 베른협약 회원국에서 보호를 향유코자 하는 저작물이 베른협약 회원국에서 최초로 발행되거나 비회원국과 회원국에서 동시에 발행되는 경우에 동 저작물의 저작자는 보호를 향유할 수 있다고 정하고 있다.[66] 베른협약 제3조 4항은 동시발행에 대한 추정규정이다. 동 규정은 저작물의 최초 발행으로부터 30일 내에 둘 이상의 국가에서 발행된 경우에 그 저작물은 동 저작물이 발행된 여러 국가에서 동시에 발행된 것으로 추정된다고 하였다. 만약 원저작물은 비회원국에서 발행되었으나 번역저작물이 회원국에서 발행된 경우, 다른 회원국에서의 보호가 문제될 수 있다. 독일 판례 중 이른바 "Laras Tochter" 사례[67]를 살펴보자.

본 사건의 원고인 이탈리아의 어느 출판사는 1957년 11월 Boris Pasternak의 소설 "닥터 지바고"를 이탈리아에서 이탈리아어 번역본으로 처음 출판했다. 러시아어로 된 원작은 원고의 동의하에 1958년 미국에서 출판되었고, 1965년에는 미국의 어느 영화사에 의해 "닥터 지바고"라는 같은 제호의 영화로 만들

63) 베른협약 제3조 1항 가문.

64) Ficsor (2003), para. BC-3.3.

65) *Id.*

66) 베른협약 제3조 1항 나문.

67) BGH GRUR 1999, 984 - Laras Tochter.

어졌다.

Alexander Mollin이라는 가명 아래 한 영국 변호사는 "닥터 지바고"의 속편으로 "Lara's Child"라는 제목의 소설을 썼다. 한편 영국의 한 출판사는 Mollin으로부터 그의 작품의 전 세계적인 이용에 대한 권리를 취득했고, 동 출판사로부터 독일에서의 소설의 이용권을 취득한 피고는 그것을 "Laras Tochter (라라의 딸)"라는 제목의 독일어 번역본으로 제작 · 판매하고 있었다.

원고는 "Laras Tochter"의 독일어 번역본의 복제와 배포에 의해 그의 "닥터 지바고"에 대한 권리가 침해된다고 보았다. 그는 베른협약에 따라, Pasternak는 그의 소설이 이탈리아에서 공표됨으로써 그것에 대한 독일에서의 저작권을 취득했고, "Laras Tochter"는 "닥터 지바고"에 대한 저작권 침해라고 주장했다. 그리하여 원고는 피고가 Mollin의 작품 "Laras Tochter"를 복제 · 배포하거나 복제 · 배포하도록 허락하는 것, 작품의 판매를 위해 광고를 하거나 하게 하는 것을 중단하고, 서점에 이미 인도한 작품을 회수하라는 소를 청구했다.

동 청구에 대해 피고는 소설 "닥터 지바고"는 1957년 소비에트 연방이 베른협약이나 세계저작권협약의 회원국이 아니었으므로 독일 저작권법의 보호를 받지 못하고, 무엇보다 "Laras Tochter"는 소설 "닥터 지바고"에 대한 자유이용이므로 원고에게는 "Laras Tochter"의 복제 · 배포를 금지시킬 권리가 없다며 반박했다.

이에 독일 연방대법원은 다음과 같이 판시하였다.

독일을 본국으로 하지 않는 저작물은 독일 저작권법 제121조 4항에서 말하는 조약에 의해 저작권보호를 받는다. [사건의 원]작품은 1957년 베른협약의 동맹국인 이탈리아에서 처음으로 공표되었기에 베른협약의 로마규정 제6조 1항에 기초하여 저작권법의 보호를 받는다. 이때 러시아어 원작이 아닌 이탈리아어 번역본이 공표되었다는 것은 문제되지 않는다. 이것은 개정 베른협약의 로마규정 제6조 1항의 원문에 나타나지는 않지만, 그 취지와 목적에서 도출해 낼 수 있다. 번역물은 원작의 표현을 제외한 모든 본질적인 요소를 포함하며, 일반공중에게 작품을 접할 수 있는 기회를 제공해준다. 베른협약의 로마규정 제6조 1항은 동맹국에서 첫 공표를 할 경우, 저작권보호를 해줌으로써, 비동맹국의 저작권자들이 그들의 저작물을 베른협약의 동맹국에서 공표하는 것을 장려하려 한다. 그리고 이것은 보통 해당 동맹국의 언어로 된 번역물을 통해서만 가능할 것이다. 그러므로 동맹국에서의 첫 공표라는 목적을 장려하기 위해서는 처음 공표된 원작의 번역물뿐만 아니라 아울러 원작형태도 보호를 받게 해야 한다.

동 판례와 같이 번역본이 베른협약 회원국에서 발행되는 것으로 보호요건이 충족되는지는 불분명하다. 동 해석은 조약의 문리적 해석보다는 문맥적 해석 및 목적론적 해석에 의한 것으로 평가되며, 이러한 해석이 어느 회원국에서나 지지되어야 하는 것은 아니라는 견해도 있고,[68] 독일법원에서 판단한 바와 같이 다른 동맹국에서 발행되는 경우 그 나라 언어로 발간되는 것이 보통이므로, 그러한 발행에 의하여 원저작물 역시 발행된 것으로 간주하여 보호되어야 마땅하다는 견해도 존재한다.[69] 본디 조약을 해석함에 있어서는 통상적 의미에 따른 문언의 해석도 중요하지만, 조약의 대상과 목적을 고려하여 문맥에 따라 해석하여야 할 것이다.[70]

한편 베른협약의 회원국에 상거소(habitual residence)를 가지고 있는 저작자 역시 상거소가 있는 회원국 내에서 내국민 저작자와 마찬가지로 보호를 향유해야 한다는 규정도 있는데, 여기서 상거소가 회원국에서 비회원국으로, 반대로 비회원국에서 회원국으로 바뀌는 경우 역시 위에서 살펴본 국적이 변경되는 것과 마찬가지로 복잡한 문제를 발생시킨다. 국적의 변경에서와 마찬가지로 상거소의 변경에 따른 보호의 시기와 종기를 파악할 수 있는 요소들은 다양하게 제시되지만(가령 저작시기, 주거소의 변경시기 등), 그 구체적인 기준은 정립되어 있지 않다.

(2) 발행의 의미

발행이란 충분한 양의 저작물이 유형물로 공중에 전달되거나 거래에 제공된 경우를 말하는데, 베른협약을 비롯하여 각국의 저작권법상 발행에 대한 정

---

68) 이러한 해석과 유사하게 독일 저작권법 제121조 1항 3문은 번역저작물이 독일 내에서 최초로 발행된 경우에 보호를 향유토록 하고 있는데, "외국 국적을 가지는 자는 본법의 적용영역 내에 번역물만이 발행되어 있는 저작물에 대하여도 보호를 받는다."라고 규정하고 있다. 이는 정책적인 고려라고 판단할 수도 있는데, 번역서로라도 저작물이 출간되면, 저작권에 의해 보호해 주어야 하지만, 저작물이 다양해지면서 그만큼 문화적 향유를 누릴 가능성이 증대될 수 있다고 볼 수 있기 때문이다. (이일호)

69) 조약의 대상과 목적, 나아가 베른협약 체약당사자들의 의도를 고려한다면 조약문의 의미를 훼손하지 않는 범위 내에서 확대해석도 가능하다고 본다. (박덕영)

70) 조약법에 관한 비엔나협약 제31조 해석의 일반원칙 (General rules of interpretation)

1. A treaty shall be interpreted in good faith in accordance with the ordinary meaning to be given to the terms of the treaty in their context and in the light of its object and purpose.

의는 거의 대동소이하다고 할 수 있다.[71] 베른협약 제3조 3항에 규정되어 있는 발행의 정의는 다음과 같다.

> '발행 저작물'이란 복제물의 제조 방법이 어떠하든 간에, 저작자의 동의를 얻어 발행된 저작물로서, 저작물의 성질을 고려하여 공중의 합리적인 수요를 만족시킬 수 있는 수량의 복제물이 제공된 것을 의미한다. 연극·악극·영상 또는 음악 저작물의 실연, 문학·예술 저작물의 유선에 의한 전달 또는 방송, 미술저작물의 전시 및 건축저작물의 건조는 발행이 되지 아니한다.

동 규정은 발행이 합리적인 수요를 충족할 만큼 공중에 제공된 것이라는 적극적 요건과 단지 저작물이 실연, 유선에 의한 공중전달, 방송 또는 전시되는 것은 발행을 성립시키는 의미 있는 행위가 아님을 밝히는 소극적 요건을 모두 제시하고 있다. 동 발행의 개념은 베른협약상의 보호를 향유할 수 있는 자격을 정하는 기준으로서 활용되고 있으나 국내법에서는 다소 다른 맥락에서 운영되고 있다.

발행과 비교되어야 할 개념은 "공표"인데, 우리법상 공표는 단지 공중에 대하여 저작물을 보고 들을 수 있도록 하는 것만으로 성립된다.[72] 이같이 공표와 발행이 구별되는 것이 저작권법상 갖는 의의는 입법례에 따라 다양할 수 있다. 독일에서는 저작권자를 더욱 두텁게 보호하기 위해 발행과 공표를 나누어 비록 공표되었더라도 발행의 정도에 이르지 않는다면, 인용 등을 할 수 없도록 하고 있다.[73] 다만, 스위스는 저작권법을 전면개정하면서 기존에 존재했던 공표와 발행의 구별을 포기하고, 공표로 모두 통일시켰는데, 주요한 이유는 이용자 보호와 거래안전이었다.[74] 우리 제정 저작권법도 발행된 저작물에 대해

---

71) 우리 법 제2조 24호는 발행을 "저작물 또는 음반을 공중의 수요를 충족시키기 위하여 복제·배포하는 것"이라고 하였는데, 독일 저작권법 제6조 2항은 "저작물이 발행되는 것은 그 권한자의 동의를 받아 당해 저작물의 복제본이 충분한 수량으로 제작되어 일반공중에게 제공되거나 거래되는 경우이다. 또한, 미술저작물은 그 원본 혹은 복제본이 그 권한자의 동의를 얻어 계속하여 일반공중에게 접근되는 경우 발행된 것이다."라고 규정하고 있다. 양 규정에서 그 내용상 차이가 발견되지 않는다.

72) "저작물을 공연, 공중송신 또는 전시 그 밖의 방법으로 공중에게 공개하는 경우와 저작물을 발행하는 경우" 저작권법 제2조 25호.

73) 독일 저작권법 제51조.

74) 스위스 저작권법 제9조 3항, Rehbinder (2004), para. 119.

서만 비침해행위를 인정하는 규정을 둔 바 있으나 이러한 태도는 개정법에 의해 포기되었다.[75)]

그러나 베른협약상의 발행개념과 국내법에서의 발행개념이 항상 동일한 것은 아니다. 이 점에서 독일 법원이 러시아 저작물의 국내적 보호에 관하여 내린 판결은 흥미롭다.

구소련의 저작자는 문학저작물을 작성하고, 이를 Samisdat란 방법에 의해 배포하였다. Samisdat란 방법은 주로 사회주의에서 허용하고 있지 않은 책을 개인적으로 출판하고 보급하는 방법으로, 개인이 저작물의 원고를 필사하거나 복사하여 다른 사람에게 넘기면, 그 사람은 또 다른 사람에게 원고를 넘기면서 책이 전파되는 방식을 말한다.[76)] 사건의 저작물은 이후 프랑스어로 번역되어 출판되었는데, 피고는 동 저작물의 최초발행지는 당시 베른협약 미가입국인 소련이었고, 동 저작물이 베른협약 회원국에서 동시발행된 것이 아니므로 협약상의 보호를 받지 못한다고 보았다. 따라서 피고는 저작자나 출판사의 동의 없이 독일어본을 출간하게 된 것이다.

독일 연방대법원은 Samisdat라는 배포방법은 베른협약에서 예정한 저작물의 발행에 해당하지 않고, 따라서 동 저작물이 최초로 발행된 곳은 베른 체약국인 프랑스라고 하면서 원작자가 독일 내에서 저작권보호를 향유해야 함을 설시한 바 있다.[77)] Samisdat라는 배포방법은 공중이 저작물의 존재를 충분히 인식할 수 있고, 그러한 저작물을 쉽게 취득할 수 있을 정도로 유통되고 있어야 성립한다는 것인데, Schack 교수는 베른협약에 규정된 발행의 개념은 국내법상의 개념보다 더 엄격한 것이라고 평가하고 있다.[78)]

우리 저작권법 제2조 24호에서 정의하고 있는 발행 역시 "공중의 수요를 충족시키기 위하여 복제·배포하는 것"이라고만 하였으므로 베른협약의 그것보다 더 넓은 개념이라고 할 수도 있다. 위의 Samisdat 배포방법은 우리 법에서의 배포에 상응한다.[79)] 따라서 베른협약상의 배포 개념과 국내 저작권법상의

75) 구 저작권법(1957년) 제64조.

76) Adolf Dietz, "Zum Schutz sowjetischer Urheber im internationalen Urheberrecht — Bemerkungen zum Urteil des BGH vom 16. April 1975 — "August Vierzehn"," *GRUR Int.* 1975, pp.342 ff.

77) BGH GRUR Int. 1975, 361 — August Vierzehn.

78) Schack (2007), para. 841.

79) 우리 법은 수요를 충족시키기 위하여 복제·배포하는 것을 발행이라고 하였는데, 동

배포 개념을 혼용해서는 안 되며, 명백하게 구별해야 할 것이다.

더욱 문제되는 것은 온라인에서 저작물을 공개함으로써 저작물이 발행되는 경우인데, 발행지를 어느 국가로 볼 것인지는 큰 논란이 될 수 있다. 인터넷에서의 저작물의 공개행위와 이용행위는 관할권에서부터 적용되는 법률에 이르기까지 다양한 논란거리를 가지고 있지만, 이에 대한 구체적인 국제적 합의가 없다면, 구체적인 결론을 내기가 어려울 것이다. WPPT 제15조 4항에서 인터넷 등에 음반을 업로드하는 것을 상업적 발행으로 간주한다는 규정을 두고 있는데, 여기서도 발행국을 어디로 볼 것인지에 대한 언급은 없다.

(3) 보호의 예외

베른협약 제2조 1항 2호는 회원국에서 발행된 저작물은 회원국 저작자의 저작물과 마찬가지로 보호된다고 정하고 있다. 그러나 비회원국 저작자의 저작물이 단지 회원국 내에서 발행된 것만으로 보호를 주장할 수 있도록 하는 것이 다소 불합리할 수 있다. 가령 미국 저작자들은 이른바 "뒷문을 이용한 보호(back-door protection)"를 통해 베른협약상의 보호를 향유하였다. 즉, 미국인 혹은 미국에 상거소를 둔 저작자는 미국이 베른협약에 가입하기 이전에 이미 협약에 가입한 캐나다에서 저작물을 발행하면, 베른협약에서 정한 보호가 인정될 수 있던 것이다.[80]

베른협약 제6조는 이러한 발행에 의한 보호의 불합리성을 개선하려는 시도에서 법전화되었다. 동 규정에 따르면, 비록 회원국에서 발행되었더라도 발행된 저작물의 저작자 국적국에서 베른협약 회원국의 저작자 혹은 저작물을 "적절한 방법으로 보호하지 아니하는 경우"에는 회원국에서 발행되었음에도 불구하고 보호를 부정할 수 있다. 동 권한은 반드시 저작물이 최초로 발행된 회원국에 의해서만 원용될 수 있는 것은 아니며, 다른 회원국 역시 원용하여 보호를 부정할 수 있다.[81] 다만, 동 권한의 행사에 의해 보호가 제한되는 것은 동 권한이 행사된 이후로 제한되며, 그 이전에 발행된 저작물에 대해서는 적용되지 않음을 유의해야 한다.[82]

Samisdat은 공중의 수요를 위하여 복제・배포되는 것이고, 충족시킬 정도의 복제와 배포는 첫 배포 시점부터 이루어지는 것은 아니지만, 후발적으로 달성될 수 있기 때문이다.

80) 최경수(2001), 82면.

81) 베른협약 제6조 1항 후단.

만약 동 규정에 따라 외국 저작물에 대한 보호를 제한하고자 하는 회원국은 WIPO 사무총장에게 이를 통지하고, 사무총장은 동 사실을 각 회원국에 알린다.[83] 동 통지는 단지 선언적인 의미만을 갖는다고 보는 것이 일반적이다.[84] 캐나다는 미국인 저작자가 캐나다에서 발행하는 저작물에 대해 보호를 제한하겠다는 취지의 선언을 한 바 있었는데,[85] 동 선언은 미국이 세계저작권협약에 가입하면서 철회되었다.[86]

(4) 영상·건축 저작물에 대한 특례

영상저작물은 제작자(maker)가 베른협약 회원국에 상거소를 가지고 있거나 주사무소를 가지고 있는 경우, 동 제작자가 제작한 영상저작물은 협약에서 정한 보호를 향유할 수 있다.[87] 동 규정은 영상저작물의 저작자(author)가 회원국의 국민이거나 영상저작물이 회원국에서 최초로 발행된 경우에는 이미 베른협약 제3조 1항의 규정에 따라 보호를 향유할 것이므로 별도로 적용될 필요가 없을 것이다.[88] 영상저작물의 제작자가 자연인인 경우와 회원국에 상거소를 갖는 경우에 보호를 향유한다고 할 수 있으며, 법인인 경우에는 주사무소(headquarter)가 회원국에 있을 때 보호를 받을 것이다.[89] 동 규정이 도입되었던 스톡홀름 개정회의의 보고서에 의하면, 영상저작물이 공동 제작되는 경우에도 한 명의 제작자만 위 요건을 만족시키면 보호를 향유시킨다는 점이 지적되고 있다.[90]

한편 건축저작물이나 기타 예술저작물이 건조되어 있거나 "[회원국]에 소

---

82) 베른협약 제6조 2항.

83) 베른협약 제6조 3항.

84) Dreier/Hugenholtz (2006), p.32.

85) 캐나다는 미국에 인접하여 있고, 미국과 북미자유무역협정(NAFTA)에 가입되어 있으며, 언어와 문화, 저작물 소비패턴을 공유하고 있다는 점에서 미국 저작권법과의 비교가 불가피하며, 역사 속에서 캐나다는 꾸준히 미국의 저작권법에 적지 않은 영향을 받았다.

86) *Id.*

87) 베른협약 제4조 가문.

88) 영상저작물은 여러 저작자의 협력에 의해 저작되는 경우가 많은데, 이 경우에도 저작자 중 일부만 회원국 국민인 경우에도 보호를 향유하는 데는 문제가 없다.

89) 이렇듯 주사무소 소재지를 기준으로 보호를 결정하는 것을 "주사무소 원칙(quaters principle)"이라 한다.

90) Ficsor (2003), para. BC-4.2.

재한 건물이나 기타 구조물에 포함"되어 있다면, 동 저작물의 저작자가 회원국의 국민이 아니더라도 보호가 인정된다.[91] 이는 일반 공중의 수요를 충족시킬 정도로 저작물이 제공되는 경우에만 발행으로 인정하여 보호를 부여하는 일반적 발행요건을 적용할 경우, 주로 하나만 제작되는 일품 저작물에 대한 보호는 타 저작물에 비해 차별을 받게 된다는 문제의식에서 도입된 것이다. 동 규정에 대한 스톡홀름 회의의 보고서는 동 보호는 회원국 내에 원본(원작품, original works[92])이 설치되어 있는 경우에만 부여됨이 결정되었다고 하고 있다.[93]

그러나 국제적으로 승인된 원본의 정의는 없으며, 우리 저작권법 역시 원본과 복제본의 구별을 위한 규정을 가지고 있지 않고, 외국의 입법례들도 마찬가지이다. 다만, 2001년 EU에서 채택한 추급권지침[94]에는 저작물 원본과 복제본의 구별에 대한 내용이 담겨 있으므로 참고할 수 있을 것이다. 추급권(droit de suite)은 미술품 등의 원본[95]이 주로 경매에 의해 판매되는 경우에 저작자가 낙찰가의 일정 비율을 자신에게 지급할 것을 구할 수 있도록 한 급부청구권이므로 복제본의 거래에는 적용되지 않는 것이 보통이다. 따라서 원본과 복제본의 구별문제가 자연스럽게 제기될 수 있다. 지침 제2조는 추급권의 대상에 대해 정하고 있다. 제2항에서는 예술가가 직접 제작하거나 그의 감독하에서 한정된 판(Auflage)만을 제작하도록 한 것을 원본(Original)이라고 정의하면서, 원본에 번호가 매겨져 있거나 저작자의 서명이 첨부되어 있어야 한다고 정하고 있다. 동 기준은 추급권에 대한 기준이지만 여타의 저작권 영역에서도 참고가 될 것이다.

---

91) 베른협약 제4조 나문.

92) 동 용어는 더 정확하게 말해서 original of a work이다.

93) Ficsor (2003), para. BC-4.3.

94) Directive 2001/84/EC of the European Parliament and of the Council of 27 September 2001 on the Resale Right for the Benefit of the Author of an Original Work of Art.

95) 주로 원본임. 예외도 있다. 베른협약 제14조의3 제1항은 "원미술저작물 및 작사자와 작곡자의 원고"가 추급권이 될 수 있다고 천명하고 있다. 물론 여기서 제시된 것 이상도 이하도 규정할 수 있다. 다만, 이러한 범위 설정의 결과로서 상호주의에 따른 외국인에 대한 적용범위가 달라질 뿐일 것이다.

III. 베른협약의 주요내용

1. 베른협약 개요

"문학 및 예술저작물의 보호에 관한 베른협약(Berne Convention for the Protection of Literary and Artistic Works, 베른협약)"은 저작권의 국제적 보호에 관한 가장 중요하며 광범위한 조약이라 평가할 수 있다. 베른협약이 원회원국인 10개국에 의해 서명되었던 1886년 이전에도 저작권의 보호에 관한 양자 간 혹은 지역적 협정은 존재하고 있었으나 이는 각국의 저작권을 상호간 존중하겠다는 의미만을 지니고 있을 뿐이었다. 따라서 베른협약은 지역과 법체계를 뛰어넘어, 국제적으로 공통의 저작권법 질서를 지향하는 가장 오래된 법규범이라 하겠다.

베른협약은 내용면에서도 저작권보호에 근간을 이루는 기본적인 요소들을 수용하고 있음은 물론, 내국민대우원칙 및 법정지법주의를 천명함으로써 각국의 저작권제도 사이의 질서에 대해서도 규정하면서 향후 저작권법의 국내적·국제적 질서를 확립하는 데 가이드라인을 제공해주었다. 동 조약은 발효[96)]된 이후부터 무기한 적용되지만,[97)] 회원국은 협약에 탈퇴함으로써 자국에서의 조약적용을 중단시킬 수 있다.[98)]

베른협약은 수차례의 개정과 추가의정서의 채택을 통하여 현재에 이르고 있으며, 가맹국 역시 전 세계적인 범위로 점점 확대되어 2009년 현재 164개국에 이르고 있다. 더욱이 WTO 협정에 부속되어 있는 무역관련 지적재산권협정(TRIPs 협정)에서 베른협약의 내용 중 대다수를 수용하고 있으며,[99)] WIPO 저

96) 파리의정서는 1974년 10월 10일에 발효되었는데, 동 발효일 이후에 협약에 가입하려는 국가는 더 이상 스톡홀름의정서나 그 이전의 의정서에 가입할 수 없다. 베른협약 제34조 1항.

97) 베른협약 제35조 1항.

98) 탈퇴에 대한 효력은 통지한 후 1년 후에 발생하며, 탈퇴 이전에 행한 저작권의 행사 및 침해에 대한 구제 등은 모두 계속하여 법적 효과를 발생시킨다. 베른협약 제35조 2항; 회원국은 가입으로부터 5년 내에는 협약에서 탈퇴할 수 없다. 베른협약 제35조 4항.

99) TRIPs 협정 제9조는 베른협약 제6조의2를 제외한 제1조 내지 제21조의 규정을 수용하였다. 이는 비단 조문의 문언만을 수용한 것이 아니며, 그 문맥을 모두 수용한 것으로 평

작권조약(WCT)에서도 베른협약의 실체적 규정을 받아들임으로써 베른협약을 계승하고 있어 국제저작권법의 대표규범이라 해도 과언이 아니다.[100)]

베른협약의 해석은 프랑스어에 기초하는데,[101)] 이는 프랑스어본이 갖는 명확성에서 기인한 것이다. 베른협약에서 규정하고 있는 실체적 규정들은 회원국에 대해서는 국제적 의무이기는 하지만, 이러한 규정을 국내법화하고 국내에서 효율적으로 집행될 수 있도록 하는 것은 오로지 회원국이 국내법에 의해서 결정할 수 있는 사안이다.[102)] 특히 베른협약은 저작자가 협약을 직접 원용하여 권리를 주장할 수 있는 가능성을 열어두고 있는데, 아무리 베른협약에서 조약상의 권리를 회원국 내에서 직접 원용할 수 있다고 하고 있어도 이것이 가능하도록 하는 것은 국내법 혹은 국내법원에서 결정할 문제이다. 만약 베른협약상의 실체적 규정들이나 조약의 직접원용 가능성을 배제하는 경우에는 베른협약에서 정한 국제의무위반이 될 것인데, 동 국제의무의 위반은 협약 제33조에서 정한 바와 같이 국제사법재판소(International Court of Justice)에서만 다루어질 수 있다. 그러나 이 분쟁해결조항은 이를 수락한 회원국 사이에서만 적용되며, 이러한 가능성이 현실적으로 실현된 바는 없다. 또한 현재로선 개인이 조약위반에 근거해서 베른체약국의 국제의무위반을 국내법원이 아닌 국제사회에 호소할 수 있는 방법은 없다. 다만, 베른협약이 WTO에 수용됨으로써 조약 위반으로 인한 국가 간 분쟁이 WTO의 분쟁해결제도의 체계 내에서 제기될 수는 있다.[103)]

2. 베른협약의 성립배경

저작물의 국제적 보호에 대한 관심은 유럽 국가들을 중심으로 이루어졌으며, 이러한 보호필요성은 저작자뿐 아니라 법률가들에 의해서도 큰 지지를 받

가된다. "We have shown above that the minor exceptions doctrine forms part of the context, within the meaning of Article 31(2)(a) of the Vienna Convention, of at least Articles 11 and 11*bis* of the Berne Convention (1971)." Panel Report, *United States - Section 110(5) of the US Copyright Act*, WT/DS160/R (June 15, 2000), para. 6.62.

100) WCT 제3조 등.

101) 베른협약 제37조 1항.

102) 베른협약 제36조 1항.

103) 예를 들면, *United States - Section 110(5) of the US Copyright Act*, WT/DS160/R (June 15, 2000).

았다. 실제로 여러 저작자들의 회합과 국제법률회의 등에서 세계 보편적 저작권협약이 탄생하기를 기대하는 결의안이 채택되었고, 각종 연구와 여러 사람들의 주장이 담긴 팜플렛이 유럽 전역으로 퍼졌다. 베른협약이 세계적 협약으로 완성되는 데는 스위스의 역할이 컸으며, 스위스 정부는 베른협약 초안의 작성에서부터 외교회의까지 전 과정을 담당하였다. 현재의 WIPO가 설립되기 이전에는 베른협약 관련 모든 문건이 스위스 정부에 기탁되었으며, 스위스 정부는 이를 각 회원국에 통보하는 역할을 도맡았다. 스위스는 베른협약을 관장하는 국제사무소의 재정을 거의 책임지기도 하였다.

독일, 프랑스, 이탈리아, 스위스는 대륙법계 저작권법을 고수하면서 대륙법계 저작권법적 연대를 이루었고, 영국은 고유의 산업중심의 저작권법 체계를 유지해나가고 있는 상황에서 이들 사이에서 이루어질 수 있는 합의의 범위는 낮을 수밖에 없었다. 따라서 최초의 베른협약은 낮은 수준에서 그리고 절충적인 입장에 서게 되었다.

1886년 최초로 성립된 베른협약의 가장 큰 성과는 내국민대우원칙과 최소보호의 원칙이라는 베른협약의 기본적 틀을 완성하였다는 것이다. 협약은 동 협약에 가맹한 국가들이 하나의 동맹(Union)을 구성한다고 하였으나, 이는 이들이 국제기구를 구성했다는 의미는 아니고 단지 상호간에 국제적 의무를 부담한다는 것을 의미할 뿐이었다.

베른협약의 또 다른 성과는 저작권의 발생과 행사를 위하여 일정한 방식을 규정하고, 이를 정해진 기간 내에 이행하지 않은 저작자에 대하여 보호를 부정하거나 제한하는 각국의 태도를 개선시킨 점이다. 즉, 베른협약은 각 회원국에서 외국저작물에 대해 보호가 주장되는 회원국의 법에서 규정하고 있는 다른 조건이나 방식을 요구할 수 없도록 하였다.[104] 그러나 베른협약 체약국의 국적을 가진 저작자가 다른 회원국에서 보호를 주장하기 위해서는 자국에서 저작물의 보호나 권리의 행사를 위해 필요한 방식을 충족했어야만 했다. 한편 자국 저작자에 대해 자국에서의 보호에 대해서도 각국은 재량권을 가졌다.

베른협약은 기술적 진보나 정치적 혹은 경제적 발전을 고려하여 정기적으

104) 주의할 점은 최초의 베른협약에 의해서는 단지 등록이나 납본 등의 방식요구만이 금지된 것이지 보호가 주장되는 국가에서 발행될 것 혹은 고정될 것이라는 요구까지 배제시키는 것은 아니라는 점이다. 베른협약이 회원국 내에서 보호를 받기 위해 타 회원국의 국적만을 요구하고, 발행 혹은 고정 여부를 묻지 않은 것은 1908년의 베를린 개정 이후이다.

로 개정할 수 있도록 했는데, 실제로 협약은 7차례나 개정되었다. 즉, 베른협약이 1886년 성립된 후, 두 차례의 추가의정서의 채택과 다섯 차례의 협정문안 개정이 있었다. 이러한 개정이 있고 나서 베른협약의 명칭이 베른협약에서 개정베른협약(Revised Berne Convention)으로 변경되었다는 점은 주목할 필요가 있다. 그러나 여기서 개정(revision)이란 법률의 개정과 같이 그 내용이 완전히 바뀌는 것이 아니며, 도리어 새로운 조약이 창설되는 것으로 이해되어야 한다. 개정협약이 채택되기 이전에 베른협약에 이미 가입된 회원국들은 그들이 이미 가입한 기존의 협약 텍스트에만 구속되었지 신협약에 당연히 가입되거나 가입이 강요되지는 않았기 때문이다.[105)]

따라서 베른협약의 개정은 협약에 추가의정서가 채택된 경우와 거의 비슷한 결과를 가져온다. 가령 A국이 1886년 베른협약에 가입한 후, 1896년에 추가의정서가 채택되었다고 하더라도 A국은 이를 수락할 의무를 부담하지 않는데, 그렇다고 1896년 이후 베른협약에 가입하고자 하는 B국이 1886년 조약에 가입할 수 있는 것은 아니다. 그 이유는 추가의정서에서 이전의 베른협약에는 더 이상 가입할 수 없도록 정하였기 때문이다. 조약문이 개정된 경우에도 마찬가지인데, 베른협약의 문언이 개정되거나 추가의정서가 채택되었다고 하더라도 종래 모든 회원국이 이를 받아들여야 하는 것은 아니지만,[106)] 그렇다고 새로운 회원국이 개정 이전의 협약에 가입할 수 없으며, 추가의정서의 수락 없이 원협약에만 가입하는 것 역시 허락되지 않는다.[107)]

따라서 베른협약에 가입한 시기와 이후에 새로운 조약문에 서명하고 비준하였는지 여부에 따라 각국이 부담하는 의무의 내용이 다를 수 있다. 또 베른협약의 각 개정문들은 별개의 조약으로 볼 수 있으므로 구속되는 조약문이 다른 국가들 사이에는 베른협약상의 의무가 미치지 않는다는 해석 역시 가능하다. 이들이 단지 다른 조약에 가입한 것으로 볼 수 있기 때문이다. 이렇듯 복잡해질 수 있는 문제는 베른협약의 국제사무소인 BIRPI의 실무에 의해 어느 정도 해결되고 있는데, 동 사무소는 베른협약에 새롭게 가입하는 국가들에게

105) 이러한 경우 구조약과 신조약 가입국의 법적용 문제에 대해서는 조약법에 관한 비엔나 협약 제31조 참조.

106) 각 회원국은 다른 회원국과의 관계에서 가장 최근의 베른협약에 구속된다. 베른협약 제32조 1항 및 2항.

107) 이상 Ricketson/Ginsburg (2005), para. 3.06.

이전의 베른협약의 문언을 수락하고, 이들에 구속되는 국가들의 저작물을 보호할 것을 선언하도록 강제하고 있다.[108] 따라서 베른협약의 새로운 가입국은 이미 체결된 여러 협정문의 당사국이 되며, 여러 협정문의 회원국들과 관계를 맺게 되는 것이다.[109]

3. 보호받을 수 있는 저작물

(1) 개 설

흔히 저작물의 보호를 위해서는 문학, 학술 또는 예술의 범주에 들어가야 한다고 언급되는데, 이는 베른협약의 명칭에서도 나타나고 있다. 베른협약의 공식명칭은 "문학·예술 저작물의 보호를 위한 베른협약"이므로 협약에 의해 보호받기 위해서는 반드시 문학 혹은 예술의 범주에 속해야 한다고 볼 수도 있다. 견해에 따라서는 문학, 학술 및 예술이라는 술어가 나름 중요한 의미를 가진다고 주장된다. 동 견해는 우선 "저작권법의 문화적 기능"을 강조하며, 저작권법에 의한 보호는 문화적이지 않은 기술적·기능적·경쟁보호적·소비자보호적인 것과는 거리가 있다는 것을 보여주는 중요한 술어가 문학, 학술 및 예술이라고 설명한다.[110] 이어서 동 술어는 "저작권법의 수평적 경계확정 기능"을 수행한다고 한다. 즉, 이러한 술어를 더욱 엄격하게 해석하고 이를 강조함을 통해 문학, 학술 및 예술의 범주에 속하는 것과 순수한 상업적 이익을 위한 것, 미미한 창작성만을 갖는 것을 경계지을 수 있다는 것이다.[111] 결국 이 두 기능은 저작권법에서 좀더 문화적 기능을 강조해야 한다는 요구로 보이

---

108) Gunnar Karnell, "Die verschiedenen Fassungen der Berner Übereinkunft — Ihre Geltung im Verhältnis der Verbandsländer zueinander," *GRUR Int.* 1968, p.27.

109) 가령 뉴질랜드는 아직 로마 규정에 구속되고 있는데, 우리가 파리 규정에 구속된다고 하여 뉴질랜드 저작자를 보호하지 않거나 반대로 뉴질랜드에서 우리 저작자를 보호하지 않을 수는 없다. 간혹 파리개정 이전의 베른협약에 구속되면서도 이와 별개로 파리규정의 제22조 내지 제38조를 받아들인 국가들이 있는데, 이는 WIPO 설립조약에서 정한 WIPO 가입의 요건이다. 즉, WIPO의 회원이 되고자 하는 국가는 WIPO 설립조약 제14조 2항과 베른협약(스톡홀름 규정) 제28조 1항 2호에 따라 제1조 내지 제21조를 유보하고 파리규정에 가입해야 한다.

110) Knöbl (2002), pp.142-144.

111) *Id.*, pp.144-145.

는데, 매우 이상적이기는 하지만, 현실적이지는 못한 것으로 보인다.

베른협약 제2조 1항을 보면, "문학·학술 및 예술의 범위에 속하는 모든 저작물"이 보호대상이 됨을 천명하고 있어 그 범위를 넓게 새기려는 의도를 드러내고 있으며, 문학·학술 및 예술의 범주에 대해서는 적절한 정의를 찾을 수도 없으므로 저작물로서의 성격, 즉 저작물성만을 가지면 저작물이 된다고 보아도 무방할 것이다. 또 아직까지 특정 창작물이 동 범주에 들지 않아 보호를 향유할 수 없다고 본 국내 혹은 해외 판례를 찾아보기 어렵다는 점도 문학, 학술 혹은 예술의 범주가 단지 선언적인 의미만을 갖는다는 것을 알게 한다.

베른협약 제2조 1항에서는 베른협약에 의해 보호되는 저작물을 다음과 같이 유형화하고 있다.

- 서적(books), 소책자(pamphlets) 및 기타 기록물(other writings)[112]
- 강의(lectures)·강연(addresses)·설교(sermons) 및 기타 같은 성격의 저작물
- 연극 또는 악극 저작물(dramatic or dramaticomusical works)
- 무용저작물(choreographic works)과 무언극(entertainments in dumb show)
- 가사가 있거나 또는 없는 음의 작곡(musical compositions with or without words)
- 영화와 유사한 과정에 의하여 표현된 저작물을 포함하는 영상저작물(cinematographic works)
- 소묘저작물(works of drawing)·회화저작물(works of painting)·건축저작물(works of architecture)·조각저작물(works of sculpture)·판화저작물(works of engraving) 및 석판화저작물(works of lithography)
- 사진과 유사한 과정에 의하여 표현된 저작물을 포함하는 사진저작물(photographic works)
- 응용미술저작물(works of applied art)
- 도해(illustrations)·지도(maps)·설계도(plans)·스케치(sketches) 및 지리학(geography)·지형학(topography)·건축학(architecture) 또는 과학(science)에 관한 3차원 저작물(three-dimensional works)

---

112) 미국에서는 기록물(writing)이라는 술어 자체가 저작물이 유체물에 화체되어 있어야 보호된다는 고정의 요건을 암시한다는 견해가 피력되는 것으로 보인다.

이는 우리 저작권법이 갖는 저작물 유형화와 정확하게 일치하는 것은 아니나 우리 법에서 예시된 대부분의 저작물이 협약상 명시되어 있다고 할 수 있다.113) 동조는 저작물이 되기 위해서는 표현(expression)의 방법(mode)과 형식(form)이 어떠한지와 상관없이 보호를 향유할 수 있다고 하였는데, 동 규정으로부터 방법이나 형식이 문제되지 않을 뿐, 인간의 오감에 의해 감지될 수 있어야 하는 표현이어야 한다는 점은 필수불가결한 것으로 유추해볼 수 있다.

협약은 어디에서도 저작물이 되기 위한 성질상 혹은 질적 요건에 대해 적극적 서술을 하고 있지 않으며, 단지 사실과 그에 준하는 정도로 가공되지 않은 정보가 저작물이 되지 않는다고 하는 내용의 규정을 두고 있을 뿐이다.114) 이는 적어도 단순한 사실의 전달은 저작물이 되지 않는다는 점을 강조한 것으로, 이러한 사실의 전달과 그 밖의 저작물을 구별시키는 어떠한 요소가 있고, 이러한 요소가 있는 것만이 저작물이 됨을 협약이 묵시적으로 강제하고 있다는 것을 짐작할 수 있도록 한다.115)

그러나 각 개별 국가들은 대개 각자 저작물로서 보호를 받기 위한 최소한의 요건, 즉 저작물성(copyrightability)에 대해 정하고 있다. 독창성(originality,116) originalité117)), 창작성(creativity),118) 인격성(Individualität),119) 개성(Eigentümlichkeit)120)

---

113) 우리 저작권법 제4조는 저작물을 문학저작물(제1호), 음악저작물(제2호), 연극저작물(제3호), 미술저작물(제4호), 건축저작물(제4호), 사진저작물(제6호), 영상저작물(제7호), 도형저작물(제8호) 및 컴퓨터프로그램 저작물(제9호)로 유형화하고 있다.

114) "이 협약의 보호는 시사 보도나 단순히 언론 보도의 성격을 가지는 기타 사실에 대하여 적용되지 아니한다." 베른협약 제2조 8항.

115) 한편 편집저작물의 보호에 대해 정한 제2조 5항의 규정 역시 "내용의 선택과 배열로 인하여 지적 창작물이 되는 백과사전 및 선집과 같은 문학·예술 저작물의 수집물은 그 수집물을 구성하는 각 저작물의 저작권을 해치지 아니하고, 지적 창작물로서 보호된다."고 하였는데, 여기서 지적 창작물(intellectual production)이라는 표현이 저작물성의 요건이 되는지도 살펴보아야 할 것이다. 저작권을 비롯하여 여러 무체재산에 대한 권리를 한데 묶어 지적재산권(intellectual property right)이라고 일컫는데, 이는 지적 노력의 산물에 대한 권리라는 의미이므로 지적인 것(intellectual)을 저작물을 대표하는 술어로서 사용하는 것은 적절하지 못하다고 생각된다.

116) 캐나다 연방대법원은 이른바 CCH 사건에서 저작권법상 보호되는 저작물이 되기 위해서는 독창성(originality) 요건이 충족되어야 하는데, 이는 단지 다른 사람의 것으로부터 무엇인가를 차용하지 않았다는 것으로 족하지 않고, 저작자의 기술과 판단(skill and judgement)이 수반되어야 한다고 밝힌 바 있다. *CCH Canadian Ltd. v. Law Society of Upper Canada (2004), 30 C.P.R. (4th)* 1 at p.18 (S.C.C.).

등 각국이 저작물이 되기 위해 요구하는 기준은 다양하며,[121] 일국에서 저작물로 보호받는 것이 다른 나라에서는 보호를 받지 못하는 상황 역시 충분히 가정될 수 있다.[122] 이렇듯 저작물이 되기 위한 구체적인 기준 및 그 내용은 베른협약에 규정되어 있지 않은 것으로, 이에 대한 개별적 권한은 각국에 유보되어 있다고 보아야 할 것이다.[123]

---

117) 프랑스에서 동 독창성 개념이 처음 사용된 것은 Desbois의 저작권법 이론서였다고 한다. 동 저술은 1950년에 나온 것으로 독창성이라는 개념이 사용된 것은 비교적 그 역사가 짧다 하겠다. Herald P. Knöbl, *Die "kleine Münze" im System des Immaterialgüter- und Wettbewerbsrechts: Eine rechtsvergleichende Analyse des deutschen, schweizerischen, französischen und US-amerikanischen Rechts* (Hamburg: Dr. Kovac, 2002), p.196; 그러나 저작물이 인격의 발현 내지 표현이라는 점은 그 이전부터 널리 인식되고 있었는데, 이를 la création이라고도 일컫는다. Edelman은 이 la création이란 le produit d'un travail intellectuel libre, exprimant la personalité du créateur, et s'incarnant dans une forme originale라고 하였는데, 이는 저작물이 자연인의 창작활동에 따른 결과로서 고유한 형태를 가지고 있어야 한다는 것과 그러한 결과가 감각기관에 의해 감지될 수 있어야 한다는 것을 의미한다. *Id.*

118) 미국은 이른바 Feist 사건 이후로 독창성의 요건을 "다른 것으로부터 베끼지 않을 것"에 더해 "일정한 수준 이상의 창작성(creativity)을 가질 것"이라고 하였다. *Feist, Inc. v. Rural Telephone Service Co., 499 U.S. 340 (1991)*.

119) 독일의 기준으로, 독일에서 저작물의 요건으로는 사람의 창작일 것(Persönliche Schöpfung), 사상과 감정이라는 내용을 담을 것(Geistiger Gehalt), 개성 내지 창작성이 드러날 것(Individualität)과 함께 일정한 형태를 가질 것(Formgebung)을 제시하고 있다.

120) 주로 오스트리아에서 사용하는 술어이다.

121) 우리법에 표면적으로 나타난 독창성에 상응하는 표지는 없다. 법은 제2조 1호에서 저작물은 "인간의 사상 또는 감정을 표현한 창작물"이라고 정의하고 있을 뿐이다.

122) 가령 베른협약 회원국인 미국과 영국 등에서 녹음물(sound recordings)을 저작물로 보호하는 것에 대하여 다른 회원국이 녹음물을 저작물로 보아야 하는지 여부가 문제될 수 있다. 우리나라를 비롯한 대부분의 대륙법계 국가들의 저작권법에서는 녹음물을 저작물로 인정하지 않고, 음반제작자 및 실연자에게 저작인접권을 부여할 뿐인데, 영미법 학자들 중 녹음물을 음악저작물 등에 대한 2차적 저작물로 취급해야 하며, 그 결과 베른협약상 보호저작물이 된다는 견해가 많았다고 한다. 그러나 이는 현재 지배적인 견해에 의해 부정된다.

123) 물론 창작행위는 사실행위로서 인간에 의해서 이루어지면, 그것으로 족하다고 보지만, 명정상태에서 행한 표현이나 영아에 의한 작성물이 창작성을 갖고 저작물이 된다고 말하기는 매우 어렵다. 포스트모더니즘 예술이나 명정상태에서의 표현은 그 결과로서 비슷한 느낌을 줄지는 모르지만 전자에 대해 창작성을 인정하면서도 후자에 대해 저작물성을 부정하는 경우도 있다. 그러나 이러한 기준은 국가마다 다를 수 있으며, 국제적으로 특정 기준이 강제되지도 않는다. 이처럼 저작물로서 성립하기 위해서는 수많은 기준과 요건을 만족해야 하는 것이다.

한편 베른협약의 브뤼셀 개정회의에 대한 일반보고서는 다음과 같이 서술하고 있다.

> 회의는 저작물이 지적 창작물(intellectual creation)을 나타내는 것이라고 언급하는 것은 불필요하다고 생각한다. 왜냐하면 우리가 문학 및 학술 저작물이라고 하는 경우에 이는 기술적 용어로서 이는 이미 개인적 창작물(personal creation)이라는 것을, 더 정확하게 말하자면, 지적 창작물(intellectual creation)임을 나타내고 있기 때문이다.[124)]

동 문언으로 미루어 볼 때, 협약은 적어도 인간의 창작물에 대해서, 즉 자연인의 창작에 대해서만 보호를 부여하고 있다고 말할 수 있을 것이다. 물론 법인이 저작자가 되는 것을 부정하지 않는 저작권법도 있다. 가령 영연방 저작권법이나 미국 저작권법이 그러한데, 이들은 자연인에 더해 법인을 추가적으로 저작자가 될 수 있도록 한 것이므로 협약과 이러한 저작권법이 양립하지 않는다고 할 수는 없을 것이다.

베른협약 제2조 1항은 저작물을 열거하면서 'such as'라는 술어를 사용하여 열거되지 않은 유형의 저작물이 더 있을 수 있음을 제시하고 있다. 그러나 협약 제2조 6항은 위에서 제시된 모든 저작물의 유형들은 모든 베른협약 회원국에서 보호를 받는다고 되어 있어 제2조 1항에서 열거된 저작물에 대한 보호 의무만을 규정하고 있는데, 동 규정의 문언만으로는 여기 열거되지 않은 저작물에 대해서는 보호를 부여하지 않을 수 있다고 볼 수도 있다.[125)] 그러나 이러한 열거되지 않은 저작물에 대해서도 내국민대우를 원용해서 보호를 주장할 수 있을 것이고,[126)] 따라서 베른협약의 회원국 저작자라면 다른 회원국에서 자국민에게 향유토록 하는 저작물에 대해서는 보호를 주장할 수 있다.[127)] 녹음물(sound recordings) 혹은 방송물(broadcast)을 저작물로서 보호하는 경우가 있다. 녹음물은 영국계 저작권법과 미국 저작권법에 의해 저작물로 보호되고, 방송은 영국법계 저작권법에 의해 저작물로 보호되고 있다. 이러한 저작물에 대해서도

124) Nordemann/Vinck/Hertin/Meyer (1990), p.43에서 재인용.

125) 베른협약 제2조 1항의 규정의 문언에 의하여 당연하게 모든 저작물이 보호된다고 보는 견해도 있다. Schack (2008), para. 838.

126) "이 협약의 규정은 동맹국이 입법으로 보다 광범위한 보호를 부여하는 데 따른 혜택을 주장하는 것을 배제하지 아니한다." 베른협약 제19조.

127) Nordemann/Vinck/Hertin/Meyer (1990), p.44.

베른협약이 적용되는지가 문제되는데, 내국민대우의 원칙에 따라 가능하다고 보아야 할 것이다.

저작물로 보호되기 위해서는 반드시 여하한 유형물에 고정되어 있어야 한다는 규정을 두는 것은 회원국이 재량에 따라 정할 수 있도록 되어 있으나[128] 영미법계 저작권법을 제외한 대륙법계 저작권법에서는 이러한 가능성을 원용하지 않고 있다. 우리 저작권법 제10조 2항도 저작권은 창작과 동시에 발생하는 것이고, 별도의 형식적 요건이 없음을 밝히고 있다.

협약에는 그 밖에도 2차적 저작물[129] 및 편집저작물[130]의 저작자가 다른 저작물의 저작자와 마찬가지로 보호를 향유한다고 되어 있다. 편집저작물은 편집의 대상이 되는 각 요소들을 어떠한 방법으로 취사선택하고 배열하는지에 따라 보호여부가 결정되는 것이고, 2차적 저작물은 번역, 개작 등 기존에 존재하는 저작물에 자신의 창작부분을 더한 것을 말한다. 이들 저작물은 여타 저작물의 창작방식과는 다른 형식을 취하고 있어 자칫 보호가 배제될 가능성이 있으므로 규정에 명시함을 통하여 그 보호여부를 분명히 한 것이다.

베른협약 제2조 4항은 "입법·행정 및 사법적 성격의 공문서와 그 공식 번역물에 부여하는 보호는 동맹국의 입법에 맡겨 결정한다."라고 하였으므로 이들에 대한 보호가 배제되더라도 협약에 저촉되지 않는다.[131] 우리 저작권법

128) 영미법계의 대부분의 나라가 고정의 요건을 두고 있다. 가령 미국은 17 U.S.C. §102(a), 영국은 CDPA 제3조 2항; 미국은 동시중계방송 등, 동시에 녹음이 되어 유체물에 고정되는 경우에도 고정되었다고 보는 태도를 취하고 있으며, 이러한 고정 요건의 약화 경향은 영미법계 저작권법 전체로 이어지고 있다. 그러나 캐나다 판례 중 자유로운 분위기에서 순간적으로 발휘되는 기지를 담은 인터뷰의 녹음물이나 속기록에 대해 저작물로서의 보호를 부정한 것이 있는데, 결국 고정 요건의 구체적 모습은 각국에 따라 다르다고 할 것이다. *Gould Estate v. Stoddart Publishing Co.*(1996), 30 O.R. (3d) 520 (Ont. Gen. Div.); affirmed (1998), 39 O.R. (3d) 545 (Ont. C.A.).

129) 베른협약 제2조 3항.

130) 베른협약 제2조 5항; 2차적 저작물은 개작의 대상이 되는 원저작물이 있어야 하지만, 편집저작물은 편집되는 요소의 개별적 개성과 관계없이 각 요소의 선택과 배열로 저작물이 되는 것이기 때문에 양자의 성격이 다르다고 할 수 있다.

131) 어떠한 기준에 의해 공문서인지 여부가 판단되는지에 대해서는 그 기준이 다양할 수 있다. 가령 독일 저작권법 제5조 2항은 "공공의 이익을 위하여 일반공중에게 주지시키기 위하여 공표된 여타 공공저작물에 대하여도 또한 위와 같되, 본법 제62조 제1항 내지 제3항 및 제63조 제1항, 제2항의 변경 금지와 출처표시에 관한 제한 규정이 준용된다."라고 하여 공공의 이익과 일반공중에 주지시키기 위한 것, 주지시킬 필요가 있는 것에 대해서

제7조는 모든 공문서에 대한 보호배제적 태도를 취하고 있지 않고, 법령, 판례 기타 자료와 그것의 번역, 편집물 등에 대한 보호만을 배제하고 있다.

협약 제2조 7항은 응용미술저작물의 보호에 대해 정하고 있다.[132] 그러나 어떠한 디자인을 응용미술저작물로 보호할 것인지, 저작권과는 무관하게 산업재산권법상의 산업디자인·모형으로서 보호할 것인지는 회원국이 자유롭게 정할 수 있도록 되어 있다. 세계저작권협약과 베른협약의 가장 큰 차이점 중 하나는 베른협약이 무방식주의를 취하고 있다는 점인데, 응용미술저작물에 대해서는 그 보호의 요건 역시 회원국이 재량에 따라 정할 수 있도록 했으므로 등록이나 제출 등을 보호의 요건으로 정할 수도 있다고 보아야 한다. 만약 한 회원국에서 응용미술저작물이 산업디자인·모형으로만 보호된다면, 이 회원국의 저작자는 다른 회원국에서 동 응용미술품을 저작물로서 보호받을 수 없다고 하여 상호주의적 태도를 인정하고 있다. 그러나 보호가 주장되는 그 다른 회원국에서 산업재산권으로서 보호를 부여하고 있지 않은 경우에는 다시금 저작권법적 보호가 가능하도록 하였는데, 동 응용미술은 일반적 예술저작물로서 보호를 받도록 해야 한다.[133]

(2) 저작물성이 문제되는 저작물

최근 스포츠 경기나 바둑의 기보에 대해서도 저작물성을 인정해야 한다는 주장이 제기되고 있다. 아직까지 이러한 저작물에 대해 저작권을 부여하려는 움직임이 활발한 것으로 생각되지는 않는다. 그러나 논란이 있었던 컴퓨터프로그

는 보호를 배제할 수 있다는 구체적 기준을 가지고 있다.

132) 우리 저작권법 제4조 1항 4호는 응용미술저작물을 미술저작물의 한 유형으로서 예시하고 있다. 우리 저작권법에서 응용미술저작물의 정의는 다음과 같다.

"물품에 동일한 형상으로 복제될 수 있는 미술저작물로서 그 이용된 물품과 구분되어 독자성을 인정할 수 있는 것을 말하며, 디자인 등을 포함한다."

133) 예를 들어 어느 회원국(A)은 응용미술품을 산업디자인·모형으로만 보호하고, 다른 회원국(B)은 저작물로만 보호한다고 한다면, 동 규정에서 천명한 상호주의를 엄격하게 적용한다면, A의 저작자는 B에서 디자인에 대한 보호법과 저작권법에 의한 보호 모두를 향유할 수 없는 결과가 발생한다. 동 규정은 이러한 상황을 방지하기 위해 B에서 A의 저작자에 대해 내국민대우를 부여하라고 정하고 있는 것이다. Ficsor (2003), para. BC-2.70; 그러나 응용미술을 산업디자인·모형으로 보호하는 A에게 B국의 저작자에 대해 산업디자인·모형에 의한 보호가 강요되지는 않는데, 결국 A와 B 사이에는 차별이 발생할 수 있게 된다.

램의 저작물성은 널리 인정되어 저작물성이 확립된 현실을 본다면, 저작물에 대한 보호는 매우 유동적이고, 시대와 기술의 발전에 따라 변화될 가능성이 있다.

1) 컴퓨터프로그램

컴퓨터프로그램은 그 성격상 이를 인간이 직접 인지하고 이해하도록 만들어진 것이라기보다는 컴퓨터에서 이해되고 작동되도록 의도된 것이라고 할 수 있다. 컴퓨터프로그램이 베른협약 제2조 1항에 열거된 저작물 유형 중 어디에 해당하는지는 불분명하다.

가령 캐나다는 컴퓨터프로그램에 있어서 1988년 개정이 있기 전까지 저작물로서 컴퓨터프로그램을 특별히 언급한 일이 없었다. 다만, 문학저작물을 구성요소로 하는 편집저작물이 문학저작물로서 보호된다고 하였으므로 해석상 컴퓨터프로그램을 편집저작물로 보아 문학저작물로 보호했다.[134] 컴퓨터프로그램이 단지 아이디어의 집합으로서 보호를 향유할 수 없는 것인지, 아이디어의 표현인지에 대해서는 캐나다 내에서도 논란이 있었지만, 캐나다는 영국 저작권법의 태도를 따라 기술과 판단이라는 요소를 저작물로서 보호받기 위한 요건으로 상정함으로써 비교적 논란의 여지없이 컴퓨터프로그램을 저작물로서 보호할 수 있었다. 또 1988년 개정법은 컴퓨터프로그램을 편집저작물과는 별개의 문학저작물로 인정하게 되었다.

이처럼 컴퓨터프로그램이 어떠한 범주의 저작물에 속하는지는 분명하지 않지만, 적어도 문학저작물로서의 성격에 가장 가까운 것만은 분명하다. 만약 컴퓨터프로그램의 작성자가 자신의 프로그램에 대해 저작권을 주장할 경우에 베른협약의 회원국은 협약을 원용하여 권리를 주장하는 것에 대해서는 컴퓨터프로그램 자체가 협약상 보호되는 저작물을 유형화하고 있는 제2조 1항에 열거되지 않았으므로 그 보호를 인정하지 않을 수 있다. 그러나 당해 국가가 자국 저작자의 컴퓨터프로그램을 보호하고 있고, 보호를 주장하는 저작자의 저작물이 자국에서 요구하는 저작물성만을 갖추고 있다면, 내국민대우원칙에 따라 자국 저작물과 마찬가지로 보호해야 할 것이다.

그러나 1995년 발효한 WTO TRIPs 협정은 제10조 1항에서 “컴퓨터프로그램은 그것이 원시코드 또는 목적코드의 형태이든 베른협약(1971)에 따라 어문

134) *Apple Computer Inc. v. Mackintosh Computers Ltd.* (1986), 10 C.P.R. (3d) 1 at 18 (Fed. T.D.).

저작물로 보호된다."는 명시적인 규정을 두고 있어서 적어도 WTO 회원국들에게 있어서는 컴퓨터프로그램의 저작권적 보호문제는 이제는 해결되었다고 할 수 있다.

2) 응용미술저작물

우리 저작권법 제4조 1항은 미술저작물에 회화나 조각 등이 포함된다고 예시하는 한편, 응용미술저작물이 미술저작물이 된다는 점을 명시적으로 밝히고 있다. 응용미술저작물에 대해서는 우리 저작권법 제2조 15호에서 물품에 동일한 형상으로 복제될 수 있는 미술저작물로서 그 이용된 물품과 구분되어 독자성을 인정할 수 있는 것이라고 하면서 디자인 등을 포함한다고 정하고 있다.[135] 과거 디자인 등 응용미술에 대해서는 저작권법에 의한 보호가 부정되는 예가 많았지만,[136] 최근 디자인을 저작권에 의해 보호하는 사례가 늘고 있는데,[137] 우리 대법원은 비교적 최근에 넥타이 도안에 대한 저작물성을 인정한 바 있다.[138]

디자인 등 응용미술을 저작물로 보호하게 된 것은 그것이 타경쟁자에 의해 무단으로 모방되는 것에 대한 보호의 필요성 때문이다. 물론 디자인보호법이나 부정경쟁방지법에 의할 수 있으나 디자인보호법은 제9조에서 정한 등록절차를 거쳐야 유효한 디자인권의 소유자가 되도록 했고, 부정경쟁방지법 제2

135) 이러한 독자성은 분리가능성(separability)이라고도 하는데, 이러한 분리가능성의 문제는 미국법상 저작권과 의장권의 중첩적 보호의 문제를 해결하는 하나의 법논리로 개발된 것이라고 한다. 특히 실용품의 보호기준을 정한 이론이다. 그러나 아직까지도 판례상 분리가능성의 명확한 기준이 제시되고 있지 않다고 한다. 조원희, "응용미술저작물의 보호기준에 대한 소고," 「계간 저작권」 제70호(2005), 27면.

136) 가령 대법원 1996. 2. 23. 선고 94도3266 판결 등; 당해 판례에서 대량생산의 목적을 가진 것을 산업상의 대량생산에의 이용을 목적으로 하여 창작되는 모든 응용미술작품이 곧바로 저작권법상의 저작물로 보호된다고 할 수는 없고, 그 중에서도 그 자체가 하나의 독립적인 예술적 특성이나 가치를 가지고 있어 예술의 범위에 속하는 창작물에 해당하여야만 저작물로서 보호된다고 할 것인바, 미국에서 저작권 등록을 마친 염직도안인 "르데지레"와 "르바스켓"은 직물의 염직에 사용하기 위한 것으로서 응용미술작품의 일종이기는 하나 저작권법의 보호대상에 해당하지 않는다고 판시한 바 있다. 박문석, 「멀티미디어와 현대 저작권법」(서울: 지식산업사, 1997), 232면 역시 같은 취지이다. 즉, 일회적 창작성 혹은 일품제작을 목적으로 하는지 여부가 중요하다는 입장이다.

137) 가령 헌법재판소 2005. 2. 3. 선고 2004헌마478 결정 등.

138) 대법원 2004. 7. 22. 선고 2003도7572 판결 — "히딩크 넥타이" 사건.

조 1호 자목의 상품형태의 모방에 대한 보호는 3년이라는 단기의 보호기간만을 갖는다고 정하고 있다. 이러한 경향은 다른 나라들의 법에서도 비슷하게 나타난다. 따라서 저작권의 존속기간인 저작자 사후 50년간의 보호와 광범위한 재산적 권리, 저작인격권이 부여된다는 점에서 저작권법이 타법과 비교해서 응용미술의 작성자 보호에 더욱 유리하다. 그러나 응용미술에 대한 지나친 보호는 산업발전을 저해할 수 있고, 경쟁보호라는 본래적 보호가치를 훼손시킬 우려가 있다는 지적도 있다.

순수미술저작물과 응용미술저작물 사이의 경계는 어떻게 확정되어야 하는지도 문제된다. 결론적으로 이러한 경계확정은 매우 어려운 일이다. 프랑스 지적재산권법상의 이론인 "예술의 단일성이론(theorie de l'unité de l'art, theory of the unity of art)"에 따르면 현대적 의미에서는 응용미술품이 저작권법과 디자인보호법에 의한 중첩적 보호를 받는 경향이 있긴 하나, 저작권법이 디자인보호관련 법에 비해 우월적으로 적용된다는 이론으로 받아들여지고 있지만,[139] 이 이론은 본래 순수미술과 응용미술의 구별의 모호함을 회피하기 위한 것이었다.[140] 현재까지도 순수미술저작물과 응용미술저작물의 경계확정을 위한 분명한 기준은 마련되어 있지 않다. 그렇다고 단지 이러한 구별의 어려움을 회피하기 위해 응용미술저작물을 모두 순수미술저작물과 동일하게 보호한다거나 순수미술저작물 보호수준을 응용미술저작물 정도로 제한하는 방법으로 문제를 해결할 수도 없다. 결국 이들 양 저작물의 경계를 확정시킬 수 있는 척도들을 개발하고 발전시킬 필요성이 있다 하겠다.[141]

3) 건축저작물

미국 저작권법 제120조 a항의 규정은 건축저작물에 대한 배타적 권리 범위를 정하면서 그 범위를 다음과 같이 제한하고 있다.

---

139) 유정주, "프랑스 산업디자인법에서 예술의 단일성 이론(la theorie de l'unite l'art)에 관한 연구," 「산업재산권」 제17호(2005), 295면.

140) Susanne Zech, *Der Schutz von Werken der angewandten Kunst im Urheberrecht Frankreichs und Deutschlands: Rechtsvergleichende Untersuchung unter Berücksichtigung des europäischen Rechts* (München: C.H. Beck, 1999), p.18.

141) 저작권법과 디자인법상 응용미술저작물의 보호에 관한 연구로는 이호흥, 「저작권법과 디자인법의 교차영역에 관한 연구」(서울: 저작권위원회, 2007) 참조.

> 저작물이 구체화된 건물이 공공장소에 위치하거나 또는 공공장소로부터 일반적으로 보일 수 있는 곳에 위치하는 경우, 건축저작물의 저작권은 당해 저작물을 그림, 회화, 사진이나 기타 회화적 표현물로 제작하여 배포하거나 공개 현시하는 것을 금지하는 권리까지를 포함하지 아니한다.

위 규정은 1990년 건축저작물저작권보호법(Architectural Works Copyright Protection Act)에 의해 도입된 것이다. 이처럼 건축저작물에 대해서도 타 저작물과 차별적 태도를 취하는 경우가 있는데, 대륙법계의 국가들은 대체로 이러한 태도를 지양하고 있다.

4) 제 호

적어도 국제저작권법의 맥락하에서 저작물성이 가장 문제되는 것 중 하나는 제호(title)에 대한 보호문제일 것이다. 제호는 문학저작물에 속하는 것으로서 베른협약 제2조 1항에서 말하는 기타 기록물(other writings)에 포함된다고 해석될 수 있으므로 국내법에서 제호를 저작물 혹은 여타의 보호대상으로 보는 것과 별개로 협약상의 규정을 직접 원용하여 회원국 법원에서 권리를 주장할 수도 있을 것이기 때문이다. 제호보호의 현황과 내용을 보면서 제호의 국제적 보호가 가능한지 가늠해보도록 하겠다.

㈎ 제호보호에 대한 명문규정을 둔 경우

이탈리아, 프랑스, 스위스 등은 저작권법에 제호에 관한 특별한 규정을 두고 있다. 이 중 이탈리아는 가장 전향적인 보호규정을 두고 있다. 이탈리아 저작권법 제100조는 저작물을 특정 짓는 독자성이 있는 저작물의 제호는 저작자의 동의 없이 다른 저작물과 함께 복제되어서는 안 된다고 규정하는 한편, 혼동의 가능성이 일어나지 않을 정도로 이질적인 종류나 성격을 가진 저작물에는 이러한 금지가 적용되지 않는다고 하고 있다. 그러면서도 정기간행물에 이용된 머리글이 본문의 전형적이고 독특한 특성을 독자적으로 인식하게 하는 때에는 전술조건하에서도 그 복제가 금지된다고 하고 있다. 즉, 서적의 제호나 뮤지컬, 영화, 드라마 등의 제명은 저작물의 제호로서 저작권법 제100조에 의해 보호되며, 다만 혼동의 위험이 없는 경우에는 복제가 금지되지 않는다는 것이다.[142)]

프랑스나 스위스, 캐나다는 창작성 있는 제호에 대해 저작권을 부여한다는 취지의 규정을 두고, 문학저작물과 유사하게 취급하고 있다. 그러나 제호가 저작물성 요건을 충족하는 것은 흔한 일은 아니다. 프랑스 저작권법 제L.112-4조 1항은 "정신적 저작물의 제호는 창작성이 있는 경우 저작물과 같은 방법으로 보호된다."고 규정하고 있으나,[143] 실무상 창작성의 요건을 엄격하게 해석하여 창작성을 인정한 예들은 거의 없다.[144] 스위스 역시 저작권법 제2조 4항에서 제호도 저작물의 정의에 합치하는 한 저작물로서 보호된다는 명문의 규정을 두고 있어[145] 제호뿐만 아니라 단순한 단어, 이름, 짧은 문구도 저작권보호를 받을 수 있다는 법조문을 가지고 있으나 프랑스와 마찬가지로 저작물의 요건을 충족하는 경우는 이례적이다.[146] Schweizerische Illustrierte Zeitung, L'illustre, "Sie und Er"[147]와 같은 정기간행물의 제호와 미키마우스,[148] 셜록 홈즈[149] 등의 제호가 저작물성을 인정받지 못한 판례가 있다.[150] 캐나다도 마찬가지인데 저작권법 제2조에서 저작물은 그것의 표제가 독창적이고, 특유할 때에는 당해 저작물의 표제를 포함한다고 하여 제호에 대한 규정을 두고 있는데, 운영현실은 스위스와 비슷하다.

---

142) 제100조에 해당하지 않더라도 이탈리아 민법 제2598조에 따라 부정경쟁으로부터 보호를 받을 수도 있다. 가령 로마법원의 판결에서는 완성되지 않는 영화의 제목을 타인이 사용하는 것은 민법 제2598조에서 정한 unfair practice에 해당한다고 판시한 바 있다. Heijo E. Ruijsenaars, *Character Merchandising in Europe* (The Hague: Kluwer Law International, 2003), p.172.

143) 동조 제2항은 저작권보호기간이 만료하더라도 "제호의 이용이 혼동을 야기할 수 있을 때에는 동종의 저작물을 구별하기 위해서 그 제호는 이용될 수 없다"고 하고 있다.

144) 저작권법상의 보호가 불가능한 경우, 부정경쟁방지법에 의존하고 있다. 제호의 보호가 인정된 예로는 "Silberdistel", "Paris-Canaille", "Les liaisons dangereuses", "Rififi à Amsterdam", "Clochemerle" 등이 있으나 아직까지 파기원에 의해 저작물성을 인정받지는 못하였다. Knöbl (2002), p.207은 제호에 대한 프랑스 법원의 저작물성 심사는 마치 상표법에 의한 상표심사와 유사하다고 설명하고 있다.

145) "저작물의 제호와 그 밖의 부분은 개인적 특성을 가진 정신적 창작물에 해당하는 경우 저작물로서 보호된다." 스위스 저작권법 제2조 4항.

146) von Büren/David (2005), p.77, Ruijsenaars, *op.cit.*, p.318.

147) BGE 64 (1938) II 109.

148) BGE 77 (1951) II 377 - Mickey Mouse.

149) BGE 85 (1959) II 120 - Sherlock Holmes.

150) Ruijsenaars, *op.cit.*, pp.328-329.

이상과 같이 저작권법에서 규정을 명문화하고 있는 나라들도 실무상 저작권에 의한 보호가 실현되는 사례는 많지 않으며, 실제로는 부정경쟁방지법이나 상표법 등 다른 법률에 의지하는 경우가 많다.

㈏ 제호보호에 관한 명문규정이 없는 경우

미국이나 영국, 일본, 독일 등은 저작권법에 제호에 대한 특별한 고려가 반영되어 있지 않다. 미국 연방규정에서는 이름, 제호, 슬로건 등이 저작권의 보호대상이 아니라고 규정하고 있다.[151] 미국의 학설 및 판례상으로도 제호는 저작물의 구성요소이기는 하나 사소한 부분에 지나지 않아 저작권의 보호를 받지 않는다고 보는 것이 일반적이다.[152]

한편 영국이나 일본, 독일의 경우는 저작물성에 대한 일반적인 기준이 제호에 대해서도 적용된다는 입장이다. 영국은 1956년 저작권법이나 1988년 저작권법이 규정하는 창작성 있는 문학저작물에 해당하는지 여부에 따라 저작권법에 의한 보호의 여지를 남겨두고 있다. 그러나 제호가 충분히 길고 독창적인 노력의 성과물인 경우를 제외하고는 저작물성을 인정하지 않는다.[153]

일본에서도 저작물의 일반적인 요건인 사상과 감정의 표현으로 독창적인 정신이 나타난다면 저작권상 보호를 받을 수 있다고 보고 있다. 그러나 보통의 짧은 제호로는 요건을 충족시키기 어려워 저작물성이 긍정되는 사례는 극히 예외적인 경우에 한한다고 보고 있다.[154] "뽀빠이"를 특수한 로고타입으로 장식한 뽀빠이 넥타이 사건에서 뽀빠이라는 명칭은 단지 그것만으로는 사상 또는 감정을 창작적으로 표현한 것이라고 볼 수 없다고 하여 저작권법상의 보호가 부정된 사례가 있다.[155]

독일 역시 제호에 대한 입법적인 고려가 없다.[156] 통설은 창작성이 있다면

---

151) 미국 연방저작권청은 이름이나 제호가 되는 단어 또는 짧은 문구 등은 저작물에 해당하지 않는다고 보아 등록신청을 거절한다는 규정을 두고 있다. 37 C.F.R. §202.1(a).

152) Nimmer/Nimmer (1963 ff.), §2.16; 다만, Goldstein (2005), §2.7.3에서는 창작성 여부에 따라 가령 Arthur Kopit의 "Oh Dad, Poor Dad, Momma's Hung You in the Closer and I'm Feelin' So Sad" 등은 보호될 수 있을 것이라고 했다.

153) Cornish/Llewelyn (2003), p.389.

154) 加戸守行, 「著作權法築造講義」, 四訂新板(著作權情報センタ-, 2003), 21면.

155) 東京地裁 1990(平成2). 2. 19. 宣告, 昭和59(ワ) 第10103号 判決(判例時報 第1343号 3面).

156) 독일 저작권법 제2조 2항 참조.

원칙적으로 저작권법상 보호는 가능하지만, 대부분 저작물의 요건을 충족하지 못할 것이라고 보고 있으며, 판례 역시 마찬가지이다.[157] 저작물의 제호 자체는 저작물의 내용을 나타낼 수 있는 표지에 불과하므로 독창적인 사상·감정의 표현이라 보기 어렵고, 저작물성의 요건을 충족시킬 수 없다는 것이다.[158]

오스트리아 저작권법상의 제호보호는 다소 특이한데, 제호에 대한 보호규정은 저작인접권에 대해 정하는 제2부에 함께 규정되어 있다. 동 제도는 상표법 혹은 부정경쟁방지법적 제호보호를 저작권법 내에 수용한 것인데, 이용 및 피이용 제호 사이에 혼동의 가능성과 이용 제호가 영업적 거래관계에서 이용되는 것으로부터 보호가 인정된다고 하였다.[159] 다만, 동조에 의한 보호를 향유하려면, 제호가 저작물의 제호여야 하는데, 저작물의 보호기간 만료여부는 묻지 않으므로 보호기간이 만료된 저작물의 제호 역시 보호된다.[160] 오스트리아에서는 일반 저작물보다는 신문이나 잡지의 제호에 대해 더욱 강한 보호를 부여하고 있다.[161] 이러한 제도와는 무관하게 판례에 의해 제호가 저작물성을 인정받은 예도 더러 있다고 한다.

독일과 오스트리아에서는 제호의 보호와 관련하여 "외적 제호보호"와 "내적 제호보호"를 나누기도 한다. 외적 제호보호는 저작물로서 혹은 저작인접물로서 제호가 보호되는 경우를 말하는 것이지만, 내적 제호보호는 저작자가 자신의 저작물에 부여한 제호에 대한 동일성의 유지에 관한 것이다. 우리 저작권법 제13조에서 규정한 동일성유지권에도 제호보호에 대한 내용이 포함되어 있으며, 동일성유지권에 대한 오스트리아 저작권법 제21조 1항 역시 같은 취지이다. 독일은 제호의 보호에 관한 내용을 동일성유지권에 관한 독일 저작권법 제14조에서 규정하는 것이 아니라 저작권관련 계약에 관한 제39조에서 규정하고 있는데, 학계에서는 이들 규정이 불가분의 관계에 있다고 보므로[162] 결

157) Schack (2005), para. 66.

158) 일부 인정된 판례가 존재하나 상급심에서 모두 파기되었고, 최종적으로 보호가 인정된 사례는 단 한 건도 존재하지 않는다.

159) 오스트리아 저작권법 제80조 1항.

160) 오스트리아 저작권법 제80조 2항; 이는 동 제도가 저작권보다는 상표보호나 경쟁보호적 측면이 강함을 보여준다.

161) Walter Dillenz & Daniel Gutman, *Praxiskommentar zum Urheberrecht* (Wien: Springer, 2004), §80 UrhG para. 1.

162) Schricker/Dietz (2006), §39 UrhG para. 1.

국 이들 국가 사이에서 내적 제호보호에 대해서는 태도가 일치한다고 말할 수 있을 것이다.

우리의 판례는 오래 전부터 "제호는 사상이나 감정의 표현이라고 볼 수 없어 저작물로서 보호받을 수 없다."고 하여 제호 자체의 저작물성을 인정하지 않고 있다.[163] 가령 대법원은 만화 제명 "또복이"가 제과상품에 사용된 사례에서 저작물성을 부인한 바 있다.[164]

㈐ 평 가

제호에 대한 보호에 있어 그 창작성의 정도가 낮다는 이유로 저작물성을 부정하는 예는 많으나 제호 자체가 저작물이 될 수 없다고 보는 경우는 매우 적었다. 우선 제호가 베른협약 제2조 1항에서 예시한 기타 기록물(other writings)에 해당하는지 여부가 문제되지만, 이러한 가능성을 인정하더라도 저작물성의 요건이 높게 형성되어 있는 상황에서 제호가 국제적으로 보호되기는 어려울 것으로 생각된다. Ricketson 교수 및 Ginsburg 교수는 제호는 기록에 해당할 정도로 충분히 길지 않으므로 "기타 기록물"의 정의에 들지 않는다고 지적한다.[165] 그러나 기록의 의미에 대해서는 여러 가지 해석이 가능함도 염두에 두어야 할 것이다.

실제로 1948년 베른협약에 대한 브뤼셀 개정회의의 준비과정에서 제기된 제호의 보호필요성에 대한 제안이 실제로 Proposal 제15조의2에 반영되었는데, 내용은 다음과 같다.

> 문학 및 예술저작물의 구별되는 특징을 갖는 제호는 성격상 저작물 간에 혼란을 일으킬 수 있는 경우에는 제3자에 의해 다른 저작물을 표시하기 위해 사용되지 않아야 한다.

---

163) 우리나라의 제호관련 판례들은 다음과 같다. 서울지방법원 1991.4.26. 90카98799 결정— "가자 장미여관으로", 대법원 1977.7.12. 선고 77다90 판결 — "또복이", 대법원 1996. 8.23. 선고 96다273 판결 — "크라운 출판사", 서울지방법원 1990.9.21. 90카6150 결정 — "자유인", 서울지방법원 1990.9.20. 선고 89가합62247 판결 — "행복은 성적순이 아니잖아요", 서울고등법원 1991.9.5. 91라79 결정 — "애마부인", 서울고등법원 1989.4.11. 89라28 결정 — "품바", 서울지방법원 2005.3.18. 선고 2004가단31955 판결 — "불타는 빙벽"; 이들 판례 모두에서 제호의 저작물성은 부정되었다.

164) 우리 대법원 "또복이" 사건.

165) Ricketson/Ginsburg (2005), para. 8.115.

이러한 시도는 관철되지 못하였고, 현행조약에는 제호 보호에 대한 규정이 없다. 제호가 베른협약 제2조 1항에서 말하는 기록의 개념에 들지 못한다 하더라도 보호가 주장되는 회원국에서 제호를 저작물로서 보호하고 있다면, 내국민대우원칙에 따라 다른 회원국 저작자의 제호 등에 대해서 저작물로 보호를 해주어야 할 것이다.[166)]

4. 저작재산권

베른협약에서 인정하고 있는 저작재산권의 유형은 제한적이다. 즉, 제9조에서 정한 복제권을 비롯하여 각 조에 규정되어 있는 저작재산권들은 열거적이며 상호독립적이다. 우리 법 역시 마찬가지의 태도를 취하고 있는데, 제16조 복제권, 제17조 공연권, 제18조 공중송신권, 제19조 전시권, 제20조 배포권, 제21조 대여권, 제22조 2차적 저작물 작성권을 각각 그 성격과 관계없이 열거하고 있다. 일본의 경우도 마찬가지이고, 미국 저작권법 역시 제106조의 각 호에서 개별 저작물에 대한 배타적 권리를 열거적으로 규정하고 있다. 그러나 이러한 태도는 늘 통용되는 것은 아니다.

가령 독일 저작권법 제15조는 다음과 같이 규정되어 있다.

> ① 저작자는 자신의 저작물을 유형적인 형태로 이용할 배타적인 권리를 가진다. 위 권리는 특히 다음 각 호를 포함한다.
> 1. 복제권(제16조)
> 2. 배포권(제17조)
> 3. 전시권(제18조)
>
> ② 나아가, 저작자는 자신의 저작물을 무형적인 형태로 공개재현할 배타적인 권리를 가진다(공개재현권). 위 권리는 특히 다음 각 호를 포함한다.
> 1. 구술, 공연 및 상영권(제19조)
> 2. 공중전달권(19조 a)
> 3. 방송권(제20조)

---

166) Volker Deutsch & Tatjana Ellerbrock, *Titelschutz* (München: C.H. Beck, 2004), para. 248 역시 같은 취지이다.

4. 녹화물 혹은 녹음물을 통한 재현권(제21조)
5. 방송 및 공중전달을 통한 재현권(제22조)

③ 저작물의 공개재현이란 그 재현이 다수의 공중을 위한 경우이다. 저작물을 이용하는 자, 혹은 저작물을 무형적인 형태로 감지하거나 접근하는 사람들과 개인적으로 상호간에 연결되지 않는 모든 자는 공중에 속한다.

제1항은 이른바 저작물을 유형적으로 이용할 권리에 대해 다루고, 제2항은 저작물의 무형적 이용에 대한 권리를 다룬다. 각 항의 말미에 "특히 다음 각 호를 포함한다."라고 한 점은 주목해야 하는데, 이는 저작재산권이 아래 각 호에 열거된 것 이외에도 인정될 수 있다는 여지를 둔 것이다. 이러한 규정은 단지 선언적인 것은 아니다. 가령 독일 판례 중에서 입법적으로 이용제공권이 도입되지 않은 시점에서 저작권법 제15조 2항 규정에 근거해서 저작물을 무형적으로 이용할 권리를 침해했다는 판단을 내린 사례가 있었다.[167]

프랑스의 태도도 이와 유사하다. 현행 프랑스 지적재산권법전 제1부에 편제되어 있는 저작권법 중 제L.112-2조 1항에서는 "재현(représentation)은 여하한 수단에 의한 공중에 대한 저작물의 전달로 구성된다."라고 정하고 있고, "복제(reproduction)"에는 여하한 방법과 수단에 의해 저작물을 유형물에 고정하는 것이 포함된다고 하고 있다. 프랑스의 재현개념은 우리 저작권법상 공연과 공중송신을 모두 포괄하는 것으로, 프랑스는 복제권과 재현권으로 모든 유형의 저작재산권이 포괄된다고 보고 있으므로 그 범위가 상당히 넓으면서도 유연하다고 할 수 있다.

이처럼 프랑스와 독일을 비롯한 유럽의 많은 국가들은 굳이 저작재산권과 저작인격권을 일원적으로 보는 관점을 취하지 않더라도 저작재산권을 "하나의 권리(ein Recht)"라고 관념하고 있다.[168]

---

167) 독일에서는 공중전달권이 명문화되기 이전에도 썸네일 이미지를 검색엔진에서 제공한 사례에서 "저작물을 무형적으로 이용할 배타적 권리"에 근거하여 저작권침해를 인정한 바 있다. LG Hamburg GRUR Int. 2004, 148 - thumbnails.

168) Manfred Rehbinder, *Schweizerisches Urheberrecht* 3. Aufl. (Bern: Stämpfli, 2000), para. 34; 원래 저작인격권은 19세기 독일과 프랑스에서 인격권을 광범하게 보호한 데서 기인한다고 한다. 그러나 같은 성문법 국가이며 저작권법 발전을 공유하고 있는 프랑스와 독일이지만, 프랑스에서는 저작인격권에 대해 독일과는 다소 다른 입장을 취하고 있다. 즉, 독일에서

이에 반해 영미법계 국가들은 저작재산권을 개별적인 것이라고 보고 있으며, 저작재산권의 여러 유형을 "권리의 다발(bundle of rights)"이라고 정의하고 있다. 가령 캐나다 저작권법에 따르면, 전통적 문학・미술・연극・음악 저작물의 저작자는 저작재산권으로서 복제권, 공연권, 공표권, 영상화권, 전송권 등의 권리를 향유한다.[169] 영국 저작권법도 마찬가지인데, 이들 저작권법은 모든 저작물의 저작자가 누리는 권리의 유형을 일단 제시한 후, 각 저작물에 따라 개별적으로 향유하는 권리가 무엇인지에 대해 서술하고 있다. 이에 따르면, 저작물 유형에 따라 향유하는 권리가 달라서 미술저작물의 저작자는 전시권(캐나다의 경우에 한함)을 갖지만, 문학저작물의 저작자는 전시권을 주장할 수 없는 등의 경우들이 더러 있다.[170] 미국의 경우도 마찬가지임은 이미 보았다.

이하에서는 베른협약에서 인정되는 저작재산권에 대해 설명하고자 한다. 다만, 설명의 편의를 위해 독일과 프랑스의 예를 따라 저작물을 유형적으로 이용할 권리와 무형적으로 이용할 권리로 나누어 설명한다.

(1) 저작물의 유형적 이용에 관한 권리

1) 번 역 권

베른협약 제8조의 규정에 따라 저작자는 번역권을 갖는다. 규정은 번역권을 문학・예술 저작물의 저작자가 자신의 저작물을 번역하거나 이를 허락할 권리를 갖는다고 정하고 있는데, 동 내용은 번역의 일반적 의미와 다르지 않다. 동 권리는 베른협약이 성립됨과 함께 인정되는 권리로서 처음 동 권리는 발행 후 10년간만 보호를 향유하도록 되어 있었다. 이는 정치적 합의의 결과로서 당시 인쇄술이 발달함에 따라 문학저작물의 순수출국과 순수입국 사이에 입장 차이가 컸기 때문이었다.[171] 수입국 입장에서는 저작물을 자유롭게 번역

는 저작인격권과 저작재산권을 일원적으로 보아 저작권 자체의 양도가 불가능하다고 본다. 따라서 저작인격권은 물론이고, 저작재산권도 양도될 수 없다고 한다. 이에 반해 프랑스에서는 저작인격권과 저작재산권은 불가분의 관계가 아니기 때문에 저작재산권 자체를 양도하는 것이 가능하다고 본다. 또, 보호기간에 있어서도 독일에서는 단일 보호기간을 채택하고 있는 반면(사후 70년), 프랑스에서는 양 권리 간에 보호기간의 차이를 규정하고 있다(저작재산권은 70년, 저작인격권은 영원히 보호된다고 봄).

169) 캐나다 저작권법 제3조 1항 각호.

170) 그러나 대개 저작물의 유형에 따른 주된 이용행위는 모두 권리범위 내에 포함된다고 할 수 있다.

하여 이용함으로써 누릴 수 있는 이익이 컸으므로 동 권리의 도입을 꺼렸다. 이후 동 권리는 여타의 저작재산권들과 비슷한 수준으로 보호확대의 과정을 거쳤다.

우리 저작권법 제7조는 보호받지 못하는 저작물의 종류를 열거하면서 제4호에서 "국가 또는 지방자치단체가 작성한 것으로서 제1호 내지 제3호에 규정된 것의 편집물 또는 번역물"에 대한 보호가 배제된다고 하고 있고, 제36조에서는 "번역 등에 의한 이용"이라는 제목 아래서 저작권이 제한되는 경우에 번역하여 이용하는 것까지 허용된다고 규정하고 있다. 그러나 베른협약은 번역권이 제한되는 경우에 대해 명문의 규정을 두고 있지 않다. 이 점은 1967년 스톡홀름에서 열린 베른협약 개정을 위한 회의에서 큰 논란거리가 되었다. 즉, 베른협약에서 규정하고 있는 저작권의 제한규정들이 번역권에 대해서도 적용되는지가 분명하지 못한 점이 부각된 것이다.

회의의 일반보고서는 베른협약 제2조의2 제2항 및 제9조 2항, 제10조 1항 및 2항 그리고 제10조의2 제1항과 제2항에 대해서는 각 규정이 정하는 조건하에서, 또 공정한 관행(fair practice)에 부합하는 범위 내에서는 번역하여 이용하는 것까지 허용된다고 보는 것에는 회원국간 의견이 일치된다고 하였다.[172] 그러나 조약에서 저작자에게 배타적 권리를 부여하는 대신 급부보상청구권을 규정할 수 있도록 해둔 제11조의2와 제13조에 대해서도 번역하여 이용하는 것을 가능하게 할 것인지에 대해서는 반대의견이 있다고 하였다.[173] 동 보고서는 단지 입장확인에 그치고 있고, 번역하여 이용하는 것을 명백하게 부정할 만한 근거도 제시하기 어려우므로 번역권의 제한이 위 전자의 경우는 물론 후자의 경우에도 적용된다고 보아도 문제되지는 않을 것으로 생각된다.[174]

한편 베른협약 제11조 2항은 "연극이나 악극 저작물의 저작자는 원저작물에 대한 그의 권리의 전 기간 동안, 번역에 관하여 같은 권리를 향유한다."라고 규정하고 있는데, 이는 원저작자로서 번역저작물이 공연되는 경우, 번역물

---

171) Ficsor (2003), para. BC-8.1.

172) 다만, 저작인격권은 존중되어야 한다고 하였다.

173) 가령 베른협약 제10조 1항에서 인정되는 인용을 하는 경우에 외국어로 된 저작물을 번역할 필요가 있는데, 이때 번역하여 인용하는 것은 번역권을 침해하지 않는다는 것이다. 그러나 제11조의2에서 규정되어 있는 방송이나 공중전달의 경우, 번역하여 방송하거나 공중전달할 수 있는지에 대해 일치된 의견이 없다.

174) Ficsor (2003), para. BC-8.4.

의 저작자와 마찬가지로 배타적 권리를 향유한다는 내용이다. 여기서 저작물의 유형을 단지 연극이나 악극저작물이라고 하였는데, 음악저작물은 음으로만 구성되는 것으로 한 언어에서 다른 언어로 변경이 되는 것이 아니기 때문에 배제된 것으로 이해되고 있다.[175]

물론 음악저작물이 개작되어 이용되는 경우, 원저작자는 개작한 저작자와 같은 내용의 권리를 갖는데,[176] 이는 번역에 대한 내용은 아니다. 협약 제11조의3 제2항은 문학저작물의 저작자에게 제11조 2항에서 정한 것과 같은 내용의 권리를 부여하고 있는데, 번역된 문학저작물을 낭송하는 것 역시 번역되기 이전 저작물의 저작자에게 허락을 얻지 않으면 행할 수 없다.

2) 복 제 권

복제권은 여하한 유형물에 저작물을 고정시킬 수 있는 배타적인 권리이다. 베른협약은 복제권에 포섭되는 여러 가지 권리를 별도로 규정하고 있다가 1967년에 있었던 스톡홀름 개정에서 복제권이라는 단일한 권리로 통합하게 되었다.[177] 주목할 점은 협약상 복제의 개념에 포섭되는 범위가 충분히 넓음에도

---

175) Dreier/Hugenholtz (2006), p.50; 우리 저작권법의 입법자는 저작물 유형 사이에 상호 교차되는 것을 인정하고 있는가. 가령 노래의 가사는 문학저작물인지 음악저작물인지 혹은 양자에 모두 포함되는지 문제될 수 있다. 미국저작권법에서는 명시적으로 음악저작물에 가사가 포함된다고 규정하고 있으며[17 U.S.C. §102 (a)(2)], 연극저작물에는 음악이 포함된다고 하여 개별 저작물이 여러 가지 유형에 함께 포함되는 것을 인정하고 있다. 그러나 우리법의 모범이 된 것으로 볼 수 있는 독일에서는 음악저작물에 가사는 포함되지 않는 것으로 보고 있으며, 가사는 문학저작물이라고만 하고 있다고 하는 한편[Rehbinder (2003), para. 131], 연극저작물의 보호대상은 "움직임"이라고 하였으므로 연극저작물에 음악을 포함시키고 있지 않음을 알 수 있다. 오승종(2007), 90면은 가사는 음악저작물과 문학저작물로서의 성격을 모두 가지고 있다고 새기고 있으면서도, 96면에서 연극저작물에 극본이나 음악이 포함되지 않는다고 보고 있다. 건축저작물의 도면에 대해서도 당해 저작물이 저작권법 제4조 1항 8호의 도형저작물에 속하면 족한 것이고, 제5호의 건축저작물에서 다시금 언급하는 것은 사족이라는 견해가 있고, 건축저작물과 도형저작물로서의 성격을 모두 가지고 있다고 보는 견해도 있다. 어떠한 저작물이든 창작성을 갖추면, 저작권법상 보호를 향유하는 것은 당연하지만, 저작물의 유형에 따라 보호의 정도가 상이하다는 점을 고려하여 구체적이고 세밀한 입법이 요구되는데, 한 저작물이 여러 유형에 동시에 포함된다면, 자칫 입법의 명료성을 해칠 수 있으므로 저작물 유형 사이의 구별을 분명하게 하는 것이 바람직하다고 본다.

176) *Id.*

177) 복제를 수반하는 행위에 대해 저작권제한을 인정하는 규정들 역시 복제권이 간접적으로

불구하고, 동 규정 제3항에서 "녹음이나 녹화는 이 협약의 적용상 복제로 간주한다."고 규정하고 있다는 것이다. 동 규정은 법리적이라기보다는 연혁적인 것인데, 브뤼셀 개정시에 존재했던 기계적 복제(mechanical reproduction)[178]에 대한 권리가 복제권의 포괄적 도입으로 인해 불필요한 사족처럼 되었기 때문이다. 그럼에도 불구하고, 이를 조약문상에서 삭제하는 것은 복제권의 의미를 반감시킬 수 있다는 우려가 있었다. 그 결과 동항은 복제권을 부연하는 규정으로 아직까지 협약에 남아 있게 된 것이다.

복제권에 대해서는 제한이 가해진다. 협약 제10조 1항에서 규정된 것과 같이 다른 저작물 중 일부를 인용하는 것 역시 다른 저작물을 복제하는 것이고, 국내법들도 베른협약에서 규정되어 있지 않은 여러 가지 복제권 제한규정들을 가지고 있다. 이러한 복제권의 제한은 무조건적으로 이루어지는 것은 아니며, 협약에서 정한 특별한 기준을 만족해야만 허용이 된다.[179] 동 기준은 이른바 3단계 테스트(three-step test)라고 일컫는데, 그 내용은 명료하거나 간단하지 못하다. 여기에 대해 정하고 있는 협약 제9조 2항은 다음과 같다.[180]

> 특별한 경우에 있어서 그러한 저작물의 복제를 허용하는 것은 동맹국의 입법에 맡긴다. 다만, 그러한 복제는 저작물의 통상적인 이용과 충돌하지 아니하여야 하며, 저작자의 합법적인 이익을 부당하게 해치지 아니하여야 한다.

위 규정에서 정한 조건을 굳이 3단계 테스트라 일컫는 데는 위 규정을 저작권의 제한이 i) 특정하고 특별할 것, ii) 저작물의 통상적인 이용과 충돌하지 않을 것, iii) 저작자의 합법적인 이익을 부당하게 침해하지 않을 것이라는 세 가지 기준으로 정리해볼 수 있기 때문이다. 세 기준은 동시에 만족해야 하는 것으로, 이 중 하나라도 만족시키지 못하면, 복제권에 대한 허용되는 예외에 들지 못한다. 동 3단계 테스트는 복제권이 국제저작권법에 도입됨에 있어 광범위한 제한이 인정될 경우, 그 실효성을 확보할 수 없을 것이므로 이러한 과다

인정되었다는 증거가 된다고 한다. Ficsor (2003), para. BC-9.1.

178) 기계적 복제란 전기적·전자적 방법으로 녹음물 혹은 녹화물을 복제해내는 것이다. 최경수 (2001), 188면.

179) 박덕영, "국제조약상 저작권제한과 예외규정 및 국내법상 권리제한 입법," 「산업재산권」 제25호 (2008. 4.), 323-356면 참조.

180) 이 조항의 해석에 관한 자세한 내용은 박덕영 (2003), 114-176면 참조.

한 저작권제한을 방지하고, 복제권 자체가 완전한 배타적 권리로 인식되는 데 장애가 되지 않도록 하는 것을 목적으로 삼았다.[181)]

3) 개 작 권(각색권)

베른협약 제12조는 "문학·예술 저작물의 저작자는 그의 저작물의 각색·편곡, 기타 개작을 허락할 배타적 권리를 향유한다."라고 규정하고 있다. 각색(adaptation)이란 문학저작물이 개작되는 상황을 염두에 둔 것이며, 편곡(arrangement)은 음악저작물, 기타의 개작(any other alternation)은 문학·음악 저작물 이외의 저작물의 개작을 의미하는 것이다.[182)] 여기서 기타의 개작에 제8조에 규정되어 있는 번역이 포함될 수 있음은 문언적 해석에 따라 당연할 것이지만, 별도의 규정을 마련하였다. 베른협약이 여러 차례 개정되기 이전에는 각색·편곡 등이 복제권의 범위에 든다고 생각하였으나, 1948년 브뤼셀 개정회의에 와서야 동 권리가 독립된 권리로서 인정되었다.

우리 저작권법은 제22조에서 2차적 저작물을 작성할 권리가 저작자에게 있다고 천명하고 있는 한편, 제5조 1항에서 2차적 저작물을 "원저작물을 번역·편곡·변형·각색·영상제작 그 밖의 방법으로 작성한 창작물"이라고 정하고 있다. 그런데 원저작물을 이용하였지만, 이렇게 작성된 것이 저작물이 될 정도로 창작성을 갖추지 못하는 경우가 있는데, 저작자의 동의 없이 이러한 이용행위를 한 경우, 2차적 저작물 작성권의 침해가 아닌 복제권의 침해라고 볼 수밖에 없을 것이다. 그러나 베른협약 제12조의 규정은 원저작물을 이용한 결과가 저작물이 되는지 여부를 묻지 않고 있으므로 2차적 저작물 작성권과 개작권의 적용범위 사이에는 차이가 있다.

4) 영상화권

문학·예술 저작물을 각색하고 복제하여 영상물로 만드는 경우, 동 영상물의 자원이 되는 원저작물의 저작자는 동 영상물이 복제·개작·배포되는 데 대한 배타적 권리를 갖는다.[183)] 또 이렇게 제작된 영상물이 공개 실연되거나 공중전달되는 데 대해서도 권리를 향유한다.[184)] 여기서 공중전달할 권리에는 유

181) Ricketson/Ginsburg (2005), para. 13.03.
182) 최경수 (2001), 194면.
183) 베른협약 제14조 1항 1호.

선에 의한 전달만이 포함된다. 그러나 모든 유형의 저작자는 협약 제11조의2 제1항 1호에 따라 방송권과 2호에 따라 재방송권을 가지므로 영상물이 방송되는 데 대해서도 원저작자의 권리주장이 가능하다고 보아야 한다.

저작물은 일단 영상화된 후, 다시금 다른 유형으로 변형되는 경우가 있다. 소설이 영화화되고, 이후 드라마로 개작되거나 이것이 다시금 소설로 각색되는 일은 종종 발생하고 있다. 이렇듯 여러 차례의 개작이 있더라도 이는 최초에 개작의 원천이 되었던 저작물을 이용한 것이므로 동 저작물의 저작자에게 이후의 모든 개작에 대해 동의를 구해야 하는 것은 당연하다. 베른협약 제14조 2항 역시 이 점을 분명히 하고 있다.

베른협약 제13조 1항에서 정하고 있는 법정허락은 영상화에 있어서는 적용되지 않는다. 즉, 회원국은 영상물에 들어가는 음악저작물에 대해서는 음반제작에 있어 허용되고 있는 법정허락을 부여할 수 없다.[185)]

(2) 저작물의 무형적 이용에 관한 권리

1) 공중의 개념

저작권법은 저작물의 사적 이용에 대해 관대한 태도를 견지해 왔다. 하지만 저작물이 공중에 의해 이용되는 경우에는 저작자에게 보상을 해주어야 한다. 더 나아가 저작물의 무형적 이용에 있어 그것이 새로운 공중에 대해 이루어지는 경우마다 저작자의 동의를 얻거나 보상을 해주어야 한다는 원리가 저작재산권에 대한 기본원칙으로 되어가고 있으며, 이러한 원칙에서 벗어나는 사안들은 저작권의 제한과 예외로서 자리매김하고 있다.

베른협약에서 정하고 있는 무형적 이용에 대한 제 권리에는 저마다 공중을 대상으로 한 저작물이용을 권리범위로 한다고 정하고 있다. 그러나 베른협약을 비롯하여 저작권관련 국제조약에서 공중개념이 구체적으로 무엇을 의미하는지에 대해서 정한 바 없으며, 결국 공중개념의 구체적 모습은 국내법에 의해 판단될 수밖에 없다. 다만, Ricketson 교수와 Ginsburg 교수는 베른협약 조문들간의 구조로 보았을 때, 공중개념을 좁게 새김으로써 저작자의 저작물 이용을 저해할 정도가 되어서는 안 될 것이라고 설명하기도 한다.[186)]

---

184) 베른협약 제14조 1항 2호.

185) 베른협약 제14조 3항. 이 조항의 해석에 관한 자세한 내용은 제6장에서 상술한 WTO 미국 저작권법 사건을 참조.

저작물이 공연되었지만, 공중에 의해 감지될 수 없다면, 이는 공연권의 권리범위에 포함되지 않는다.[187] 즉, 개인주거공간이나 가족이 거주하는 공간, 정해진 몇몇의 회원만이 출입할 수 있는 공간 등에서 행해지는 공연은 저작자의 허락 없이 자유롭게 행할 수 있다.[188]

공중이라는 개념은 저작권이 갖는 배타성의 범위설정을 위한 표지로서 저작권법 전반에 사용되고 있는데, 구체적으로 어느 범위까지를 공중으로 볼 것인지에 대한 문제가 남아 있다. 따라서 공중을 구성하는 구성원들의 특징 혹은 공중을 구성하지 않는 구성원들의 특징을 명확하게 하여 그 개념의 경계를 분명하게 해야 한다.[189]

저작물을 향유하는 것은 사람이고, 사람이 저작물을 감지하는 것만이 법적 혹은 경제적 의미를 가질 수 있다. 따라서 공중을 구성하는 요소들은 자연인이

---

186) Ricketson/Ginsburg (2005), para. 12.02.

187) 역사적으로 저작권법은 복제권을 제외한 여타의 유형의 권리에 대해서 공중의 요건을 결부시켜 왔다. 복제권에 있어서도 대륙법계에서는 저작권의 제한으로서 사적 복제를, 영미법계에서는 공정취급 또는 공정이용의 법리로 공중과 결부되지 않은 복제를 —정해진 요건하에서— 저작권의 적용범위로부터 배제시키고 있다. 이렇듯 사적 영역을 저작권의 배타성으로부터 배제시키는 데는 사적 공간의 불가침성이 주요한 사유가 된 것이 아니고, 단지 입법자가 그렇게 의도한 것이라는 주장이 적어도 독일에서는 다수설로 받아들여지고 있다. 입법자가 이러한 결단을 하게 된 이유로는 최종소비자가 저작자로부터 저작물을 직접 취득하는 일은 좀처럼 일어나지 않으며, 시장이나 매개자에 의하게 되어 있는데, 이들 매개자들에게 최종소비자의 사용에 대한 대가를 회수할 수 있다는 점과 개인적인 사용을 일일이 감시할 수 없다는 불가능성이라는 점이 주로 제시된다. Schack (2005), para. 373; 프랑스가 사적복제에 대한 저작권제한 제도를 최초로 도입한 것은 1957년이고, 독일은 1965년이었다. 동 제도가 도입된 지 4,50년이 지난 지금 사적 복제는 하나의 사회일반에 널리 확산된 저작권법감정을 구성하게 되었다고 평가되기도 한다. 프랑스에서의 사적복제에 대한 의미변화에 대한 내용은 Agnès Lucas-Schloetter, "Das französische Gesetz über Urheberrecht und verwandte Schutzrechte in der Informationsgesellschaft vom 1. August 2006," *GRUR Int.* 2007, p.668 참조; 한편 스위스에서는 저작물의 구입을 통해 문화생활을 영위할 수 없는 자들에게 문화참여의 가능성을 부여하기 위해 사적 복제를 인정한다고 한다. Schack (2005), para. 494.

188) 외부인의 출입이 완전히 차단된 경우만 가능하다. Thomas R. Wolf, "Erfüllt die Wiedergabe von Radiosendungen in Warteräumen von Arztpraxen das Merkmal der "Öffentlichkeit" im Sinne des §15 Abs. 3 UrhG?: Gegenargumente und ihre Erheblichkeit," *GRUR* 1997, p.512.

189) 이는 궁극적으로는 입법과 해석을 통하여 해결할 수밖에 없는 문제이다.

며, 이들의 상호관계가 공중 요건의 핵심적 내용이다. 구성원들 사이에 깊은 상호관계가 있다면, 공중이 성립되지 않으며, 이러한 사람들 사이에서는 저작물이 이용되더라도 저작권침해가 되지 않는다. 그러나 긴밀성이 낮은 구성원들 사이에서 저작물이 이용되는 것은 공중 사이에서 이용하는 것이 되어 저작권의 범위에 들게 된다.[190)]

---

190) 독일 판례 중 공중을 구성하는 사람 사이의 친밀도와 관련하여 참고할 만한 사례가 있다. BGH GRUR 1996, 875 - Zweibettzimmer im Krankenhaus; 사실관계를 간단하게 보면, 병원사업자인 피고는 저작권신탁관리단체로부터 저작물에 대한 방송권을 취득하였다. 방송은 환자의 요청에 따라 각 병실에 설치된 TV를 통해 시청할 수 있도록 하였다. 이러한 TV 프로그램을 시청하기 위해서는 정해진 시청료를 부담해야 했으며, 2인실에서 시청하는 경우에는 헤드폰을 통해 1인만이 프로그램을 청취할 수 있도록 했다. 이에 원고는 피고에게 방송재현권을 부여한 바 없고, 2인실에 전송하게 되는 경우, 공중에 대한 것으로 사적 재현에 해당하지 않기 때문에 저작권법상의 원고의 공연권을 침해했다고 주장한 사례이다.

법원은 이러한 원고의 주장을 배척하면서 피고의 공연은 사적 공연에 해당하고, 원고의 공연권을 침해하지 않았다고 판단했다. 첫째, TV 프로그램이 오로지 헤드폰을 통해서만 들을 수 있었기 때문에 이를 공연이라고 보기는 어렵다는 항변에 대한 다툼이 있었다. 피고는 헤드폰을 통하지 않고는 음성을 들을 수 없기 때문에 이는 다른 사람의 접근을 배제시킨다고 주장했다. 법원은 이러한 주장을 배척하면서 소리가 없는 영상만으로도 공연이 성립될 수 있고, 따라서 사안의 헤드폰 사용은 항변사유가 되지 않는다고 했다.

둘째, 사업자와 환자, 혹은 환자 상호간의 관계에 대한 부분이다. 독일 저작권법상 공개적이기 위해서는 2인 이상이 그 대상으로 되면 충분하고, 공개의 대상이 된 사람들 사이에 밀접한 관련성이 존재하지 않아야 한다고 보고 있다. 병원 사업자와 환자 사이에 찾아볼 수 있는 관련성이라고는 금전적이고 영리적 관계뿐이라는 것이 법원의 판단이었다. 그러나 환자들, 즉 2인실에 입원해 있는 두 환자들의 경우에는 비록 가족이나 친구는 아니더라도 상대방에 대해 배려하고 서로 교류하는 관계인 점을 고려해볼 때 단순히 공중으로 볼 수 없다고 판단했다. 따라서 방송의 재현은 공적으로 이루어진 것이 아니라 사적으로 이루어진 것이기 때문에 피고는 방송공연에 관한 권리를 침해하지 않았다고 최종적인 결론이 내려졌다.

본 판례에서 주목할 점은 환자들 사이의 관계에 대한 법원의 태도이다. 원고측의 주장에 따르면, 병원의 입원관행으로 미루어 볼 때, 환자는 단지 비어 있는 방에 우연히 입실하는 것일 뿐이며, 따라서 가족/친구의 관계와는 구별된다는 것이다. 그러나 법원은 서로 배려하는 관계로부터 긴밀한 관련성을 도출해냈다. 사적 재현이 성립되기 위해서는 공연 이전의 이용자 사이의 관계뿐 아니라, 공연과 동시에 발생한 관계까지 고려될 수 있다는 의미가 담겨 있는 것으로 보인다.

그러나 일반적으로 개인병원에 방문하는 사람 사이에서 공중개념을 만족시키지 않는 인적 관계가 형성되는 것은 기대할 수 없으며, 독일의 판례들 역시 이러한 점을 지적하고 있다. Thomas R. Wolf, "Erfüllt die Wiedergabe von Radiosendungen in Warteräumen

아래에서는 저작권법에서 "공중"이라는 개념이 출현하게 된 배경에 대해 설명한 뒤, 공중의 성립여부를 판단하는 척도에 대해 더욱 자세하게 살펴보겠다.

㈎ 공중 개념의 역사적 기원

저작권과 "공중"을 서로 결부시켜 공중의 요건이 충족되는 경우만을 배타적 권리로서 저작권의 범위에 포함시키려는 태도는 1791년 프랑스법에서 재현권(droit de représentation)을 인정한 이후로 판례를 통해 정립되었다.[191] 최초의 프랑스 저작권법인 1791년법에는 단지 공개된 극장(theatre publique)에서의 공연만을 권리범위로 정하고 있었지만(법 제3조), 1881년 프랑스 항소법원은 해석에 의해 극장이 아니더라도 그곳이 공개된 곳이라면, 당해 장소에서 저작자의 허락 없이 행해진 공연은 저작자의 재현권을 침해한 것이 된다고 판시하였고, 이러한 해석경향은 계속 이어졌으며,[192] 이는 다른 나라의 저작권법에도 영향을 주었다.

전통적인 공연유형인 연설이나 무대공연 등은 시간적·장소적 제약을 받았다. 다시 말해 연설이나 무대공연은 같은 시간과 같은 장소에 모인 공중에 대해서만 이루어질 수 있었을 뿐 다른 시간과 장소에서 함께 공연을 즐긴다는 것은 불가능했다. 영화필름이 개발된 이후에도 상황은 크게 다르지 않았는데, 오로지 영사기를 통해 같은 시공간의 공중에 대해서만 재현이 가능했던 것이다.[193]

그러던 중 과학기술이 발전함에 따라, 공연에서의 공간적 한계를 벗어나기 시작했다. 다른 공간에 있더라도 같은 공연을 볼 수 있게 된 것이다. 공간의존성을 극복한 가장 대표적인 매체는 방송이었다. 수신장치를 갖추고 있다면, 공간의 제약을 받지 않고, 원하는 장소에서 방송을 즐길 수 있게 되었다. 다시 말해 예전에 같은 시간과 같은 공간에서 이루어졌던 공연이 상이한 장소에 있는 사람들에게 함께 전달될 수 있다는 사실이 인식된 것이다. 따라서 방송권의

---

von Arztpraxen das Merkmal der "Öffentlichkeit" im Sinne des §15 Abs. 3 UrhG?: Gegenargumente und ihre Erheblichkeit," *GRUR* 1997, p.511.

191) Makeen (2000), p.15.

192) *Id.*

193) Möhring/Nicolini/Kreutzsch (2000), §19 UrhG para. 1.

출현을 계기로 동일 장소의 공중개념에서 벗어나 공간비의존적 공중개념이 정립되게 되었다. 하지만 이 시기에도 공연의 시간적 한계를 뛰어넘지는 못했다.

시간적 동시성 문제는 최근까지 큰 논란을 불러일으켰다. 인터넷을 비롯한 이전에 상상할 수 없었던 새로운 매체의 출현으로 공연은 장소뿐만 아니라 시간마저도 뛰어넘고 있다. 주문형 비디오·오디오 서비스를 비롯해서 공연자의 공연준비행위와 이용자의 이용행위 사이에 시간차가 발생함은 물론, 이용자들의 이용행위 상호간에도 시간차가 발생했다. 예를 들어 공연자는 저작물을 인터넷에 올림으로써 공연을 준비하게 되며, 이용자들은 이를 자신이 원하는 시간과 장소에서 이용함으로써 공연과 이용이 발생하게 되는 것이다. 이러한 새로운 이용형태가 나타남에 따라 기존의 저작권 체제로써 규율할 수 없는 부분들이 가시화됐다. 이른바 이용제공권(making-available right)의 출현 이전까지 주된 견해에 따르면, 공연은 이용자의 이용행위와 더불어 이루어지며, 재현이 이루어지는 시기를 기준으로 그것이 공중에 대해 이루어졌으면 공연으로, 사적으로 이루어졌으면 사적 재현으로 되는 것이라고 한다.[194] 만약 인터넷에서 주문형 비디오·오디오 서비스를 하는 경우, 이용자가 비디오·오디오를 재생시킬 때 공중의 요건이 충족된 경우에만 공연이 된다는 것이다.

이러한 접근방식에 따라 야기될 수 있는 문제점을 보정하기 위해 이러한 서비스 유형을 방송의 범주에 포함시키고자 하는 노력이 있었고, 이것이 독일에서 다수의 견해를 이루었다.[195] 하지만 전통적 정의에 따르면, 방송은 일방적으로 이루어지고 나면 정해진 시간에 이를 수신할 수 있을 뿐이지 이용자가 원하는 시간에 선택한 프로그램을 수신할 수 있는 여지가 없다. 즉, 공중 사이에서 수신이 동시에 이루어진다. 하지만 주문형 비디오·오디오 서비스의 경우에는 이용자가 자신이 선택한 시간에 공연을 개시하도록 할 수 있기 때문에 앞서 언급한 방송의 정의와는 다소 부합하지 않으며, 이 때문에 적지 않은 비판을 받아 왔다.

새로운 공연형태의 등장과 함께 등장한 이용제공권은 전통적인 공연권과

---

194) Thomas Dreier, "Urheberrecht auf dem Weg zur Informationsgesellschaft — Anpassung des Urheberrechts an die Bedürfnisse der Informationsgesellschaft —," *GRUR* 1997, 859.

195) Till Kreutzer, "Napster, Gnutella & Co.: Rechtsfragen zu Filesharing-Netzen aus der Sicht des deutschen Urheberrechts de lege lata und de lege ferenda — Teil 1," *GRUR* 2001, 193, 199.

방송권이 갖는 새로운 매체에 대한 한계를 극복하기 위한 권리이다. 즉, 방송이 갖는 "동시 수신"이라는 개념적 한계 때문에 주문형 서비스에까지 방송개념을 확대시키기 곤란하고, 전통적 공연권의 범주에 포함시키면, 개인의 컴퓨터 등에서 개별적으로 구현된 공연에 대해 사적 재현의 항변을 지나치게 용이하게 만든다.

이용제공권은 지금껏 공중개념에서 계속 보루로 남아 있던 동시성을 제거함으로써 성립되었다. 더 이상 재현이 상이한 장소 및 시간에 이루어진 것이 문제되지 않는다. 오로지 공연저작물을 홈페이지에 올려놓거나, 주문형 비디오·오디오 서비스를 제공하는 경우, 실제로 누가 접근해서 공연을 개시시켰는지는 더 이상 중요하지 않게 되었다.

공중의 개념은 이렇듯 저작권법의 모습이 변화됨에 따라, 특히 저작권법상의 권리가 확대됨에 따라 변화하는 양상을 보이기도 한다. 이는 공중이라는 관념 자체가 바뀌는 것을 의미하며, 단지 권리의 모습에 따라 기술적 차이가 발생하는 것은 아니다. 가령 독일은 2003년 저작권법 개정이 있기 전에는 공중에 대하여 "재현(Wiedergabe)은 그것이 다수의 사람들에 대한 것으로 특정된 경우에 공중에 대한 것이 되며, 이러한 사람들의 범주(Kreis)가 제한되어 있으며, 그들이 그들간의 상호관계 혹은 개최자와의 상호관계에 의하여 연결되어 있는 경우는 제외된다."[196]고 규정하고 있었다. 하지만 이른바 이용제공권을 법에 도입함에 따라 "재현은 공중을 구성하는 일원(Mitglieder)들의 다수가 특정되어 있는 경우에 공중에 대한 것이다."라고 하면서 "저작물을 이용하는 자 혹은 저작물을 무형적 형태로 감지하거나 이용제공 받는 자와 개인적인 상호관계를 통해 연결되지 않은 자가 공중에 속한다."[197]라고 하였다.[198]

---

196) "Die Wiedergabe eines Werkes ist öffentlich, wenn sie für eine Mehrzahl von Personen bestimmt ist, es sei denn, daß der Kreis dieser Personen bestimmt abgegrenzt ist und sie durch gegenseitige Beziehungen oder durch Beziehung zum Veranstalter persönlich untereinander verbunden sind."

197) "Die Wiedergabe ist öffentlich, wenn sie für eine Mehrzahl von Mitgliedern der Öffentlichkeit bestimmt ist. Zur Öffentlichkeit gehört jeder, der nicht mit demjenigen, der das Werk verwertet, oder mit den anderen Personen, denen das Werk in unkörperlicher Form wahrnehmbar oder zugänglich gemacht wird, durch persönliche Beziehungen verbunden ist."

198) 우리나라 판례에서의 공중에 대한 정의도 유사한데, 공중을 "불특정인 누구에게나 요금을 내는 정도 외에 다른 제한 없이 공개된 장소 또는 통상적인 가족 및 친지의 범위를

(나) 공중 개념의 내용

우리 저작권법은 2006년 12월 28일 전면개정 이전까지 공중에 대한 정의를 두고 있지 않았다.[199] 그러던 중 저작권법의 전면개정을 통하여 공중에 대한 정의규정이 신설되었는데, 공중을 "불특정 다수인(특정 다수인을 포함한다)"이라고 하였으므로 결국 공중은 특정 다수인을 포함한 불특정 다수인이라고 정리해볼 수 있다.[200] 즉, 다수인이되 특정 다수인지 불특정 다수인지를 문제 삼지 않는다는 의미이다. 일본 저작권법도 우리와 동일한 정의규정을 가지고 있는데,[201] 이러한 정의는 미국의 판례에서 공개장소(public place)와 준공개장소(semipublic place)를 구별하는 태도를 모델로 한 것으로 생각된다.

우리의 추상적 정의규정과는 달리 미국의 1976년 저작권법은 "공중(public)"이나 "공개적으로(publicly)"라는 표현을 사용하고, 공중 개념에 대해 비교적 구체적인 정의규정을 가지고 있다.[202]

저작물을 "공중에게" 실연/현시한다 함은, (1) 공중에게 공개된 장소 또는 통상적인 가족 및 사교상의 친지의 범위를 넘는 상당한 수의 사람들이 모여 있는 장소에서 저작물을 공연/전시하거나, 위와 같은 장소 또는 공중(그 구성원들이 같은 장소에서 같은

넘는 다수인이 모여 있는 장소에서 저작물을 공개하거나, 반드시 같은 시간에 같은 장소에 모여 있지 않더라도 위와 같은 불특정 또는 다수인에게 전자장치 등을 이용하여 저작물을 전파, 통신함으로써 공개하는 것"이라고 정의하고 있다. 대법원 1996.3.22. 선고 95도1288 판결.

199) 한편, 공중과 일반공중이라는 개념이 법문에 동시에 사용되었다. 2006년 개정법에서는 더 이상 일반공중이라는 술어는 쓰이지 않게 되었다.

200) "공중은 불특정 다수인(특정 다수인을 포함한다)을 말한다." 저작권법 제2조 32호.

201) 일본 저작권법 제2조 5항.

202) 독일에서도 공중의 개념은 명시적으로 규정되어 있다. "저작물의 공개재현이란 그 재현이 다수의 공중을 위한 경우이다. 저작물을 이용하는 자, 혹은 저작물을 무형적인 형태로 감지하거나 접근하는 사람들과 개인적으로 상호간에 연결되지 않는 모든 자는 공중에 속한다." 독일 저작권법 제15조 3항.

독일에서는 저작물을 이용하는 자들 사이에 가족관계나 친분관계가 없더라도 저작물이용을 주관한 자(Veranstalter)와 청중과의 관계가 친밀하다면, 공중에 대한 것이 아니라고 하여 저작자의 허락 없이도 저작물 공연이나 전시가 가능하다고 본다. 따라서 영화를 상영한다고 가정했을 때, 행사의 주최자 A는 그의 가족 구성원 B와 그의 친구 C를 초대한 경우에 A와 B 사이에 유대관계가 없더라도 가족관계로서의 A와 B의 관계, 친분관계로서의 A와 C의 관계만으로도 긴밀한 친밀함이 인정되어 공연권의 범위에서 벗어날 수 있다.

시간에 실연/현시를 수신할 수 있는지 여부를 묻지 아니한다)에게 어떠한 장치나 과정을 거쳐서 저작물의 공연, 전시를 전파하거나 통신하는 것을 말한다.[203]

인용된 조문의 첫 단락은 전송이 개재되지 않은 상황, 즉 저작물이 직접적으로 전달되는 상황에 대한 것으로, "공개장소규정(public place clause)"이라고 하고, 두 번째 단락은 장치나 통신에 의해 실연이나 현시가 전달되는 경우에도 이를 수신하는 자들이 앞 단락에서의 가족과 친지 등에 해당하지 않는다면, 공중이 된다고 하여 이른바 "전송규정(transmission clause)"이라고 한다.[204]

위 규정의 첫 단락이 대변하듯이 공중의 성립여부는 이를 구성하는 개인간의 상호관계나 단체의 성격에 따라 판단되며, 이러한 태도에 있어서는 우리법도 같은 입장이라고 보아도 좋을 것이다. 그러나 위 규정 첫 단락에서 "가족이나 친지"라는 것은 가족법상의 그것과 같이 명료하지는 않다. 따라서 공중을 이루지 않는 구성원들로 이루어진 집합, 즉 비(非)공중 혹은 미(未)공중과 이를 벗어난 공중 사이의 경계를 확정하려면 또 다른 법적 기준이 필요한데, 이 기준이 구성원들 간의 '친밀도'라고 요약해서 파악해볼 수 있다. 그러나 친밀도라는 개념 역시 가족이나 친지 개념만큼이나 모호하기는 마찬가지이다. 즉, 인간관계 혹은 친밀도는 법에서 정한 만큼이나 단순하고 명료하지만은 않으며, 객관화된 친밀감의 척도란 존재하기 어렵다. 그럼에도 불구하고 이를 객관화·도식화할 필요가 있는데, 때때로 관계의 문제를 수의 문제로 바꾸어 생각하는 경우가 있다. 이른바 "단순화된 규칙(Paustregel)"[205]에 따라 사람이 적을수록 친밀도는 커지고, 많을수록 작아진다는 상관관계를 공중에 대한 척도로 삼기도 한다.[206] 이러한 해석은 명료하고 편리하기는 하지만, 엄밀하지는 못하다고 생각된다.[207]

---

203) 17 U.S.C. §101.

204) 우리나라 판례에서의 공중에 대한 정의도 유사한데, 공중을 "불특정인 누구에게나 요금을 내는 정도 외에 다른 제한 없이 공개된 장소 또는 통상적인 가족 및 친지의 범위를 넘는 다수인이 모여 있는 장소에서 저작물을 공개하거나, 반드시 같은 시간에 같은 장소에 모여 있지 않더라도 위와 같은 불특정 또는 다수인에게 전자장치 등을 이용하여 저작물을 전파, 통신함으로써 공개하는 것"이라고 정의하고 있다. 대법원 1996. 3. 22. 선고 95도1288 판결.

205) 그 내용은 다음과 같다. "Je mehr Personen, desto eher fehlt es an der persönlichen Verbundenheit. Je weniger Personen, desto eher sind sie persönlich verbunden."

206) Wandtke/Bullinger/Heerma (2006), §15 UrhG para. 19.

한편 구성원 상호간의 친밀도 이외에 또 하나의 문제점은 구성원들이 저작물을 감지할 수 있는 "공간"이 공개되어 있는지 여부이다.[208] 닫힌 공간에서는 그곳에서 저작물을 감지하는 사람들 사이에 친밀도가 존재하는지 여부만을 따지면, 공중의 성립여부를 정할 수 있고, 공중이 성립되는 경우에 이루어진 저작물의 이용에 대해서 저작권 침해를 선언하면 되는 것이다. 그러나 어느 공간이 개방되어 있어 제3자의 출입을 허용하고 있다면, 그 장소의 공개성 혹은 개방성으로 인해 다소 복잡한 문제가 발생할 수 있다. 원론적으로는 실체적 진실을 따져서 저작자가 구체적으로 당해 공개장소에서 저작물을 감지한 사람들을 특정하고, 이들 사이의 관계, 즉 친밀도를 규명해야 할 것이다. 만약 어떠한 장소가 공개되어 있으나 실제로 친밀한 관계인 단 세 사람만 당해 저작물을 감지했다고 한다면, 단지 공개되어 있었다는 이유만으로 저작권 침해가 성립된다고 말하는 것이 바람직하지 못하다고 볼 수도 있다. 그러나 이러한 요구는 저작자의 저작권행사를 크게 위축시킬 것이다.

위에서 간단하게 언급했던 공개장소와 준공개장소의 구별은 이러한 문제상황에서 착안된 것으로서 미국 판례에서는 이들을 구별하고 있다.[209] 즉, i) 친밀하지 않은 관계의 특정인, 즉 공중이 닫힌 공간에 존재하는 경우뿐 아니라, ii) 공개의 정도를 불문하고,[210] 저작물을 불특정인에게 노출시키거나 이들

---

207) 그리고 매우 위험할 수 있다. 적어도 예측가능성을 제공해준다는 면에서는 효용이 있다 할 것이지만, 법원은 이러한 수적 기준을 사용하는 것을 자제해야 할 것이다.

208) 자세한 내용은 하동철, "미국법과 저작권법상의 공개조항에 대한 고찰," 「계간 저작권」 제72호(2005), 5면에서는 공중개념을 장소, 청중 및 송신이라는 3가지 요소를 가지고 판단한다.

209) 앞의 논문, 같은 면.

210) 따라서 당해 장소가 개방되어 있기는 하지만, 대개의 경우, 공중의 구성원이 이용하지 않는다는 것만으로는 유효한 항변사유가 되지 못한다. 이 같은 취지의 독일 판례가 있다. 사실관계를 보면, 원고는 저작권신탁관리업자로서 음악의 재현 및 방송에 관한 권리를 저작자로부터 수탁받아 이를 관리해 오고 있다. 원고는 방송에 대한 재현에 대해 그 저작재산권을 가지고 있으며, 이를 근거로 TV를 통한 재현에 대해 TV 한 대당 62.50마르크의 보상금을 징수하고 있다. 원고의 이 비용 속에는 실연자협회에 지급할 비용의 20%와 문인협회에 지급할 비용의 20%가 포함되어 있었다. 피고는 법인격 있는 재단으로, 거동이 불편한 여자 노인들이 생활할 수 있도록 했다. 구체적으로 방을 유료로 임대했으며, 다른 부대시설의 이용비용은 따로 부담하도록 했다. 대부분의 노인들은 각자의 TV를 가지고 있었지만, 공동휴게실에 TV가 설치되어 있었고, 약 12명의 노인들이 이 휴게실에서 TV를 시청하곤 했다. 원고는 피고의 TV 상영행위가 저작권법에서 인정하는 저작자의 공

이 당해 저작물을 감지할 가능성을 제공한 경우에도 공중이 성립된 것으로 보아 권리의 범위에 속하도록 한다는 것이다. 따라서 전자의 상황이 우리 법에서 공중의 태양인 "특정다수"가 될 것이고, 후자의 경우가 공중의 또 다른 모습인 "불특정다수"가 된다고 볼 수 있다.[211]

2) 공개실연권

뒤에서 살펴볼 것이지만, 베른협약 제11조와 제11조의3은 거의 동일한 구조를 가지고 있는 규정들이다. 이들의 차이는 전달되는 상황이 다름에서 오는데, 제11조는 스테이지나 콘서트에 의한 전달을, 제11조의3은 그보다 더 작은 낭송회 등에 의한 전달을 의미하는 것이라고 이해된다. 이를 이른바 큰 권리와 작은 권리로 표현하기도 하는데, 가령 연극을 무대 위에서 공연한다면, 제11조의 큰 권리에 해당할 것이지만, 연극대본을 읽는 경우에는 제11조의3의 작은 권리에 해당될 것이라고 한다.[212] 이는 엄밀하게 말해서 이용되는 저작물이 어

개재현권을 침해한 것이라고 하면서, 지불하지 않은 2년 동안의 재현료와 추가요구로서 재현료의 100%를 요구했다. 이 추가비용은 관리단체의 감시/관련 행정비용으로 저작권 관련 손해배상에서 요구되는 경우가 종종 있다.

우선 노인들 간의 관계가 친밀한지 여부를 가려 TV재현이 공개적으로 이루어졌는지를 살펴보아야 한다. 공동휴게실은 보통 12명의 노인들이 이용했지만, 본질적으로 모든 구성원들과 손님들에게 개방된 곳이기 때문에, 일반적으로 12명만이 이용한다는 것만으로 사적 재현에 해당한다고 보기는 어렵다고 한다. 이 양로원에는 약 100여 명의 노인들이 공동생활을 영위하고 있다고 했는데, 법원에 판단에 따르면 경험칙상 100명의 노인들 모두가 친밀한 관계를 가지며 생활하는 것은 불가능하다고 한다. 즉, 저작권법상 의미 있는 사적 관계가 성립하기 위해서는 사람들 사이에 부분적 친밀감으로는 부족하고, 모두가 모두에 대해 친밀감이 존재해야 한다는 것이다. 다음으로 개최자와 청중 사이의 관계가 친밀한지에 대해 살폈는데, 원고는 피고의 지위가 재단이므로 자연인과의 친밀감을 논할 수 없음을 주장하였다. 법원은 이러한 주장을 받아들이지 않았다. 즉, 비단 재단뿐 아니라 그 안에서 일하는 종업원 등의 자연인들과 노인들과의 관계가 친밀한 경우에는 사적 관계가 성립할 수도 있다는 것이다. 그러나 구체적 판단에 있어서, 종업원들은 계약상의 상담이나 보살핌을 제공했을 뿐이지, 구체적인 친밀감을 확인해줄 만한 증거가 없다고 했다.

결국 TV 재현은 사적인 것이 되지 못했고, 결과적으로 공개재현이 됨으로써 저작권의 제한 부분에서 비영리 공개재현이 성립되는지에 대해 판단이 이루어졌다. 비영리공연에 대한 것은 지면관계상 다루지 않기로 한다. BGH GRUR 1975, 33 — Alters-Wohnheim.

211) 참고로 독일에서는 감지주체의 특정가능성(Bestimmtbarkeit)과 인적 연결관계(persönliche Verbundenheit)가 있는 경우만이 공중이 되지 않는다는 판례와 강학상의 원리가 정립되어 있다. Wolf, 앞의 논문, p.511.

떤 것인지 여부에 따라 권리의 유형이 나뉘는 것과는 다소 다른 것인데, 과거 작은 권리에 해당하는 저작물 이용에 대해 저작자의 허락을 요하지 않던 제도를 두었던 전통에서 비롯된 것이라 말하기도 한다.[213] 이렇듯 큰 권리와 작은 권리를 나누는 것은 법적인 것은 아니지만, 실무적인 중요성을 보이기도 한다. 가령 오스트리아에서는 작은 권리는 저작권집중관리단체에 의해서, 큰 권리는 음악이나 악극출판사에 의해 관리된다고 하였다. 하지만 악극대본을 낭송하는 것이나 오페라 음악을 배경음악으로 하는 경우 등, 그 경계가 애매한 경우가 있는데, 저작물의 이용정도를 비율로 환산해서 큰 권리와 작은 권리를 구별하는 것이 관행화되었다. 현재 베른협약 회원국은 유보 없이 제11조 및 제11조의3의 권리를 보호할 의무를 부담하므로 법적 차원에서 어떠한 유형의 이용행위가 어떠한 권리에 속하는지는 중요하지 않아졌다.

일반적으로 연극·악극 및 음악저작물의 저작자는 공개실연(public performance)에 대한 권리 및 동 실연이 공중에 전달되는 데 대한 권리를 갖는다. 베른협약 제11조 1항 1호에 규정되어 있는 공개실연권은 일반 공중이 모여서 같은 시간에 저작물을 감지하는 것에 대한 배타적 권리라고 할 수 있다. 생실연을 감지하는 경우나 녹음물이나 녹화물을 감지하는 것 모두 동 권리에 포섭된다고 본다.[214]

3) 공중전달권

베른협약 제11조 1항 2호에서 규정된 권리는 공중전달권(right to communicate to the public)인데, 협약 제11조의2에서 말하는 방송이나 무선통신에 의한 공중전달에서 포섭하지 못하는 제한된 범위 내에서의 유선전달만이 동 호에 포섭된다고 본다. 여기에는 스피커와 스크린에 의해 저작물이 전달되는 것이 해당되며, 재방송을 제외한 유선방송이나 케이블 방송도 동 권리에 포섭된다. 협약 제11조의3 제1항 2호에 규정되어 있는 낭송에 대한 공개전달권에도 이러한 스피커와 스크린에 의한 전달과 유선방송에 의한 전달이 포함된다고 보며, 저작물이 영상화된 경우 원저작자는 제14조 1항 2호에 따라 유선에 의한 저작물 전달에 대해 배타적 권리를 갖는다. 이렇게 영상화가 이루어진 경우에는 2

---

212) Nordemann/Vinck/Hertin/Meyer (1990), p.118.

213) *Id.*

214) Dreier/Hugenholtz (2006), p.49.

차적 저작물인 영상저작물의 저작자 역시 원저작자와 같은 권리를 향유한다고 협약 제14조의2 제1항에서 규정하고 있으므로 유선의 방법으로 저작물을 전달하는 것이 영상저작물 저작자의 배타적 권리가 된다고 할 수 있다.[215)]

4) 방 송 권

베른협약 제11조의2는 저작자가 향유하는 방송권을 비롯한 여러 유형의 무형적 이용권에 대해 규정하고 있다. 동 권리들을 향유하는 주체가 문학·예술 저작물의 저작자라고 하였는데, 베른협약에서 문학·예술 저작물이 각 저작물을 통칭하는 것으로 되어 있기 때문에 결국 문학·예술 저작물의 저작자라는 표현은 모든 유형의 저작물에 대한 저작자를 말한다.

방송권은 "그의 저작물을 방송하거나 또는 기타 무선송신의 방법으로 기호, 소리 또는 영상을 공중에 전달하는 것"으로서 여기에는 무선에 의한 저작물의 전달만이 포함되므로 유선방송에 의한 저작물의 전달은 동 권리에 포섭되지 않는다. 가령 케이블방송과 같은 유선방송의 경우에는 제11조 1항 2호에 의하는 것이 보통이다.

방송은 공중을 향해 방송신호를 송신한 것으로 완료되는 것이지 공중이 이를 직접 수신해야만 방송으로 성립되는 것은 아니다.[216)] 무선에 의한 이용이므로 무선으로 전달되는 위성방송 역시 본 방송권의 범위에 든다고 보며, "소리 또는 영상"을 전달하는 것이라고 하였으므로 여기에는 텔레비전과 라디오 방송 등 영상 및 음성방송이 모두 포함된다.

방송을 위해서는 저작물을 녹음하거나 녹화해야 하는 경우가 많을 것이다. 가령 특정 방송프로그램에 배경음악을 넣어야 한다거나 생실연을 나중에 방송하기 위해 녹화하는 경우 등은 흔히 있는 일이기 때문이다. 그러나 베른협약 제11조의2 제3항은 방송·재방송·방송재현에 대한 허락이 녹음물을 만드는 데까지는 미치지 않는다고 규정하고 있다. 결국 방송 등을 위해 녹음·녹화물을 제작해야 하는 방송사업자 등은 방송허락 등과는 별도로 복제허락도 받아야 하는 것이 원칙이다. 그러나 회원국은 "방송사업자가 자체의 시설에 의하여 자신의 방송물에 사용되는 일시적 기록물"에 대해서는 그 작성을 허락하는 규

---

215) 협약 제11조의2 제3항 참조.

216) Rehbinder (2004), para. 217, Schack (2005), para. 408.

정을 둘 수 있고, 단지 단기간의 보관과 이용을 위해서는 저작자의 허락 없이 복제할 수 있다. 한편 보존의 기능을 갖는 기록보존소에의 보관을 위한 녹음·녹화 역시 국내법에 따라 허용될 수 있다. 아울러 동 권리에 대해서는 법정허락이 인정되는데, 여기에 대해서는 "방송재현권" 부분에서 후술한다.

5) 재방송권

베른협약 제11조의2 제1항 제2호에 따라 저작자는 "유선이나 재방송에 의하여 저작물의 방송물을 공중에 전달"할 권리를 갖는다. 베른협약에서 말하는 재방송(rebroadcasting)의 개념은 반드시 본 방송과 동시에 이루어질 필요가 없으며, 녹음이나 녹화 후에 방송하더라도 재방송에 해당한다고 본다.[217] 다만, 저작자로 하여금 방송에 대한 권리를 이미 취득한 기관(organization)에 대해서는 동 권리가 원용될 수 없으며, 이러한 원사업자 이외의 자에 의해 재방송이 되는 경우만이 동 재방송권에 포섭된다고 할 수 있다.[218]

방송에서와 마찬가지로 일시적 복제를 위한 녹음·녹화나 기록보존을 위한 녹음·녹화는 허용될 수 있다. 방송권과 마찬가지로 동 권리에 대해서는 법정허락이 인정되는데, 여기에 대해서는 "방송재현권" 부분에서 후술한다.

6) 방송재현권

㈎ 의의 및 내용

방송재현은 무선 또는 유선방송된 신호를 텔레비전, 라디오 등의 수신기를 이용하여 공중에 전달해주는 것이다.[219] 이것은 방송에 대한 "2차적 이용"[220]의 하나로서 카페나 호프집과 같은 영업장에서 이용객에게 라디오나 텔

---

217) Ricketson/Ginsburg (2006), para. 12.36. 베른협약상의 재방송이라는 용어는 우리가 일반적으로 말하는 최초 방송 이후에 같은 방송기관에서 다시 틀어주는 재방송과는 완전히 다른 개념이다.

218) 이는 회원국의 입법에 따라 배제할 수 있는 것으로 보인다.

219) 디지털법연구소, 「영업장에서 음악저작물 공연행위에 대한 저작권보호방안 연구: 제29조 제2항 및 시행령 제2조를 중심으로」(한국음악저작권협회, 2007), 52면.

220) 방송의 수신기에 의한 전달은 방송국에서 이미 송신한 신호를 텔레비전, 라디오, 영상장치 등의 매개체를 통해 공중에게 재전달하는 방송의 이용행위인데, 이러한 공개재현은 일단 한번 송신된 방송을 전자장치나 설비를 이용하여 다시 공중에 전달하는 것이다. 따라서 이러한 송신을 보통 2차적 송신(secondary transmissions)이라고 일컫는다.

레비전을 틀어주는 경우가 전형적인 예라고 할 수 있다.[221] 방송은 1차적으로 이용이 될 때, 이미 저작권자를 비롯한 권리자들에게 비용을 지불한 것이므로 2차적 이용에 대해서는 상대적으로 관대하게 권리행사가 제한 또는 자제된 측면이 있다.[222] 특히 방송수신기에 의한 2차적 전달행위는 수신기 보급의 확대에 따라 가정에 준하는 개인 공간 내에서라면 누구나 자유롭게 시청할 수 있는 방송을 단지 공중에 개방된 장소에서 시청한다는 이유만으로 재차 통제하는 것이 용이치 않았기 때문에 입법에 의해 권리범위에서 제외되기도 하였다.[223]

우리 현행 저작권법상 방송되는 저작물을 공중에 전달하는 것은 여타 다른 저작물의 공연과 마찬가지로 공연권의 범위에 속한다고 보아야 할 것이다. 다른 나라의 입법례도 방송의 재현에 대해 저작자가 권리를 갖게 한다는 점에서는 다르지 않다. 이렇듯 방송의 재현을 통해 공연을 하려면 저작권자에게 허락을 받아야 하는 것이 원칙인데, 방송재현의 특성상 이 문제가 간단치 않다.

방송신호에는 각종의 저작물이 담겨 있고,[224] 이 신호가 공중에 전달되는 것인데, 단지 방송을 함에 있어서는 방송사업자가 개별 저작권자 및 집중관리단체로부터 허락을 얻는 데 큰 어려움이 없다고 할 것이고, 허락을 받는 것이 당연한 것으로 받아들여진다. 즉, 방송사업자는 저작권자와 교섭하여 로열티 조율이 가능할 정도의 경제력을 가지고 있으므로 저작권자와 직접 교섭하는 데 대한 부담이 적다고 할 것이다. 그러나 음식점이나 주점, 레스토랑, 병원 등에서 개별 저작자와 교섭을 통해 방송을 재현할 수 있도록 허락을 구해야 하는 것은 이용자에게 부담을 줄 뿐만 아니라 저작자에게도 수많은 이용자와 교섭해야 하고, 적정 계약조건을 제시해야 한다는 부담을 안겨주어 결국 저작자와 이용자 모두에게 이익이 되지 않는다. 이러한 상황이 바로 권리의 실효성이 확보되지 못한 상황이며, 이용자와 저작권자 사이의 조율이 필요한 영역이라고도 할 수 있다.

---

221) Ricketson/Ginsburg (2006), para. 12.41.

222) *Id.*

223) *Id.*

224) 예를 들어 올림픽이나 월드컵 경기의 방송을 보면 영상저작물, 해설을 하는 해설자의 문학저작물, 배경음악으로 나오는 음악저작물과 국가를 연주하는 실연자의 권리 등이 모두 관련되어 있음을 알 수 있다.

방송재현에 대한 권리처리에 문제가 있음에도 불구하고, 우리 현행법상 방송재현에 대한 특별한 배려는 발견되지 않는다.[225] 반면, 베른협약 제11조의2 제1항 3호에서 일반적인 공중전달권(right to communicate to the public)과는 다소 다른 맥락에서의 공중전달권(public communication right)에 대해 규정하고 있다. 여기서 후자의 권리는 "확성기나 기타 유사한 송신 장치에 의하여 저작물의 방송물을 기호·소리 또는 영상으로 저작물의 방송물을 공중 전달하는 것"을 그 내용으로 한다. 이는 전자의 공중전달 개념과는 다른 것이라고 이해된다. 즉, 전자는 저작물의 송신행위와 이를 수신하는 공중 사이에 상당한 거리가 있음을 전제로 한 것이지만, 후자는 이미 전달 받은 저작물을 확성기나 스피커, 스크린에 의해 2차적으로 이용하는 것만을 포괄한다고 한다.[226]

㈏ 법정허락제도

위에서 설명된 전자의 권리이든 후자의 권리이든 협약에서 정한 바와 같이 권리에 대한 일정한 제한이 가능한데, 동조 제2항은 다음과 같이 규정하고 있다.

전항에서 말한 권리가 행사될 수 있는 조건은 동맹국의 입법에 맡겨 결정한다. 다만, 이러한 조건은 이를 정한 국가에서만 적용된다. 어떠한 경우에도 저작자의 인격권 및 합의가 없는 경우에 권한 있는 기관이 정할, 정당한 보상을 받을 권리를 해치지 아니하여야 한다.

당해 규정은 저작자가 갖는 공중전달권을 제한할 수는 있지만,[227] 단지 권리의 배타성만을 제한시킬 수 있고, 집중관리단체 등이 정한 요율에 따라 일정한 급부를 부담할 것을 조건으로 저작물을 이용할 수 있도록 하는 급부청구권까지 제한할 수는 없다는 내용이다.[228] 만약 회원국이 동 규정에서 정한 내용을 일탈

---

225) 최진원/이일호, "퍼블릭 뷰잉에 관한 소고 —스포츠중계를 중심으로—," 「계간 저작권」 제81호 (2006. 9.), 39-54면 참조.

226) Ricketson/Ginsburg (2005), p.753.

227) 참고로 WCT 제8조에 의해 전자에 해당하는 공중전달권에 대해서는 더 이상 배타성을 배제시킬 수 있는 가능성이 제거되었다. *Id.*

228) Ficsor (2003), para. BC-11bis.22; 여기서 정당한(equitable) 보상이란 저작자가 교섭을 통해서 얻을 것에 근접한 실질적인 보상액을 말한다. *Id.*, para. BC-11bis.23; 보상의 정당성은

하여 공중전달권에 제한을 가하는 경우에는 베른협약상 의무를 이행하지 않은 것이 되며,[229] 베른협약을 불가분의 일부로 수용한[230] TRIPs 협정의 회원국, 즉 WTO 회원국에 있어서는 TRIPs 협정과 함께 WTO 협정에 부속되어 있는 분쟁해결양해에서 정한 분쟁해결절차를 통해 의무이행을 강제받게 된다.[231]

실제로 여러 저작권법에서 방송재현과 관련된 예외규정이 발견된다. 대표적인 예가 스위스이다. 즉, 스위스 저작권법 제22조는 방송된 저작물의 2차적 이용에 있어서의 저작권제한에 대해 규정하고 있는데, 제1항에서 공중에 방송을 감지하도록 하는 것, 즉 방송재현과 재방송하는 것에 대해 저작권이 제한된다고 정하고 있다. 다만, 수신되는 방송신호를 변경하지 않아야 하며, 재방송 혹은 방송재현은 방송과 동시에 이루어져야 한다. 이러한 요건하에서 저작자의 2차적 이용권은 오로지 저작권집중관리단체에 의해서만 행사될 수 있도록 제한되며, 저작자는 저작물의 이용에 대한 급부청구권만을 가질 뿐이고,[232] 배타적 권리를 직접 행사할 수는 없다.[233]

국내의 관행에 의해 판단되는 것이 아니며, 다른 회원국들의 지급현황과 시장상황 역시 고려하여 결정되어야 한다. Nordemann/Vinck/Hertin/Meyer (1990), Art. 11bis BC para. 7.

229) 공연권 및 공중전달권 전반에 적용되는 사소한 예외의 법리 역시 적용되지만, 당해 법리에 따라 공중전달권을 제한하는 경우에도 최소한 급부청구권은 인정되어야 한다는 견해가 유력하다. 즉, 사소한 예외의 법리와 제11조의2 제2항에서 공중전달권 제한의 한계가 동시에 적용된다는 것이다. *Id.*, para. 8.

230) "회원국은 베른협약(1971년)의 제1조에서 제21조까지 및 그 부속서를 준수한다. 그러나 회원국은 동 협약의 제6조의 2에 의하여 허여된 또는 그 규정으로부터 발생한 권리와 관련하여 어떠한 권리나 의무를 가지지 아니한다." TRIPs 협정 제9조 1항.

231) 실제로 미국 저작권법상 규정이 문제된 바 있다. 사실관계는 미국의 Fairness in Music Licensing Act에 의해 수정된 미국 저작권법 제110조 5항 A항과 B항이 동법 제106조에 규정된 저작권자의 배타적인 권리에 제한을 가하고 있었는데, 이러한 제한이 TRIPs 협정에 위반된다고 하여 EC가 WTO에 문제를 제기한 것이다. 즉, 미국 저작권법은 저작권자의 허락 없이도 공공장소나 대중업소 등에서 음악을 연주 또는 재생할 수 있도록 허용하고 있는데, 이로 인해 유럽 음악인들이 저작권을 갖고 있는 음악 저작물들이 미국의 주점, 레스토랑 소매점포, 쇼핑몰 등에서 라디오나 텔레비전을 통해 무단 연주, 재생되어 왔으며, 이에 따라서 유럽 전체 음악저작권자들의 저작권이용료 수입 손실액이 막대하다는 것이다. EC는 본 규정이 TRIPs 협정 제9조 1항에 의해 TRIPs 협정의 일부가 된 베른협약 제11조의2 제1항 3호와 제11조 1항 2호상의 의무를 위반한 것이므로 이를 TRIPs 협정상의 의무에 합치되도록 수정해야 한다고 주장하였다. WT/DS/R/160 참조.

232) 스위스 저작권법 제10조 1항.

233) 다만, 유료방송이나 국내에서 수신할 수 없는 외국방송에 대해서는 제한이 인정되지 않

한편 독일은 법적으로 권리단체에 의해서만 동 권리를 행사할 수 있도록 하지는 않았지만, 실무상 저작자단체에 의해서만 방송재현권이 행사되는 것으로 되어 있다.[234] 미국[235]을 비롯한 기타 외국의 실무 역시 유사하다. 실제로

는다. 스위스 저작권법 제10조 3항.

234) Wandtke/Bullinger/Ehrhardt (2006), §22 UrhG para. 4, Daniel J. Gervais, "Changing Role of Copytight Collectives," in: Daniel J. Gervais (ed.), *Collective Management of Copyright and Related Rights* (The Hague: Kluwer Law International, 2006), p.34.

235) 미국은 ASCAP, BMI 및 SESAC이라는 단체에서 음악저작물에 대한 집중관리를 하고 있는데, 앞의 두 단체가 관리하는 저작물은 미국 전 저작자의 저작물 중 90% 이상이라고 한다. Ralph Carter, "The Erosion of American Copyright Protection: The Fairness in Music Licensing Act," 18 *J. Marshall J. Computer & Info. L.* 791, n. 61 (2000); "Today, as a general rule, songwriters and publishers in the United States affiliate with a performing rights organization." *Id.* at n.64.

미국의 방송재현에 대한 저작권제한에 관한 태도는 구법과 신법의 해석에 대한 차이와 신법 이후의 법개정, 국제적 분쟁까지 맞물리면서 매우 복잡해졌다. 이를 간단하게 살펴보면 다음과 같다. 1909년의 구 저작권법에는 방송재현에 관한 별도의 규정은 찾아볼 수 없었고, 다만 저작자에게 영리공연에 대한 배타적 권리를 부여한다는 규정이 있을 뿐이었다. 이렇듯 방송재현에 대한 명시적 규정이 없었으므로 판례는 방송재현을 공연의 범주에 포함시키기도 하고 이를 부정하기도 했다. 저작자는 방송을 허락하면서 묵시적으로 이를 재현하는 데 대한 허락을 한 것이라고 하거나 방송재현에 대한 통제권을 저작자에게 부여한다면, 단지 TV나 라디오의 단순 가동만으로 2차적 이용에 대해 너무 강한 권리를 부여하는 것이라고 판례가 존재한다(*Buck v. Debaum*, 40 F.2d 734 (D.C. Cal. 1929). 이에 반해 방송재현에 대해서도 원칙적으로 방송에 대한 보상과는 별도의 보상이 필요하다는 판결도 있었다. 즉, 방송과 방송의 2차적 송신은 별개의 공연행위가 아닌 하나의 공연이고, 이 공연과정에 참여한 자는 공연권을 침해한 것이라는 판단이다[*Buck v. Jewell-La Salle Realty Co.*, 283 U.S. 191 (1931)]. 이후 연방대법원은 Aiken 판례에서 방송재현이 공연에 해당하는 것은 인정하되 한계가 존재한다고 보았다. 즉, Aiken의 패스트푸드점(640평방피트)과 유사한 규모의 시설에서의 방송재현에까지 저작자의 통제권이 확대된다면, 레스토랑이나 주점, 카페 등에서 셀 수 없을 정도의 공연이 이루어지기 때문에 권리가 행사되기 어렵고, 이용자가 갖는 방송재현에 대한 부담이 저작자가 통제권을 보유함으로써 얻을 수 있는 이익보다 훨씬 크기 때문에 형평성에 어긋난다는 판단이었다[*Twentieth Century Music Corp. v. Aiken*, 422 U.S. 151, 162 (1975)]. 그 후 Aiken 법리는 1976년 저작권법 전면개정에 반영되기에 이른다. 즉, 가정용 수신기에 의한 방송재현에 대해서는 저작자에 대한 동의나 보상이 필요하지 않다는 것인데, 동법에 대한 하원보고서에 의하면, 방송재현에 관한 규정은 대법원의 판단을 계승한다는 의도를 분명히 하고 있다. Leaffer (2003), p.342, Makeen (2001), pp.95-96.

그러나 입법의도와는 달리 법원들의 판단은 유동적이어서 Aiken의 음식점의 크기 및 그의 재정능력을 넘는 규모에서의 방송재현에 대해서도 로열티 지급을 면제해 주었다. 그

저작권자가 관리단체에 의하지 않고 방송재현을 한 이용자에게 직접 권리주장을 한 사례는 발견되지 않는데, 이들 국가에서는 대부분의 저작물이 신탁관리되고 있다거나 신탁관리되지 않은 저작물의 저작자가 권리를 주장할 개연성이 거의 없다고 이야기되고 있다. 결국 법문에 의해서든 실무에 의해서든 방송재현권에 있어서 저작권 집중관리를 통하지 않고는 그 실효성을 확보하기 매우 어렵다는 점을 발견할 수 있다.

7) 문학저작물의 공개낭송권

공개낭송권은 일반공중에게 문학저작물을 직접 낭송하거나 낭송을 유무선의 방법으로 일반공중에게 전달하는 경우에 대한 배타적 권리이다. 동 권리에는 공중을 구성하는 사람들이 한 자리에 모여 같은 시간에 낭송을 듣는 상황을 가정한 것이나 실제 직접 낭송뿐 아니라 녹음물 혹은 녹화물에 의한 간접적인 낭송 역시 포함된다.

(3) 추급권

추급권에 대해 규정한 베른협약 제14조의3은 다음과 같다.

> 저작자 또는 그의 사망 후에 국내입법으로 권한을 받은 자연인이나 단체는 원미술저작물 및 작사자와 작곡자의 원고에 관하여, 저작자가 저작물을 최초로 이전한 후에 그 저작물의 매매에 있어서의 이익에 대하여 양도할 수 없는 권리를 향유한다.

추급권은 주로 다음과 같이 정의될 수 있다.

> 추급권(droit de suite, Folgerecht, resale royalty right)이란 회화 또는 조각 등 미술저작물의 저작자가 자신의 원작품의 재판매로 인해 발생한 타인의 수익의 배분을 청구할 수 있는 권리이다. 독일, 프랑스, 이탈리아 등 대륙법국가에서 발전된 법적 개념으로 통상의 저작물과는 달리 원작품(original)이라는 특정한 형태의 저작물이 차지하는 예술적, 경제적 가치가 복제 등 기타의 방법에 의해 재생되는 저작물에 비해 현저하게 높다는 사실에 착안한 것이다.[236]

런가 하면, 방송재현이 이루어지는 시설의 규모나 시설주의 재정능력을 감안하지 않은 판례들도 등장하고 있다. Leaffer (2003), p.343, Makeen (2001), pp.99 ff.

236) 안경환, "미술저작물 저작자의 추급권,"「계간 저작권」 제4호(1988), 30면.

최초의 추급권은 프랑스의 1920년 저작권법에 도입되었고, 동법이 유럽 추급권의 기원이 되었다고 평가된다. 즉, 프랑스를 모델로 독일, 벨기에, 이탈리아, 룩셈부르크, 포르투갈 등의 유럽국가에서도 비슷한 규정을 두기 시작했던 것이다.[237] 결국 EU 차원에서는 2001년 추급권 지침을 통해 회원국에게 추급권 도입을 강제하고 있다.[238]

이러한 추급권의 법적 성격에 관해서는 다양한 견해가 존재하고 있다. 위에서 살펴본 바와 같이 추급권이 인정되는 저작물의 유형이나 재매매의 형태에서 차이가 있는 것은 물론이고, 그 법리를 구성하는 방법 역시 다양하게 전개되고 있다.

문학저작물이나 음악저작물, 영상저작물 등의 저작자가 자신의 저작물을 사용할 것을 허락함으로써 얻는 수익의 대부분은 당해 저작물을 복제하도록 하거나 공연·전송하도록 하는 데서 비롯된다고 할 수 있다. 이렇듯 저작물의 유통이 주로 복제본에 의해서 이루어지며, 복제본에 의한 공연이 주로 이루어지는 유형의 저작물들과는 달리 순수미술저작물은 주로 원본에 의해 유통되고, 원본을 전시함으로써 저작물을 이용하는 것이 보통이었다.[239] 즉, 회화나 조각의 저작자가 소유하는 저작권의 가치는 대체적으로 그 자신이 창작한 저작물 그 자체를 판매함으로써 보상받는 것이지 그 저작물의 복제·판매를 통하여 보상받는다는 것은 예외에 속한다는 생각이 지배적이었다.[240] 이 같은 입장에서는 추급권을 최초판매의 원칙(first sale doctrine)에 대한 예외라고 설명한다. 즉, 저작자가 향유하는 배포권은 판매와 함께 소진된다고 보는 것이 전통 저작권법의 입장이지만, 경우에 따라서 저작자가 재배포 과정에 경제적 이익을 얻도록 보장하는 일이 있는데, 이러한 경우들 중 하나가 추급권이라는 것이다.

237) 앞의 논문, 31면.

238) 참고로 당해 지침의 유예기간은 2012년까지로 되어 있는데(추급권 지침 제8조 3항), 이는 영국이 추급권 도입에 소극적이기 때문이다. 런던은 뉴욕과 함께 미술품의 주요 경매지로 알려져 있는데, 추급권이 도입되면 경매가 위축될 것이고, 뉴욕으로 경매의 중심지가 바뀔 우려가 있기 때문이다. 실제로 추급권 제도가 없는 스위스에서 많은 미술품 경매가 이루어지고 있다. 그러나 EU 입장에서는 추급권의 일원적인 도입을 통해서 물품의 자유로운 거래를 지향해야 할 필요가 있는 것이어서 추급권 도입에 유예기간을 둔 것은 일종의 절충안이라고 할 수 있다.

239) 안경환, 앞의 논문, 30면.

240) 앞의 논문, 30면.

우리 저작권법 제21조는 판매용 음반을 영리 목적을 위해 대여하는 데 대해 저작자에게 배타적 권리를 부여하면서 제20조 단서에서 제시한 최초판매의 원칙이 적용되지 않는다고 하고 있는데, 이러한 대여권도 추급권과 마찬가지로 최초판매의 원칙의 예외이다.[241]

베른협약 제14조의 3항은 저작자에게 이러한 추급권이 부여된다고 규정하고 있다. 추급권의 대상이 되는 저작물 혹은 유형물로는 "원미술저작물 및 작사자와 작곡자의 원고"가 제시되고 있는데, 이는 어디까지나 예시적인 것이라고 생각된다. 그러나 회원국은 추급권을 도입할 것인지 여부, 구체적인 내용, 행사방법 등에 대해서 자유롭게 정할 수 있으며,[242] 추급권을 도입한 국가는 다른 회원국 추급권자에 대해 상호주의에 따라 권리 부여 여부를 결정할 수 있다. 추급권 제도를 도입하고 있음에도 그 내용과 범위가 다른 경우가 있는데, 권리 내용의 실질적 부분이 비교되어야 하며, 단지 추급권 도입여부만으로 내국민과 같은 보호가 인정되는 것은 아니다. 물론 실제에 있어서 추급권 상호간의 비교를 하고, 보호수준이 높고 낮음을 정하며, 어느 정도의 보호를 실제로 보호의 기준으로 삼을 것인지 결정하는 것은 쉽지 않다.

(4) 배 포 권

1) 배포권 일반론

베른협약은 배포권을 인정한다는 취지의 명문규정을 두고 있지는 않다. 그러나 견해에 따라서는 베른협약에서 배포권이 묵시적으로 인정되고 있다고 주장되기도 한다. 베른협약 제14조 1항에서 영상저작물에서 이용되는 원저작물의 저작자가 갖는 배타적 권리로서 배포권을 규정하고 있다. 동 규정이 도입된 것은 1948년 브뤼셀 개정이었는데, 동 규정에는 이미 배포권뿐만 아니라 복제권 및 각색권까지 포함되어 있었다. 저작자에게 보편적이고 일반적인 복제권이 인정된 것은 1967년 스톡홀름 개정시였기 때문에 적어도 1948년 당시에는 저작물 일반에 대한 복제권은 존재하지 않았다고 볼 수도 있다. 그러나 1948년 당시에도 대부분의 의견은 명시적 규정이 없음에도 불구하고 복제권은 저작물이용 일반에 묵시적으로 인정된다는 것이었다고 한다.[243] 협약 제14조 1항 1호는

241) Schack (2005), para. 450.

242) 베른협약 제14조의3 제2항 및 제3항.

243) Ficsor (2003), para. BC-14.15.

반복적인 성격(redundant nature), 즉 다른 조문에서 이미 인정되고 있는 것을 영상저작물의 원저작자에 대해서도 인정됨을 다시 한 번 확인하는 규정으로서의 성격을 갖는데, 이러한 성격에 비추어 보았을 때 복제권과 같은 논리에서 배포권 역시 1948년 당시에 묵시적으로 인정되었다고 볼 수 있다는 추측이 제기된다.[244)]

한편 복제권의 성격에 비추어 배포권의 인정여부를 추론하려는 시도도 있다. 즉, 저작자에게 복제권을 부여한 것은 저작물을 단지 물리적으로 복제해내는 것을 통제하기 위한 것뿐만 아니라 이들이 유통되어 이용되는 것을 통제하기 위한 목적을 가지는 것으로서, 저작권이라는 맥락에서 복제에는 배포가 포함되어야 한다는 주장이다. 실제로 프랑스는 배포권에 대한 별도의 규정을 두고 있지 않으며, 복제권의 일부로서 droit de destination이라는 배포권 유사의 권리를 인정하고 있다.

그러나 이러한 주장이 통용되기는 쉽지 않아 보인다. 우리나라와 일본을 비롯한 여러 국가의 저작권법이 배포권에 대해 상이한 접근을 하고 있다는 점이 이를 잘 보여준다. 가령 우리 저작권법은 배포를 배포권을 통해 일원적으로 규정하고 있으나 일본은 영상저작물에 대해서는 반포권[245)]이라는 이름으로, 기타 저작물에 대해서는 양도권이라는 이름으로 권리를 부여하고 있다. 여기서 양도권은 1999년 개정을 통해 도입된 것으로, 동 규정이 도입되기 이전에는 복제를 허락받은 사람이 저작물의 배포까지 할 수 있는 것으로 보았다.[246)] 그러던 중 저작자에게 시장에 대한 통제력을 강화시켜주기 위한 입법조치로 양도권이 도입된 것이다.

Ficsor는 1967년 열린 베른협약에 대한 스톡홀름 개정회의에서 일반적 배포권의 도입에 대한 제안이 채택되지 않은 점에 주목한다. 그러나 여기서 도입에 실패한 배포권은 우리 저작권법이나 여타 다른 저작권법상의 배포권과는 다른 것이다. 당시 논의된 배포권은 소진되지 않는 것으로서 저작자는 일단 배포를 허락한 이후에도 추후의 배포에 대해서 계속 배포권을 통해 판매방법에 관여할 수 있다는 것이 규정의 내용이었다.[247)] 따라서 당시의 논의결과는 소진

---

244) *Id.*

245) 일본에서 반포권은 대여에 의한 저작물의 이용도 포함한다.

246) 대표적으로 양도권 도입 이전에는 출판업자 등이 복제허락 혹은 복제권 양도를 받은 경우에 자신의 의사에 따라 자유롭게 저작물을 배포할 수 있었다.

이론이 적용됨이 없이 무한정 인정되는 배포권 도입의 좌절에 불과하며, 소진이 포함된 배포권은 이미 협약 내에서 묵시적으로 인정되고 있다고 볼 수 있다고 한다.[248)]

그러나 이러한 논거들은 배포권의 묵시적 인정여부를 추론해 내도록 하기에는 적극적 증거가 될 수 없고, 배포권을 복제권으로부터 엄격하게 구별하는 태도가 국내법에 많이 있었다는 점에서 베른협약 혹은 기타 국제저작권법의 맥락에서 영상저작물 이외에 다른 일반적 저작물에 대한 배포권이 인정된다고 말하기는 어려울 것이다.

2) 소진이론

소진이론은 저작권법뿐만 아니라 지적재산권제도 전반에 미치는 보편적 원리이다. 그러나 보통 각 법에서 정한 소진되는 권리범위나 소진의 결과를 초래하는 행위유형에는 차이가 있게 마련이다. 법이론적인 차원에서뿐 아니라 각국의 정책적 목표와 법원의 해석경향에 따라 소진이론 인정범위가 다양하게 나타날 수 있는 것이며, 이러한 현상은 실제로 목격되고 있다.[249)] 본래 소진의 원리는 저작자가 갖는 저작물의 유통 권한을 저해할 가능성을 억제하기 위해서 고안된 것이다. 권리자가 배타적 권리를 가지고, 이 권리에 근거하여 자신의 지적 창작물의 이용조건을 결정하는 것 자체는 지적재산권법의 본질적 내용에 속하는 것이지만, 특정 조건에서 그 배타적 권리를 더 이상 행사할 수 없도록 하는 것이 소진이론의 일반적 정의가 된다.

저작권법의 맥락에서 본다면, 소진의 원리는 저작자가 갖는 저작물 유통에 대한 조건제시의 권한은 1회만 행사할 수 있도록 하면 족하며, 이는 저작물을 향유하는 일반공중의 입장에서도 과도하게 저작자가 개입하게 되면, 시장에서의 저작물 유통이 저해된다는 점에서 합리화된다고 한다.[250)] 따라서 소진이론은 저작권의 배타적 성격에 기해 저작자가 지나치게 저작물 유통을 저해하지

---

247) *Id.*, para. BC-14.17.

248) *Id.*

249) 가령 스웨덴 저작권법에 의하면, 음반이나 영상물에 대해서는 소진이론이 적용되지 않는다. 따라서 대여는 물론이고, 재판매에 대해서까지 저작자의 허락을 요하도록 하고 있다. 스웨덴 저작권법 제23조. 또 소진을 채권적으로 제한하는 것이 가능한지 여부에 대해서도 각국의 입장이 상이하다.

250) Schricker/Loewenheim (2006), §17 UrhG para. 36.

않도록 하기 위한 제도적 장치라고 이해될 수 있다.[251)]

베른협약에는 배포권에 대한 명문의 규정이 없으므로 소진이론이 적용될 여지가 없으나 영상저작물에 인정되는 배포권에 대해서는 소진이론이 적용된다. 여기에 대해서는 영상저작물에 대한 특례를 다루면서 함께 살피기로 한다.

5. 저작인격권

(1) 저작인격권의 내용

베른협약상 저작인격권에 해당하는 두 권리는 1928년 로마개정에 의해 추가된 것들이다. 이들은 구체적으로 동일성유지권과 성명표시권이다. 베른협약 제6조의2에 따르면, 저작자는 저작재산권과는 별개의 저작인격권을 가지며, 자신이 저작물의 저작자라고 주장할 수 있는 성명표시권과 왜곡·절단·변경 등을 막아 저작물의 동일성을 유지시킬 권리인 동일성유지권을 갖는다. "명예나 명성을 해치는 왜곡·절단·기타 변경 또는 기타 훼손행위에 대하여 이의를 제기할 권리"를 갖는다고 하였으므로 명예나 명성을 해치지 않는 저작물 변경행위에 대해서는 동일성유지권을 부여하지 않아도 좋다고 해석된다. 그러나 명예(honor)나 명성(reputation)이 구체적으로 무엇을 의미하며, 구체적으로 어떠한 범위까지를 침해로 볼 것인지는 분명하지 않다. 한편 "저작물의 저작자라고 주장할 권리"에는 적극적으로 저작자임을 주장할 권리 이외에도 저작자로서 표시되지 않을 권리와 이명으로 표시될 권리가 포함된다고 보아야 한다.

우리나라를 비롯한 저작인격권 인정국가에서는 동조에 명시되어 있지 않은 공표권을 저작인격권의 한 유형으로 인정하고 있는데, 베른협약의 해석만으로 공표권이 인정될 수 있다는 견해가 있기는 하다. 즉, 협약 제10조 및 제10조의2에서 이미 적법하게 공중에 제공된(legally available to the public) 저작물에 대한 자유이용요건에 대해 정하고 있는데, 당해 문언은 불법하게 저작물이 공중에 제공되는 경우는 자유이용을 허용하지 않는다고 해석될 수 있으므로 이

---

251) 미국에서는 최초판매이론(first sale doctrine)이라는 용어로 사용되고 있는데, 저작권에서의 최초판매이론은 특허권이나 상표권과는 달리 배포권만 소진되고 기타 전시, 공연, 번역, 각색 등의 권리나 대여권 등은 소진하지 않는 점에서 그 범위가 다소 좁다고 할 수 있다. 송영식·이상정·황종환 (2005), 60면.

는 일반적 공표권이 있음을 가정하고 있다고 볼 수도 있다는 논리이다.[252] 그러나 저작자의 의사에는 반하지만, 저작권법 및 기타 법률, 국가에 의해 강제로 저작물이 공표되는 경우까지 불법적으로 공중에 제공된 것으로 보기는 어려운데, 이러한 경우 저작자의 동의를 구하지는 않았으나 적법하게 공중에 제공된 것에 해당한다. 이러한 법에 의한 공표가 베른협약상 묵시적 공표권을 위반한다고 말하기는 어려울 것이므로 베른협약에서 공표권을 인정했다고 단언하기는 어렵다.

각 국가에서 저작인격권이 어떻게 인정되고 있는지를 살펴볼 필요가 있는데, 우선 영미법국가인 미국에서는 순수미술저작물[253]에 대해서만 소극적인 방법으로 저작인격권을 보호해주는 데 반해, 영국의 저작인격권 제도는 우리 제도에 근접해 있다고 할 수 있다. 영국에서 저작인격권이 성문법에 의해 도입된 것은 1956년 저작권법을 대체하는 1988년 CDPA에 의해서인데,[254] 당시에 저작인격권을 도입한 것은 베른협약에서 정한 의무를 이행하기 위한 조치였다.[255] 저작인격권은 저작자 혹은 감독으로서 승인 받을 권리(right to be identified as author or director, paternity right),[256] 훼손에 대해 거절할 권리(right to object to derogatory treatment, integrity right),[257] 저작물의 부정귀속(false attribution of work)로부터의 보호, 특정 사진과 영상물의 공개로부터의 보호권(right to privacy of certain photographs and films) 등으로 구성된다.

여기서 본래 저작물의 부정귀속으로부터의 보호는 다분히 코먼로에서의 passing-off 법리로부터 기원했다고 할 수 있지만, 영국의 1956년 저작권법이 이를 법문상으로 인정함으로써 저작권법 영역에도 적용되도록 하였다. 동 권리는

---

252) Ricketson/Ginsburg (2006), para. 10.37.

253) 시각예술저작물(works of visual art)이라고 되어 있다. 17 U.S.C. §106A; 미국 연방저작권법에 규정되어 있는 저작인격권의 내용과 적용에 관한 상세한 내용은 박준우, "미국 연방저작권법상 저작인격권의 보호," 「계간 저작권」(2008.12.) 참조.

254) 정식 명칭은 "Copyright, Designs and Patents Act 1988"이며, 동법은 1989년 8월 1일부터 시행되었다. 구체적인 내용은 박덕영, 「영국 저작권법 (2005)」(서울: 저작권심의조정위원회, 2005) 참조.

255) Torben Asmus, *Die Harmonisierung des Urheberpersönlichkeitsrechts in Europa* (Baden-Baden: Nomos, 2004), p.35.

256) 우리의 성명표시권과 비교될 수 있을 것이다.

257) 우리의 동일성유지권과 비교될 수 있을 것이다.

자신의 저작물이 아님에도 불구하고, 특정 저작물에 자신의 이름을 표시하는 등의 방법으로 인적 출처를 부정표시 하는 것으로부터의 보호를 의미한다.[258] passing-off의 법리는 대개 상업적인 영역에서만 적용되던 것이지만, 성문 저작권법에 수용됨에 따라 성문법상의 권리로서 비상업적 영역에서도 적용되도록 되었다.[259] 이 권리는 영국 전통의 코먼로 법리에서 기원한 것이므로 대륙법계 저작인격권에서는 그 모습을 찾아볼 수 없다.[260]

한편 영연방에 해당되는 캐나다의 경우도 유사한데, 굳이 우리 제도에 비추어 설명하자면, 캐나다 저작권법상 저작자는 동일성유지권과 성명표시권을 향유한다. 캐나다 저작권법 제14조 1항에서 권리자를 저작물의 저작자(author of works)라고 하였으므로 실연자, 음반제작자 및 방송사업자는 인격권의 주체가 될 수 없다. 캐나다 저작권법에 따르더라도 저작자는 우선 동일성유지권을 갖는데, 동 권리는 변경이나 훼손에 대한 보호는 물론,[261] 자신의 저작물을 특정 상품·서비스 혹은 특정 기관과 연관지어 사용하는 것에 대한 보호 역시 포괄하는 것으로 정하고 있는데, 이는 영국의 부정귀속으로부터 보호받을 권리와 마찬가지로 보면 될 것이다.[262] 제b호의 경우에는 저작물의 개변 여부를 묻지 않고 적용되는 것이지만, 제a호는 저작자의 명예나 명성을 침해할 정도의 개변이 있는 경우에만 문제될 수 있다고 보고 있다.[263] 저작자는 성명표시권도 갖

---

258) 이러한 내용의 권리는 우리나라 저작권법에도 있다. 저작권법 제137조는 부정발행 등의 죄에 대해 정하면서 제1호에서 "저작자 아닌 자를 저작자로 하여 실명·이명을 표시하여 저작물을 공표한 자"가 형사적 제재를 받게 된다고 규정하고 있는데, 이는 원칙적으로 자신의 저작물에 다른 이름이 기재되어 발행되거나 이름이 삭제된 채로 발행되는 것에 위법성이 있다는 것이겠으나 2차적으로 그곳에 저작자로 표시된 자까지 보호된다고 할 수도 있다. 일본 저작권법 제121조도 비슷한 취지의 규정이다. 동 규정의 입법취지는 저작자의 보호와 함께 공중기망의 억제인데[加戸守行(2006), p.741], 이러한 점으로 미루어 보았을 때, 동 규정이 순수 저작인격권 보호규정은 아닌 것을 알 수 있다.

259) 영국 CDPA 제84조.

260) WIPO의 베른협약 해설서에는 저작자 아닌 자를 저작자로 표시하는 것 역시 베른협약에서 정한 저작인격권을 침해하는 것이라고 설명하고 있는데[WIPO, *The Berne Convention* (1978), p.41 [Nimmer/Nimmer (1963 ff.), §8D.03[B][1] n.40에서 재인용], 만약 조약이 그러한 의미를 진정으로 가지고 있는 것이라면, 이는 대륙법으로부터 발전된 일반적 저작인격권과는 다른 성격의 것이다. 저작인격권의 저작자와 저작자 자신의 저작물의 관계에 대한 것이지 저작자와 다른 사람의 저작물과의 관계에 관한 권리는 아니기 때문이다.

261) 캐나다 저작권법 제28.2조 a호.

262) 캐나다 저작권법 제28.2조 b호.

는데, 특정 성명으로 표시될 권리와 성명이 표시되지 않을 권리를 갖는다고 하였으므로 우리법과 크게 다르지 않다고 할 것이다.

호주 역시 저작인격권으로서 성명표시권과 동일성유지권을 인정하는데, 이는 2000년에 있었던 저작권법 개정을 통해 도입된 것이다. 영국 및 캐나다 저작권법에서와 마찬가지로 동일성유지권은 저작자의 명성 및 명예를 해하지 않도록 보호될 권리로 이해되고 있다. 따라서 여하한 저작물의 변경이 곧 저작인격권을 침해를 의미하지는 않는다. 녹음물 등을 제외한 전통적 저작물의 저작자에 대해서만 권리가 인정된다는 점에서는 영국 및 캐나다와 같다.

이들 영국, 캐나다 및 호주가 갖는 인격권 제도는 베른협약에서 정한 의무를 이행하기 위한 것으로서 대륙법계의 저작인격권 제도를 받아들인 것은 아니다. 일반적으로 대륙법계 저작권법은 베른협약에서 정한 바보다 더욱 강화된 저작인격권 제도를 두고 있다. 그 유형은 대개 공표권과 성명표시권, 동일성유지권이다. 그 중 동일성유지권은 저작인격권 중에서도 가장 복잡한 권리로 설명된다.[264] 그러나 우리나라에서는 동일성유지권의 의미를 매우 엄격하게 보려는 경향이 있다.

이하에서는 우리 대법원의 "롯티" 사건[265]을 검토해 본다.

사건의 피신청인인 주식회사는 산하 사업장의 개점에 앞서 주고객층인 어린이의 관심을 끌기 위하여 피신청인의 계열사인 광고대행사를 통해 마스코트 도안을 모집하였고, 이 건의 신청인이 너구리를 주제로 롯티라는 이름으로 출품한 작품을 당선작으로 선정하고, 당선료를 지급하였다. 그 후 위 도안을 수정・보완하여 기본 도안으로 하고 이를 기초로 한 응용도안 개발계약을 체결하면서 피신청인은 그에 따른 작품료를 지급하고, 신청인은 위 응용도안의 저작권 등 모든 권리를 피신청인 측에 넘겨주기로 약정하였다. 신청인은 위 계약에 따라 수차례의 수정을 거쳐 기본 도안을 확정하고, 이를 바탕으로 한 응용도안을 피신청인 측에 제출하였으나 피신청인이 불만을 표시하고, 재차 수정을 요구하여 오자 이를 거부하였다. 이에 피신청인 측은 만화영화제작자인 소외의 자에게 새로운 캐릭터 개발을 의뢰하였고, 개발된 캐릭터에 "롯티"라는 이름을

263) *Snow v. Eaton Centre Ltd.* (1982), 70 C.P.R. (2d) 105 (Ont. H.C.).

264) Elizabeth Adeney, *The Moral Rights of Authors and Performers: An International and Comparative Analysis* (Oxford: Oxford University Press, 2006), para. 19.115.

265) 대법원 1992. 12. 24. 자 92다31309 결정.

붙여 이를 이용하면서 상표등록도 마쳤다. 이에 신청인은 저작재산권이 양도되었다 하더라도 신청인이 여전히 보유하고 있는 저작인격권 중 동일성유지권을 침해한 것이므로 그 사용을 금하는 가처분을 법원에 신청하였다.

법원은 동 사건에 대해 "저작물인 도안의 제작자가 도안의 수정의무의 이행을 거절함으로써 주문자 측의 도안 변경에 이의하지 않겠다는 취지의 묵시적 동의를 하였다면 주문자 측이 도안을 일부 변경한 다음 변경된 도안을 기업목적에 따라 사용하고 있다 하더라도 저작권법 제13조 1항에 규정된 동일성유지권의 침해에 해당되지 아니한다."라고 판시하였는데, 이러한 묵시적 동의의 법리에 의해서만 동일성유지권 주장이 거절되는 것인지에 대해 의문이 든다.

우리에게 저작인격권 인정국의 대명사처럼 되어 버린 프랑스에서도 동일성유지권이 여하한 변경을 불허하는 절대적인 권리로 인식되지는 않으며, 도리어 업무상 저작물, 촉탁에 의한 저작물 등에 대해 광범위한 변경권한을 인정해 주고 있고, 사법 전반에 걸쳐 적용되는 권리남용(abus de droit)의 법리도 원용함으로써 그 행사범위를 한정하고 있다.[266] 한편 독일에서도 동일성유지권 침해를 3단계로 구성하여 i) 개변이나 변경이 있을 것, ii) 인격적 이익을 침해하는 성격을 가질 것, iii) 이익형량에 있어 불합리한 차별이 있을 것이라는 세 가지 요건이 만족되는 경우에만 동일성유지권의 침해가 있었다고 보고 있다.[267] 따라서 우리의 동일성유지권도 너무 엄격하게 볼 필요는 없다고 생각된다.

한편 동일성유지권에 저작물을 완전히 폐기하거나 훼멸시키는 경우가 포함되는지가 문제될 수 있다. 스위스는 여기에 대한 규정을 가지고 있다. 이른바 훼멸권은 주로 미술저작물의 저작자가 주장하는 권리로서 저작물의 원본 소유자가 원본을 훼멸시키기 전에 저작자에게 통보를 해야 하고, 저작자가 실비를 부담하는 경우, 저작물의 원본을 되돌려주어야 하는 제도이다.[268]

저작물을 이미 양도하는 등의 방법으로 배포한 이후에 최종 소유자에게 동 저작물에 접근할 수 있도록 허락을 구하거나 아예 전시를 위해 인도를 청

---

266) Axel Metzger, *Rechtsgeschäfte über das Droit moral im deutschen und französischen Urheberrecht* (München: C. H. Beck, 2002), p.133 ff., Torben Asmus, *Die Harmonisierung des Urheberpersönlichkeitsrechts in Europa* (Baden-Baden: Nomos, 2004), p.158 ff. 참조.

267) Schack (2007), para. 342 ff.

268) 스위스 저작권법 제15조; 저작물의 소유자가 자신이 소유한 저작물을 훼멸시키기 전에 저작자에게 실비용을 받는 대신 저작물을 인도해 가도록 통지하고, 저작자가 자신의 저작물을 수령해가는 것을 허락해야 할 의무를 부담시키는 구체적인 과정을 거치게 된다.

구할 수 있는 권리를 부여하는 나라도 있는데, 동 권리 역시 저작인격권으로 이해되고 있다. 가령 스위스에서는 전시권(Ausstellungsrecht)이라는 권리가 저작자에게 인정되는데, 이 권리는 저작인격권의 한 유형이라고 이해되고 있다.[269] 즉, 스위스 저작권법 제14조 2항은 "저작자는 국내에서의 전시를 위해 저작물의 유형물을 인도해줄 것을 요구할 수 있다. 단, 전시로부터의 가중된 이해관계가 있음이 입증되어야 한다."라고 되어 있는데, 저작자가 이미 미술작품 등을 양도한 후라도 양수인에게 저작자 자신이 당해 저작물을 전시하기를 원하는 경우에는 저작물을 잠시 대여해줄 것을 구할 수 있다는 의미이다.

다만, 동 규정 단서에서도 밝히고 있는 것처럼 소유자의 소유권에 기한 이익과 저작자의 저작권에서 비롯된 이익을 비교 형량하는 단계를 거쳐 저작자에게 전시에 대한 가중된 이해관계가 존재하는 경우에만 권리를 행사할 수 있다고 본다. 동 규정에서 말하는 "가중된 이해관계"에 대해서는 엄격하게 해석해야 한다는 것이 통설적 견해인데, "상당한 수준"의 이익불균형 상태에 놓여 있지 않는 한 전시를 위한 인도청구권은 행사할 수 없다고 본다.[270] 따라서 저작물이 소유자에 의해 이미 다른 곳에 전시되는 상황임에도 불구하고, 인도를 요구하거나 반환에 대한 보증을 하지 않은 경우 혹은 위험지역에 전시할 목적을 가지고 인도해줄 것을 요구하는 경우 등에는 전시를 위해 저작물을 내어주지 않아도 된다고 설명되고 있다.[271] 역시 해석상 인도비용 및 그 밖의 소요비용 일체는 권리를 행사하는 저작자가 부담해야 한다고 본다.[272] 또 소유자는 저작물의 인도를 요구하는 저작자에게 보증인을 내세울 것을 요구할 수 있다는 견해도 널리 받아들여지고 있다.[273]

---

269) von Büren/David (2005), p.211; 명문의 규정은 없지만 크로아티아에도 이러한 제도가 마련되어 있다. Isabel Kühl, *Der internationale Leihverkehr der Museen* (Köln: Heymanns, 2004), pp.80-89 n.512; 터키 역시 1995년 유사한 제도를 도입하였는데, 저작자와 소유자 사이에 리스계약이 강제된다는 법리를 전개하고 있다. 터키 저작권법 제17조 3항; Temel Nal, "Developments in Turkish Copyright Law," *IIC* 2001, p.810.

270) von Büren/David (2005), p.211.

271) Denis Barrelet & Willi Egloff, *Das neue Urheberrecht: Kommentar zum Bundesgesetz über das Urheberrecht und verwandte Schutzrechte*, 2nd rev. ed. (Bern: Stämpfli, 2000), Art. 14 URG para. 6.

272) *Id.*, p.212.

273) Eugen Ulmer, *Urheber- und Verlagsrecht*, 3rd ed. (Berlin: Springer, 1980), §48 IV.

그러나 스위스의 제도를 비롯한 여러 저작인접권적 제도가 베른협약이나 기타 저작권관련 국제협약에 의해 강제된다고 말할 수는 없다.

(2) 저작인격권의 존속기간 및 침해구제

저작인격권은 일신전속권이지만 베른협약에서는 적어도 저작재산권 만료와 동시에 소멸하거나 그보다 더 오랜 기간 동안 보호를 해주어야 한다고 규정하고 있으며, 저작인격권을 행사할 수 있는 사람 혹은 단체에 대해서는 국내입법에서 정하도록 했다.[274] 예외적으로 베른협약 가입 당시 저작인격권을 일신전속적인 것으로서 생존기간 동안만 존속토록 한 경우에는 사후 저작인격권의 일부제한이 가능하다.

우리 저작권법 제14조 1항은 저작인격권이 일신전속적 권리라는 점을 명시하면서도 제2항에서 "저작자의 사망 후에 그의 저작물을 이용하는 자는 저작자가 생존하였더라면 그 저작인격권의 침해가 될 행위를 하여서는 아니 된다."라고 규정하고 있다. 그러나 "행위의 성질 및 정도에 비추어 사회통념상 그 저작자의 명예를 훼손하는 것이 아니라고 인정되는 경우"에는 침해가 되지 않는다고 하였다. 따라서 우리 법이 인정하는 저작인격권의 범위는 생전과 사후가 다르다고 할 것인데, 이러한 규정이 베른협약에 합치하는지가 문제될 수 있다. 베른협약은 제6조의2 제2항에서 동 의정서를 비준하거나 베른협약에 가입할 당시에 입법에 의해 저작인격권 중 일부를 저작재산권 만료시까지 보호하지 않도록 해두는 것이 가능하다고 하였으므로 우리가 베른협약에 가입한 1996년 이전에 행해졌거나 가입과 동시에 취해진 조치에 의해서 저작인격권의 보호기간을 일신전속적인 것으로 하거나 저작재산권의 존속기간보다 단기로 정할 수 있다고 할 것이다. 그러므로 우리 법은 저작인격권의 일신전속성과 관련하여 베른협약에 합치된다고 평가할 수 있다.

영국에서는 저작인격권의 보호기간은 종래 저작자의 사망과 함께 만료되는 것으로 되어 있었으나 현행법은 저작재산권과 동일한 보호기간을 갖는 것으로 태도를 변경하였다. 미국 저작권법은 베른협약 가입과 함께 시각예술저작물에 대한 저작인격권으로서 성명표시권과 동일성유지권을 도입했으나 양 권리 모두 일신전속적인 권리로만 인정하고 있다.[275] 이러한 태도는 베른협약에

---

274) 베른협약 제6조의2 제2항.

서 제한이 일부 가능하다는 것을 일탈한 것으로 볼 수 있다.

6. 영상저작물에 대한 특례

(1) 영상저작물의 의의

영상저작물이란 일련의 연속되는 영상으로 구성된 것으로서 저작물이 성립될 정도의 창작성을 가진 창작물을 말한다.[276] 저작권위원회의 저작권용어 설명 자료에는 영상저작물을 다음과 같이 정의하고 있다.

> 적당한 감광성 물질에 연속적으로 담아 '움직이는 영상(motion pictures; images animees)'으로 보여줄 수 있는, 대체로 소리를 수반한 일련의 영상을 말한다. 영상저작물의 고전적인 형태는 스크린에 영사할 수 있는 영화이다. 많은 국가들 저작권법에서는 다른 종류의 시청각저작물도 영화와 같은 것으로 규정하고 있다. 한편 대부분의 저작권법에서는 영상저작물의 보호에 관하여 특별규정을 두고 있다.[277]

일반적으로 영상저작물은 audiovisual work 혹은 cinematographic work로 번역되는데, 베른협약에는 후자의 표현이 사용되고 있다. 위 두 표현은 거의 동의어처럼 사용되는데, cinematographic work는 "영화제작과 유사한 과정에 의해 표현되는 저작물(assimilated work expressed by a process analogous to cinematography)"로 설명되기도 한다.[278]

고전적인 영상저작물은 "사진을 연속적으로 스크린에 투영하고, 눈의 잔상현상을 이용하여 움직이는 영상으로서 보여지는 것"이라는 정의가 통용되었다고 한다.[279] 그러나 영상의 저장기능이 발전함에 따라 더 이상 이러한 정의가 현재의 영상저작물의 유형에는 부합하지 않는 것으로 보인다.[280]

---

275) 17 U.S.C. §106A(d).

276) 오승종 (2007), 842면.

277) http://www.copyright.or.kr/sub_data/termlist_end.jsp?mode=view&tid=136

278) Ficsor (2003), p.268.

279) 中山信弘(저), 윤선희(역/편), 「저작권법」(서울: 법문사, 2008), 75면.

280) 일본 저작권법은 영화저작물과 영화유사저작물을 개념적으로 구분하는 것 같다. 일본 저작권법은 영화저작물을 보호저작물 유형에 예시하는 한편, 법 제2조 3항에서 "영화의 효과와 유사하게 시각적 또는 시청각적 효과를 발생시키는 방법으로 표현되고 또한 유형물에 고정되는 저작물을 포함"하는 것으로 규정하고 있다.

어쨌든 영상저작물은 영상과 소리가 일원화되어 있는 하나의 저작물이지 각각의 요소가 독립되어 있는 결합저작물이 아니며,[281] 독립된 저작물인 극본에 기초하고 있다는 점에서 2차적 저작물에 해당된다. 따라서 극본의 저작자는 어문저작물의 작성자로서 저작자가 되지만, 2차적 저작물에 있어 원저작자가 당해 저작물의 저작자가 되지 않는 것과 마찬가지로 영상저작물의 저작자가 되지는 않는다.[282]

영상저작물에 대해 고정의 요건을 요구하는지도 문제된다. 우리 저작권법은 영상저작물을 "연속적인 영상이 수록된 창작물로서 그 영상을 기계 또는 전자장치에 의하여 재생하여 볼 수 있거나 보고 들을 수 있는 것"이라고 하였는데,[283] 여기서 "수록"이 의미하는 것이 무엇인지 그 의미에 대해서는 설명이 없다. 일본 저작권법 역시 영상저작물에 대한 정의규정을 두고 있지 않은데, 일본에서도 영상이 일정한 유체물에 수록되어 있어야 영상저작물로 성립하는지에 대해서 의문이 제기되고 있다. 일본 내에서는 영상이 고정되어 있어야 영상저작물이 된다고 보는 것이 일반적이지만, 고정의 요건은 상당히 유연하게 해석하고 있다. 다만, 생방송의 경우에는 고정되지 않았으므로 영상저작물로서의 보호가 배제된다고 하고 있다.[284] 그러나 아무리 생방송이 영상저작물로 보호되지 않는다고 하더라도 저작물성이 부정되는 것은 아니다. 즉, 생방송이 창작성을 갖는 경우에는 영상저작물은 아니지만, 저작물의 예시조항에 열거되지 않은 제3의 저작물로 볼 수는 있을 것이다. 그러나 이 경우, 영상저작물에 대해서만 적용되는 특례규정을 원용할 수는 없을 것이다.[285]

국내 저작권법상의 영상저작물의 개념과는 별도로 영상저작물의 일반적 정의는 "[청중이] 들을 수 있는 [영상과 함께] 수반되는 음을 포함하거나 혹은 포함하지 않은 일련의 관련된 수록이미지(a series of fixed related images, with or without accompanying by sound, susceptible of being made audible)"인데,[286] 여기서 "fixed"라는 술어의 의미는 우리나 일본법에서의 수록의 의미와는 무관한 것으

281) Schack (2008), para. 211.

282) *Id.*, para. 212.

283) 저작권법 제2조 13호.

284) 中山信弘, 윤선희, 앞의 책, 76면.

285) 이에 대해서는 우리나라에서도 마찬가지일 것이다.

286) Ficsor (2003), loc cit.

로 받아들일 수 있을 것이다.[287] 그러나 베른협약이나 기타 저작권에 관한 국제협약에 영상저작물에 대한 정의가 없고, 베른협약 제2조 2항이 회원국으로 하여금 고정의 요건을 저작물로서의 보호요건으로 할 수 있다고 하였으므로 국내법으로 영상저작물에 대해 수록(고정)의 요건을 요구한다고 해도 베른협약을 위반한 것은 아닐 것이다. 결국 영상저작물에서 고정을 요구할지 여부는 영상저작물에 대한 특례규정의 적용여부에 좌우될 것이므로 일국의 저작권정책이나 영상물정책에 따라 그 요건을 달리하면 될 것이지 이론적으로 정당하고 부당한 것을 가리기는 어려울 것으로 생각된다.

(2) 영상저작물의 권리자

1) 영상저작물과 저작자

영상저작물의 저작자를 정하는 문제는 매우 복잡하고 어렵다. 원칙적으로 영상저작물의 창작활동에 창조적으로 참여한 자가 저작자가 되는 것이 타당할 것이다. 최근 영상저작물은 매우 다양한 사람의 노력이 들어간 종합예술이며, 참여하는 사람이 대단히 다수인 것이 보통이기 때문에 그 권리의 귀속을 따지는 것은 더욱 힘들어지고 있다.[288] 특히 영상저작물이 촬영되는 과정 이전 혹은 이후에도 영상저작물에 기여하는 자는 끊임없이 많을 수 있어 이를 도식적으로 이해할 필요가 있다. Schack 교수는 "영상저작물에 참여하는 자가 많아지면 많아질수록 제작자의 위험부담은 더욱 커진다."고 표현하기도 한다.[289]

영상저작물에 창작적으로 기여하는 사람들은 일반적으로 3가지 유형으로 나눌 수 있다고 한다. i) 소설가, 시나리오 작가, 일반 팝이나 클래식 음악의 작곡자 등과 같이 자신의 저작물이 영상저작물의 소재저작물로 이용되도록 허락한 고전적(古典的) 저작자, ii) 감독, 촬영감독, 미술감독 등 영상저작물의 작성에 있어 제작, 감독, 연출, 촬영, 미술 등[290]에 관여한 근대적(近代的) 저작자로서 이들은 저작권에 의해 보호되며, iii) 배우나 가수 등과 같은 실연자로서 이들은 저작인접권자로서 보호를 받는다.[291]

---

287) 독일은 영상저작물이 고정되어 있을 필요가 없다고 보며, 생방송은 사전 혹은 방송과 동시에 녹화되지 않더라도 보호를 향유할 수 있다고 보고 있다. Schack (2007), para. 214.

288) 이는 영상물의 상영이 끝나고 흘러가는 크레딧(credit)을 보아도 알 수 있다.

289) Schack (2008), para. 296.

290) 中山信弘, 윤선희, 앞의 책, 163면.

종합예술이라고 할 수 있는 영상저작물의 저작자를 정하는 방법은 매우 난해하다. 이를 정하는 방법은 크게 두 가지 방법으로 발전되어 왔다고 한다.[292] 저작권법의 일반원칙에 따라 개개의 영상저작물에 있어서 누가 저작자로서의 특성을 가졌는가에 따라 저작자를 결정하는 사례방법(Fall-Methodik)과 법적 안정성의 견지에서 창작자 중의 일정한 자(예컨대 시나리오 작가, 감독, 제작자 등)를 저작자로 보는 범주방법(Kategorienmethodik)이 그것이라고 한다.

외국의 경우를 보면, 영상제작자와 주감독을 영상저작자라고 하는 국가(영국),[293] 영상제작에 창조적으로 참여한 사람들이 공동저작가라는 국가(프랑스), 원저작물의 저작자를 제외한 제작, 감독, 연출, 촬영 등 영상저작물의 전체적 형성에 창조적으로 기여한 자를 영상저작자라고 하는 국가(일본)가 있고, 영상저작자를 명시하지 않는 국가(미국, 독일)도 있다.[294] 이 중 미국은 저작권법 제201조 b항에 따라 고용 및 촉탁저작물의 저작권이 고용주 및 촉탁자에게 귀속된다는 법규정에 의해 영상제작자가 저작권을 독점하는 데 제한이 없는 법적 상황이 발생한 것이나, 독일에서는 창작자는 자연인이어야 하며, 저작권은 양도될 수 없다는 저작권법적 전통에 터잡고 있다는 이유로 영상저작물의 저작자를 명시하지 않은 것으로 양 법의 태도는 상이한 것이다.[295][296] 우리나라의 저작권법에는 영상저작물의 저작자를 누구로 볼 것인지 규정되어 있지 않다.

---

291) 현대호, 「영상콘텐츠 관계 입법의 개선방안 —영상저작물을 중심으로—」(서울: 한국법제연구원, 2005), 39면; 진정환, 도두형, 「방송저작물 이용에 관한 법률관계 연구, —저작권법의 해석을 중심으로—」(서울: 한국방송개발원, 1995), 31면; 그러나 이러한 구별에 대해서 이른바 현대적 저작자를 영화저작물의 저작자로 보고 있는 일본법하에서라면 몰라도 이러한 규정이 없는 우리법하에서는 큰 의미가 없다고 본다는 주장도 있다. 송영식 · 이상정 · 황종환 (2005), 639면.

292) 오승종 · 이해완, 「저작권법」 제4판 (서울: 박영사, 2005), 448-449면.

293) 영상물제작자가 저작권을 원시적으로 취득한다고 한다거나 자동으로 승계받는다고 이론구성할 수 있다.

294) 오승종 · 이해완, 앞의 책, 449면.

295) Schack (2008), para. 297; 독일에서 1965년 저작권법 전면개정을 통해 영상물제작자를 영상물저작자로 의제하려는 시도가 있었으나 입법자들은 이를 받아들이지 않은 바 있다.

296) 독일과 같이 대륙법계 저작권법을 가지고 있으며, 일원론의 입장에 서 있는 오스트리아에서는 독일과는 다소 대조적으로 영상저작자의 권리가 저작자에게 법상 승계되는 것으로(*cessio legis*) 규정하고 있다. 오스트리아 저작권법 제38조 1항; 이탈리아도 마찬가지이다. 이탈리아 저작권법 제45조.

2) 영상저작물의 저작권자

베른협약은 저작자를 지칭하는 표현으로 줄곧 "author, auteur"라는 표현을 사용하여 왔다. 그러나 근대적 저작자의 권리에 대해 다루는 베른협약 제14조의2 제1항에서는 저작권자(owner of copyright)가 저작자와 동일한 권리를 향유한다고 규정하고 있다. 저작자는 저작물을 창작한 자이지만, 저작권자는 일반적으로 저작여부와 관계없이 저작권의 전부 혹은 일부를 양도받아 물권적으로 저작권 중 일부를 보유하는 자이다.[297)]

영상저작물은 종합예술로서 영상저작물 제작에는 많은 인적·물적 투자가 있어야 하고, 누군가는 영상저작물이 시장에서 실패하는 데 대해 책임을 부담해야 하며, 영상물이 기획되는 단계부터 이러한 위험을 부담해야 한다. 이러한 역할을 수행하는 자는 영상물제작자로서 영화제작에 투자하며, 전반적인 기획을 담당한다. 이들은 커다란 경제적 위험을 감당하는 대가로서 저작권과 관련된 제반 무형적 권한을 부여받는 것이 보통이며, 이러한 권한부여가 법에 의해 강제되기도 한다. 따라서 여러 국가는 이러한 영상물의 제작자를 보호하기 위한 특별규정을 마련하여 시행하고 있다.

그런데 각국의 법이 영상제작자를 보호하기 위한 규정을 가지고 있는 경우에도 그 방식은 국가에 따라 상이하다. 우선 앞서 살펴본 바와 같이 i) 영국과 같이 영화제작자가 원시적으로 저작권을 취득하도록 하는 경우가 있다. 이는 영상저작물에 있어서는 자연인인 창작자만이 저작권을 원시적으로 취득할 수 있다고 하는 창작자주의를 포기한 것이며, 일반적인 저작물의 창작과 저작권의 귀속에 대한 예외에 해당된다.[298)] 다음으로 ii) 원칙적으로 영상저작물을 작성한 자연인 저작자들이 저작권을 원시적으로 갖지만, 이것이 법상 자동으로 영상물제작자(저작권자)에게 승계된다고 보는 경우가 있다.[299)] 마지막으로 iii) 저작권이 영상물제작자에게 승계된 것으로 추정되며, 이러한 추정력은 반증에 의해 사라지도록 하는 경우가 있는데, 우리나라는 이러한 태도를 취하고 있다.[300)]

베른협약 제14조의2 제2항 가문에 따라 회원국은 누가 저작권자가 되는지

---

297) 中山信弘, 윤선희, 앞의 책, 172면.

298) 이를 일반 저작권(copyright)과 구별하여 film copyright이라고 명명하기도 한다.

299) 일본은 이러한 태도를 취하고 있다. 일본 저작권법 제29조 1항.

300) 저작권법 제100조 1항.

에 대해 결정할 수 있는데, 이는 영상물제작자 이외의 자에게 권리를 취득하도록 할 수 있다는 의미라기보다는 영상물제작자의 성격과 요건을 회원국이 정할 수 있고, 그들이 저작물을 취득하는 방식 역시 마찬가지로 정할 수 있다는 의미로 보아야 할 것이다.[301)]

우리 저작권법은 위에서 제시된 (iii)의 방식에 따라 영상물제작자가 영상물저작자의 권리를 양도 받은 것으로 추정되도록 규정하고 있다.[302)] 오스트리아와 이탈리아는 (ii)의 경우에 의하고, 영국과 미국은 제도의 본질은 다르지만, (i)에 의한다는 것은 이미 보았다.

3) 베른협약상 원저작자(고전적 저작자)의 권리

고전적 저작자란 영상저작물의 저작에 직접 관여하지 않고, 단지 자신의 저작물이 영상저작물에 이용되는 것을 허락한 자를 말한다. 하지만 대개 영상물이 제작되는 과정은 상당히 많은 단계를 거칠 수 있다. 가령 소설이 영상화되는 경우, 소설은 영화를 위한 시놉시스와 극본, 시나리오 작성이라는 일련의 가공과정을 거쳐야 한다. 독일의 경우, 극본이나 영화음악의 저작자를 고전적 저작자로 보고 있다. 하지만 프랑스 지적소유권법 제L. 113-7조에서는 이들을 근대적 저작자로 추정한다고 규정하고 있다. 독일의 태도에 따르면, 근대적 저작자에는 감독, 조감독, 조명감독, 음향감독, 카메라맨, 편집감독, 무대감독, 의상감독 등이 되는데, 여기서 무대감독이나 의상감독의 저작활동은 영상물과 독립되었다고 볼 수도 있다. 하지만 이러한 저작물이 그것이 이용되는 영상저작물과 부종적 관계가 형성되어 있는 경우라면, 이들의 저작자를 영상저작물의 근대적 저작자로 볼 수 있는지에 대해서는 논란이 있다.[303)]

---

301) 그러나 내국민대우원칙과 관련하여 다소 심각한 문제가 발생할 수 있음에 유의해야 한다. 최근 국제적으로 여러 나라의 감독과 제작자가 함께 영상저작물을 만드는 경우가 많아졌는데, 각 나라별로 저작권자를 정하는 방법이 다르다면, 각 국가에서 권리행사의 주체와 그 범위 그리고 방법 사이에서 차이가 발생할 것이므로 일원적인 권리행사가 불가능해지는 문제가 발생할 수 있다. 특히 준거법에 따라 라이선스의 주체가 달라질 수 있으므로 상당한 주의를 요한다고 하겠다.

302) 저작권법 제100조 및 제101조.

303) 찬성하는 견해로는 Kirsten König, *Rechtliche Probleme der Musik im Film: Die Filmurheberschaft der an ihrer Entstehung Beteiligten und das Filmherstellungsrecht* (Baden-Baden: Nomos, 2000), pp.25 ff.; 반대견해로는 Schack (2008), para. 300.

베른협약에 영상저작물과 관련된 규정이 도입된 것은 1908년 베를린회의에서였는데, 여기에서는 저작물이 영상저작물에 적합하도록 변경하여 이용하는 것을 저작자의 배타적 권리로 규정하였다. 그러나 영상저작물이 보호되는 저작물로서 인정된 것은 1948년 브뤼셀 개정의 결과이다. 결국 영상저작물의 소재가 되는 저작물을 제공한 문학저작물 혹은 음악저작물의 저작자는 보호를 향유하지만, 영상저작물 그 자체를 창작한 자에 대한 보호는 브뤼셀 개정 이전까지는 다소 불완전한 형태로 이루어졌다. 현재와 같이 제14조와 제14조의2에서 영상저작물과 관련된 규정이 정리된 것은 1971년 파리개정의 결과이다.

제14조 1항은 이른바 고전적 저작자가 영상저작물이 작성되고 이용됨에 있어 갖는 권리에 대해 규정하고 있다. 저작자는 영상물로의 개작과 복제를 대한 권리를 갖는 것과 별도로, 특이하게도 배포권까지 향유한다. 베른협약에서 배포권에 대한 내용이 포함된 것은 제14조가 유일하며, 이는 영상저작물은 복제되는 것만큼이나 배포에 대한 통제권이 경제적으로 중요성을 갖기 때문이다. 현재의 고전적 권리자에 대한 규정은 브뤼셀개정시 내용이 그대로 유지되고 있다.

그러나 배포가 구체적으로 무엇을 의미하는지에 대해서는 아무런 언급이 없다. 특히 베른협약의 영어본에는 "distribution"이라는 표현을 사용한 데 반하여 프랑스어본에는 "mise en circulation"이라는 표현이 사용되고 있는데, 영어의 distribution은 저작자의 허락을 얻어 처음으로 저작물을 배포한 것은 물론이고, 첫 배포 이후의 배포까지를 모두 포괄할 수 있는 표현인 반면, "mise en circulation"은 "유통상태에 놓이게 함"을 의미하므로 첫 배포만을 의미한다고 해석할 수 있다. 그런데 베른협약 제37조 1항 c호는 베른협약의 해석에 있어 프랑스본이 영어본에 비해 우위에 있음을 천명하고 있으므로 결국 프랑스어 표현에 따라 해석하는 것이 바람직한 것으로 생각된다. 이는 배포권에 대해 보편적으로 인정되고 있는 최초판매 원칙(first sale doctrine) 혹은 소진원칙(exhaustion doctrine)에 따른 것이다.[304)]

---

304) 프랑스에는 사실상 소진의 원칙이 없다. 프랑스에서는 배포권을 복제권에서 파생하는 권리로 이해하고 있다. 소진의 원칙은 배포권을 제한하려는 취지에서 도입된 것으로, 주로 저작자가 갖는 독점권의 범위는 동 권리를 1회 행사하는 데 그쳐야 하며, 저작자가 2차 시장에 대해서까지 영향력을 행사할 수 있어서는 안 된다는 취지의 규정으로 이해되고 있다. 그러나 프랑스는 이러한 제한을 가하려 하지 않았고, 도리어 배포권의 계속적 보장이 저작자에게 필요하다고 판단하였다. 그러나 정보화사회지침에는 배포권과 소진원칙에 관한 규정이 들어가 있다(지침 제4조). 특히 EU는 역내시장을 지향하고 있으므로

제14조 1항의 내용에서 복제권은 제9조에서 개작・각색권은 제12조에서 이미 다루어지고 있는 것이어서 굳이 별개의 규정을 두어야 하는지 의문시되고 있다. Ficsor는 규정에 복제권과 각색권이 포함된 것에 대해 각색한 자뿐 아니라 각색의 대상이 된 원저작물의 저작자도 보호를 향유함을 강조하기 위한 것이라고 설명한다.[305] 공중전달권 역시 이미 제11조와 제11조의3에서 규정하고 있는 내용들이지만, 제11조는 연극・악극 및 음악 저작물의 저작자, 제11조의3은 문학저작물의 저작자만이 동 권리를 갖는다고 하였으므로 이들 저작물 이외의 저작물들이 각색되어 공중전달되는 것까지 권리범위에 포함시키기 위해서는 동 조치가 필요하였을 것이라고 평가된다.

제14조 2항은 영상저작물에 대한 이용허락을 받더라도 그 이용형태가 계약에서 정한 것과 달라지는 경우, 저작자로부터 별도의 이용허락을 받아야 한다는 것을 내용으로 하는 규정이다. 가령 일반적 영화를 예정하고 계약을 체결하였으나 이후 뮤지컬 영상물로 문학저작물이나 음악저작물이 각색되는 경우, 저작자는 뮤지컬로서 영상화하는 데 대해 별도의 허락을 받도록 강제할 수 있다. 이는 저작권 그 자체에 대한 문제라기보다는 저작권관련 계약의 해석문제라 할 수 있고, 저작권 실체법적 내용은 아니라고 생각된다.[306]

1908년 베를린개정에서는 "원저작물의 저작권을 침해함이 없이 문학・학술 및 예술 저작물의 영상적 복제는 저작물로 보호된다."라는 규정이 도입되었다. 즉, "복제(reproduction)" 그 자체를 저작물로 인정한 것인데, 해석하기에 따라서는 기술적인 복제행위 자체를 보호한다고 볼 수도 있다. 영미에서 녹음물을 저작물로 보호하는 것이나 영국에서 방송물(broadcast work)을 저작물로 보호하는 것과 같은 접근이라고 평가할 수도 있을 것이다. 적어도 영상화 과정에서 원저작물이 복제되어 이용되는 것은 당연한 결과라는 점에서 복제가 영상화의

EU내에서 일단 저작자의 동의하에서 유통되는 저작물에 대해서는 저작자가 차후에 통제할 수 없도록 하는 것이 이러한 취지에 잘 부합할 것이다. 그래서 등장한 개념이 EU소진의 원칙인데, 소진의 원칙이 인정되지 않는 상황에서 EU소진을 논하기는 어렵다. 프랑스는 지침에 대한 이행으로서 소진의 원칙을 도입하기는 하였으나 상당히 제한적인 범위 내에서만 인정하게 되었다. 즉, 판매(la vente)의 방법에 의해서 저작물이 유통된 경우에 저작자는 일단 이렇게 유통된 저작물에 대해 더 이상 저작권을 주장할 수 없게 되었다. 그러나 판매 이외의 방법으로 저작물을 배포하는 경우에는 배포권이 소멸되지 않는다.

305) Ficsor (2003), para. BC-14.10.

306) Ficsor는 동 규정은 저작권의 인격적 성격에서 비롯된 것이라고 한다. *Id.*, para. BC-14.2.

전제조건으로서 영상적 복제에는 영상화 전반에 걸친 원저작물의 개작과 복제가 포함된다고 볼 수 있다.

법리적으로 볼 때는 복제 자체를 저작물로 볼 수는 없을 것이며, 이러한 모호성은 1928년 로마개정에 이르러서 복제에 개작(adaptation)이란 표현을 추가함으로써 의미가 더욱 분명하게 되었다. 로마개정시에 영상저작물은 그것이 창작적인 경우에는 "문학 혹은 예술저작물"로서 보호되었으며, 창작성이 없는 경우에는 사진저작물로 보호되었다. 이는 일종의 의제에 해당하는 것으로, 문학 혹은 예술저작물로 보호된다는 것은 일반적인 저작물로 보호한다는 것이라고 할 수 있지만, 사진저작물로의 보호는 특히 의제적 성격이 강하다고 할 수 있다.

베른협약 제13조 1항은 음악저작물을 음반에 화체하는 데 대해서 강제허락제도를 마련해두고 있는데, 영상저작물은 음반으로 볼 수 없기 때문에 음반에 적용되는 강제허락이 영상저작물에까지 미칠 수 없다고 보는 것이 일반적이다. 그러나 이러한 해석은 때때로 거절될 수 있고, 경우에 따라 영상저작물에 음반적 성격이 있음을 인정하는 경우도 있을 수 있다. 베른협약 제14조 3항은 회원국에 의한 이러한 해석의 가능성을 원천적으로 봉쇄하고 있다. 동 규정은 음반의 강제허락에 대해 정한 제13조 1항의 규정이 영상저작물에 대해서는 전혀 적용되지 않는다고 명시적으로 천명하고 있다.

4) 베른협약상 근대적 저작자·저작권자의 권리

고전적 저작자에 대한 권리는 베른협약 제14조에 의해 규율된다는 것은 앞에서 이미 살펴보았다. 근대적 저작자와 영상저작물의 저작권자(owner of copyright)의 권리에 대해서는 협약 제14조의2가 적용되고 있다.

우선 근대적 저작자 및 이들로부터 권리를 양도받은 저작권자는 여타 유형의 저작물의 저작자가 향유하는 것과 마찬가지의 권리를 갖는다. 즉, 영상저작물의 저작자 역시 대본이나 영상에 삽입되는 음악저작물에 대한 저작자 혹은 2차적 저작물의 저작자로서 원저작물과 마찬가지의 보호를 향유한다는 것이다. 그러나 구체적으로 영상저작물의 저작자에 어떠한 유형의 참여자가 포함되는지는 국내법에 따라 정하게 되어 있다. 베른협약은 외국 저작자의 보호에 대한 규범으로서 동 규정의 의미는 외국 영상저작물의 경우에도 보호가 주장되는 회원국에서 영상저작권자로 정한 자만이 보호된다는 의미라고 새기는 것

이 더욱 정확할 것이다.[307)]

영상저작물의 근대적 저작자는 영상저작물의 저작에 참여할 것을 약정하는 경우에[308)] 특약이 없는 한 영상제작자가 동 영상저작물을 "복제 · 배포 또는 공개실연하거나 유선에 의하여 공중에 전달하거나, 방송하거나 또는 다른 방법으로 공중에 전달하거나, 또는 그 본문을 자막에 넣거나 더빙하는 것"을 막지 못한다.[309)] 다만, 동 원칙은 영상물제작자가 저작권을 양도받은 것에 대해 추정규정을 두는 회원국에서만 적용되는 것이고, 영상물제작자가 저작권을 원시적으로 취득하거나 자동으로 승계받는 상황에서는 적용되지 않는다.

만약 추정에 의해 저작권자가 저작권을 승계하는 것에 반증이 없다면, 그것이 유지될 수 있도록 하는 경우, 회원국은 동 추정이 "영상저작물의 제작을 위하여 창작된 각본, 대사 및 음악저작물의 저작자 또는 영상저작물의 주감독"에까지는 적용되지 않도록 할 수 있다.[310)] 이러한 추정의 배제가 주감독에게 이루어지도록 한 회원국은 이를 통고해야 한다.

7. 저작권의 제한 및 예외

국제저작권법에 대한 여러 논고에서는 일반적으로 저작권의 예외(exception)와 제한(limitation)을 서로 구별하여 사용하고 있다. 전자가 저작물의 이용형태나 목적에 따라 저작권 행사를 억제하는 경우라면, 후자는 저작물 자체에 대한 보호부여와 더 깊은 관계가 있는 것으로 보인다.[311)] 뒤에서 설명하겠지만, 저작물의 유형이 다양해지고, 이용형태가 다변화됨에 따라 이러한 개념구별이 어느 정도까지 유효한지에 대해서는 의문이 제기된다.

(1) 구술저작물의 보호제한

베른협약 제2조의2는 다음과 같다.

---

307) Dreier/Hugenholtz (2006), p.62.

308) 회원국은 약정이 서면에 의할 것을 요구할 수 있다. 베른협약 제14조의2 제2항 다문.

309) 베른협약 제14조의2 제2항 나문.

310) 베른협약 제14조의2 제3항.

311) 쉽게 말해 요건에서 저작물과 더 연관되어 있는 경우에는 저작권의 제한이 되며, 저작권과 더 깊은 연관이 있는 경우에는 저작권의 예외가 된다고 보아도 무방하다.

---

(1) 정치적 연술 및 재판절차에서의 연술을 전 조에서 규정한 보호로부터 전부 또는 일부 배제하는 것은 동맹국의 입법에 맡긴다.

(2) 또한 강의, 강연 및 기타 공중에 전하는 같은 성격의 저작물이 언론에 의하여 복제·방송되고, 유선에 의하여 공중에 전달되고, 이 협약 제11조의2 제1항에서 마련하고 있는 공중전달의 대상이 될 수 있는 조건은, 그러한 사용이 보도의 목적에 의하여 정당화되는 경우에, 동맹국의 입법에 맡겨 결정한다.

(3) 다만, 저작자는 전 항들에서 말한 저작물의 수집물을 만들 배타적 권리를 가진다.

동조 제1항과 제2항은 1928년 로마개정에 의해 도입된 것이고, 제3항은 1948년 브뤼셀개정에 의해 창설된 것이다. 정치적 연술이나 재판절차에서의 연술은 공공의 이익을 위한 정보제공의 필요성이라는 공익적 고려에 따라 제한될 수 있다. 보호로부터 전부 혹은 일부 배제할 수 있다고 하였으므로 저작권 자체를 부여하지 않는 것도 가능하다. 저작권을 전혀 부여하지 않는다는 것은 곧 저작재산권은 물론이고, 저작인격권을 부여하지 않는 것을 의미한다. 일부 학자들은 동 규정은 정보제공을 그 목적으로 하고 있으므로 저작인격권까지 배제하는 것으로 해석될 수 없다고 주장하기도 한다.[312] 하지만 또 다른 학자들은 저작인격권이 인정되는 것은 정보제공기능에 제한을 가할 수 있다고도 주장한다.[313]

주의해야 할 점은 동 규정 제1항에서 정치적 연술이나 법정에서의 연술은 개념 내재적으로 혹은 그 자체적인 성격에 비추어 필연적으로 정보제공적 성격이 있다고 간주한다는 것이다. 하지만 이러한 정보제공의 목적은 동 규정 전체에 적용되는 것이다. 따라서 동조 제2항에서도 강의, 강연 및 기타 공중에 전달되는 것과 같은 성격의 저작물이라고 한 다음, 정보제공이라는 목적에 부합해야 한다고 정하고 있는 것이다. 그러므로 정보제공의 목적을 가지고 있지 않거나 그러한 성격을 가지고 있지 않은 구술저작물에 대한 보호를 제한하는 것은 베른협약 제2조의2 제2항에 합치되지 않는 것이다.

이렇게 보호가 전부 혹은 일부 제한되더라도 동 구술저작물이 수집물의 일부를 구성하는 데 대해서까지 권리가 제한되는 것은 아니며,[314] 저작자는 동 수집물이 작성되거나 이용되는 데 대한 배타적 권리를 향유한다.

---

312) 과거의 논의동향이 Ficsor (2003), para. BC-2bis.1에 소개되어 있다.

313) *Id.*

314) 베른협약 제2조의2 제3항.

(2) 인 용

베른협약은 허용되는 저작물의 인용(quotation)에 대해 다음과 같은 규정을 제10조 1항에 두고 있다.

> 이미 적법하게 공표된 저작물을 인용하는 것은 허용된다. 다만, 그 인용이 공정한 관행과 양립하고, 그 범위가 목적에 의하여 정당화되는 범위를 넘지 아니하여야 하며, 이 경우 언론 요약의 형태로 신문기사와 정기간행물을 인용하는 것을 포함한다.

동 규정은 바로 위에서 살펴본 구술저작물에 대한 저작권제한이나 이후에 살펴볼 여타의 저작권제한과 예외에 대한 규정과 형식적인 면에 다소 다르다. 다른 규정에서 저작권의 제한은 국내입법에 의해 결정한다는 문언을 쉽게 찾아볼 수 있지만, 동 규정에서는 어떠한 행위가 허용된다는 문언을 바로 사용하고 있다. 이러한 규정형식을 토대로 동 규정이 자기집행적(self-executing) 규정이라고 설명되기도 한다. 따라서 동 조치는 회원국이 반드시 도입해야 하는 것으로 이해되기도 하는 것이다. 다시 말해 회원국은 동 조치를 도입하지 않으면, 동 회원국은 조약을 위반한 것이 된다는 것이다. 그러나 베른협약 제19조와 제20조에서는 회원국이 베른협약에서 정한 것보다 더 강화된 보호를 할 수 있다고 선언하고 있으므로 저작권제한규정(여기서는 인용)을 두지 않거나 약화시키는 방법으로 저작권을 강화시키는 것은 허용된다고 볼 수도 있어 인용규정의 도입이 필수적인지는 미지수이다.[315)]

적법하게 공표된 저작물만이 인용의 대상이 되며, 인용은 정당한 관행(fair practice)에 합치되도록 해야 한다. 동 규정이 도입되었던 1967년 스톡홀름 개정회의의 기록에는 어떠한 관행[316)]이 공정한 것인지에 대해 언급이 없었다. 대개 공정한 관행에 합치되어야 한다는 요건과 병렬적으로 동 규정에서 인용의 정당화 요건으로 제시되는 "그 범위가 목적에 의하여 정당화되는 범위를 넘지 아니하여야 [한다]."는 문언이 공정한 관행에 대한 설명이라고 이해한다.[317)] 하지만 어떠한 목적을 위한 인용이 정당화되는지에 대해서는 더욱 구체적이며

---

315) Ficsor (2002), para. 5.11; von Lewinski (2008), para. 5.163.

316) 영어로는 fair practice로 기록되어 있으며, 우리나라에서는 공정한 관행, 룩셈부르크 저작권법 제13조에는 bons usages 등으로 표현되고 있다.

317) Ficsor (2003), para. BC-10.6.

확실한 답이 없다. Ricketson 교수는 후술할 3단계 테스트의 요건을 만족시키는 경우에 공정한 관행에 합치하는 것으로 볼 수 있을 것이라고 하고 있다.318)

그러나 무엇보다 인용이라는 개념에 부합하는 이용만이 인용으로서 정당화될 수 있을 것이다. 인용에 대한 베른협약 제10조 규정은 영어본 조약문에서는 quotation으로 프랑스어본에서는 citations로 기록되어 있다. 필자에 따라서는 인용이라는 술어 자체에는 인용이 단지 예시적 혹은 의사개진을 위한 수단적 기능만을 내재하고 있다고 하고 있다.319) 하지만 이러한 설명은 쉽게 받아들일 수는 없는데, 가령 Merriam-Webster 영어사전에는 "quote"의 의미를 단지 "to speak or write (a passage) from another usually with credit acknowledgment" 라고도 정의하고 있기 때문이다.320) 법적 의미에서의 평가는 아니지만, 따옴표 사이에 다른 사람의 저작물을 그래도 옮기는 직접인용과 본문 중에 다른 사람의 의견을 자신의 표현으로 옮기는 것 모두를 포괄하는 간접인용의 형태가 문제될 수 있다. 저작권법의 영역에서 전자는 복제가 문제될 것이고, 후자는 복제권 및 2차적 저작물작성권이 문제될 것이다. 인용에 있어 이러한 두 가지 형태를 따로 상정하여 차별을 둘 이유는 없다고 생각된다. 결국 저작물의 자유로운 인용에 대해서 인용이라는 개념이 주는 의미는 그렇게 크지 않으며, 따라서 인용의 목적과 범위·방법, 인용목적과 범위 및 방법 사이의 상당성 여부가 정당한 인용의 성립에 있어 가장 중요한 요소가 된다고 할 것이다.

동 규정 마지막 부분에 제시되고 있는 "언론 요약의 형태로 신문기사와 정기간행물을 인용하는 것"은 정당한 인용의 예라고 할 수 있다. 다만, 다른 신문이나 정기간행물 기사의 내용을 요약하는 것만으로 정당한 인용이 되는 것이 아니며, 특정 주제를 다루면서 이와 관련된 다른 기관의 기사를 발췌·요약하는 경우에만 정당화될 것이다.321)

(3) 수업목적을 위한 이용

교육목적을 위한 저작권의 제한은 1886년 베른협약 체결시부터 끊임없이

---

318) Ricketson (2003), p.13.

319) Ficsor (2003), para. BC-10.8; von Lewinski (2008), para. 5.166에서는 인용(quotation)이라는 말 자체는 그 목적을 제한적으로 내포하고 있다고 설명한다.

320) http://www.merriam-webster.com/dictionary/quote[1]

321) von Lewinski (2008), para. 5.167.

논쟁의 대상이 되어 왔고, 현재도 마찬가지이다. 베른협약에 의해 주로 정당화되는 저작물의 이용은 수업에서의 도해(illustration)를 위해 저작물을 사용하는 것(utilization)이다.[322] 이러한 목적을 위해서 저작물은 발행되거나, 방송되며, 녹음이나 녹화될 수 있는데, 교과용 도서를 제작하는 경우나 수업에서의 도해를 위한 자료를 제작하기 위해 저작물이 이용되는 것이 여기에 해당된다.[323] 1967년 이전의 조약문에는 학술적 목적으로 이용하는 것을 수업목적과 함께 규정하고 있었으나 이는 1967년 스톡홀름 개정시에 삭제되었다. 이에 대한 작업반(working group)의 해설에 따르면, 동 삭제는 학술적 목적으로 저작물을 이용하는 것을 배제하는 것을 의미하는 것은 아니며, 학술적 목적에 의한 저작권제한은 복제권과 복제권 일반에 대한 제한에 관한 제9조 1항과 2항에 의해 정당화될 수 있을 것이라고 하였다고 전해진다.[324]

수업을 위한 이용이더라도 공정한 관행에 합치되지 않는 이용은 허용되지 않는다. 스톡홀름 개정회의의 보고서는 수업목적을 위해 저작물을 자유롭게 이용할 수 있는 장소에 대해 유아교육기관으로부터 성인교육기관에 이르기까지 제한이 없다고 밝히고 있기는 하다. 그러나 영리교육기관에까지 자유이용을 허락하는 것은 공정한 관행에 부합하지 않을 것이라는 견해가 있다.[325]

최근 수업의 방법이 다양해지고, 사이버 공간을 활용한 수업이 보편화되면서 온라인 교육 등에서 베른협약에 합치되는 범위는 어디까지인지에 대해 논란이 있다. Ricketson 교수는 국제조약상 인정되는 원격교육을 위한 저작권제한에 대해 다음과 같은 의견을 피력했다.

> [저작물의] 이용은 "도해의 방법으로," "수업을 목적으로" 이루어져야 한다. 스톡홀름 회의의 위원회보고서(Committee's Report of the Stockholm Conference)에서는 "수업(teaching)"의 범위를 다음과 같이 정하고 있다.

---

322) 베른협약 제10조 2항; 현재의 규정이 완성된 1967년 이전의 조약문에는 저작물을 사용하는 것이라는 술어 대신 저작물의 일부를 포함시키는 것(including excerpt)이라는 술어가 사용되었으며, 도해를 위한 이용일 것이라는 요건이 없었다.

323) 교육방송과 같이 학생들을 위하여 제작되는 방송에도 저작자의 동의 없이 저작물을 사용할 수 있는 것으로 이해된다. 이는 방송시청이 물리적으로 학생들에게만 허용되는지 여부와는 무관하다. von Lewinski (2008), para. 5.169.

324) Ficsor (2003), para. BC-10.13.

325) von Lewinski (2008), para. 5.171.

> "'수업'이라는 문언은 모든 단계에서의 수업 —교육기관 및 대학, 시립학교 및 국립학교 그리고 사립학교— 들에 적용된다는 것이 이 보고서에서 명확하게 되어야 한다는 요구가 피력되었다. 위에서 제시된 범주에 속하지 않는다면, 일반대중에게 제공되는 일반적 수업 등은 포함되어서는 안 된다."

"수업"이란 개념이 가상교육환경을 배제시키는 것으로 해석되어야 하는 것으로 의도되었다고 볼 근거는 없다.

이용이 "공정한 관행과 합치"되어야 한다는 요구는 상황의 객관적 판단을 의미하며, [베른협약] 제9조 2항에 제시된 기준들이 유용한 가이드가 될 것이다.

제10조 2항에 따라 허용되는 이용의 범위에는 방송이 포함될 수 있지만, 이것은 저작물이 원프로그램의 일부로든 케이블망을 통한 방송의 일부로든 배포되는 것을 포함하지는 않는다.

수업목적으로 의도된 방송에 접근할 수 있는 공중과 관련하여 어떠한 제한도 강제되지 않는다. 마찬가지로 같은 목적으로 만들어지는 복제본의 수에 대한 제한 역시 없다.[326]

Ricketson 교수의 분석을 정리해보면, 교육의 수단으로서 활용되는 원격교육은 그것이 대중을 위해 개방된 경우를 제외하고는 허용되며, 다만 이러한 교육목적의 이용에 대해서도 베른협약 제9조 2항에서의 3단계 테스트가 허용되는 이용범위의 설정에 있어서 가이드라인을 제공해준다는 것이다.

(4) 출처표시의무

1) 출처표시의무의 의의

베른협약에서 출처표시에 대해 규정하고 있는 경우는 제10조 3항과 제10조의2 제1항인데, 출처표시의 의무는 공표된 저작물의 인용,[327] 교육목적을 위한 저작물의 이용[328] 그리고 보도를 위한 신문기사 등의 전재[329]에 대해 부과되는 의무라 하겠다. 비록 제10조 3항에서의 출처표시의무와 제10조의2 제1항에서의 출처표시의무는 규정의 문언상 다소 차이가 있기는 하지만, 해석상 차

---

326) Sam Ricketson, *WIPO Study on Limitations and Exceptions of Copyright and Related Rights in the Digital Environment*, WIPO Doc. SCCR/9/7, 2003, pp.14-15.

327) 베른협약 제10조 1항.

328) 베른협약 제10조 2항.

329) 베른협약 제11조 1항.

이는 거의 없다고 보아야 할 것이다.

2) 출처표시의무와 성명표시권

저작자는 성명표시권을 갖기 때문에 저작물이 이용될 경우에 저작자의 성명이 표시되어야 하는 것은 저작인격권의 범위에 속한다고 할 것이다.[330] 가령 Schack 교수는 출처표시의무 역시 저작인격권인 성명표시권을 보충하는 규정이라고 설명하기도 한다.[331] 그러나 출처표시의무에서 일반적으로 요구하는 저작물의 제호나 발행처 등을 기록하도록 하는 것까지 성명표시권의 내용에 속한다고 할 수는 없다. 따라서 출처표시는 단지 저작자의 인격적 이익만을 보호하기 위한 규정으로 생각되지는 않는다.[332] 우리 저작권법은 저작재산권의 제한과 저작인격권의 관계에 대해서 다루는 제38조에서 저작재산권의 제한이 저작인격권에 영향을 미치는 것이 아니라고 하였는데, 굳이 저작인격권 중 성명표시권의 내용을 다시금 제37조에서 언급해주는 것은 불필요한 것이기 때문이다. 출처표시는 단순히 저작자의 성명을 표시해주는 것뿐만 아니라 당해 저작물이 구체적인 위치를 확인하고, 이를 명시적으로 나타내야 하는 의무이므로 인격적 이익보호 이상의 의미를 가질 수 있다. 견해에 따라서는 출처표시가 광고적 기능(Werbefunktion)을 갖는다고 주장된다. 즉, 가령 타 저작물에 인용된 저작물의 내용을 보고, 구매의사가 생기는 경우가 많고, 이때 인용된 정보를 토대로 당해 저작물에 접근하여 구매할 수 있다는 것이다.[333]

영미법계에 속하는 캐나다 저작권법에도 저작권에 대한 예외로서 공정취급조항(fair dealing clauses)을 두면서도 출처표시의 의무를 명시해두고 있는데, 이는 베른협약에서 정한 세 가지 경우 이외의 영역까지 포괄한다.[334] 미국의 공정이용조항은 아직 명시적으로 출처표시의무를 부여하고 있지 않으며, 판례 역시 이를 요구하고 있지는 않다.

330) 반대로 이명으로 표시되거나 무명으로 남고 싶은 경우에도 저작자의 의사에 따라 표시되거나 표시되지 않아야 할 것이다. 베른협약 제6조의2 제1항.

331) Schack (2005), para. 332.

332) 또 출처표시의무를 다하지 않은 것이 곧바로 성명표시권을 침해한 것이 되지도 않는다. 허희성, 「新著作權法 逐條概說」(上) (서울: 저작권아카데미, 2000), 349면.

333) Dreier/Schulze (2005), §63 UrhG para. 1.

334) 캐나다 저작권법 제29.1조 및 제29.2조; McKeown (2003), §23:1.

(5) 신문기사 등의 전재

베른협약 제10조의2 제1항은 경우에 따라 신문이나 잡지 등의 개별기사, 방송사의 개별 보도물 등을 타 언론기관에서 기사나 보도 단위로 모두 가져와서 자신의 보도에 이용할 수 있도록 허락하고 있다.

동 규정은 1908년 베를린 개정시에 도입된 것으로, 신문 등에서 연재되는 문학작품 등을 제외하고는 타 기관에서 기사를 그대로 가져다 써도 좋다는 취지이다. 이는 일반공중의 정보접근이라는 필요성에 의해 도입된 것이다. 다만, 저작권자가 이를 거부할 때에는 전재가 허용되지 않는 것으로 하였는데, 그 취지를 명시적으로 기사나 보도에 포함시켜야 한다. 그러나 1928년 로마개정에서 "경제 · 정치 또는 종교적인 시사문제"에 대한 기사에 한해서만 전재를 허용한다는 것으로 그 내용을 변경하였는데, 이로써 전재는 언론기관의 정보제공 기능과 보도의 자유라는 목적과 결부될 경우에만 합리화될 수 있다는 취지가 분명해졌다. 그러던 중 1967년 스톡홀름 개정에서 전재할 수 있는 저작물이 정기간행물의 기사에서 방송물까지로 확대되었고, 이용할 수 있는 방법도 복제에서 방송과 공중전달까지로 확대되었다.

그러나 동 자유이용은 저작권자(owner of rights)가 반대의사를 명시적으로 표시한 경우에는 허용되지 않는다. 이렇듯 전재를 명시적으로 반대하기 위해서 어느 정도의 표시를 하는 것이 바람직한 것인지에 대해 의문이 제기될 수 있다. 가령 각 기사마다 이러한 취지를 표시해야 하는지 정기간행물이나 방송의 처음 혹은 마지막에 표시를 하는 것으로 족한지에 대한 기준이 분명하지 않다. 가령 기사마다 이러한 취지를 표시해야 한다는 견해가 있는데,[335] 여기에 대한 구체적인 기준이 베른협약에 마련되어 있는 것은 아니며, 베른협약의 해석을 통해 그 기준을 탐지할 수 있다고 보기도 어렵다. 따라서 그 구체적인 요건은 국내법에 맡겨져 결정된다고 보는 것이 타당하다고 생각된다.

다만, 현재 인터넷 언론매체에 실리는 기사나 온라인방송에서의 각각의 단위가 동 규정에서 말하는 "신문이나 정기간행물" 혹은 "방송"에 해당할지에 대해서는 의문이 제기되며, 이러한 기사나 방송을 인터넷에 게재하는 것이 베른협약에서 규정한 공중전달에 해당할지 의문이다.[336]

---

335) 오승종 (2007), 589면.

336) Ricketson/Ginsburg (2006), para. 13.47.

또 동 규정의 현재적 존재이유에 대해서도 의문이 있다. 현재 수많은 인터넷언론들이 전재금지를 내용으로 하는 표시를 자동적으로 자신들의 기사에 부여하고 있어 동 규정이 사문화되었다고 볼 수 있으며, 일반인이 정보원의 부족을 경험하는 일도 최근 네트워크의 빠른 발전과 정보사회의 도래와 더불어 상당히 줄어들었기 때문이다. 더욱이 정보수요에 대한 필요성을 반드시 전재라는 방법을 통해서 해결해야 하는지에 대해서도 의문이 제기될 수 있다. 베른협약도 베를린개정 시에는 동 규정을 회원국이 반드시 도입해야 할 규정으로 하고 있었으나, 이러한 태도는 변경되어 1967년 스톡홀름 개정에서는 회원국이 동 입법을 수용할지 여부를 재량으로 정하도록 하였다.[337]

(6) 기　타

우선 베른협약 제2조 4항에 따라 회원국은 공문서와 그 번역문에 대해 저작물로서 보호를 향유케 할 것인지를 정할 수 있는데, 이는 이미 보호받을 수 있는 저작물을 설명하면서 다룬 바 있다. 동 규정에 따르면, 이러한 저작물에 대한 보호를 완전히 배제시키는 방법도 있지만, 부분적으로 제한하는 방법도 취할 수 있다.

두 번째로 저작권보호는 시사보도나 보도를 위한 여타의 사실들에까지 적용되지 않도록 했는데, 이 역시 보호받을 수 있는 저작물과 함께 다루었다. 이것은 회원국이 재량권을 갖는 것이 아니라 협약에서 강제하는 저작권의 제한이다. Ricketson 교수의 평가에 따르면, 이는 저작권의 제한이 아니라, 단지 창작성을 갖지 않는 것에 보호를 부여하지 않을 것임을 천명한 것에 불과하다고 한다.[338]

(7) 강제 · 법정허락제도

1) 강제허락제도 일반론

저작자는 저작재산권이라는 배타적 권리를 향유하므로 이용의 대가로서 로열티를 받을 수 있으며, 더 나아가 자신의 저작물이 이용되는 데 대해 이를 금지시킬 권한을 가진다. 그러나 후자의 금지권한이 남용될 경우, 일반공중은 문화적 향유를 누리지 못하게 된다. 이러한 문제를 해결하기 위한 하나의 방법이

---

337) 이에 따라 프랑스, 벨기에 등이 동 조치를 저작권제한에서 제외시켰다.

338) Ricketson (2003), p.11.

강제 · 법정허락이며, 이는 저작자에게 로열티를 받을 수 있는 권한을 유지시키되 제3자에 의한 저작물의 이용 자체를 금지시킬 수는 없도록 하는 제도이다.

이들 중 강제허락은 저작자에게 이용자와 의무적으로 교섭하고 계약을 맺을 것을 강제하는 제도로서 단지 교섭강제라는 한계가 있다. 그렇기 때문에 저작물의 이용대가에 대해서는 저작자가 여전히 재량권을 갖는 제도라고 평가할 수 있다.[339] 이에 반해 법정허락은 우리 저작권법 제25조 4항에서 학교 교육 목적으로 저작물을 이용하는 경우에 저작권의 제한을 인정하는 바와 같이 미리 정해진 보상금이나 통상의 로열티에 상당하는 금액을 저작자에게 지급하거나 지정단체에 지급하면 그것으로 족하다고 보거나, 공탁하면 족하다는 등의 형식을 취하고 있다. 따라서 개별교섭 없이도 일정 금액을 지급하면 저작물을 자유롭게 이용할 수 있도록 하는 제도이다.[340]

그러나 현대에 와서 법정허락과 강제허락의 차이는 점점 모호해지고 있다. 강제허락제도에 있어서도 로열티에 합의하지 못할 경우에는 이를 강제로 정할 수 있는 수단이 마련되어 있는 경우가 많으며, 특히 저작권집중관리단체가 활성화됨에 따라 일반 배타적 권리의 영역에서도 저작권의 행사 자체가 강제 · 법정허락화되는 경향을 보이고 있기 때문이다.

법정허락이든 강제허락이든 결국 합리적인 보상금액을 결정되지 않는다면, 이는 저작자와 이용자 모두에게 불리하게 작용할 수 있음을 유의해야 한다. 베른협약에서 강제 · 법정허락제도에 대해 다루면서 통상 언급하는 정당한 (equitable) 보상이란 저작자가 교섭을 통해서 얻을 것에 근접한 실질적인 보상액을 말한다.[341] 적어도 국제저작권법상 보상의 정당성은 국내의 기준에 의해 판단되는 것이 아니며, 국제적인 관련시장의 관점에서 로열티의 지급현황과 시장상황을 고려하여 결정되어야 한다고 이야기되고 있다.[342]

방송과 방송재현에 대한 강제허락제도에 대해서는 이미 본 바 있으므로 여기서는 음반제작에 대한 강제허락제도만을 살피기로 한다.

---

339) 물론 정당한 보상을 하는 경우에는 더 이상 이용허락을 허여하지 못하도록 하는 경우도 있다. 가령 독일은 적절한 계약조건하에서 저작물을 이용할 것을 청약하였음에도 불구하고, 저작자가 이용허락을 하지 않는 경우에 허락을 소구할 수 있도록 하고 있다. Schricker/Melichar (2007), Vor §§44a ff. UrhG para. 29.

340) 저작권법 시행령 제3조, 제6조 및 제8조 등 참조.

341) Ficsor (2003), para. BC-11bis.23.

342) Nordemann/Vinck/Hertin (1990), Art. 11bis BC para. 7.

2) 베른협약상 음반에 대한 강제허락

음반제작자는 저작인접권자로서 저작권법에 의한 보호를 향유하지만, 자칫 이러한 권리부여는 해당 음반, 더 나아가 음악저작물에 대한 지배력을 창설하여 음반의 자유로운 유통을 저해할 수 있다. 결과적으로 음반제작자 간의 경쟁이 과열되고, 경제적 불균형이 초래될 것이며, 이는 곧 일반공중이 문화를 향유할 수 있는 기회를 상당히 축소시킬 수 있다.[343)]

베른협약 제13조는 음악저작물과 그 음악에 포함된 가사저작물의 저작자가 이미 동 저작물들이 음반에 화체될 것을 허락한 경우에 여타의 음반제작자가 동 음악저작물과 가사저작물을 타 음반에 수록하여 배포할 수 있도록 하였다. 다만, 협약 제11조의2 제2항에서 정한 바와 마찬가지로 정당한 보상이 없이는 음악저작물 등을 이용할 수 없다.

이러한 강제허락제도는 음악저작물과 가사저작물의 복제와 배포행위를 포괄하지만, 동 제도에 의해 제작된 음반을 공중전달하는 것까지 강제허락에 의해 허용되는 것은 아니다.[344)] 또 일단 강제허락제도에 의해 음반을 제작할 수 있도록 하더라도 이렇게 만들어진 음반을 다른 회원국으로 자유롭게 수출할 수 있는 것은 아니며, 오로지 강제허락이 이루어진 곳에서만 배포될 수 있을 뿐이다. 만약 강제허락으로 만들어진 음반이 다른 회원국에 수출된다면, 회원국은 이러한 음반에 대해 압류조치를 취해야 한다. 그러나 유사한 강제허락제도를 두고 있는 회원국 상호간에 음반이 수입·수출되는 경우에도 압류조치가 이루어져야 하는지에 대해서는 의문이 제기되는데, 아직까지 여기에 대한 명확한 답은 없는 상태이다.

8. 보호기간

(1) 소급보호

1) 소급보호의 의미

저작권은 저작물을 창작함으로써 저작자가 향유하는 권리인데, 그 보호는 대개 창작과 동시에 시작된다. 이렇듯 저작자의 창작행위는 저작권보호를 향유

343) Schricker/Melichar (2007), §42a UrhG para. 1.

344) Dreier/Hugenholtz (2006), p.57.

하게 하는 가장 대표적이며 근본적인 기준이라 하겠다. 국내법의 차원에서 대개 저작권법이 제정되었을 때, 법 시행 이전에 창작된 저작물에 대해 보호를 부여하지 않는다거나 시행 이후의 저작물에 대해서만 보호를 향유토록 한다는 내용을 담는 경우를 찾아보기는 어렵다.[345]

흔히 베른협약은 외국인저작물에 대한 소급보호를 인정한다고 하는데, 국내법 체계 내에서는 이러한 소급보호의 원칙이 위에서 본 바와 같이 당연하게 받아들여지고 있다. 따라서 외국인저작물의 소급보호 문제를 소급입법이라는 차원에서 조명하는 것은 바람직하지 않다. 또 국제법적 차원에서도 조약은 비준하게 되면, 해당 조약상 의무가 회원국을 구속하게 되는데, 조약 발효 이후에 창작한 저작물뿐 아니라 그 이전의 저작물까지 보호의 범위에 넣더라도 이는 조약발효 이전의 저작물 이용행위를 통제하는 것을 의미하지 않으며, 한편 외국인의 저작물을 조약 발효시점부터 보호한다고 하여 조약상의 의무가 조약가입 이전의 행위에 대해서까지 영향을 미치는 것 역시 아니다.

결국 외국인저작물의 소급보호는 어느 시점에 창작된 저작물을 조약 가입 이후 언제까지 보호할 것인가의 문제이며, 이러한 이유에서 소급보호라는 표현은 때때로 적절하지 못할 수 있고, 조약상의 의무 내용을 왜곡할 수도 있다고 생각된다. 조약법에 관한 비엔나협약 제28조는 "별도의 의사가 조약으로부터 나타나지 아니하거나 또는 달리 확정되지 아니하는 한 그 조약 규정은 그 발효 이전에 당사국에 관련하여 발생한 행위나 사실 또는 없어진 사태에 관하여 그 당사국을 구속하지 아니한다."고 규정하고 있는데, 조약에서 조약 발효 이전에 있었던 저작물이용에 대해서까지 보호한다고 천명하지 않는 이상, 이는 조약법에 관한 비엔나협약에서 말하는 소급적 조약도 아니라고 볼 것이다.

그러나 '소급보호'라는 술어가 저작권보호에 관한 문헌에서 일종의 통용력을 갖게 된 이상 마땅히 대체할 표현이 없다면, 불가피하게 이 표현을 사용할 수밖에 없을 것이며, 여기서는 단지 그 의미를 주의 깊게 파악해야 함을 강조하고자 한다.

---

345) 권리도입 이후로 보호시점을 정한 예가 없는 것은 아니다. 가령 캐나다에서는 1988년 저작권법에 전시권을 도입하였는데, 동 전시권이 전면적으로 도입된 것은 아니고, 전시에 대한 이해관계를 가지고 있는 박물관이나 미술관의 입장을 고려하고, 보상에 대한 혼란을 방지하기 위해 법 시행인 1988년 6월 7일 이후에 작성된 저작물에 대해서만 전시권을 인정해주기로 했다. 자세한 내용은 McKeown (2003), §10:1 참조.

2) 소급보호의 내용

베른협약 제18조 1항은 다음과 같이 소급보호의 원칙을 천명하고 있다.

이 협약은 효력 발생 당시에 본국에서 보호기간 만료에 의하여 이미 저작권이 소멸한 상태(자유이용상태)[346]에 놓이지 아니한 모든 저작물에 적용된다.

동 규정은 자국 및 타국 저작물의 보호는 협약의 발효와 함께 시작되며, 보호의 대상은 보호기간 만료로 인하여 누구나 자유롭게 이용할 수 있는 공공의 영역에 들어가지 않은 저작물임을 밝히고 있다. 여기서 특정 저작물이 공공의 영역, 즉 퍼블릭 도메인에 이미 편입되었는지 여부를 판단해야 하는 문제가 생기는데, 그 기준은 원칙적으로 보호가 주장되는 저작물의 본국, 즉 저작자의 국적국 혹은 저작물의 발행국이다. 그러나 베른협약 제18조 2항에 예외가 제시되어 있다. 동 규정은 "다만, 보호가 주장되는 국가에서 어느 저작물이 종래 주어진 보호기간의 만료에 의하여 저작권이 소멸된 상태에 놓인 경우에, 그 저작물은 다시 보호되지 아니한다."고 규정하고 있는데, 이는 국내법에서 기존에 국내저작물에 대해 부여했던 보호기간에 상응하는 보호기간을 타 회원국의 저작물에 적용해 보았을 때, 그 기간이 이미 만료된 경우에는 퍼블릭 도메인에 속하게 된 것으로 본다는 내용이다. 이러한 보호는 어디까지나 선택사항이며, 회원국은 동 규정들보다 더 강화된 보호를 부여할 재량권을 갖는다.[347]

한편 TRIPs 협정 제70조 1항은 "이 협정은 당해 회원국에 대하여 동 협정의 적용일 이전에 발생한 행위에 관하여 의무를 발생시키지 않는다."라고 규정하고 있으면서도 동조 제2항은 다음과 같이 규정하고 있다.

이 협정에 달리 규정된 경우를 제외하고, 이 협정은 관련 회원국에 대한 이 협정 적용일에 이미 존재하여 그 회원국 내에서 그 날짜에 이미 보호되고 있거나, 이 협정의 규정에 따른 보호기준을 충족하거나 결과적으로 충족시키게 되는 모든 대상물에 대하여 의무를 발생시킨다. 이 항과 제3항 및 제4항과 관련하여 기존의 저작물에 관한 저작권 관련 의무는 베른협약(1971년) 제18조에 의해서만 결정되며, 기존 음반상의 음반

---

346) 퍼블릭 도메인(public domain)은 다양하게 정의될 수 있다. 베른협약에서는 보호기간이 만료된 것만을 퍼블릭 도메인이라 지칭하고 있으나 저작권의 제한이나 저작권의 행사가 제약되는 기타의 여러 상황에 대해 퍼블릭 도메인이라는 표현을 쓰는 경우가 적지 않다.

347) Dreier/Hugenholtz (2006), p.71.

제작자 및 실연자의 권리에 관한 의무는 이 협정 제14조 제6항에 의해 적용되는 베른협약(1971년) 제18조에 의해서만 결정된다.

즉, WTO TRIPs 협정 역시 여타의 지적재산권에는 이른바 불소급의 원칙을 인정하고 있으면서도 저작권의 영역에 있어서는 소급보호의 원칙을 천명하고 있는 것이다.[348]

그러나 베른협약 제18조에서 정한 소급보호의 원칙은 오로지 보호기간의 만료에 의해서 퍼블릭 도메인의 영역에 들어가게 된 경우만을 소급보호의 대상에서 제외하고 있으므로 만약 베른협약 가입 이전에 저작권제도를 전혀 가지고 있지 않았거나 특정 저작물 유형에 대해 보호를 해주지 않았기 때문에 자유롭게 이용할 수 있는 상태에 있던 저작물에 대해서까지 보호를 배제할 수는 없다고 해석된다.[349] 문제는 이러한 경우에 베른협약 발효 후 보호기간을 어떻게 인정할 것인지 여부이지만, 이에 대한 명확한 기준이 없다.

베른협약 제18조 3항은 제1항과 제2항에서 정한 소급보호의 원칙을 적용하기 위하여 필요한 경과조치를 국내법 혹은 특별협정에 정할 수 있다고 하고 있다. 동 규정은 소급보호의 원칙을 적용하기 위한 경과규정을 두도록 하는 것으로서 기존에 제작된 저작물 등의 이용행위에 대해 특별한 이용기간과 조건을 부여하는 규정을 두는 정도에 그쳐야 하며, 조약 발효 후 일정한 기간 동안 저작물을 완전히 자유이용 하도록 하는 것은 허용되지 않는다.

(2) 저작권의 존속기간

저작재산권이 존속하는 기간에 대해서는 베른협약 제7조에서 규정하고 있는데, 협약에서 부여하는 최소한의 보호기간은 저작자 사망 후 50년간이다.[350] 보호기간이 이렇게 정해진 것은 첫째, 당시 높은 보호수준인 사후 50년 보호를 국제적 합의에서 관철시킴으로써 점진적인 저작권보호의 강화를 도모하고

---

348) TRIPs 협정 제14조 6항 단서 및 제70조 2항은 음반과 실연에 대해서도 소급보호를 인정하도록 규정하고 있다.

349) Ficsor (2003), para. BC-18.8.

350) 공동저작물의 경우 최후 생존자의 사망시로부터 보호기간을 기산한다. 베른협약 제7조의2; 해석상 공동저작물에 대해 단독저작물보다 짧은 보호기간을 부여하는 것은 조약위반이 된다. 가령 최초사망 저작자의 사후 120년을 초과하여 경과한 경우, 최후생존 저작자 사후 70년이 경과하지 않더라도 저작권이 소멸한다는 입법을 하면, 이는 조약에 반한다.

자 하였고, 둘째, 당시 기대수명에 비추어 저작자에게 창작을 유인할 정도의 기간이 사후 50년이라고 보았기 때문이다.[351] 사후 50년의 보호기간에 대해 정하고 있는 베른협약 제7조 1항은 "이 협약이 부여하는 보호기간은 저작자의 생존기간과 그의 사망 후 50년이다."라고 하여 마치 동 기간이 저작권보호의 최단기간이자 최장기간으로 해석될 수 있게 해두었다. 그러나 이 기간은 최소한의 기간에 불과하며, 각 회원국은 입법에 의하여 더 오랜 보호기간을 부여할 수 있다.[352] 저작자가 무명이나 이명인 경우에는 공중에 공표된 때로부터 50년간 보호할 수 있지만, 저작자의 신원이 분명한 경우에는 기명저작물과 마찬가지의 보호를 향유한다.[353]

영상저작물에 대해서는 공표로부터 50년 혹은 제작으로부터 50년간의 보호만을 부여할 재량권이 회원국에게 있고,[354] 응용미술저작물·사진저작물에 대해서는 최초 저작시로부터 25년만을 보호할 권한은 회원국에 유보되어 있다.[355]

한편, 동조 제8항에 따라 각 회원국 상호간의 저작권보호기간은 상호주의에 입각하여 제한된다. 즉, A국이 50년, B국이 70년의 보호기간을 인정하는 경우, A국 저작자는 B국에서 50년간의 보호만을 향유할 수 있다.[356] 그러나 어디까지나 이러한 상호주의가 가능하다는 것이지, 가능성을 실행으로 옮기는 것은 전적으로 회원국의 재량사항이다.[357]

만약 로마에서 개정된 베른협약, 즉 1928년 베른협약에 가입하면서 기존에 부여했던 50년 이하의 보호기간을 유지하고자 하는 회원국은 그러한 보호기간을 유지할 수 있다. 그러나 상호주의의 원칙을 적용받아 외국에서의 자국

---

351) Ficsor (2003), para. BC-7.6.

352) 베른협약 제7조 6항.

353) 베른협약 제7조 3항.

354) 베른협약 제7조 2항.

355) 베른협약 제7조 4항.

356) 다만, A국에서 내국민에게 50년의 보호기간을 부여하면서도 외국인에게만 70년의 보호기간을 부여하는 입법을 하는 경우에는 A국 저작자는 B국에서 70년간의 보호를 주장할 수 있다. 상호주의에 있어 비교대상은 비교국에서의 외국인에 대한 대우이지 내국민에 대한 대우의 상호비교는 무의미하다. 다만, 국내법상 외국인에 대해 내국인을 차별하는 것은 헌법상 평등의 원칙에 반할 가능성이 있다.

357) 국내법에 규정을 두지 않는 경우에는 상호주의가 자동적으로 적용됨에 유의해야 한다. Ficsor (2003), para. BC-7.30.

민의 저작물 보호기간이 단축되는 것을 감수해야 할 것이다.

(3) 저작권보호기간 연장과 소급보호 문제

1) 문제의 제기

우리 저작권법은 1957년 제정시 저작재산권의 보호기간을 '저작자의 생존기간 및 사후 30년간'으로 정하였다. 이후 1986년 개정법에서 이를 "저작자의 생존하는 동안과 사망 후 50년간" 존속하는 것으로 개정하면서, 부칙에 이에 대한 경과규정을 두어 신법의 시행 전에 저작권이 소멸한 경우, 신법을 적용하지 않는 것으로 함으로써 공유상태에 있는 저작물에 대하여 연장된 보호기간의 혜택을 받을 수 없도록 한 바 있다.[358]

최근 EU 각국에 이어 미국, 호주 등 여러 국가들이 저작권보호기간을 원칙적으로 저작자 사후 70년까지 연장하면서 1986년 당시 우리 저작권법이 취한 태도가 국제적 차원에서 일반적으로 인용될 수 있는 방식인지에 대하여 의문이 있다. 이하에서는 EU의 보호기간 지침에 따라 국내법을 개정하여 저작권보호기간을 저작자 사후 70년으로 연장한 영국과, Sonny Bono Copyright Term Extension Act(CTEA)를 통하여 원칙적으로 사후 70년까지로 보호기간을 연장한 미국, 그리고 최근 미국과의 FTA 체결의 결과로 저작권보호기간을 연장하게 된 호주의 보호기간의 연장과 관련된 문제를 통하여 이를 살펴보고자 한다.[359]

2) 미국의 경우

미국은 1976년에 저작권법을 개정하면서 이전에 최초 등록을 통하여 28년을 보호하고, 다시 갱신등록을 통하여 28년의 추가적인 보호를 인정하는 이원적 보호기간 시스템을 버리고, 저작자 사후 50년까지 보호하는 일원적 보호기간 시스템을 채택하였다. 이때 기존 저작물의 갱신보호기간을 19년 연장하여 47년으로 하였을 뿐, 저작자 사후 50년의 보호기간을 기존의 저작물에는 적용하지 않았다.[360] 1976년 개정 저작권법의 경과조치 및 보충 규정 제103조는

---

358) 구 저작권법[전문개정 1986. 12. 31. 법률 3916호] 부칙 제2조 제1항 및 제3조.

359) 미국과 호주가 체결한 FTA 협정의 저작권 분야 주요 내용과 호주의 국내이행에 대해서는 박덕영, "미국-호주 FTA 체결 이후 호주의 저작권분야 국내이행 연구,"「국제거래법연구」 제16권 제1호(2007.7), 169-189면 참조.

"이 법은 1978년 1월 1일 이전에 공유가 된 저작물에 대하여 저작권보호를 부여하지 아니한다."고 규정하고 있다.[361]

미국은 1998년의 Sonny Bono Act를 통하여 원칙적으로 저작자 사후 70년까지로 저작권보호기간을 연장하였다. 그러나 이러한 보호기간의 연장은 이미 공유영역에 있는 저작물에까지 영향을 미치는 것은 아니었다. 보호기간 연장의 혜택은 오직 1998년에 저작권으로 보호되는 저작물에만 미치는 것이었다.[362] 예를 들어 1922년에 최초 발행된 저작물은 1998년법 제정전인 1997년에 공유에 속하게 되지만, 1923년에 최초 발행된 저작물은 1998년법의 적용을 받아 20년씩 보호기간이 연장되게 되었다.[363]

[미국 내에서 최초 발행된 저작물의 저작권보호기간[364]]

저작물의 창작 또는 발행일	저작권보호기간
1923년 이전에 발행	공유 (public domain)
1923년에서 1963년 사이에 미국에서 발행되고 갱신 안 됨	공유 (public domain)
1923년에서 1963년 사이에 발행되고 적절한 시점에 갱신	최초 발행일로부터 95년간
1964년에서 1977년 사이에 발행	발행일로부터 95년 (자동적으로 갱신)
1978년 이후에 창작 (발행여부 무관)	사후 70년 (직무저작물 또는 무명·이명 저작물의 경우 발행일로부터 95년, 또는 창작일로부터 120년 중 먼저 끝나는 것)
1978년 전에 창작되었으나 발행되거나 등록되지 않은 경우	사후 70년, 그러나 (저작물이 발행되지 않은 경우) 2002년 12월 31일 전에 소멸될 수 없음. (저작물이 2003년 1월 1일 전에 발행된 경우) 2047년 12월 31일 전에 소멸될 수 없음

360) 이영록, 「저작권보호기간의 헌법적 한계에 관한 연구 —미국의 저작권보호기간 연장과 그 영향을 중심으로—」(연세대학교 대학원 박사학위청구논문, 2004), 39면.

361) Robert A. Gorman & Jane C. Ginsburg, *Copyright: Cases and Materials*, 6th ed. (New York: Foundation Press, 2002), pp.359-360.

362) *Id.*, p.360.

363) 이영록, 앞의 책, 49면.

364) Stephen Fishman, *The Public Domain* (Berkeley: NOLO, 2000), §18/4.

3) 영국의 경우

㈎ EU의 저작권보호기간 지침

저작권보호기간 지침[365] 이전에 대부분의 EU 국가들은 저작권을 저작자 사후 50년까지 보호하였다. 그러나 일부국가들은 보다 긴 보호기간을 가지고 있었는데, 독일은 저작자 사후 70년, 스페인은 60년으로 규정하고 있었다. 따라서 EU 역내시장에서의 통일과 조화를 이루기 위해서는 다른 EU 국가들이 저작권법을 개정하여 보호기간을 연장함으로써 독일과 같은 국가의 저작권보호기간과 일치시켜야만 했다.[366] 이러한 통일을 이루기 위하여 EU의 지침은 1995년 7월 1일을 기준으로 최소한 한 회원국 내에서 여전히 저작권으로 보호받고 있는 저작물에 대해서는 모든 EU 국가에서 저작자 사후 70년까지의 보호기간을 적용할 것을 요구하였다.[367] 이는 이전에 이미 공유영역에 속하게 된 저작물의 저작권도 회복된다는 것을 의미한다. 이러한 취지가 "회원국은, 특정 상황에서 이 지침에 의해 회복되는 저작권 및 관련 권리가 그와 같은 저작물이 공유에 놓여 있을 때 그 저작물을 신의성실로 이용한 사람에게 지급의무를 발생시키지 않는다는 특별규정을 둘 수 있다."는 보호기간 지침의 표현에 포함되어 있다.[368]

예를 들어 1941년에 사망한 제임스 조이스의 모든 저작물은 영국과 나머지 대부분의 EU 국가에서 1991년 1월 1일에 공유영역에 속하게 된다. 그러나 독일은 사후 70년까지 보호하였으므로 조이스의 저작물은 1995년 7일 1일 현재 독일에서 저작물로서 보호되었다. 보호기간 지침에 따르면, 이러한 경우 조이스의 저작물은 EU의 전 회원국 내에서 사후 70년까지의 보호기간이 부여되어야 한다는 것을 의미한다. 그 결과 영국 저작권법은 1996년 1월 1일에 조이

---

365) 정식명칭은 Council Directive 93/98/EEC of 29 October 1993 Harmonizing the Term of Protection of Copyright and Certain Related Rights(보호기간 지침).

366) 저작권보호기간 지침의 목적은 EU 각 회원국의 저작권법상 보호기간에 관하여 다음과 같이 조화시키기 위한 것이었다.

(1) 저작자 사후 70년간의 저작권 보호기간
(2) 50년의 인접권 보호기간
(3) 보호기간 계산방법
(4) 비회원국 국민의 저작물에 대한 보호기간 인정

367) 보호기간지침 제10조 2항 및 제13조 1항.

368) 보호기간지침 Recital 27.

스의 저작물이 회복되도록 개정되었으며, 따라서 그의 저작물에 대한 보호기간이 2011년 12월 31일까지 지속되게 되었다.[369)]

㈏ 영국의 저작권보호기간 지침 이행

위 보호기간 지침에 따라 EU의 각 회원국은 1995년 7월 1일까지 지침의 이행에 필요한 규정을 도입해야 했으므로, 영국은 1996년 1월 1일에 발효하는 Duration of Copyright and Rights in Performances Regulation 1995(이하 Duration Regulation)를 제정하였다. 이미 1988년법은 저작인접권에 50년의 보호기간을 부여하고, 기간의 계산방법도 동일해서 개정할 필요가 없었으므로 개정이 필요했던 규정은 비회원국 국민의 저작물에도 보호가 미치도록 한 것과 사후 70년까지로 보호기간을 연장하는 데 필요한 규정들이었다.

Duration Regulation은 1996년 1월 1일을 기준으로 영국에서 저작권보호를 받는 저작물의 보호기간을 20년 연장하였다.[370)] 한편 경과규정을 두어 영국에서는 1995년 12월 31일로 저작권보호기간이 종료하였지만, 다른 EU 국가에서는 여전히 보호되는 저작물의 경우에 영국에서의 저작권도 회복되는 것으로 규정하고 있다.[371)] 이와 같이 영국에서 저작권보호기간을 연장하면서 일부 공유에 속한 저작물의 저작권이 회복되도록 한 것은 EU의 보호기긴 지침이 달성하고자 하는 목표에 따라 EU 역내시장의 통합을 위한 저작권보호의 통일과 조화를 위하여 저작권이 EU 내에서 동시에 소멸하도록 하기 위해서이다.[372)] 이 경우 연장된 기간에 대해서는 연장된 저작권을 이전 보호기간의 마지막 시기의 저작권 소유자에게 부여하며, 회복된 기간에 대해서는 소멸 직전의 저작권 소유자 또는 그가 1996년 1월 1일 전에 사망한 경우, 원저작자 또는 그의 대리인에게 부여한다.[373)]

---

369) Fishman, *op.cit.*, §16/7.

370) 보호기간지침 제13조 1호에 따르면 회원국들은 1995년 7월 1일 이전에 국내로의 이행을 완료하여야 하지만, 영국의 경우 입법과정에서의 지연으로 이보다 늦은 1996년 1월 1일에 이행하였다. 따라서 원칙적으로는 개인으로부터 손해배상청구를 당할 수도 있다고 한다. Garnett/Davies/Harbottle/Copinger (2005), p.349 n.75 참조.

371) Duration Regulation, ss. 16(d), 17.

372) Garnett/Davies/Harbottle (2005), p.350.

373) *Id.*, p.352.

4) 호주의 경우

미국과의 FTA 체결로 인하여 호주는 저작권법을 개정하여 보호기간을 사후 70년까지로 연장하였다.[374] 그러나 이러한 보호기간 연장은 소급하여 적용되지 않는다. 즉, 2005년 1월 현재 저작권보호를 받고 있는 저작물만을 대상으로 하여 저작권보호기간이 연장되었을 뿐이다. 즉, 이전의 보호기간 종료로 인하여 공유영역에 속하게 된 저작물은 다시 보호의 대상이 되지 않는다. 예를 들어 1954년에 사망한 Miles Franklin이 저술한 “My Brilliant Career”는 2004년 12월 31일 자정에 저작권이 소멸하여 공유영역에 속하게 된다. 그러나 1955년 이후에 사망한 저작자의 저작물은 보호기간 연장의 혜택을 받아 2025년 12월 31일 자정까지 저작권보호를 받게 된다.[375]

5) 정 리

저작권보호기간을 연장하는 경우, 이미 공유에 속한 저작물의 저작권이 회복되어야 하는가에 대한 문제의 답을 찾기 위하여 미국, 영국, 호주의 예를 각각 살펴보았다. 미국과 호주의 경우에는 이미 공유영역에 속한 저작물의 보호가 회복되지 않는 것으로 규정하였으며, 영국의 경우에는 회복되는 것으로 규정하였다. 그러나 영국의 경우에는 EU가 각 회원국의 보호기간의 불일치를 해소하고자 하는 목적에 따라 제정한 지침의 국내법상 이행이라는 특수성을 고려하여야 할 것이다. 따라서 특수한 목적을 실현하기 위한 경우를 제외하고는 저작권보호기간을 연장하는 경우, 이미 공유에 속한 저작물의 저작권을 회복시

---

374) AUSFTA Art. 17.4 (COPYRIGHT) 4. Each Party shall provide that, where the term of protection of a work (including a photographic work), performance, or phonogram is to be calculated:

(a) on the basis of the life of a natural person, the term shall be not less than the life of the author and 70 years after the author's death; and

(b) on a basis other than the life of a natural person, the term shall be:

i) not less than 70 years from the end of the calendar year of the first authorised publication of the work, performance, or phonogram; or

ii) failing such authorised publication within 50 years from the creation of the work, performance, or phonogram, not less than 70 years from the end of the calendar year of the creation of the work, performance, or phonogram.

375) Australian Copyright Council, *Free Trade Agreement Amendments*, Information Sheet G85 참고, http://www.copyright.org.au/pdf/acc/InfoSheets/G085.pdf

켜야 할 일반적인 또는 국제적인 관행이나 의무는 없다고 하여야 할 것이다.

국제조약과의 관계에 있어서도 어떤 국가의 저작권법이 기존에 저작자 사후 30년까지만 보호하다가 베른협약 등에 가입하면서 이에 맞추어 저작자 사후 50년까지로 보호기간을 연장하는 경우에는 일정한 범위에서 저작권의 회복을 인정하여야 할 필요성이 있다고 하겠다. 그러나 국제조약의 최소 기준인 사후 50년을 이미 준수하고 있는 경우에 이를 70년으로 연장하는 때에는 그러한 회복을 반드시 인정할 의무는 없으며, 해당국가가 정책적인 판단으로 임의로 결정할 수 있는 문제로 보는 것이 타당하다. 즉, 보호기간의 연장이 국제조약상의 의무이행과 같은 부득이 한 경우를 제외하고는 기존에 공유에 속하였던 저작물을 다시 보호의 영역으로 가져감으로써 이용질서에 혼란을 줄 우려가 있다.[376)]

9. 그 밖의 규정

(1) 저작자의 추정 및 포크로의 보호

저작자는 자신의 저작권이 침해되었을 때, 자신이 침해저작물의 진정한 권리자임을 입증해야 하는데, 저작물에 자신의 성명이나 신원확인이 가능한 이명이 기재되어 있으면 권리자로 추정된다.[377)] 이는 단지 추정규정이므로 반증에 의해 언제든지 배제될 수 있다. 영상저작물에 통상의 방법으로 성명이 표시된 경우에는 표시된 자가 영상저작물의 제작자로 추정된다.[378)]

저작자의 성명이 표시되지 않거나 신원확인이 불가능한 상황에서 저작자명이 이명으로 표시된 경우에는 저작물에 표시된 발행자가 저작권의 행사를 대신하는 것으로 본다. 따라서 이들이 자신의 권리처럼 저작권을 행사할 수 있다.[379)] 역시 반증에 의해 당해 추정은 배제될 수 있다.

베른협약 제15조 4항은 이른바 포크로(folklore, 민간전승물)를 보호하기 위한 규정이다. 즉, 회원국은 저작자 미상이지만, 회원국 국민의 저작물임을 추정할

---

376) 만약 이런 경우라면 적절한 예외 규정을 통하여 혼란을 최소화하여야 할 것이다. 보호기간 지침 Recital 27 및 제10조 3항 참조. 다만 보호기간 연장 시점을 기준으로 하루의 차이로 인해 보호기간이 20년 차이나는 문제에 대해서는 형평성 차원에서 접근할 필요는 있다고 하겠다.

377) 베른협약 제15조 1항.

378) 베른협약 제15조 2항.

379) 베른협약 제15조 3항.

수 있는 미발행저작물에 대해 지정기관에서 당해 저작물에 대한 권리를 행사하도록 할 수 있으며, 이러한 입법을 한 경우에 이를 국제법상 구속력 있는 선언으로 밝혀야 한다.[380)]

대개 포크로의 보호는 전통지식의 보호라는 측면에서 접근되곤 하는데, 전통지식(traditional knowledge)이라는 넓은 개념에 포섭되는 하나의 범주로서 포크로가 언급된다. 저작권의 맥락에서 보호의 대상이 되는 포크로를 더 정확하게 정의하자면, 민속전승표현물(expression of folklore)이라고 할 수 있는데, 이러한 표현물은 실용적·과학적 정보로서의 전통지식이 아니라 음악, 춤, 그림, 조각 등 문화적·예술적 공동체의 유산을 의미하는 것으로 이해될 수 있다.

민속전승표현물에 대한 구체적인 보호방법은 1982년 제정된 "불법이용 및 그 밖의 침해행위로부터 포크로 표현물을 보호하는 각국 국내(입)법을 위한 모델규정(Model Provisions for National Laws for the Protection of Expressions of Folklore Against Illicit Exploitation and Other Prejudicial Actions)"에 나타나 있는데, 이러한 규정에 따른 입법은 실제로 받아들여진 예가 별로 없고, 다만, 일부 아프리카 및 아시아 국가에서 이를 토대로 입법을 하는 경우는 있다. 가령 나이지리아는 전통문화유산의 보호에 대해 저작권법에 규정을 두고 있는데, 전통문화유산으로 성립되면 저작권위원회의 허가 없이 복제·공연·변형할 수 없다고 정하고 있다. 그러나 다음의 경우에는 이용이 허용될 수 있다.

1) 사적 이용 및 공정한 관행에 합치되는 이용
2) 교육목적의 이용
3) 공정한 관행에 따라 창작을 위한 일부 차용
4) 작은 부분의 이용

나이지리아법에서 전통문화유산의 정의는 "공동체의 기대를 반영하여 집단이나 개인들에 의한 집단 및 전통에 터잡은 공동체의 문화적, 사회적 정체성

380) 베른협약 제15조 4항; 아무리 포크로를 저작물로서 보호한다고 하더라도 제 규정이 저작자 추정에 관한 조항에 부속되어 있음을 주목해야 한다. 즉, 저작물로서 성립하기 위한 창작성을 결하거나 보호되는 저작물의 유형을 벗어나는 경우, 또한 저작권보호기간이 만료된 경우에는 저작권이 부존재하는 것으로, 이 경우에는 추정을 논할 수 없게 된다. 다만, 구전문학 등은 시간이 흐름에 따라 끊임없이 개작이 된다는 점에서 간접적으로 보호기간 연장의 효과를 볼 수는 있을 것이다.

의 적절한 표현수단으로 그 표준과 가치가 구전되고 모방 등의 방법으로 창작된 것”이라고 하고 있는데, 이는 위에서 제시한 모델규정(Model Provisions)의 내용을 반영한 것이다.

(2) 베른협약 제17조

베른협약 제17조는 다음과 같이 규정하고 있다.

> 이 협약의 규정은 어떠한 경우에도 권한 있는 기관이 필요하다고 인정한 경우에, 각 동맹국이 법령으로 어떠한 저작물이나 제작물의 유통·실연 또는 전시를 허용·통제하거나 또는 금지할 권리에 영향을 미치지 아니한다.

이는 저작권관련 양자조약에서 전통적으로 저작권의 인정여부가 국가의 통제권한을 약화시키는 것이 아니라는 점을 강조하기 위해 삽입되었던 조항으로, 이후 조약들에서 이러한 내용이 계승되고 있다.[381] 동 규정은 베른협약이 처음 체결되었던 1886년부터 존재하는 규정으로 현재까지 이어지고 있으며, 과거의 의미와 관계없이 현재에는 인권의 보장이나 중대한 공익적 목적 혹은 사회적 도덕성의 유지를 위해서 저작권을 제한할 수 있다고 해석하는 것이 일반적이다.[382] 동 규정에 따라 가령 독일 저작권법 제45조 1항은 “법원 및 관청은 재판 혹은 공공의 안전을 위하여 초상을 복제하거나 혹은 복제시킬 수 있다.”라는 규정을 두고 있으며, 이와 유사한 규정은 다른 나라의 입법에서도 간혹 발견된다.

IV. 세계저작권협약

1. 제정과 개정연혁

세계저작권협약(Universal Copyright Convention)은 UNESCO의 주도하에 1952

---

381) WCT는 이러한 형식의 규정을 명시적으로 수용하지는 않았지만, 묵시적으로 받아들인 것으로 평가되고 있다. Ficsor (2002), para. C1.40.

382) Ficsor (2003), para. BC-17.1.

년 제네바에서 체결된 저작권관련 국제조약으로서 1971년 파리에서 한 차례 개정된 후 현재까지 효력을 발하고 있다. 베른협약에 비해 보호수준이 낮은 것은 물론이고, 현실적인 중요성 역시 크지 않다고 볼 수 있는데, 동 협약 제17조[383]는 베른협약과 세계저작권협약이 충돌하는 경우에는 베른협약이 우선한다고 정하고 있다. 베른협약에 가입한 국가가 164개국에 이르는 현재 상황을 감안할 때, 통상 베른협약이 우선 적용될 것이므로 세계저작권협약은 단지 상징적인 의미만을 갖는다고 하겠다.

동 협약은 애초에 베른협약에 참여하기를 꺼려하는 미국과 라틴아메리카 국가들을 국제저작권법이라는 큰 틀에 포섭하기 위한 것이었다. 베른협약은 개정을 거듭하면서 보호수준을 높이는 데 주력한 반면, 상대적으로 가입국 확대를 위한 제도 마련에는 소홀하였으며, 이러한 태도는 미국이나 러시아의 참여에 장애가 되었다. 특히 점차 세계 엔터테인먼트산업을 주도하고 있으며, 문화상품이 대량으로 생산되고 소비되는 미국이 국제저작권에 참여하지 않는 상황은 회원국을 많이 확보할 수 있는 다소 낮은 수준의 저작권관련 합의의 필요성을 잘 보여주었다.

세계저작권협약은 이러한 목표에 대한 결실이며, 이러한 시도는 과거 다소 효과를 거두기도 하였다. 미국이 회원국이 되었고, 1973년 러시아도 가입하였으며, 1992년에 와서는 중국도 회원국이 되었다. 다만, 이들 세 국가들이 모두 동 협약에 가입한 이후에 다시 베른협약에 가입함으로써 세계저작권협약 가입의 현실적 의미를 잃게 되었으며, 현재 가입국은 단지 95개에 불과하여 보호의 정도가 더욱 강한 베른협약의 회원국 수준에 못 미치고 있다.

1952년 성립된 세계저작권협약은 1971년 파리에서 한 차례 개정된 바 있다. 조약의 성립 이후 개발도상국들은 이른바 베른안전규정(Berne Safeguard Clause)[384]의 폐지와 교육 분야에서 복제권과 번역권을 제한할 수 있는 가능성을 보장해줄 것을 요구하였다. 이와 같은 개발도상국들의 요구는 보호의 강화

383) "이 협약은 문학적 · 예술적 저작물의 보호에 관한 베른협약의 규정 및 동 협약에 의하여 창설된 동맹에 아무런 영향을 미치지 아니한다." 세계저작권협약 제17조 1항; 동 규정은 베른안전조항(Berne Safeguard Clause)이라고 일컫기도 한다.

384) "이 협약은 문학적 · 예술적 저작물의 보호에 관한 베른협약의 규정 및 동 협약에 의하여 창설된 동맹에 아무런 영향을 미치지 아니한다." 세계저작권협약 제17조 1항; 동 베른안전규정은 베른협약과 세계저작권협약에 동시에 가입한 회원국 사이에서는 베른협약이 우선 적용된다는 내용을 담고 있다.

를 추구해온 선진국들의 입장과는 다른 것이었는데, 1967년 베른협약에 대한 스톡홀름개정회의는 이러한 선진국과 개발도상국 사이에 의견을 피력하고 관철시키는 각축장이 되었다. 이러한 의견 차이를 조율하기 위한 것이 세계저작권협약에 대한 1971년 파리개정이었다.

흥미로운 것은 베른협약에 대한 파리개정과 세계저작권협약 파리 개정 모두 1971년에 성립되었다는 점과 세계저작권협약과 베른협약 모두에 개발도상국의 조약 적용상의 특례를 인정했다는 점이다. 최소한의 권리로서 애초에 인정되었던 번역권에 더해 복제권, 방송권 및 공연권이 추가된 것과 개발도상국을 위한 베른안전조항과 강제허락제도의 완화된 인정이 개정의 골자였다.

2. 협약의 주요원칙

세계저작권협약의 회원국에서 반드시 도입해야 하는 권리로서 번역권, 복제권, 공연권 및 방송권을 예정하고 있다. 그러나 세계저작권협약에는 베른협약에서 규정하고 있는 최소보호의 원칙이 존재하지 않는다. 동 원칙은 저작자가 보호를 주장하려는 베른협약 회원국에서 베른협약에 규정된 저작자의 제 권리에 대해 규정을 두고 있지 않더라도 협약상 권리를 직접 원용하여 자신의 저작권을 관철시킬 수 있도록 하는 제도이다. 이와 관련하여 세계저작권협약 제1조는 다음과 같이 규정되어 있다.

> 각 체약국은 문학저작물, 음악·연극·영화저작물, 회화, 판화와 조각 등을 포함하여 문학적, 학술적 및 예술적 저작물에 있어서, 저작자 및 여타의 모든 저작재산권자의 권리에 대하여 적절하고 실효적인 보호를 부여한다.

동 규정의 내용은 회원국에게 동 조약의 보호주체에 대해 적절하고 실효적인 보호를 해주어야 한다는 취지로 이해할 수 있는데, 적절하고 효과적인(adequate and effective) 보호를 부여하기 위해 구체적으로 어떠한 수단을 이용해야 하는지에 대한 내용은 없다. 결국 각 회원국은 재량에 따라 적절한 보호수단을 채택하여 적용할 수 있으며, 베른협약에서와 같이 의무적으로 도입해야 할 권리의 구체적인 내용이 존재하지는 않고, 이미 본 바와 같이 협약의 보호주체가 직접 협약을 원용하여 특정 저작권을 주장하는 것 역시 불가능하다. 따라서 세계저작권협약에서 정한 보호의 의무는 단지 회원국 상호간의 계약적 의무(contractual obligations)이다.[385)]

보호되는 저작물에 대해서도 마찬가지이다. 협약은 단지 문학적, 학술적 혹은 예술적 저작물이 보호대상이 된다고 하고 있으나 구체적으로 어떠한 저작물이 보호된다는 점에 대해서는 서술하고 있지 않다. 따라서 위에서 제시된 바와 같이 적절하고 효과적인 보호를 하는 것으로 족하다고 보아야 하며, 보호의 방법은 각 회원국의 재량사항이다.

세계저작권협약은 베른협약과 마찬가지로 국적의 기준과 함께 발행의 기준에 의해 보호의 부여여부를 결정한다. 즉, 회원국의 국적자라면 다른 회원국 내에서도 저작자로서 보호를 향유하며, 회원국에서 최초로 발행된 저작물에 대해서도 다른 회원국에서의 보호가 부여되어야 한다. 협약 제2조 1항에서 천명하고 있는 내국민대우원칙에 따라 이러한 저작자와 저작물에 대해서 보호가 주장되는 회원국은 자국 저작자 혹은 저작물과 이들을 동등하게 대우해야 한다. 협약에서는 회원국 저작자의 미발행저작물에 대해서도 내국민대우원칙이 적용됨이 천명되고 있으며,[386)] 베른협약에서와 같이 회원국에 주소를 두고 있는 경우에는 보호를 인정할 수 있으나 이는 의무사항이 아니므로 회원국은 이러한 보호를 거부할 수 있다.[387)]

세계저작권협약은 방식주의를 일부 인정하고 있다. 즉, "최초 발행시로부터 ⓒ의 기호가 저작권재산권자의 성명 및 최초의 발행연도와 더불어 저작권을 주장할 수 있는 적당한 방법과 위치에 표시되어 있는 한, 이러한 요구가 충족된 것으로 인정"해야 한다고 규정하고 있다. 즉, ⓒ표시와 함께 최초발행일과 저작재산권자를 표시하면, 외국인이 다른 회원국에서 보호를 받을 수 있는 요건은 충족시키게 된다는 것이다. 동 표시는 상당수의 국가들이 베른협약에 가입함에 따라 큰 의미를 갖지 못하게 되었지만, 여전히 이러한 표시가 관행적으로 많이 활용되고 있으므로 그 중요성은 아직까지 있다고 하겠다.

ⓒ표시는 copyright를 의미하는 것으로서 copyright의 약자는 아니다. 따라서 copyright라고 표기하거나 (c)로 표시하는 것으로 협약에서 정한 형식요건을 만족시킬 수 없다. 또 동 표시는 저작재산권자를 표시해야 한다고 하였는데,

---

385) Nordemann/Vinck/Hertin/Meyer (1990), Art. I UCC para. 10.

386) 세계저작권협약 제2조 2항.

387) 세계저작권협약 제2조 3항.

여기에는 저작자가 표시될 수도 있지만, 저작자로부터 배타적 권리를 양도받아 저작물을 이용하는 자 역시 표시될 수 있다.

도서에 저작재산권자를 표시하는 경우는 출판사의 이름이 표시되는 것이 보통인데, 출판사는 저작자로부터 복제와 2차적 저작물 작성, 배포 등에 대해서 배타적 권리를 양도받기 때문에 이러한 출판사 표시가 정당화되는 것이다. 만약 저작자가 출판사를 바꾸어 출판하는 경우에는 최초발행일은 그대로 유지하고, 출판사 명칭만 바꾸어 기재해야 한다. 또 동 표시는 "저작자 또는 여타 저작재산권자의 허락을 받아 발행된 저작물의 모든 복제물"에 표시되어야 한다고 하였으므로 복제본의 일부에만 표시하는 것으로 형식요건을 만족했다고 단정할 수 없다.[388] 다만, 이러한 형식요건을 갖추지 못한 데 대한 처리는 회

---

388) 미국은 1976년 저작권법이 발효한 이후와 그 이전에 발행된 저작물에 대해 표시에 대한 다른 태도를 취하고 있는데, 1976년 이전에 발행된 것에 대해서는 여전히 표시제도가 유효하다. 미국 저작권법 표시방법에 대한 참고자료가 될 수 있다.

제401조 저작권 표시: 시각적으로 감지할 수 있는 복제물

(a) 총 칙

본 편 법전상 보호되는 저작물이 저작권자에 의하여 또는 그의 허락을 얻어 미국이나 기타 국가에서 발행된 때에는, 이 저작물을 직접 또는 기계나 장치에 의하여 시각적으로 지각할 수 있도록 제작하여 공개적으로 배포하는 모든 복제물에 본 조에서 규정하는 바에 따라 저작권 표시를 부착할 수 있다.

(b) 표시의 방식

표시가 복제물에 나타난 경우, 다음의 세 가지 요소로 구성된다.

(1) ⓒ표(원 안의 C자)나 'Copyright'라는 단어, 또는 'Copy'라는 약자,

(2) 저작물의 최초발행연도. 편집물이나 이전에 발행된 자료를 수록한 편집물이나 2차적 저작물의 경우에는 이러한 편집물이나 2차적 저작물의 최초발행연월일로 충분하다. 회화, 도면, 또는 조각저작물이, 혹 글자자료를 수반하고 있는 경우에는 그와 함께, 인사장, 우편엽서, 문방구류, 보석류, 인형, 장난감, 또는 기타 실용품에 복제된 경우에는 그 발행연월일을 생략할 수 있다. 그리고

(3) 저작물의 저작권자의 성명, 또는 그 성명을 알아볼 수 있는 약자나 일반적으로 널리 알려진 저작권자의 별명.

(c) 표시의 위치: 표시는 저작권이 있음을 합리적으로 알릴 수 있는 방법과 위치로 복제물에 부착하여야 한다. 저작권청장은 규정에 의하여 표본으로서 본 항의 요건을 충족시킬 수 있는 특정한 부착 방법과 저작물의 유형별 부착 위치를 정할 수 있으나, 이러한 예시를 표시 방법의 전부로 보지 않는다.

(d) 표시의 증거능력: 발행된 복제물이나 저작권 침해소송에서 피고가 입수한 복제물에 본 조에서 정한 방식과 위치로써 저작권 표시가 나타난 경우, 제504조 (c)항 (2)호의 마지막 문장에 규정된 경우를 제외하고, 실제 손해배상이나 법정 손해배상을 경감하기

원국의 몫이며, 허용되는 표시를 어느 정도의 범위까지 인정할 것인지와 형식 요건을 갖추지 못했을 때 어떠한 법적 효과를 발생시킬지 역시 회원국의 재량에 맡겨져 있다.389)

3. 보호받는 권리

세계저작권협약에는 베른협약이나 대륙법계 저작권법이 주로 포함하고 있는 저작인격권은 인정하고 있지 않다. 초기의 세계저작권협약은 저작재산권으

위한, 선의의 침해에 근거한 피고의 항변은 고려되지 아니한다.

389) 미국 저작권법에서 표시의 오류의 효과에 대해서는 제406조가 규율하고 있다.

제406조 저작권 표시: 특정 복제물과 음반에서의 성명 또는 날짜상의 오류

(a) 성명의 오류

1988년 베른협약 시행법의 효력발생일 전에 저작권자에 의하여 또는 그의 허락을 얻어 공개적으로 배포된 복제물이나 음반과 관련하여, 저작권자에 의하여 또는 그의 허락을 얻어 공개적으로 배포된 복제물이나 음반에 있는 저작권 표시에 기명된 자가 저작권자가 아닌 경우에도 저작권의 유효성 및 소유관계는 영향을 받지 아니한다. 다만, 이러한 경우에 선의로 저작권을 침해하는 사업을 시작한 자가 표시를 오해하였고, 또한 당해 표시에 기명된 자로부터 이전 또는 이용허락을 받아서 선의로 사업을 시작하였음을 증명한 때에는 이러한 사업을 시작하기 전에,

(1) 저작물이 그 저작권자의 명의로 등록되지 않았거나, 또는

(2) 표시에 기명된 자가 작성한, 저작권의 소유관계를 표시하는 문서가 등록되지 아니하는 한, 이러한 침해를 이유로 제기한 소송에 대하여 그 증명은 완전한 항변이 된다. 저작권 표시에 기명된 자는 그 명의로 된 저작권에 근거하여 행한 이전 또는 이용허락으로부터 수령한 모든 수입을 저작권자에게 지급할 책임이 있다.

(b) 날짜의 오류

1988년 베른협약 시행법의 효력발생일 전에 저작권자에 의하여 또는 그의 허락을 얻어 배포된 복제물이나 음반에 표시된 연월일이 최초발행연도보다 더 빠른 때에는, 제302조의 규정에 의하여 최초발행연도로부터 계산하는 기간을 저작권 표시에 나타난 연도로부터 기산하여야 한다. 저작권 표시상의 연월일이 최초발행연도보다 1년 이상 늦은 때에는, 당해 저작물은 저작권 표시 없이 발행된 것으로 보며, 제405조의 규정의 적용을 받는다.

(c) 성명 또는 날짜의 누락

1988년 베른협약 시행법의 효력발생일 전에 저작권자에 의하여 또는 그의 허락을 얻어 공개적으로 배포된 복제물이나 음반에 저작권 표시의 일부로 볼 수 있는 성명이나 날짜가 포함되어 있지 아니한 때에는, 당해 저작물은 저작권 표시 없이 발행된 것으로 보며, 제405조의 규정의 적용을 받아 사실상 1988년 베른협약 시행법의 효력발생일 전에 발행된 것으로 본다.

로서 오로지 번역권만을 인정할 뿐이었다. 이는 국제적 해적행위에 대한 방지가 동 협약의 일차적 목표였음을 말해준다 하겠다. 그러던 중 1971년의 파리 개정으로 저작자는 복제권, 공연권 및 방송권을 포함하는 재산적 권리를 향유하게 되었다.[390] 이 기본적인 권리는 원저작물에 대해서뿐만 아니라 2차적 저작물에도 미친다.

회원국은 위 기본적인 권리를 입법화하고 이러한 배타적 권리에 대해 제한을 가할 수 있는데, 여기에 대한 1차적 한계는 협약의 정신 및 목적에 있다. 또 협약 제4조의2 제2항은 효과적인 보호의 수준을 요구함으로써 저작권보호의 재량권을 제한하고 있다.

4. 저작권보호기간

세계저작권협약에서 정한 저작권보호기간은 저작자의 생존기간 및 사후 25년이다.[391] 다만, 어떤 회원국이 동 협약에 가입할 당시 일부 저작물의 유형에 대해 보호기간을 저작물의 최초 발행일로부터 기산하는 것으로 규정한 경우에는 이를 계속 유지할 수 있다. 이 경우에는 그 최초 발행일로부터 적어도 25년 이상을 보호해야 한다. 한편 동 협약의 발효된 때 저작자의 사망 시기를 보호기간 산정의 기준으로 하지 않고, 저작물의 등록일로부터 기산하는 것도 위와 같은 조건에서 회원국이 재량에 따라 정할 수 있다.[392]

보호기간의 인정에 대하여 만약 회원국이 갱신제도를 두고 있어서 우선적으로 부여되는 보호기간이 경과된 이후에 다시금 보호기간을 갱신하도록 하는 경우에는 최초에 주어진 보호기간이 위 25년이어야 한다.[393] 베른협약과 마찬가지로 사진저작물 혹은 응용미술저작물에 대해서는 일정한 차별이 인정된다. 따라서 사진저작물이나 응용미술저작물을 아예 보호하지 않을 수도 있지만, 일단 예술저작물로서 보호하는 체약국은 이들에 대한 보호기간을 최소 10년 이상 인정해 주어야 한다.[394]

---

390) 세계저작권협약 제4조의2 제1항.

391) 세계저작권협약 제4조 2항 a호.

392) 세계저작권협약 제4조 2항 b호.

393) 세계저작권협약 제4조 2항 c호.

394) 세계저작권협약 제4조 3항; 조문에는 10년이라는 기간이 발행일을 기준으로 기산될 경

세계저작권협약의 각 체약국은 그 저작물의 종류에 대하여 저작물의 본국에서 부여하는 보호기간보다 더 긴 보호기간을 부여할 의무가 없다고 하여 상호주의를 허용하고 있다.[395] 이는 내국민대우에 대한 예외에 속하는 것이며, 각 체약국은 상호주의의 적용을 허락받은 것뿐이지 이러한 가능성을 실현시킬지 여부는 스스로 결정할 수 있다.

여기서 보호기간의 비교를 위한 기준이 문제될 수 있다. 즉, 어느 저작물은 어느 국가의 보호기간에 구속되고, 그것이 다른 체약국에서 얼마만큼의 보호를 받을 수 있을지에 대한 기준이 필요하다는 것이다. 여기서 사용되는 개념이 본국(country of origin)인데, 본국의 저작물은 우선적으로 본국에서 정한 보호기간에 구속됨이 원칙이다. 저작물의 본국은 저작물의 발행여부에 따라 달라지는데, 미발행 저작물의 경우에는 저작자의 국적국인 회원국의 보호기간이 기준이 되어 타 회원국은 이보다 더 장기의 보호기간을 인정해 줄 필요는 없다.[396] 어떤 회원국이 갱신보호기간을 갖는 경우에는 본래의 보호기간과 갱신보호기간을 합친 것이 보호기간의 비교 기준이 된다.[397]

저작물이 발행된 이후에는 저작물이 회원국 내에서 최초로 발행된 경우에는 그 최초로 발행된 회원국이 본국이 되어 타 회원국에서의 보호기간은 발행지의 보호기간을 상회하지 않아도 된다. 협약은 어떠한 저작물이 비록 비회원국에서 발행되었더라도 국적국에서 발행된 것으로 보아 국적국을 기준으로 보호기간이 산정되도록 하였고, 따라서 국적국의 보호기간이 보호기간 비교의 대상이 된다.[398]

둘 이상의 체약국에서 동시에 발행된 저작물은 가장 짧은 보호기간을 부여하는 체약국에서 최초로 발행된 것으로 본다.[399] 또 협약은 최초 발행일로부터 30일 이내에 둘 이상의 체약국에서 발행된 저작물은 이들 체약국에서 동시

우의 기준인지 사망시점을 기준으로 한 것인지에 대한 내용이 없다. Nordemann/Vinck/Hertin/Meyer (1990), Art. IV UCC para. 5는 보호기간의 기산점은 회원국이 재량에 따라 정할 수 있다고 설명한다.

395) 이를 단기간 보호의 원칙(the rule of the shorter term)이라고 일컫기도 한다.

396) 세계저작권협약 제4조 4항 a호.

397) 세계저작권협약 제4조 4항 b호; 만약 특정저작물에 대해 보호기간 갱신을 인정하지 않는 경우에는 최초로 부여된 보호기간만을 기준으로 삼는다.

398) 세계저작권협약 제4조 5항.

399) 세계저작권협약 제4조 6항.

에 발행된 것으로 본다는 유예기간규정(Karenzzeitklausel)을 두고 있다.[400]

5. 소급보호의 부인

세계저작권협약은 특정 회원국에서 협약 발효일을 기준으로 이미 공유영역에 들어가게 된 다른 회원국 저작자의 저작물에 대해 보호를 부여할 필요가 없다고 규정하고 있다.[401] 그러나 단지 동 규정의 문언만으로는 동 협약이 소급보호의 원칙을 부정하고 있다고 보기는 어렵다. 베른협약 역시 이미 공유의 영역에 들어간 저작물에 대해 다시금 보호를 향유하도록 강제하고 있지는 않기 때문이다.

그럼에도 세계저작권협약은 베른협약과는 달리 소급보호를 인정하지 않는다고 볼 수 있는 것은 공유의 영역에 들어가도록 하는 기준인데, 베른협약 제18조의 제1항과 제2항은 공유영역으로 들어가는 방법으로 보호기간의 만료만을 제시하고 있지만, 세계저작권협약은 이러한 제한을 두고 있지 않다. 따라서 국내법으로 협약에 가입한 이후의 외국저작물에 대해 보호를 하지 않을 것이라고 정하면, 이는 곧 공유영역에 들어선 것이라고 할 수 있는 것이며, 이것은 세계저작권협약에 저촉되는 것이 아니다.[402] 한편 이러한 해석이 가능한 것은 동 협약이 갖는 역사적 의의 때문이기도 하다. 세계저작권협약은 베른협약에서 규정하고 있는 소급보호라는 높은 보호수준에 대한 반성에 의해 나온 것으로, 그것이 많은 회원국을 확보하기 위한 노력의 일환으로 소급보호를 부정하고 있다는 점은 이미 조약정신으로부터 유추될 수 있는 것이기 때문이다.

보호여부가 결정되는 기준시점인 발효일이란 체약국이 협약가입문서를 기탁한 날로부터 3개월이 경과한 이후이다.[403] 저작물은 반드시 보호기간의 만료

400) 문제는 이러한 동시발행은 입증하기가 대단히 어렵다는 것이다.

401) 세계저작권협약 제7조.

402) 정상조 교수는 동 협약 제7조의 해석을 두고, "협약 효력발생일 당시 공유에 속하지 아니한 저작물에 대해서는 동협약이 소급 적용될 수 있음을 규정한 것으로 볼 수도 있고, 다른 한편으로는 저작권의 소급보호에 대하여 아무런 명문의 규정이 없이 단순히 공유에 속한 저작물에 대한 보호가 부인된다고 규정하고 있기 때문에 소급보호가 배제되어 있음을 확인한 규정으로 추정할 수도 있을 것"이라고 설명하고 있다. 정상조, "베른협약 소급보호 규정에 관한 고찰,"「계간 저작권」제23호(1993), 19면.

403) 우리나라는 1987년 7년 1일 가입문서를 기탁하였으므로 우리나라는 1987년 10월 1일을

에 의해서만 공유영역에 들어가야 하는 것이 아닌데, 그 예는 다음의 것들이다. 저작권법에서 요구하는 방식, 즉 등록, 납본 등의 불이행, 번역권을 부정하는 경우처럼 저작권 중 일부를 불인정하고 있는 경우, 발효일 이전에 작성된 저작물에 대한 번역권 부정, 외국저작물 보호에 관한 여타의 국제협약에 미가입 등이 그것이다.

기준으로 보호여부를 결정하면 될 것이다.

제 3 장 저작인접권과 국제규범

I. 저작인접권 개관

1. 저작인접권의 개념 및 의의

저작인접권은 저작권이나 저작물 혹은 저작활동에 인접해 있는 권리라는 점에서 저작권과 관련된 권리(copyright related right) 혹은 저작권에 이웃한 권리(neighboring right)라고 간단하게 정의해 볼 수 있다. 이와 관련하여 독일 현행 저작권법 초안의 입안이유서에서는 저작인접권을 다음과 같이 설명하고 있다.[1)]

> 초안은 저작인접권을 저작권과 같이 창작적 활동을 보호하기 위한 권리가 아니라, 저작자의 창작활동과 유사한 활동 혹은 저작자의 저작물과 관련된 권리라고 이해한다.

한편 WIPO에서 펴낸 용어집에서는 저작인접권을 "점점 많은 나라에서 부여하고 있는 권리로서 저작물(author's work), 모든 형태의 예술적 재현(artists' presentation), 행사나 정보, 기타 영상이나 소리의 재현의 공개적 이용과 관련된 활동에 관하여 실연자와 음반제작자, 방송사업자의 이익을 보호해주기 위해서 도입한 권리"라고 일반적으로 이해되고 있다고 설명하고 있다.[2)]

1) Schricker/Schricker (2006), Einl., para. 27.
2) WIPO, *WIPO Glossary of Terms of the Law of Copyright and Neighboring Rights* (1980), p.167.

저작인접권이라는 개념이 등장한 시기는 분명하지 않다. 다만, 1936년 오스트리아 저작권법에 관련 권리자의 보호에 대한 규정이 최초로 도입되었고,3) 1941년 이탈리아 저작권법 제80조 이하에서 인접권(dritti conessi)이라는 개념을 최초로 도입하여 사용하였고,4) 1948년 베른협약 개정을 위한 브뤼셀 외교회의에서 동 개념을 채택한 것으로 알려지고 있다.5)

저작인접권이라는 개념을 사용하는 데 대해서는 비판론도 제기되고 있다.6) 저작인접권은 저작물보호와는 전혀 별개의 성격을 가지기 때문에 하나의 법체계를 형성하지 못한다는 점, 저작인접권으로 보호를 향유하기 위해서 반드시 저작물에 대해 해석·표현하거나 투자해야 할 것을 요건으로 하지 않으므로 저작권에 굳이 인접하거나 이웃하지 않는다고 볼 수 있다는 점, 저작권법 일반에서 저작물로 보호받기 위해 요구하고 있는 "창작자 법리(creator doctrine)"를 따르고 있지도 않다는 점, 실연자에게 인정되는 실연자인격권을 제외하고는 저작인접권자의 인격적 이익보호 측면이 없다는 점 등이 비판론의 주요한 논거로 제시되고 있다.7) 저작인접권이라는 용어가 등장하게 된 것은 보호필요성이 관철되는 과정에 나타난 것이라는 점에서, 법적이라기보다는 정치적이라고 할 수 있다.8) 즉, 저작인접권은 저작권제도에 부수하면서도 저작권제도에 대해 위해를 가하지 않는 별개의 영역으로 기획되었지만, 저작권과 함께 논의가 될 경우에만 빠른 발전을 기대할 수 있었기 때문에 저작권과 함께 논의되기 시작

---

3) 최경수, 오기석, 「디지털 방송과 저작권법」(서울: 문화관광부, 2003), 42면; 그러나 저작인접권이라는 용어를 사용하지는 않았다. 구체적으로 실연(낭독과 음악공연), 저작물성 없는 사진물, 음반, 편지, 초상화 그리고 문학저작물과 미술저작물의 제호에 대한 규정들이었다. 본 규정들은 저작권법의 제2부에 자리했으며, 제66조 내지 제80조에 각각 나누어 규정되어 있었다.

4) Ricketson/Ginsburg (2006), para. 19.04.

5) 박영길, "저작인접권제도에 관한 서설적 검토," 「지적재산권의 현재와 미래: 소담 김명신 선생 화갑기념논문집」(한국산업재산권법학회, 2004), 169면.

6) Lipszyc (1999), p.351.

7) Desbois는 "[저작인접권들]은 문학이나 미술저작물의 창작에 있어 보조적 역할을 담당하고 있다. 이러한 권리들은 창작활동에 대한 것이라기보다는 배포에 주안점을 두고 있다."라고 하면서 저작권과의 차이를 분명히 하고 있다. Desbois, *Le droit d'auteur en France* (Paris: Dalloz, 1978), p.213.

8) Nora Mout Bouwman, "Neighboring Right: International and EC Aspects," PLI No. G4-3906 (Global Intellectual Property Series 1993: Protecting Trademarks and Copyrights Successful Strategies, 1993), p.249.

한 것이다.

저작인접권 개념에 대한 또 하나의 비판논거는 실연자, 음반제작자 및 방송사업자에 대한 보호를 하나의 개념인 저작인접권에 포섭시키는 데 대한 것이다. 실연자에 대한 보호는 실연자의 예술성과 기예의 전문성에 기반을 둔 것인데, 이에 반해 음반제작자나 방송사업자에 대한 보호는 다분히 투자에 대한 보호에 그 초점이 맞추어져 있다. 이렇듯 성격이 상이한 두 유형의 권리자에 대해 동일한 이름을 부여하는 것은 혼란을 가져올 수 있다는 것이다.[9)]

그러나 저작권과의 사이에서 나타나는 이러한 법적 성격상의 차이에도 불구하고, 영미법계 저작권제도를 가지고 있는 국가를 제외하고는 대부분 저작인접권이나 이와 유사한 개념을 이용하고 있다는 점에서 미루어 굳이 동 개념을 배제할 실익이 없으며, 마땅히 대안적 개념을 찾기도 어렵다고 할 것이다.[10)]

한편 저작인접권이라는 술어는 본래 정치적 의미만을 가졌다고 하더라도 이후에 법적 의미까지 갖게 된 점도 주목할 만하다. 로마협약[11)] 제24조 2항 단서에서 로마협약에 대한 가입의 조건으로서 "국가는 어느 경우에도 '세계저작권협약(UCC)'의 당사국 또는 '문학・예술 저작물에 대한 저작자의 권리보호를 위한 국제동맹(베른협약)'의 회원국이어야 한다."라고 정하고 있는데, 이는 저작인접권은 저작권에 이웃한 권리로서 주된 제도로서의 저작권제도에 종속되며 저작권에 이웃한 권리인 저작인접권만이 인정될 수 없다는 이유에서 규정된 것이다. 따라서 저작권관련 국제조약에 가입하지 않고, 로마협약에만 가입하는 것은 금지되며, 로마협약에의 가입을 위해서는 저작권조약에 대한 가입

9) Christine von Münchhausen, Der Schutz der Sendeunternehmen nach deutschem, europäischem und internationalem Recht (Baden-Baden: Nomos, 2001), p.72.

10) 오승종 (2007), 758면.

11) 실연자의 법적 보호에 관한 국제적 논의는 베른협약을 개정하기 위한 1928년 로마개정에서부터 제기되었다. 베른협약의 개정을 위한 차기 회의는 1939년 브뤼셀로 예정되어 있었는데, 이 회의에 상정할 것을 목적으로 실연자, 음반제작자 및 방송사업자 보호에 관한 초안이 마련되었다. 그러나 제2차 세계대전이 발발하고, 그 결과 1939년으로 예정되었던 브뤼셀회의는 1948년까지 열릴 수 없었다. 1948년 회의에서는 회원국에게 저작인접권에 대해 자세하게 검토할 것을 요청했을 뿐, 별다른 성과를 거두지는 못했다. 브뤼셀 개정회의 이후, WIPO의 전신격인 BIRPI, ILO, 유네스코가 공동으로 연구를 진행하여 초안을 완성시켰다. 이후에도 여러 초안이 작성되었고, 이는 1960년 헤이그 회의에서 하나의 초안으로 정돈되었다. 결국 완성된 초안이 1961년 로마에서의 외교회의에서 개방되었고, 동년 서명됨으로써 명실상부한 최초의 저작인접권조약의 입지를 마련하게 된 것이다.

이 선행되어야 한다.

2. 저작인접권 인정의 역사적 배경

저작인접권이 인정된 배경에는 법적인 것뿐만 아니라 현실적인 이유가 있었음은 앞에서 이미 간단하게 언급한 바 있다. 저작인접권에 관한 최초의 다자조약인 로마협약이 논의될 당시는 방송과 음반이 저작물 전달의 새로운 매체로서 각광받게 되었으므로 과거 저작물을 해석하고, 이를 대중에게 전달하는 실연자를 통해서만 저작물이 전달되던 상황과는 전혀 다른 문제가 발생하게 되었다.

역사적 맥락에서 본다면, 저작권 발전 초기는 "로비"에 의한 발전기라고 평해도 과언이 아닐 것이다.[12] 저작권제도가 도입됨에 따라 산업계의 이해관계도 첨예하게 대립될 수밖에 없는데, 베른협약이 논의될 당시만 하더라도 스위스 오르골 산업계는 저작권도입에 대한 깊은 관심을 보였다. 그들은 오르골에

---

12) 프랑스에서 저작재산권 중 재현권의 적용범위가 확대된 데는 작가단체의 로비가 담당한 바가 컸다고 평가된다. 하동철, 「공연권에 관한 연구」(서강대학교 대학원 박사학위논문, 2006), 24면; 마찬가지로 영국에서 공연권의 발전이 늦었던 이유 역시 로비활동의 부족이 꼽히는 것을 보면, 이익단체들이 갖는 정치적 영향력은 저작권법 발전에서 매우 큰 역할을 담당했던 것이라고 할 수 있다. 대혁명 이전 프랑스는 언론과 표현의 자유를 억압하는 수단으로서 Comédie Française에 독점적 공연권한을 부여하였다. 독점권 부여라는 구체제의 유산은 프랑스혁명 이후 1791년 칙령에 의해 극장들의 공연에 대한 자유의 인정이라는 결과로 대체되었다. Makeen (2000), p.13; 당해 칙령에는 "공개극장(theatre publique)"에서의 공연에 대한 배타적 권리가 연극저작물 및 음악저작물의 저작자에게 귀속된다고 정하고 있었는데, 칙령의 본래 의도는 Comédie Française에 부여된 독점력이라는 구체제의 유물을 청산한다는 의미와, 더 나아가 시민들에게 극장설립과 극장공연의 자유를 보장하는 것일 뿐이며, 저작자에게 부여되는 권리의 내용은 매우 추상적이었으므로 궁극적으로 동 칙령이 저작자를 보호할 목적을 가지고 있었다고 보기는 어려웠다. 당시 칙령에 규정되어 있던 권리는 복제권과 재현권이었는데, 칙령에는 이들 권리가 포괄하는 범위에 대해서 정하거나 "복제(reproduction)"나 "재현(représentation)"에 대해 정의하는 규정을 두고 있지 않았다. 이러한 법적 흠결은 프랑스법원의 해석에 힘입어 복제 및 재현개념의 확대를 가져왔고, 결국 재현에 있어서 법문상에는 공개극장에서 이루어지는 재현만을 권리범위 내로 포섭하고 있었음에도 이를 벗어나 단순히 "공개장소"에서 이루어지는 저작물 재현에 대해서도 배타적 권리가 미치는 것으로 보게 되었다. 또 연극저작물과 음악저작물에 국한시켰던 재현권의 대상도 여타의 저작물로 확대되었다. 이러한 법원의 탄력적 해석이 가능했던 것 역시 저작자단체의 로비라고 평가되고 있다. *Id.*, pp.14 ff.

저작물을 수록하는 것은 저작자의 허락 없이 가능해야 한다고 주장했고, 이러한 주장은 최초에 성립된 베른협약 규정에 반영되었다.[13] 그러나 이러한 태도는 오래 지속되지 못하였는데, 1908년 베를린에서 개정된 베른협약은 음악저작물을 연주기에 수록하는 것과 연주기에 수록된 동 저작물을 재생하는 것은 저작자의 권리라고 천명하였기 때문이다. 이렇듯 오르골 제작자에게 부여하였던 특권을 없애면서 이에 대한 반대급부로 오르골 제작자에 대한 보호 필요성이 제기되었고, 그것은 음반제작자의 저작물복제에 대한 강제허락제도와 여타의 보호제도의 도입을 촉발시켰다. 이러한 제도 중 하나가 음반제작자에 대한 저작인접권 도입이라고 할 수 있다.

한 가지 더 주목할 것은 전통적 저작물 매개자로서 실연자에 대한 법적 보호가 새로운 매개자인 음반제작자나 방송사업자에 비해 앞섰다고 할 수는 없다는 점이다. 즉, 전통적으로 저작물을 전달하는 역할을 하였던 실연자에 대한 보호논의가 먼저 있었고, 이후 새로운 매체에 의해 저작물을 전달하는 음반제작자나 방송사업자에 대한 보호논의가 상대적으로 늦게 시작된 것이 아니라는 것이다. 물론 학계에서는 규범적 차원에서 실연자에게 권리를 부여해야 한다는 주장이 제기된 예가 있었다.[14]

국제적으로 실연자에 대한 보호가 논의되기 시작한 것은 1928년 베른협약에 대한 로마개정회의에서부터이다.[15] 그러나 여기서는 보호필요성에 대한 주의를 환기하는 정도에 머물렀으며, 이후 1939년 이른바 사마단 초안이 나왔다.[16] 그러나 실연자의 보호가 구체적으로 논의되기 시작한 것은 1951년에 개최된 저작인접권의 보호에 관한 전문가위원회가 작성한 저작인접권의 국제적 보호에 관한 초안(이른바 로마 초안)에서부터라고 할 수 있다. 1948년 베른협약

---

13) von Münchhausen, *op.cit.*, p.65; 당해 내용은 베른협약 최종의정서상에 나타나 있다.

14) Schricker/Krüger (2006), Vor §§73 ff. UrhG para. 5.

15) 박영길, 앞의 논문, 171면; 실연자 보호의 논거는 i) "원저작물로부터 파생하는 2차적 저작물과 동양에서 파악하여 법적 보호의 가치를 인정"해야 하며, ii) 음반과 방송의 확산에 따른 "기계적 실업(mechanical un-employment) 혹은 기술적 실업(technological unemployment)"이 해결되어야 하고, iii) 경제적 이익배분에 참여하기 위해서는 법적 보호가 필요하다는 것이다.

16) 사마단 초안은 "실연자 · 음반제작자의 보호를 확보하는 조약초안(사마단 A초안)"과 "라디오방송의 보호를 확보하는 조약초안(B초안)"으로 구성되어 있다. 박영길, 앞의 논문, 171면.

의 개정을 위한 브뤼셀 회의에서는 오로지 음반제작자와 방송사업자의 보호를 촉구하는 결의안이 채택되었을 뿐이었다.[17] 로마초안에 따르면, 실연자, 음반제작자 및 방송사업자의 보호에 관한 국제적 규범은 하나의 문서에 통합되어야 한다고 되어 있다. 지금 우리 저작권법에 규정되어 있는 저작인접권 규정의 권리자는 이미 1951년부터 예정되어 있던 것이다.

당시 실연자는 방송이나 음반에 의해 자신의 수익이 감소한 것이라는 현실에 직면할 수밖에 없었다. 특히 계약을 통해 자신의 실연을 방송하거나 음반에 고정시킬 것을 합의하고, 이에 따라 일정한 로열티를 받는 경우 외에 해적판 음반이나 불법 방송이 성행함에 따르는 구제를 받을 방법이 없었다.[18] 방송사업자나 음반제작자의 입장 역시 현실적인 면에서 실연자와 마찬가지였다고 볼 수 있다. 즉, 실연자의 방송이나 음반이 위법적으로 전송되고 유통되면서 시장에서 그만큼 부가가치를 창출하지 못하게 된 것이다. 따라서 실연자, 음반제작자, 방송사업자의 보호에 대한 논의는 경제력과 정치력을 가진 음반제작자와 방송사업자의 주도 아래 동시다발적으로 일어났다고 할 수 있다.

이렇듯 저작인접권 발생기에 가지고 있던 생각은 해적행위에 대한 관련 권리자의 보호필요성이었으므로 이는 다분히 경쟁법적인 것이었고, 부정경쟁을 방지하기 위한 현실적이고 법적인 필요성이 복합적으로 작용한 결과라고 할 것이다.

3. 저작권제도 발전과의 비교

로마협약에 대한 국제적 논의가 거듭될수록 이해관계자들 간에는 첨예한 의견대립이 있었다. 저작인접권 도입에 대해 가장 극렬하게 반대했던 이들은 저작자들이었다. 그들의 논리는 저작인접권자에게 권리를 부여하게 되면, 이용자들은 추가적인 비용을 지불해야 할 것이고, 이는 결국 저작물이용에 대한 가격상승을 가져올 것인데, 이렇게 되면 이용자가 저작물을 이용하는 것을 주저

17) 박영길, 앞의 논문, 169-170면.

18) “실연의 고정은 우선 법 기술적으로 실연자의 권리를 보호할 수 있는 전제를 마련하여 주었고, 복제 혹은 방송이 실연자의 실연을 대체할 수 있게 됨에 따라 복제 혹은 방송으로 인한 이익을 실연자에게 나누어 주어야 할 현실적 필요성과 정당성도 수긍되기에 이르렀다.” 곽경직, “저작인접권의 보호,” 「계간 저작권」 제32호(1995), 67면.

하도록 할 것이며, 이는 결국 저작자에 대한 수익감소와 불법복제의 조장이라고 결과를 초래한다는 것이다. 이러한 주장을 이른바 케이크이론(cake theory)이라고 일컫는다.[19] 이러한 주장은 다소 자기모순적인 측면을 가지고 있는데, 저작물 유통에 있어 저작자에게 지불되는 로열티는 이미 매개체 생산비용에 합쳐지면서 시장가격을 올리기 때문에 저작권료 역시 저작물 유통을 저해하는 측면이 있기 때문이다. 물론 저작자에게 당장 수익감소가 발생할 수 있음은 예견할 수 있다 할 것이지만, 이러한 케이크이론이 저작인접권의 부정논거는 될 수 없을 것이다.

그러나 과거 저작권제도가 도입될 당시에도 이와 유사한 논쟁이 있었다. 인쇄특권제도에서 시작된 고전적 의미의 "Copyright"[20]가 저작자의 권리로서 인정되게 된 배경에는 저작자의 인격적 혹은 경제적 이익을 옹호해주려는 측면보다는 인쇄업자들의 경제력에 대한 견제와 정부의 검열에 대한 욕망이 강하게 작용했던 것이 사실이다. 그럼에도 불구하고 저작권은 재산권으로 또는 배타적 권리로서 기능했는데, 서적의 무단복제와 배포에 대해서는 인쇄업자이든 저작자이든 이해관계가 같았으므로 저작인접권자들이 저작자들과 이해관계를 공유했던 현상과 비슷하다 할 것이다. 물론 저작인접권이 도입될 당시에는 검열의 문제는 없었지만, 해적행위에 대한 통제 필요성과 공정한 경쟁을 장려해야 한다는 점에서 일정한 정책적 목적이 있었다고 할 것이므로 결국 저작권제도의 성립에 있어서나 저작인접권 제도의 성립에 있어서는 제도도입의 목적에 큰 차이가 없다고 보아도 좋을 것이다.[21]

---

19) 즉, 기존에는 저작자만이 케이크 전체를 차지했지만, 저작인접권자에게 권리가 부여됨으로써 같은 케이크를 서로 나누어가져야 하는 상황이 발생하게 된다는 것이다.

20) Goetzl과 Sutton은 저작권법상의 배타적 권리는 크게 복제권을 중심으로 하며, 소진의 원칙이 지배하는 "구텐버그" 스타일의 권리와 이러한 권리 유형 이후에 발전한 이른바 "추구형(follow up)" 스타일의 권리로 구별하고, 후자 유형의 권리에 대해서는 소진의 원칙이 지배하지 않는다고 한다. 본문에서의 Copyright라는 술어는 구텐버그 모델에 속하는 권리들이라고 해도 무방할 것이다. Thomas M. Goetzl & Stuart A. Sutton, "Copyright and The Visual Artist's Display Right: A New Doctrinal Analysis," 9 *Colum.-VLA J. Art & L.* 15, 25 ff. (1984).

21) 15세기 인쇄술의 발전이 저작권 태동의 원동력이 되었다면, 음반은 실린더 전축이 Edison에 의해 발명된 1878년, 라디오가 Hertz에 의해 발명된 19세기 말 20세기 초에 저작인접권의 필요성이 제기되었다고 할 수 있다. 즉, 양 제도의 역사적 배경(기술의 발전)은 매우 유사하다.

저작권이든 저작인접권이든 권리와 제도가 도입될 당시의 고민은 법적보호의 필요성보다는 도리어 보호의 방법론에 대한 것이었다. 앤여왕법이 제정된 이후에도 저작자가 자신의 저작물에 대해 배타적 권리를 갖는 것이 저작자의 보호를 위한 적절한 방법인지에 대해서 큰 논란이 되었고,[22] 저작인접권자의 보호에 대해서도 반드시 배타적 권리를 부여해야 하는지에 대한 논의가 있었던 것이다.[23]

4. 저작인접권자

전통적인 저작인접권자는 실연자, 음반제작자, 방송사업자이다.

우선 실연자는 저작물을 해석하여 표현하는 자를 말한다. 실연자와 저작자의 엄격한 구별은 명확하지 않다. 저작자는 저작물을 창작한 자이며, 당해 창작에는 저작권법에서 정한 법적 의미에서의 독창성(originality) 혹은 창작성(creativity)이 요구된다고 보고 있다. 그러나 실연자는 저작물을 단지 해석(interpretation)하여 표현하는 자이다. 물론 실연자가 실연과 동시에 창작을 하게 되는 상황도 있다. 대표적인 예로서 재즈 아티스트들에 의해 행해지는 즉흥재즈를 들 수 있다. 여기서 재즈 아티스트는 즉흥적으로 음악저작물을 창조함과 동시에 이를 실연한다고 할 수 있다.[24]

---

22) 앤여왕법 이후 영국의회는 저작권법 발전에 대해 다소 회의적인 입장이었다. 심지어 저작자의 권리확대는 바람직하지 못하며, 이른바 왕실지원(civil list) 제도를 저작자에게 도입하는 것이 바람직하다는 주장까지 제기되었다. 동 제도는 저작자에 대해 왕실이 생계비 등을 지급해 주자는 취지로, 저작자에 대한 후원관계에 있던 영주나 자본가의 역할을 왕실이 대신하게 되는 것을 의미하였다.

23) 가령 독일 내에서 저작인접권이 도입되기 이전에는 실연자와 음반제작자, 방송사업자에 대한 보호가 필요한지에 대해 논란이 있었다. 실연자는 성명권이나 초상권과 마찬가지로 자신의 공연에 대해 일반적 인격권을 주장할 수 있었고, 방송사업자나 음반제작자는 부정경쟁방지법상의 불공정경쟁행위에 대한 구제를 구할 수 있었다. 그러나 실연자가 일단 자신의 실연이 녹음되는 것을 허락한 이후에 이러한 녹음물이 다시금 복제되는 것을 인격권을 통해 방지할 수 있는지에 대해서는 의문시되었으며, 방송사업자 및 음반제작자의 이익이 직접적 경쟁관계가 없는 자에 의해 침해되는 것까지 부정경쟁방지법에 의해 통제될 수 있을지에 대해서는 의문이 제기되었다. Ulmer, *op.cit.*, pp.428-430. 물론 일반적 인격권이 포괄하는 범위나 부정경쟁행위의 구체적 요건이 너무나 확정적이어서 실연자의 보호나 음반제작자와 방송사업자의 보호가 불가능하다고 할 수는 없다. 결국 보호의 방법은 입법론의 문제 내지는 법정책적인 문제라고 할 수 있을 것이다.

실제로는 창작과 해석의 근본적인 구별은 상당히 모호하다. 더욱이 오늘날과 같이 창작성의 요건을 매우 느슨하게 인정하고 있는 상황에서 창작과 해석의 구별이 더욱 어려워진다고 할 수 있다. 실연과 저작물 사이의 엄격한 경계 확정이 이루어진 것은 로마협약 이후라고 알려져 있다. 물론 저작물의 창작은 사상과 감정을 표현하는 것인 데 반해, 실연자의 실연은 해석이며 예술적인 것이라고 설명되기는 하지만, 이는 단지 법기술적인 구별에 불과할 수 있다.

한편 음반제작자는 음이나 소리를 유형물에 최초로 고정한 자를 말하고,[25)]

---

24) 저작권제도와 저작인접권 제도는 같은 법에 편제되어 있다 하더라도 보호의 객체가 다르며, 권리의 내용과 제한 규정을 공유하고 있기는 하지만, 이들은 법상 규정의 중복을 피하기 위한 것에 불과하다. 따라서 어떠한 실연이 저작물성을 갖게 된다고 해서 저작인접권의 보호가 배제되는 것이 아니며, 반대로 저작인접권의 보호를 향유한다고 하여 저작권보호로부터 배제되는 것 역시 아니다. 보호요건이 서로 다른 제도로서 디자인이 응용미술저작물과 디자인보호법, 부정경쟁방지법에 의해 동시에 보호될 수 있는 것과 같은 이치이다.

우리 저작권법 제4조 1항은 저작물 유형을 단지 예시하고 있으며, 이러한 취지는 법문에도 나타나 있다. 따라서 예시된 것 이외의 저작물 역시 "인간의 사상과 감정을 표현한 것"이기만 하다면, 보호를 향유하는 데 충분하고, 여기에는 실연이 포함될 수 있다. 그러나 미국은 저작권에 의해 보호받는 저작물 유형에 대해 다소 엄격한 입장을 취하고 있다. 미국에서는 이른바 works of authorship이라는 개념을 사용하면서 저작권 목록에 들지 않는 저작물에 대해서는 보호를 향유하지 못하도록 하는 것이 보통이다. 제호나 스포츠 경기 그 자체의 경우도 그러하다.

제호의 저작물성에 대해서는 다음의 인용문을 참조. [Goldstein (2005), §2.7.3]

> One rationale for denying copyright to titles may be that titles serve merely to identify and describe the work itself. Another rationale may be that titles characteristically consist of no more than short phrases and thus are either unoriginal or constitute ideas rather than expressions.

스포츠의 저작물성에 있어서 선수들의 퍼포먼스가 큰 상업적 가치를 가진다는 것은 곧 저작물성이 요구하는 최소한의 창작성을 의미하는 것이라고 한 판례가 존재하고는 있다. *Baltimore Orioles, Inc. v. Major League Baseball Players Association*, 805 F.2d 663 (7th Cir. 1986). 본 판례에서 법원은 야구경기에서 선수들의 활동이 최소한의 창작성을 갖추었다고 말하면서도 그 구체적인 근거를 제시하지 않았으며, 경제적 가치를 토대로 저작물성을 인정하면서도 경기 자체에 저작물성이 없더라도 그 생중계에 대해 저작물성을 인정할 수 있다고 설시하는 등 스포츠 경기의 저작물성에 대해 모호한 태도를 취하고 있다. 동 판례는 아주 예외적인 것이다.

25) 우리의 현행 저작권법상 음반제작자의 정의는 "음을 음반에 고정하는 데 있어 전체적으로 기획하고 책임을 지는 자"라고만 되어 있어 "최초의 고정"이라는 요건을 명시하고 있지 않다. 저작권법 제2조 6호; 하지만 이미 음반에 고정되어 있는 것을 다시 다른 음반에

방송사업자는 방송을 업으로 영위하는 자이다. 법리상 방송을 위해 음이나 소리를 최초로 고정한 방송사업자가 동시에 음반제작자가 되는 것 또한 가능하다. 보호객체로서 음반과 방송에 대해 권리자의 확정이 문제가 될 수 있다. 저작자에 대한 저작권이나 실연자에 대한 저작인접권에서 권리를 향유하는 사람은 저작자와 실연자 자신이다. 그러나 방송이나 음반에 대한 권리자는 방송프로듀서나 녹음기술자가 아니라, 이에 투자한 법인이나 개인이다. 따라서 실연자의 권리와 방송사업자 등의 권리귀속 사이에는 차이가 있다.

혹자는 저작인접권으로서 실연자와 방송사업자 등이 한데 묶여 있는 상황은 실연자 보호에 있어 상당히 비극적이라고 평하기도 한다.[26] 경쟁자로부터의 보호와 실연에 대한 자연권적·재산권적 보호에는 그 강도에서 차이가 있기 때문이다. 그러나 방송사업자나 음반제작자는 실연자들에 비해 시장에서 강한 지위를 차지하고 있으므로 실연자의 권리가 이들 사업자의 권익확장과 함께 성장해왔다는 점에서 방송사업자와 음반제작자 보호가 실연자 보호를 저해한다고 말하기는 어려우며, 산업계가 가지고 있는 로비력이 없었다면, 실연자에 대한 권리인정이 어려울 수 있었다는 점도 주목해야 할 것이다.

II. 저작인접권에 대한 상반된 법리

저작인접권 제도를 전혀 인정하지 않는 국가들도 존재한다. 하지만 유럽대륙의 국가들이나 이들로부터 영향을 받은 아시아 국가들에 있어 저작권과 저작인접권의 구별은 자연스럽게 받아들여지고 있다. 그러나 영미법, 특히 영국법 계열의 저작권제도를 가지고 있는 국가에서는 저작권과 저작인접권 사이의 구별은 주로 존재하지 않는다. 한편 미국의 저작인접권에 대한 태도 역시 특이한데, 로마협약이 체결되는 과정에서 그 차이로 인한 의견대립이 여러 차례 제기된 바 있다.

저작인접권은 저작권에 비해 발전과정이 짧고, 보호의 정도도 저작권에 비

고정하는 것에 대해서까지 보호를 확장시킬 수 없을 것인데, 이렇게 되면, 음반제작자는 이른바 리마스터링에 의해 영속적인 보호를 추구할 수 있어 위험하다.

26) Nordemann/Vinck/Hertin/Meyer (1990), p.143.

해 낮다고 할 수 있다. 실연자를 제외한 나머지 저작인접권자는 투자에 대한 보호를 향유하는 것으로 전적으로 기술의 발전과정에 의해서만 보호의 필요성이 대두되었고, 이를 법에 의해 수용한 결과로서 권리가 부여되었다는 점은 흥미롭다. 실연자는 투자에 대한 보호 필요성에 의해 저작인접권자가 된 것은 아니지만, 실연자 인격권이 인정된 것은 재산권이 인정된 후 꽤 오랜 시간이 흐른 뒤의 일이고,[27] 자신의 실연이 자신의 동의 없이 방송되고 음반에 화체되어 배포되는 것에 대한 이해관계를 가졌다는 점에서는 여타 저작인접권자와 이해관계를 같이 하고 있었다고 할 것이다. 저작인접권과 저작권의 법적으로 승인되는 과정은 상이했지만, 양자의 구별은 법리적이라기보다는 역사적이며, 확실하다기보다는 추상적이고 불명확한 것이다.

1. 대륙법계 저작권법: 엄격한 이원론

대륙법계 저작권법에서는 저작권제도와 저작인접권 제도를 엄격하게 구별한다. 저작인접권 제도를 확고하게 정비한 것은 이탈리아가 최초인 것으로 알

27) 애초에는 실연자에 대한 권리는 일반인격권의 한 유형으로 이해되기도 하였다. 다만, 일반인격권에 의한 실연자의 보호는 재산권적 보호와 인격권적 보호를 모두 포함하는 것이었다. 그러나 이러한 일반 인격권에 의한 보호는 실연의 무단 공개와 공개된 실연에 대해 실연자의 인격을 해할 가능성이 있는 맥락에서 이용하는 것이었으므로 예술성과 기술성에 기반을 두고 복제권, 배포권, 공연권 등을 인정하는 저작인접권적 보호와는 차이가 있었다. 실연자에게 재산적 권리를 부여한 것은 비교적 오래 전의 일이다.

그러나 실연자에게 실연자 인격권이라는 별도의 권리를 인정한 것은 WPPT가 선구적이었다. WPPT 제5조는 실연자에게 저작자가 향유하는 저작인격권과 마찬가지의 실연자 인격권을 향유하도록 하였다. 실연자에게 실연자 인격권을 부여한 데는 보통 두 가지 이유가 제시된다. 그 중 하나는 저작인격권과 마찬가지로 실연자에게 인격적 권리가 보장되는 것은 실연에 화체된 실연자의 인격적 요소에 대해 보호를 해줄 필요가 있다는 것인데, 독일에서는 실연자에게 배타적 재산권을 부여하기 이전에 일반인격권의 보호 차원에서 실연자인격권을 부분적으로 인정했던 것도 이 같은 취지를 잘 반영하고 있는 경우라 할 수 있다. 실연자에게 인격권을 부여하는 또 다른 이유는 그것이 실연자의 재산권 옹호에 유리하게 작용할 수 있기 때문이다. 실연자는 음반이 판매됨에 따라 명성을 얻게 되고, 이를 토대로 다른 부가가치를 계속해서 창출할 수 있는데, 음반이 왜곡되거나 실연자의 성명이나 이명이 표시되지 않는다면, 명성을 쌓는 데 지장이 생길 것이다. WPPT 제5조는 베른협약에서 저작인격권에 대해 다루는 제6조의2를 모범으로 하고 있으며, 내용상 큰 차이가 발견되지 않는다. Ficsor (2003), paras. PPT 5.1, PPT 5.4.

려져 왔다. 그 당시에 실연자나 음반제작자에게 인정되었던 권리는 단지 급부청구권이었으며, 배타적 권리에까지 이르지는 못하였다. 이는 저작자에게 인정되었던 권리에 비해 소극적인 것으로서, 저작권과 저작인접권 사이에 위계질서가 있었음을 보여준다.[28)]

한편 로마협약 제1조는 저작권과 저작인접권의 관계에 대해 다음과 같이 설명하고 있다.

이 협약에 따라 부여되는 보호는 문학·예술 저작물상의 저작권의 보호를 손상하지 아니하고 어떠한 경우에도 영향을 미치지 아니한다. 따라서 이 협약의 어떠한 규정도 그러한 보호를 해치는 것으로 해석될 수 없다.

동조의 내용은 일차적으로 저작권보호와 저작인접권의 보호는 상호독립적인 제도라고 선언하고 있는 것인데, 대륙법계 국가들은 대체로 이와 같은 태도를 취하고 있다. 동 규정에서 저작권과 저작인접권 제도 사이의 관계에 대해서 정하게 된 것은 저작물이 화체되어 있는 저작인접물, 즉 저작물의 실연이나 음반에의 고정, 이러한 실연이나 음반을 이용한 방송을 이용하기 위해서는 로마협약에서 정한 대로 저작인접권자에게도 허락을 받아야 하지만, 이러한 이용허락은 저작자에 대한 이용허락을 대체할 수 없으며, 이 둘은 서로 무관하다는 것을 밝히려 했기 때문이다.[29)] 그러나 동 규정은 저작권과 저작인접권 사이의 위계질서를 분명히 하고 있다고 설명되기도 한다.[30)] 즉, 동 규정이 저작권이 저작인접권에 비해 우월적 지위에 있음을 나타낸다고 볼 수도 있다는 것이다. 그 이유가 명확하게 제시되지는 않지만, 일반적으로 저작권제도에 대해 다루는 베른협약이나 기타 여러 제도적 규정 등에는 저작인접권에 대한 독립성에 대한 것이나 불가침에 대한 것이 규정되어 있지 않은 데 반하여 유독 저작인접권에 대한 국제규범에 저작권과 저작인접권의 관계에 대한 규정을 둔 것도 하나의 이유가 된다고 한다.[31)]

---

28) Ulmer, *op.cit.*, p.573.

29) Ficsor (2003), para. RC 1.4.

30) Goldstein (2001), p.37; 프랑스의 Desbois 역시 저작인접권을 단지 보조적(auxiliary) 권리라고 하여 저작권에 비해 열등한 지위에 놓여 있다고 생각하였다. Desbois, *op.cit.*, pp.232-233.

31) 브라질의 Jessen 같은 이들은 Desbois가 주장하는 저작인접권의 보조적 성격에 대해 부

저작자에 대한 보호를 강하게 인정하고 있는 독일에서도 저작권과 저작인접권 사이에는 근본적인 차별이 존재한다. 우선 보호기간에 있어 저작물은 원칙적으로 70년이지만, 저작인접권은 50년 이하이며, 저작권은 불가양의 것으로 보는 일원론적 입장을 취하면서도 저작인접권의 양도를 인정한다. 저작권의 내용에 대해서 저작권은 포괄적이고, 규정된 권리내용도 단지 예시적인 것으로 보지만, 저작인접권은 법문에서 특정한 권리 유형 외에는 입법적 조치가 있기 전까지 해석에 의한 권리확장이 불가능하다. 또 실연자에게 부분적으로 인정되는 실연자인격권을 제외하고는 저작자에게 인정되는 저작인격권과 같은 인격적 이익의 보호장치가 도입되지도 않았다.

이렇듯 엄격한 입장을 취한다는 점에서 저작자와 저작인접권자를 구별하는 일은 대단히 중요하다. 그러나 그 경계가 모호한 영역에서 창작자나 이용자에게 법적 확실성을 제공해주지 못하는 단점을 가지고 있다.[32)]

2. 영국 저작권법: 일원론

영국에서 저작인접권에 해당하는 최초의 제도는 1911년 저작권법에서 기원하였다. 동법은 음반제작자(producers of soundrecordings)에게 저작권(copyright)을 부여하였다.[33)] 그러던 중 영국의 1956년 저작권법에는 우리 법에서와 같은 저작물 유형 외에 음반, 방송물(혹은 방송), 조판의 판면 역시 보호의 객체가 된다고 선언했다.[34)] 다만, 전통적 저작물(original works)은 제1부(Part 1)에 규정하면

정한다. 그는 저작인접권은 저작권제도와는 완전히 다른 것으로 이해해야 하며, 보호의 정도의 문제 역시 저작권과 저작인접권이 비교되어서는 안 된다고 하였다. Lipszic (1999), p.363.

32) 프랑스에서 저작인접권 발전이 대단히 늦었다는 점은 주목할 필요가 있다. 프랑스에서 1987년 저작권법에 들어와서 저작인접권을 인정하기 시작했는데, 프랑스는 로마협약에 대한 외교회의에서도 저작자의 이익을 옹호하기 위해 저작인접권이 승인되어서는 안 될 것이라고 주장한 바 있다. 즉, 프랑스는 전통적 저작자를 강하게 보호하기 위해 저작인접권자의 이익을 다소 후퇴시키려고 한 것이다. 따라서 프랑스 저작권법은 저작인접권 발전상을 조망해보기에는 부족한 면이 있다.

33) 녹음물(sound recordings)로서 보호한 것이 아니며, 단지 음악저작물의 일종으로 보호하였다.

34) 음반에 대해서는 이미 1911년법부터 보호가 이루어졌으므로 저작권보호의 확대라고 이해하는 것이 더욱 정확할 것이다.

서도 신유형의 보호객체(subject matters other than works)에 대해서는 제2부(Part 2)에서 따로 다루었다. 그러나 양 영역 사이에 법적인 차별은 없었고, 두 영역에 인정되는 권리 모두 저작권이라고 하였다.[35)]

따라서 방송, 음반 및 판면에 대한 권리자 역시 저작자(author)가 된다고 규정되어 있으며,[36)] 또 동 유형의 저작물에 대한 저작권을 갖는 사람은 "녹음물이나 영화의 경우에는 녹음물이나 영화의 제작을 위하여 필요한 수단을 강구하는 사람"[37)] 등이지 녹음물이나 방송, 영화 등을 직접 창작한 사람이 아니라고 하였다.

이렇듯 저작권과 저작인접권에 대한 입장이 상이하게 나타나는 이유는 여타 유럽 국가들과 영국에서의 경쟁법 발전과정이 서로 상이했기 때문으로 볼 수 있다. 즉, 독일이나 프랑스에서는 일찍부터 부정경쟁방지법이 도입되어 경쟁자에 의한 해적행위가 굳이 저작권법에 의하지 않더라도 해결될 수 있었다. 음반이나 방송을 무단으로 복제하여 배포하거나 송출하는 것은 동법에 따라 규율될 수 있다고 보았던 것이다. 이에 반해 영국은 시장에 대해 방임적 태도를 보였고, 그만큼 경쟁행위에 대해 국가가 개입하는 것을 자제했다.[38)] 결국 영국에서는 해적행위에 의한 시장왜곡에 대한 보호제도를 저작권에 근접시키는 방법으로 해결하고자 한 것이다.[39)] 따라서 저작권법에 의한 음반, 방송 등

---

35) 이렇듯 전통적 저작물과 그 밖의 보호대상을 구별하게 된 데는 다소 법리적인 이유가 있었다고 볼 수 있다. 당시 입법자들과 학자들 중 일부는 로마협약의 논의과정에서 저작인접권의 대상이 되는 것이 별도로 다루어지는 것이 저작권제도 전반의 발전경향이라고 생각했고, 그 경향이 입법으로 이어진 것이다. Ellins (1997), p.116. 영국법계 저작권법 전통을 따르고 있는 캐나다와 호주는 아직까지 전통적인 저작물과 기타 보호객체를 구별하는 태도를 유지하고 있다. 또 전통적 저작물이 아닌 보호객체의 권리자가 향유하는 권리를 저작권(copyright)이라고 하고 있으므로(캐나다 저작권법 제15조, 제18조 등) 영국의 1956년법이 양 법의 모델이 되었다고 해도 무방할 것이다. 가령 캐나다 저작권법 제90조는 제1부에 규정된 전통적 저작물에 대한 규정이 제2부에 규정된 그 밖의 보호객체의 보호문제와 별개의 것이라고 선언하고 있는데, 이는 로마협약 제1조의 영향을 받은 우리 저작권법 제65조와 같은 취지의 규정으로 이해할 수 있을 것이다.

36) 영국 CDPA 제9조 2항.

37) 영국 CDPA 제9조 2항 제a호.

38) Ellins (1997), pp.79 ff.

39) McKeown (2003), §13:4에서는 캐나다에서 실연자의 권리가 도입될 당시에 그 입법논거로서 "모든 창작자는 자신의 지적재산의 권한 없는 사용으로부터 보호를 향유해야 한다(all creators should be protected against unauthorized uses of their intellectual property)."라고

의 보호제도는 로마협약 이후에 저작인접권 개념을 도입한 유럽대륙 국가들에 비해 빨랐다고 할 수 있다.

3. 미국 저작권법: 산업정책적 혼합이론

미국의 경우는 매우 특이하다. 일단 연방헌법 제1조 8항 8문 "저작자와 발명자에게 그들의 저술(writings)과 발명에 대한 독점적인 권리를 일정기간 확보해 줌으로써(by securing for limited times) 과학과 유용한 기술의 발달을 촉진시킨다."고 되어 있는데, 여기서 저술(writing)에 음반이나 실연이 포함될 수 있는지에 대해서 의문이 제기될 수 있다. 이 문제는 판례에서 비단 글로 쓰이지 않은 것이라도 그것이 고정되어 있기만 하다면, 보호를 향유할 수 있다고 인정함에 따라 더 이상 논란이 되지는 않는다.[40)]

미국에서 로마협약이 체결될 당시에는 음반이나 실연을 고정한 것을 이용함에 있어 실연자나 음반제작자에게 배타적 권리가 있다거나 이들에게 보상금을 지급해야 한다고 생각하지는 않았으며, 현행법에서도 디지털송신에 대해서만 부분적으로 보상금을 지급하도록 규정하고 있을 뿐이다. 이는 미국의 시장상황과 저작권정책의 산물로서 실연자와 음반제작자는 음반이 자주 재생되고 방송됨에 따라 명성을 얻고, 더 많은 음반을 판매할 수 있을 것이므로 이것으로 충분히 보상이 된 것이라고 여기고, 특히 실연자는 노동조합을 통해 자신의 음악이 무단으로 상업화되는 것으로부터 보호를 받는 한편, 이용자들로부터 기금을 받아 음악회 등의 공연행사를 갖도록 보장받는 것으로 만족해야 한다고 보고 있다.[41)]

한편 방송사업자는 해적방송에 대해서 보호를 받지만, 동 보호는 저작권법 혹은 저작권제도와는 무관하게 운영된다. 즉, 1934년 연방통신법(Federal Communication Act) 제325조에 의해 타 방송사의 라디오신호를 무단으로 수신하여 방송하는 것이 형사적 제재로 억제되며,[42)] 제705조 a항에 의해 텔레비전방송에

언급했다고 전한다. 캐나다 역시 영국법 전통을 따르고 있다는 점에서 영국계통의 저작권법은 여타 유럽대륙 국가들에 비해 해적행위에 대한 문제를 저작권 내에서 해결하려는 경향이 강하다고 할 수 있다.

40) 가령 *Burrow Giles Lithographic Co. v. Sarony*, 111 U.S. 53 (1884).

41) Ulmer, *op.cit.*, p.573.

대한 해적방송행위에 대해서도 역시 제재가 가해진다고 정하고 있다.[43)]

또한 방송물이나 음반의 해적판을 제작하여 배포하는 것은 방송사업자 혹은 음반제작자, 경우에 따라서는 실연자에 대한 불공정경쟁(unfair competition)이 된다는 취지의 판례들이 나오고 있는데,[44)] 1976년 개정법에서 음반제작자에게 자신의 음반에 대한 복제권을 부여하였으나,[45)] 방송사업자에게는 이러한 권리가 부여되지 않았으므로 이들은 여전히 불공정경쟁에 대한 보호로서 방송물에 대한 보호를 향유하고 있다고 할 것이다.[46)]

이렇듯 미국의 태도는 대륙법 및 영국법의 태도와는 확연한 차이를 보여주고 있는데, 이는 미국시장이 갖는 독특한 의미와 공공정책에 따른 결과라는 것 이외에는 달리 설명이 불가능할 것이다.

III. 로마협약의 주요내용

1. 체결배경

실연자의 법적 보호에 관한 국제적 논의는 베른협약을 개정하기 위한 1928년 로마개정에서부터 제기되었다. 베른협약의 개정을 위한 차기회의는 1939년 브뤼셀로 예정되어 있었는데, 이 회의에 상정할 것을 목적으로 실연자, 음반제작자 및 방송사업자 보호에 관한 초안이 마련되었다.[47)] 그러나 제2차 세계대전이 발발로, 1939년으로 예정되었던 브뤼셀회의는 1948년까지 열릴 수 없었다. 1948년의 회의에서는 회원국에게 저작인접권에 대해 자세하게 검토할

---

42) 47 U.S.C. §325.

43) 47 U.S.C. §605.

44) 가령 *Metropolitan Opera Ass'n v. Wagner Nichols Recorder Corp.*, 101 N.Y.S.2d 483 (N.Y. Sup. 1950).

45) 17 U.S.C. §106(1).

46) Thomas McCarthy, *McCarthy on Trademarks and Unfair Competition*, 4th ed. (New York: West, 1992), §10: 66.

47) 당해 초안은 새로운 협약을 예정한 것이 아니라 베른협약의 부속서로 예정된 것이었고, 초안에는 추급권에 관한 규정도 포함되어 있었다.

것을 요청했을 뿐, 별다른 성과를 거두지는 못했다.

브뤼셀 개정회의 이후, WIPO의 전신격인 BIRPI, ILO, 유네스코가 공동으로 연구를 진행하여 저작인접권 보호에 관한 또 다른 초안을 완성시켰다. 이후에도 여러 초안이 작성되었고, 이는 1960년 헤이그회의에서 하나의 초안으로 정돈되었다. 결국 완성된 초안이 1961년 로마 외교회의에서 채택되고, 서명됨으로써 명실상부한 최초의 저작인접권 조약의 입지를 구축하게 된 것이 로마협약(International Convention for the Protection Performers, Producers of Phonograms and Broadcasting Organisations, Rome Convention)이다.

2. 다른 조약과의 관계

일단 베른협약과의 관계에 대해 살펴보면, 로마협약 제1조는 당해 협약의 규정이 저작권보호에 영향을 미치거나 이를 해하는 것으로 해석되지 않는다는 것을 명시적으로 드러내고 있다. 로마협약의 체결에 있어 가장 큰 걸림돌이었던 문제는 저작자들의 반발이었다. 즉, 저작자가 아무리 자신의 저작물을 사용하는 것을 동의하더라도 저작인접권자가 거부하면, 저작자의 이용허락이 무용화된다는 우려가 있었다. 그리고 권리자가 많아지게 되면, 기존에 저작자만 얻을 수 있었던 로열티를 저작인접권자와 나누어 가져야 하므로 저작자의 경제적 사정이 악화된다는 주장이 제기되었다. 이러한 주장을 이른바 "케이크이론(cake theory)"인데, 여기에 대해서는 전술하였다.

이러한 주장이 강력하게 제기된 결과, 로마협약에 의한 보호가 "저작권보호"에 영향을 미치지 않는다는 협약 제1조의 규정은 비단 저작권의 보호뿐만 아니라 저작자의 경제적 보호까지를 포괄해야 한다는 주장이 프랑스와 이탈리아에 의해 제기되기도 하였다. 그러나 저작자에 비해 저작인접권자에게 주어지는 보호의 수준은 매우 낮은 것이며, 저작자와 저작인접권자는 경쟁관계라기보다는 협력관계라는 점에서 위에서 제시된 우려는 기우에 불과하다는 생각이 지배적이었다.[48)]

또, 음반제작자를 음반불법복제로부터 보호하기 위한 협약(Convention for the Protection of Producers of Phonograms Against Unauthorized Duplication of Their

48) Ricketson/Ginsburg (2005), pp.1222-1223.

Phonograms, Geneva Phonogram Convention, 제네바 음반협약)이 1971년 스위스 제네바에서 채택되었는데, 주요 내용은 회원국은 음반제작자의 동의 없이 공중에 배포할 목적으로 복제된 음반의 제작 및 수입을 방지해야 한다는 것이다. 로마협약에서 이미 음반제작자에게 복제권을 부여하고 있지만, 여기에 수입에 관한 권리가 포함되는지 여부에 대해서는 논란이 있었다. 이러한 배경에서 제네바협약이 체결된 것으로, 적어도 수입권에 대한 부분은 로마협약상의 보호를 더욱 강화한다고 이야기할 수 있을 것이다. 따라서 음반협약은 로마협약 제22조에서 규정한 특별협정에 해당하여 로마협약과 양립할 수 있다.

한편, 로마협약과 WPPT 및 TRIPs 협정의 저작인접권 관련 조항의 관계도 문제된다. WPPT 및 TRIPs 협정 제14조는 로마협약에 비해 규율범위가 좁기는 하지만, 개별 규율범위 내에서 로마협약에 비해 강화된 보호를 해줄 것을 체약국에게 요구하고 있다. 이는 로마협약 제22조에서 말하는 특별협정에 해당하는 것으로 로마협약에서의 보호보다 강력한 보호를 부여하는 이들 두 조약은 로마협약의 회원국 사이에서는 로마협약에 우선하여 적용된다.

3. 협약의 기본원칙

(1) 보호요건 및 내국민대우원칙

로마협약에서의 내국민대우원칙은 베른협약에서의 내용과 다르지 않다. 즉, 일단 협약에 의해 보호되는 실연, 음반, 방송으로 인정되는 경우에는 내국민 권리자에게 부여한 권리를 다른 체약국 권리자 등에게도 동등하게 주어지도록 해야 하는 것이다.[49] 문제는 보호를 향유하기 위한 요건인데, 로마협약은 비단 체약국의 권리자뿐만 아니라 체약국과 권리자 사이의 관련성을 토대로 비체약국 권리자에게로 권리를 확장시키고 있다. 원칙적으로 협약에 의한 보호를 받는 것은 내국민대우원칙에 따르는 보호를 향유하는 것과 동일하다. 다만, 유보를 통해 당해 원칙의 효력을 약화시키는 것은 가능하다.[50]

우선 실연자의 보호에 있어서 체약국 내에서 행하여진 실연과 본국, 즉 보호를 향유하고자 하는 로마협약 회원국 내에서 최초로 유형물에 고정되거나

49) 로마협약 제2조.

50) 로마협약 제2조 2항.

발행된 실연 그리고 본국 내에서 방송된 실연은 모두 보호된다. 체약국의 국민이라면, 어느 곳에서 실연을 행하는지와 무관하게 보호를 받는다. 이 밖에도 회원국은 실연이 협정 제5조에 의해서 보호되는 음반에 고정되거나 제6조에서 보호하는 방송신호에 실리는 경우에는 보호를 향유하도록 해야 한다.

다음으로 음반제작자에 있어서는 음을 최초로 고정한 곳이 체약국이거나(고정의 기준) 체약국에서 최초로 발행된 경우(발행의 기준)[51] 혹은 음반제작자가 체약국의 국민인 경우에 보호를 향유하도록 하고 있다(국적의 기준). 그러나 회원국은 발행기준과 고정기준 중 하나를 보호요건에서 배제할 것임을 선언할 수 있다.[52] 방송사업자는 방송신호를 체약국 내 송신기를 통해 전달하거나 방송사업자의 주사무소 소재지가 체약국 내인 경우에 보호를 향유할 수 있다.

(2) 최소보호의 원칙

로마협약상 규정되어 있는 권리와 여타의 보호수단, 보호요건 등은 단지 실연자 및 음반제작자, 방송사업자에 대한 최소한의 보호를 의미할 뿐이다. 따라서 체약국은 로마협약보다 더 강화된 보호나 배타적 권리를 부여할 수 있다. 이러한 내용은 협약 제21조에서 권리자들에게 부여한 다른 보호를 해하지 않는다고 정함으로써 명시적으로 규정하고 있다. 한편, 로마협약의 체약국 상호간에 체결되는 특별협정에 관한 제22조에서도 로마협약보다 강화된 보호를 부여하는 협약이 특별협정을 맺은 체약국 간에 유효하다고 밝힘으로써 더욱 강화된 보호가 부여될 수 있음을 간접적으로 드러내고 있다.

(3) 소급보호의 부인

협약 제20조에 의해 체약국은 협약 가입 이전에 보호기간이 만료된 저작인접권에 대해서는 물론, 아직 보호기간이 만료되지 않은 권리에 대해서도 협약상 인정되는 추가적 보호기간을 부여할 필요가 없다. 자국의 저작인접물의 경우, 가령 협약 가입 이전에 10년간의 보호를 부여한 국가가 협약에 새롭게 가입하였고, 가입시 5년의 보호기간이 경과한 저작인접권이 존재하는 경우, 보

---

51) 비체약국에서 발행된 후 30일 내에 체약국에서 다시 발행되는 경우에는 체약국에서 발행된 것으로 보아 보호를 향유할 수 있다. 로마협약 제5조 2항.

52) 이러한 통지를 유엔 사무총장에게 기탁해야 하며, 기탁한 후 6개월 후에 효력이 발생한다. 로마협약 제5조 3항.

호는 가입 이후 5년까지로 충분한 것이고, 추가적인 10년의 보호기간을 부여하여 협약에서 정한 20년간의 보호를 해줄 필요는 없다. 다른 회원국 저작물에 대해서는 협약에 가입한 이후에 발행되거나 고정되고, 작성되는 것 등에 대해서만 보호를 부여할 수도 있다.

이러한 태도는 베른협약과는 비교가 되는 것으로. 베른협약은 협약의 자국 내에서의 발효일을 기준으로 보호기간이 만료되어 공유영역에 들어간 저작물에 대해서만 보호를 부정할 수 있도록 하였는데, 로마협약은 발효일 이후에 고정되거나 하는 방법에 의해 보호의 요건을 만족한 보호객체에 대해서만 보호해야 한다고 해두었다. 보호정도에 있어서도 체약국은 협약 가입 이전에 발생한 저작인접권에 대해 기존에 부여했던 권리 및 보호만을 해주면 충분하며, 협약 가입 이후에 부여한 보호와 동동한 보호를 해줄 필요는 없다.

4. 실연자 관련 규정

(1) 실연·실연자의 의의

로마협약 제3조 a호는 실연자를 "배우, 가수, 연기자, 무용가, 기타 문학·예술 저작물을 연기·가창·낭독·웅변·표현하거나 기타 실연하는 자"로 정의하고 있다. 앞에서 제시된 배우, 가수 등은 실연자의 유형을 예시한 것이고, '문학·예술 저작물을 연기·가창 등으로 실연하는 자'가 핵심적인 표지라 하겠다. 당해 정의는 저작물을 실연하는 자만을 실연자로 보고 있으나 협약 제9조에 의해서 저작물을 실연하지 않는 경우도 실연에 포함되도록 했다. 일반적으로 당해 규정에 "버라이어티 및 서커스 아티스트(variety and circus artists)"라는 제목을 붙이는데, 이는 공식 텍스트에 포함되어 있는 것이 아니며, 하나의 예시로 이해해야 할 것이다.[53] 따라서 실연자 및 실연이 성립하기 위한 범위는 각국의 입법에 맡겨져 있다고 하겠다.[54]

특히 지휘자(conductor)가 실연자가 되는지 여부가 문제되는데, 적어도 협약에서의 실연자 정의에 부합하지 않는 것은 분명해 보인다. 그러나 1961년 외

---

53) 이처럼 버라이어티와 서커스 예술가가 대표적 기타 예술가로 거론되는 것은 이들의 단체에 의한 국제적 로비의 결과라고 하는데, 이를 확인할 수 있는 공식기록은 존재하지 않는다.

54) 포크로의 실연자에 대한 보호는 이후 WPPT 제2조 a호에 명시되기에 이르렀다.

교회의에서 지휘자를 실연자에 포함시킨다는 합의가 있었고, WPPT에서는 "저작물을 해석하는 자"를 실연자에 포함시킴으로써 지휘자가 실연자가 됨을 명시적으로 밝혔다.

다만, 로마협약이 보호를 부여하는 것은 일반적으로 음악 혹은 음성 실연자에 한한다고 보아야 한다. 물론 로마협약에서 실연자에 대해 정의하면서 음악 혹은 음성 실연자만이 협약상 실연자 개념에 부합한다는 정한 바는 없다. 그러나 협약 제19조는 "이 협약에도 불구하고, 실연자가 그의 실연을 시각이나 시청각고정물에 싣는 것을 동의한 경우에, 17조의 규정은 적용되지 아니한다." 라고 규정하고 있는데, 대부분의 영상물 실연자는 고정에 대해 허락을 할 것이므로 사실상 영상물 실연자에 대해서는 협약의 적용가능성이 미미하다고 할 것이다.

(2) 실연자의 보호

실연자의 보호에 대해서는 제7조에서 그 유형을 나열하고 있다. 우선 실연자는 자신의 실연을 동의 없이 유형물에 고정하거나 실연이 고정된 유형물을 또 다른 유형물에 복제하는 것으로부터 보호를 향유한다.[55] 또 자신의 실연을 동의 없이 방송하거나 공중에 전달하는 것으로부터도 보호를 받는다.[56]

그러나 베른협약이 저작자에게 자신의 저작물에 대해 복제권과 공연권을 부여한 것과 마찬가지로 로마협약에서 실연자에게 배타적 권리를 부여하도록 규정했다고 말할 수는 없다. 이 조항이 이른바 "a la carte" 조항인데, 조약문언상 회원국은 실연자를 복제나 공연으로부터 보호할 의무를 부담하는 것이지 배타적 권리를 부여해야 한다는 의무를 지는 것은 아니기 때문이다. 따라서 회원국이 형사적 제재수단, 부정경쟁방지제도, 계약규제 등을 통해 실연자를 보호하는 것으로 협약상의 실연자 보호를 다할 수 있다.[57]

한편, 실연자는 협약 제12조에 따라 상업음반에 자신의 실연이 고정된 경우에 당해 음반이 직접 방송되는 것과 공중전달되는 데 대해서 이용자에게 정당한 보상을 해줄 것을 구할 수 있다.[58] 체약국은 국내법을 통해 이용자가 실

55) 로마협약 제7조 1항 b호 및 c호.

56) 로마협약 제7조 1항 a호.

57) Ricketson/Ginsburg (2005), p.1213.

58) 로마협약 제16조 1항 a호에 의해 유보할 수 있다.

연자 혹은 음반제작자 일방에게, 또는 이들 양자에게 1회의 정당한 보상을 해야 한다고 정하도록 했는데, 국내법이 양자에게 모두 보상하도록 정하는 경우 실연자와 음반제작자 사이에 로열티 분배에 대한 합의를 할 수 있도록 정해야 하고, 이러한 합의에 실패하는 경우에만 국내법이 보상의 분배기준에 대해 정할 수 있도록 규정되어 있다. 체약국은 이러한 보상금지급에 대해서 실연자 혹은 음반제작자에게 보상청구의 권리를 부여할 것인지, 권리부여 외에 다른 방법으로[59] 보상금을 지급토록 할 것인지 결정할 재량권을 갖는다.

(3) 실연자 보호의 한계

실연자에 대한 보호에는 여러 가지 제한이 수반되는데, 이를 열거하면 다음과 같다. 우선 실연자는 자신의 실연이 방송되고 공중전달되는 것으로부터 보호를 향유하지만, 본래 방송하거나 공중전달을 목적으로 되어 있는 이른바 방송실연이 방송신호에 실려 있거나 유체물에 고정되어 있는 경우에는 이러한 보호를 향유하지 못한다.[60]

또한, 협약은 만일 다수의 실연자에 의해 실연이 이루어지는 경우에는 실연자들의 권리행사를 대표하는 자를 정하는 방법이 국내법에 의해 정해질 수 있도록 했는데, 일반적으로 이들 복수의 실연자를 "공동실연자(joint performers)"라 칭한다. 우리나라 저작권법 제66조는 실연자가 대표를 선출한 경우, 선출된 대표 실연자가, 선출이 없는 경우에는 지휘자 혹은 연출자 등이 권리행사를 할 수 있도록 했다. 따라서 공동실연자 개개인은 개별적으로 권리를 행사할 수 없게 된다. 협약에서 공동실연자 간의 로열티 배분 등에 관해서는 규정이 없다.

한편, 실연자가 방송에 동의한 경우에도 보호에 제한이 따른다. 즉, 일단 실연자가 방송에 동의한 경우, 방송과 재방송을 위한 실연의 고정과 복제로부터 실연자를 보호할 것인지 여부와 보호의 구체적 요건을 체약국 국내법에 따라 정하도록 했다.[61] 방송을 위해 고정된 방송실연이 방송사업자에 의해 사용되는 경우도 마찬가지이다.[62] 다만, 국내법에 의해서도 실연자와 방송사업자 간의 자발적인 합의를 방해할 수는 없도록 했는데,[63] 실연자가 방송을 허락하

59) 형사적 제재, 행정처분 등.

60) 로마협약 제7조 1항 a호 단서.

61) 로마협약 제7조 2항 1문.

62) 로마협약 제7조 2항 2문.

면서 실연의 고정과 복제, 방송을 위한 이용에 대해 별도로 허락을 받도록 하거나 별도의 로열티를 지급하도록 하는 특약을 맺는 경우에는 당해 계약에 따라 별도의 허락을 구하거나 로열티를 지불해야 한다는 것이다.

또, 협약 제19조는 실연의 영상화에 있어서 실연자 보호의 제한에 대해 규정한다. 실연자가 자신의 실연을 영상물에 고정시키는 것을 허락한 경우에는 당해 영상물의 이용에 한하여 실연자 보호를 종결시킬 수 있도록 한 것이다.[64]

5. 음반제작자 관련 규정

(1) 음반·음반제작자의 의의

영미법계 국가의 저작권법에서는 음반(phonogram)이란 개념을 좀처럼 사용하지 않고, 녹음물(sound recordings)이라는 술어를 사용하지만, 대륙법계 저작권법에서 음반과 음반제작자라는 말은 매우 자주 사용된다. 로마협약 제3조 b호에서 음반을 청각적 실연 혹은 그 밖의 소리를 고정한 것으로 정의하고 있다. 따라서 음반이 반드시 저작물의 매개체일 필요는 없다. 또 협약은 음반제작자란 음반을 구성하는 소리를 최초로 고정한 자연인 혹은 법인이라고 하고 있다.

(2) 보호의 형식적 요건

체약국은 실연 및 음반의 발행에 대해 일정한 형식을 요구할 수 있는데, 이러한 형식을 부여하는 국가는 다른 체약국의 음반이 협약에서 정한 일정한 형식을 만족시키는 경우, 체약국 국내법상 형식요건을 만족시킨 것으로 보아야 한다.[65] 즉, 음반에 발행연도와 ⓟ표시를 하고 권리자의 성명을 표시해주는 것만으로 다른 체약국에서 보호를 받을 수 있는 것이다.

만약 한 체약국에서 협약에서 정한 것보다 더욱 엄격한 형식적 요건하에서 음반제작자를 보호한다면, 내국민이 다른 체약국 국민, 즉 외국인에 비해 더욱 불리한 지위에 놓이게 된다고 할 수 있다. 이러한 내국민 역차별 문제는 국내법질서에 반할 수는 있지만, 로마협약상 금지되는 것은 아니다.

---

63) 로마협약 제7조 2항 3문.

64) 국내 문헌에는 제19조를 "…17조의 규정은 적용되지 아니한다."라고 번역된 것을 인용하고 있다. 이는 명백한 오류이며, 제17조가 아닌 제7조가 적용되지 않는 것이다.

65) 로마협약 제11조.

(3) 음반제작자의 보호

음반제작자는 자신의 음반을 직접 혹은 간접적으로 복제할 배타적 권리를 갖는다.[66] 직접복제가 말 그대로 음반을 직접 복제하는 것이라면, 간접복제는 가령 TV나 라디오 프로그램에 포함되어 있는 녹음물을 방송프로그램의 복제를 통해 복제하게 된 경우를 의미한다.[67] 한편 실연자에 있어서와 마찬가지로 음반제작자는 방송에 의해 자신의 상업음반이 사용되는 경우, 보상을 받을 수 있다. 구체적인 요건은 "실연자의 보호" 부분에서 다루었으므로 생략한다.

6. 방송사업자 관련 규정

(1) 방송·방송사업자의 의의

방송이란 무선에 의해 방송신호를 공중에 전달하는 것을 말한다.[68] 보호되는 음반에 대한 정의에서와 마찬가지로 방송신호에는 저작물이 실려 있을 필요는 없으며, 당해 신호가 방송인 것만으로 보호 요건은 충족된다. 방송사업자에 대한 정의는 협약상에는 결여되어 있으나 일반적으로 방송을 행하며 이에 대한 책임을 부담하는 법적 실체라고 본다.[69]

(2) 방송사업자의 보호

방송사업자는 제한된 범위 내에서 복제권과 공중전달권을 향유한다. 우선 방송사업자는 자신의 방송을 고정하고,[70] 재방송하며,[71] 허락 없이 만들어진 방송의 고정을 재복제하는 것을 금지하고,[72] 협약 제15조에서 제시한 목적, 즉 사적 사용, 시사보도 등을 위해 방송물을 고정하거나 복제하였으나 이를 그 밖의 목적으로 다시 복제 혹은 재복제하는 것을 방지할 권리를 갖는다.[73]

한편, 방송사업자는 자신의 방송을 공중전달할 권리를 갖는데,[74] 당해 권

66) 배타적 권리를 부여한다는 점에서 실연자의 보호와 다르다. 로마협약 제10조.
67) Ricketson (2005), p.1215.
68) 로마협약 제3조 f호.
69) Ricketson/Ginsburg (2005), p.1216.
70) 로마협약 제13조 b호.
71) 로마협약 제13조 a호.
72) 로마협약 제13조 c호 1문.
73) 로마협약 제13조 c호 2문.

리는 입장료를 받고 출입하는 장소에서 방송을 시청토록 하는 것을 방지할 권한을 의미한다. 권리행사를 위한 구체적인 조건은 체약국 국내법에 의해 정해지도록 했다. 방송사업자의 공중전달권에 대해 규정한 로마협약 제13조 d호는 이른바 스포츠바 등에서 입장료를 받고 TV에서 중계되는 스포츠경기 등을 단체관람토록 하는 데 대해 방송사에 일정한 권한을 부여코자 하는 의도에서 도입된 것이다. 여기서 입장료란 일정한 비용을 부담해야 출입이 가능한 경우뿐 아니라 당해 장소에서 TV 관람을 위해 응원도구나 음식물 등을 일정 수준 이상 구입해야 한다는 조건을 부여하는 경우까지 포함하는 개념이다.[75] 단, 입장해서 자유롭게 음료 등을 구입하는 것까지 입장료를 받는 것으로 볼 수는 없다.

7. 저작인접권 보호기간

저작인접권의 존속기간 혹은 실연자의 보호기간은 아래에서 제시된 시점에서부터 20년간 지속된다.[76] 우선 실연은 생실연의 경우 실연이 행하여진 때부터 기산하여 보호기간이 정해진다.[77] 만약 실연이 음반에 고정되는 경우에는 당해 음반이 발행된 시점부터 기산된다. 음반에 대한 보호는 음반이 발행된 시점부터,[78] 방송에 대해서는 방송이 행하여진 시점부터 정해진 기간 동안 보호되는 것으로 정하고 있다.[79]

8. 보호의 예외 및 제한

(1) 보호의 예외

다음과 같은 경우에 로마협약에서의 저작인접권은 제한될 수 있다.[80]

(a) 사적 이용

74) 로마협약 제13조 d호; 당해 규정은 유보가 가능하다.

75) Schricker/Schricker (2006), Einl. para. 41.

76) 로마협약 제14조 본문.

77) 로마협약 제14조 b호.

78) 로마협약 제14조 a호.

79) 로마협약 제14조 c호.

80) 로마협약 제15조 1항.

(b) 시사 사건의 보도와 관련한 짧은 발췌
(c) 자체의 시설로 자신의 방송을 위한 방송사업자의 일시적 고정
(d) 오직 수업이나 학술 연구의 목적을 위한 사용

사적 이용은 공적이거나 상업적이지 않은 이용을 의미한다.[81] Stewart는 사적 이용을 판단하는 요건으로 저작권제한의 일반적 준거인 3단계 테스트가 유용함을 피력했지만, Ricketson은 사적인 것은 "전문적이거나 상업적이 아닌 것"으로 이해되어야 하며, 따라서 3단계 테스트보다 더욱 완화된 요건에서 예외설정이 가능하다고 보았다.[82]

시사보도를 위한 짧은 발췌가 허용되는데, 어느 범위까지가 짧은 범위에 속하는지에 대해서는 명시적 설명이 존재하지 않는다. 방송을 위해 음반이나 실연을 일시적으로 복제할 수 있다. 이렇게 복제된 녹음물은 방송을 위한 합리적인 기간이 도과된 후에는 폐기해야 한다. 실연이나 음반, 방송 등을 저작물의 경우와 마찬가지로 수업목적으로 이용할 수 있다. 학술적 연구에 있어서도 실연 등을 이용할 수 있는데, 협약에서 요구하는 학술성의 정도가 어디까지인지는 불분명하다.

(2) 보호의 제한

로마협약 제15조 2항은 다음과 같이 규정하고 있다.

> 본조의 제1항에도 불구하고, 체약국은 국내법령으로 문학・예술 저작물의 저작권의 보호와 관련하여 규정하고 있는 바와 같이, 국내법령으로 실연자, 음반제작자 및 방송사업자의 보호에 관하여 같은 종류의 제한을 규정할 수 있다. 다만, 강제허락은 이 협약과 양립하는 범위 내에서만 규정될 수 있다.

이 규정은 저작인접권을 제한할 수 있는 범위에 대해 규정하고 있는 한편, 베른협약에서 인정하고 있는 저작권의 제한과 예외가 저작인접권의 제한과 예외에 어떠한 영향을 미치는지에 대해 설명하고 있다. 즉, 베른협약상 보장되

81) Stephen M. Stewart, *International Copyright and Neighbouring Rights* (London: Butterworths, 1989), para. 8.41.
82) Ricketson (2003), p.44.

는 저작권에 대한 제한과 예외는 저작인접권에도 그대로 적용될 수 있다. 이러한 예외설정은 국내법에 베른협약에서의 예외에 상응하는 규정을 둠으로써 실현된다. 당해 규정 단서에 의해 로마협약에서 특정한 경우[83]를 제외하고는 강제허락을 수반하는 예외설정은 불가능하다.

9. 협약의 유보

협약의 규정 중 유보할 수 있는 것에 대해서는 제16조에서 정한다.

(a) 제12조에 관하여,

(i) 동 조의 규정을 적용하지 아니한다는 것

(ii) 동 조의 규정을 어떤 특정의 사용에 관하여 적용하지 아니한다는 것

(iii) 음반제작자가 다른 체약국의 국민이 아닌 경우의 음반에 관하여, 동 조의 규정을 적용하지 아니한다는 것

(iv) 음반제작자가 다른 체약국의 국민인 경우의 음반에 관하여, 그 다른 체약국이 이 선언을 한 국가의 국민에 의하여 최초로 고정된 음반에 대하여 부여하는 보호의 범위와 기간 내에서, 동 조에 의하여 규정된 보호를 제한할 수 있다는 것. 다만, 제작자가 자국민인 경우 체약국이 동일한 수익자에게 이 선언을 한 국가와 같은 보호를 부여하지 아니한다는 사실은 보호의 범위에 있어서의 차이로 보지 아니한다.

(b) 제13조에 관하여, 동 조 (d)를 적용하지 아니한다는 것. 체약국이 그와 같은 선언을 할 경우에, 또 다른 체약국은 주사무소가 그 체약국에 있는 방송사업자에게 제13조 (d)에서 언급하고 있는 권리를 부여할 의무를 지지 아니한다.

협약상 유보되는 경우에 대한 것은 저작인접권의 내용을 살피면서 이미 언급하였으므로 생략한다. 다만, 국내법상 국내 저작인접권자에게 특정한 보호를 향유토록 하면서도 이러한 보호를 부여할 것을 규정한 로마협약 규정을 유보할 수 있는지 문제된다. 가령 방송을 공중에 전달할 권리를 방송사업자에게 부여하는 법을 가지고 있으면서도 로마협약 제16조 b호에 의해 방송의 공중전달권을 유보하는 경우를 생각해 볼 수 있다. 이 경우에는 회원국이 방송의 공중전달권에 관한 의무로부터 벗어나겠다는 의사를 표명한 것이 되므로 국내법

83) 로마협약 제7조 2항 2문, 제12조, 제13조 d호에 대한 추가적 강제허락 부여만이 가능하다.

에서 당해 권리를 내국 방송사업자에게 보장하는 것과 무관하게 동 권리의 부여를 유보할 수 있다. 따라서 다른 체약국 권리자를 보호하지 않는 방법으로 차별할 수 있다.[84] 이렇게 유보된 영역에 대해서는 내국민대우의 원칙이 적용되지 않는다. 조약 문언 상으로는 이러한 해석이 가능할 수도 있으나, 정책적으로 바람직한 방법은 아닐 것이다.

IV. 그 밖의 조약

1. 제네바 음반협약

제네바 음반협약은 음반의 무단 복제 및 배포, 수입·수출을 방지하는 것을 주된 목적으로 하는 조약이다.

제1조는 정의규정으로 동 조약의 실체적 규정에서 다루어지는 용어들에 대해 설명하고 있다. 음반은 음을 청각적으로 고정한 것을, 음반제작자는 동 음반에 음을 최초로 고정한 자를 말한다. 여기서 논란이 되었던 점은 영상물을 제작하는 과정에서 영상과 음을 따로 고정하고, 이를 이후에 하나로 합치는 경우가 있는데, 이러한 과정에서 작성된 영상물이 제1조의 정의에서 말하는 음반에 해당하는지 여부였다. 그러나 음반협약에 대한 보고서는 오로지 음으로만 이루어진 것이 음반이 될 수 있다고 말하고 있다.[85]

동 조약은 음반의 불법적 복제물이 배포되는 것을 통제하기 위한 것이므로 복제물의 정의 역시 중요성을 갖는다. 협약상 복제물(duplicate)이란 "음반으로부터 직접 또는 간접으로 취한 음을 수록하고 있는 물품으로서, 동 음반에 고정된 음의 전부 또는 실질적인 부분을 수록하고 있는 것"인데, 여기서 실질적인 부분(substantial part)이라는 것은 양적인 측면뿐 아니라 질적인 측면까지 고려하여 판단해야 하는 것으로서 단지 작은 부분이 복제되더라도 그 중요도에 따라 복제물이 될 수 있다.[86]

84) 내국민대우원칙과 관련해서는 로마협약 제2조 2항 참조.
85) Ficsor (2003), para. PhC-1.5.
86) *Id.*, para. PhC-1.8.

마지막으로 "공중에 배포(distribution to the public)"란 음반의 복제물을 직접 혹은 간접적으로 공중에 제공하는 것인데, 동 정의에 영리적일 것 혹은 상업적 목적을 가질 것이라는 요건은 명시되어 있지 않지만, 내재적으로 요구되고 있다고 설명되고 있다.[87]

동 조약의 보호주체인 음반제작자는 자연인의 경우, 회원국의 국적을 가지고 있어야 하고, 음반제작자가 법인의 경우에는 회원국이 주사무소 소재국이거나 주로 경제활동이 이루어지는 국가가 회원국인 경우에 보호를 향유할 수 있다.[88]

협약 제2조에 규정되어 있는 보호의 유형은 다음의 세 가지이다.

- 저작자의 허락 없이 배포의 목적으로 음반 복제물을 제작하는 행위
- 배포를 목적으로 음반 복제물을 수입하는 행위
- 음반 복제물을 공중에 배포하는 행위

회원국은 위에서 제시된 행위를 방지하기 위해서 적절한 조치를 취해야 한다.[89] 구체적으로 어떠한 방법에 의해야 하는지에 대해서는 각국이 재량으로 정하도록 되어 있다. 동조 후단에는 그 구체적인 방법에 대해 예시하고 있는데, 영미법계 저작권법에서와 같이 저작권을 부여하거나 대륙법계 저작권법처럼 저작인접권을 부여하는 방법도 있으나 부정경쟁방지법에 의한 보호나 형사적 제재에 의한 복제 및 배포 억제도 유효한 보호가 될 수 있다.

동 보호는 최초의 고정으로부터 최소한 20년간 지속되어야 하지만, 그 이상의 보호기간을 정하는 것은 회원국의 재량사항이다. 회원국은 보호기간 이외에도 보호기간의 기산과 관련해서 처음으로 고정된 때로부터 기산할 것인지 최초의 발행으로부터 기산할 것인지를 스스로 정할 수 있다.[90]

협약은 일정한 형식적 요건을 만족시키는 경우에만 보호를 부여할 수 있도록 했는데, 동 형식요건은 최초의 발행연도와 함께 Ⓟ표시를 하고, 저작권자를 표시하는 것으로 족하도록 해야 한다. 다만, 이는 다른 회원국의 음반제작자에게만 해당되는 것으로 내국인에게 이를 상회하는 형식요건을 부여하는 것

87) *Id.*, para. PhC-1.9.

88) *Id.*, para. PhC-2.2.

89) 제네바 음반협약 제3조.

90) 제네바 음반협약 제4조.

은 회원국의 재량사항이다.[91)]

회원국은 스스로 음반제작자의 보호를 제한하는 조치를 취할 수 있다. 저작권에서와 마찬가지로 저작인접권에 대해서도 제한과 예외를 인정할 수 있다는 것으로, 저작자의 제한과 예외에서 인정되는 내용을 그대로 적용할 수 있다고 하였다. 다만, 강제허락은 다음의 세 요건을 만족시켜야 가능하다.

- 복제가 교육 또는 학술적 연구만을 목적으로 사용될 것
- 강제허락에 관한 허가는 그 허가를 부여한 권한 있는 기관이 속한 체약국의 영역 내에서 행하여지는 당해 복제에 대하여서만 유효하고, 또한 당해 복제물의 수출에 대해서는 적용되지 아니할 것
- 강제허락에 관한 허가에 따라 행하여지는 복제에 대하여, 특히 제조된 당해 복제물의 수를 고려하여 전술한 권한 있는 기관이 정하는 공정한 보상금이 지급될 것

음반협약이 논의되던 당시 초안에는 위에서 열거한 세 가지 조건을 만족시키는 경우에만 음반제작자의 권리를 제한할 수 있다고 규정하고 있었다고 한다. 그러나 그렇게 되면 저작자보다 음반제작자의 권리가 제한되는 범위가 좁아져서 바람직하지 못하다는 의견이 제시되었고, 그 결과 베른협약에서 정한 예외를 비롯하여 여타의 제한과 예외를 인정하게 되었다고 한다.[92)] 동 협약은 오로지 배포 및 배포를 위한 복제로부터의 보호만을 규정하고 있으므로 위에서 제시된 교육이나 학술을 목적으로 하는 권리의 제한은 그 의미가 크지 않다고 할 것이다.[93)]

협약 제7조 1항은 주로 안전조항(safeguard clause)라고 일컫는 것으로 저작권 및 여타의 저작인접권 보호와 동 협약에서 정한 보호가 상호 독립적이라는 점을 천명하고 있다. 동조 제2항은 "음반에 그의 실연이 고정되어 있는 실연자가 보호를 받는 범위와 조건은 각 체약국의 국내법이 정하는 바에 의한다."라고 정하고 있는데, 음반협약을 위한 외교회의에서 네덜란드는 실연자에 대한 보호를 동 조약에 가입하는 전제조건으로 해야 한다고 주장했다. 이는 음반제작자가 복제물의 배포에 대해 보호를 주장할 수 있는 상황에서 실연자가 아무

91) 협약은 다른 회원국의 음반제작자 등이 협약상 형식요건인 ⓟ표시 등을 갖추면, 보호가 주장되는 국가에서 행해야 할 형식적 절차를 모두 마친 것으로 간주해야 한다고 정하고 있다. 제네바 음반협약 제5조.

92) Ficsor (2003), para. PhC-6.2.

93) 수업용으로 음반을 제작하는 경우 등이 강제허락의 대상이 된다고 할 것이다.

런 보호를 받지 못하는 것은 부당하다는 이유였다.[94] 그러나 외교회의에서는 일반적으로 음반제작자와 실연자는 협력관계이며, 계약관계로 연결되어 있으므로 침해에 대한 보호주장도 공동으로 하게 되므로 별도의 보호는 필요하지 않은 것으로 결론 내렸다.[95]

동 조약상 보호는 소급하여 적용되지는 않으며,[96] 1971년 10월 29일 당시 음반제작자에 대하여 최초의 고정장소만을 근거로 하여 보호를 하고 있는 체약국은 세계지적재산권기구 사무총장에게 기탁하는 통고에 의하여 음반제작자의 국적기준 대신에 최초 고정장소의 기준을 적용할 것임을 선언할 수 있다.[97]

2. 브뤼셀 위성협약

브뤼셀 위성협약(Convention Relating to the Distribution of Programme-Carrying Signals Transmitted by Satellite)은 위성을 통한 방송신호의 무단이용을 규율하기 위하여 1974년 브뤼셀 외교회의에서 체결되었다.

동 협약은 일반인이 직접 수신하는 형태의 위성방송에는 적용되지 않고, 위성을 통해 다른 기지국이나 방송국으로 송출되는 위성신호의 이용에만 적용된다. 즉, 위성에 의해 송신되는 방송전 신호를 원래 의도된 수신자 이외의 기지국 등이 무단 수신하여 이를 배포하는 것에 대해 적절한 조치를 취할 의무를 그 내용으로 하고 있다. 본 협약에는 2009년 현재까지 30개국이 가입해 있으며, 주요 가입국에는 독일, 이탈리아, 미국, 러시아, 호주, 스위스 등이 있고, 최근 미국과의 FTA 체결을 기점으로 바레인 역시 회원국이 되었다.[98] 2001년 이후에 세르비아, 르완다, 토고, 싱가포르, 베트남 등이 가입하였다.

제1조는 정의규정으로 신호를 비롯하여 조약상의 여러 용어에 대한 설명을 부여하고 있다. 특히 송출신호(emitted signal)는 위성을 방송프로그램[99]을 담

94) *Id.*, para. PhC-7.2.

95) *Id.*

96) 제네바 음반협약 제7조 3항.

97) 제네바 음반협약 제7조 4항; 이는 로마협약 제17조에 상응하는데, 동 선언을 한 국가로는 이탈리아, 핀란드, 스웨덴 등이 있다.

98) 2007년 2월 1일 가입했으며, 아직 비준절차를 완료하지 않았다.

99) "궁극적으로 배포의 목적으로 송출된 신호에 구현된 영상, 음향 또는 그 양자로 구성되

고 있는 신호로서 위성으로 보내지거나 위성을 경유하는 신호를 말한다. 위성에는 송신과 수신, 전달을 위한 개별적인 위성과 이들의 기능을 겸하는 위성 등 다양한 형태가 있을 수 있는데, 동 조약에서 정의하는 위성의 개념은 이들 모두를 포괄한다고 할 것이다.[100]

협약에서 궁극적으로 보호하려는 것은 송출신호를 파생신호로 변경하여 배포하는 행위의 금지인데, 여기서 파생신호(derived signal)라 함은 "송출신호의 기술적 특성을 변경시켜서 얻어지는 신호"를 의미하는 것이다.[101] 즉, 동 신호는 일반 공중이 통상 수신할 수 없는 신호에 기술적인 변경을 가하여 일반 공중이 수신할 수 있는 상태로 만든 신호를 말한다. 일반적으로 방송사업자라고 할 수 있는 원송신기관(originating organization)이 보호의 주체가 된다고 할 수 있으며, 조약문에서는 필수적으로 신호에 실리게 될 방송프로그램에 대해 결정하는 자가 원송신인이 된다고 하고 있다.[102] 한편 이 법에 의한 규율대상이 되는 배포자(distibutor)는 송출신호에서 파생신호로 변경하여 일반 공중에 파생신호를 송신하는 자로서 이 같은 송신행위를 배포(distribution)라고 한다.[103]

원송신기관은 "위성으로 송출되거나 위성을 통과하는 프로그램 전송신호가 향하도록 예정되지 않은 배포자에 의하여 그 영역에서 혹은 그 영역으로부터 배포되는 것"으로부터 보호를 향유한다.[104] 따라서 원송신기관은 수신국이 어디인지 여부와 관계없이 자국 내에서 배포가 이루어지는 것으로부터 보호를 향유한다. 원송신기관은 타 회원국의 자연인 혹은 법인으로서도 보호를 받으며, 배포 혹은 송신되는 신호가 송출신호인지 파생신호인지는 보호의 부여여부와 무관하다. 보호기간의 부여에 있어 그 기간을 정할 수도 있는데, 판례나 기타 행정적 조치에 의해서는 안 되며, 오로지 입법에 의해서만 그 기간이 명시되어야 한다.[105]

는 일련의 생방송물 혹은 녹화(음)물" 브뤼셀 위성협약 제1조 2호.

100) 브뤼셀 위성협약 제1조 3호.

101) 브뤼셀 위성협약 제1조 5호.

102) 브뤼셀 위성협약 제1조 6호.

103) 여기서 배포자는 이러한 기술을 제공한 자가 아니라 파생신호의 송신여부를 결정하는 자이다. 따라서 고용되어 이 같은 기술을 제공한 자나 기술적 수단만 제공한 자에 대한 통제는 본 조약의 취지에서 벗어난다.

104) 브뤼셀 위성협약 제2조 1항.

105) 이러한 사실은 UN 사무총장에 6개월 내에 통지되어야 한다. 브뤼셀 위성협약 제2조 2항.

다만, 동 조약은 이미 파생신호로서 배포된 것을 다시금 수신하여 파생신호로서 송신하는 것까지 통제하지는 않는다.[106] 또 일반 공중이 위성으로부터 직접 신호를 수신하는 경우에도 적용되지 않는다.[107] 한편 다음의 사유에 대해서는 침해가 인정되지 않는다.

- 송출신호에 의하여 전송된 프로그램의 짧은 발췌를 전송하는 경우, 즉 시사사건의 보도에서의 이와 같은 발췌가 공지목적상 정당화되는 한도에서,
- 송출신호에 의하여 전송된 프로그램의 인용, 짧은 발췌로서, 이와 같은 인용이 공정한 관행에 합치되고 또한 인용의 공지목적상 정당화될 수 있는 전송의 경우.
- 국제연합총회의 확립된 관행에 따라 개발도상국으로 간주되는 체약국의 영역에서 송출신호에 의하여 전송되는 프로그램이 오직 교육목적, 성인교육기관에서의 교육을 포함하여, 또는 학술연구의 목적으로 배포되는 경우[108]

동 규정의 내용은 저작권 및 저작인접권과 관련된 조약에서 채택되고 있는 저작권에 대한 제한과 예외에 대한 것을 방송프로그램 신호의 전송의 상황에 맞도록 변경한 것으로 보이고, 마지막 항목은 개발도상국에 대한 조약규정의 적용예외 규정이다.

협약에 의한 보호는 협약의 효력이 발생하기 이전에 송출되던 신호에 대해서는 적용이 없다고 하여 불소급원칙이 천명되고 있으며,[109] 저작권 및 저작인접권 관련 타조약과의 관계가 상호 독립적이며, 상호간에 영향을 주고받지 않는다고 하였다.[110] 또 동 협약상의 보호는 무조건적으로 보장될 것은 아니고, 국내법에서 권리남용에 대한 규범, 독점금지에 대한 규범 등에 의해 제한될 수 있도록 하였다.[111]

동 협약 제8조에 의해 유보는 허용되지 않는데, 이는 협약의 적용범위가 상당히 좁아서 유보가 허용된다면 조약의 실효성 자체가 훼손될 것으로 보았기 때문이다.

106) 브뤼셀 위성협약 제2조 3항.
107) 브뤼셀 위성협약 제3조.
108) 브뤼셀 위성협약 제4조 각호.
109) 브뤼셀 위성협약 제5조.
110) 브뤼셀 위성협약 제6조.
111) 브뤼셀 위성협약 제7조.

V. 저작인접권의 미래

이상에서는 저작인접권의 역사적 기원과 발전과정에 대해 보았고, 이후 저작인접권과 관련된 국제규범에 대해 개관해보았다. 저작인접권자로서 실연자, 음반제작자 및 방송사업자가 승인된 로마협약이 체결된 1965년 이래로 국제적으로 보호되는 저작인접권자의 유형이 늘어난 예는 찾아보기 어렵다. 그간 출판업자에 대해 저작인접권을 부여해야 한다는 논의나 영상실연자에 대한 보호확대 논의가 다소 제기되기는 하였지만, 기존 저작인접권자의 권리확대를 위한 논의가 주를 이룬 데 반하여 새로운 저작인접권자의 출현가능성이나 인정필요성에 대해서는 논의가 거의 이루어지지 못한 것은 다소 의문스럽다.

새로운 권리자의 출현은 이해관계인에게 큰 영향을 미친다는 점에서 신중해야 할 것인데, 실연자, 음반제작자나 방송사업자가 갖는 배타적 권리가 현재 어떠한 효용성을 갖는지를 따지는 것은 기존 저작인접권 제도를 재정립하고, 새로운 권리자 혹은 권리가 창설되는 것이 가능한지에 대한 단초를 제공해줄 것이다.

그러나 현재의 저작인접권 보호제도는 상당히 강력한 보호수단임을 간과해서는 안 될 것이다. 저작인접권자가 보호를 향유하는 몇 가지 단계를 상정해 볼 수 있다. 로마협약의 체결을 위한 논의과정에서 각국은 상이한 저작인접권 보호장치를 가지고 있었으므로 로마협약에서 인정해야 하는 보호에 대한 요구사항과 그 정도를 달리하였다.

저작인접권자가 보호되는 경우는 비재산적 보상 내지 시혜적 보상제도를 들 수 있다. 즉, 이용자는 저작인접물을 사용하는 데 대해서 보상을 해야 할 의무를 부담하지 않음에도 불구하고, 저작인접물 이용에 조력한 데 대한 답례로서 다소의 금전이나 홍보효과 등을 제공하는 것이다. 미국에서 음반을 통해 방송을 할 때, 저작자에게는 보상을 해주었지만, 음반제작자나 실연자에게 보상해주지 않고 있는데, 방송국은 음반의 방송에 따른 일정 액수로 펀드를 조성하여 가수들이 콘서트를 개최하는 데 도움을 주는 것으로 전해지고 있다. 이것은 전형적인 시혜적 보상의 예라 할 것이다.

두 번째 단계는 채권적 관계에 따라 저작인접물의 이용에 대한 반대급부를 제공할 것을 강제하는 경우이다. 실연자는 필연적으로 저작자와 협력해야 하며, 음반제작자나 방송사업자와도 관계를 맺고 음반이나 방송이라는 문화상품을 공동으로 생산하게 된다. 이러한 관계설정 과정에서 채권적 권리와 의무를 서로 교환하게 되는데, 이 과정에서 실연자 혹은 음반제작자가 일정한 지분을 요구하거나 자신의 허락 없이 음반이나 방송을 이용할 수 없도록 하는 등의 계약조건들을 제시할 수 있는 것이다. 더욱이 실연자나 음반제작자 등이 노동조합이나 권리단체의 형식으로 조직화되는 경우에 자신들의 계약조건을 관철시키기 더욱 용이해질 것이고, 결과적으로 사적 자치에 의해서도 어느 정도 공적인 규범이 형성될 가능성도 있다.

세 번째 단계는 전형계약 혹은 추정규정의 형태로 이용자와 저작인접권자 사이의 권리와 의무를 전형화시키는 방법이다. 우리 저작권법 제57조 이하에는 출판권자와 저작권자 사이의 권리와 의무에 대한 규정들이 나열되어 있는데, 이들은 출판계약상 발생하는 권리와 의무에 대한 내용이지 출판권자가 배타적 권리를 갖는다는 것은 아니다. 또 대부분 특약에 의해 배제될 수 있다는 한계 역시 가지고 있다. 저작권법 제100조에서 정한 영상제작자의 권리 역시 마찬가지이다. 영상저작물의 저작자 혹은 실연자에게 영상저작물의 이용을 위해 필요한 권리를 양도 받은 것으로 추정되기는 하지만, 역시 특약에 의해 배제될 수 있다는 한계를 가지고 있다.

마지막으로 네 번째는 저작인접권으로 보호하는 단계이다. 저작권만큼 광범위한 권리유형과 내용을 담고 있지는 않지만, 저작권과는 독립적인 권리를 갖게 함으로서 제3자의 침해행위는 물론, 저작자나 여타의 저작인접권자의 이용행위에 대해서도 통제를 가하거나 보상을 받음으로써 자신의 이익을 옹호할 수 있는 강력한 수단이다.

저작인접권자 보호제도 중 배타적 권리의 부여는 앞에서 제시된 것처럼 저작인접권자를 보호해줄 수 있는 최종적이고 가장 강력한 수단임에는 틀림이 없다. 문제는 앞서 지적한 바와 같이 어떠한 이해관계인을 어떠한 수준에서 보호해줄 것인지 여부이다. 따라서 앞으로 새로운 저작인접권자의 출현 가능성이나 권리자들 상호간의 권리관계에 대해 많은 논의가 필요하다고 생각된다.

제4장 디지털시대 국제저작권규범

1996년 12월 2일부터 20일까지 WIPO 주관으로 스위스 제네바에서 160여 개국이 참가한 가운데 인터넷 등 사이버스페이스에서 저작물을 보호하기 위한 새로운 국제규범 제정논의를 위하여 개최된 '저작권과 저작인접권 문제에 관한 WIPO 외교회의'는 WIPO 신조약으로 통칭되는 WIPO 저작권조약(WIPO Copyright Treaty)과 WIPO 실연 · 음반조약(WIPO Performances and Phonograms Treaty)을 채택하였다.[1)]

일반적으로 WCT와 WPPT로 불리어지는 이 두 개의 조약은 1886년 체결된 문예저작물 보호에 관한 베른협약,[2)] UNESCO를 통해 미국의 주도로 1952년 성립된 세계저작권협약, 실연자 · 음반제작자 및 방송사업자 보호에 관한 1961년의 로마협약, 음반의 불법복제 방지에 관한 1971년의 제네바 협약,

1) 특히 WIPO에 의한 이 조약의 채택배경에는 WTO TRIPs 협정으로 인하여 WTO에 지적재산권 보호의 주도권을 빼앗길 것을 우려한 WIPO의 고려도 많이 작용하였다고 전해진다. 채택과정을 비롯해서 WCT의 전반적인 내용에 대해서는 최경수, "WIPO 저작권조약 및 실연 음반조약 해설 (상), (하)," 「계간 저작권」 제37호(1997), 4-12면 및 제38호(1997), 4-15면 참조. 두 조약을 전문적으로 연구 분석한 해외문헌으로는 R. Reinbothe & S. von Lewinski, *The WIPO Treaties 1996: Commentary and Legal Analysis* (London: Butterworths, 2002) 및 Ficsor (2002) 참조.

2) 우리나라는 소급보호 규정이 없는 세계저작권협약에만 1987년 가입하여 오다가, 1997년 WTO의 성립으로 어차피 소급보호를 규정해야 될 상황에 이르러 1996년 8월 21일 베른협약에 가입하였다. 한편 북한에도 2002년 제정된 저작권법이 시행되고 있으며, 북한은 현재 베른협약에 가입하여 있다.

1995년 WTO 성립과 더불어 발효한 WTO TRIPs 협정[3] 등 저작권보호 관련 조약의 계보를 잇는 것으로 인터넷 시대의 도래를 반영한 것이다.[4] 기본적으로 WTO TRIPs 협정이 지적재산권의 집행에 관하여 무역보복조치를 허용하는 WTO의 분쟁해결제도를 이용하는 등 WTO의 힘을 빌리기 위한 협정이라 본다면, WCT와 WPPT는 인터넷시대 상황의 발전을 반영하여 베른협약을 개정하는 문제를 검토하였으나, 개정절차의 어려움으로 베른협약 제20조에 따른 특별협정의 형태로 채택된 것이다.[5]

WIPO 저작권조약의 핵심적인 내용은 디지털시대에도 기존의 저작권을 효과적으로 보호하기 위한 방안을 마련하기 위한 것이다.[6] 즉 WTO TRIPs 규정이 인터넷을 통하여 유통되는 디지털저작물에 대한 규정을 갖고 있지 않아 통신망을 통하여 국경을 넘나들며 유통되는 디지털저작물에 대하여는 보호가 불충분하였고, 따라서 인터넷상에서 저작권자의 허가 없이 무단으로 유통되는 저작물들을 법적으로 보호할 수 있는 제도적 장치의 마련이 요구되었던 것이다.[7]

---

3) WTO 무역관련 지적재산권협정의 약칭으로, WTO TRIPs 협정에 의한 저작권보호에 대해서는, 박덕영, "WTO TRIPs 협정상의 저작권보호체계와 최근 동향," 「대한국제법학회논총」 제48권 제2호(2003) 참조.

4) WCT, WPPT를 비롯한 저작권 관련 각종 국제조약의 원문은 Paul Goldstein, *International Legal Materials on Intellectual Property*, 2002 ed. (New York: Foundation Press, 2002) 참조. 조약들의 영한 대역본은 저작권심의조정위원회, 「저작권에 관한 국제협약집」 개정판(1997) 참조.

5) 베른협약 제20조는 "저작자에게 이 협약보다 광범위한 권리를 부여하거나 이 협약에 저촉되지 아니하는 다른 규정을 포함하는" 별도의 조약을 체결할 권리를 체약국들에게 부여하고 있으며, 베른협약의 개정은 만장일치를 요구하기 때문에 기존협약의 개정보다는 새로운 조약을 채택하는 방법을 선택하였다. 그러나 WCT 제17조에 의하면, 여기서 특별협정이라 함은 베른동맹의 당사국만 가입할 수 있다는 것은 아니며, WIPO회원국 모두에게 개방된다. 그러나 WCT와 WPPT는 베른협약상의 특별협약은 아니라는 견해도 있으나, 실질적으로 큰 차이가 있는 것은 아니라고 본다. 최경수(2001), 315면 참조.

6) WCT는 그 전문에서 두 가지 목적을 갖고 있음을 밝히고 있다. 첫째는 디지털 네트워크 환경의 도래로 인하여 새로이 제기된 저작권 문제의 해결이고, 다른 하나는 기존 규범이 갖고 있는 해석상의 문제를 명확히 하고자 하는 것이었다. 전자의 목적에 해당하는 것이 포괄적인 공중전달권의 도입, 기술적 보호조치, 권리관리정보의 보호 등이고, 후자에 속하는 의제들은 거의 채택되지 못하였다. WIPO의 논의 과정이나 조문별 주해에 대해서는 문화체육부, 「세계지적소유권기구 저작권조약 및 실연음반조약 해설」(1997. 11.) 참조.

7) 이러한 이유로 이 두 개의 조약은 "인터넷조약"으로도 일컬어진다. 인터넷의 속성상 저작권뿐만 아니라 전자상거래 등에 있어서 분쟁 발생의 경우 어느 나라가 관할권을 행사

Ⅰ. WIPO 저작권조약(WCT)

WPPT와 더불어 인터넷조약이라 불리는 WIPO 저작권조약(WCT)은 제17조 3항에 따라 30개국이 비준하여 비준서를 기탁하면 발효되도록 되어 있으며, 동 요건이 충족되어 2002년 3월 6일 발효되었다. WCT의 목적은 베른협약에 대한 개정과 명확화에 있다고 할 것이다. 2009년 1월 현재 69개국이 가입되어 있는데, EU국가들은 아직 서명만 하였을 뿐 비준은 하지 않은 상태이다. 이는 EU에서 이른바 정보화사회지침[8)]을 통해 회원국 입법을 통일한 후에 WCT에 가입하기 위한 것으로 이해되며, 곧 비준이 이루어질 것으로 보인다.

이하에서는 WCT의 주요내용을 살피고, 이를 통해 도출되는 시사점들에 대해서 볼 것이지만, WCT에 의한 저작권의 제한과 예외에 관해서는 개별적인 고찰을 하고자 한다.

1. WCT와 베른협약의 관계

WCT 제1조 1항은 WCT가 베른협약 제20조에서 예정하고 있는 특별협정(special agreement)에 해당한다는 취지를 밝히고 있다. 여기서 베른협약 제20조에서 말하는 특별협정의 의미는 동맹국들 사이에서 체결되는 조약으로서 베른협약에서 부여하는 보호를 확장하되, 베른협약의 내용과 저촉되지 않는 범위 내에서의 조약을 의미한다. 조약문에는 그들 사이에서의(among themselves)라는 술어를 사용하여 베른협약의 회원국들 사이에서 체결되는 조약이 특별협정이 됨을 밝히고 있다. WCT의 대부분의 회원국이 베른협약에도 가입되어 있을 것이지만, WCT 조약문 어디에도 베른협약의 회원국에게만 조약을 개방한다는 문언을 찾아볼 수는 없다.

베른협약에 대한 특별협정이라는 점과 베른협약 비회원국에게 조약의 비

할 것인가의 문제가 주요한 이슈로 부상하고 있다.

8) Directive 2001/29/EC of the European Parliament and of the Council of 22 May 2001 on the Harmonisation of Certain Aspects of Copyright and Related Rights in the Information Society.

준 혹은 가입이 인정된다는 것은 상호모순이라고 할 수 있다. Ficsor는 베른협약 제20조에는 비회원국이 특별협정에 참여하는 것을 불가능하도록 하는 취지가 보이지는 않는다고 설명한다.[9] 그러나 베른협약상 특별협정이라는 개념은 그 정의에 비추어 베른협약의 회원국 사이의 협정을 의미하는 것이라고 보는 것이 정확한 해석이며, 이는 일반국제법에서 말하는 inter se modification의 문제이다. 이러한 합의에 비회원국이 참여한다면, 그것은 베른협약에서 정의한 특별협정의 범위에서 벗어나는 것이다. 그러나 현실적으로는 같은 조약에 대해서 베른협약 회원국 사이에서는 특별협정으로서 기능하고, 여타 회원국들 사이 혹은 베른협약 회원국과 비회원국 사이에서는 특별협정의 성격을 갖지 않는 일반조약으로 기능한다고 보는 것이 바람직하다고 생각된다. 한편 WCT는 베른협약에서 부여하는 권리를 확장하고 있으므로 베른협약 제20조상의 '허용되는' 특별협정에 해당될 것이다.

2. 합의의사록의 의미

베른협약이나 로마협약과 달리 WCT와 WPPT에는 일부 조문에 대하여, 이른바 합의의사록(Agreed Statement)이 첨부되어 있다. 이러한 합의의사록이 갖는 의미가 무엇인지에 대해서 생각해 보아야 한다. 대부분의 합의의사록은 WCT와 WPPT의 체결을 위한 외교회의에서 컨센서스에 의해서 채택되었다. 이는 투표를 통해 만장일치로 결정되었다는 것을 의미하지는 않지만, 명시적 반대의사를 표명한 국가가 없었다는 것을 의미한다. 그러나 합의의사록 중에는 가중다수결에 의해서 채택된 것들도 있다.

그러면 비엔나협약에서 말하는 합의가 성립되기 위해서는 어느 정도의 질적 혹은 양적 의견일치가 이루어져야 하는가. Ficsor는 합의의사록이 채택되는 과정은 조약문이 채택되는 과정과 같았으며, WIPO는 외교회의에서 조약문언을 결정하는 방식이 가중다수결에 의하도록 되어 있으므로 다수결에 의해 채택된 합의의사록 역시 비엔나협약상 합의이고, 이에 근거하여 조약을 해석함이 타당하다고 지적한다.[10]

9) Ficsor (2003), para. CT-1.2.

10) Ficsor (2002), para. 2.33.

이러한 합의의사록은 조약법에 관한 비엔나협약 제31조 2항에서 말하는 합의(agreement)로서 조약에서 불가분의 일부를 구성하는 것은 아니지만, 제31조 3항에 언급한 "조약의 해석 또는 그 조약규정의 적용에 관한 당사국간의 추후의 합의"에 해당한다고 볼 여지는 있다. 물론 이 경우에도 합의의사록이 WCT와 WPPT를 채택한 같은 외교회의에서 채택되었으므로 "추후의" 합의는 아니라고 볼 수도 있다. 그러나 합의의사록 채택에 많은 국가가 참여하여, 향후 WCT나 WPPT를 해석함에 있어 반드시 염두에 두어야 할 것이다.

우리나라는 합의의사록의 채택에 참여하지 않은 것으로 알려져 있고, 특히 문제가 된 것은 합의의사록에서 규정한 일시적 복제의 보호여부 문제인데, 한미 FTA 협상 타결에 따라 우리도 일시적 복제를 복제로 인정하기로 하였으므로 이제는 논의의 실익은 감소되었다고 할 수 있다.

3. 보호저작물의 확대

(1) WCT상 컴퓨터프로그램 보호

WCT 제4조는 컴퓨터프로그램의 보호에 대해서 규정하고 있다. 동 규정은 "여하한 표현 형식이나 형태의 컴퓨터프로그램"도 문학저작물로서 보호의 대상이 된다고 규정하고 있는데, 이는 TRIPs 협정에서의 컴퓨터프로그램 보호규정인 제10조 1항과 그 표현이 다른 것이다.

즉, TRIPs 협정 제10조 2항은 표현이 목적코드인지 소스코드인지와 관계없이 컴퓨터프로그램으로 보호된다고 규정하고 있다. Ficsor는 TRIPs 협정의 이 같은 표현은 필요치 않은 것이라고 지적한다. 다시 말해 소스코드를 컴파일링하여 최적화하면 목적코드가 되는 것이고, 이를 다시 리버스 엔지니어링의 방법으로 소스코드로 만들 수 있는 것이므로 이들의 실체는 하나라는 것이다.[11] WCT는 프로그램 보호에 있어 형식과 형태를 불문한다고 하였으므로 프로그램의 언어나 체계와 관계없이 보호될 것이고, 프로그램 자체로 존재하든 칩셋에 탑재되든 보호를 향유하다는 데는 지장이 없을 것이다. 그러므로 컴퓨터프로그램의 보호 가능성에 대해 더욱 명확하게 한 것이라고 하겠다.

---

11) Ficsor (2003), para. CT-4.5.

(2) WCT상 데이터베이스 보호

WCT 제5조는 다음과 같이 데이터베이스가 보호된다고 규정하고 있다.

> 내용의 선택과 배열로 인하여 지적 창작물이 되는 자료 또는 기타 소재의 편집물은 그 형태에 관계없이 지적 창작물로서 보호된다. 이 보호는 당해 자료 또는 기타 소재 그 자체에는 미치지 아니하며, 그 편집물에 수록된 자료나 소재에 존속하는 저작권에도 영향을 미치지 아니한다.

동 규정과 유사한 규정은 TRIPs 협정 제10조 2항과 베른협약 제2조 5항에서도 찾아볼 수 있는데, 컴퓨터프로그램의 보호와 마찬가지로 TRIPs 협정의 내용을 WCT에 반영한 것은 쉽게 납득할 수 있는 것이지만, 베른협약에 수집물이나 편집물에 대한 보호규정이 존재함에도 WCT에서 이와 유사한 규정을 둔 의도는 밝힐 필요가 있다. 베른협약 제2조 5항은 "내용의 선택과 배열로 인하여 지적 창작물이 되는 백과사전 및 선집과 같은 문학·예술 저작물의 수집물은 그 수집물을 구성하는 각 저작물의 저작권을 해치지 아니하고, 지적 창작물로서 보호된다."고 하여 편집물의 구성요소가 각각 저작물이 될 것을 예정하고 있다. 따라서 이러한 저작물을 구성요소로 하지 않는 비저작물을 요소로 하는 편집물에 대해서도 보호를 향유토록 하기 위해 동 규정이 도입된 것으로 평가해볼 수 있을 것이다.

그러나 동 규정은 창작성이 없는 데이터베이스에 대해서는 보호를 강요하지 않는다. 이른바 독자적인 데이터베이스권(database right sui generis)은 데이터베이스의 구축에 대한 투자를 보호해주기 위한 제도이고, 그 보호의 대상은 동 데이터베이스의 구성요소에 대한 상당부분의 이용인데, WCT 제5조의 보호는 이러한 데이터베이스권은 아니고, 따라서 소재의 개별적 이용에는 그 보호가 미치지 않는다고 하고 있다. TRIPs 협정의 태도도 마찬가지이다. 따라서 우리 저작권법 제91조 이하에 규정되어 있는 것은 독자적인 데이터베이스권을 그 내용으로 하고 있는 것으로 WCT나 TRIPs 협정에서 규정한 의무와는 다른 것이고, 양 조약에서 포섭되는 보호는 우리 저작권법 제6조의 편집저작물 규정에서 다루어진다고 할 수 있다.

한편 TRIPs 협정 중 데이터베이스 규정과 WCT의 문언에도 다소의 차이가 발견되는데, TRIPs 협정은 "기계판독 가능 형태인지 또는 그 외의 형태로 존재하는지 여부"와 관계없이 보호를 향유할 수 있다고 정하고 있으나 WCT에는 동일·유사한 술어가 없다. 그러나 WCT에 특정한 형태의 데이터베이스에 대하여 보호를 향유하지 못하도록 하거나 더 넓은 범위의 보호를 인정하는 취지의 규정을 두고 있지 않으므로 WCT나 TRIPs 협정상 데이터베이스 보호규정은 실질적 내용에 있어 차이가 없다고 할 수 있다.

4. WCT상 저작재산권

(1) 배 포 권

1) 관련규정

WCT 제6조 1항은 저작자가 "판매 또는 기타 소유권의 이전"의 방법으로 저작물을 공중이 이용할 수 있도록 제공할 권리를 향유한다고 되어 있다. 조약은 배포의 방법을 판매(sale)와 그 밖의 소유권 이전(other transfer of ownership)으로 정하고 있으므로 규정되어 있지 않은 방법에 의한 저작물의 배포에 대해서는 회원국이 재량에 따라 권리인정 여부를 정할 수 있다고 보아야 할 것이다. 우리 저작권법 제2조 23호는 배포를 "저작물 등의 원본 또는 그 복제물을 공중에게 대가를 받거나 받지 아니하고 양도 또는 대여하는 것"이라고 정의하고 있어 그 양도에 의해서 배포가 이루어짐을 명시하고 있으나 다소 다른 태도의 규정을 두고 있는 나라도 있다. 가령 독일 저작권법 제17조 1항은 배포권을 "저작물의 원본 혹은 복제본을 공중에게 제공하거나 거래하도록 하는 권리이다."라고 규정하고 있다.

여기서 저작물의 원본 혹은 복제본을 "공중에게 제공"하는 것에는 판매의 목적을 가지고 저작물을 전시하거나 광고하는 것이 포함된다고 보고 있으며,[12] 전형적인 예로 미술상에 의해 진열된 미술품 등이 제시되고 있다. 오스트리아도 비슷한 취지의 규정을 두고 있는데,[13] 우리 법은 이러한 접근 방식을 따르고 있지 않고, 유체물의 이전에 의한 배포와 소진만을 인정하고 있을 뿐이다.

---

12) Möhring/Nicolini/Kroitzsch (2000), §17 UrhG para. 12.

13) "저작물이 공표되지 않았다면, 배포권은 저작물을 공중에 제시, 진열, 전시하거나 저작물의 공개적 이용을 통해 공중이 접근할 수 있는 상태로 만들 권리를 포괄한다." 오스트리아 저작권법 제16조 2항.

2) 소진이론

WCT 제6조 2항은 회원국이 재량에 따라 소진의 원리를 적용할 수 있다고 하였다. 소진의 원칙은 배포권을 제한하려는 취지에서 도입된 것으로 주로 저작자가 갖는 독점적인 배포권의 범위는 동 권리를 1회 행사하는 데 그쳐야 하며, 저작자가 2차 시장에 대해서까지 영향력을 행사할 수 있어서는 안 된다는 취지의 규정으로 이해되고 있다. 그러나 프랑스는 이러한 제한을 가하려 하지 않았고, 도리어 배포권의 계속적 보장이 저작자에게 필요하다고 보아 소진을 인정하지 않았다.[14)]

소진의 원리는 무한정 인정되지 못할 수도 있다. 즉, 일단 소진되었다고 하여 동 권리가 영원히 소진되었다고 할 수는 없다. 따라서 어느 범위까지 소진이 인정되고, 어느 시점부터 배포권이 다시 발생하는지 그 범위가 문제된다. 즉, 일단 배포권의 소진이 일어나고 나면, 그 대상인 유체물이 국경을 넘어서는 경우나 일단 국경을 넘었던 유체물이 다시 국내로 유입되거나 혹은 외국에서 제작된 유체물이 다시금 국내로 유입되는 것을 저작자가 다시금 배포권을 가지고 통제할 수 있는지가 문제될 수 있다.[15)]

우리나라의 입장은 그렇게 분명한 것은 아니며,[16)] EU에서는 EU내 소진의 원칙이라는 지역적 소진원칙이 적용되고 있다. 동 원칙에 따르면, 가령 회원국 A에서 저작자의 허락하에 저작물이 배포된 경우, 회원국 B에서 동 저작물이 계속 유통될 수 있고, 소진된 배포권은 다시금 회복되지 않는다. 즉, 일방 회원국에서 합법적으로 배포된 복제본은 타방회원국에서도 계속해서 배포될 수 있다는 것이다. 따라서 일단 한 회원국에서 적법하게 판매, 즉 배포된 복제본

---

14) 그러나 EU의 정보화사회지침에는 배포권과 소진원칙에 관한 규정이 들어가 있다. 특히 EU는 역내시장을 지향하고 있으므로 EU내에서 일단 저작자의 동의하에서 유통되는 저작물에 대해서는 저작자가 차후에 유통을 통제할 수 없도록 하는 것이 이러한 취지에 잘 부합할 것이다. 그래서 등장한 개념이 EU소진의 원칙인데, 소진의 원칙이 인정되지 않는 상황에서 EU소진을 논하기는 어렵다. 프랑스는 지침에 대한 이행으로서 소진의 원칙을 도입하기는 하였으나 상당히 제한적인 범위 내에서만 인정하게 되었다. 즉, 판매에 의해서 저작물이 유통된 경우에 저작자는 그 저작물에 대해 더 이상 배포권을 주장할 수 없게 되었다. 그러나 판매 이외의 방법으로 저작물을 배포하는 경우에는 배포권이 소멸되지 않는다.

15) 국제적 소진에 대한 자세한 내용은 계승균, "국제소진이론," 「저스티스」 제72호(2003), 275면 참조.

16) 법문상에 명시된 규정이 없으며, 정부는 국제적 소진원칙에 따르는 것으로 알려져 있다.

은 다른 회원국에서 자유롭게 재판매될 수 있다는 결론이 나온다.

(2) 대 여 권

WCT 제7조는 대여권이 저작자의 권리임을 천명하고 있다. 그러나 대여가 의미하는 것이 무엇인지에 대해서는 명시적인 규정을 두고 있지 않다. EU의 대여권 지침[17]에는 대여를 "시간상 제한되며, 직·간접적으로 영리 목적에 기여하는 사용권한을 넘겨주는 것"이라고 정의하고 있다.[18] 동 지침상의 정의는 일반적 대여개념에 부합한다고 생각되며, 이는 WCT에서도 마찬가지일 것이다. WCT에서의 대여권은 상업적 대여만을 의미하는데, 이는 공공도서관 등에서 도서 등을 대출해주는 것을 통제 범위에 넣지 않으려는 의도에 의한 것이다. 권리소진의 이론에 따라 배포권이 소진되더라도 대여는 영향을 받지 않는다.

대여권이 적용되는 대상에 대해서는 제한이 따르는데, 우선 음반에 수록된 음악저작물과 영상저작물에 대해서는 잠식 테스트(impairment test)가 적용된다. 즉, "복제권을 실질적으로 잠식"하는 범위 내에서만 대여권이 적용되는데, 여기서 복제권을 잠식한다는 것은 저작물의 성격에 비추어 그것이 주로 복제에 이용되는 것인 경우에는 대여권을 적용하지 않는다는 의미이다.

그리고 컴퓨터프로그램과 영상저작물에 대해서도 일정한 제한이 있다. 컴퓨터프로그램 중에서 본질적으로 대여의 대상이 되지 않는 것은 제외되는데, 가령 컴퓨터에 탑재되어 있는 운영체제나 기기의 BIOS 등에 탑재된 프로그램은 컴퓨터 혹은 기기에 부수적인 것으로, 이러한 운영체제나 프로그램에 대해서는 대여권을 적용하지 않아도 WCT에 규정된 의무를 위반한 것은 아니다.

음반에 대해서도 동 권리가 인정되지만, "1994년 4월 15일 당시에 음반에 수록된 저작물의 대여에 대하여 저작자에게 공정한 보상제도를 가지고 있었고 그 이후로도 이를 유지"하고 있는 경우에 보상제도에 의하여 대여권을 배타적 권리로 인정하지 않는 것은 회원국의 재량사항이다. 여기서 1994년 4월 15일은 TRIPs 협정이 채택될 당시를 의미하는 것이며, 이는 TRIPs 협정 제14조 4항[19]과 관련이 있다.

---

17) Directive 92/100/EEC.

18) 대여권지침 제2조 1항.

19) "1994년 4월 15일 회원국이 음반의 대여와 관련하여 권리자에 대한 공평한 보상제도를 가지고 있는 경우, 음반의 상업적 대여가 권리자의 복제에 대한 배타적인 권리를 실질적

TRIPs 협정 제14조는 저작인접권자의 권리와 그 제한에 대한 것이므로 제4항에서의 보호주체는 저작자가 아니고, 음반제작자와 경우에 따라 실연자이다. 그러나 동 규정은 권리자의 범위를 "기타 회원국의 법에서 정한 권리자(any other right holders in phonograms as determined in a Member's law)"로 그 범위를 확대하고 있는데, 여기서 회원국의 법에 의해 정해졌다는 것은 규정에 있는 음반제작자 이외에도 다른 권리자가 더 있을 수 있음을 의미하는 것이라고 한다. 즉, 다른 권리자에 대해서도 정당한 보상금제도를 유지할 수 있다는 것이다. WCT는 TRIPs 협정의 동 규정을 그대로 받아들이기 위해 "체약당사자의 국내법에서 정한 음반에 수록된 저작물의 저작자"가 보호의 주체가 된다고 규정하였다고 전해진다.[20)]

쉽게 말해서 1994년을 기준으로 정당한 보상제도에 의해 음반의 대여를 인정하고 있었고, 계속 그러한 제도를 유지하고 있는 회원국은 TRIPs 협정 제14조 4항에 따라 음반제작자 및 기타 권리자(저작자와 실연자)에 대하여 공정한 보상금의 청구권만을 부여할 수 있는데, WCT 제7조는 기타 권리자에 저작자가 포함됨을 확인하고 있다는 것이다.

(3) 공중전달권

1) 일 반 론

WCT 제8조에 규정되어 있는 공중전달권은 일반 공중전달권과 이용제공권의 두 가지 형태로 나누어볼 수 있다. 이는 베른협약상의 공중전달권을 확대함과 동시에 이용제공권이라는 새로운 권리를 인정한 것이라고 평가되고 있다.

우선 일반 공중전달권(general right of communication to the public)은 베른협약에서 유선 혹은 무선의 방법으로 저작물을 전달하는 것을 나누었던 태도와 저작물의 유형에 따라 보호의 방법을 달리하였던 태도를 배제하고, 모든 저작물에 대해 유선에 의한 이용인지 무선에 의한 것인지 여부와 무관하게 권리를 인정한다는 것이다. 동 권리는 주로 한 번의 송신행위로 상이한 장소에 있는 공중이 송신되는 저작물을 감지할 수 있는 것을 의미한다. 동 권리는 베른협약 제11조 1항에 규정된 공개실연권과 제11조의2 제1항 (iii)호에 규정된 공개재현권을 포함

으로 침해하지 아니하는 경우, 그 회원국은 이러한 제도를 유지할 수 있다." TRIPs 협정 제14조 4항.

20) Ficsor (2003), para. CT-7.13.

하지 않는데, 이 권리의 내용에는 어떠한 수단에 의한 송신과정이 포함되어 있지 않기 때문이다. 동 규정에 대한 합의의사록에 의하면, 동 권리를 적용함에 있어 베른협약 제11조의2 제2항을 해함이 없다고 하였는데, 이는 방송 및 재방송에 대해서 강제허락을 부여할 수 있다는 의미로 이해해야 할 것이다.[21)]

한편 이용제공권(making-available right)은 저작물을 이용가능한 상태로 두어 공중이 이러한 저작물에 원하는 시간과 장소에서 접근할 수 있도록 해두는 것을 말한다. 이는 주로 주문형 비디오나 오디오 서비스 등을 염두에 둔 것이지만, 그 밖에도 이용자가 원하는 시간과 장소에서 저작물을 감지할 수 있도록 한다면, 이러한 행위는 동 권리의 범위에 든다.

WCT의 이러한 규정은 저작권 선진국들에게는 새로운 권리의 창설을 강요하지 않는 경우가 많다. 가령 미국 저작권법에는 오래 전부터 이른바 전송조항(transmission clause)[22)]이 도입되어 있어 일찍이 전송을 통한 공연권의 성립 및 침해가 가능하다고 보고 있다. 따라서 비록 같은 장소와 시간에 재현이 이루어지지 않더라도 이용자 전체가 밀접한 관련성을 갖지 못하는 경우에 공연으로 간주되었다. 가령 Playboy v. Webbworld 사건[23)]에서 이용자들이 업로드한 Playboy지의 사진들이 Webbworld의 서비스를 이용하는 다른 이용자들에게 개방되자, 재판부는 서비스제공자의 행위가 현시행위에 해당한다고 보았다. 즉, 개별 이용자에게 사진이 개별적으로 재현되는 것과 관계없이 전체이용자에 대한 저작물의 공개를 공연으로 본 것이다.[24)]

2) 우리나라의 공중전달권

우리나라는 2000년 저작권법이 개정되기 이전 "일반 공중으로 하여금 수신하게 할 목적으로 무선 또는 유선통신의 방법에 의하여 음성·음향 또는 영상 등을 송신하는 것(차단되지 아니한 동일한 구역 안에서 단순히 음을 증폭 송신하는 것은 제외한다)을 말한다."라는 방송의 개념을 개정 이후 "일반 공중으로 하여금 동시에 수신하게 할 목적으로 무선 또는 유선통신의 방법에 의하여 음성·음향 또는 영상 등을 송신하게 하는 것을 말한다."로 변경하였으며, 이러

21) Ficsor (2002), para. C8.05.

22) 17 U.S.C. §101 관련 정의 참조.

23) *Playboy Enterprises, Inc. v. Webbworld, Inc.*, 991 F. Supp. 543 (N.D.Tex. 1997).

24) *Id.* at 551.

한 변경으로 인해 방송을 전송[25] 및 공연[26]과 개념적으로 구별하게 되었다.

2000년의 저작권법 개정은 "전송"에 대해 저작자에게 새로운 권리를 부여한 데 가장 큰 의의가 있다고 할 것이다.[27] 디지털기술의 발달에 따라 종래 저작권법이 규정하던 복제권, 배포권, 방송권 등을 통해 저작권자를 보호함에 한계가 있음이 밝혀짐에 따라 1996년 12월 채택된 WCT상 이용제공권과 일반적 공중전달권을 우리나라도 위 조약에의 가입을 전제로 전송권으로서 신설하게 된 것이다.[28]

방송과 전송의 개념을 구별하여 정의하고는 있으나 이것이 디지털환경 전반에 바람직하게 적용될 수 있는지는 다소 의문이다. 특히 인터넷조약은 종래의 방송개념에 대해서는 변경을 가하지 않고 있으나 유독 우리 법은 "동시에 수신하게 할 목적"으로 저작물을 송신하는 경우가 방송에 포섭된다고 하여 IPTV가 방송에 해당하는지 전송에 해당하는지에 대한 논란을 가져왔다.

그러던 중 저작권법은 2006년 전면개정 되면서 "공중송신," "디지털음성송신"의 개념을 신설하게 되었는데, 방송과 전송, 디지털음성송신을 포괄하는 공중송신을 신설하여 "저작물, 실연·음반·방송 또는 데이터베이스(이하 "저작물 등"이라 한다)를 공중이 수신하거나 접근하게 할 목적으로 무선 또는 유선통신의 방법에 의하여 송신하거나 이용에 제공하는 것"[29]으로 정의하였다. 또한 디지털음성송신도 "공중송신 중 공중으로 하여금 동시에 수신하게 할 목적으로 공중의 구성원의 요청에 의하여 개시되는 디지털 방식의 음의 송신을 말하며, 전송을 제외한다."라고 규정하였다. 이러한 규정에 따라 방송, 전송, 디지털음성송신의 개념은 공중송신에 포섭되었다. 공중송신의 정의에 따르면, 방송, 디지털음성송신 및 전송 외에도 새로운 형태의 공중송신 유형이 포섭될 수 있도

---

25) 저작권법[법률 제6134호] 제2조 9호의2 "전송: 일반공중의 개별적으로 선택한 시간과 장소에서 송신하거나 이용할 수 있도록 저작물을 무선 또는 유선통신의 방법에 의하여 송신하거나 이용에 제공하는 것을 말한다."

26) 저작권법[법률 제6134호] 제2조 3호 "공연: 저작물을 상영·연주가창·연술·상영 그 밖의 방법으로 일반공중에게 공개하는 것과 이의 복제물을 재생하여 일반공중에게 공개하는 것을 말하며, 동일인의 점유에 속하는 연결된 장소 안에서 이루어지는 송신을 포함한다."

27) 동 전송권은 2004년 저작권법 개정을 통해 실연자와 음반제작자에게까지 인정되었다.

28) 송영식·이상정·황종환 (2005), p.604.

29) 저작권법[법률 제8101호] 제2조 7호.

록 하였다.

5. 사진저작물의 보호기간

WCT 제9조에서 사진저작물의 보호기간에 대해 "체약당사자는 사진저작물에 관하여 베른협약 제7조 제4항의 규정을 적용하지 아니한다."고 규정하고 있다. 여기서 언급하고 있는 베른협약 제7조 4항은 사진저작물과 응용미술저작물에 대한 보호기간을 25년으로 할 수 있다는 규정인데, 동 규정을 적용하지 않는다는 것은 곧 사진저작물을 여타 다른 유형의 저작물과 차별하지 않고, 최소 50년간 보호해야 한다는 것을 의미한다. 그러나 조약문에 사진저작물에 대해서만 베른협약 제7조 4항의 규정을 적용하지 않는다고 하였으므로 응용미술저작물에 대해서는 여전히 25년의 단기 보호기간이 적용될 수 있다.

사진저작물(photographical works)은 사진 중에서 인간의 사상과 감정이 나타난 것으로서 다시 사진은 "피사체를 향해 발광이라는 에너지 작용을 통해 그것을 물리적 혹은 화학적으로 변화시키는 것"이라고 정의하는 것이 보통이다.[30] 사진저작물은 촬영에 있어 기계적 · 화학적 가공이 수반되므로 이를 저작물로 보는 데는 다소 인색한 태도가 견지되었다.

1957년 제정 저작권법 제35조에서는 사진저작물의 보호기간을 공표 후 10년으로 규정하였는데, 이는 다른 저작물에 대해 원칙적으로 30년의 보호기간을 인정한 것에 비해 짧은 편이었다. 이는 사진저작물의 경우에는 셔터를 누르는 과정을 단순한 기술적 조작으로 보았기 때문이다. 즉, 다른 저작물에 비하여 사진창작자의 창작정도가 약하다고 보았던 것이다. 또한 사진저작물에 대한 저작권의 귀속문제에 대해서도 구 저작권법 제13조(1987년 개정법 이전)에서 "타인의 촉탁에 의하여 저작된 사진, 초상의 저작권은 그 촉탁자에게 속한다."고 규정하고 있었으며, 더 나아가 구 저작권법 제36조(1987년 개정법 이전)에서는 "학문적 또는 예술적 저작물 중에 삽입된 사진으로서 특히 그 저작물을 위하여 저작하였거나 또는 저작시켰을 때에는 그 사진저작권은 학문적 또는 예술

30) Horst Heitland, *Der Schutz der Fotografie im Urheberrecht Deutschlands, Frankreichs und der Vereinigten Staaten von Amerika* (München: C. H. Beck, 1995), p.21; 사진저작물의 창작성의 표지로는 주로 피사체의 선정, 구도의 설정, 렌즈의 선택, 빛의 방향과 양의 조절, 카메라 각도의 설정, 셔터의 속도, 셔터찬스의 포착 등이 제시되고 있다.

적 저작물의 저작자에게 속하고, 그 저작권은 그 학문적 또는 예술적 저작권과 동일한 기간 내에 존속한다."라고 규정하고 있었다.[31]

1987년 개정 구 저작권법은 인격권 문제로서의 초상권과 저작권의 관계에 관한 특례였던 위 제13조 규정을 삭제하고, 제32조 4항에서 저작권과 함께 초상권 보호의 내용을 추가하게 되었다. 즉, 1987년의 구법 제32조 4항은 "촉탁에 의한 초상화 또는 이와 유사한 사진저작물의 경우에는 촉탁자의 동의가 없는 때에는 이를 전시하거나 복제할 수 없다."라고 규정한 것이다. 이후 저작권법은 2000년 개정을 통하여 촉탁자의 동의가 필요한 경우를 "전시" 혹은 "복제"로 제한하지 않고, "이용"이라고 보다 포괄적인 개념으로 개정되었다. 현행 저작권법은 전면개정에 따라 동일규정을 제35조 4항에서 규정하고 있어 초상 또는 사진 본인의 인격권 보호를 위하여 저작권자의 저작권을 제한하는 태도를 이어가고 있다.

6. 기술적 보호조치 및 권리관리정보의 보호

WCT 제11조는 "체약당사자는 이 조약 또는 베른협약상의 권리의 행사와 관련하여 저작자가 이용하는 효과적인 기술조치로서 자신의 저작물에 관하여 저작자가 허락하지 아니하거나 법에서 허용하지 아니하는 행위를 제한하는 기술조치를 우회하는 것에 대하여 충분한 법적 보호와 효과적인 법적 구제조치에 관하여 규정하여야 한다."라고 규정하고 있으며, WPPT 제18조에서도 마찬가지로 "체약당사자는 이 조약 또는 베른협약상의 권리의 행사와 관련하여, 실연자나 음반제작자가 이용하는 효과적인 기술조치로서 자신의 실연이나 음반에 관하여 실연자나 음반제작자가 허락하지 아니하거나 법에서 허용하지 아니하는 행위를 제한하는 기술조치를 우회하는 것에 대하여 충분한 법적 보호와 효과적인 법적 구제조치에 관하여 규정하여야 한다."라고 규정하고 있다. 이렇듯 두 조약에서의 규정들은 기술적 보호조치의 정의, 보호 객체 및 범위, 허용되지 않는 행위유형에 대해 포괄적인 정의와 입법의 방법을 제시하고 있다.

그런데 WCT 제11조는 한편으로는 여러 국가들의 이해관계를 조절하여야 하는 조약이라는 특성을 감안하고, 다른 한편으로는 끊임없이 변동·발전하는

---

31) 오승종 (2007), 122-123면.

디지털 기술의 특성을 감안하여 기술적 보호조치의 보호범위에 대하여 구체적·기술적 특징을 기술하지 않고, 추상적으로 규정하고 있다. 따라서 WCT상의 입법의무에 저작권의 행사와 직접적으로 관련된 이용통제적 기술조치뿐 아니라 접근통제적 기술조치가 포함되는지 여부가 다투어지고 있다.

우선 찬성의견에 의하면, WCT 제11조가 "저작자가 허락하지 아니하거나 법에서 허용하지 아니하는 행위를 제한하는 기술조치"라고 규정하고 있는데, 어떤 행위를 제한하는 방법에는 특정한 행위 그 자체를 제한하는 방법뿐만 아니라 어떤 행위의 대상인 목적물, 예컨대 저작권의 경우에는 저작물에의 접근을 제한하는 방법이 있다고 하여 접근통제적 기술조치도 보호대상에 포함된다고 한다.[32]

반대견해는 WCT 제11조상의 "이 조약 또는 베른협약상의 권리의 행사와 관련하여"라는 문언을 강조하여 베른협약 등이 저작권자에게 접근을 통제할 권리까지 부여하였는가라고 반문하면서 WCT는 접근통제적 기술조치까지 보호하는 것은 아니라고 보고 있다.[33]

생각건대, WCT는 "이 조약 또는 베른협약상의 권리의 행사"라는 문언과 "저작자가 허락하지 아니하거나 법에서 허용하지 아니하는 행위"라는 문언 등을 반복적으로 사용하고 있고, 저작물에의 접근은 아직 저작권법상 제한되지 않은 행위라는 점 등을 감안할 때, 접근통제적 기술조치는 WCT 제11조상의 보호의 대상이 아니거나 설사 보호의 대상이 된다고 하더라도 구체적 저작권을 보호하는 방법으로 사용된 경우에만, 즉 저작권자의 실체적 권리보호의 방법으로 접근통제가 사용된 경우에만 보호되는 것으로 보는 것이 타당하다고 하겠다.[34]

한편 WCT 제12조는 권리관리정보가 보호된다고 규정하고 있는데, 제12조에서 말하는 권리관리정보는 "저작물, 저작물의 저작자 및 저작물의 권리자를

---

32) Ficsor (2002), p.548.

33) Jane C. Ginsburg, "Copyright Legislation for the Digital Millennium," 23 *Colum.-VLA J.L. & Arts*, 137, 141-142 (1999).

34) Jörg Reinbothe도 기술적 보호조치를 "주로 암호화 조치 또는 복제통제 시스템에 관한 것으로, 하드웨어 또는 소프트웨어적으로 접근을 통제하거나 또는/그리고 권리를 관리하는 것"이라고 언급한 점에서 접근통제적 기술조치는 그것이 실체적 권리를 보호하기 위한 방편인 경우에만 보호되는 것으로 본 것으로 추측된다. 이에 관하여 자세한 내용은 Jörg Reinbothe, *The WIPO Treaties 1996* (London: Butterworths, 2002), p.140 참조.

식별하는 정보 또는 저작물의 이용조건에 관한 정보 및 그러한 정보를 나타내는 숫자나 부호로서, 이들 정보의 어느 항목이 저작물의 복제물에 부착되거나 저작물의 공중전달과 관련하여 나타나는 것"이라고 정의되어 있다. 권리관리정보는 "[저작권]의 침해를 유인, 방조, 조장 또는 은닉"한다는 사실을 알거나 알아야 하는 경우에 보호된다고 정하고 있는데, 구체적으로 허용되지 않는 행위로는 권리관리정보 자체를 제거·변경하는 것이나 이렇게 변경된 정보가 포함되어 있거나 정보가 제거된 저작물을 배포·수입·방송·공중전달하는 것이 있다.

기술적 보호조치와 권리관리정보는 저작권보호에 있어 하나의 공조체제를 구축하고 있다. 가령 최근 미국 Apple사는 iTunes Music Store를 기술적 조치가 되어 있지 않은 음악파일을 서비스한다고 선언하였는데, 이는 동 회사의 기기인 iPod가 아닌 다양한 기기에서 구매음악을 재생할 수 있도록 하는 것이다. 이는 외견상 기술적 조치의 포기를 의미했다. 그러나 이 역시 비즈니스 차원에서의 정책결정이며,[35] 따라서 P2P 등 파일공유 사이트를 통한 불법전송을 용인하는 것은 아니다. Apple은 다운로드된 음악의 이용에 대한 제한을 두는 방법으로 FairPlay라고 불리는 기술을 이용하고 있는데, FairPlay가 적용되지 않은 DRM-free 다운로드 트랙에 구매자의 이름 및 이메일 주소 등의 개인정보가 수록된다. 이는 권리관리정보라고 할 수 있는데, 이를 통해 불법유포시에 책임소재를 추적하려는 의지를 보여주고 있다. 따라서 기술적 보호조치와 권리관리정보는 상호보완적이며 대체적으로 운영되고 있다고 하겠다.

II. WIPO 실연·음반협약(WPPT)

WPPT 제26조 3항에 따라 동 조약은 30개국이 비준서를 기탁하고 3개월 후 발효하도록 되어 있고, 협약은 2002년 5월 20일에 발효하게 되었다. WPPT

35) 애플의 CEO 스티브 잡스는 IPod에 저장된 음악의 3%만이 아이튠스 뮤직 샵에서 구입한 음악이며 나머지 97%는 불법복제 됐거나 DRM이 없는 파일이라며, "음반업계가 CD에 DRM을 걸지 않고 팔듯이 디지털음악에도 DRM을 없애 상호호환성을 높이면, 합법적인 구매가 늘어날 것"이라고 주장했다. 야후뮤직 역시 'DRM이 없는 MP3파일을 판매해 본 결과, 이들 음원이 DRM MP3파일보다 훨씬 높은 매출을 올렸다'고 밝힌 바 있다.

는 로마협약에 비해 일정 부분에서의 상당한 진전을 보이고 있으나, 다른 일부 영역에서는 로마협약에 비해 도리어 줄어든 보호만을 부여하고 있으며, 특히 방송사업자의 보호에 관한 내용은 빠져 있다. WPPT의 회원국은 2009년 1월 현재 68개국이며, 우리나라는 2008년 12월 19일 가입서를 기탁하여 2009년 3월 18일 발효한다. WCT에서와 마찬가지로 EU와 그 회원국들은 조약에 서명은 하였으나 비준은 미루고 있는 상태이다.

이하에서는 WPPT의 주요 내용을 개관할 것이지만, 기술적 보호조치와 관련된 것은 WCT에 대해 설명하면서 이미 보았고, 저작인접권의 제한과 예외에 대해서는 별도로 다룰 것이다.

1. 실연자의 인격권

WPPT는 실연자에게 저작자가 향유하는 저작인격권과 유사한 실연자 인격권을 향유하도록 하였다. 실연자에게 실연자 인격권을 부여한 데는 보통 두 가지 이유가 제시된다. 그 중 하나는 저작자의 인격적 이익을 보호해주기 위해 저작인격권 제도가 있는 것과 마찬가지로 실연자에게 인격적 권리가 보장되는 것은 실연에 포함되는 실연자의 인격적 요소에 대해 보호를 해줄 필요가 있다는 것이고, 실연자와 저작자 사이에서 인격보호에 차별이 있어서는 안 된다는 당위론의 결과라고 설명할 수 있다. 실연자에게 인격권을 부여하는 또 다른 이유는 그것이 실연자의 재산적 이익을 보호하는 데 유리하게 작용할 수 있기 때문이다. 실연자는 음반이 판매됨에 따라 명성을 얻게 되고, 이를 토대로 다른 부가가치를 계속해서 창출할 수 있는데, 음반이 왜곡되거나 실연자의 성명이나 이명이 표시되지 않는다면 명성을 쌓는 데 지장이 생길 것이다.[36)]

WPPT 제5조가 실연자 인격권에 대해 다루고 있는데, 동 규정은 베른협약에서 저작인격권에 대해 다루는 제6조의2를 모범으로 하고 있다.[37)] WPPT 제5조 1항은 다음과 같다.

---

36) 유주선, "실연자의 권리보호 ―개정 저작권법을 중심으로―", 「계간 저작권」, 제79호 (2007.9.), 12면은 성명표시권의 인정근거로 실연이나 실연자의 사회적 혹은 산업적 의미가 커짐에 따라 이들을 알릴 필요성이 제기됨에 따른 것이라고 설명하고 있다.

37) Ficsor (2003), para. PPT-5.1.

> 실연자는 자신의 재산권과 독립하여 그리고 그 권리의 이전 후에도, 실연의 이용방법상 생략이 요구되는 경우를 제외하고는, 자신의 청각적 생실연 또는 음반에 고정된 실연에 관하여 그 실연의 실연자라고 주장하고, 자신의 명성을 해칠 수 있는 실연의 왜곡, 훼손, 기타 변경에 대하여 이의를 제기할 권리를 가진다.

조약 문언상에는 "실연의 이용방법상 생략이 요구되는 경우를 제외"하고 실연자인격권이 인정된다고 하고 있는데, 이는 베른협약에서 찾아볼 수 없는 것이다. 그러나 베른협약상의 저작인격권 규정 역시 불가피한 경우까지 무조건적으로 저작물을 변경할 수 없다거나 성명을 반드시 표시해야 하는 것은 아니라고 볼 수 있을까? 대부분의 학자들은 그렇게 해석하지 않는다.[38)]

우리나라는 WPPT에의 가입을 전제로 저작권법 제66조 이하에서 실연자에게 인격권을 부여하는 규정을 두고 있었다.[39)] 성명표시권에 대해 정한 제66조의 규정은 저작자의 성명표시권에 대해 정한 제12조와 그 구조나 내용이 동일하고, 동일성유지권에 대해 정한 제67조는 저작자에 대한 규정인 제13조와는 다소 다른 구조와 내용을 가지고 있다. 즉, 제67조는 실연의 성질이나 이용의 목적, 형태 등에 비추어 부득이한 경우에는 동일성을 유지하지 않아도 좋다고 규정하고 있으나 제13조 2항 본문과 4호에서는 부득이한 경우에 변경할 수 있으나 본질적인 내용의 변경이 용인되지는 않는다고 하여 하나의 안전장치를 더 마련해두고 있다. 우리 법은 이러한 실연자의 성명표시권과 동일성유지권에 대해 실연자 인격권이라는 제목을 붙이지는 않았지만, 제68조에서 동 권리가 "실연자의 인격권"임을 천명하고 있고, 이것이 실연자의 일신에 전속된다고 하고 있다.

우리 법은 실연자의 인격권이 일신에 전속한다고 하여 그 보호기간을 제한하고 있지만, 저작권에 대해서는 다소 다른 태도를 보이고 있다. WPPT에는 실연자 인격권의 존속기간에 대한 언급이 없으므로 우리 법의 태도는 동 조약에 합치된다고 보아야 할 것이다. 다만, 독일과 프랑스에서 각자 저작인격권에 대한 태도를 실연자 인격권에 대해서까지 연장하고 있음을 주목할 필요가 있다. 독일 저작권법 제83조 3항 1문은 저작인격권과 마찬가지로 실연자 인격권

---

38) *Id.*, para. PPT-5.4.

39) 동 규정들은 2006년 12월 28일의 저작권법 전면개정을 통해 도입되었는데, 국내에서의 요구보다는 WPPT에 대한 가입을 준비하면서 이루어진 도입으로 이해할 수 있을 것이다.

도 실연자 사후 50년간 보호된다고 하였다. 독일은 저작자에 대해서 저작자 사후 70년의 보호기간을 부여하고 있지만, 실연자에 대한 저작인접권은 50년간의 보호만을 부여하고 있다. 적어도 사후 재산권 존속기간만큼을 보호한다는 점에서는 서로 같은 태도라고 할 것이다. 프랑스도 마찬가지인데, 프랑스 지적소유권법 제L. 212-2조 2, 3항의 규정과 그 해석에 의하면, 저작자에 대한 인격권과 마찬가지로 실연자 인격권[40]도 영속적인 보호를 받을 수 있다.[41]

2. 실연자의 배타적 권리 확대

로마협약과 비교해 보았을 때, WPPT의 가장 큰 변화점은 실연자에게 배타적 권리를 부여하였다는 점이다. 로마협약은 단지 실연자를 보호해야 한다고 규정하고 있을 뿐이며, 구체적으로 어떻게, 어느 범위까지 배타적 권리를 부여해야 하는지, 부정경쟁방지법리에 의해야 하는지 혹은 침해에 대해 형사벌로 제재를 가하면 족한 것인지에 대해서는 침묵하고 있다. 그러나 WPPT 제6조 이하에서는 고정권, 배포권 등의 표현을 사용하고 있는데, 이는 실연자에 대해서도 배타적 권리를 부여한 것으로 이해할 수 있다.

동 협약에서 실연자를 "배우, 가수, 연주자, 무용가 및 기타 문학·예술 저작물이나 민간전승물의 표현을 연기, 가창, 구연, 낭독, 연주, 연출하거나, 기타 실연하는 사람"이라고 정의하고 있는데, 이는 그 범위를 매우 포괄적으로 설정하고 있는 것이다. 하지만 사실 동 협약이 포괄하는 실연자는 음성실연자에 한한다고 보아도 과언이 아니다. 실연자의 인격권에 대해 규정한 WPPT 제5조는 "청각적 생실연 또는 음반에 고정된 실연"에 대해서 권리가 적용됨을 천명하고 있으며, 복제권에 대해서도 "음반에 고정된 실연"을 복제하는 것이라

40) 프랑스에서 실연자인격권이 도입된 것은 1985년 저작권법 개정에서부터였다. 이는 WPPT가 체결된 이후 실연자인격권을 도입한 독일과는 대조적인 것이다. 프랑스는 초기에는 실연과 저작물을 명확하게 구별하지 않았으므로 실연자에게 자연스럽게 실연자인격권을 보호해주고자 하였다. 하지만 1957년 저작권법이 도입되는 과정에서 저작인접권과 저작권을 명확하게 구별하게 되었고, 이 시기를 즈음하여서는 실연자인격권 보호가 다소 위축되기도 하였지만, 대체로 실연자인격권은 보호된다는 입장이 견지되었다고 한다. Till Jaeger, *Der ausübende Künstler und der Schutz seiner Persönlichkeitsrechte im Urheberrecht Deutschlands, Frankreichs und der Europäischen Union* (Baden-Baden: Nomos, 2002), pp.90-91.

41) 프랑스에서의 실연자인격권 규정의 해석론에 대해서는 *Id.*, pp.104 ff. 참조.

고 정의하고 있는 한편, 배포·대여의 대상도 음반이라고 보고 있다. 동 협약 제10조 역시 "음반에 고정된 실연"을 이용제공하는 것이 실연자의 권리라고 하고 있다. 실연자 전체에 대한 권리를 규정한 것은 제6조에서 정하고 있는 고정권과 생실연의 방송권뿐인데, 이것도 음성실연 이외의 것이 권리에 포섭되도록 한 것은 아니라는 견해가 있다.[42] 이는 본래 WPPT 제6조 초안에 있던 음악적(musical)이라는 술어가 삭제되었음에도 이러한 주장이 제기되는 것인데, 이는 일반적으로 WPPT가 TRIPs 협정에 비하여 약한 보호를 한다는 것이 널리 인정되고 있기 때문에, TRIPs 협정에서 음반에 의한 고정만을 보호의 대상으로 보는 것을 상회하는 보호가 WPPT에서 이루어질 수 없다고 보면, 영상적 고정을 실연자의 권리로 볼 수 없다는 설명이다.[43] 하지만 일본을 비롯한 몇몇 나라들은 이러한 해석을 받아들이지 않는 것으로 보인다.[44]

(1) 생실연의 고정권·방송권·공중전달권

일반적으로 생실연(live performance)을 처음으로 유형물에 화체시키는 것을 "고정(fixation)"이라 하고, 이미 유형물에 고정된 것을 다시금 다른 유체물로 옮기는 것을 "복제(reproduction)"라고 하는 것이 저작인접권관련 국제조약에서의 주로 사용되는 술어이다.

WPPT 제6조는 실연자가 이렇듯 고정되지 않은 생실연에 대해 이를 고정하고,[45] 생실연을 중계방송하거나 공중전달할 권리를 갖는다고 정하고 있다.[46] 그러나 이른바 방송실연(broadcast performance)은 제외되는데, 이는 방송을 목적으로 하는 실연의 경우에는 고정권이 인정되지 않는다는 것을 의미한다. 그러나 방송실연이라도 일단 고정 혹은 방송되거나 공중전달된 것이 고정된 경우에는 복제권에 근거하여 자신의 이익을 주장할 수 있다.

실연자에게 인정되는 공중전달권은 무엇을 의미하는지가 문제된다. WPPT 제2조 g호는 공중전달을 "방송 이외의 매체에 의하여, 실연의 소리, 음반에 고정된 소리 또는 소리의 표현을 공중에게 송신하는 것"이라고 정하고 있는데,

42) Ficsor (2002), para. PP6.06.

43) *Id.*, para. PP6.07.

44) *Id.*, para. PP6.06.

45) WPPT 제6조 2호.

46) WPPT 제6조 1호.

방송을 제외한다고 하였으나 유선송신이나 재방송 등을 제외한다고 하지 않았으므로 이러한 이용행위는 포함된다고 보는 것이 일반적이다.[47] 그러나 여기에 저작물을 방송에 의해 전달하는 것은 포함되지는 않으므로 WCT에서의 공중전달권과는 다른 것이다.[48]

우리 저작권법 제69조는 실연자에게 복제권을 부여하고 있는데, 우리 저작권법상 저작권과 저작인접권이 동일한 복제개념을 공유하고 있고,[49] 동 복제개념에는 최초의 유형물에의 고정이 포함되므로 동 권리에 의해 WPPT의 고정권이 인정된다고 할 수 있다. 또 우리 법은 실연자가 방송권을 갖는다고 하였는데,[50] 일단 녹음을 허락한 실연에 대해서는 방송권을 행사할 수 없도록 규정하고 있다. WPPT에서 실연자에게 인정하는 방송권은 생실연의 방송만을 의미하므로 우리 법의 이와 같은 태도는 WPPT와 양립한다고 할 수 있다. 우리 법 제72조에서 정한 고정되지 않은 실연에 대한 공연권은 WPPT의 공중전달권에 상응하는 내용을 담고 있다.[51] 다만, WPPT의 공중전달권이 포함하는 유선방송, 재방송은 우리 저작권법의 실연자 공연권 규정이 아닌 실연자의 방송권 규정에 의해 포섭된다.

(2) 복 제 권

실연자의 고정권에 대해 다루면서 본 바와 같이, 복제란 실연이 일단 고정된 다음에 그 고정된 것을 다시금 다른 유형물에 복사하는 것을 말한다. 일단 고정된 것을 복제하는 데 대한 권리를 갖는다고만 하였으므로 실연이 처음으로 고정될 때, 고정에 대한 동의를 이미 실연자로부터 받은 것이 곧 복제의

---

47) Ficsor (2002), para. PP2.18.

48) 베른협약, 로마협약, TRIPs 협정에서 공통적으로 공중전달(communication to the public)이라는 표현을 사용하고 있는데, 로마협약에서의 공중전달은 베른협약에서의 공중전달(유선에 의한 전달)과 공연권을 통합한 개념이고, TRIPs 협정은 제14조 각 항에서 공중전달도 로마협약과 같다고 할 수 있다.

49) 저작권법 제2조 22호에는 "유형물에 고정하거나 유형물로 다시 제작하는 것"이 복제에 해당한다고 되어 있다.

50) 저작권법 제73조.

51) 저작권법 제72조; 실연자의 공연권은 2006년 저작권법 전면개정을 통해 도입된 것으로, 동 권리에 의해 규율되는 이용태양은 공연장소 이외에 설치된 스크린과 스피커를 통한 전달을 들 수 있다. 오승종 (2007), 766면.

허락으로 간주되거나 추정・의제되지 않는다. 만약 이러한 입법을 시도하는 회원국이 있다면 동 회원국은 조약상의 의무를 위반한 것이 된다.[52)]

한편 복제권에 대해 다루는 WPPT 제7조는 "직접적이거나 간접적인 복제"가 권리의 대상이 된다고 하고 있는데,[53)] 이는 로마협약 제10조, 즉 음반제작자의 복제권의 표현을 빌린 것이다. 동조에서는 이미 "어떠한 방법이거나 형태"에 의해서 고정된 실연을 복제하는 것이 실연자의 복제권에 포섭된다고 하였으므로 직접 혹은 간접에 의한 복제라는 것은 사실상 불필요하다고 할 수 있다.[54)] 다만, "어떠한 방법이거나 형태"에 의한 복제라는 것은 베른협약 제9조 1항에 규정되었고, 이는 WCT에도 수용된 바 있다. 따라서 WCT에서 복제권에 대한 해석이 WPPT의 복제권에 대해서도 적용될 수 있다는 견해가 있다고 한다.[55)]

(3) 배포권

배포권의 내용은 WCT 제7조에서 정한 배포권에 대한 것과 그 내용이 같다. 로마협약에는 물론이고, TRIPs 협정에서도 실연자에게 배포권을 부여한 바가 없었는데, WPPT 제8조에서 처음으로 도입하게 된 것이다. 이는 실연자가 음반판매에 대해 참여할 수 있는 가능성을 증대시킨 것이지만, 대개 복제와 배포에 대한 라이선스가 함께 이루어진다는 점에서 실효성에 대해서는 의문시된다.

동 배포권에 대해서 소진의 원칙을 적용할지 여부는 회원국의 재량에 맡겨져 있는데, 우리나라는 2006년 동 권리를 도입함에 있어 이러한 재량권을 바탕으로 최초의 판매 이후의 배포에 대한 소진을 명문화하였다.[56)]

---

52) 그러나 TRIPs 협정 제14조 1항은 "고정되지 아니한 실연의 고정과 그러한 고정물 복제행위"로부터 실연자를 보호해야 한다고 정하고 있는데, 고정과 복제는 "그리고(and)" 요건으로 묶여 있으므로 적어도 TRIPs 협정에 따르면, 고정에 대한 동의를 한 것만으로 복제를 동의한 것으로 보는 것이 가능하도록 입법적인 조치를 취할 수 있다고 한다. Correa (2007), p.159.

53) 음반제작자의 복제권에 대한 WPPT 제11조도 마찬가지이다.

54) Ficsor (2002), para. PP7.03.

55) *Id.*, para. PP7.05.

56) 저작권법 제70조 단서.

(4) 대 여 권

WPPT 제9조는 회원국이 실연자에게 자신의 실연이 화체된 음반에 대해 배포권을 부여해야 한다고 규정하고 있다. 대여는 실연자 자신이 음반을 대여해주는 경우가 아니라, 제3자가 또 다른 제3자에게 저작물을 대여해주는 경우에 적용되는 것으로서 실연자의 동의에 의해 저작물이 판매되어 배포권이 소진되더라도 대여권은 여전히 존속하게 된다.[57]

그러나 동 대여권에 대해서도 예외가 존재한다. 여기에 대해서는 동조 제2항이 정하고 있는데, 그 내용은 다음과 같다.

> 제1항의 규정에도 불구하고, 1994년 4월 15일 당시에 음반에 고정된 자신의 실연의 복제물의 대여에 대하여 실연자에게 공정한 보상제도를 가지고 있었고, 그 이후로도 (계속) 이를 유지하고 있는 체약당사자는 음반에 고정된 실연의 상업적 대여가 실연자의 배타적인 복제권을 실질적으로 침해하지 아니하는 한 그 제도를 유지할 수 있다.

규정의 내용과 연혁에 대해서는 WCT상의 대여권 규정에 대해 다루면서 이미 살펴보았으므로 내용을 간단하게만 정리해보겠다. 음반에 화체된 실연에 대해 배타적 권리로서 대여권을 부여하지 않고, 단지 보상청구권만 부여하기 위해서는 두 가지 요건을 만족시켜야 한다. 우선 TRIPs 협정 체결시에 복제에 대한 정당한 보상금을 지급함으로써 저작자의 허락 없이 실연을 이용할 수 있는 제도적 장치가 마련되어 있어야 하고, 그것이 현재까지 유지되고 있어야 한다. 또 실연자의 배타적인 복제권을 실질적으로 침해하지 않은 범위 내에서 제도가 운영되어야 한다.

우리 저작권법은 2006년 개정 이전에는 실연자에게 영리에 의한 판매용 음반의 대여에 대해서 보상금만을 구할 수 있도록 정하고 있었다.[58] 하지만 이 구법은 TRIPs 협정 및 WPPT가 정한 1994년 4월 15일보다 늦은 동년 7월 1일 발효된 것으로, 이러한 보상금제도를 유지하는 것은 WPPT는 물론, TRIPs 협정과도 양립하지 않는 것이다. 현행 제71조는 단지 실연자가 "그의 실연이 녹음된 판매용 음반을 영리를 목적으로 대여할 권리를 가진다."고 규정하여 실연자의 대여권이 보상금에 의한 것이 아닌 완전한 배타적 권리임을 천명하고

---

57) WPPT 제9조 1항.

58) 구 저작권법 제65조의2 제2항.

있다.

(5) 이용제공권

WPPT 제10조에서 규율하고 있는 이용제공권은 WCT 제8조에서 정하고 있는 일반 공중전달권과 이용제공권 중 이용제공권과 그 내용이 같다. 다만, 공중에 이용이 제공되는 실연은 고정되어 있어야 하는데, 이는 실연이 이용제공되기 위한 필수조건이라고 할 수도 있다. 이용제공권은 이용자가 원하는 시간과 장소에서 보호대상에 접근할 수 있도록 하는 것으로서 보호대상이 적극적으로 전달되는 것까지 포괄하지는 않는다. 따라서 무선에 의해 여러 장소에 흩어져 있는 여러 사람들이 동시에 수신할 수 있도록 고정된 실연을 송신하는 것은 동 권리에 포섭되지 않는다.[59)]

이러한 이용제공권에 대해서 다음과 같이 설명되기도 한다.

> [WCT 제8조의 공중전달권과 WPPT 제10조의 이용제공권은] 모두 온라인 주문 송신 등 쌍방향 송신을 감안한 것이지만 전자는 정보를 통신망에 올리는 행위와 이를 송신하는 행위 모두를, 후자는 이 중 첫 번째 행위만을 염두에 둔 것이다. 다시 말해서 행위주체를 중심으로 볼 때, 전자는 온라인 사업자와 정보제공자의 행위 모두에 대해서, 후자는 정보제공자의 행위만에 대해서 저작자 등의 권리가 미친다.[60)]

즉, 이용제공권은 공중의 일원이 원하는 장소와 시간에 저작물에 접근할 수 있도록 하는 권리인데, 동 권리는 적극적인 송신행위까지를 포괄하지는 않는다는 의미이며, 이는 WCT 제8조 1항의 일반 공중전달권에 의해 포괄될 수 있다는 의미이다.

3. 음반제작자의 권리 강화

WPPT는 실연자에 비해서 그렇게 큰 변화는 아니지만, 음반제작자의 권리 역시 기존의 로마협약에 비해서 강화해주고 있다. 우선 음반제작자는 복제권을

59) 제6조에서 정하고 있는 고정되지 않은 실연에 대한 방송권이나 공중전달권은 고정되지 않은 실연에 대해서만 적용되는 것으로서 고정된 실연에 대해서는 적용되지 않는다.

60) 최경수, 앞의 논문, 48면.

갖는데,[61] 복제권에는 직접적 복제와 간접적 복제가 포함된다는 점에 있어서는 로마협약에서 정한 것과 마찬가지이다. 다만, WPPT에서는 복제가 "어떠한 방법이나 형태로든" 일어나는 경우에 음반제작자의 권리범위에 속한다고 추가적으로 규정하고 있는데, 이는 복제권의 의미를 더욱 분명하게 한다는 것이지, 보호의 범위가 확대되었다고 말할 수는 없을 것이다.

WPPT 제12조는 음반제작자의 배포권에 대해서 다루는데, 동 규정의 문언은 실연자의 배포권에 대해 다룬 제7조와 그 내용이 같으며, 해석에 있어서도 차이가 없다고 보아야 할 것이다. 음반제작자의 대여권에 대해 다루는 제13조, 이용제공권에 대해 다루는 제14조의 규정 역시 마찬가지이다.

4. 방송 등에 대한 보상청구권

WPPT 제15조는 실연자 및 음반제작자가 자신의 실연이나 음반이 방송이나 공중전달에 이용되는 데 대해 배타적 권리가 아닌 일종의 보상청구권을 갖는다고 하고 있다. 이는 최소한의 권리로서 회원국은 배타적 권리의 부여를 포함하여 협약에 규정된 수준을 상회하는 보호를 부여할 수 있다. 동 규정은 제4항을 제외하고 로마협약 제12조와 그 내용이 매우 유사하다. 그러나 로마협약과 WPPT 사이의 문맥 차이로 인해 그 해석은 상당히 달라진다.

보상청구권을 적용할 수 있는 경우는 음반과 그 안에 고정된 실연이 방송되거나 공중전달되는 경우인데, 로마협약은 방송을 "공중이 수신하도록, 무선방법에 의하여 소리, 또는 영상과 소리를 송신하는 것"[62]이라고 하면서 다시 재방송을 "어느 방송사업자가 다른 방송사업자의 방송을 동시에 방송하는 것"[63]이라고 하였는데, WPPT는 제2조 f호에서 방송을 다음과 같이 정의하고 있다.

> '방송'이란 공중이 수신하도록, 무선의 방법에 의하여 소리, 영상과 소리 또는 그 표현을 송신하는 것을 말한다. 위성에 의한 송신도 또한 '방송'이다. 암호화된 신호의 송신은 해제를 위한 방법이 방송사업자에 의하여 또는 그의 동의를 얻어 공중에게 제공된 경우에 '방송'이다.

61) WPPT 제11조.
62) 로마협약 제3조 f호.
63) 로마협약 제3조 g호.

[로마협약 및 WPPT상 보상청구권에 대한 규정비교]

WPPT 제15조 (방송과 공중전달에 대한 보상청구권)	로마협약 제15조 및 제16조
(1) 실연자와 음반제작자는 상업적인 목적으로 발행된 음반이 방송이나 공중전달에 직접적으로나 간접적으로 이용되는 경우에 공정한 단일 보상에 대한 권리를 향유한다. (2) 체약당사자는 실연자나 음반제작자 또는 양자가 이용자에게 공정한 단일 보상청구권을 행사하도록 국내법으로 정할 수 있다. 체약당사자는 실연자와 음반제작자 사이에 합의가 없는 한, 실연자와 음반제작자가 공정한 단일 보상금을 분배하는 조건을 정하는 국내법을 제정할 수 있다. (3) 체약당사자는 세계지적재산권기구 사무국장에게 기탁하는 통고로, 제1항의 규정을 일정한 이용에만 적용하거나, 다른 방법으로 그 적용을 제한하거나 또는 그 규정을 적용하지 아니한다고 선언할 수 있다. (4) 이 조의 적용상 공중의 구성원이 개별적으로 선택한 장소와 시간에 음반에 접근할 수 있는 방법으로, 유선이나 무선의 수단에 의하여 공중이 이용할 수 있도록 제공된 음반은 상업적인 목적으로 발행된 것으로 간주한다.	**제15조** 상업적인 목적으로 발행된 음반 또는 그러한 음반의 복제물이 방송 또는 공중에의 전달에 직접적으로 이용되는 경우에, 단일의 공정한 보수가 사용자에 의하여 실연자나 음반제작자 또는 이들 양자에게 지급되어야 한다. 당사자 사이에 약정이 없는 경우에는 국내법으로 이 보수의 배분 조건을 정할 수 있다. **제16조** 1. 이 협약의 당사국이 된 국가는 이 협약상의 모든 의무에 구속되고 모든 이익을 향유한다. 다만, 어느 국가든지 국제연합 사무총장에게 기탁하는 통고로, 언제든지 다음과 같이 선언할 수 있다. (a) 제12조에 관하여, (i) 동 조의 규정을 적용하지 아니한다는 것 (ii) 동 조의 규정을 어떤 특정의 사용에 관하여 적용하지 아니한다는 것 (iii) 음반제작자가 다른 체약국의 국민이 아닌 경우의 음반에 관하여, 동 조의 규정을 적용하지 아니한다는 것 (iv) 음반제작자가 다른 체약국의 국민인 경우의 음반에 관하여, 그 다른 체약국이 이 선언을 한 국가의 국민에 의하여 최초로 고정된 음반에 대하여 부여하는 보호의 범위와 기간 내에서, 동 조에 의하여 규정된 보호를 제한할 수 있다는 것. 다만, 제작자가 자국민인 경우 체약국이 동일한 수익자에게 이 선언을 한 국가와 같은 보호를 부여하지 아니한다는 사실은 보호의 범위에 있어서의 차이로 보지 아니한다.

동 정의에 의하면, 로마협약상의 방송과 재방송은 모두 WPPT에서의 방송 개념에 포섭될 수 있을 것이다. 또 공중전달의 의미는 로마협약에는 설명이 없고, WPPT에만 정의규정이 있는데, 해석상 로마협약의 공중전달은 유선에 의한 송신과 공연(public performance)을 의미하는 것이지만, WPPT에서의 공중전달

은 방송을 제외한 무선송신을 의미한다.

로마협약은 방송이나 공중전달에 대해 보상청구권이 인정되는 것을 음반이 직접 전달되는 경우만으로 상정하고 있으므로 음반의 음을 음에 의해 전달하는 경우만이 해당되며, 영상물의 배경으로 이용하는 것까지 허락되지 않는다. 그러나 WPPT는 직접적으로 이용되는 것뿐 아니라 간접적으로 이용되는 것까지 보상청구권이 적용될 수 있다고 하고 있어 해석에 따라 WPPT에서 보상청구권만을 부여함으로써 저작물을 이용할 수 있게 하는 경우가 늘어났다고 볼 수도 있다. 그러나 로마협약은 방송이나 공중전달에 있어 복제물을 이용할 것을 상정하고 있지만, WPPT는 그러한 복제물과 관련된 문언이 없으므로 간접적으로 복제된 것을 이용할 수 있다는 것뿐이지 음반을 간접적으로 방송 등에 이용하는 것을 포괄하지 않는다고 보는 견해도 있다.[64] 즉, 방송이나 공중전달을 위해 음반제작자가 제작한 음반을 직접 이용하지 않고, 그것을 복제하여 이용하는 것까지가 동 규정에 의해 포괄되지는 않는다는 취지라는 것이다.

청구권의 주체에 대한 해석 역시 WPPT와 로마협약 사이에 차이가 있는데, WPPT는 실연자와 음반제작자 모두가 권리를 향유해야 한다고 보는 데 반해, 로마협약은 실연자 단독, 음반제작자 단독 혹은 양자 모두가 권리자가 될 수 있다고 보고 있다.

보상청구권에 대한 규정은 유보를 통해 적용을 배제할 수 있는데, 로마협약에서 예정한 유보의 가능성보다 WPPT에서 인정한 유보의 가능성이 더 넓다고 평가되고 있다. 따라서 보상청구권에 있어 상호주의를 적용하는 것 역시 가능하다고 본다.

보호되는 음반과 실연은 상업적 목적으로 발행되어야 동 규정의 대상이 되는데, 이것은 로마협약의 내용과 같은 것이다. 다만, 동조 제4항은 음반이 이용제공된 경우에는 상업적으로 발행된 것으로 간주한다고 규정하고 있다.

5. 보호기간의 연장

로마협약이 단지 20년간의 보호를 규정한 것에 반하여 WPPT는 실연자와

---

64) Ficsor (2003), para. BC-15.7.

음반제작자 모두에게 50년의 보호기간을 부여하고 있다.[65] 이는 이미 TRIPs 협정에서 50년간의 보호를 정한 것을 그대로 답습한 것에 불과하기 때문에 동 조약의 성과라고 이야기하기는 어려울 것이지만, 저작인접권 보호의 전반적 수준을 향상시켰다는 점에서는 의의가 있다고 할 것이다. 보호기간의 기산점은 실연자 보호에 있어서는 "실연이 음반에 고정된 연도의 말"이며, 음반제작자의 보호에 있어서는 "음반이 발행된 연도의 말, 또는 그 발행이 50년 내에 행해지지 아니한 경우에는 고정이 행해진 연도의 말"이 된다.

6. 기타 규정

WPPT 제20조에 따라 기존에 음반제작자 보호를 위해 부여할 수 있었던 로마협약상의 표시제도를 유지할 수 없으며, 로마협약 제15조 1항에서 별도로 규정하고 있었던 저작인접권에 대한 특별 예외규정이 WPPT 가입 이후에는 3단계 테스트라는 국제적 기준에 의해서만 인정될 수 있게 되었다.[66]

III. 디지털환경에서의 주요쟁점

1. 일시적 복제

(1) 일시적 복제의 개념

1996년 WCT의 성립을 위한 논의과정에서부터 미국측 제의로 일시적 복제를 복제의 범위에 포함시킬지가 논란이 되었다. WCT 초안은 "복제권은 임시적이거나 영구적인 것에 관계없이, 어떠한 방법이나 형식이든지, 저작물을 직간접적으로 복제하는 것을 포함하여야 한다."고 하여 일시적 복제를 포함하는 것으로 규정하였으나, 복제의 범위가 지나치게 확대될 것을 우려한 개발도상국과 서비스 과정에서 시스템상에 일시적 복제가 일어나게 되는 전화

65) WPPT 제17조.

66) WPPT 제16조는 저작인접권에 관하여 저작권에 대해 가해지는 제한규정과 마찬가지의 규정을 적용할 수 있으며(제1항), 3단계 테스트를 준수해야 한다고 정하고 있다(제2항).

회사 및 온라인서비스제공자들[67]의 반대 등으로 합의에 이르지 못하였던 것이다.[68]

다만, 조약의 해석에 관한 합의의사록(Agreed Statement 혹은 agreed-upon statement of interpretation, agreed statement)에 베른협약 제9조에 규정된 복제권의 개념[69]이 디지털방식의 저작물이용에도 그대로 적용되는 것으로 밝히고 있는데, 이 합의의사록이 조약의 일부를 구성하는가에 대하여 미국은 그렇다는 입장인 반면에 우리나라는 합의의사록의 조약으로서의 구속력을 부인하고 있다. 특히 우리나라는 합의의사록의 채택과정에서부터 반대하였기 때문에 적용되지 않는다고 주장하고 있다.[70] WCT 조약 채택과정에서 일시적 복제의 명시적 규정이 제외된 점으로 보아서는 일시적 복제는 복제권의 범위에 포함되지 않는다고 볼 수도 있겠으나 조약의 해석에 관한 합의의사록에 반대하였다고 하여 반드시 우리에게는 적용되지 않는다고 주장할 수 있을지는 의문이다.[71]

---

67) 온라인서비스제공자와 저작권 침해문제에 대해서는 이대희(2002), 524-528면 참조.

68) Reinbothe, *op.cit.*, pp.37-44 참조.

69) "이 협약이 보호하는 문학·예술 저작물의 저작자는 여하한 방법이나 방식으로든, 저작물의 복제를 허락할 배타적 권리를 가진다." 베른협약 제9조 1항.

70) WIPO 논의과정에서의 일시적 복제에 관한 각국의 입장

i) 인정입장: 온라인데이터베이스나 전자미술관의 경우 검색과 화면표시만으로 이용이 종료되고, 랜 등을 통해 프로그램을 공유해서 사용할 수 있으므로 이에 대해 저작권자의 통제권이 미치지 않는 경우 저작권 자체를 무의미하게 하는 결과를 가져오게 될 것임(미국, 영국, 일부 EU회원국).

ii) 중도입장: 일시적 저장이 가져오는 파급효과를 고려하여 이에 대한 명백한 예외와 제한을 전제로 일시적 저장을 복제의 개념 안에 포함시킬 수 있음(노르웨이, 네덜란드, 호주).

iii) 불가입장: 일시적 저장을 인정하는 경우 저작물을 단순히 인지하기 위해 브라우징하는 경우까지 일일이 저작권자의 허락을 받아야 하는 폐단의 우려가 있으며, 이는 저작권법 내에서 저작권자와 이용자 간에 유지해 온 전통적인 균형을 무너지게 할 뿐만 아니라 정보기반의 성장도 저해할 우려가 있음(남아프리카공화국, 라틴아메리카 일부, 덴마크).

71) 조약의 해석선언은 일반적으로 조약체결 후에 상황의 변동을 타개하기 위하여 채택되는 것으로 보이며, 채택 당시에 의견의 합치를 보지 못하여 조약의 해석에 관한 합의의사록을 작성하는 경우는 매우 예외적인 사례에 해당하는 것으로 보인다. 국제법상 조약의 해석에 대해서는 조약법에 관한 비엔나협약 제31조 내지 제33조가 적용되며, 구체적인 내용은 A. Aust, *Modern Treaty Law and Practice* (Cambridge: Cambridge University Press, 2000), pp.184-206 참조.

(2) 각국의 입법례와 논의동향

미국은 *MAI System Corp. v. Peak Computer, Inc.* 사건[72]에서 컴퓨터 유지보수 업체인 Peak사가 MAI 컴퓨터를 수리하는 과정에서 운영시스템프로그램을 컴퓨터의 RAM에 일시적으로 저장하였다. 본 사건은 이러한 행위의 저작권법상 의미가 문제가 된 사안으로, 법원은 일시적 복제의 경우에도 유형물에의 '고정'이 있는 것으로 판단하여 복제권 침해를 인정한 바 있다. 미국 저작권법은 복제에 대한 정의 규정에서 명시적으로 일시적 복제의 포함여부를 규정하고 있지 않으나 일시적 복제에 대한 예외를 제117조 a항 1호 및 제117조 c항 등에 규정하여 간접적으로 일시적 복제 개념을 수용하고 있다.[73]

유럽연합 역시 EC 정보화사회지침[74] 제2조, 데이터베이스 지침 제5조 a

---

72) C. Joyce, et al., *Copyright Law*, 5th ed. (New York: LexisNexis, 2001), p.87, 507 참조.

73) 미국 저작권법 제101조(복제권의 정의): "복제물이란 현재 알려졌거나 또는 장래에 개발될 방법으로 저작물이 고정된 음반 이외의 유체물로서, 그로부터 저작물이 직접 또는 기계나 장치를 통하여 지각, 복제, 또는 달리 전달될 수 있는 것을 말한다. 복제물이란 용어는 음반 이외에, 저작물이 최초로 고정된 유체물을 포함한다. 저작물은 그것이 복제물이나 음반에의 수록이, 저작자에 의하여 또는 그의 허락하에 저작물이 순간적인 시간을 넘는 기간 동안에 지각, 복제, 또는 기타 전달될 수 있을 만큼 충분히 영속적이거나 안정적인 경우에, 유형적인 표현매체에 고정된 것이다. 송신되고 있는 음, 영상, 또는 둘 모두로 구성된 저작물은, 그 저작물의 고정이 그 송신과 동시에 이루어진다면 본 편 법전의 목적상 고정된 것이다."

같은 법 제117조 배타적 권리에 대한 제한: 컴퓨터프로그램

(a) 복제물 소유자에 의한 추가적인 복제물의 제작과 개작: 제106조의 규정에도 불구하고, 컴퓨터프로그램 복제물의 소유자가 그 컴퓨터프로그램의 다른 복제물이나 개작물을 만들거나 이를 허락하는 것은 저작권의 침해가 되지 아니한다. 다만,

(1) 이러한 컴퓨터프로그램의 새로운 복제물이나 개작물이 기계에 접속하여 이용하는 데 있어서 본질적인 절차로서 만들어지고, 이것이 달리 사용되지 않아야 하거나, 또는

(c) 기계의 유지 또는 보수: 제106조의 규정에도 불구하고, 다음의 경우에, 기계의 소유자 또는 임차자가 그러한 복제물이 오로지 컴퓨터프로그램의 허락받은 복제물을 합법적으로 가지고 있는 기계의 시동에 의하여만 이루어지는 경우 컴퓨터프로그램의 복제물을 만드는 것은 침해가 아니다.

(1) 그러한 새로운 복제물이 다른 방법으로 사용되지 아니하고 유지 또는 보수가 완료된 후에는 즉각 폐기될 경우, 그리고

(2) 그 기계가 시동되는 데에 필요하지 않은 컴퓨터프로그램이나 그의 일부와 관련하여 그러한 프로그램이나 그의 부분은 그 기계의 시동에 의하여 새로운 복제물을 만드는 것 이외에는 접근되거나 이용되지 아니하는 경우.

항, 컴퓨터프로그램 지침 제4조 a항 등에서 일시적 복제를 인정하고 있으며,[75] 다만, 일시적 복제 보호에 따른 문제점을 해결하기 위하여 복제권의 제한 또는 예외를 명시적으로 규정하고 있다.[76] EU 회원국인 독일의 경우도 EC 지침들과 유사한 형태를 띠고 있는데, 자국의 저작권법에서 복제권의 정의를 "그 절차 및 수량에 관계없이, 일시적이든 지속적이든, 저작물의 복제본을 제작하는 권리"[77]라고 하였고, 컴퓨터프로그램에 있어서 RAM에 복제하는 것이 저작권법 제69조의c 제1항 1호에 의하여 복제로 인정된다고 명시적으로 규정하고 있다. 즉, 검색이나 캐싱의 경우에 발생하는 일시적 복제에 대하여도 이를 복제로 보고, 다만, 복제권에 대한 예외로서 "중개자를 통한 제3자들 사이의 네트워크에서 전송"일 것과 "적법한 이용"에 의한 일시적 복제의 경우이며, 독립적인 경제적 의미를 갖지 않는 경우에 한하여 일시적 복제가 허용된다고 하였다. 아울러 일시적 복제가 컴퓨터프로그램과 관련해서는 저작권자의 묵시적 승낙에 의거해 허용되는 것으로 보고 있다. 인터넷상에서의 파일전송에 따르는 라우팅(routing) 과정에서의 중간복제는 복제로 보지 않는

---

74) 지침이라 함은 EC의 5가지 입법유형 중의 하나로 지침이 전체적인 윤곽을 정하고, 그 구체적인 시행방법은 회원국의 국내입법에 맡기는 방식을 말한다. EC 저작권지침의 국내입법은 2002년말까지 완료하기로 되어 있으나, 시간에 맞추어 입법을 단행한 나라는 두 나라밖에 없었다.

75) 다음 세 가지 지침에서 일시적 복제의 보호를 규정하고 있다.

1. 정보화사회지침 제2조(복제권): 회원국들은 다음 각호의 전체나 일부를 어떤 수단이나 방법에 의하여 직접적이거나 간접적인 일시적 또는 영구적인 복제를 허락하거나 금지할 배타적 권리를 부여한다.

2. 데이터베이스 지침 제5조(제한되는 행위): (a) 전체 또는 부분을 어떠한 수단이나 형식으로든지 일시적이거나 영구적으로 복제

3. 컴퓨터프로그램 지침 제4조(행위의 제한): (a) 어떤 방법에 의해서 그리고 어떤 형태로 행하는 컴퓨터프로그램의 전체 또는 부분에 대한 영구적인 혹은 일시적인 복제. 컴퓨터프로그램의 적재, 현시, 실행, 전송 또는 저장하는 데 복제가 요구되는 경우, 그와 같은 복제 행위는 저작권자의 허락을 받아야 한다.

76) 정보화사회지침 제5조(예외 및 제한) 1. 일시적이고 우연한 [그리고] 기술조치에 필수적이고 본질적인 것으로서 그 유일한 목적이 저작물 또는 그 밖의 대상물을 다음 각호의 행위를 하게 하는 데 있는, 제2조에서 규정한 일시적 복제 행위는 제2조의 복제권으로부터 제외된다:

(a) 중개인에 의한 제3자들간의 네트워크 송신, 또는

(b) 합법적인 이용

77) 독일 저작권법 제16조; 강조표시는 저자에 의한 것임.

다.[78)]

영국의 경우 CDPA 제17조 6항에서 저작물의 표현과 관련된 복제는 일시적이거나 저작물을 이용하는 데 부수적인 복제물을 만드는 것을 포함한다고 규정하고 있다.[79)] 영연방국가인 호주는 일시적 복제에 대한 예외를 규정함으로써 일시적 복제를 간접적으로 이를 인정하는 형태를 취하고 있다.[80)] 한편 일본 정부는 2001년 12월 문화심의회저작권분과회의 보고를 받아, 이른바 '일시적 축적'은 경제적 의의를 가지지 않는 음악 CD 플레이어 내부에 자동적으로 생기는 기계적 축적 등 법원에 의해 제외될 수 있는 경우를 제외하고 '복제'가 될 수 있다는 입장을 표명하였다.

2. 접근통제적 기술조치

(1) 접근통제의 개념

기술적 보호조치란 저작권의 침해를 방지하기 위한 통제장치를 의미하는 것으로,[81)] 그 구체적인 예로서 암호화, 디지털 워터마크, SCMS(serial copy management system), 디지털 서명, password 등이 있다. 보호조치의 대상에 따라 저작물에 대하여 처음부터 접근 자체를 통제함으로써 이용을 제한하는 접근통제조치와 복제방지장치 등을 통하여 이용을 통제함으로써 저작권자의 권리를

---

78) 독일 저작권법 제69조c(동의를 필요로 하는 행위) ① 권리보유자는 다음의 행위를 할 혹은 허락할 전속적인 권리를 가진다:

1. 전체 혹은 부분적인, 모든 수단, 형식으로 행해지는 컴퓨터프로그램의 계속적이거나 일시적인 복제. 컴퓨터프로그램의 설치, 표시, 작동, 전송, 혹은 저장을 위하여 복제를 필요로 한다면, 이러한 행위에는 권리보유자의 승낙을 필요로 한다.

79) A. Christie & S. Gare, *Blackstone's Statutes on Intellectual Property*, 5th ed. (London: Sweet & Maxwell, 2001), p.63.

80) 호주 저작권법 제43A조(일시적 복제의 예외) 저작물 및 개작물에 대한 저작권은 통신을 하거나 통신을 수령하는 기술적인 과정의 일부분으로서 저작물이나 개작물을 임시적으로 복제하는 것에 의하여 침해되지 않으며, 만약 통신을 하는 것이 저작권의 침해가 된다면, 전항의 규정은 통신을 위한 과정의 일부분으로서 저작물 또는 개작물의 일시적 복제를 하는 것과 관련하여 적용되지 않는다.

81) 기술적 보호조치에 관한 국내문헌으로는 이대희, 앞의 책, 468-523면 및 안효질, "DRM과 저작권법"; 김병일, "기술적 보호조치와 접근권"; 이대희, "기술조치의 보호와 관련된 접근권의 인정 필요성에 관한 고찰," 「IT법제연구」 창간호(서울: 프로그램심의조정위원회, 2002) 참조.

보호하기 위한 이용통제적 보호조치로 나눌 수 있다.[82] 또한 규제하는 행위에 따라서는 기술적 보호조치 무력화행위 자체의 규제와 무력화 도구의 거래행위를 금지하는 예비적 행위의 규제로 나눌 수 있다.

저작물이 점차 디지털화되고, 인터넷 등 정보통신망이 발달하는 등 기술발전에 따라 언제든지 저작물에 접근하여 이용할 수 있게 되었으므로 과거와 같이 물리적인 복제물을 통한 이용보다는 네트워크를 통하여 접근하고, 그 이용시마다 일정한 금액을 부과하는 것으로 저작물이용형태가 변화함에 따라 접근 자체를 통제할 필요성이 대두되게 되었다.

(2) WCT 접근통제 관련규정

WCT 제11조는 "기술조치에 관한 의무"라는 제목하에 "체약당사자는 이 조약 또는 베른협약상의 권리의 행사와 관련하여 저작자가 이용하는 효과적인 기술조치로서 자신의 저작물에 관하여 저작자가 허락하지 아니하거나 법에서 허용하지 아니하는 행위를 제한하는 기술조치를 우회하는 것에 대하여 충분한 법적 보호와 효과적인 법적 구제조치에 관하여 규정하여야 한다."고 규정하고 있다.[83]

이 규정에 의하면 WCT가 보호하는 기술적 보호조치는 i) 효과적이어야 하며, ii) 저작권을 행사하는 것과 관련하여 저작자가 사용하는 것이어야 하고, iii) 저작자가 허락하지 않거나 법에 의하여 허용되지 않는 행위에 한정되어야 한다. 따라서 iii)의 요건과 관련하여 기술적 보호조치에는 복제통제수단은 포함되지만 접근통제수단까지 포함되는 것은 아니라고 볼 수 있다.

---

82) 통제방식에 따른 기술적보호조치의 유형

- 접근통제 방식: 저작권자 등의 허락 없이 저작물에의 접근을 금지하기 위해 부가하는 기술적 조치. 예) 로그인을 위한 ID/Password나 전자서명 등 각종 암호화방식 및 권리관리정보, 저작권표시 등
- 복제방지 방식: 저작권자 등의 허락 없는 저작물의 복제·배포·전송·사용 등을 금지하기 위해 부가하는 기술적 조치. 예) 스트리밍 방식, 한정복제방식(SCMS: Serial Copy Management System), Dongle 등

※ SCMS - 디지털로 녹음된 소스에 복제방지코드를 삽입하여 1회 이상의 디지털 녹음을 하지 못하도록 기술적으로 제한하는 구조.

83) WCT상의 기술적 보호조치에 대해서는 Reinbothe, *op.cit.*, pp.135-147 참조.

(3) 각국의 입법례 및 논의동향

미국은 디지털시대를 맞이하여, 그리고 WCT와 WPPT를 국내적으로 이행하기 위하여 1998년 DMCA(Digital Millenium Copyright Act, 디지털 밀레니엄 저작권법)에서 접근통제와 복제통제를 모두 규정하고 있으며, 접근통제에 대하여는 무력화행위 자체뿐만 아니라 예비적 행위도 금지하고 있다. 그러나 복제통제에 대하여는 예비적 행위에 대해서만 금지규정을 두고 있는데, 복제통제에 대하여 무력화행위 자체에 대한 금지규정을 두고 있지 않은 이유는 복제·전송·배포 등으로 일반 저작권법에 의해 규율될 수 있기 때문이라는 것과 자칫 복제통제에 대해서까지 규제하게 되면 미국 저작권법 공정이용조항[84]이 제 기능을 담당하지 못하게 될 것이라는 우려 때문이었다.

기술적 보호조치에 관한 DMCA 제1201조[85]는 i) 비영리 도서관, 기록보관소 및 교육기관, ii) 법집행, 정보 기타 정부의 행위, iii) 역분석, iv) 암호연구, v) 미성년자에 대한 접근금지, vi) 개인정보 보호, vii) 보안검사 등의 경우를 예외사유를 규정하고 있으며, 이 밖에도 미국저작권법은 기술적 보호조치 무력화에 대한 예외로서 공정이용(제1201조 c항 1호) 및 언론출판의 자유(제1201조 c항 4호) 등도 규정하고 있다.

기술적 보호조치를 규정하고 있는 미국 저작권법 제1201조상의 기술적 보호조치 규정방식과 예외 규정들을 도표로 정리하면 다음과 같다.[86]

[DMCA 제1201조의 구조]

	저작물에 대한 접근통제	저작권자의 권리의 보호
기본규정(X)	A: 접근을 통제하는 기술적 보호조치의 우회의 금지 [§1201(a)(1)]	B: N/A
거래의 금지(Y)	A': 접근을 통제하는 기술적 보호조치를 좌절시키기 위한 기술 등의 거래금지 [§1201(a)(2)]	B': 추가적인 위반-저작권을 보호하기 위한 기술적 보호조치를 좌절시키기 위한 기술 등의 거래금지 [§1201(b)]

84) 17 U.S.C. §107.

85) 미국법상의 기술적 보호조치에 관한 상세한 내용은 C. Joyce, *et al.*, *Copyright Law*, 5th ed. (New York: LexisNexis, 2001), pp.617-625 참조.

86) 출처는 Jesse M. Feder, *Introduction to DMCA & Its Policy Consideration* (US Copyright Office, 2002). 2002년 11월 WIPO와 미국저작권청 공동주최 국제저작권보호 세미나 자료임.

금지 / 예외	접근통제: A: 접근을 통제하는 기술적보호조치의 우회의 금지 [§1201(a)(1)]	접근통제: A': 접근을 통제하는 기술적 보호조치를 좌절시키기 위한 기술 등 거래금지 [§1201(a)(2)]	B': 추가적인 위반 - 저작권을 보호하기 위한 기술적 보호조치를 좌절시키기 위한 기술 등 거래금지 [§1201(b)]
비영리 도서관 등에 대한 예외 [§1201(d)]	○	×	×
법집행, 정보 기타 정부행위 [§1201(e)]	○	○	○
역분석 [§1201(f)]	○	○	×
암호연구 [§1201(g)]	○	○	×
청소년에 대한 예외 [§1201(h)]	○	○	×
개인정보보호 [§1201(i)]	○	×	×
안전성 시험 [§1201(j)]	○	○	×

(○: 규정 있음, ×: 규정 없음)

EU는 2001년 정보화사회지침[87]을 제정하여 기술적 보호조치를 규정하고 있다. 동 지침에 따르면, 기술적 보호조치란 "법률에 의하여 규정된 저작권이나 저작권과 관계된 권리의 소유자, 또는 데이터베이스 지침 제3장에서 규정한 독자적인 권리의 소유자가 저작물 또는 그 밖의 대상물과 관련하여 허용하지 않는 행위를 금지하거나 제한할 목적으로 설계한 것으로서 정상적인 작동 과정에 있는 모든 기술, 장치, 또는 부품을 말한다. 기술조치는 권리자들이 저작물 또는 그 밖의 대상물에 대한 암호화, 변환(scrambling)이나 기타 변형, 또는 복사통제장치와 같은 보호 목적을 달성하려는 접근통제 또는 보호조치(protection process)의 적용을 통하여 보호받는 저작물 또는 그 밖의 대상물의 이용을 통제하는 경우에 효과적인 것으로 본다."고 규정하고 있다.[88]

즉, EC 정보화사회지침은 기술적 보호조치를 광범위하게 규정하여 접근

87) Directive 2001/29/EC of the European Parliament and of the Council of 22 May 2001 on the Harmonisation of Certain Aspects of Copyright and Related Rights in the Information Society.

88) 정보화사회지침 제6조 3항.

및 복제통제를 모두 포함시키고 양자 간에 차별을 두고 있지 않으며, 기술적 보호조치의 무력화를 금지시킬 뿐만 아니라 예비적 행위까지 금지하고 있다. 그러나 접근통제를 인정함으로써 발생할 수 있는 저작권자와 이용자 간의 불균형을 바로잡기 위하여 저작권의 예외 및 제한 규정을 두고 있는데, 저작권의 예외나 제한은 우선 권리자의 자발적인 조치에 의해 취하여질 수 있고, 이러한 자발적인 조치가 존재하지 않을 경우에는 저작물의 이용자가 이러한 예외나 제한을 가할 수 있도록 하기 위하여 국가가 관여할 수 있도록 규정하고 있다.[89]

한편 일본은 저작권의 침해를 방지하기 위한 기술적 보호조치 무력화의 예비적 행위에 대한 금지를 저작권법에서 규정하고, 부정경쟁방지법에서 복제통제에 대하여 예비적 행위와 무력화 행위를 동시에 금지하는 독특한 방식을 채택하고 있다.

3. 방송 및 방송신호의 보호

(1) 방송사업자 보호조약의 태동

국제적으로 방송사업자를 보호해야 한다는 주장과 이에 대한 논의는 계속되어 왔다. 하지만 이러한 주장과 논의들은 방송에 대해 갖는 각국의 이해관계가 상이하였으므로 서로의 입장을 확인하거나 국지적인 합의에 도달하는 차원에서 마무리되곤 하였다. 10여 년 전에 시작된 방송보호조약의 체결을 위한 노력이 비교적 최근의 일인데, 방송보호에 관한 가장 심화되고 광범위한 논의의 장이 되었다고 할 수 있다. 이 조약을 체결하기 위한 노력은 1996년 WIPO에서 이른바 인터넷조약이라 일컫는 WCT와 WPPT가 채택되는 과정에서 방송사업자의 보호가 제외되었다는 점에서 기원한다. 그 결과 1997년부터 WIPO에서 방송사업자의 권리현대화 문제를 주요의제 중 하나로 본격적으로 논의하게 되었다.

한편 WIPO의 총회는 1999년 9월 이른바 디지털아젠다(WIPO Digital Agenda)를 채택하였는데,[90] 여기에는 저작권 및 저작인접권 제도의 디지털 적

89) 이러한 규정은 저작권지침이 특히 당사자 간의 계약을 예외나 제한보다 우선하는 것으로 규정함으로써, click-wrap license 등의 경우에 있어 저작권자와 저작물이용자 간의 균형에 위협을 초래할 우려가 있는 것으로 지적된다.

응과 전자상거래 적합화에 대한 여러 가지 대안들이 담겨져 있었다. 이러한 의제들은 지적재산권과 관련된 여러 문제에 대해 언급하고 있으나 가장 핵심적인 것은 데이터베이스협약(Database Treaty), 시청각실연협약(Audiovisual Performance Treaty)[91] 및 여기서 다루고자 하는 방송협약을 성립시키기 위한 노력이었다.[92]

디지털아젠다 채택과 WCT와 WPPT 체결을 전후로 하여 새로운 방송협약의 필요성에 대한 WIPO 내에서의 노력을 정리해보면 다음과 같다. 우선 WIPO 총회에 의해 시청각실연자 및 방송사업자의 보호를 위한 조약의 준비가 결정되었고, 1997년 3월 회기에서 '시청각실연에 관한 의정서 전문가위원회(Committee of Experts on a Protocol concerning Audiovisual Performances)'의 구성을 결의되었으며, 1997년 9월과 1998년 6월에 전문가위원회를 소집하였고, 1998년 3월에 마침내 WIPO의 운영구조조정의 일환으로 전문가위원회를 '저작권 및 저작인접권에 관한 상설위원회(Standing Committee on Copyright and Related Right, SCCR)'로 전환하여 상설기구로 하였다.

시청각실연협약에 대한 외교회의 개최가 실패하자 동 위원회는 1998년에 1차 회합을 가진 것을 계기로 방송조약에 대한 논의로 선회하기 시작하였다. 주로 디지털시대의 도래에 따라 방송과 관련한 권리부여 문제를 다루었는데, 매체기술이 디지털화되고 예상치 못했던 형태의 전달이 이루어지면서 미국과 영국을 중심으로 한 선진국들은 기존의 전통적인 방송사업자의 방송신호 외에 인터넷 웹캐스팅에 대한 보호와 신호의 범위를 넘어서는 보호를 주장하면서 디지털시대 IPTV를 비롯한 다양한 방송매체의 저작권문제에 대한 기준을 제시해줄 것을 바라며, 조약 체결을 낙관하기도 했다.[93]

---

90) http://www.wipo.int/copyright/en/digital_agenda.htm

91) 동 협약은 WPPT에서 사실상 배제되었던 시청각실연자, 즉 영화나 기타 영상물에 참여한 실연자를 보호하기 위한 것인데, 미국은 아직까지 녹음물의 실연자만을 보호하고 있기 때문에 이러한 조약에 대해 큰 반대의사를 밝힌 바 있다. 조약의 내용 및 논의과정에 대해서는 Silke von Lewinski "Die Diplomatische Konferenz der WIPO 2000 zum Schutz der audiovisuellen Darbietungen," *GRUR Int.* 2001, p.529.

92) 그 밖에도 온라인서비스제공자의 책임제한과 디지털환경에서의 저작권의 예외 및 제한 규정 등도 동 아젠다에 담겨 있다. 무엇보다 이와 관련된 각종 연구과 조사들이 진행되고 있고, 시청각실연 협약에 대한 논의는 아직까지 간헐적으로나마 이루어지고 있다.

93) 방송협약 논의전반에 대해서는 Hans-Peter Hillig, "Auf dem Weg zu einem WIPO-Abkommen zum Schutz der Sendeunternehmen," *GRUR Int.* 2007, p.122.

(2) 국제적 조율의 시도

방송사업자의 보호를 위한 국제적 노력으로 SCCR을 통해 이루어지고 있다. 1998년 11월 제1차 회의 이래로 연간 1-2회씩 꾸준히 논의를 진행시켜왔다. 2003년 11월 10차 회의까지는 각국의 입장을 확인하면서 초안을 채택하는 등 전체적인 틀을 잡아가는 단계였는데, 10차 회의가 끝나고 마침내 각 국가 간에 의견이 일치된 부분은 단일 문장으로, 이견이 많은 것은 여러 개의 대안으로 제시하여 조문화 작업을 거쳐 통합문서(consolidated text)의 형태로 초안화하고, 이후 회의에서 각 조문별로 논의가 진행되었다.

제12차 회의에서 논의된 것을 근간으로 2005년 6월 회의를 거쳐 2차 수정 통합문서를 작성하였는데, 그 구성을 살펴보면, SCCR에서 방송협약과 관련하여 논의된 주제들을 파악할 수 있다.[94] 비록 2007년 3월 방송협약에 대한 외교회의를 위한 Non-paper 초안(Draft Non-paper on the WIPO Treaty on the Protection of Broadcasting Organizations)이 나와 있는 상태이기는 하나, 각국의 이해관계를 살펴보기 위해 2차 수정초안에 기초하여 방송협약과 관련된 논의내용을 설명하고자 한다.

(3) SCCR에서의 주요쟁점

SCCR 논의의 주요 내용으로는 방송의 인터넷에 의한 '동시재송신', '이시재송신', '방송전 신호의 보호'와 이러한 권리의 보호를 위한 '기술적 보호조치', '권리관리정보의 보호' 등을 들 수 있다. 각국의 대표들은 방송사업자를 보호하는 새로운 법체계를 마련한다는 목적으로 초안작업에 착수하였지만, 조약을 준비하는 단계에서부터 국가 간의 견해 차이는 상당했다.

1) 웹캐스팅

초안 제3조의 보호범위를 두고 미국은 웹캐스팅이 방송사업자의 권리보호에 포함되어야 한다고 주장하였다. 미국은 웹캐스팅이 이미 일반적인 정보전달 수단으로 되어 있고, 전통적인 방송사업자와 비교해도 그 투자나 사회적 기능

94) 31개의 조항으로 구성되어 있으며 제1조에서 다른 협약 및 조약과의 관계를 규정하고 제4조에서 적용범위를 설정하였다. 제6조에 제12조까지 구체적인 권리를 나열하였으며 보호기간을 제15조에서, 기술적 보호조치와 권리관리정보에 대한 의무를 제17조와 제18조에서 정하고 있다.

면에서 동등한 수준에 있으므로 보호범위에 포함시켜야 한다는 주장을 하였다. 대부분의 국가들은 이러한 미국의 주장을 받아들이지 않았지만, 미국은 이러한 입장을 철회하지 않았으므로 결국 2차 수정 초안에서는 여러 가지 대안 중 하나로만 언급하게 되었다. 제13차 회의에서 초안상 제시된 3개의 대안을 검토하였지만, 국가 간의 의견 차이는 끝내 극복되지 못하였다.

2) 보호 권리의 내용

2차 수정초안을 보면 제6조에서 제12조까지 방송사업자에게 주어질 권리를 나열하고 있다. 재송신권(right of retransmission), 공중전달권(right of communication to the public), 고정권(right of fixation), 복제권(right of reproduction), 배포권(right of distribution), 고정물의 송신권(right of transmission following fixation), 고정된 방송물의 이용제공권(right of making available of fixed broadcasts) 등이 언급되어 있는데, 몇몇 국가들이 용어상의 명확화를 요구하기도 하였으나 대체로 여기서 제시된 WPPT 수준의 보호에 동의하는 입장이었다. 다만, 그 권리의 형태에 있어 미국은 배타적 권리를 부여하는 것과 채권적인 권리를 부여하는 것으로 나누어 논의할 필요가 있음을 지적하였지만, EU는 배타적 권리를 부여해야 한다는 입장이었다.

3) 제한과 예외

2차 수정 초안 제14조에 규정된 제한과 예외 규정에 대해 칠레와 브라질은 방송사업자의 권리가 공공이익에 반하지 않아야 함을 강조하였다. 권리의 강화는 공유영역의 축소로 이어지기 때문에 개발도상국들은 제한규정에 관심을 가질 수밖에 없다. 브라질은 권리제한을 위한 완화된 일반조항을 제시하였고, 미국은 이에 반대하였다.

4) 방송전 신호의 보호

방송전 신호를 보호해야 한다는 점에 대해서는 대부분의 국가들이 동의하였다. 해적 방송국의 무단 이용을 막기 위해서 방송사업자에게 권리를 부여하는 것이다. 보호방법에 대해서는 추가적인 논의가 있어야겠지만, 보호 필요성에 대해서는 공감을 얻어 냈다.

5) 보호기간

1차 통합문서 제15조에서 보호기간을 50년으로 규정하고 있는데, 이는 WPPT에서 실연자와 음반제작자에게 50년의 보호기간을 부여하는 것에 상응하는 것이다. 이에 대해서 방송의 이용형태로 볼 때, 20년으로 단축하는 것이 좋겠다는 의견이 있었다. 협상의 시작 단계에서부터 이 사안에 대해서는 이견이 있을 것으로 예상되었는데, 기존의 로마협약에서는 보호기간을 20년으로 하고 있는 점에서 너무 비약적 발전이라고 평가도 있었다. 제12차 회의에서 싱가포르 대표단은 로마협약에 따른 20년간의 보호를 제안했으나 멕시코 등은 50년을 주장하여 합의가 이루어지지 못하였고, 추가논의의 대상으로 남아 있다.

6) 기술적 보호조치

WCT, WPPT에서 등장한 기술적 보호조치에 관한 보호규정을 방송사업자에게도 부여하는 것에 대해서는 상당수의 국가들이 동의했다. 방송협약이 디지털시대에 대비한 조약인 만큼 기술적 보호조치에 대한 조항은 새로운 기술 발전을 반영하기 위한 중심규정이라 할 수 있다. 그러나 브라질 등 일부 국가들은 방송사업자는 콘텐츠 자체와는 관계가 없으므로 저작권자와 별도의 기술적 보호조치에 관한 보호를 할 필요가 있는지에 대해 회의적 시각을 표명하였고, 결국 제12차 회의까지도 합의가 이루어지지 못했다.

7) 그 밖의 논의사항

초안 제24조에서는 조약의 당사자적격 문제를 다루고 있는데, 미국 및 일부 국가들은 WCT와 WPPT 가입을 선결조건으로 하자는 주장을 하면서 로마협약 제24조를 근거로 내세웠다. 그러나 대부분의 국가들은 WIPO 회원국이 WIPO의 새로운 조약에 가입하는 데 있어 제한이 있어서는 안 된다며 반대하였다.

(4) 2차 수정초안 이후의 논의경과

2006년 5월 스위스 제네바에서 열린 제14차 회의에서 토의된 방송협약의 핵심 쟁점은 방송신호의 재전송에 대해 배타적 권리를 50년간 부여하자는 것과 웹캐스팅에 대한 것이었고, 기술적 보호조치에 대한 것도 있었으나 이들 모두에 대한 합의점을 찾지 못했다. 그간의 회의 경과를 지켜볼 때 국가 간의 입장조율에 들어간 지 몇 년이 지나도록 이들 주제는 좀처럼 합의점을 찾지 못했음을 알 수 있다. 제14차 회의에서 이러한 제자리걸음을 타개하기 위해 웹캐스팅을 전통적인 방송신호와 구분하여 논의한다는 결정을 내렸으며, 이를 통해 조약의 성립을 위해 한 걸음 나아가고자 하였다.

2006년 9월 제15차 회의에서는 그간 방송사업자와 시민단체, 인터넷 관련 사업자들의 수많은 로비와 반대의견에 직면하여 협상의 타결을 위한 결단을 내리게 되는데, 논의되고 있는 쟁점 중 2007년 1월과 6월에 열릴 SCCR에서 해결되는 문제에 한해 조약에 반영하도록 하였다. 이처럼 조약의 대상이 좁아진 것은 시민단체의 호응을 얻었으며, 이로써 2007년 SCCR에서는 방송사업자에게 배타적인 권리 부여에 대한 것보다 방송신호의 절도에 대응하는 방안에 대해 집중될 것이라고 평가와 전망이 나오기도 하였다.

방송협약과 관련 주요내용에 대해 이처럼 회원국간 이견이 좁혀지지 않았고, 특히 웹캐스팅을 둘러싼 상당한 수준의 반목이 해소되지 않아 국제적 합의에 이르기가 어려워지자, 2006년 WIPO 총회는 방송협약을 논의하기 위한 외교회의를 개최하기 위해서는 WIPO SCCR의 두 차례 특별회의를 개최하여 일정한 합의를 이끌어 내야만 한다고 판단하였다.

2007년 1월 SCCR은 방송협약의 협약안의 쟁점사안들을 토론하기 위해 첫 번째 특별세션을 개최하였다. 이 자리에서 SCCR의 의장은 6개의 비공식 발제문을 배포하고, 가장 큰 쟁점에 되어온 기존의 '권리에 기초한 접근방식'과 새롭게 대두된 '공중파 및 케이블 신호에 대한 신호를 기초로 한 보호방식(signal-based protection of broadcasting and cablecasting)'이라는 두 가지 접근방법에 대한 중재를 시도하였다.

첫 번째 접근방법은 방송신호에 관해 특정한 '권리'를 부여하는 것이다. 이는 앞에서 언급했듯이 방송에 어떤 내용이 담겨서 제작되어 전송되는지에 상관없이 방송신호 자체에 저작권과 유사한 법적 권리를 방송사업자에게 부여하는 것이고, 이것은 저작인접권의 보호에 있어 전통적인 방식이다. 가령 권리자가 누구인지 불명확한 내용을 포함하는 방송물이 전송되는 데 있어 방송신호 자체에 저작권과 같은 권리가 부여되기 때문에 방송사업자들에게 해당 내용에 관한 배타적인 권한을 부여한다. 이는 사실상 방송신호의 저작권화라는 결과를 가져올 수 있다.

두 번째 접근방법은 허가받지 않은 방송 '신호'의 이용에 대해 통제하는 방법이다. 만일 누군가 의도적으로 허가받지 않고, 무단으로 방송을 전달하는 경우, 이러한 행위에 대해 법적 책임을 묻겠다는 것이다. 상대적으로 권리에 기반한 접근방식에 비해 엄격한 요건하에서 행위가 통제되지만, 이에 반해 권리자의 확정이 유연해질 수 있고, 규제방법이 형사화될 가능성이 크다. 물론 신호를 보호한다고 해서 방송사업자에게 배타적 권리를 부여하지 못하는 것은 아니나 통제할 수 있는 행위유형이 구체화된다는 차이가 있다.

한 마디로 말해서 권리에 기반한 접근은 경쟁보호적 측면과 저작권에 근접하게 보호하려는 측면이 강하다면, 신호에 기반한 접근은 행위규범으로서 위반에 대한 제재적 성격이 강하다고 평가할 수 있다. 그러나 두 가지 접근방법은 모두 방송사업자에게 배타적인 권리를 부여하는 효과면에서는 다름이 없기 때문에 개발도상국들의 호응을 얻지는 못했다.

2007년 6월 18일부터 21일까지 SCCR의 제2차 특별세션이 열렸고, 22일에는 2007년 11월 개최될 예정이었던 외교회의의 준비를 위한 회합이 열릴 예정이었다. 그러나 미국대표를 비롯한 많은 국가들이 논의되고 있는 내용에 대해 11월 외교회의로 넘어가기 전에 여전히 많은 합의점을 찾아야 한다고 주장하였고, 인도, 브라질 그리고 아프리카 국가들 역시 현재 방송협약안에 대해 회의적인 입장을 밝혔다. 미국을 중심으로 하는 소위 '정보 부국 그룹'과 인도와 브라질을 필두로 한 개도국 그룹은 서로간의 의견 차이를 극복하지 못하였고, 이는 결국 6월 21일 조약서명을 위한 외교회의의 준비가 무산되는 결과를 가져왔다.

외교회의가 무산됨에 따라 조만간 방송사업자 보호를 위한 조약이 성립되는 것은 불가능하게 되었다. 그러나 SCCR 의장은 외교회의의 실패는 방송사업자 보호를 위한 조약의 포기를 의미하는 것은 아니라는 점을 분명히 하였고, 그간 노력한 결과를 가지고 차기 SCCR에서 보완한다면 의외로 쉽게 합의점을 찾을 수 있을 것이라는 희망적인 기대를 표명하였다. 이러한 의장의 의지를 보여주듯 2008년 3월에 열린 SCCR의 16번째 회합에서 동 회합의 주요의제로서 방송협약과 시청각실연협약이 아직도 포함되어 있다. 특히 방송협약 실현을 위한 의지는 아직도 WIPO의 여러 활동으로부터 짐작해 볼 수 있으나, 2009년 1월 현재 합의에 도달하는 것이 가시적이지는 않은 상황이다.

4. 온라인서비스제공자의 책임제한

디지털 네트워크를 통한 저작물 등의 유통에는 저작자, 매체제작자, 정보제공자, 이용자 등의 많은 주체들이 관여하는데, 그 한가운데에 온라인서비스제공자(Online Service Provider)가 있다. 서비스제공자의 다양한 서비스나 설비를 이용하여 다수의 사람이 다양한 정보를 주고받고 있는데, 이러한 정보 중에는 저작권 등의 침해물이 포함되어 있을 수 있다. 이런 경우에 모든 침해물에 대하여 서비스제공자가 저작권을 직접 침해한 자와 함께 공동불법행위자로 책임을 지도록 하는 경우에는 신속하고 용이한 저작물 등의 유통을 도리어 방해하여 이용자와 저작권자 모두에게 이익을 주지 못하게 된다. 그러므로 해상운송의 원활화를 위하여 선박소유자의 책임을 제한하는 것처럼 서비스제공자의 책임의 한계를 명확하게 하여 서비스제공자가 안정적으로 사업을 영위하게 할 필요성이 있는 것이다.

(1) 미국 저작권법상 관련규정

DMCA의 제2편으로 편입된 '온라인저작권침해 책임제한 규정'은 우선 책임제한을 위한 일반적 요건을 제시하는 한편, 서비스제공자를 i) 일시적 디지털 네트워크 통신(transitory digital network communications, 제512조 a항), ii) 시스템 캐싱(system caching, 제512조 b항), iii) 이용자의 지시에 따라 시스템이나 네트워크상에 남아 있는 정보(information residing on systems or networks at direction of users, 제512조 c항), iv) 정보의 소재확인 도구(information location tools, 제512조 d항)의 4가지 유형으로 분류하여, 각각의 서비스제공자의 책임제한 요건을 자세히 기술하고, 그러한 요건을 모두 충족한 경우에 직간접적인 손해배상책임을 면제하고 있다. 미국은 이러한 내용의 서비스제공자 면책요건을 다른 국가 등과 맺은 FTA 협정에서 그대로 반영시키고 있다.

우선 온라인 서비스제공자는 위에서 열거한 4가지 유형 각각에 요구되는 책임제한의 요건 이외에 다음 두 가지의 일반적 적격요건(conditions for eligibility)을 갖출 것이 요구된다. 첫째, 서비스제공자의 시스템이나 네트워크의 가입자들 또는 계정보유자들 중 반복적인 침해자들을 적절한 조건에 의해서 배제할 수 있는 배제정책(Termination Policy)을 마련하고, 합리적으로 적용하여야 하며, 이를 자신의 시스템이나 네트워크에 가입한 사람들과 계정보유자에게 정책에 대한 통지를 해주어야 한다.

둘째, 표준적 기술조치(standard technical measures)를 수용하되 이를 방해해서는 안 된다. 표준적 기술조치란 저작권자들이 저작물을 식별하고 보호하기 위하여 사용하는 것으로, i) 공개되고, 공정하며, 자발적이고, 범산업적인 표준공정에 관한 저작권자와 서비스제공자의 폭넓은 공감에 따라 개발되어 왔고, ii) 합리적이고 차별적이지 않은 조건으로 누구나 이용할 수 있으며, iii) 서비스제공자들에게 추가비용을 부담시키거나 그들의 시스템이나 네트워크상의 추가부담을 주지 않는 기술적 조치를 말한다.

(2) 일본의 관련규정

일본에서는 간접침해자를 직접침해자로 볼 수 있는 이론구성을 시도하고 있다. 즉, 간접침해자는 직접적으로 침해행위를 한 자는 아니지만, 규범적으로는 사실상의 직접침해자와 동일하게 평가할 수 있다는 점을 전제로, 간접침해자를 직접침해자로 의제하여 책임을 인정하는 것이다. 이러한 태도를 '가라오케의 법리'라고 일컫기도 하는데, 이 법리의 근거조문은 명확하지 않고, 다만, 법 혹은 저작권법 전체의 의미 및 법의 목적 등에 의해 추론된다는 논리가 전제된다고 한다.[95] 이 법리에 따르면, 저작권을 직접적으로 침해하거나 공동불법행위를 구성하는 것과는 관계없이 저작권위반소지가 있는 시설에 대한 지배력을 척도로 저작권의 직접침해를 추단할 수 있다고 한다. 이는 침해자의 제3자로서의 지위를 강조하는 미국의 대위·기여책임개념과는 구별해야 한다. 이러한 접근에 의하면, 온라인서비스제공자는 저작권의 직접책임을 면하기 어렵게 된다.

그러나 일본은 서비스제공자의 책임제한을 포괄적으로 규율하기 위하여 2001년에 '특정전기통신업무제공자의 손해배상책임제한 및 발신자정보의 개시에 관한 법률'을 제정하였다. 이 법은 미국과는 달리 서비스제공자의 개념에 해당하는 '특정전기통신업무제공자'를 "특정전기통신설비를 사용하여 타인의 통신을 매개하거나 기타 특정전기통신설비를 타인의 통신사용에 제공하는 자"

---

95) 최진원, "인터넷 TV 녹화서비스에 대한 법적 고찰 —간접침해와 사적복제를 중심으로," 「인터넷법률」 통권 제43호(2008), 95-97면. 일본 내에서도 있지도 않은 위법성을 만들어 낸다는 비판이 있다. 山本隆司, "著作權의 間接侵害에 대한 差止와 그 行爲類型," 「NBL」 No.865 (2007), 36-37면.

라고 하여 포괄적으로 정의하고(제2조 3호), 이러한 특정전기통신업무제공자는 침해행위를 통제하는 것이 기술적으로 가능하고, 또한 권리침해사실을 알았거나 알 수 있었던 경우를 제외하고는 권리주장자에 대한 관계에서 일체 손해배상책임을 지지 않는다고 하여 면책요건을 간소화하고 있다(제3조 1항).

(3) EU의 전자상거래지침

유럽연합은 지적재산권에 국한하지 않고, 온라인상의 정보이용 전반에 걸쳐 2000년 채택된 전자상거래지침96)으로 서비스제공자의 책임제한 문제를 포괄적으로 규정하고 있다. 전자상거래지침은 미국처럼 서비스제공자의 서비스를 단순 도관(제12조), 캐싱(제13조), 호스팅 서비스(제14조)로 나누어 각각의 경우의 면책요건에 관하여 규정하고 있는데, 기본적으로는 미국 저작권법의 면책요건과 유사하다. 이러한 이유로 전자상거래지침에 대하여는 유럽 내에서도 규정방법이 서투르고 지나치게 상세하며, 미국의 입법기술을 그대로 도입하는 것은 비참하다는 비난이 가해졌다고 한다.97)

그러나 전자상거래지침은 미국 저작권법과는 달리 '정보의 소재확인 도구를 제공하는 서비스'를 서비스제공자의 하나로 열거하지 않을 뿐만 아니라 고지에 의한 서비스 중단을 책임제한 사유의 하나로 규정하지 않고 있다. 다만, 전자상거래지침은 보칙에서 이러한 '정보의 소재확인 도구를 제공하는 서비스' 제공자의 책임을 제한할 필요성과 고지에 의한 책임제한의 절차의 필요성에 대하여 향후 보고서를 작성하여 제출하도록 규정하고 있다(제21조 2항).

(4) 정 리

서비스제공자의 책임제한요건을 규정하는 방식은 앞에서 살펴본 것처럼 서비스제공자를 유형화하고, 각 유형별로 요건을 세부적으로 정하는 방식과 서비스제공자를 포괄적으로 정의하고 가장 핵심적인 면책사유의 요건만을 규정하는 방식이 있다.

---

96) Directive 2000/31/EC of the European Parliament and the Council of 8 June 2000 on Certain Legal Aspects of Information Society Services, in Particular Electronic Commerce, in the Internal Market (Directive on Electronic Commerce).

97) 이에 관한 자세한 내용은 안효질, 「각국의 소프트웨어 불법복제 방지대책에 관한 연구」(프로그램심의조정위원회, 2002), 171면 참조.

서비스제공자는 디지털기술을 기반으로 다양한 서비스를 제공하고 있고, 그 기반이 되는 디지털기술은 하루가 다르게 발달하고 있으므로 서비스제공자를 구체적으로 유형화하는 경우에는 그 경계선상에 있는 서비스제공자를 정확하게 분류하지 못하는 문제가 있고, 또한 새로운 유형의 서비스제공자를 포섭하는 데 어려움이 있으므로 가급적이면 가장 핵심적인 내용만 규정하고 다른 면책사유와 그 요건들은 민법의 일반이론에 따르는 것이 타당하다고 하겠다. 그러나 한미 FTA 이행의 측면에서 보면, 상세하고 구체적인 규정이 온라인서비스제공자들에 대한 확실한 가이드라인 역할을 하여 안정적 서비스수행을 가능하게 할 수도 있다.

제5장 저작권관련 통상규범

I. 통상규범과 저작권

1. 관세와 무역에 관한 일반협정(GATT)

관세 및 무역에 관한 일반협정(General Agreement on Tariffs and Trade, GATT)에는 지적재산권 보호와 관련된 몇몇 규정들이 있는데, 그 내용을 간단하게 살펴보고자 한다.

우선 GATT 제20조의 규정은 다음과 같다.

본 협정의 어떠한 규정도 체약국이 다음의 조치를 채택하거나 실시하는 것을 방해하는 것으로 해석되어서는 아니 된다. 다만, 그러한 조치를 동일한 조건하에 있는 국가 간에 자의적이며 불공평한 차별의 수단 또는 국제무역에 있어서의 위장된 제한을 구성하는 방법으로 적용하지 아니할 것을 조건으로 한다.

……

(d) 관세의 실시, 제2조 제4항 및 제17조에 따라 운영되는 독점의 실시, <u>특허권, 상표권 및 저작권의 보호 그리고 사기적인 관습의 방지</u>에 관한 법률과 규칙을 포함하여 본 협정의 규정에 반하지 아니하는 법률 또는 규칙의 준수를 확보하기 위하여 필요한 조치

동 규정은 무역과 지적재산권 제도의 관계에 대한 것으로, 지적재산권의 집행에 관한 조치가 GATT의 자유무역원칙에 장애가 되더라도, 지적재산권 침

해물품에 대해서는 수출입의 제한을 인정하겠다는 것이다. 그러나 그것이 타 회원국들에 대해 차별적으로 적용되거나 GATT 원칙에 대한 예외로서 위장하였으나 실상 국제무역을 저해하는 조치인 경우에는 동 예외가 적용되지 않는다. 미국의 1930년 관세법 제337조 사건에서 GATT 패널은 지적재산권의 집행을 위한 조치라 하더라도 그것이 필요한 범위 내에서만 행사되어야 하며, 그 범위를 넘어선 과도한 집행조치에 대해서까지 GATT 제20조의 예외가 확대되어서는 안 된다고 하였다.[1)]

1986년부터 시작된 우루과이 라운드에서는 보다 강력하게 무역관련 지적재산권을 보호하기 위하여 별도의 조약을 채택하였다. 즉, WTO TRIPs 협정인데, 이에 대해서는 이후에 자세히 설명하기로 한다.

2. EU의 저작권관련 규범

유럽공동체(European Community, EC)는 역내시장(internal market)[2)]을 지향하는 경제공동체로서 회원국 간의 물품, 서비스, 인력 및 자금 유통에 있어 제한이 가해지지 않도록 제도적 장치를 마련하고 있다.[3)] 특히 EC설립조약 제28조 내지 제30조는 물품의 자유로운 이동에 대해, 제47조, 제55조, 제57조 및 제66조 등은 서비스의 자유이동에 대해 규정하고 있다. 그러나 이러한 교역의 자유는 특정한 경우에 제한을 받게 되는데, EC설립조약 제30조는 물품의 자유이동에 있어 공업적 · 상업적 재산(industrial and commercial property)의 보호를 위해 자유이동의 제한이 정당화된다고 정하고 있다.

저작권은 엄밀한 의미에서 산업재산권은 아니지만 경제적 · 상업적 가치가 있는 것으로, 유럽사법재판소는 저작권 역시 동 술어에 포섭된다고 보고 있다.[4)] 따라서 각국의 상이한 저작권제도는 물품의 자유이동에 대한 예외에 해

---

1) *United States—Section 337 of Tariff Act of 1930*, L/6439, BISD No. 36S/345; Gervais (2003), para. 1.07 참조; "Contracting Party cannot justify a measure inconsistent with another GATT provision as 'necessary' in terms of Article XX(d) if an alternative measure which it could reasonably be expected to employ and which is not inconsistent with other GATT provisions is available to it." *Id.*, para. 5.26.

2) 역내시장의 개념에 대해서는 EC설립조약 제14조 2항 참조.

3) 공동체의 과제에 대해서는 EC설립조약 제2조, 물품 · 서비스 · 노동력 · 자본 이동의 자유에 대해서는 동 조약 제28조 이하 참조.

당하고, 이는 결국 회원국 간의 교역에 장애요소가 된다. 이러한 교역제한은 궁극적으로 유럽공동체가 추구하는 역내시장 건설에도 반하는 결과를 가져온다. 따라서 역내시장의 완성을 위해서는 각국의 상이한 저작권제도를 통일하여 자유로운 교역환경을 만드는 것이 중요하다.

공동체는 상이한 회원국의 제도를 통일하기 위한 여러 가지 법적 장치를 가지고 있다. 그 중 지침 혹은 준칙으로 번역되는 directive(Richtlinie)는 EC의 이사회와 유럽의회가 창설하는 공동체법의 2차적 연원으로서 저작권제도 통일에 이용되고 있다.[5] 이러한 지침은 회원국의 이행조치 없이는 국내법 체계로 수용되지 않는 것이 원칙인데, 회원국의 저작권제도의 법적 연원 및 성격이 워낙 상이한 상황에서 각국의 이행방법을 정할 수 있도록 유연성을 제공해 주는 것이 지침의 특징이라 하겠다.

지침에서 설정한 이행기가 도과되었음에도 불구하고 지침의 내용을 국내법에 제대로 수용하지 않은 경우에는 이른바 지침의 직접효력(Direktwirkung)에 따라, 이행기가 도래하기 이전에는 지침합치적 해석원칙(Grundsatz der richtlinienkonformen Auslegung)과 지침의 사전적 효력(Vorwikung der Richtlinie)에 따라 지침에 반하는 국내법을 적용하지 않거나 국내법 규정을 지침의 규정에 합치하도록 해석해야 한다는 것이 관습법화되어 있다는 주장이 있다.[6] 그러나 유럽사법재판소는 줄곧 위 원칙들이 권리주체들 상호간의 권리와 의무를 창설하는 것은 아니라고 하였으므로 저작자와 이용자의 법률관계에 대해 규율하는 저작권관련 지침이 국내적 입법을 통하지 않고 직접효력이나 합치적 해석원칙을 통하여 원용될 가능성은 매우 적어 보인다.[7]

이하에서는 EU에서 그간 발전시킨 저작권관련 지침들의 주요내용을 개관하고자 한다.

---

4) ECJ, Case 62/79, [1980] E.C.R. 487.

5) 제도통일에 관한 법적 기초에 대해서는 EC설립조약 제95조의a, 제47조 2항 및 제55조, 지침의 성격과 효과에 대해서는 동 조약 제249조 참조.

6) Rudolf Streinz, *Europarecht* (Heidelberg: C. F. Müller, 2008), paras. 444, 455.

7) 자세한 내용은 *Id.*, para. 451.

(1) 컴퓨터프로그램지침(Computer Program Directive)[8)]

컴퓨터프로그램 지침은 1991년 성립된 것으로, EC의 저작권제도와 관련된 최초의 규범통일작업이었다. 지침은 컴퓨터프로그램이 회원국 내에서 일원적으로 보호될 수 있도록 그 기준을 정하고 있다. 컴퓨터프로그램의 정의와 보호받을 수 있는 요건에서부터 컴퓨터프로그램의 저작자 및 저작권자, 업무상 작성된 프로그램의 권리귀속문제, 컴퓨터프로그램의 이용행위와 관련된 문제 등, 컴퓨터프로그램 전반에 적용되는 규정들이 망라되어 담겨 있다.

컴퓨터프로그램은 TRIPs 협정에서 정한 바와 같이 문학저작물로서 보호되며, 아이디어가 아닌 것으로서 그것이 소스코드인지 목적코드인지를 불문하고 보호를 받는다.[9)] 컴퓨터프로그램을 작성한 자는 자연인 혹은 법인인데, 법인이 저작자가 되는 경우는 국내법에서 법인이 저작자가 될 수 있다고 규정하고 있는 경우에 가능하다. 프로그램에 대한 공동저작자는 권리를 공동으로 행사한다. 특약이 없는 경우, 업무상 혹은 지시에 의해 작성된 저작물은 고용주 혹은 지시자에게 프로그램 이용에 필요한 일체의 배타적 권리 혹은 배타적 이용권이 주어진다.[10)] 컴퓨터프로그램 저작권이 승계되는 경우, 이를 승계 받은 사람 역시 저작자와 마찬가지의 저작재산권을 향유하며,[11)] 컴퓨터프로그램에 대한 배타적 재산권에는 일시적 복제를 포함한 복제권, 2차적 저작물 작성권, 컴퓨터프로그램의 배포 및 대여권이 포함되는데, 배포권에 대해서는 EU 차원에서의 소진인 EU내 소진원리가 적용된다.[12)]

컴퓨터프로그램은 저작물에 대한 배타적 재산권에도 불구하고, 프로그램상의 오류수정을 위한 복제 및 개작, 백업본의 작성, 조사 및 연구를 위한 역분석이 허락되는데, 여기서 백업본의 작성을 위한 복제 및 조사연구를 위한 역분석을 금지시키는 계약을 체결하는 경우에는 그러한 계약은 무효이다.[13)] 한편 새롭게 작성한 컴퓨터프로그램에 대해 기존 원프로그램과의 호환성을 확보하기 위하여 그러한 목적범위 내에서 저작물을 이용하는 것은 허락되는데, 그것은 프

8) Council Directive 91/250/EEC of 14 May 1991 on the Legal Protection of Computer Programs (컴퓨터프로그램지침).

9) 컴퓨터프로그램지침 제1조.

10) 컴퓨터프로그램지침 제2조.

11) 컴퓨터프로그램지침 제3조.

12) 컴퓨터프로그램지침 제4조.

13) 컴퓨터프로그램지침 제5조.

로그램의 정당한 이용권자나 대리자에 의해 실행되어야 하며, 호환을 위한 가능한 수단이 없을 경우에만 원프로그램의 변경이 가능하다고 되어 있다.[14)]

컴퓨터프로그램 저작권이 침해되는 경우, 이에 대한 구제는 간접침해, 즉 유통 및 소지하는 것까지 포괄한다. 여기에는 컴퓨터프로그램에 적용된 기술적 보호조치를 우회하는 도구나 방법을 상업적으로 유통시키거나 소지하는 것 역시 포함된다. 컴퓨터프로그램의 침해에 대한 구제로 압류를 행할지 여부는 회원국이 재량에 따라 정할 수 있으며, 이는 기술적 보호조치를 우회하는 도구나 방법을 유통・소지한 경우에도 마찬가지이다.[15)]

(2) 대여권 및 대출권 지침(Rental and Lending Right Directive)[16)]

동 지침은 회원국에게 대여권과 대출권을 저작재산권의 한 유형으로 도입할 것을 강제하는 한편, 동 권리를 도입함에 따르는 각종 상황에 대해 필요한 조치를 담고 있다. 여기서 대여(rental)란 상업적 목적을 위하여 저작물을 이용가능 하도록 유체물을 넘겨주는 것을 말하며, 대출(lending 혹은 public lending)이란 비상업적으로 저작물을 넘겨주는 것을 말한다. 동 권리들은 원칙적으로 배타적 권리로서의 형태와 내용을 가져야 한다.[17)]

대여권・대출권의 주체는 저작자, 실연자, 음반제작자, 영상저작물제작자이며,[18)] 대여권과 대출권은 양도될 수 있지만, 동 권리들이 양도되더라도 저작자와 실연자는 대여 및 대출에 대해 공정한 보상금을 받을 수 있는 권리를 향유한다. 보상청구권은 양도될 수 없으며, 회원국은 동 권리가 저작자단체에 의해서 관리되어야 한다고 정할 수 있고, 구체적인 상황과 요건에 대해서도 정할 수 있다.[19)]

대여권과 마찬가지로 대출권 역시 원칙적으로 배타적 권리의 형식을 가져야 하지만, 회원국은 저작자에게 보상금을 지급하는 제도를 운영하는 경우에 배타적 권리로서의 대출권을 도입하지 않을 수 있다. 보상금의 지급은 반드시 저작자단체에 의한 관리와 분배를 통해서 이루어져야만 하는 것은 아니며, 일

---

14) 무엇보다 3단계 테스트가 준수되어야 한다. 컴퓨터프로그램지침 제6조.

15) 컴퓨터프로그램지침 제7조.

16) Council Directive 92/100/EEC of 19 November 1992 on Rental and Lending Right and on Certain Rights related to Copyright in the field of Intellectual Property.

17) 대여권 및 대출권 지침 제1조.

18) 대여권 및 대출권 지침 제2조.

19) 대여권 및 대출권 지침 제4조.

정한 기금의 조성 등으로 대체될 수 있다.[20]

대여권 및 대출권 지침에는 비단 대여권과 대출권에 대한 내용을 제외하고도 저작인접권에 관한 회원국의 의무사항에 대해 다루고 있다. 지침 제6조는 실연자가 고정권을 가지며, 방송사업자가 방송권을 갖는 것과는 무관하게 재방송권을 갖는다고 규정하고 있다. 한편 실연자, 음반제작자, 방송사업자 및 영상저작물제작자는 복제권을 갖는다고 하였다.

방송을 위한 실연인 방송실연을 행한 경우를 제외하고, 여타의 실연을 행한 실연자는 동 실연이 방송되거나 공중전달되는 데 대해 배타적 권리를 가지며, 실연자와 음반제작자는 방송에 상업음반이 이용되는 데 대해서 공정한 보상금을 받을 수 있는 권리를 갖는다. 방송사업자는 재방송권과 함께 입장료를 지불하고 입장할 수 있는 곳에서 행해지는 방송재현에 대해서도 배타적 권리를 갖는다.[21]

실연자, 음반제작자, 방송사업자 및 영상저작물제작자에게는 배포권이 인정되는데, 이 권리는 EU역내에서 소진되지 않는 것이 원칙이다.[22]

(3) 위성 및 유선방송 지침(Satellite and Cable Directive)[23]

EU의 위성 및 유선방송 지침은 위성방송과 유선재방송에 대한 회원국의 규정을 통일하기 위한 것이다. 우선 회원국은 위성에 의해 전달되는 방송에 대해서도 저작자에게 배타적 권리를 부여해야 한다. 이는 저작자에게 통상 인정되는 방송권에 위성방송에 의한 전달이 포함된다는 것을 의미한다.[24] 동 권리는 법정허락제도에 의해 대체될 수 없으나 저작자단체와 방송사업자 사이에서 협약을 체결하여 일정한 로열티를 받는 방법으로 로열티 문제를 해결하는 것은 허락되는데, 저작자단체에 미가입된 저작자에 대해서까지 동 합의의 효력을 미치도록 할 수도 있다.[25]

---

20) 대여권 및 대출권 지침 제5조.

21) 대여권 및 대출권 지침 제8조.

22) 대여권 및 대출권 지침 제9조.

23) Council Directive 93/83/EEC of 27 September 1993 on the Coordination of Certain Rules Concerning Copyright and Rights Related to Copyright Applicable to Satellite Broadcasting and Cable Retransmission (위성 및 유선방송 지침).

24) 위성 및 유선방송 지침 제2조.

25) 영화 저작물에 대해서는 적용되지 않으며, 지상파 방송을 위성을 통해 동시방송하는 경

한편 지침에 의하면, EU의 회원국들은 다른 회원국의 방송을 유선에 의해 동시중계방송하는 것에 대해 위성방송에 대한 권리와는 달리 배타적 권리가 아닌 급부청구권만을 부여해야 한다고 되어 있다. 이는 단체협약제도에 의할 수 있다.[26] 그러나 동 권리에 대해 단체협약이 적용된다고 하지 않더라도 권리를 행사하는 것은 저작자 스스로가 할 수 있는 것이 아니라 저작자단체에 의해서만 가능하다. 저작자가 단체에 가입하지 않은 경우에도 가입한 것으로 의제할 수 있으며, 만약 같은 분야에 대해 단체가 여러 곳인 경우, 저작자는 단체를 선택할 수 있고, 각각의 단체가 권리를 행사한다. 저작자단체는 유선재방송일로부터 3년 이내에 동 권리를 행사해야 한다.

저작자가 일단 방송을 허락한 경우에 동 방송이 유선에 의해 동시중계방송되는 것까지 허락한 것으로 본다는 규정을 두는 것 역시 회원국의 재량사항인데, 그럼에도 불구하고 저작자단체에 의해 그러한 법규정에 반하여 동시중계방송에 대한 협약을 체결할 가능성까지 배제시킬 수는 없다.[27] 종종 방송사업자가 저작자이거나 저작권을 양도 받는 경우가 있는데, 이런 경우에도 동 권리를 저작자단체에 위임하여 행사하도록 한다면, 도리어 번거로울 것이므로 방송사업자는 권리를 단체에 의해 행사토록 할 필요가 없다.[28]

법에서 정한 단체협약의 체결을 위해 회원국은 조정인(mediator)을 두어야 하며, 조정인은 저작자단체와 방송사업자가 협의하는 것을 돕는다. 만약 조정인이 사용료에 대한 안을 제시하고 양 당사자가 3개월 내에 답하지 않으면, 동 안은 구속력을 갖게 되어 계약당사자인 양자를 구속하게 된다.[29]

(4) 저작권보호기간 지침(Copyright Term Directive)[30]

보호기간지침에서 보장하고 있는 저작권에 대한 최소이자 최대 보호기간은 70년이다.[31] 다만, 공표 여부는 보호기간에 영향을 주지 않고, 미공표 저작

우에만 적용된다. 또 저작자단체에 비가입 저작자는 언제든지 동 협정에 구속되지 않을 것이라고 선언할 수 있다. 위성 및 유선방송 지침 제3조.

26) 위성 및 유선방송 지침 제8조.

27) 위성 및 유선방송 지침 제9조.

28) 위성 및 유선방송 지침 제10조.

29) 위성 및 유선방송 지침 제11조.

30) Council Directive 93/98/EEC of 29 October 1993 harmonizing the term of protection of copyright and certain related rights.

물도 70년간 보호를 받는다.[32] 영상저작물에 대해서도 다른 유형의 저작물과 마찬가지로 저작자 사망시점을 기준으로 하는 보호기간이 적용되는데, 영상저작물 저작자 중 가장 늦게 사망한 자의 사망시점을 기산점으로 하여 70년간 보호된다.[33]

실연자의 권리는 그것이 발행되거나 공중전달된 때로부터 50년간 보호되며, 실연이 발행·공중전달되지 않은 경우에는 그것이 행해진 날로부터 50년간 보호된다. 음반제작자 역시 발행·공중전달된 때를 기산점으로 삼는 것이 원칙이지만, 발행·공중전달되지 않은 경우에 음을 음반에 고정한 날이 기산점이 된다.[34]

이미 보호기간이 만료되었지만, 발행되지 않은 저작물을 발굴하여 이를 발행한 자에 대해서 일종의 저작인접권이 인정되는데, 그 권리는 발행일로부터 25년간 보호된다. 동 지침은 보호기간에 대한 내용을 담고 있지만, 이 규정은 미발행된 저작물을 발굴하여 발행한 사람이 저작자와 같은 경제적 권리를 향유한다고 하였으므로 회원국은 동 보호를 저작권법이나 여타의 법률에서 보장해야 한다.[35] 이른바 학술적 판본, 즉 저작물에 학술적인 부연을 가하여 출판한 것에 대해서도 보호가 가능한데, 이에 대해서는 미발행 저작물을 발굴한 경우와는 달리 회원국이 재량에 따라 권리를 부여할 수 있다. 만약 권리를 부여하는 경우에는 최초 발행일로부터 30년간 보호해주어야 한다.[36] 사진저작물도 다른 유형의 저작물과 마찬가지의 보호와 보호기간을 향유하지만, 창작성이 부

---

31) 베른협약 제7조 1항은 "이 협약이 부여하는 보호기간은 저작자의 생존기간과 그의 사망 후 50년이다."라고 되어 있는데, 이 기간을 최소보호기간으로 본다. EC 지침은 "저작물이 합법적으로 공중의 이용에 제공된 날짜와는 무관하게, 베른협약 제2조상의 문학 및 예술 저작물의 저작자의 권리는 저작자 생존기간 및 그의 사망 후 70년간 존속한다."라고 하면서도 해석상 동 기간은 최소기간이면서 최대보호기간이라고 한다. 따라서 회원국은 이 보호기간을 상회하는 기간을 설정할 수는 없다.

32) 공동저작물에 대해서는 최후 생존자의 사망일을 기점으로 70년간 보호되며, 무명·이명 저작물은 공표 후 70년간 보호한다. 다만, 이·무명 저작물의 저작자가 밝혀진 경우나 공표 후 70년 내에 스스로 밝힌 경우에는 사후 70년간 보호된다. 보호기간지침 제1조; 저작인격권에 대해서는 보호기간 지침이 관여하지 않는다. 보호기간지침 제9조.

33) 보호기간지침 제2조.

34) 보호기간지침 제3조.

35) 보호기간지침 제4조.

36) 보호기간지침 제5조.

족한 사진물에 대해서 저작인접권 등을 인정할지 여부는 회원국이 정할 수 있다.[37)]

(5) 데이터베이스지침(Database Directive)[38)]

데이터베이스 지침은 데이터베이스(이하 'DB')가 저작권법상 보호를 향유하는 저작물임을 천명하는 한편, 저작물로 성립되기 위해서 필요한 저작물성의 요건을 결하더라도 별도의 요건하에서 보호를 향유한다고 정하고 있다.[39)]

지침에서 DB란 저작물로서의 보호를 받는지 여부를 불문하는 여러 요소들을 결합하여 하나의 체계를 구성하는 것으로, 그 체계와 구성·배합에 저작물성이 있는 경우에만 성립되는 것이다. DB에 대한 저작권은 그 체제와 구성방법을 이용하는 것을 내용으로 하므로 저작물을 구성하는 개별 요소를 가져다 쓰는 것에 의해 침해되지는 않는다.[40)] DB의 저작자는 DB를 창작한 자 혹은 법이 허용하는 경우 관련 법인이 되는데, 만약 단체명의저작물(collective works)을 법적으로 인정하는 경우에는 저작재산권은 명의자에게 귀속되어야 한다.[41)]

DB에 대한 권리에는 일시적인 복제를 포함하여 복제권, 2차적 저작물 작성권, 배포권, 공중전달권이 포함되어야 한다.[42)] 적법하게 DB를 이용하는 경우에는 복제나 개작을 하여 이용하더라도 저작자의 허락을 요하지 않으며, 사적복제, 인용, 국가의 안전 및 사법·행정절차에서의 이용, 기타 저작물에 대해 적용되는 국내법에서의 저작권제한이 DB에 대해 가해지는 것 역시 허용된다.[43)]

한편 저작물성을 갖추지 못한 DB에 대해서도 일정한 보호가 인정되는데, DB를 제작함에 있어 양적 혹은 질적으로 상당한 투자를 한 경우에는 그 투자자는 DB의 저작물성과는 무관하게 저작권과 별도의 권리를 부여한다. 동 권리

---

37) 보호기간지침 제6조.

38) Directive 96/9/EC of the European Parliament and of the Council of 11 March 1996 on the legal protection of databases (데이터베이스지침).

39) 이러한 DB보호에 대한 내용은 미국에서 DB보호를 재촉하는 수단으로서도 기능하였다.

40) 데이터베이스지침 제3조.

41) 데이터베이스지침 제4조.

42) 데이터베이스지침 제5조.

43) 물론 3단계 테스트의 각 요소를 준수해야 한다. 데이터베이스지침 제6조.

는 이른바 데이터베이스 "고유의 권리(right sui generis)"이며, 그 내용은 DB로부터 일정한 내용을 추출하거나 재이용하는 것으로부터의 보호인데, 이는 앞에서 본 수집물과 데이터베이스에 대한 "저작권"과는 다른 것이다. 동 권리는 자유롭게 양도할 수 있으며, 하나의 DB에 저작권과 DB 고유의 권리가 같이 인정될 수 있다.[44)]

DB의 적법한 이용자는 자신에게 이용허락된 범위 내에서 DB의 일부를 추출하여 재이용할 수 있다.[45)] 비전자적인 DB에 대한 사적 복제, 인용, 국가의 안전 및 사법・행정절차를 위한 이용은 적법한 이용자에 의해 행해질 수 있다.[46)] 동 권리는 제작일로부터 15년간 보호되며, 만약 공표된 경우에는 공표일로부터 기산한다. DB는 계속 수정・증감될 수 있는 것이므로 이러한 수정・증감의 결과가 보호기간에 어떻게 영향을 줄 수 있는지가 문제되는데, 상당한 투자가 수정・증감에 있어 투여된 경우에 동 부분에 한하여 보호기간을 따로 계산하도록 하였다.[47)]

외국에서 제작된 DB는 상호주의원칙에 따라 DB 고유의 권리가 없는 국가에서 제작된 DB의 경우에는 보호되지 않으며, 보호기간에 대해서도 상호주의가 적용된다. 다만, EU 회원국에서 DB가 보호되기 위해서는 단지 외국에서 DB를 보호하고 있다는 것 자체로는 부족하고, EU와의 협정에 의해서만 상호보호를 합의할 수 있다.[48)]

(6) 정보화사회지침(Information Society Directive)[49)]

정보화사회지침은 1996년 WCT와 WPPT가 채택된 이후, 이들 조약을 회원국 내에서 통일적으로 규율하고, 네트워크 인프라가 갖추어진 사회에서 저작권법의 적응에 대한 통일적인 규율을 시도하는 포괄적인 내용을 담고 있는 지침이다.

---

44) 데이터베이스지침 제7조.

45) 데이터베이스지침 제8조.

46) 저작권에 대한 제한은 DB 고유의 권리에 대해서는 적용할 수 없다. 데이터베이스지침 제9조.

47) 데이터베이스지침 제10조.

48) 데이터베이스지침 제11조.

49) Directive 2001/29/EC on the harmonisation of certain aspects of copyright and related rights in the information society.

지침 제1조는 복제권에 대해 규정하고 있다. 동 규정은 저작물과 저작인접물에 대해서 각 권리자가 복제권을 갖는다고 규정하고 있는데, 복제권을 "직접적이거나 간접적인 일시적 또는 영구적인 복제"를 허락할 권리라고 하여 일시적 복제가 복제권의 범위에 포섭되도록 하였다. 따라서 저작물 등이 RAM에 순간적으로만 저장되거나 서버에 잠시 저장되는 경우에도 복제는 성립하며, 여기에 대해서도 저작자에게 허락을 받아야 한다.

저작자는 공중전달권을 가지며, 저작물과 저작인접물의 권리자는 이용제공권을 갖는다.[50] 공중전달권은 유선과 무선의 방법으로 저작물을 송신하는 것을 의미하며, 이용제공권은 이용자가 원하는 시간과 장소에서 저작물을 불러올 수 있도록 하는 것을 의미한다. 지침은 배포권에 대해서도 규정하고 있는데, 배포권은 반드시 EU 역내에서 소진되지 않도록 했다.[51] 배포권에 있어 소진의 원칙은 반드시 적용되어야 하는 것으로, 국제소진의 원칙을 채택할 수 없으며, 소진의 원칙을 완전히 배제하는 것 역시 불가능하다.[52]

지침에는 이러한 배타적 권리에 대한 내용 이외에도 허용되는 저작권제한조치들과 기술적 보호조치의 법적 보호에 관한 내용이 포함되어 있다. 지침에서 허용되는 저작권제한조치는 열거적인 것으로, 여기에 열거되어 있지 않은 저작권제한조치는 도입할 수 없는 것이 원칙이다. 다만, 이른바 "조부조항(grandfather clause)"이 있어서 아날로그 이용을 내용으로 하는 저작권제한은 회원국이 종전에 규정하던 것들에 한하여 계속하여 존속시킬 수 있도록 했다. 예컨대, 회원국은 일시적 복제권에 대한 제한으로서 합법적인 이용으로 경제적 의미가 없는, 단지 통신과정에서의 단순통과과정에서의 복제에 대해서는 권리침해가 되지 않도록 하였다.

회원국은 복제권에 대하여 제한을 가할 수 있도록 했는데, 종이매체에 저작물을 복제하는 것(악보 제외, 단, 저작자에게 보상금을 지급해야 함), 자연인이 자신이 개인적으로 이용할 목적으로 저작물을 복제하는 것(저작자에게 보상금을 지급해야 함), 비영리의 공공도서관, 교육기관 혹은 기록보존소에 의해 이루어지는 특정한 목적을 위한 저작물의 복제, 방송사업자에 의한 방송을 위한 일시적인 저작물의 복제, 사회시설에 의해 방송되는 저작물의 복제(저작자에게 보상

50) 정보화사회지침 제3조.

51) 정보화사회지침 제4조.

52) 정보화사회지침 제4조 3항.

금을 지급해야 함)에 대해 회원국이 재량에 따라 제한조치를 가할 수 있도록 하였다.

복제권과 공중전달권 및 이용제공권에 대해서도 수업이나 연구목적을 위한 비영리적 저작물의 이용, 장애인의 이익을 위한 비영리적인 저작물이용, 권리자가 명백하게 반대의사를 표명하지 않은 경우에 정치·경제·종교와 관련된 기사를 이용하는 것 혹은 시사보도를 위한 보도에 있어 저작물이 포함된 보도물을 이용하는 것,[53] 비평을 위한 이용, 정치적 연술의 전부 혹은 일부를 이용하는 것 혹은 공개강의의 일부를 이용하는 것, 종교행사 및 공공단체가 주최하는 행사에서 저작물을 이용하는 것, 저작물이 이용되는 정도가 미미한 경우에 그 이용, 미술저작물의 전시나 판매에 있어 이를 광고하기 위해 저작물을 이용하는 것, 패러디를 위해 저작물을 이용하는 것, 전자기기매장에서 저작물을 재생하는 것, 건축물이 부분적으로 손상되었을 때, 이를 설계도에 따라 재건조하는 것,[54] 도서관 내에서 이용할 수 있도록 저작물을 복제·전송하는 것에 대해서 회원국은 저작권제한조치를 취할 수 있다.

이러한 저작권제한조치들은 국제적으로 확립된 3단계 테스트의 각 요소와 합치되도록 운영되어야 하며, 위에 제시된 목적과 방법으로 이용되더라도 3단계 테스트의 각 요소 중 어느 하나라도 만족시키지 못하는 경우에는 저작권을 침해한 것이 된다.[55]

한편 지침 제6조와 제7조는 기술적 보호조치 및 권리관리정보의 보호에 대해서 정하고 있는데, 기술적 보호조치에 관하여는 직접 우회하는 것과 우회도구의 거래 및 서비스 금지를,[56] 권리관리정보에 대해서는 저작자 등의 허락 없이 정보를 변경하거나 제거하는 것과 그렇게 변경된 것의 배포 등이 금지된다고 규정하고 있다.[57]

여기서 기술적 보호조치의 법적 보호에 대한 예외와 저작권에 대한 일반적 예외가 어떠한 관계를 갖는지가 문제될 수 있다. 즉, 이용자가 저작권의 제

53) 가령 정치인과의 인터뷰하는 과정에서 벽에 걸려 있는 미술저작물이 보이게 된 경우, 이 인터뷰를 방송해도 복제권이나 방송권 침해가 되지 않도록 하는 것이다.

54) 이는 재건조가 설계도에 대한 복제권을 침해하지 않는다는 의미이다.

55) 정보화사회지침 제5조.

56) 정보화사회지침 제6조.

57) 정보화사회지침 제7조.

한규정을 통해 누리던 이용의 자유가 기술적 조치에 의해 저해되는 경우, 이러한 자유를 법적으로 보장해주어야 하는지가 문제된다는 것이다.[58] 지침은 저작권의 제한에 대해 다루는 제5조에서의 아날로그 복제, 도서관, 교육기관 등에서의 복제, 방송사업자에 의한 일시적(예비적) 복제, 비영리사회기관에 의한 방송의 복제 및 수업목적을 위한 저작물이용, 장애인을 위한 이용, 공공의 안녕을 위한 이용 등에 대해 회원국이 기술적 보호조치에 의해 저작권제한규정이 위축되지 않도록 조치를 취할 수 있도록 하였다.

(7) 추급권지침(Resale Right Directive)[59]

EU 차원에서 추급권의 도입이 필요한 이유로는 여러 가지가 제시될 수 있다. 일부 유럽국가들은 EU 차원에서의 추급권지침이 만들어지기 이전부터 추급권제도를 가지고 있었다. 그 사이에 미술상들은 추급권이 인정되는 나라가 아닌 다른 나라에서 저작물을 경매·매매하는 방법으로 추급권의 적용을 받지 않으려 노력하였다. 특히 추급권제도가 없는 스위스와 영국은 미술품거래에 있어서 각광을 받았으며, 추급권이 인정되는 독일, 프랑스, 이탈리아에서의 거래는 위축되었다. 이러한 상황에서 단일한 시장을 지향하는 EU 입장에서 시장규율체계를 일원화하고, EU 역내에서 어디든 미술품거래의 여건을 동일하게 만들어야 한다는 목표 아래에서 동 지침이 만들어졌다.

지침 제1조 1항은 미술저작물의 저작자에게 미술저작물의 첫 거래 이후에도 판매가의 일정액을 로열티로서 취할 수 있는 추급권(재판매권)이 있음을 천명하고 있으며, 동 권리는 포기될 수 없으며, 양도될 수 없다고 규정하고 있다. 추급권은 개인간의 미술품 거래에까지 관여하지는 않으나, 일반적인 미술상에 의한 매매 혹은 경매는 모두 추급권 적용의 대상이 된다.[60] 다만, 저작자로부터 직접 취득한 저작물을 3년 이내에 재판매하고, 이때 거래가가 1만 유

---

58) 가령 사적 복제를 허용하고 있는 회원국에서 이용자가 어떠한 저작물을 이용하고자 하나 동 저작물에 기술적 보호조치가 되어 있는 경우, 기술적 보호조치의 우회금지규정으로 인해 사적 복제 제도 자체가 사문화될 수 있다. 따라서 일정한 경우, 기술적 보호조치를 직·간접적으로 우회할 수 있도록 함으로써 저작권법에서 이용자들에게 보장하고 있는 저작권제한 규정에 실효성을 부여할 수 있다.

59) Directive 2001/84/EC of the European Parliament and of the Council of 27 September 2001 on the resale right for the benefit of the author of an original work of art.

60) 추급권지침 제1조 2항.

로 이하인 경우에는 저작자에게 추급권이 인정되지 않는다. 이는 무명 저작자의 작품이 갤러리에 의해 구매되는 것이 추급권의 적용에 의해 위축되고, 결국 이러한 저작자에게 이익이 환원되지 않을 것을 우려함 때문이라고 한다.[61] 추급권에 따르는 보상금을 지급해야 하는 주체는 매도인이며, 매수인이 아니라는 점도 지침에 분명하게 규정되어 있다.[62]

지침 제2조는 정의규정이다. 동조 제1항은 미술저작물과 원작품에 대한 일반적 정의인데, 미술저작물의 범주에 사진저작물도 포함된다고 정하고 있다. 동조 제2항에서 예술가가 직접 제작하거나 그의 감독하에서 한정된 판(Auflage)만을 제작하도록 한 것을 원본(Original)이라고 정의하면서 원본에 번호가 매겨져 있거나 저작자의 서명이 첨부되어 있어야 한다고 정하고 있다.

각 회원국은 추급권이 적용되는 최소한의 거래액에 대해 정할 수 있는데, 최소한 3000 유로 이상의 거래에 대해서는 반드시 추급권을 보장해주어야 한다.[63] 한편 추급보상금의 요율은 아래와 같아야 하지만, 회원국은 추급보상금의 상한액으로 12,500 유로를 정할 수 있다.[64] 회원국은 3,000 유로 이하의 거래에 대해서 추급권을 적용하지 않을 수 있지만, 3,000 유로 이하에 대해서도 추급권을 적용하는 경우에는 보상요율을 4% 미만으로 할 수는 없다.[65] 거래가격을 산정할 때 세금은 포함되지 않는다.[66]

[추급권지침에 따른 추급보상률]

거 래 가 격	추 급 보 상 률
0 - 50,000 유로까지	4 % 혹은 5 %
50,000 - 200,000 유로	3 %
200,000 - 350,000 유로	1 %
350,000 - 500,000 유로	0.5 %
500,000 유로 이상	0.25 %

61) 그러나 회원국은 동 규정에 반드시 따를 필요는 없다. 추급권지침 제1조 3항.
62) 회원국은 다른 자를 지급의무자, 즉 채무자로 할 수 있다. 추급권지침 제1조 4항.
63) 추급권지침 제3조.
64) 추급권지침 제4조 1항.
65) 추급권지침 제4조 3항.
66) 추급권지침 제5조.

추급권의 행사에 따른 보상금은 저작자 혹은 집중관리단체에 지급할 수 있고,[67] EU 회원국의 국적을 가지고 있는 저작자는 누구나 다른 회원국에서 행해지는 거래에 대해 추급권을 주장할 수 있다. EU 회원국 이외의 제3국 저작자 역시 상호주의에 입각하여 추급권에 의한 보호를 향유할 수 있다.[68] 이때 제3국은 EU 지침에서 정한 것과 동등한 보호를 부여해야 하며, EU 집행위원회는 이렇듯 추급권을 보호하는 나라에 대한 목록을 만들어 회원국에게 제공해야 한다.[69] 회원국은 상호주의에 입각하지 않더라도 회원국에 상거소를 둔 저작자에 대해서 추급권에 의한 보호를 부여할 수 있다.[70] 추급권의 보호기간은 일반적 저작재산권의 보호기간에 상응하며,[71] 상속인은 저작자 사후에 추급권을 상속 받는다.[72]

회원국은 권리자가 미술품의 거래정보를 취득할 수 있는 적절한 수단을 마련해야 한다.[73]

(8) 조건부 접근통제 지침(Conditional Access Directive)[74]

접근통제지침은 주로 Pay-TV 등, 가입자 식별기능을 가진 콘텐츠 제공 플랫폼이나 여타의 조건을 충족했을 때만 접근을 허용하는 시스템을 통해 콘텐츠를 제공하는 자를 보호하기 위한 것이다. 만약 이러한 콘텐츠 제공과 관련된 시스템이나 플랫폼을 제공한 사람이 서로 다른 경우에 단지 플랫폼만 제공하고 콘텐츠에 대해서는 통제권한을 갖지 못하거나 수익을 득하지 않는 경우까지 동 지침에 의해 보호될 수 있는지 문제될 수 있다. 집행위원회의 보고서에 따르면, 이러한 플랫폼 제공자 역시 동 지침에 의해 보호될 수 있다고 하고 있다. 다만, 금전지불과 접근통제 사이에는 연결관계가 있어야 하며, 금전의 지불 없이 서비스되는 콘텐츠 제공이나 관련 서비스에 대해서는 보호가 이루어

67) 추급권지침 제6조.
68) 추급권지침 제7조 1항.
69) 추급권지침 제7조 2항.
70) 추급권지침 제7조 3항.
71) 추급권지침 제8조 1항.
72) 추급권지침 제8조 2항.
73) 추급권지침 제9조.
74) Directive 98/84/EC of the European Parliament and of the Council of 20 November 1998 on the Legal Protection of Services Based on, or Consisting of Conditional Access.

지지 않는다.

접근통제지침은 다음의 행위를 위법한 것으로 열거하면서 다음의 행위를 하는 것에 대해 회원국이 적절한 제재수단과 법적 구제수단을 강구할 것을 의무화하고 있다.[75] 회원국이 취하는 동 조치들은 실효성이 있어야 하며,[76] 여기에는 잠정조치를 포함하여 금지명령, 손해배상, 압류명령 등을 포함할 수 있다.[77] 그러나 필요한 조치 중에 반드시 형사적 제재를 가해야 한다거나 특정한 조치가 반드시 도입되어야 한다는 것은 아니다. 다만, 후발적으로 발생할 수 있는 침해에 대한 예방적 기능을 가져야 한다는 지침 제5조 1항에 따라 형사적 제재가 적절하다는 해석이 가능할 것이다. 또 국경조치에 대해서는 강제를 하고 있지 않고, 단지 그것이 적절한 때 집행조치로서 취할 수 있다고 해두었는데, 이는 동 지침이 아직까지 국내시장에서의 문제를 규율할 취지만을 가지고 있음을 보여주는 부분이라고 할 수 있다. 동 지침에 의해 보호되는 이용행위는 다음과 같다.

- 상업적 목적에 의한 접근통제조치의 우회를 위한 불법적 도구의 생산, 수입, 운영, 판매, 대여 및 점유
- 상업적 목적에 의한 접근통제조치의 우회를 위한 불법적 도구의 설치, 정비 및 교환
- 접근통제조치의 우회를 위한 불법적 도구의 유통을 촉진하기 위한 상업적 통신의 투여

상업적 목적을 위한 접근통제적 보호조치를 우회하는 장치를 생산하고 보급하는 것뿐 아니라 이를 유지하고 보수해주는 것까지 금지된다고 하였으므로 접근통제적 보호조치를 우회하는 기기의 고장에 대해 수리해주는 것 역시 위법한 행위가 된다. 마지막에 제시된 3번째 침해행위는 통신수단에 의해 우회장치를 판매하거나 홍보하고, 기기 제작에 필요한 정보를 제공하는 것을 방지하기 위한 것으로, 여기에는 단지 판매자의 홈페이지나 이메일을 게시하는 것이 포함되는지 문제될 수 있다.

75) 접근통제지침 제3조 1항.
76) 접근통제지침 제5조 1항.
77) 접근통제지침 제5조 2항.

3. 자유무역협정(FTA)

FTA는 2개국 또는 그 이상의 국가들이 대등한 지위에서 경제적 이익의 공동추구(common pursuit of economic interests)를 목적으로 동맹을 결성하여 회원국 간에는 어떠한 차별적인 대우도 존재하지 않는 단일경제권을 형성하려는 국제통상협정을 말한다.[78] FTA는 지역무역협정(Regional Trade Agreement, RTA)의 하나로서 가장 느슨한 형태를 취하고 있다.[79] 과거에는 지리적으로 인접한 국가 사이에서 주로 체결되었으나, 오늘날은 원거리 국가간의 FTA 체결도 늘어나고 있다.[80]

FTA는 WTO체제하에서 활발하게 체결되고 있지만, WTO 성립 후 등장한 개념은 아니며, 이미 1950년대부터 그 당시의 GATT 체제와 공존하면서 협정이 체결되고 있었다. 그렇지만, 1995년 WTO 출범 이후 FTA가 세계적으로 급속히 확산된 것은 부인할 수 없는 사실이다. 2005년 1월을 기준으로 GATT/WTO에 통보된 지역무역협정은 312건이고, 그 중 현재 발효 중인 것은 170건이며, FTA가 84퍼센트를 차지하는 것으로 나타났다.[81]

---

78) 이재기, 「FTA의 이해」(서울: 한올출판사, 2005), 132면.

79) 기본적으로 FTA는 회원국 간의 관세 없는 자유무역을 지향하지만, 오늘날은 매우 포괄적인 FTA를 체결하는 경향이다. 경제통합은 그 밖에도 공동역외관세제도를 도입하는 관세동맹(Customs Union), 자본, 노동, 서비스 등 요소시장의 자유로운 이동을 보장하는 공동시장(Common Market), 전반적인 경제정책을 공유하는 경제동맹(Economic Union) 등으로 분류하고 있으나, 오늘날은 각국이 다양한 범위를 커버하는 포괄적인 협정을 체결함으로써 그 구별이 모호해지고 있다.

80) 일반적으로 FTA는 근린국가와 체결되는 경향이나 반드시 그러하지는 않으며, 체결대상 국가를 결정하는 데는 정치외교적인 요인도 크게 작용한다. 1985년 미-이스라엘 FTA가 그 대표적인 예라 할 수 있다.

81) Jo-Ann Crawford & Roberto V. Fiorentino는 RTA의 전체 개황과 관련하여서는 현재 발효 중인 RTA를 170개라고 하고, RTA를 형태별로 분석함에 있어서는 131개라고 하고 있는데 이렇게 지역무역협정 숫자에 차이가 나는 것은 협정을 계수하는 방법의 다양성 때문이라고 한다. 이에 관한 자세한 내용은 Jo-Ann Crawford & Roberto V. Fiorentino, *The Changing Landscape of Regional Trade Agreements* (Discussion Paper No.8) (Geneva: WTO, 2005), pp.1-3 참조. RTA라고 표현되는 지역무역협정에는 매우 다양한 형태가 존재하나, 가장 일반적인 것은 회원국 간에 자유교역을 목적으로 하는 FTA와 여기에 공동역외관세 개념을 추가한 관세동맹(Customs Union), 더 나아가 서비스, 노동, 자본 등 요소시장의 자유화까지 동반하는 공동시장(Common Market) 등이 일반적이고, 최근에는 일부 변형된 형태의 경제제휴협정(Economic Partnership Agreement)도 체결되고 있다.

WTO라는 다자간 무역체제가 존재함에도 불구하고 이렇게 자유무역협정이 확산되는 이유로는 여러 가지가 있겠지만, 무엇보다 상호보완적 경제구조를 가진 교역국 사이에서 WTO 수준 이상의 무역자유화를 이루어 교역을 확대하는 것이 양국의 경제 발전에 도움이 된다는 인식이 확산되고, FTA가 경제발전에 도움이 된다는 점을 들 수 있다. 또한, 다자간 무역체제의 비효율성에 대한 반작용으로 상대적으로 협상이 용이하고 단기간에 타결이 가능한 FTA를 선호하게 된 점을 들 수 있다. 그 밖에도, 국내경제 개혁을 촉진할 수 있는 점, 대외신인도 및 대외협상력을 제고할 수 있다는 점, 정치·외교·사회문화적 결속관계를 강화할 수 있는 점 등이 FTA 확산 동기로 거론되고 있다.[82]

FTA에도 저작권을 비롯한 지적재산권 전반에 대한 규율이 시도되는 것이 대부분이다. 저작권이 일원화되지 않으면 상호간의 무역을 저해할 수 있고, 저작권법이 서로 상이하면 일국에서 침해인 것이 다른 일국에서는 침해가 되지 않는 사태를 초래할 수 있다. 또 일방이 저작권보호와 집행수준이 낮을 경우에는 수입된 저작물을 무단으로 이용함으로써 높은 보호수준을 갖는 타방 저작자의 이익을 현저하게 저해시킬 수 있기 때문에 많은 FTA에서 WTO가 보호하는 것보다 높은 수준의 WTO TRIPs Plus 형태의 지적재산권 보호를 규정하고 있다.

우리나라는 칠레, 싱가포르, EFTA 및 ASEAN과 FTA를 체결하고, 동 국가 혹은 기구에 대한 FTA는 이미 발효되고 있는 상태이다. 한편 미국과의 FTA 협상이 타결되어 우리 국회 및 미국 의회의 비준동의를 기다리고 있으며, 2009년 상반기 조기타결을 목표로 한-EU FTA 협상이 현재 진행 중에 있다.

현재 발효 중인 FTA 협정 중에서 지적재산권 및 저작권과 관련된 것들을 보면, 한-칠레 FTA 협정 제6장은 지적재산권에 관련된 의무들에 대해 다룬다. 그 중 제16.1조는 지적재산권 보호에 관한 일반적인 의무를 확인하는 것으로, 각국은 상대국 권리자를 실효성 있게 보호해야 하며, TRIPs 협정을 비롯한 각종 국제협약을 준수해야 함을 규정하고 있다. 특히 지적재산권의 집행과 관련해서는 제16.5조에서 TRIPs 협정 제41조 내지 제61조를 준수할 것을 강조하고 있다. 다만, 특정 국제협약에 반드시 가입해야 한다는 의무를 부과하고 있지는

---

82) 이홍식, 이경희, “FTA 확산배경과 주요국 추진동향,” 정인교, 노재봉(편저), 「글로벌시대의 FTA 전략」(서울: 도서출판 해남, 2005), 10면.

않으며, 지적재산권의 시행으로 인해 국제무역에 장애가 되어서는 안 된다는 취지를 밝힘으로써 국제무역이 지적재산권 보호에 비해 다소나마 우위에 있음을 천명하고 있다.[83] 동 협정에는 저작권과 관련된 특별규정은 없다.

한-싱가포르 FTA는 제17장에서 지적재산권과 관련된 양국의 합의를 담고 있는데, 상대국 국민에게 실효성 있는 보호와 집행을 부여해야 한다는 점에서는 한-칠레 FTA 내용과 다르지 않으며,[84] TRIPs 협정의 준수 및 집행규정을 강조하는 태도 역시 마찬가지이다.[85] 한-싱가포르 FTA 제17.5조는 지적재산권과 관련하여 한국과 싱가포르가 상호협력한다고 되어 있으나 구체적으로 어떠한 의무를 부담하는지는 제시되어 있지 않다. 한편 동 협정에는 지적재산권에 대한 교육 및 인식증진에 대한 각국의 의무에 대한 규정도 포함되어 있다.[86] 한국과 싱가포르는 지적재산권 공동위원회를 구성하여 협력의무의 이행을 감독하며, 지적재산권관련 정보를 교류한다.[87] 동 협정에는 한-칠레 FTA와 마찬가지로 저작권과 관련된 별도의 규정이 없다.

한-EFTA FTA[88] 역시 지적재산권의 보호에 관한 규정을 제7장에서 따로 규율하고 있다. 다른 FTA들과 마찬가지로 타방의 권리자를 충분하고, 효과적이며, 비차별적으로 보호해야 하며, TRIPs 협정의 관련규정에 따라 내국민대우를 부여해야 한다.[89] 동 협정은 지적재산권의 범위에 드는 각 권리를 나열하고 있지만,[90] 이는 어디까지나 예시적인 것이다. 지적재산권과 관련하여 한국과 EFTA의 협력의무를 부여한다는 점에서는 한-싱가포르 FTA와 유사하다고 하겠다. 앞서 살펴보았던 FTA와 마찬가지로 저작권과 관련된 특별규정은 발견되지 않는다. 한편 동 FTA의 부속서 13에는 한국과 EFTA가 TRIPs 협정과 베른협약, 파리협약의 당사자임을 확인하고 있으며,[91] WCT, WPPT, 로마협약에

83) 한-칠레 FTA 협정 제16.1조 1항 후단.

84) 한-싱가포르 FTA 협정 제17.2조.

85) 한-싱가포르 FTA 협정 제17.3조.

86) 한-싱가포르 FTA 협정 제17.8조.

87) 한-싱가포트 FTA 협정 제17.9조.

88) EFTA는 아일랜드, 리히텐슈타인, 노르웨이, 스위스로 구성되어 있다. 동 EFTA는 EU와 함께 EEA(European Economic Area)를 구성하고 있다.

89) 한-EFTA FTA 협정 제7.1조.

90) 한-EFTA FTA 협정 제7.2조.

91) 한-EFTA FTA 협정 부속서 13, 제1조 1항.

대해서는 2008년까지 비준하거나 가입하거나 동 조약들의 실체적 규정을 적용하도록 강조하고 있다.[92)]

우리나라와 동남아시아국가연합(ASEAN)과의 FTA에는 구체적인 지적재산권관련 실체법 규정이나 절차법 규정이 마련되어 있지 않다. 그러나 협정문 제3.1조 1항에서 경제협력 분야에 대해 열거하면서 동항 제(차)호에서 지적재산을 협력분야로 언급하고 있을 뿐이다.

우리나라가 회원국으로 되어 있는 APEC에서도 지적재산권에 대해 논의가 이루어지고 있다.[93)] 특히 미국의 제안에 따라 FTA 결성이 추진된 바 있으나 많은 회원국의 반발로 실현이 되지는 못하였다.

II. 저작권의 통상규범화: WTO TRIPs 협정

1. WTO TRIPs 협정 개요

지적재산권의 국제적 보호에 관해서는 기본적으로 WIPO를 중심으로 논의가 되어 왔다. 즉, 특허, 상표 등 산업재산권에 대해서는 "산업재산권보호에 관한 파리협약," 일반저작물에 대해서는 "베른협약," 저작인접권에 대해서는 "로마협약" 등 WIPO가 주관하는 각종 조약을 통하여 지적재산권을 국제적으로 보호하고 있다.[94)]

이미 WIPO 주관하에 지적재산권을 보호하는 각종 조약들이 다수 존재함에도 불구하고, WTO는 우루과이 라운드를 통하여 무역 관련 지적재산권 보호에 관한 새로운 조약을 WTO 부속서의 하나로 채택하여 그 활동영역을 확장하였다. 이는 그 동안에도 지적재산권 보호에 관한 조항이 GATT에 존재하여

---

92) 한-EFTA FTA 협정 부속서 13, 제1조 2항.

93) Antony Taubman, "Collective Management of TRIPS: APEC, New Regionalism and Intellectual Property," in C. Antons, M. Blakeney & C. Heath (ed.), *Intellectual Property Harmonisation within ASEAN and APEC* (The Hague: Kluwer Law International, 2004), p.161.

94) WIPO가 보호하는 지적재산권에 대해서는 WIPO 홈페이지인 www.wipo.org 참조. 국제기구로서의 WIPO는 1970년 설립되었으며, 1974년 UN 전문기구의 하나가 되었고, 본부는 스위스 제네바에 있다. 2008년 7월 현재 184개 회원국을 보유하고 있다.

왔으나, 그 실효성이 미미하고 지적재산권의 무역상의 중요성이 증가함에 따라 기존의 각종 지적재산권 조약들을 아우르는 하나의 새로운 조약을 채택함으로써 선진국의 입장을 반영한 것으로 보인다.

새로운 무역관련 지적재산권 보호체제의 도입은[95] 우선 가입국의 증가현상을 가져올 수 있고,[96] WTO가 유지하고 있는 분쟁해결제도를 이용할 수 있을 뿐만 아니라 교차보복 제도를 통하여 판정 결과의 이행을 강제하기가 용이하며,[97] 그 동안 다른 지적재산권 조약에 결여되어 있었던 상세한 집행에 관한 규정을 TRIPs 협정 내에 둠으로써 지적재산권 보호를 매우 강화하는 결과를 가져오게 되었다.[98] 그리고 역설적이지만, 지적재산권 보호 문제를 국제무역의 장(forum)인 WTO로 가져옴으로써 미국의 일방적인 제301조에 의한 보복조치를 피할 수 있게 되었다고 할 수도 있다.[99] WIPO가 관할하는 23개의 조약 가운데 9개 조약만이 분쟁해결 및 조약집행에 관한 규정을 두고 있는데, 그 중 8개 조약은 강제관할권이 없는 국제사법재판소에 분쟁을 의뢰할 수 있도록 규정하고 있을 뿐이어서 당사국간의 분쟁해결에 아무런 도움을 주지 못하였다.

---

95) 도입배경에 대한 상세한 설명은 정상조, "WTO 교역관련 지적소유권법," 이장희(편저), 국제통상과 WTO법(서울: 아시아사회과학연구원, 1996), 231-233면 참조.

96) 특히 반도체집적회로에 관한 워싱턴 협약은 가입국이 8개국이었으나, 동 협약이 WTO TRIPs 협정에 편입됨으로써 WTO 149개국 모두에게 적용되게 되었다.

97) WTO 분쟁해결제도 중 이행부분은 DSU 제21조 및 제22조가 규율하고 있으며 제22조 3항(c)에서 교차보복을 규율하고 있다. 교차보복이란 제소국에 의한 보복조치가 동일협정 내 동일분야, 동일협정 내 다른 분야 등에서 이루어지는 것이 효과적이지 못하고, 상황이 충분히 심각한 경우 다른 협정에도 적용될 수 있음을 말한다. 즉 지적재산권 분야의 위반에 대하여 자동차나 반도체 분야에 대해서도 보복관세를 부과하거나, 다른 서비스 분야의 양허를 정지시킬 수 있음을 의미한다.

98) 지적재산권의 집행(enforcement)에 관하여는 협정 제41조 내지 제50조, 지적재산권 위반상품의 국경조치(border measures)에 관해서는 협정 제51조 내지 제61조를 두고 있으며, 이어서 협정 제4부에서는 형사조치에 관한 규정을 두고 있다. 실제 미국은 각종 지적재산권 관련 통상협상에 있어 TRIPs 협정을 자주 인용하고 있다.

99) DSU 제23조는 다자체제에 의한 분쟁해결의무를 부과함으로써 한 당사국에 의한 일방적인 보복조치를 금지하고 있다. 미국 통상법 301조와 우리나라의 지적재산권보호에 대해서는 임근영, "한미 지적재산권 협상의 역사적 고찰," 「창작과 권리」 제30호(세창출판사, 2003), 126-151면; 박덕영, "2002년 미국 지적재산권 관련 각종보고서의 주요내용에 관한 연구," 「지적재산권법연구」 제6집(2002), 180-214면 참조.

이와 같이 WIPO가 주관하는 각종 지적재산권조약들은 집행에 관한 규정이 미비하고, 분쟁해결에 관하여 실질적이고, 실효성 있는 규정을 갖추지 못하였음에 반하여, WTO 체제하에서의 지적재산권보호는 조약상의 의무위반에 대해 다른 분야에도 보복조치를 허용하는 교차보복조치를 인정함으로써, 각국의 국내법을 TRIPs 협정에 합치시키는 노력을 한층 촉진시키고 있다. 미국 등 주요 선진국들은 1980년대에 들어와 그 동안 유지하여 왔던 상품무역에 있어서의 상대적 우위가 예전만 못함을 감지하고, 한국, 브라질 등 주요 개발도상국들에게 지적재산권의 보호를 강력하게 요구하게 되었으며, 그 결과 한국은 1986년 말에 지적재산권과 관련한 거의 모든 법령을 개정 또는 제정하게 된다.[100)]

무역관련 측면에서 보면 WTO 출범 이전의 GATT는 제9조 6항에서 원산지 규정을 통하여 위조상품의 방지를 위한 회원국간의 협력을 규정하였고, 일반예외를 규정하고 있는 제20조의 d항에서는 특허권, 상표권, 저작권의 보호와 사기적 관행의 방지를 위하여 무역을 제한할 수 있다고 규정하고 있었다.[101)] 그러나 강력한 분쟁해결제도의 미비로 인하여 선진국들은 보다 강력한 지적재산권 보호방안을 모색하던 중, 1986년 우루과이의 푼타 델 에스테에서 열렸던 GATT 각료회의에서 새로운 라운드의 개시를 결의하고, 지적재산권을 그 의제 중의 하나로 포함시켰던 것이다.

즉, 1986년 9월 20일자 위조상품 무역을 포함한 무역관련 지적재산권에 관한 각료선언은 "국제무역에 대한 장애와 왜곡을 축소하고, 지적재산권의 효과적이고 적절한 보호를 증진해야 할 필요성을 고려하고, 지적재산권을 행사하는 조치와 절차 자체가 적법한 무역의 장애가 되지 않도록 하기 위하여" GATT 규정을 명료히 하고, 적절한 새로운 규칙과 룰을 정하고, 위조상품 규율에 관한 다자간 체제를 확립하는 것을 목표로 협상을 개시하기로 결정하였다. 이에 따라 7년여의 기나긴 협상 끝에 1993년 12월 15일 타결을 보고 1995년 1월 1일 WTO의 출범과 함께 효력을 발생한 것이 WTO TRIPs 협정이다.[102)]

---

100) 1986년 5월 합의한 한미 공업소유권 양해각서의 결과로 우리나라는 1986년 12월 30일 지적재산권 관련법들을 전면개정하고, 컴퓨터프로그램보호법을 새로이 제정하였다.

101) 원래 GATT상의 이 규정들은 GATT 1994에 수용됨으로써 현재도 유효하게 적용되고 있다.

102) WTO TRIPs 협정의 기본적 이해를 위해서는 다음의 서적들을 참조: M. Blackney, *Trade*

WTO 체제하의 동 협정의 의미는 GATT 체제의 한계를 극복하고, 보다 자유롭고 공정한 무역 질서를 형성하기 위하여 무역과 관련된 규제의 대상이 상품에 국한하지 않고, 지적재산권 분야로 확대된 점과 GATT 체제하에서 불완전한 것으로 평가되었던 분쟁해결절차를 개선하여 보다 강화된 분쟁해결절차가 도입된 점을 들 수 있다. 기본적으로 TRIPs 협정은 WTO 설립협정의 여러 부속서 중의 하나이며, 각 부속서는 WTO의 불가분의 일부를 형성하여 WTO 모든 회원국을 구속하게 되고, 이에 따라 각 회원국은 자국의 지적재산권 관련 국내법령을 TRIPs 협정에 일치하도록 개정할 의무를 부담한다.[103] TRIPs 협정은 그 동안 WIPO가 개별 지적재산권 조약에 의해 규율하여 오던 지적재산권 보호의 문제를 이제는 WTO가 범세계적 차원에서 무역과 관련한 지적재산권 보호의 통일된 기준을 정하여 규율하게 되었다고 말할 수 있을 것이다.

뿐만 아니라, 현재 WTO의 153개 모든 회원국은 예외 없이 TRIPs 협정의 적용을 받게 되어, 회원국의 확대현상을 가져오게 되었으며, 또한 WTO 출범과 함께 새로이 발효한 분쟁해결제도는 교차보복이라는 강력한 제재를 지적재산권의 집행수단으로 확보하게 되었다.[104] 또한 협정 제3부는 집행(enforcement)[105]이라는 별도의 장을 두어 지적재산권보호의 보장을 위한 기본적 절차를 규정하고, 각 회원국이 이를 각국의 법령에 수용할 것을 요구하고 있으며, 무역정책검토제도 및 각종 통보제도를 이용하여 각 회원국들의 지적재산권 보호정도를 감시하고 있다. WTO TRIPs 협정은 전문과 총7부 73개 조항으로 지적재산권의 거의 모든 분야를 망라하고 있으며, 제1부에서 총론적 규정으로 일반원칙

Related Aspects of Intellectual Property Rights: A Concise Guide to the TRIPs Agreement (London: Sweet & Maxwell, 1996), F.-K. Beier & G. Schricher, *From GATT to TRIPs: The Agreement on Trade-Related Aspects of Intellectual Property Rights* (München: VCH, 1996), C. M. Correa, *Intellectual Property and International Trade: The TRIPs Agreement* (London: Kluwer, 1998), J. Watal, *Intellectual Property Rights in the WTO and Developing Countries* (The Hague: Kluwer, Law International, 2001).

103) WTO 설립협정 제16조 4항. 우리나라는 2000년 6월 개발도상국으로서는 처음으로 WTO의 지적재산권 법령심사를 받은 바 있다: 저작권심의조정위원회, 「세계무역기구 무역관련지적재산권협정 법령심사」(서울: 저작권심의조정위원회, 2001). 2001년 12월 WTO에 가입한 중국과 대만은 2002년 9월말에 WTO로부터 지적재산권 관련 각종 법령심사를 받았다.

104) WTO 분쟁해결양해(DSU) 제21조와 제22조 참조.

105) TRIPs 협정상의 enforcement라는 용어를 집행, 시행, 이행 등으로 번역하고 있으나, 본서에서는 집행이라는 용어를 사용하기로 한다.

을 다루고, 전통적 의미에서의 지적재산권 자체의 보호에 관한 규정은 제2부에서 다루고 있으며, 그 밖에 지적재산권 보호의 집행과 그와 관련한 절차적 규정들을 두고 있다.

WTO TRIPs 협정은 그 속성상 국제통상법적 측면과 지적재산권 보호의 측면을 동시에 갖고 있다. 이하에서는 TRIPs 협정 7개 장 중에서 지적재산권 보호 자체에 관한 내용[106)] 중 저작권 관련부분을 포함하여 국제통상법과 밀접한 관련을 갖는 제1부의 지적재산권 보호를 위한 일반규정과 기본원칙, 제3부 지적재산권의 집행 부분 중에서 국내이행과 국경조치(border measure) 관련 부분 및 제5부 분쟁해결을 중심으로 기술하기로 한다.

[WTO TRIPs 협정의 구성체계]

전문과 총 7부 및 73개 조문	제1부 일반규정 및 기본원칙 (1-8) 제2부 지적재산권의 취득, 범위 및 사용에 관한 기준 제1절 저작권 및 저작인접권 (9-14) 제2절 상표 (15-21) 제3절 지리적 표시 (22-24) 제4절 의장 (25-26) 제5절 특허 (27-34) 제6절 집적회로 배치설계 (35-38) 제7절 미공개정보의 보호 (39) 제8절 사용허락계약에 있어 반경쟁관행의 통제 (40) 제3부 지적재산권의 집행 제1절 일반적 의무 (41) 제2절 민사 및 행정절차와 구제 (42-49) 제3절 잠정조치 (50) 제4절 국경조치에 관한 특별조치 (51-60) 제5절 형사절차 (61) 제4부 지적재산권의 취득, 유지 및 관련당사자간 절차 (62) 제5부 분쟁의 방지 및 해결 (63-64) 제6부 경과조치 (65-67) 제7부 제도규정과 최종조항 (68-73)

106) WTO TRIPs 협정의 각 개별 조항별 분석에 대해서는 UNCTAD-ICTSD, *Resourcebook on TRIPS and Development* (Cambridge: Cambridge University Press, 2005), 김병일 · 박덕영, 「WTO TRIPs 협정과 분쟁사례연구」(근간 예정) 참조.

2. WTO TRIPs 협정상의 일반규정 및 기본원칙

TRIPs 협정은 국제무역의 왜곡과 장애를 축소하고, 지적재산권의 효과적이고 적절한 보호를 촉진하며, 지적재산권의 집행을 위한 조치가 국제무역의 장애가 되지 않도록 지적재산권을 집행하는 조치와 절차를 각 회원국이 확보할 것을 그 전문에서 규정하고 있다. 또한 지적재산권의 공공성을 인정하고 기술이전과 전파를 장려하고, 지적재산권의 남용을 금지하는 규정을 두고 있다.[107]

협정은 제1부에서 일반규정과 기본원칙을 밝히고 있는데, TRIPs가 보호하는 지적재산권으로는 협정 제2부에서 저작권과 저작인접권, 상표, 지리적 표시, 의장, 특허, 집적회로배치설계, 영업비밀 등을 들고 있으며, 아울러 라이센싱 계약에 있어서의 반경쟁관행의 통제에 대해서도 규율하고 있다. 협정은 또한 협정상의 지적재산권은 다른 회원국 국민에게 적용되는 사권(private right)임을 전문에서 명백히 밝히고 있지만,[108] 무역과 관련한 지적재산권의 보호와 집행은 WTO 회원국 자신의 몫이다.[109]

(1) 회원국의 이행의무와 최저기준(minimum standard) 원칙(제1조)

TRIPs 협정 제1조 1항 1문은 "회원국은 이 협정의 제규정을 이행한다."고 규정하고 있다. 이것은 WTO 회원국이 TRIPs 협정의 준수를 목표로 하는 것이 아니라, 국제법상 이행의무로서 반드시 준수해야 한다는 것을 분명히 하고 있는 것이다. 따라서 어느 회원국이 이행의무를 위반한 경우, 무역상의 이익을 침해당한 다른 회원국은 그 회원국을 WTO 분쟁해결기구에 제소하여, 제재조치를 취할 수도 있다. 회원국이 협정의 내용을 이행하여야 함을 규정함으로써, 각국이 지적재산권 보호에 관한 이행의무를 지게 됨을 명확히 하고 있다. 이제 WTO 회원국들은 협정 제64조에 규정된 분쟁해결절차와 판정의 이행 및 제재

---

107) TRIPs 협정 제7조 및 제8조 참조.

108) TRIPs 협정은 전문에서 "… intellectual property rights are private rights"임을 분명히 밝히고 있다.

109) TRIPs 협정 제41조 1항 1문은 다음과 같이 규정하고 있다:

"Members *shall ensure* that enforcement procedures as specified in this Part are available *under their law* so as to permit effective action against any act of infringement of intellectual property rights covered by this Agreement, ⋯."

조치를 통하여 보다 확고히 지적재산권 보호를 확보할 수 있게 되었다.

TRIPs 협정 제1조 1항 2문은 "회원국은 이 협정의 규정에 위배되지 아니하는 경우, 자국의 법을 통하여 이 협정에 의해서 요구되는 것보다 더 광범위한 보호를 실시할 수 있으나, 그렇게 할 의무를 지는 것은 아니다."라고 규정하고 있다. 이것은 TRIPs 협정의 기본적 성격인 최저기준(minimum standard) 원칙을 천명한 것으로 그 내용은 다음과 같다.

---

i) TRIPs 협정에서 정하고 있는 의무는 회원국이 선진국인지 개발도상국인지를 묻지 아니하고, 모든 회원국이 반드시 준수할 것이 요구되는 최저기준이며, 국가별 사정에 따른 예외는 일체 인정되지 않는다. 다만, TRIPs 협정의 적용 유예기간이 인정될 뿐이다.[110)]

ii) 각 회원국이 TRIPs 협정에서 정한 보호 수준보다 높은 수준의 보호를 각종 지적재산권에 대하여 국내법에서 부여하는 것은 무방하다.

회원국은 자국의 법을 통하여 TRIPs 협정에 의해서 요구되는 것보다 더 광범위한 보호를 실시할 수 있으나, 그렇게 할 의무를 지지는 아니한다고 규정하고 있는데, 이는 당연한 것으로 단순한 확인규정에 불과하다. 이러한 최저보호요건 규정은 파리협약, 베른협약 등 지적재산권 관련 다른 협정들에서도 찾아볼 수 있는데, 이는 지적재산권 제도와 그 범위가 변화, 확대되고 있다는 점을 감안해 각 회원국이 국내적인 필요성에 의해 보호수준을 상향 조정할 가능성을 열어주기 위한 것이다. 협정 수준 이상의 보호가 본 협정의 다른 규정에 위배되어서는 안 되므로, 자국민 또는 특정 회원국 국민에 대해서만 보다 높은 보호를 부여할 수는 없다.[111)]

즉, 회원국은 자국의 법을 통하여 협정에서 요구되는 것보다 더 광범위한 보호를 실시할 수 있으며, 그 이행방법에 대해서는 각 국가가 재량으로 결정할 수 있다고 규정하고 있다. 예컨대, 협정에 의하면 저작권은 저작자의 생존기간과 사후 50년 동안 보장하도록 규정하고 있지만, 각 개별 회원국[112)]이 이를

---

110) TRIPs 협정 제65조와 제66조 참조. 그러나 2005년 말로 모든 유예기간은 종료하였다.

111) TRIPs 협정 제3조 내국민대우원칙과 제4조 최혜국대우원칙 참조.

112) 가장 대표적인 국가로 미국을 들 수 있으며, 유럽의 대부분 국가들도 사후 70년 보호를 규정하고 있다. 저작자의 사후 70년 보호를 규정한 1998년의 미국 Sonny Bono Act가 일정기간 동안의(for limited times) 저작권보호를 규정하고 있는 미국 헌법 제1조 8항에 위

70년간 보장한다든지, 유럽의 일부 국가에서 예술작품의 거래에 있어 추급권[113]을 인정함은 TRIPs 협정에서 이를 허용하고 있는 것이다. 즉 TRIPs 협정은 지적재산권의 보호에 있어서 일률적인 룰을 정하는 것이 아니라, 각 회원국이 준수하여야 할 최소한의 기준을 마련하고, 구체적인 실천방법은 각 회원국에게 맡겨놓고 있다.[114]

회원국이 TRIPs 협정의 조항을 어떠한 방법으로 이행할 것인지는 각국의 사법제도의 범위 내에서 자유로이 결정할 수 있다. 즉, 제1조 1항 3문에는 "회원국은 자기나라의 고유한 법제도 및 관행 내에서 이 협정의 제 규정에 대한 적절한 이행방법을 자유로이 결정한다."고 규정하고 있다. 이는 TRIPs 협정이 각국의 사법제도의 변경까지 요구하는 것은 아니므로 당연한 것이며, EC법상의 지침(directive)과 유사한 입법방식이라 할 수 있다.

제2항은 TRIPs 협정에서 언급하고 있는 지적재산의 범위에 대해 정하고 있다. 지적재산의 범위에 대해 기존 WIPO 협정들에서 규정된 것들과의 관계 문제 및 포함 대상의 범위 등에 대해 논란이 있었으나, 결국 지적재산에 대해 따로 정의하지 않고, 본 협정에 기재된 대상들을 TRIPs 협정상의 지적재산으로 규정하는 실용주의적 접근을 채택하게 되었다. 본 협정상의 지적재산에는 저작권 및 저작인접권, 상표, 지리적 표시, 의장, 특허, 집적회로의 배치설계, 미공개정보가 포함된다.

제3항은 협정상의 권리, 의무를 적용받는 "국민"에 관한 규정이다. 첫 번째 문장은 타 회원국 국민에게 본 협정이 규정하고 있는 대우를 해주어야 한다는 원칙을 선언하고 있다. 두 번째 문장은 "국민"의 요건을 규정하고 있는데, 본 협정에서의 국민이란 당해 지적재산권에 대해 파리협약(1967), 베른협약(1971), 로마협약, 집적회로에 관한 지적재산권협약상의 보호를 받을 수 있는 자격(보호자격)이 있는 자연인 혹은 법인이라고 규정하고 있다. 즉, 저작권에 대

배된다는 주장에 대하여 2002년 미국 대법원은 일정기간 범위 내라고 보아 합헌으로 판단하였다. 김송옥, "저작권보호기간 연장의 위헌성논의," 로앤비 웹사이트 (www.lawnb.com) 참조.

113) 프랑스나 이태리 등의 예술 선진국에서 주로 인정하는 제도로 미술 저작품의 판매시 판매차익의 일정 액수를 원저작자에게 지불할 것을 강제하는 방식이며, 베른협약에서도 규정하고 있으나, 협약당사국이 선택적으로 국내법에 수용할 수 있도록 규정되어 있다.

114) WTO패널은 17년간의 보호를 규정하고 있는 캐나다의 특허법에 대하여 20년 보호를 규정한 TRIPs 협정 제33조 위반으로 보아 캐나다 특허법의 개정을 권고하였다.

해서는 베른협약, 저작인접권에 대해서는 로마협약, 특허, 상표, 지리적 표시, 의장, 부정경쟁과 관련된 비공개정보에 관해서는 파리협약, 집적회로에 대해서는 집적회로에 관한 워싱턴 협약의 규정에 따름을 명시하고 있다.

이들 조항에서 보호를 받을 자격이 있는 자(보호적격자)는 회원국의 국적을 갖고 있는 자연인 혹은 법인 또는 회원국 내에 주소나 실질적인 상업 및 산업상의 영업소를 갖는 비회원국의 자연인 혹은 법인으로 해석되고 있으므로, TRIPs 협정에서도 동일한 해석이 적용된다고 보아야 할 것이다. 세 번째 문장은 음반, 실연가, 방송사업자 등 저작인접권 보호에 관한 로마협약에 마련되어 있는 예외규정, 즉 제5조 3항 및 제6조 2항의 규정을 회원국이 원용할 수 있다고 규정하고 있다.

(2) 국제협약 플러스 방식(제2조)

협정 제2조는 TRIPs 협정과 지적재산권 보호에 관한 기존 협정간의 관계에 대해 언급하고 있다. 먼저 제1항은 TRIPs 협정의 원칙 중 하나로, 파리협약을 기본으로 새로운 의무사항을 추가한다는 이른바 '파리협약 플러스 어프로치'에 관한 것이다. 선진국들은 파리협약의 분쟁해결절차에 강제력이 없으므로 GATT의 분쟁해결절차를 이용하기 위해 파리협약의 실체적 규정을 반영할 것을 강력히 요구하였는데, 그 결과로 반영된 것이 본 조항이다. 이로 인해 파리협약 비가입국도 파리협약을 위반할 경우 WTO 분쟁해결기관에 제소되어 무역제재를 받을 수 있게 되었다.

이와 같이 파리협약 실체 조항에 대하여 WTO 분쟁해결절차를 활용하여 강제력을 부여한 것은 TRIPs 협정이 거둔 가장 중요한 성과 중 하나로 평가받고 있다. 제2항은 본 협정의 제1부 내지 제4부의 규정이 파리협약, 베른협약, 로마협약, 집적회로에 관한 지적재산권 협약 회원국이 이들 협약하에 지는 의무를 저해하지 않는다는 국제법상의 원칙을 기술하고 있다. TRIPs 협정에는 파리협약 플러스 방식 외에도, 저작권에 대하여는 베른조약 플러스 방식(제9조), 반도체회로의 배치설계권에 대하여는 IPIC 플러스 방식(제35조)의 방법을 채택하고 있다.

TRIPs 협정은 앞에서 언급한 지적재산권 8개 분야를 단지 32개 조항(제9조 내지 제40조)에서 모두 규율하고 있다. 이는 협정이 기존 국제협약 플러스 방식을 취하고 있기 때문에 가능하다. 즉, 협정은 제2조 2항에서 "본 협정상의 어떠한 규정도 파리협약, 베른협약, 로마협약, 집적회로에 관한 지적재산권 협약상의 회원국의 의무에 영향을 끼치지 않는다." 라고 규정하고 있다. 구체적으로는 베른협약 제1조에서 제21조까지[115]와 부속서, 파리협약 제1조에서 제12조까지와 제19조, 실연자, 음반제작자, 방송사업자의 보호에 관한 로마협약, 집적회로에 관한 지적재산권조약 등은 TRIPs 협정상의 관련 규정에 따라서 법적 효력을 부여받고 있다. 따라서 TRIPs 협정 그 자체는 73개 조항에 불과하지만, 실제로는 지적재산권에 관한 광범위한 내용을 포괄적으로 다루고 있다고 하겠다. 더욱이 WIPO의 지적재산권 조약이 다루지 않았던 지리적 표시,[116] 영업비밀,[117] 반경쟁 관행의 통제[118] 등의 분야까지를 포함하여 그 관할범위를 확대하고 있다.

(3) 내국민대우원칙(제3조)

TRIPs 협정 제3조는 제4조의 최혜국대우원칙과 더불어 TRIPs 협정의 가장 중요한 원칙인 내국민대우(national treatment) 원칙과 그 예외에 대하여 규정하고 있다. TRIPs 협정은 지적재산권보호와 관련하여 각 회원국들이 자국 국민보다 불리한 대우를 다른 회원국의 국민에게 부여하여서는 안 된다고(treatment no less favorable than) 규정함으로써 내국민대우원칙을 채택하고 있다.[119] TRIPs 협정은 "treatment no less favourable than"이라는 표현을 쓰고 있는데, 이는 GATT 제3조의 내국민대우원칙에서 찾아볼 수 있듯이 다분히 GATT적인 용어라 할 수 있다. 표현 그 자체를 비교해 본다면 "no less favourable than"은 파리협약상의 "same"과는 달리 다른 회원국 국민에 대해 자국민에 대한 보호보다 상위 수준의 보호를 해줄 수 있는 여지가 있다는 점에 유의해야 할 것이다.

TRIPs 협정은 내국민대우원칙의 예외로서 각 회원국이 타 회원국의 국민에게 파리협약, 베른협약, 로마협약, IPIC상의 예외조항들은 적용할 수 있다고 규정하고 있다.[120] 이 경우 베른협약의 제6조(동맹국에 속하지 않는 저작자의 보

115) TRIPs 협정 제9조 참조. 단, 베른협약 제6조의2에서 다루고 있는 저작인격권에 관한 내용은 제외.

116) 주로 포도주와 위스키의 저명한 산지명 보호를 위한 규정으로 프랑스와 스코틀랜드의 강력한 주장으로 삽입되었으며 앞으로 그 보호가 더욱 강화될 전망이며, DDA 협상의제 중의 하나이다. 협정 제22-24조 참조.

117) TRIPs 협정 제39조.

118) TRIPs 협정 제40조.

119) TRIPs 협정 제3조 1항 1문 후단.

호)나 로마협약의 제16조 1항 b호를 원용하고자 하는 회원국은 동 조항에 규정된 바에 따라 TRIPs 이사회에 통보하여야 한다.[121] TRIPs 협정은 실연자(performer), 음반제작자(producer of phonograms), 방송사업자(broadcasting organizations)와 관련하여 내국민대우원칙이 동 협정상의 권리에 대해서만 적용된다고 규정함으로써 협정상 권리 이외의 사항에 대한 예외를 인정하고 있다.[122]

TRIPs 협정 제3조 2항은 각 회원국이 다른 회원국의 관할권 내에 있는 주소지 지정 또는 대리인의 임명을 포함한 사법 및 행정절차와 관련하여 내국민대우원칙에 대한 예외를 이용할 수 있다고 규정하고 있다. 다만, 이러한 예외는 TRIPs 협정의 규정과 불일치하지 아니하는 법령의 준수를 확보하기 위하여 필요한 경우, 무역에 대해 위장된 제한을 구성하지 아니하는 방법으로 적용되어야 한다는 제한을 받는다. 우리 특허법 제5조는 재외자의 주소지 지정 및 대리인 선정에 관한 조항이다. 이에 의하면 재외자가 국내에 출원 등을 하기 위해서는 국내에 주소지나 영업소를 가진 자를 대리인으로 선정해야 한다는 의무를 부과하고 있는데, 이것이 본 조의 제1항 및 제2항에 합치됨은 자명하다.

(4) 최혜국대우원칙(제4조)

지적재산권의 보호와 관련하여 TRIPs 협정은 일방 회원국에 의해 다른 회원국의 국민에게 부여되는 이익, 혜택, 특권, 면제가 즉시 그리고 무조건적으로 다른 모든 회원국의 국민에게 부여되어야 한다고 규정함으로써 최혜국대우원칙을 선언하고 있다.[123] 본 조는 지적재산권의 보호에 관한 최혜국대우원칙을 규정한 것으로, 지적재산권 보호에 관한 협약 중 최초로 최혜국대우원칙을 도입하였다는 데 커다란 의의가 있다.

TRIPs 협정 이전까지 지적재산권 관련 조약에 최혜국대우원칙이 없었던 것은 지적재산권 보호체제가 기본적으로 속지주의 원칙을 채용하고 있었고, 일국의 관심은 외국에서의 출원 및 등록을 포함한 지적재산권의 전반적인 분야에서 당해 국가의 국민과 동등한 대우를 받는 데 있었으므로 내국민대우(national treatment)로 충분했기 때문이다. 또한, 이것은 지적재산권을 무역의 대

---

120) TRIPs 협정 제3조 1항 1문 전단.
121) TRIPs 협정 제3조 1항 3문.
122) TRIPs 협정 제3조 1항 2문.
123) TRIPs 협정 제4조.

상으로 보지 않았던 시대였기 때문에 가능한 것이기도 하였다. 그러나 지적재산권을 교역상품에 체화된 국제경쟁력을 결정하는 요인이자 무역의 중요한 대상으로 인식하게 됨에 따라, 최혜국대우원칙 도입의 필요성이 제기되었다.

또한 제4조 2문은 최혜국대우의 원칙에 대한 예외를 광범위하게 인정하고 있는데, 첫째, 일방 회원국이 부여하는 이익, 혜택, 특권, 면제가 사법공조에 과한 국제협정 또는 특별히 지적재산권의 보호에 한정되지 아니하는 일반적 성격의 법률 집행에서 비롯되는 경우,[124] 둘째, 일방 회원국이 부여하는 이익, 혜택, 특권, 면제가 내국민대우원칙이 아닌 상호주의원칙을 채택하는 로마협약 또는 베른협약의 규정에 따라 부여되는 경우,[125] 셋째, 일방 회원국이 부여하는 이익, 혜택, 특권, 면제가 동 협정에 규정되어 있지 않은 실연자, 음반제작자, 방송사업자의 권리에 관련된 경우,[126] 넷째, 일방 회원국이 부여하는 이익, 혜택, 특권, 면제가 WTO 설립협정의 발효 이전에 발효된 지적재산권관련 국제협정으로부터 비롯되는 경우[127]를 규정하고 있다. 단, 이러한 협정은 TRIPs 이사회에 통보되어야 하며, 다른 회원국 국민에 대하여 자의적이거나 부당한 차별을 구성하지 아니하여야 한다. 다섯째, 지적재산권의 취득과 유지에 관하여 WTO 기구의 주관하에 체결된 다자간협정에 규정된 절차[128]의 경우에도 최혜국대우원칙의 예외에 해당한다.

(5) WIPO주관 다자간협정에 따른 예외(제5조)

TRIPs 협정 제5조는 "제3조와 제4조에 따른 의무는 지적재산권의 취득과 유지에 관해 WIPO의 주관하에 체결된 다자간협정에 규정된 절차에는 적용되지 아니한다."고 규정하고 있다. 이것은 내국민대우원칙과 최혜국대우의 원칙의 예외를 규정한 것이고, 기존 WIPO 주관 조약 중에 규정된 지적재산권의 취득 또는 유지에 관한 절차에 대해서는 TRIPs 협정 제3조 및 제4조는 적용되지 않는다는 내용이다. 본조는 WIPO 주관으로 체결된 다자간협정에 규정된 절차가 내국민대우(제3조)와 최혜국대우(제4조)의 예외가 됨을 규정하고 있는데,

124) TRIPs 협정 제4조 a호.
125) TRIPs 협정 제4조 b호.
126) TRIPs 협정 제4조 c호.
127) TRIPs 협정 제4조 d호.
128) TRIPs 협정 제5조.

WIPO관장하에 체결된 절차적인 조약, 즉 특허협력조약, 상표등록에 관한 마드리드협정 및 의정서 등과 관련된 것이다.

상기 절차적인 조약에 가입한 국가는 비가입국에 비해 특허, 상표등록을 위한 국제출원에 있어 여러 가지 특혜(출원절차 간소화)를 가입국 상호간에 부여하고 있다. 따라서 이들 협약에 의한 특혜를 최혜국대우원칙에 의해 WTO 회원국이지만 이들 협약에는 가입하지 않는 국가에도 부여한다면 의무는 없이 혜택만을 주게 되어 이들 협정에 대한 가입유인을 감소시키고, 협약 가입국에게 상대적 불이익을 준다는 측면에서 내국민대우와 최혜국대우의 예외로 하는 것으로 규정되었다. 본조에서 언급한 조약에는 특허협력조약, 마드리드협정(표장), 마드리드의정서, 헤이그협정, 마드리드협정(원산지표시), 리스본협정 등이 포함된다.

(6) 권리소진과 병행수입 문제(제6조)

우루과이 라운드 협상기간 동안 선진국과 후진국, 또는 지적재산권을 주로 공급하는 국가와 사용하는 국가 간의 이해관계의 대립으로 인하여 논란을 불러일으킨 조항들이 몇 가지 있었는데, 그 대표적인 것이 권리소진원칙 및 병행수입(parallel import)의 인정여부 문제와 저작인격권[129]에 관한 사항이다.

권리소진의 원칙은 적법하게 만들어진 복제본을 일단 판매하면, 제1의 판매로써 권리자의 권리는 소진되므로 그 복제본의 권리자는 원 권리자의 독점적인 배포권에도 불구하고, 이를 재판매하거나 다른 방법으로 처분할 수 있다는 원칙이다. 요컨대, 권리소진의 원칙이란 특허권, 상표권, 저작권 등의 행사로 제작된 물품이 일단 판매된 경우 권리자가 다시 자신의 권리를 주장할 수 없다는 원칙으로 저작권에서는 이를 최초판매의 원칙(first sale doctrine)이라고 일컫기도 하는데, 병행수입[130] 및 대여권과 밀접한 관련성을 갖고 있다.[131]

---

129) 저작인격권(moral right)이란 공표권, 성명표시권, 동일성유지권 등 그 성질상 일신전속적이고 양도가 불가능하며, 저작자가 자신의 창작물에 대해 갖는 인격적 이익의 보호를 목적으로 하는 권리이다. TRIPs 협정은 저작인격권 보호에 반대하는 미국의 입장을 반영하여 저작인격권을 규정한 베른협약 제6조의2를 적용하지 않기로 명시적으로 규정하였다.

130) 병행수입이란 권리자의 국가 이외의 국가에서 적법하게 제조되거나 복제된 특허상품, 저작물, 상표부착물이 권리자의 국가로 수입되는 것을 말한다.

131) 저작권과 관련한 병행수입의 문제에 대해서는 배금자, "저작권에 있어서의 병행수입문제," 「창작과 권리」 제30호(세창출판사, 2003), 152-176면. 현재 우리나라는 정당한 상표권과 저작권을 가진 제품의 병행수입을 인정할 뿐 아니라, 이를 방해하는 행위를 공정거래

미국 등 주요 선진국은 국제적 권리소진의 원칙을 제한하여 병행수입을 금지하고자 하는 입장임에 반하여 개도국들은 병행수입을 인정하고자 하는 입장을 취하였다. 후진국의 경우 낮은 로열티 설정과 낮은 임금으로 인해, 낮은 비용으로 적법한 저가품을 생산하여 원권리자의 국가로 역수출할 수 있는데, 이럴 경우 원권리자로부터 사용권을 설정 받은 수입국의 기업은 큰 타격을 받게 된다.

일반적으로 지적재산권을 수출하는 국가의 경우에는 병행수입을 금지하는 것이 이익이고, 반면에 지적재산권을 수입하는 국가에서는 이를 허용하는 것이 국가이익에 합치된다고 할 수 있다. EC에서는 권리소진의 원칙이 본질적인 것이므로 적법하게 판매되기만 하면 병행수입을 제한할 수 없다는 입장을 취하고 있는 반면, 미국 저작권법은 권리소진의 원칙을 두고 있음에도 병행수입을 명문으로 금지하고 있다. 이러한 대립으로 TRIPs 협정 제6조는 각 회원국이 자국의 이해와 정책에 따라 권리소진의 원칙을 인정 또는 제한할 수 있도록 허용하고, WTO 분쟁해결제도의 대상이 되지 않는 것으로 하여 일단은 이 문제에 대한 합의를 회피하고 향후 논의과제로 미루어 놓았다.[132] 따라서 각국은 자유롭게 권리소진의 문제를 정책적으로 결정할 수 있다.

또한 권리소진의 원칙은 대여권과도 밀접한 관련이 있다. 20세기 이후 대여점의 증가로 인해 음반의 상업적인 대여와 대여된 음반의 불법복제가 저작권자의 권리 행사에 직접적인 악영향을 끼치고 있어 문제로 대두됨에 따라 이를 구제할 필요성이 강력하게 대두되어 대여권을 인정하기에 이르렀다.

(7) 목 적(제7조)

협정 제7조는 본 협정의 목적을 다음과 같이 규정하고 있다.

> 지적재산권의 보호와 집행은 기술혁신의 증진과 기술의 이전 및 전파에 기여하고 기술지식의 생산자와 사용자에게 상호이익이 되고 사회 및 경제복지에 기여하는 방법으로 권리와 의무의 균형에 기여하여야 한다.

법 위반으로 규제하고 있다.

132) 이와 유사한 입법례로는 WTO 반덤핑협정상의 우회덤핑의 예를 들 수 있을 것이다. 우회덤핑의 정의와 규제문제에 대한 각국 간의 이해관계의 대립으로 인하여 WTO 반덤핑협정에는 우회덤핑에 관한 규정을 두지 않고 있다.

이 내용은 전문에 설시하면 충분한 것이지만, 개발도상국의 강한 주장에 의하여 제7조에 다시 한 번 명시적으로 규정하게 된 것이다. 그러나 본조는 단순한 추상적 규정이며, 본조의 존재에 의하여 TRIPs 협정 중의 다른 규정의 권리의무관계에 영향을 주는 것은 아니다.

(8) 원 칙(제8조)

TRIPs 협정 제8조 1항은 회원국은 공중보건 및 영양상태를 보호하고, 자국의 사회·경제 및 기술적인 발전에 매우 중요한 분야의 공공이익을 증진시키기 위하여 필요한 조치를 취할 수 있다는 것을 규정하고 있다. 본 항은 의약품 등의 물질특허대상화의 의미가 감소되지 않도록 하기 위하여 선진국이 협정에 포함시키는 것을 반대하였지만, 최종적으로 "이러한 조치가 이 협정의 규정과 일치하는 범위 내에서"라는 한정의 문구를 추가함으로써 타협이 성립되었다. 이 한정 문구에 의하여, 예컨대, 공중의 건강 및 영양을 보호한다는 이유가 있을지라도, 의약품에 대한 물질특허를 인정하지 않는다고 하는 제도를 설정하는 것은 TRIPs 협정 제27조(특허의 대상)에 적합하지 않고, 허용되지 않게 된다.

제8조 2항은 회원국은 권리자에 의한 지적재산권의 남용 또는 불합리하게 무역을 제한하거나 국가간 기술이전에 부정적인 영향을 미치는 관행을 방지하기 위하여 적절한 조치를 강구할 수 있다는 취지를 규정하고 있지만, 제8조 1항과 마찬가지로 "이러한 조치는 이 협정의 규정과 일치하는 범위 내에서"라고 하는 한정 문구가 첨부되어 있으며, 제8조도 제7조와 마찬가지로 개발도상국의 주장에 의하여 도입된 규정이다. 다분히 선언적인 의미를 갖고 있는 본조가 전문이 아닌 본문의 한 조항으로 반영된 것은 개도국들의 강력한 주장에 의해서였다. 그러나 실체적인 조항이라기보다는 선언적인 내용이어서 실질적으로 회원국들의 권리나 의무에 영향을 미치는 데는 한계가 있는 것으로 해석된다.

3. WTO TRIPs 협정상의 저작권보호규정

1886년 채택된 베른협약[133]을 필두로 하여 제네바협약 등 여러 조약을 통

133) 정식명칭은 문학적·예술적 저작물의 보호를 위한 베른협약(Berne Convention for the

하여 저작권이 충분히 보호됨에도 불구하고 WTO에서 지적재산권을 규율하기 시작한 것은 다분히 선진국들의 국가이익 수호 측면이 강하다는 것은 앞에서 언급한 바와 같다. 강력한 집행에 관한 규정과 효율적인 분쟁해결제도와 제재수단을 갖춘 WTO가 지적재산권의 보호에 더욱 적합할 것이라는 것이 그들의 판단이었을 것이다. 이하에서는 WTO TRIPs 협정이 규정하고 있는 저작권의 보호에 관한 내용들을 간추려 본다.

(1) 베른협약과의 관계(제9조)

WTO TRIPs 협정 제9조는 제1항에서 베른협약과의 관계를 설명하고, 제2항에서 저작권보호의 한계를 명시하고 있다.[134] 즉, 제1항은 베른협약의 준용을 밝히고 있고(제1조 내지 제21조 및 부속서), 제2항에서는 저작권의 보호범위가 표현에만 미치고, 아이디어, 절차, 운용방법, 수학적 개념 등은 제외됨을 밝히고 있다. 특히 제9조 1항은 TRIPs 협정이 기존 협약 플러스 방식으로 지적재산권을 보호함을 잘 보여주고 있다.[135]

TRIPs 협정에서 준용함을 밝히고 있는 베른협약은 크게 다음의 4부분으로 나누어 볼 수 있다. i) 베른협약 제1조는 동맹의 설립에 관한 규정이며, ii) 제2조부터 제19조는 실체적 규정이고, iii) 제20조는 동맹국 간의 베른협약 이외의 저작권 관련 협정체결 조건을 규정하고 있으며, iv) 제21조 및 부속서는 개도국들을 위한 특별규정을 담고 있다.

저작권은 일반적으로 저작인격권과 저작재산권으로 분류되는데, 저작인격권은 공표권, 성명표시권, 동일성유지권 등으로 분류된다. 전통적으로 재산권적 측면의 저작권을 규정한 미국에서는 저작인격권이 인정되지 않았으므로 TRIPs 협정 제9조 제1항은 저작인격권의 보호를 회원국의 의무에서 제외하였다. 그런데 동 조항은 저작인격권뿐만 아니라 저작인격권에서 비롯된(derived from) 권리

Protection of Literary and Artistic Works)이다. 우리나라는 저작권의 소급보호 인정문제 때문에 가입을 미루어 오다가 1995년 1월 WTO가 출범함에 따라 WTO 규정상 어차피 소급보호를 해야 할 입장에 이르게 되어 1996년 8월 21일 베른협약에 가입하였으며, 북한도 2003년 1월 28일 베른협약에 가입하였으며, 현재 북한에는 2002년 제정된 저작권법을 적용하여 저작물을 보호하고 있다.

134) WTO TRIPs 협정과 베른협약의 영문은 A. Cristie & S. Gare, *Blackstone's Statutes on Intellectual Property*, 5th ed. (London: Blsckstone Press, 2001) 참조.

135) TRIPs 협정 제1조 3항 참조.

까지도 보호 의무를 면제하고 있는데, '저작인격권에서 비롯된 권리'가 무엇인지는 해석에 의존할 수밖에 없다.

베른협약상 보호되는 저작재산권에는 번역권, 복제권, 공연권, 방송권, 낭송권, 개작권, 음악저작물의 녹음권, 영화화권, 추급권 등이 있으며, 구체적인 권리의 내용은 저작물의 종류에 따라 달리 정해질 것이다. 그 밖에도 베른협약은 침해저작물의 압류, 전시, 공연, 유통에 대한 정부의 통제, 협약보다 강한 보호의 인정, 동맹국간 특별협정 체결, 개도국에 대한 배려 등을 규정하고 있다.

베른협약 제20조는 다음과 같은 요건을 갖추면 동맹국 간에 저작권에 관한 특별협정(special agreement)을 체결할 수 있도록 하였다. i) 그 협정이 베른협약보다 더 넓은(extensive) 권리를 부여하거나 ii) 베른협약에 저촉되지 않을 것(not contrary to). 베른협약 체결 당시 이미 일부 동맹국 간에 저작권관련 협정이 존재하였으며, 베른협약이 이들 협정의 효력에 영향을 미치지 아니한다는 것을 명확히 하기 위하여 제20조를 규정한 것이다.[136] 따라서 WTO 회원국인 베른협약의 동맹국들은 TRIPs 협정이 베른협약 제20조의 '특별협정'이 되는 셈이다.[137]

TRIPs 협정 제9조 제2항은 저작권의 보호범위를 '표현'으로 한정하였다. 즉, 아이디어, 절차, 운영방법 또는 수학적 개념 자체는 저작권의 보호대상이 될 수 없다. TRIPs 협정은 저작권의 한계가 '표현'임을 명시한 최초의 조약이며, 베른협약은 이를 명시하지는 않았지만, 그 취지가 입법이유서에 기록되어 있고, 또한 해석에 의하여 보호의 한계를 표현으로 하였으므로 실제로 베른협약과 TRIPs 협정 간에는 차이점이 없게 된다.[138]

(2) 컴퓨터프로그램의 보호(제10조 제1항)

TRIPs 협정 제10조 제1항은 컴퓨터프로그램이 베른협약에서의 '문학저작물(literary works)'로서 보호된다고 규정하고 있다.[139] 베른협약은 '문학·예술저

---

136) 허희성, 「베른협약축조해설」(서울: 일신서적출판사, 1994), 173면.

137) WIPO, *Implications of TRIPs Agreement on Treaties Administered by WIPO* (1997), p.13. 그 밖에 또 하나의 대표적인 예로는 1996년 12월 20일 WCT와 WPPT를 들 수 있을 것이다. 이들은 디지털시대의 저작권을 보호하기 위한 조약으로 일명 '인터넷조약'이라고도 한다.

138) *Id.*, p.15.

139) 일반적으로 대부분의 국가에서는 컴퓨터프로그램에 대해서도 저작권법을 통하여 보호하고 있으나, 우리나라는 저작권법에 그 보호를 규정하고, 실제로는 저작권법의 특별법이라

작물(literary and artistic works)'에 대한 저작자의 권리를 보호하고 있는데, TRIPs 협정이 '문학 · 예술저작물'이라는 표현 대신 '문학저작물'이라고만 규정한 이유는 무엇인가?

베른협약은 예술저작물 중 응용미술저작물(works of applied art)도 저작권의 보호대상으로 하고 있으며, 보호에 관한 사항은 동맹국의 국내법에 맡기고 있는데(제2조 제7항), 다만 그 보호기간을 저작물의 제작 후 25년 이상으로 하고 있다(제7조 제4항). '문학저작물'의 보호기간이 저작자 사후 50년이므로 문학저작물과 응용미술저작물의 보호기간의 차이는 최소 25년이 된다. 만약 TRIPs 협정 제10조 제1항이 컴퓨터프로그램을 베른협약에서의 '문학 · 예술저작물'로서 보호한다고 규정하였다면, 개발도상국 및 후진국은 '응용미술저작물에 관한 보호내용이 동맹국의 국내법에 맡겨져 있는 것'을 이용하여 컴퓨터프로그램을 응용미술저작물로서 25년만 보호하면 된다고 주장하였을 것이다. 이러한 가능성을 배제하기 위하여 TRIPs 협정은 컴퓨터프로그램을 '문학저작물'로서만 보호한다고 규정한 것이다.[140)]

베른협약은 컴퓨터프로그램의 보호를 명시하고 있지 않지만,[141)] i) 컴퓨터프로그램이 베른협약의 문학저작물에 포함되며, ii) 제2조 제1항이 '문학저작물'을 '문학의 영역에서의 모든 제작물이며, 그 표현의 방법 및 형태를 제한하지 않는 것'으로 정의하고 있으므로, 일반적으로 베른협약에 의하여도 컴퓨터프로그램은 저작권의 보호를 받는 것으로 해석되어 왔다. 그러나 이를 명확히 하기 위하여 TRIPs 협정에 명시적 규정을 둔 것이다.

(3) 데이터베이스의 보호(제10조 제2항)

TRIPs 협정 제10조 제2항은 편집물을 보호하고 있는데 베른협약 제2조 제5항도 비슷한 규정을 두고 있다. 두 규정을 비교하면 우선 보호대상이 될 수 있는 '저작물'의 구성요소에서 양 규정의 차이가 있다. 베른협약은 문학 · 예술

고 할 수 있는 컴퓨터프로그램보호법(1986년 제정)을 통하여 보호하고 있다.

140) WIPO, *op.cit.*, p.16.

141) 1886년에 채택된 베른협약은 진정한 의미에서의 개정이 되기 위해서는 동맹국의 만장일치를 필요로 하지만, 현재까지 이르고 있는 개정(revised)베른협약은 만장일치에 의하지 않은 개별 조약으로서 존재하고 있으며, 따라서 각각의 회원국 역시 다르다. 마지막으로 개정된 것이 1971년이라는 것을 감안하면 이는 당연한 것으로 보인다.

'저작물'을 규정한 반면, TRIPs 협정은 '데이터'를 포함시켜 저작물에 국한하지 않았다. 그러므로 문리해석을 할 경우 데이터베이스 중 창작성 없는 데이터를 구성요소로 하는 것은 TRIPs 협정의 보호대상이 될 여지는 있지만 베른협약의 보호대상에서는 제외된다.

TRIPs 협정은 창작성 없는 데이터를 구성요소로 하는 편집물이 보호되는 경우에 편집물의 저작자가 그 보호를 각 구성요소의 저작권보호에 이용하는 것을 방지하기 위하여 편집물을 구성하는 데이터나 기타 구성요소는 이 규정의 보호대상이 아님을 명시하였다. 그러나 구성요소가 저작물인 경우에는 TRIPs 협정과 베른협약 사이에 차이가 없다. 마지막으로 TRIPs 협정과 베른협약 모두 구성요소의 선택과 배열에 창작성이 없는 경우에는 보호하지 않는 점에 주의하여야 한다.[142)]

(4) 컴퓨터프로그램 및 영상저작물의 대여권(제11조)

디지털시대의 복제기술의 발달에 따른 대응책으로 TRIPs 협정은 대여권(rental right)을 인정하고 있다. 영상저작물은 대여된 영상저작물의 광범위한 복제로 인하여 저작권자의 복제권이 실질적으로 침해되는 경우에, 컴퓨터프로그램은 컴퓨터프로그램이 대여물의 핵심을 이루고 있는 경우 대여권을 인정할 수 있도록 규정하고 있다. 음반에 대해서도 협정 제14조 4항에서 대여권에 관한 제11조가 준용됨을 규정하고 있다.

즉, 저작자나 권리승계인에게 그들 저작물의 원본이나 사본을 대중에게 상업적으로 대여하는 행위를 허락하거나 금지할 권리를 부여할 수 있도록 규정하고 있는 것이다. 이들 대여권에 관한 규정은 베른협약에는 없었던 것으로 지적재산권의 상업화와 오늘날 복제기술의 발전을 반영한 것으로 보인다. 그러나 이는 과거 전통적으로 인정되어 왔던 최초판매의 원칙(first sale doctrine)과는 점점 거리가 멀어져 가고 있음을 보여주고 있으며, 지적재산권의 상업화 경향이 어디까지 갈지는 두고 볼 일이다.[143)]

---

142) 2003.4월 개정된 우리나라 저작권법은 창작성 없는 데이터베이스에 대해서도 5년간 보호를 규정하고 있고, 개작을 한 경우 추가적인 보호가 가능하다.

143) 현재 국내에서는 만화에 대한 대여권 부여 논의가 한창이다: 저작권심의조정위원회, 저작권문화 2003년 9월호 참조. 일반적으로 저작권법은 저작자와 이용자 보호의 조화를 꾀하는 것을 기본이념으로 하나, 오늘날 저작권보호의 일반적인 추세는 이용자보다는 저작

(5) 저작권 보호기간(제12조)

TRIPs 협정은 사진저작물 및 응용저작물이 아닌 일반저작물의 보호기간을 저작자의 생존기간 동안 및 사후 50년을 기준으로 규정하고 있다. 저작자의 수명을 기준으로 하는 경우 저작자의 생존기간과 사후 50년간 보호되며, 저작자의 수명 기준이 아닌 경우 발행된 해의 말일로부터 50년, 혹은 창작 후 50년 이내에 발행되지 않은 경우 창작된 해의 말일로부터 50년간 보호하도록 규정하고 있다. 사진저작물과 미술저작물로서 보호되는 응용미술의 보호기간은 각국의 법률로 정하되, 저작물의 제작시로부터 최소한 25년간은 보호되어야 한다.

그러나 TRIPs 협정은 제1조 1항에서 WTO 회원국들은 협정이 정하는 것보다 광범위한 보호를 실시할 수 있으며, 그 구체적인 실시방법은 각 회원국의 국내법에서 구체적으로 정할 수 있다고 규정하고 있어서, 각 회원국은 보다 장기간의 보호를 할 수 있고, 실제로 미국과 유럽의 대부분의 국가들은 저작자의 생존기간과 사후 70년간 저작권을 보호하고 있다. 심지어 미국과 유럽은 자국 저작권자들의 이익을 위하여 우리나라에서도 저작권을 사후 70년까지 보호하여 줄 것을 요청하고 있는 실정이다.

(6) 저작권의 제한(제13조)

TRIPs 협정은 베른협약과 마찬가지로[144] 저작권을 제한하는 요건을 매우 엄격하게 규정하고 있다. 그 요건을 살펴보면 다음과 같다. i) 특정되고 특별한 경우(certain special cases)에 한하며, ii) 저작물의 통상적 이용(normal exploitation)과 저촉되지 않아야 하며, iii) 저작권자의 합리적 이익(legitimate interests)을 부당하게 해하지 않는 범위 내에서만 허용된다는 것이다. 이를 통상 저작권제한 3단계이론(테스트)이라고 하는데,[145] 이 규정은 세계 각국이 자국의 저작권법상의 저작권제한사유를 규정함에 있어서 매우 중요한 기준이 되고 있다.

자의 권리가 점점 강화되는 추세이다. 이는 저작권자 단체의 강력한 로비와 지적재산권이 무역상 커다란 이익을 창출한다는 현실과도 밀접한 연관이 있다.

144) 저작권보호의 예외 요건을 규정하는 TRIPs 협정 제13조는 복제권의 예외요건을 규정한 베른협약 제9조 제2항과 유사하며, 이러한 저작권제한의 엄격한 예외조건은 1996년 채택된 WCT와 WPPT에도 반영되어 있다.

145) H. Olsson (저), 이영아(역), "디지털시대에 적용 가능한 저작권의 제한과 예외 및 3단계 테스트: 개관," 「계간 저작권」 제58호 (2002), 108-113면. H. Olsson의 영문 발표문은 같은 잡지, 114-119면.

WTO 분쟁 패널은 미국저작권법사건(US Copyright Act Case)을 통하여 TRIPs 협정 제13조의 저작권제한조건을 해석함에 있어서는 그 요건들을 매우 엄격하게 해석하여야 하며, '사소한 예외의 법리' 등 과거 베른협약상에서 행하여져 왔던 해석 관행들을 WTO에서도 그대로 인정할 수 있다고 보아 베른협약과 WTO TRIPs의 해석에 있어서의 연속성을 인정하고 있다. 이 사건은 유럽의 소국 아일랜드가 거대국가 미국을 상대로 하여 승소한 사건으로, 그 구체적인 내용은 본장 III 및 IV의 미국저작권법 사건에서 자세히 살펴보기로 한다.

(7) 저작인접권의 보호(제14조)

세계 각국에서도 저작인접권자의 권리를 보호하고 있으나 동 유형의 권리는 저작권보다는 늦게 보호되기 시작하였으며, 일반적으로 그 보호기간은 저작권자의 경우보다 짧게 인정하고 있다. 그러나 현대에 들어와 저작권 매개전달자의 역할과 중요성이 증가함에 따라 그 보호가 점점 강화되는 추세이다. TRIPs 협정은 실연자와 음반제작자에 대해서는 그 실연 또는 음반제작의 다음 해부터 50년간 보호를 규정하고 있으며, 방송사업자에 대해서는 방송되어진 다음 해부터 20년간의 보호를 규정하고 있다.[146]

TRIPs 협정에는 실연 및 실연자에 대한 정의규정이 없다. 따라서 실연의 보호에 대한 가장 광범위한 조약인 로마협약의 규정에 의해서 그 의미를 파악하는 것이 가장 타당할 것이다. TRIPs 협정 제1조 3항은 동 협정의 체약 당사국의 국민을 보호한다고 하였고, 저작권과 관련해서는 베른협약과 로마협약에서 보호받을 수 있는 주체로 제시한 자들이 보호를 받을 수 있다고 하였으므로 로마협약에 의해 보호를 향유하는 실연자는 TRIPs 협정의 체약국 내에서 TRIPs 협정에서 정한 보호를 향유할 수 있다.

실연자는 우선 자신의 실연이 음반에 고정되는 데 대해 보호를 향유한다. 여기서 보호라 함은 권리를 부여한다는 것이 아니며, 어떠한 형태로 보호를 하는지 여부는 국내법에 맡겨져 있다는 의미이다. 이는 로마협약과 같은 태도를 유지한 것이라고 보면 된다. 한편 실연자는 생실연이 고정 이후에 복제되는 데 대해 보호를 향유한다. 또한 실연자는 생실연의 방송[147]과 공중전달[148]에 대한

146) TRIPs 협정 제14조 5항.

147) 여기서 방송은 무선에 의한 저작물의 전달을 의미한다. Correa (2007), p.161.

148) TRIPs 협정에서 공중전달은 유선에 의한 전달을 의미한다. *Id.*

보호를 향유하는데, 복제를 허락하여 이러한 복제물을 바탕으로 방송이나 공중전달하는 것으로부터 보호를 향유하는지 여부는 국내법에 맡겨져 있다고 할 수 있다.[149)]

TRIPs 협정 제14조 2항에 따라 음반제작자는 음반이 직접 혹은 간접적으로 복제되는 데 대해 배타적 권리를 갖는다. 여기서 음반을 직접적으로 복제한다는 것은 음반을 음반으로 복제하는 것을 말하며, 간접적인 복제는 방송 등에 음반을 배경음악으로 사용하여 영상물이 제작된 경우를 말한다. 동 규정의 내용과 해석은 로마협약 제10조에서 규정한 음반제작자의 복제권과 차이가 없다.[150)]

한편 TRIPs 협정 제14조 4항은 음반의 대여권에 대해서 정하고 있는데, 제1문은 "컴퓨터프로그램에 관한 제11조의 규정은 음반제작자 및 회원국의 법에 정하여진 음반상의 기타 권리자에게 준용된다."라고 하여 컴퓨터프로그램에 대한 대여권 규정이 준용되는 것으로 정하고 있다. 따라서 컴퓨터프로그램에 대한 대여권과 마찬가지로 이른바 잠식 테스트(impairment test)가 적용된다. 동 규정 제2문에서는 "1994년 4월 15일 회원국이 음반의 대여와 관련하여 권리자에 대한 공평한 보상제도를 가지고 있는 경우, 음반의 상업적 대여가 권리자의 복제에 대한 배타적인 권리를 실질적으로 침해하지 아니하는 경우, 그 회원국은 이러한 제도를 유지할 수 있다."라고 정하고 있는데, 이러한 대여권 제도는 당시 일본만이 두고 있었으므로 사실상 큰 의미를 갖는 조문이라고 할 수는 없다. 이는 일본이 전면적이고 배타적 권리로서 대여권을 도입하기를 주저한 데 대한 일종의 절충으로 받아들여지며, 조문에서 기준시점으로 제시한 1994년 4월 15일에 대여보상금제도를 가지고 있던 나라는 일본이 유일했다고 전해진다.[151)]

방송사업자는 방송의 고정, 고정된 방송의 복제, 무선 재방송, 공중전달에 대한 배타적 권리를 갖는다. 만약 방송사업자에게 이러한 권리를 부여하지 않는 회원국은 방송의 소재가 된 원저작자가 위의 권리를 행사할 수 있도록 해야 한다.[152)]

---

149) TRIPs 협정 제14조 1항.

150) TRIPs 협정 제14조 2항.

151) 특허청, 「WTO TRIPs 협정 조문별 해설」(2004), 85면.

152) TRIPs 협정 제14조 3항.

이들 저작인접권에 대해서는 로마협약에서 정한 제한과 예외를 둘 수 있으나,[153] 적어도 TRIPs 협정에 규정된 저작인접권 규정에 대해 로마협약에서 정한 유보를 할 수는 없다.

TRIPs 협정상 저작인접권의 보호기간도 확장되었다. 실연과 음반에 대한 권리는 로마협약에서 정한 20년에 비해 대폭 늘어난 50년의 보호기간이 부여되었는데, TRIPs 협정 제14조 4항은 실연자가 "적어도 고정이 되거나 또는 실연이 이루어진 역년의 말로부터 50년"의 보호를 향유한다고 정하고 있다. 그러나 방송사업자에 대한 보호는 로마협약과 마찬가지로 방송 후 20년으로 유지되었는데, 이는 미국과 영미법 저작권법을 갖는 일부국가 및 방송에 대해 특별한 공공성을 부여하는 국가들의 입장이 관철된 결과로 이해된다.

아울러 로마협약에는 존재하지 않았던 저작인접권에 대한 소급보호가 TRIPs 협정을 통해 도입되었는데, 베른협약 제18조를 준용하는 방식으로 이루어졌다.[154] 따라서 TRIPs 협정이 발효하기 이전에 행해진 실연이나 제작된 음반, 송출된 방송이라 하더라도 보호를 부여하지 않을 수 없으며, 발효시기를 기준으로, 그 이전에 보호기간이 만료되지 않은 실연, 음반 및 방송은 저작인접권 보호기간 연장에 따른 혜택 역시 누릴 수 있다.

4. 지적재산권의 집행(enforcement)

개인의 재산권이나 국가의 경제적 능력 평가에 있어 지적재산권이 차지하는 비중이 급속도로 커지고 있다. TRIPs 협정은 이러한 시대적 배경에서 제조업분야에서 경쟁력을 상실한 미국을 중심으로 한 선진국들이 자국의 과학기술 및 지식정보의 우위를 지키려는 의도가 협정채택 배경의 하나가 되었다.[155] 산업재산권보호를 위한 파리협약[156]과 저작권의 국제적 보호를 위한 베른협약을

153) TRIPs 협정 제14조 6항 1문.

154) TRIPs 협정 제14조 6항 2문.

155) 이들 국가들은 단순한 지적재산권 보호의무의 규정에 만족하지 않고 지적재산권의 침해에 대한 법적 결과, 즉 집행문제에 대한 의미 있는 규정을 고집하였다. Thomas Dreier, "TRIPs and the Enforcement of Intellectual Property Rights," in: Friedrich-Karl Beier & Gerhard Schricker (ed.), *From GATT to TRIPs: Studies in Industrial Property and Copyright Law* (München: VCH, 1996), p.249.

156) 공식명칭은 Paris Convention for the Protection of Industrial Property of March 20, 1883

핵심 축으로 하여 WIPO를 중심으로 운영되어 왔던 기존의 국제적 지적재산권 보호체제와 비교하여, i) TRIPs협정은 포괄적인 지적재산권 보호규범일 뿐만 아니라, ii) WTO의 집행력을 가진 분쟁해결체제에 연결되어 있고, iii) 내국민 대우 등 기존의 국제지적재산권법 원칙과 함께 최혜국대우원칙, 투명성원칙 등 새로운 국제경제법 원칙들이 채택됨으로써 규제체제의 규범력을 강화하였다.

TRIPs 협정에 의하여 지적재산권의 국제적 보호체계에서 혁신된 또 하나의 중요한 측면은 지적재산권보호가 실질적으로 이루어지는데 핵심적인 중요성을 갖는 집행조항의 강화라고 하겠다.[157] 이미 TRIPs 협정은 효력을 발생한 지 14년이 지났고, 협정상 의무이행이 유보되었던 개발도상국들에 대하여도 이제는 효력을 발생하여 실질적인 지적재산권의 국제적 규제체계의 가장 중요한 규범이 되었다.

TRIPs협정 이전에 체결된 지적재산권관련 조약들은 지적재산권의 집행문제를 다루는 조항을 두고 있지 않은 것이 대부분이고 집행문제에 관한 조항을 두고 있는 조약의 경우에도 법적 구제를 제공할 일반적 의무만을 최소한으로 규정하고 있다. 즉, 특정한 경우에 침해물품의 압류(seizure)를 규정하고, 나머지는 모두 체약국의 국내법에 맡기고 있다.[158] 미국, 캐나다 및 멕시코 간에 체결된 NAFTA가 지적재산권의 집행에 관한 가장 상세한 규정을 두었는데,[159] 일반규정, 민사 및 행정절차규정, 잠정보호조치, 형사절차 및 국경조치조항을 두고 있고, 이 체제는 TRIPs 협정에 반영되었다.[160]

TRIPs 협정 이전의 기존 협약들은 국가 간의 권리·의무 관계를 정하거나 개인의 권리를 설정하는 실체법적 내용을 규정하는 것이 보통이어서 권리 행

이며, 1967년 Stockholm 6차 개정이 최종개정이다, 2008년 7월 31일 현재 173개국이 가맹하고 있다.

http://www.wipo.int/treaties/en/ip/paris/index.html

157) Gervais 교수는 집행관련 조항이 TRIPs협상에서의 가장 중요한 성과의 하나로 평가한다. Gervais (2003), p.287; 반대견해는 J. H. Reichman & D. Lange, "Bargaining Around the TRIPs Agreement: The Case of Ongoing Public-Private Initiative to Facilitate Worldwide Intellectual Property Transactions," 9 *Duke J. Comp. & Int'l L.* 11, 33-34 (1998).

158) Dreier, 앞의 논문, p.249; Gervais, 앞의 논문, p.287.

159) NAFTA, 제1714조 내지 제1718조.

160) 이재곤, "TRIPs 협정의 국경조치 규정과 한국에서의 국내적 이행,"「대한국제법학회논총」 제51권 제1호(대한국제법학회, 2006), 95-122면.

사·보호에 관한 절차는 대체로 각국의 자율적인 영역으로 남아 있었다. 선진국들은 지적재산권의 충분한 보호를 위해서는 실체적 보호수준을 높임과 동시에 권리행사절차를 정비하는 것도 중요하다는 인식하에, 재판절차 등을 포함한 권리행사절차에 관한 상세한 규정을 TRIPs 협정에 규정할 것을 주장하였으나, 개도국들은 협상의 목적이 사법제도의 조화를 추구하는 것이 될 수 없으며, 집행에 있어서 개도국들은 자원(resource)의 한계 문제가 있다는 점이 고려되어야 한다고 주장하였다. 최종적으로는 선진국의 주장이 받아들여졌는데, 집행에 관한 제3부가 협정에 반영된 것은 협상의 중요한 성과물이라고 할 수 있으며, 특히 각국의 재판제도에 관한 사항이 포함된 것은 지적재산권 분야뿐만 아니라, 국제협약 발전의 역사에 비추어 획기적인 사례로 평가된다.

TRIPs 협정 제3부는 지적재산권의 집행을 위한 최소기준을 규정하고 있다. 여기에서 집행(enforcement)이라 함은 지적재산권 침해를 방지하고 침해에 대한 구제방법을 확보하는 것을 의미한다. WIPO에 의한 지적재산권의 보호와 WTO에 의한 지적재산권의 보호에 있어서 가장 큰 차이점이 지적재산권의 집행에 관한 규정이라 할 수 있다. 지적재산권의 집행절차에 관한 국제표준을 마련하여 기존의 국제조약과 구별되는 특성이 있으며, TRIPs 협정의 집행에 관한 규정이야말로 WIPO가 주관하는 지적재산권관련 조약과 구별되는 가장 중요한 특징이라고 말할 수 있다. TRIPs 협정은 각 회원국에게 포괄적 집행체제의 수립을 의무화하되, 국가간 법제도의 차이를 고려하여 각 회원국이 협정의 제규정에 관한 이행방법을 자유로이 결정하도록 규정하고 있다.[161)]

TRIPs 협정 제3부에 규정되어 있는 지적재산권 집행절차는 크게 5개 부문으로 나누어 볼 수 있다. 첫째는, 일반적인 의무(제41조)이다. 각 회원국은 본 협정상의 권리침해에 대해 공정하고 공평한 구제가 이루어질 수 있도록 효과적인 구제조치를 마련해야 한다. 두 번째는 민사 및 행정절차와 구제(제42조~제49조)에 관한 부분이다. 여기에서는 TRIPs 협정상의 모든 권리의 집행과 금지명령·손해전보·정보·파괴의 요구와 관련된 절차들에 대해 규정하고 있다. 세 번째는 잠정조치(제50)로 침해예방과 적절한 증거의 보호를 규정하고 있다. 네 번째로 국경조치에 관한 특별 요건(제51조~제60조)으로 세관당국에 의한 수입상품의 반출정지의 요건과 결과에 대해 규정하고 있다. 마지막 다섯 번째는

161) WTO 설립협정 제16조 4항 및 TRIPs 협정 제41조 1항 참조.

형사절차(제61조)에 관한 것으로 적어도 고의적인 상표도용이나 저작권 침해를 상업적 규모로 행하는 경우에는 형사절차가 적용되어야 함을 규정하고 있다. 그 밖에도 제4부 이하에서 지적재산권의 취득, 유지 및 관련당사자간 절차(제62조) 및 다자간 협의 및 분쟁해결절차(제63조~제64조) 등을 규정하고 있다. 이상의 규정들은 각 회원국들이 지적재산권의 보호를 위하여 자국의 국내입법을 통하여 반드시 확보하여야 할 사항들이다.[162)]

각 회원국은 지적재산권 침해행위에 대한 효과적인(effective) 대응조치를 취하기 위하여 필요한 국내법을 정비하되, 이러한 절차가 합법적인 무역에 장애가 되지 아니하고 남용되지 않도록 적용되어야 함이 일반적 의무로 규정되어 있다.[163)] 즉, 지적재산권의 행사절차는 '공정하고 공평(fair and equitable)'하여야 하며, 불필요하게 복잡하거나 비용이 많이 들거나, 불합리하게 시간을 제한하거나 부당하게 지연하여서는 안 되고,[164)] 사안의 본안에 대한 결정은 서면주의와 증거주의에 입각하여야 하며,[165)] 지적재산권 보호에 대한 최종적인 행정결정과 사건 본안에 대한 최초의 사법적 결정에 관하여 당사자에게 사법당국에 의한 심사의 기회를 제공하여야 한다.[166)]

각 회원국은 지적재산권의 행사에 관하여 민사상의 공정하고 공평한 사법절차를 권리자에게 보장하고, 동 절차는 현행 헌법상의 요건에 위반되지 않는 범위 내에서 비밀정보를 확인하고 보호하는 수단을 제공하여야 한다.[167)] 사법당국은 비밀정보를 보호하는 조건으로 관련당사자에게 증거자료의 제출, 권리침해자에 대한 금지명령(injunction) 또는 손해배상(damages)을 명할 권한을 가지며,[168)] 지적재산권을 침해한 상품을 배제하기 위하여 필요한 기타 구제조치를 취할 수 있고,[169)] 집행조치가 남용되어 당사자에게 부당한 피해가 발생한 경우, 적절한 보상을 하도록 관련당사자에게 명할 수 있어야 한다.[170)] 이러한 민

---

162) 집행규정에 관한 상세한 내용은 이석용, "WTO 무역관련 지적재산권협정의 이행조치," 「창작과 권리」 제14호(세창출판사, 1999), 76-106면 참조.

163) TRIPs 협정 제41조 1항.

164) TRIPs 협정 제41조 제2항.

165) TRIPs 협정 제41조 제3항.

166) TRIPs 협정 제41조 제4항.

167) TRIPs 협정 제42조.

168) TRIPs 협정 제43조 내지 제45조.

169) TRIPs 협정 제46조.

사절차는 사건의 본안에 관한 행정절차를 통하여 민사구제조치가 가능한 경우, 행정절차에도 준용되어야 한다.[171]

침해를 방지할 긴급한 필요가 있다고 인정되는 경우, 사법당국은 침해상품의 유통경로에의 유입을 방지하고 침해혐의에 관한 증거를 보전하기 위한 잠정조치(provisional measures)[172]를 취할 수 있으며, 사법당국은 남용을 방지하고 피고를 보호하기 위하여 충분한 담보(security) 또는 동등한 보증(assurance)의 제공을 명할 수 있으나, 잠정조치들이 일방 절차에 의하여 취해진 경우 관련당사자에게 지체 없이 통보하여야 한다.[173]

TRIPs 협정은 국경조치(border measures)에 관한 특별규정을 담고 있는데,[174] 특히 위조상품의 유통을 규제하기 위하여 필요한 조치를 취할 의무를 규정한 제51조는 TRIPs 협정의 핵심내용 중의 하나이다. 회원국은 상표권자 또는 저작권자가 상표권 또는 저작권 침해상품의 통관정지를 사법 및 행정당국에게 서면으로 청구할 수 있는 절차를 갖추어야 하며[175] 그 구체적인 내용은 협정 제52조 내지 제60조의 내용을 포함하여야 한다. 권리자가 갖는 다른 권리를 저해함이 없이 또한 피고가 사법당국에 의한 심사를 청구할 수 있는 조건으로, 관할 당국은 침해상품의 폐기 또는 처분을 명령할 권한을 가진다.[176]

회원국은 적어도 고의로 상표권 또는 저작권을 상업적 규모로 침해한 경우에 적용될 형사절차와 처벌을 규정하여야 할 의무를 부담하고, 적절한 경우에 이용 가능한 구제에는 침해상품과 주로 범죄행위에 사용된 재료 또는 기구에 대한 압수, 몰수 및 폐기를 포함하여야 한다.[177]

이상과 같은 집행절차를 규정하고 국내법에 반영함을 의무화함으로써

---

170) TRIPs 협정 제48조.

171) TRIPs 협정 제49조.

172) TRIPs 협정의 집행과 관련된 두 개의 분쟁은 모두 잠정조치의 미비에 대하여 미국이 제소한 사건으로 협의 과정에서 관련 당사국의 국내법을 개정하기로 합의하여 종결되었다. 우리나라도 이 조항의 해석을 둘러싸고 미국과 논쟁 중인데, 기본적으로는 각국 법제의 차이에 기인한 것으로 보인다.

173) TRIPs 협정 제50조.

174) 국경조치에 대해서는 본 장의 마지막 부분에서 별도로 상세히 다룰 것이다.

175) 미국의 경우 관세법 337조가 지적재산권 침해상품의 통관금지에 대하여 규정하고 있다.

176) TRIPs 협정 제59조.

177) TRIPs 협정 제61조.

WTO TRIPs 협정이 규정한 지적재산권의 보호를 확보함으로써 지적재산권과 관련한 무역상의 이익을 보호함은 물론, 궁극적으로 지적재산권 보호의 세계적 통일화를 이루는 데도 크게 기여할 것으로 보인다.178) 적어도 TRIPs 협정이 규정하는 범위 내의 보호는 WTO 회원국에 관한 한 세계적으로 통일된 셈이며, 앞으로 TRIPs 협정의 강화를 통하여 지적재산권의 세계적 보호가 더욱 강화될 것으로 보인다.179) 특히 새로운 기술의 발전에 따른 저작권의 보호문제가 제기될 때마다 현재 협정의 해석기술을 통하여 저작권의 보호가 강화될 수도 있을 것이다.180)

5. 지적재산권 분쟁해결

최근 들어 주요 선진국들은 물론, 우리나라에서도 지적재산권의 중요성이 나날이 부각되고 있고, WTO 분쟁해결에 있어서도 전체 분쟁건수의 약 10% 정도를 지적재산권 관련 분쟁이 차지하고 있으며, WTO의 다른 일반분쟁에서도 지적재산권 관련 요소가 쟁점화되는 추세에 있다. 또한 한미 간의 통상현안에 있어서도 무선인터넷 표준화와 음반제작자에 대한 전송권 부여 문제, 판매승인을 위하여 제출된 각종자료의 비밀유지문제 등 지적재산권 관련 논의 사항이 중요 이슈가 되고 있고, 이미 타결된 한미 FTA 협상은 물론이고, 향후 전개될 여러 FTA 협상에 있어서도 지적재산권은 매우 중요한 협상쟁점이 될 것이다.

TRIPs 협정 제64조는 TRIPs 협정 관련 분쟁을 GATT 1994 제22조, 제23조의 규정에 의하여 처리하도록 하고 있다.181) 다만, WTO 설립협정 발효일로

---

178) 오늘날 글로벌화의 진전으로 국제사법 등 여러 법제에 있어 세계적 통일화 가능성을 보이고 있으나, 그 성격상 가장 빠른 진전을 보이는 분야가 정보통신법, 지적재산권법 등의 분야인 것으로 보인다.

179) 특히 지적재산권의 특성상 무역이익이 가장 많이 남는 분야라고 할 수 있다. 미국의 스티븐 스필버그가 제작한 영화 "Jurasic Park"는 당시 한국의 자동차 3사가 2년간 수출을 통하여 창출한 이익액수보다 많았다고 알려져 있다.

180) 새로운 기술발전에 따른 새로운 협정의 채택에 의한 저작권보호에 대해서는 WCT 부분 참조.

181) TRIPs 협정 제64조 2항.

"Subparagraphs 1(b) and 1(c) of Article XXIII of GATT 1994 shall not apply to the

부터 5년간은 GATT 1994 제23조 1항 b호, c호를 적용하지 않도록 하고 있으므로 결국 이 기간 동안은 협정위반을 이유로 한 분쟁사건만을 대상으로 할 수 있게 되었다.[182]

지적재산권 분쟁에 GATT의 분쟁해결절차를 이용하는 것이야말로 선진국이 우루과이 라운드 교섭에서 새로운 분야의 하나로 지적재산권 보호문제를 상정할 것을 강력하게 주장하였던 가장 큰 이유이다. 선진국은 WIPO관장 지적재산권협약은 실효적인 이행확보수단을 결여하고 있는 것으로 생각하였고, 지적재산권 보호 위반에 대해 무역제재조치의 발동을 가능케 하는 것을 희망하였다. 개도국측이 당초 GATT에서의 우루과이 라운드 협상에 지적재산권 보호문제를 다루는 것을 거절하였던 가장 큰 이유 역시 바로 이점을 우려한 것이었다.

특히 UR 결과 채택된 WTO의 강력한 분쟁해결제도는[183] 지적재산권뿐만 아니라 WTO가 담고 있는 다양한 분야의 분쟁들을 다루어 오고 있으며, 지난 1995년 WTO 분쟁해결제도가 시행된 이래 이 제도는 매우 성공적으로 평가받고 있다. 2009년 1월까지 390건의 사례가 WTO 분쟁해결기구(Dispute Settlement Body, DSB)에 부탁되어[184] 상당수의 사건은 협의 단계에서 해결되고, 그동안 이제는 법이론(jurisprudence)을 형성할 정도의 패널(Panel) 및 항소기구(Appellate Body) 보고서가 채택된 바 있다.[185] 지난 47년간(1948-1994) GATT 체제 아래서 총제소건수가 300여건에 불과하였다는 것[186]을 감안하면 분쟁부탁사건의 괄목할 만한 증가라고 할 수 있을 것이다.[187]

---

settlement of disputes under this Agreement for a period of five years from the date of entry into force of the WTO Agreement."

182) TRIPs 협정 제64조 2항. 이 조항의 계속적 적용 여부는 WTO DDA 협상의제의 하나이지만, 아직까지 미해결 과제로 남아 있다. 형식적으로는 유예 기간이 종료하였지만, 종료 후에도 실제 비위반 제소를 신청한 국가는 없었다.

183) WTO 분쟁해결제도에 관한 상세한 설명은 고준성 외, 「국제경제법」(서울: 박영사, 2006), 62-99면 참조.

184) http://www.worldtradelaw.net/dsc/database/wtodisputedocs.asp

185) WTO 홈페이지(www.wto.org) 분쟁해결제도(Dispute Settlement) 부분 참조.

186) 미국 미네소타 대학 Hudec 교수가 *Minnesota Journal of Global Trade* (1998)에 발표한 통계.

187) WTO에 대한 분쟁의 부탁은 초기에 증가 추세를 보이다가 약간은 감소하는 추세를 보이고 있다. 이는 그만큼 WTO 규범의 해석이 이제는 안정되어 간다는 의미로 파악할 수 있을 것이다. 연도별 제소 숫자는 다음과 같다: 1995년 25건, 1996년 39건, 1997년 50건,

지적재산권과 관련해서는 직접적으로 TRIPs 협정과 관련된 사건으로 패널 보고서가 나온 사건이 인도 특허권 사건과 최근 미국과 중국 간의 지적재산권 집행 분쟁 등 등 최소 7건이 있으며,[188] TRIPs 협정이 일부 간접적으로 다루어진 경우까지를 모두 포함하면, TRIPs 협정 관련 분쟁이라고 분류할 수 있는 사건이 30건 정도에 이르고 있다.[189] 2009년 1월 현재 WTO에서 상당수의 우리나라 관련 사례들이 다루어졌으나, 아직 지적재산권과 직접적으로 관련된 사건은 하나도 없었다.

WTO에서 보고서가 채택된 사건들을 보면, 먼저 특허권 보호와 관련된 사건으로는 미국이 인도의 의약품 및 농업용 화학제품의 특허보호 제도에 대하여 제소한 사건,[190] 미국이 캐나다의 특허보호기간에 대하여 이의를 제기한 사건,[191] 캐나다의 의약품 특허보호에 대한 예외 규정에 이의를 제기한 사건[192] 등이 있는데, 모두 분쟁을 제기한 미국이 승소한 바 있다.[193] 인도네시아의 자동차 산업에 영향을 미치는 조치 사건[194]에서는 최혜국대우 문제가 주요 쟁점이었지만, 상표권 침해 문제가 같이 다루어졌고, 1998년 미국포괄세출법 사건[195]과 관련하여 EC와 미국이 상표권 침해문제를 둘러싸고 분쟁이 제기된 바 있고, 미국과 호주는 EC의 농업제품 및 식료품에 대한 상표 및 지리적 표시제도에 대하여 주로 내국민대우와 관련하여 이의를 제기한 바가 있었

1998년 41건, 1999년 30건, 2000년 34건, 2001년 23건, 2002년 37건, 2003년 26건, 2004년 19건, 2005년 12건, 2006년 20건, 2007년 13건, 2008년 19건, 2009년 1월 말 현재 2건. http://www.worldtradelaw.net/dsc/database/complaintcount.asp

188) *India-Patents* (DS50/79), *Canada-Phamaceutical Patents* (DS114), *U.S.-Section 110(5) of the Copyright Act* (DS160), *Canada-Patent Term* (DS170), *U.S.-Section 211 (Havana Club)* (DS176), *China-Measures affecting the protection and enforcement of intellectual property rights* (DS362) 사건 등. *Indonesia-Certain Measures Affecting the Automobile Industry* (DS54, 55, 59, 64) 사건은 투자와 관련한 최혜국대우 문제가 주요 쟁점이었으나 상표권 문제도 주요한 이슈 중의 하나이었다.

189) 호주 외무성 홈페이지 지적재산권 부분(www.dfat.gov.au/ip) 참조.

190) WT/DS50.

191) WT/DS114.

192) WT/DS170.

193) 이상의 특허분쟁 사례들에 대해서는 박덕영, "WTO TRIPs 협정상의 특허분쟁 사례 개요," 「법학연구」 제7집 (인하대학교, 2004.12), 37-57면 참조.

194) WT/DS54, 55, 59, 64.

195) WT/DS176.

다.[196)]

EC는 미국 저작권법상의 저작권제한 규정이 TRIPs 협정 제13조에 불합치한다고 제소하여 승소한 바 있으나, 미국 의회는 아직도 판정의 이행을 위한 저작권법 개정을 하지 않고 있으며, EC와 미국은 이행을 위한 양자의 합의에 의하여 DSU 제22조 규정에 의한 보상을 합의한 바가 있다.[197)] 2009년 1월 발표된 미국과 중국 간의 지적재산권 집행 분쟁 패널보고서는 중국의 일부법령이 TRIPs 협정에 불합치하므로 관련 규정을 개정할 것을 권고하고 있다.[198)]

2009년 1월 발표된 중국의 지적재산권 보호와 집행에 영향을 미치는 조치에 관한 패널보고서는 약 2년 전에 미국이 중국을 WTO TRIPS 협정 위반으로 제소한 사건이다.[199)] 이 사건에서 미국은 중국의 저작권법이 i) TRIPs 협정 제9조 1항에서 규정한 베른협약 5조 내국민대우원칙과 무형식주의를 위반하였고, ii) TRIPs 협정 제41조 1항상의 민・형사 구제조치 및 국경조치 등을 포함한 적절한 집행규정을 마련하지 않았으며, iii) TRIPs 협정 제61조에서 규정하고 있는 형사상의 집행규정 마련도 미비하다고 주장하였다.

미국의 이러한 주장에 대하여 WTO DSB는 첫 번째와 두 번째 주장에 대해서는 중국의 위반을 인정하였으나, 세 번째 주장인 형사 집행규정 마련 위반에 대해서는 미국이 이를 적절히 입증하지 못하였다고 판단하였다. 따라서 중국은 WTO DSB로부터 위의 i) 및 ii) 주장과 관련하여 국내법을 개정할 것을 권고 받았다. 그러나 DSB는 이와 같은 결론을 내리는 과정에서 중국에서의 전반적인 지재권 침해현황 등을 고려한 것이 아니라, TRIPs 협정에서 규정하는 의무를 중국의 국내법이 적절히 반영하고 있는가를 검토하였다.

우리나라도 이제는 WTO TRIPs 협정 체제 출범에 따른 지적재산권 법제의 정비[200)]와 그 후 기술발전 및 국제동향을 충분히 반영한 법개정을 통하여

---

196) WT/DS174, 290.

197) WT/DS160. 이 사건의 상세한 내용은 박덕영, "WTO 미국 저작권법 사건의 통상법적 고찰," 「통상법률」 제56호(2004.4), 38-66면 참조.

198) WT/DS362.

199) 이 사건 관련 중국의 피소배경 및 주요쟁점에 대해서는 이경화, "미국, WTO에 중국 지재권 침해 제소," 「SW IP Report」 제3호 (2007.4.30.) 참조.

200) 외교통상부 세계무역기구과, 「2000 WTO/TRIPs 지적재산권법령 검토회의 결과보고서」 및 조수정, "WTO 지적재산권협정(TRIPs)과 한국의 법령," 「통상법률」 제34호(2000.12), 189-215면 참조.

국내법의 WTO 협정 합치의무를 충실하게 이행하고 있으며, 특히 TRIPs 협정 상의 지적재산권의 집행과 관련하여 각종 관련 법제를 정비하여 단속활동을 강화하고 있다. 따라서 그 동안 수세적 입장에서 국제통상법을 바라보던 시각을 버리고, 이제는 한 걸음 더 나아가 중국, 일본 등 우리 무역대상국의 지적재산권 관련법과 제도, 우리 기업의 해외 진입장벽에 대한 연구를 통하여 우리나라 업체들이 외국에 진출하는 데 있어 법적, 제도적 장애를 제거하는 방향으로 눈을 돌려야 할 것이며, 최소한 우리 기업들이 외국의 지적재산권 보호 미흡으로 피해를 입는 일은 없도록 해야 할 것이다.

아울러 지적재산권과 관련한 국제협정에 대한 올바른 이해는 물론, 개별적 관련 사례의 충분한 연구 분석을 통하여 분쟁을 사전에 예방하고, 앞으로 발생할 수 있는 지적재산권 관련 분쟁에 충분히 대비하여야 할 것이다.[201] WTO의 실제 분쟁사례연구는 현재의 TRIPs 협정을 정확히 이해하고, 앞으로 발생할 수도 있는 우리나라 관련 분쟁사건에 미리 대비한다는 측면에서도 커다란 의미가 있다고 본다.

III. 저작권의 제한과 예외: TRIPs 협정과 3단계 테스트

저작권을 바라보는 시각에 따라 그 제한과 예외에 대한 논거도 달라질 것이다. 전통적으로 영미법계 국가들에서는 사회적 효용의 증대 측면에서 창작에 대한 경제적 인센티브라는 저작권의 사회적 가치를 강조하는 데 반해,[202] 대륙

201) 우리나라에서 WTO TRIPs 협정관련 분쟁사례에 관한 연구는 거의 전무한 것으로 보이는데, 이는 WTO TRIPs 협정의 연구영역이 국제경제법과 지적재산권법 영역의 중복·사각지대로 인한 결과로 보인다.

202) 세계최초의 근대 저작권법이라고 평가 받는 영국 앤여왕법(Statute of Anne)의 정식명칭은 "An act for the encouragement of learning, by vesting the copies of printed books in the authors, or purchasers, of such copies, during the times therein mentioned"이다. 법명에서 알 수 있듯이 학문·학습의 장려가 저작권보호의 이유가 되었다. 한편 미국 연방헌법 제1조 8항("To promote the Progress of Science and useful Arts, by securing for limited Times to Authors and Inventors the exclusive Right to their respective Writings and Discoveries")도 학문과 기예의 발전에의 기여라는 면을 강조하고 있다.

법계는 저작자의 인격적 권리 보호를 중시하면서 유체물에 대한 소유권과 같은 맥락에서 저작권을 이해하려 하였다.[203] 어떤 법계가 저작권을 더 강하게 보호하며, 저작권의 제한과 예외를 좁게 인정하는지는 쉽게 단정할 수 없지만, 적어도 대륙법계 저작권법이 저작권의 제한인정에 있어 법체계적인 측면에서 보다 어려운 과정을 거쳐야 함은 당연한 것으로 생각된다.

그러나 인터넷의 발달로 저작물의 국제적 유통이 일상화된 현실과 함께, WTO TRIPs 협정을 필두로 한 WCT, WPPT 등의 저작권관련 국제조약의 성립과 자유무역협정(FTA)에서의 지적재산권 제도에 대한 비중 있는 취급 등으로 인해 저작권보호에 큰 이해관계가 걸려 있는 미국 등 선진국의 제도를 중심으로 저작권제도의 통일화가 이루어지고 있다. 결과적으로 대륙과 영미 저작권법이 하나의 체계로 수렴되어 가고 있는 것이다.

이는 저작권의 제한과 예외에 있어서도 마찬가지인데, 베른협약에서도 브뤼셀 개정과 스톡홀름 개정을 통해 이른바 사소한 예외의 법리(minor exception doctrine)와 3단계 테스트(three-step test)가 도입되었고, 이를 영미와 대륙 저작권법의 조화 내지 융합이라고 표현하기도 한다.[204] 베른협약의 이러한 규정들은 160여 개국 이상이 가입되어 있는 현실을 반영하여 구체적으로 허용되는 행위를 나열하는 대신 각 회원국이 국내법에 의하여 제한 및 예외를 규정함에 있어서 따라야 할 원칙을 제시하고 법해석에 대한 가이드라인을 제공한 것으로 볼 수 있다.

최근 새로운 매체의 개발 및 복제·유통기술의 발전은 저작자와 저작물이용자들 모두에게 큰 변화를 가져다주고 있다. 이러한 상황에서 위 두 원칙이 어떠한 기능을 수행할 것인지에 대한 논의가 활발하게 이루어지고 있다. 아울러 내국민대우원칙의 한계[205]를 극복하려는 노력과 저작권의 통상문제화는 강

---

203) 재산권의 성격에 관하여는 여러 가지 견해가 존재하지만, 재산권을 자연권으로 이해하는 입장에서는 저작권 역시 자연권의 일부가 된다고 본다. Gerhard Schricker/Schricker (2006), Einl. para. 11.

204) Senftleben (2004), p.63; 3단계 테스트에 관한 또 하나의 주요연구는 Sam Ricketson, *The Three-Step Test, Deemed Quantities, Libraries and Closed Exceptions* (Sydney: Centre for Copyright Studies, 2002) 참조.

205) 가령 A국이 B국에 비해 강한 저작권보호를 인정하는 경우, B국의 저작자는 A국에서 A국 국내법에 따라 강한 보호를 향유할 수 있으나, A국의 저작자는 B국에서 더 낮은 수준의 보호를 향유할 수밖에 없다. 그러나 베른조약은 상호주의를 가미하고 있어 상호주의를

화된 저작권보호하에서의 공공정책의 수행이라는 견지에서 새로운 저작권제한 및 예외에 대한 필요성을 강하게 요구하고 있다.

이러한 상황에서 우리나라는 기본적으로 대륙법의 영향을 받은 저작권법을 가지고 있으면서도 무역관계의 특수성에 기하여 미국으로부터의 통상압박의 하나로 저작권법 제도의 개선을 요구받고 있는 특수한 상황에 놓여 있다고 할 수 있다. 특히 2007년 6월 서명된 한미 FTA 협정문에서는 일시적 복제의 도입과 함께 3단계 테스트에 따른 저작권의 제한과 예외 규정의 가능성을 적시하고 있어[206] 3단계 테스트의 구체적인 범위에 대한 해석의 문제는 한미 FTA 이행법이라는 현안과제에서 반드시 검토해야 할 사항이 되었다고 할 수 있다.

이하에서는 우선 저작권제한 및 예외에 대한 국제조약상 제 규정들과 해석원칙들을 살펴보고,[207] 특히 저작권제한 및 예외의 기본원칙으로 자리매김하

적용할 경우 이러한 free riding을 방지할 수 있을 것이다. 베른협약 제7조 참조.

206) 한미 FTA 저작권분야 주요쟁점에 대해서는 김현철 · 박덕영(2005); 한미 FTA 협상 이후 저작권분야 주요 합의사항과 그 이행에 대해서는 박덕영, "한미 FTA 협정 저작권분야 주요내용과 국내이행," 「창작과 권리」 제48호(세창출판사, 2007.9), 128-154면 참조.

207) 국제조약상 저작권제한 및 예외에 관한 제 규정들 및 원칙과 특히 3단계 테스트에 관한 일반적 연구를 위해서는 Alexander Peukert, "A Bipolar Copyright System for the Digital Network Environment," 28 *Hastings Comm. & Ent. L. J.*, 2-80 (2005); Jo Oliver, "Copyright in the WTO: The Panel Decision on the Three-Step Test," 25 *Colum. J. L. & Arts* 121-170 (2002); Thomas F. Cotter, "A Burkean Perspective on Patent Eligibility," 22 *Berkeley Tech. L. J.* 855-896 (2007); Veronica Syrtash, "Supra-National Limitations on Copyright Exceptions: Canada's Ephemeral Exception and the "Three-Step Test"," 19 *I. P. J.*, 521-578 (2006); R. Lewis Gable & J. Bradford Leaheey, "The Strength of Patent Protection for Computer Products: The Federal Circuit and the Patent Office Refine the Test for Determining Which Computer-Related Invention Constitute Patentable Subject Matter," 17 *Rutgers Computer & Tech. L. J.* 87-137 (1991); Haochen Sun, "Overcoming the Achilles Heel of Copyright Law," 5 *Nw. J. Tech. & Intell. Prop.* 267-329 (2007); John Houston, "A Unified Test for the Copyright Protection of the User Interface to Computer Programs," 32 *Duq. L. Rev.* 133-148 (1993); David M. Linder, "A Recommended copyright Test for Computer Program User Interfaces," 66 *Temp. L. Rev.* 969-1002 (1993); Phillip Johnson, "One Small or One Giant Leap," (2004) 26 *EIPR* 265-272; David J. Brennan, "The Three Step Test Frenzy - Why the TRIPs Panel Decision Might be Considered per Incuriam," (2002) *IPQ* 212-225; Kamiel J. Koelman, "Fixing the Three Step Test," (2006) 28 *EIPR* 407-412; Nick Gardner & Paul England, "Patents: High Court Applies Court of Appeal's New Test on Patentability of

고 있는 3단계 테스트의 내용에 대해 자세히 고찰해 보도록 하겠다. 이를 통해 이러한 국제적 원칙들이 우리나라 저작권법에 어떻게 반영되어야 할 것인지 검토하기로 한다.

1. 저작권제한과 예외 일반론

(1) 저작권제한 및 예외의 의의 및 유형

특정한 경우에 저작권이 제한될 수 있음은 오랜 기간 동안 인정되어 왔다. 베른협약의 체결을 위한 1884년 회합에서 스위스 대표 Numa Droz는 저작권에 예외를 설정함에 있어서는 공익적 고려가 정당하게 이루어져야 한다고 언급한 바 있다. 그 결과 1886년 베른협약은 특정 상황에서 회원국들에게 저작권에 대한 제한을 설정할 수 있도록 허락하는 규정을 포함하게 되었다. 이러한 견지에서 저작권 및 관련 권리들에 대해 다루는 국제조약에서는 국내법에서 채택할 수 있는 저작권의 제한과 예외들에 대해 규정하고 있다.[208] 이들은 개략적으로 다음의 유형으로 분류해 볼 수 있다.

---

* 명시적으로 특정 유형의 저작물 혹은 유·무형물을 보호의 범위에서 제외시키는 경우(저작권의 제한): 특정 저작물 및 유형물에 대한 보호를 제외시키는 규정들이 존재한다. 중요한 예들은 베른협약의 파리 개정에서 나타나는데, 입법, 사법 및 행정적 성격을 갖는 공문서(제2조 4항), 법정에서의 진술(제2조의2 제1항) 등이다. 특정대상에 대해 보호를 부여할 필요가 없다는 점에서 저작권에 대한 "제한"으로 설명되는 경우가 많다.

* 저작물의 보호는 인정되지만 행위자가 저작권 침해에 대한 어떠한 책임을 부담함이 없이 특정 행위를 허용하는 저작권보호의 제한인 경우(저작권의 예외): 저작권침해에 대하여 특정 사안에서 면제를 부여하는 규정들이 존재한다. 가령 시사보도 및 교육의 목적이나 특정요건의 만족을 요구하는 경우 등이 있다. 이들은 "허용되는 행위" 혹은 "보호에서의 제외"라고 표현되는데, 다른 경우에 침해를 구성할 수 있는 행위에 대한 책임을 면제시켜주는 특징을 갖는다. 베른협약상 합법적인 인용에 대한 권리(제10조 1항), 수업목적의 이용(제10조 2항), 언론의 이익을 위해 부여되는 예외(제2조 8항), 복

Computer-Related Inventions," (2007) 27 *EIPR* 101-103 등을 참조.

208) 그러나 실제에 있어서는 저작권의 제한과 예외가 정확히 구별될 수 있는 것인지는 의문이다. 단어가 가지는 의미상 제한이라고 함은 저작권이 미치지 않는 영역이 있다는 것이고, 예외는 원칙적으로 저작권의 보호 대상이지만 특정한 경우에는 예외적으로 허용한다는 의미가 될 것인데, 현실적인 구별은 명확하지는 않은 듯하다.

제권에 대한 일반적 제한(제9조 2항), 영상저작물 제작에의 기여(제14조의2 제2항 b호) 등이 있다.

* 보상금이 이용에 대한 대가로 지불되는 경우, 보호되는 저작물에 대해 제한되는 행위를 실행할 수 있도록 허락하는 것을 보장하는 강제허락체계인 경우: 특정 저작물의 이용을 허락해주지만, 보상금 지급의무를 규정해 놓은 규정들이 존재한다. 이들은 주로 "강제허락(compulsory licenses)"이나 "의무허락(obligatory licenses)"으로 표현된다. 베른협약상 음반제작에 관한 강제허락, 저작물의 방송이용에 대한 강제허락(제11조의2 제2항), 방송되는 저작물의 임시적 기록(제11조의2 제3항), 개발도상국에 대한 강제허락(파리 개정의 부속서) 등이 인정된다.

각 유형의 규정들에 대한 법적·정책적 기초는 다양하다. 첫 번째 경우는 일정한 창작물에 저작권을 성립시켜서는 안 된다는 공공정책적 판단에 기인한다. 두 번째 경우는 다른 방식에 의해 보호되는 저작물의 특정 이용형태를 제한해야 한다고 보아 첫 번째 경우보다 제한적인 면제를 표명하는 것이다. 여기서 공공의 이익은 저작자 자신의 저작물에 대한 사권을 침해하는 것을 정당화시킨다. 세 번째 경우에는 저작자의 권리가 유지되기는 하지만, 상당부분 축소된다. 공공의 이익은 이용의 계속성을 정당화시키고, 저작자의 동의가 필요치 않게 하지만, 당해 행위는 정당한 보상의 지급대상이 된다.

이들 유형의 예들은 국제조약의 규정들에서 발견되는데, 이들 중 대부분은 베른협약의 파리 개정을 통해 도입된 것이다. 대부분의 경우, 제한과 예외의 범위에 대해서는 그것이 조약의 당해 규정에서 정한 엄격한 범위에 포섭되는지 여부가 문제되기는 하지만, 회원국의 입법에 의해 판단하는 재량의 영역 역시 많으며, 최종적인 해석은 회원국의 몫으로 되어 있다.[209)]

(2) 사소한 예외의 법리와 3단계 테스트

앞서 언급한 바와 같이 베른협약 등 국제조약에는 저작권의 제한 및 예외에 대한 다양한 예외규정이 존재하긴 하지만, 각 회원국은 고유의 정책목표를 실현할 필요가 있으므로 다양한 모습의 저작권의 제한과 예외를 국내법에 규정하고 있다. 그러나 이러한 제한을 무한정 인정하면, 저작권보호의 취지를 지

209) WIPO, Standing Committee on Copyright and Related Rights (SCCR) and Sam Ricketson, *WIPO Study on Limitations and Exceptions of Copyright and Related Rights in the Digital Environment*, SCCR/9/7, pp.3-4.

킬 수 없게 되고, 문화산업의 교역에도 불균형을 초래할 것이므로 그 한계가 설정되어야 한다. 국내법적으로는 헌법을 비롯한 다양한 규범들이 그 한계에 대한 근거가 될 것이며, 또 다른 한편으로 국제조약에 따른 국제법적 한계 역시 존재하는데, 크게 두 가지 원칙이 존재한다고 할 수 있다.

우선 사소한 예외의 법리는 베른협약의 제11조 이하에 규정되어 있는 공연권(performance right)과 공중전달권(right of communication to the public)의 제한을 위해 도입된 법리로서 공중전달권 도입취지가 곡해될 우려[210]로 인해 조약상 명문규정에는 반영되지 않았다.[211] 다만, 브뤼셀에서의 베른협약 개정회의에 대한 일반보고서에 관련 내용이 포함되어 있는 정도이다. 뒤에서 소개할 3단계 테스트가 복제권에 대해 도입된 스톡홀름 개정회의에서도 공중전달권에 대해서는 이에 상응하는 원칙이나 적어도 브뤼셀 일반보고서에 나타난 예외의 범위 혹은 한계에 대한 언급이 없다. 이러한 상황에 대한 판단은 다양할 수 있겠지만, 자주 인용되는 일반보고서의 내용은 그렇게 확정적인 것은 아닌데, 그 내용은 다음과 같다.

> 노르웨이, 스웨덴, 덴마크, 핀란드, 스위스 및 헝가리 대표는 종교적 행사, 군악대, 어린이와 성인을 위한 교육을 위한 필요를 위해 허용되는 제한된 예외를 갖는다. 이 예외는 베른협약 제11조, 제11조의2, 제11조의3, 제13조 및 제14조에 적용된다. 본 권리의 원칙에 손상이 가는 것을 막기 위해 이것이 단지 연필로 부기되어 있다는 점을 주목해야 한다.[212]

위의 언급만으로 위 법리를 조약법에 관한 비엔나협약 제31조에서 말하는 합의(agreement)로 이해할 수는 없다. 그러나 현실적으로 베른협약상 공중전달에 해당하는 각국의 공연권이나 공중재현권(Recht der öffentlichen Wiedergabe), 실연권(performance right), 공중에게 보여줄 권리(right to public showing) 등에, 그 이름에 관계없이, 제한을 전혀 가하지 않은 입법례는 발견되지 않는다. 따라서 사소한 예외의 법리는 합의는 아니지만 "이후에 형성된 합의" 혹은 "관행"으로서 조약해석에서 문맥(context)으로 기능할 수 있을 것이다.[213] 참고로 이하에서

210) 브뤼셀 개정을 통해 베른협약에 공중전달권이 최초로 도입되었다.

211) Senftleben (2004), p.43.

212) Senftleben (2004), p.46에 발췌되어 있음.

213) Article 31 General rule of interpretation [of the Vienna Convention on the Law of

살펴볼 미국 저작권법 사건에서 WTO의 패널은 동 법리가 비엔나협약상 합의에 해당한다는 의견을 피력한 바 있다. Ricketson 교수의 견해에 따르면, 동 법리는 오로지 de minimis적인 성격을 갖는 저작권제한 및 예외에 대해서만 적용되는 것이라고 하며, 아무리 공공의 목적에 의해 합리화되는 경우라도 그 기저에는 이러한 극소적인 성격이 자리하고 있다는 것이다.

사소한 예외의 법리는 3단계 테스트가 등장했던 1967년 스톡홀름 개정 이전에 도입된 것으로서 3단계 테스트가 요구하는 명시적 3단계와 같은 기준이 별도로 마련되어 있지는 않다. Senftleben은 3단계 테스트는 사소한 예외의 법리와는 달리 de minimis적 성격을 갖는 것만을 허용하고자 하는 취지가 아니며, 각 회원국의 사회적·문화적 필요에 따르는 저작권제한 및 예외를 허용하기 위한 것이라는 점을 강조한 바 있다.[214] 그러나 3단계 테스트가 저작권제한의 표준으로 자리매김하고 있는 현재 상황에서 사소한 예외의 법리가 저작권제한 일반에 대한 3단계 테스트로 수렴해간다는 것을 부정할 수는 없을 것이다.[215]

Treaties]

1. A treaty shall be interpreted in good faith in accordance with the ordinary meaning to be given to the terms of the treaty in their context and in the light of its object and purpose.
2. The context for the purpose of the interpretation of a treaty shall comprise, in addition to the text, including its preamble and annexes:
   (a) any agreement relating to the treaty which was made between all the parties in connection with the conclusion of the treaty;
   (b) any instrument which was made by one or more parties in connection with the conclusion of the treaty and accepted by the other parties as an instrument related to the treaty.
3. There shall be taken into account, together with the context:
   (a) any subsequent agreement between the parties regarding the interpretation of the treaty or the application of its provisions;
   (b) any subsequent practice in the application of the treaty which establishes the agreement of the parties regarding its interpretation;
   (c) any relevant rules of international law applicable in the relations between the parties.
4. A special meaning shall be given to a term if it is established that the parties so intended.

214) Senftleben (2004), p.48.

215) 이를 가장 명확하게 짚어 준 사건이 WTO 미국 저작권법사건이라고 할 수 있다. 이 사

2. 국제조약상 권리제한을 위한 3단계 테스트 원칙

(1) WTO TRIPs 협정과 3단계 테스트

TRIPs 협정 제13조는 다음과 같이 규정되어 있다.

제13조(제한과 예외)

회원국은 배타적 권리에 대한 제한 또는 예외를 저작물의 통상적 이용과 충돌하지 아니하고, 권리자의 정당한 이익을 불합리하게 해치지 아니하는 특정하고 특별한 경우로 한정한다.[216)]

당해 규정은 베른협약에서 복제권에 대한 예외를 정한 제9조 2항을 답습하고 있지만, 이는 베른협약의 일부로서 수용된 것이 아니므로 제13조는 복제권을 포함한 베른협약에 열거된 모든 배타적 권리 및 TRIPs 협정의 대여권에도 적용된다. 이 규정은 베른협약이 아닌 TRIPs 협정의 일부로 해석되어야 한다.

TRIPs 협정하에서는 회원국에게 로마협약의 규정을 실연자, 음반제작자 및 방송사업자에게 적용할 것을 강제하는 의무를 담고 있지는 않다. 회원국은 제3조 1항에 의해 TRIPs 협정 자체에 담긴 권리들만을 적용할 것을 요구 받는다. 이러한 권리들은 제14조의 1항 내지 5항에 규정되어 있는데, 이들은 로마협약하의 요구들과 상응하거나 일부 영역에서는 그보다 더 강한 보호를 부여하고 있다. 이들에 대하여 회원국은 오직 로마협약 제15조 1항과 2항에 열거된 범주 내의 제한과 예외만을 규정할 수 있다.

(2) WCT 및 WPPT의 3단계 테스트

WCT 제1조 4항은 회원국에게 베른협약 제1조에서 제21조까지의 규정과 협약 부속서의 규정을 이행할 것을 요구하고 있다. 따라서 회원국이 베른협약의 회원국인지 여부와 관계없이 베른협약 제9조 2항에 규정된 3단계 테스트가

건의 구체적인 내용과 판정문은 박덕영, 「WTO 저작권 분쟁 사례 —미국 저작권법 사건—」(서울: 저작권심의조정위원회, 2003) 참조.

216) “Members shall confine limitations and exceptions to exclusive rights to certain special cases which do not conflict with a normal exploitation of the work and do not unreasonably prejudice the legitimate interests of the right-holder.”

복제권에 적용된다.

한편, WCT 제10조 1항과 2항은 각각 다음과 같이 규정되어 있다.

---

(1) 체약당사국은 저작물의 통상적인 이용과 충돌하지 아니하고 저작자의 정당한 이익을 불합리하게 해치지 아니하는 특별한 경우에, 이 조약에서 문학·예술 저작물의 저작자에게 부여한 권리에 대한 제한과 예외를 국내법으로 규정할 수 있다.217)

(2) 체약당사국은 베른협약을 적용할 경우에, 동 조약에서 규정한 권리에 대한 제한과 예외를 저작물의 통상적인 이용과 충돌하거나 저작자의 정당한 이익을 불합리하게 해치지 아니하는 특별한 경우로 한정하여야 한다.218)

제10조 1항은 WCT에 규정된 권리, 즉 배포권(제6조), 대여권(제7조), 공중송신권(제8조)들에 적용된다. 1996년 외교회의에서 채택된 합의의사록(Agreed Statement)에 의하면, "제10조의 규정은 회원국이 베른협약하에서 인정될 수 있는 디지털 환경에서의 국내법상 제한과 예외에 대해서까지 적절한 규정을 둘 수 있도록 허락하는 것으로 이해한다. 같은 맥락에서 본 규정은 회원국이 디지털 네트워크 환경에 적합한 새로운 예외와 제한을 고안해내는 데 대해 허락하는 것으로 이해되어야 한다. 아울러 제10조 2항은 베른협약에 의해 허용된 제한과 예외의 적용영역을 축소시키거나 확대시키지 않는 것으로 이해한다."라고 정하고 있다. 뒤에서도 설명되겠지만, 이러한 합의의사록은 1차적으로는 조약의 문맥으로서 조약해석에 원용되며, 2차적으로 비엔나협약 제32조에 따라 타협약과 조화로운 해석을 가함에 있어 활용될 수 있다.

한편, WPPT 제16조는 다음과 같이 규정되어 있다.

---

(1) 체약당사자는 실연자와 음반제작자의 보호에 관하여 문학·예술 저작물에 대한 저작권보호와 관련하여 규정한 바와 같은 종류의 제한이나 예외를 국내법으로 규정

---

217) "Contracting Parties may, in their national legislation, provide for limitations of exceptions to the rights granted to authors of literary and artistic works under this Treaty in certain special cases that do not conflict with a normal exploitation of the work and do not unreasonably prejudice the legitimate interests of the author."

218) "Contracting Parties shall, when applying the Berne Convention, confine any limitations of or exceptions to rights provided for therein to certain special cases that do not conflict with a normal exploitation of the work and do not unreasonably prejudice the legitimate interests of the author."

할 수 있다.[219)]

(2) 체약당사자는 이 조약에서 규정한 권리에 대한 제한이나 예외를 실연이나 음반의 통상적인 이용과 충돌하거나 실연자나 음반제작자의 정당한 이익을 부당하게 해치지 아니하는 특별한 경우로 한정하여야 한다.[220)]

본 규정들은 1996년 회의에서 채택된 다음의 합의의사록에 의거하여 이해되어야 한다. 첫 번째 부분은 제7조(실연자의 복제권), 제11조(음반제작자의 복제권) 및 제16조에 관한 것이다.

제7조와 제11조에 규정된 복제권과 제16조에 따라 이들 권리에 대해 허용되는 예외는 디지털 환경에서 완전하게 적용되어야 하며, 특별히 디지털 형식의 실연이나 음반을 사용함에 대해 적용되어야 한다. 이는 보호되는 실연 혹은 음반의 디지털 형식에 의한, 전자매체로의 저장이 규정들에서 의미하는 복제를 성립시키는 것으로 이해되어야 한다.

합의의사록의 두 번째 부분은 오직 제16조와 관련이 있다. WIPO 저작권 조약(제한과 예외에 관한) 제10조에 대한 합의의사록은 WIPO 실연 및 음반 조약의(제한과 예외에 관한) 제16조에 준용될 수 있다.

(3) 3단계 테스트의 주요 요건 분석

국제규범에서의 본 테스트의 일반적 적용 및 이에 포섭되는 권리의 범위에 대하여 테스트의 구조는 중요한 의미를 갖는다. 2000년 6월 WTO 분쟁해결기구에 의해 소집된 패널은 아일랜드 공연·실연권 단체를 대신하여 유럽연합(EU)에 의해 제기된 분쟁에 대해 판단하였는데, WTO 차원에서 3단계 테스트의 구체적 내용을 다룬 사례로서 주목된다. 신청인은 미국이 TRIPs 협정 제

---

219) "Contracting Parties may, in their national legislation, provide for the same kinds of limitations or exceptions with regard to the protection of performers and producers of phonograms as they provide for, in their national legislation, in connection with the protection of copyright in literary and artistic works."

220) "Contracting Parties shall confine any limitations of or exceptions to rights provided for in this Treaty to certain special cases which do not conflict with a normal exploitation of the performance or phonogram and do not unreasonably prejudice the legitimate interests of the performer or of the producer of the phonogram."

13조의 의무를 위반하여 3단계 테스트를 넘는 광범위한 예외를 규정하고 있다고 주장했다.

청구의 대상은 1998년 미국 음악라이선스 공정화에 관한 법률(Fairness in Music Licensing Act of 1998)에 의해 개정된 미국 1976년 저작권법 제110조 5항이었다. 동 조항은 라디오나 텔레비전을 통해 음악저작물을 점포 내에서 공연하고자 할 때, 필요한 권한을 획득해야 하는 것으로부터 광범위한 소매점과 음식점이 면제를 향유할 수 있도록 할 목적을 갖고 있었다. 이 사건은 유럽연합이 TRIPs 협정 제9조 1항에 의해 TRIPs 협정의 일부가 된 상기 제110조 5상의 예외가 베른협약 제11조 1항 2호 제11조의2 제1항 3호에 위배되므로 미국이 TRIPs 협정상 의무를 위반하였다고 주장하여 벌어진 분쟁이었다.[221] 패널의 견해를 중심으로 3단계 테스트의 요건들을 살펴본다.

1) 특정되고 특별한 경우

패널은 예외가 잘 정의되어 있어야 하고(특정성 요건, certainty), 협소하게 제한되어야 한다고 판단했다(특별성 요건, speciality). 패널은 특별성이 예외가 몇몇의 가치 있는 공적 의도와 관련되어야 하는지 여부와 관련하여 개별 공공정책에 대해 평가하지는 않았다.

패널은 문제된 예외가 협소하다고 여겨질 수 없다고 판단하는 근거로 특정 영업통계를 언급하였다. 가령 미국에서 전 음식업소의 73%, 음료업소의 70% 그리고 소매점의 45%가 제110조 5항의 B의 제한되는 규모 아래 포섭되고, 예외로 인정됨으로써 이익을 얻고 있다고 한다.

이에 대해 다음과 같은 반론도 제기된다.

베른협약에 관한 핵심적 저서에서 Sam Ricketson 교수는 예외가 목적을 가지며 공공정책에 의해 정당화될 수 있어야 한다는 의견을 피력했다. 이러한 목적론적 해석은 베른협약에서 수업 및 인용을 위한 이용을 인정하는 제10조의 1항과 2항에서 "목적에 의해 정당화될 수 있는 범위까지(to the extent justified by the purpose)"라는 표현을 담

---

221) 이 사건에 관하여는 Gene M. Grossman & Petros C. Mavroidis, "US-Section 110(5) Copyright Act United States-Section 110(5) of the US Copyright Act, Recourse to Arbitration under Article 25 of the DSU: Would've or Should've? Impaired Benefits due to Copyright Infringement," in *The WTO Case Law of 2001: The American Law Institute Reporters' Studies* (Cambridge: Cambridge University Press, 2004), pp.281-299 등을 참조.

고 있다는 데 그 기반을 두고 있다. 특히 교육을 위한 목적이나 공문서의 제외는 공공의 이익을 고려한 결과로 이해된다. …그러나 패널의 입장은 Ricketson의 의견을 배제하고 옥스퍼드 영어사전에 주목한다.[222]

Gervais의 견해에 의하면, 이 요건은 대부분의 예외가 만족하고 있는 부분이고, 두 번째와 세 번째 요건이 이것보다 훨씬 좁은 범위의 요건에 대해 정하고 있어 결국 이 첫 요건이 큰 의미를 갖지 못하는 것으로 해석된다고 한다.[223]

그러나 패널의 입장이나 위에서 인용된 견해 모두에 결점은 존재한다. 패널이 제시한 견해에 의한다면, 제한규정에 의해 면제를 향유하는 이용자의 범위가 좁아야 한다. 패널은 이른바 사업장 예외와 가정용 예외를 분석함에 있어서 모두 그 점포수를 판단에 대한 중요한 요소로 고려하였다. 만약 패널에게 사적 이용(private use)에 대해 판단이 맡겨졌을 경우에도 패널은 양적 접근을 시도할 것인지 의문시된다. 물론 여러 가지 판단의 근거 중 양적 요소가 고려될 수 있음은 인정할 수 있겠지만 양적 비율만으로 특정·특별성을 쉽게 추단해내는 것은 문제가 있다고 본다.

결국 3단계 테스트의 첫 번째 요건으로서의 특정·특별성은 규정상의 문언이나 해석 등과 관련하여 규범적 의미에서 특정되고 특별한 경우일 것을 요구하는 것으로 받아들여야 할 것이다. 실제로 수범자가 매우 광범위해지더라도 면제의 범위가 제한적이고, 저작자에 대한 영향도 미미하다면, 이는 특정하고 특별한 경우로 보아야 할 것이다.

2) 저작물의 통상적 이용에 저촉되지 않을 것

먼저 이용(exploitation)의 의미부터 파악해야 한다. 이에 대해 권리자가 자신의 권리로부터 경제적 가치를 얻는 것이라는 패널의 해석이 있었다.[224] 이러한 해석이 적절한지 여부를 떠나서 이용의 대상이 되는 것은 권리자의 저작물

222) Daniel Gervais, "Toward a New Core International Copyright Norm: The Reverse Three-Step Test," 9 *Marq. Intell. Prop. L. Rev.* 1, 14 (2005).

223) *Id.*, p.5.

224) WTO, DSB, *United States - Section 110(5) of the US Copyright Act, Report of the Panel*, WTO doc. WT/DS160/R, para. 6.165.

이 되는데, 경제생활상의 저작물의 이용이란 권리의 처분 및 라이선스에 의해 이루어진다는 점에서 저작물의 이용이 "저작권의 행사"와 유의어 관계에 있다거나 당해 개념에 점점 수렴한다는 생각을 전제로 논의를 진행한다.

패널은 "통상"이라는 문언을 현실적 이용과 잠재적 이용 모두의 관점에서 다루었다. 현실적 이용에 관하여 패널은 저작물에 대한 권리의 총합을 개별 권리를 독립적으로 살피는 것이 아닌, 전체로서 다루어야 한다는 미국 측 주장을 배척하였다. 패널은 "개별 배타적 권리에 대해 발생할 수 있는 통상적 이용은 다른 배타적 권리의 통상적 이용과의 저촉이 없다는 단순한 사실만으로 정당화될 수는 없고, 이는 후자의 권리가 더 많은 수익을 가져다준다고 해도 마찬가지다."라고 설시했다.

"통상적 이용"과 잠재적 이용과의 관계에 대하여 패널은 베른협약 제9조 2항이 도입되었던 1967년 스톡홀름 개정회의의 준비서면을 언급한다. 여기서 문제된 예외가 권리자와의 "경제적 경쟁에 진입하는 것이어서는 안 된다."는 논리적 근거를 찾아낸다. 스웨덴 정부 및 WIPO의 전신격인 BIRPI의 보고서에 의하면, "주목할 만한 경제적 혹은 현실적 중요성을 획득하거나 획득할 개연성이 있는 모든 유형의 저작물의 이용은 이용자에게 유보되어야 한다."고 되어 있다. 패널은 더 나아가 "따라서 통상적 이용에 규범적 의미를 측정하는 방법이 고려되어야 하는데, 현재 현저하거나 유형적인 대가를 가져다주는 이용형태에 더해 주목할 만한 경제적 혹은 현실적 중요성을 획득할 개연성과 가능성이 특정 정도에 이르는 이용형태 역시 고려되어야 하는 것으로 보인다."라고 설시했다.

패널은 그리고 나서 이 부분에 대한 결론을 다음과 같이 내리고 있다. "만약 원칙적으로 권리의 범위에 속하지만, 제한과 예외에 의해 예외가 되는 이용이 권리자가 일반적으로 저작물에 대한 권리로부터의 경제적 가치를 얻는 방법과 경제적 경쟁관계를 유발하고, 그로 인해 상당한 혹은 유형적인 영업적 수익을 박탈하는 경우, 우리는 국내 입법에서의 배타적 권리의 예외와 제한이 저작물의 통상적 이용과 충돌하는 수준에 이르렀다고 믿는다."는 것이다.

종합해보면, 관행이나 권리자의 기대가능성[225]에 따라 저작자가 저작물을

225) "Right holders of musical works would expect to be in a position to authorize the use of broadcasts of radio and television music by many of the establishments covered by the exemption […]" WT/DS160/R para. 6.210.

통해 얻을 수 있는 경제적 가치를 추구하는 일반적인 경우 및 잠재적 이용가능성과 시장의 형성될 가능성이 합리적으로 예견되는 경우에 권리자의 저작권 행사가 방해되어서는 안 된다는 것이다.

Ginsburg 교수는 이 결정에 대해 다음과 같은 의견을 제시한다.

> 패널은 현행 라이선스 관행이 경제적 가치의 통상적 획득을 필수적으로 정의하지는 않는다고 설명한다. 만약, 예를 들어 문제된 국가가 특정 이용에 대해 배타적 권리를 부여하지 않거나 "효과적이거나 가능한 강제수단이 결여되어" 권리자가 권리행사를 위해 어떠한 관행이 가치 있거나 실용적인 것이라고 여기지 않는 경우, 이러한 관행은 "충분한 기준"이 될 수 없을 것이다. 이러한 점은 "통상적 이용"은 이상화된 것으로 생각하게 한다. 만약 이용이 저작권의 적용범위 내에 속하고, 어떠한 저작권이나 관련 문화정책이 권리자의 권리행사 불능에 기여하지 않는다면, 규범적인 관점에서 이용은 "통상적"인 것이 된다.[226]

Ginsburg의 우려는 규범적 측면에서는 일응 타당해 보인다. 그러나 그녀가 상정한 권리의 부존재나 부정적인 관행형성의 가능성은 매우 특수한 것으로 받아들여진다. 즉, 개도국이나 후진국의 저작권법을 제외하고는 특정 저작물을 권리에서 배제하는 경우를 상상하기 어렵고, 권리의 행사가 관행적으로 제약 받는 경우 역시 매우 드문 일이다. 더욱이 권리행사의 기대가능성에 대해서 국내기준에 의할 것인지 국제기준에 의할 것인지 등에 대해서도 아울러 규명되지 않은 상황에서 이러한 평가를 내리기는 어려워 보인다. 생각건대 어떠한 저작권의 제한 혹은 예외가 통상의 범위에 속한다고 평가하기 위해서는 경제적 여건이나 문화적 상황이 비슷한 다른 국가의 관행과 제도를 관찰해보고, 당해 조치가 통상성을 벗어나는지 여부를 판단하는 것이 가장 바람직할 것이다.

3) 권리자의 정당한 이익을 불합리하게 침해하지 않을 것

㈎ 두 번째 요건과의 관계

Bornkamm에 따르면, 세 번째 요건에 의해 두 번째 요건을 충족시키지 못한 저작권제한이 승인될 수 있을 것이라고 한다.[227] 다시 말해 두 번째 요건을

---

226) Jane Ginsburg, "Toward Supranational Copyright Law? The WTO Panel Decision and the "Three-Step Test" for Copyright Exceptions," *RIDA* No.187 (2001).

만족하지 못하더라도 적절한 보상의 지급 등을 통하여 저작권제한이 허용될 수 있다는 것이다. 이러한 견해는 자칫 3단계 테스트를 2단계 테스트로 오해토록 할 수 있다. 즉, 모든 요건이 충족되어야만 제한과 예외가 인정되는 규정의 구조상 이 같은 해석이 불가능한 것은 물론, 통상적 권리행사와 충돌하더라도 보상금 지급을 통해 그것이 치유된다는 것은 예외를 제한적으로 인정하려는 배타적 권리의 취지와도 맞지 않게 될 것이기 때문이다. 이러한 점에 주목하면서 논의를 진행한다.

㈏ 저작자의 이익 대 권리자의 이익

패널에 따르면, 세 가지 개념정의가 중요하다. 즉, "이익(interest)," "정당성(legitimate)" 그리고 "불합리성(unreasonable)"이 그것인데, 패널은 "이익"은 현실적 혹은 잠재적 경제적 이득 혹은 손실이라고 판단했다.[228)]

당해 이익의 귀속주체에 대해서는 TRIPs 협정의 문언과 베른협약 및 WCT의 문언 사이에 차이가 있다. 즉, TRIPs 협정 제13조에서는 권리자(right holder)로 표현하고 있지만, 베른협약 제9조 2항에는 저작자(author)로 서술되어 있다. 더욱이 대여권에 대해 다루는 TRIPs 협정 제11조 1문은 "적어도 컴퓨터 프로그램과 영상저작물에 관하여, 회원국은 저작자나 권리승계인에게 그들이 저작권보호 저작물의 원본 또는 복제물의 공중에 대한 상업적 대여를 허락 또는 금지할 수 있는 권리를 부여한다."고 되어 있어 협정상 저작자와 권리자를 구별하고 있음을 알 수 있다.

이러한 문언상의 차이는 두 가지 점에서 의미가 있는데, 첫째로 TRIPs 협정에서의 권리자에는 저작자뿐 아니라 실연자, 음반제작자 및 방송사업자가 포함된다. 이는 WPPT 제16조 2항에서 실연자와 음반제작자 보호에 있어서 3단계 테스트를 도입한 것으로 미루어보아도 짐작할 수 있는 부분이다.

둘째로 저작자는 베른협약과 WCT에 의해 저작인격권을 갖고, 실연자 역시 WPPT에 의해 인정되는 인격권을 향유하는데, 저작자 혹은 권리자의 이익에 인격권에서 기원한 이익이 포함되는지 문제된다. 여기서의 이익을 반드시

227) J. Bornkamm, "Der dreistufentest als urheberrechtliche Schrankenbestimmung: Karriere eines Begriffs," in: H.-J. Ahrens, *et al* (ed.). *Festschrift für Willi Erdmann* (Köln: Carl Heymanns, 2003), p.34.

228) WT/DS160/R para. 6.223.

경제적 이익으로 한정할 필요는 없을 것으로 생각된다. 그렇다면 이러한 비경제적 이익이 어느 범위까지 보호되어야 하는지에 대한 의문이 제기되는데, 저작인격권이 제한되는 상황에서 당해 인격권에서 보장되는 인격적 이익의 침해 정도가 고려되어야 할 것이다.[229] 단, 인격의 침해정도를 판단하거나 입증하는 것은 매우 곤란한 일이 될 것이다.

㈐ 정당성의 개념정의

패널은 "정당성(legitimate)"에 대하여 법실증주의적 관점(법에 의한 승인 혹은 보호) 및 보다 규범적인 관점이라는 두 가지 입장을 제시한다. 법실증주의적 관점에 의하면 정당한 이익은 법익(legal interest)을 의미하는 것이 되어 결국 합법적 이익이라는 정의에 도달할 수 있고, 규범적 관점에 의하면 "정당화될 수 있는(justifiable)"으로 해석된다고 한다.

영국은 "legitimate"라는 문언의 의미를 법에 의한 강제라고 이해하는 것으로 보인다. 베른협약의 스톡홀름 개정회의에서 다른 회원국들이 legitimate를 "정당화될 수 있는(justifiable)"으로 이해한 반면, 영국은 "법에 의한 강제(sanctioned by the law)"로 새긴 것으로 전해진다.

법실증주의적 관점에 의하면 "합법적 이익"에서 법은 헌법을 근간으로 한 현재의 법질서 전반을 의미하는 것이 될 것이고, 따라서 실정법에 의해 부여된 이익은 헌법에서 보장한 기본권에서 파생되는 법익으로 판단할 수 있을 것이다. 영국에 있어서는 성문헌법이 존재하지 않고, 법률의 정당성을 판단해 줄 상위규범이 없다는 점으로 미루어 보았을 때, 기존 저작권법상 존재하던 저작권의 제한 및 예외 조항은 모두 합법적인 것으로 해석될 수 있다.

㈑ 불합리성과 침해의 의미

허용되는 "침해"의 수준에 대하여 패널은 문언의 구성을 주목하는데, "불합리하게 침해하지 않을 것(not reasonably prejudice)"은 "불합리성"보다 "약간 더 엄격한 기준을 내포하는 것(connotes a slightly stricter standard)"이라고 한다. 패널은 조약 문언이 저작권자에게 다소의 침해를 받도록 하는 것을 인정한다고 하더라도 예외와 제한이 저작자의 수입에 대한 불합리한 상실을 초래하거나 초

229) Senftleben, *op.cit.*, pp.219-220.

래할 가능성이 있다면, 침해가 "불합리한" 수준에 이른 것이라고 판단했다. 패널은 침해보다는 불합리성을 더 중요한 요소로 생각한 것으로 보인다.

한편 Gervais는 베른협약 프랑스어 텍스트에 의하면 "불합리성(unreasonable)"에 대응되는 표현으로 "정당화될 수 없는(injustifié)"이라는 술어가 사용하고 있다는 점을 강조한다. 즉, 불합리성보다는 정당화 가능성이라고 해석기준을 적용하는 것이 문맥에 비추어 더욱 정확한 표현이라는 것이다.[230)]

"prejuice"는 라틴어 praejudicium에서 기원한다. praejudicium은 '앞선'이란 의미를 갖는 prae와 "판단 · 평가"이란 뜻을 갖는 judicium의 합성어로서 미리 판단하는 것을 의미하는데, 메리엄-웹스터 사전에 의하면 동사적으로 "어떤 판단이나 행위로 침해하거나 손해를 끼치다"[231)]를, 명사적으로는 "어떤 사람이 다른 사람의 권리를 고려하지 않은 결과로 발생한 침해 혹은 손해"[232)]를 의미한다.

위 prejudice의 설명을 저작권의 제한과 예외에 대해 적용해보면, "저작자의 법익에 대해 고려하지 않고 판단한 결과로 발생할 수 있는 침해"로 정리해 볼 수 있을 것이다. 즉, 재산권으로서의 저작권이 부여하는 법익이 타 기본권과의 잘못된 형량에 의해 내려진 판단으로 인해 침해되는 경우, 3단계 테스트에서 말하는 "침해"가 성립되는 것으로 보아야 한다고 생각된다. 마찬가지로 Gervais의 언급에서의 "정당화 가능성"이든 패널이 말하는 "불합리성"이든 간에 그 평가의 척도는 헌법에서 인정되는 법익형량의 도구인 과잉금지원칙에 대한 준수여부로 판단되어야 할 것으로 생각된다.

3. 우리 저작권법상 저작권제한 법리와 평가

이하에서는 국제조약상 존재하는 3단계 테스트가 각국의 국내 저작권법에 어떻게 반영되어 있는지 살펴보기로 한다. 우선 저작권제한에 대한 입법형식을 세 가지 유형으로 분류하고, 이들 유형들의 3단계 테스트 부합여부에 대해 고찰해 본다. 그리고 국내법에 의한 3단계 테스트에 대한 입법태도에 대해 알아

230) Gervais, 앞의 논문, p.18.

231) "to injure or damage by some judgment or action".

232) "injury or damage resulting from some judgment or action of another in disregard of one's rights."

본 후, 마지막으로 한미 FTA 협상 타결 이후 그 이행입법을 위한 우리 저작권법 개정안의 내용 중 저작권제한 법리로서의 3단계 테스트와 공정이용의 수용에 대해 살펴본다.

(1) 저작권제한 입법유형과 3단계 테스트

각국의 저작권법은 대체로 영국식 Fair Dealing형, 엄격한 열거형, 미국식 Fair Use형 중 한 가지 형태의 저작권제한 규정을 가지고 있다.

우선 공정취급(fair dealing)형 국가는 영국과 캐나다가 대표적인데, 허용되는 저작물의 이용목적을 열거해 놓고 있다. 즉, 학술연구 및 조사, 비평 등이 이에 해당한다. 행위요건보다는 목적요건의 충족이 더 큰 의미를 가지기 때문에[233] 대륙법에서의 엄격한 열거형과 차이가 있다고 알려져 있다. 우리나라를 비롯한 대부분의 대륙법계 국가들은 저작권제한을 위한 행위유형과 목적유형을 자세하게 서술해 놓고 있다. 이러한 요건들은 엄격해석에 의해 더욱 제한적으로 해석되는 경향을 보인다. 마지막으로 공정이용(fair use)형의 저작권제한의 규정을 갖는 경우인데, 미국이 이에 해당한다.[234] 미국 저작권법 제107조에 제시된 4가지 요건[235]과 법원에 의해 추가적으로 고려되는 요건을 만족하

233) Cornish/Llewelyn (2003), pp.40-41.

234) 공정이용에 관한 견해에 대해서는 Barton Beebe, "An Empirical Study of U.S. Copyright Fair Use Opinion. 1978-2005," *U. Pa. L. Rev.* 549-624 (2008) 참조.
이 자료는 http://www.pennumbra.com/issues/article.php?aid=164에서도 찾아볼 수 있다.

235) 17 USC §107. Limitations on Exclusive Rights: Fair Use [미국 저작권법 제107조]
Notwithstanding the provisions of section 106, the fair use of a copyrighted work, including such use by reproduction in copies or phonorecords or by any other means specified by that section, for purposes such as criticism, comment, news reporting, teaching (including multiple copies for classroom use), scholarship, or research, is not an infringement of copyright. In determining whether the use made of a work in any particular case is a fair use the factors to be considered shall include
(1) the purpose and character of the use, including whether such use is of a commercial nature or is for nonprofit educational purpose;
(2) the nature of the copyrighted work;
(3) the amount and substantiality of the portion used in relation to the copyrighted work as a whole; and
(4) the effect of the use upon the potential market for or value of the copyrighted work.
The fact that a work is unpublished shall not itself bar a finding of fair use if such

는 경우에 저작권 침해로부터 면책된다. 다만, 4가지 요건이 모두 만족될 필요는 없으며, 법원은 요건충족의 정도 등을 척도로 종합적인 결론에 이르고 있다.

공정취급의 경우에는 허용되는 저작물이용의 목적이 분명하게 정해져 있다는 점에서, 엄격한 열거형에서는 그 목적뿐만 아니라 구체적인 이용행위 유형까지 정해놓고 있다는 점에서 3단계 테스트의 첫 번째 기준인 특정·특별성 기준을 충족시킬 개연성이 크다고 말할 수 있다. 공정이용에 의한 저작권제한을 허용하는 태도에 대해서 3단계 테스트의 첫 번째 기준인 특정·특별성을 만족할 수 없을 것이라는 견해가 있다. 그러나 특정·특별성이 반드시 해당 행위유형이나 목적유형을 열거해야 하는 것으로 해석하기는 어려울 것이라고 생각된다.

(1) 3단계 테스트의 국내법상 반영

1) 유럽연합의 예

유럽연합의 정보화 사회 지침은 새로운 환경에서의 적합성이라는 견지에서 테스트를 해석해야 할 필요성에 대해 강조하고 있다. 전문의 입법취지 및 정책목표에 대해 다루는 Recital 44는 다음과 같다.

> 본 지침상의 예외와 제한을 적용함에 있어 국제적 의무들이 존중되어야 한다. 이러한 예외와 제한은 권리자의 정당한 이익을 침해하거나 저작물 혹은 다른 보호목적물의 통상적 이용을 해하지 않는 방법으로 적용되어야 한다. 회원국에 의해 정해진 예외 혹은 제한은 특히 이러한 예외 혹은 제한이 새로운 디지털환경에서 가질 수 있는 중대된 경제적 중요성을 반영해야 한다. 따라서 특정 예외 혹은 제한의 범위는 저작물 혹은 기타 보호대상의 새로운 이용형태가 나타나는 경우에 더욱 제한적이어야 한다.

다수의 EU 회원국들은 지침을 이행함에 있어 현행 국내법상 예외규정과 3단계 테스트 간의 특별한 연결 관계를 형성시키거나 국내법에서 허용하는 경우, 열거되지 않은 예외를 3단계 테스트하에서 인정하는 것으로 보인다. 영국은 다른 접근방식을 취하는데, 이행에 관한 자문서면에는 다음과 같은 내용이 포함된다.

---

finding is made upon consideration of all the above factors.

> 제5조 5항
> 이 규정은 모든 예외와 국제조약(예를 들어 TRIPs 협정 제13조 및 WIPO 저작권 조약 제10조)에서 발견되는 이른바 3단계 테스트의 영향하에 있다는 것을 분명히 한다. 입법취지 및 정책목표 44번은 중요한데, 이는 테스트 자체를 예외에 관한 일반적 구속으로서 영국법에 도입할 것으로 의도된 것은 아니고, 테스트를 권리에 대한 예외를 구성하는 기준으로 사용하면서 저작권법상 현존하는 관행은 유지되는 것으로 의도된 것이다. 따라서 저작권 및 저작인접권에 대한 제안된 대로의 추가된 예외와 다른 현존의 예외는 3단계 테스트와 합치하는 것으로 취급되어야 한다.[236)]

분명한 사실은 기술발전에 따라 저작권제한의 모습도 변화될 수밖에 없으며, 회원국은 이러한 상황을 고려해야 한다는 것이다.

2) 국내법 반영의 유형 및 평가

WTO TRIPs 협정, WCT, WPPT 및 EU 저작권지침 등에서 천명하고 있는 3단계 테스트는 저작권제한을 위한 국제적인 표준으로 자리매김하고 있다. 각국이 저작권제한과 관련하여 어떠한 입법이나 조치를 취해야 하는지에 대해서는 결국 각국은 3단계 테스트를 준수할 의무만을 가질 뿐, 이를 준수하기 위한 구체적인 방법은 스스로 정해야 한다. 3단계 테스트의 국내적 이행태양을 다음과 같이 몇 가지 경우로 나누어 볼 수 있을 것이다.

- 입법을 통해 3단계 테스트 자체를 새로운 저작권제한 유형으로서 도입하는 경우
- 입법을 통해 3단계 테스트를 기존 저작권제한을 위한 추가적 요건이나 구체적 기준으로 제시하는 경우
- 단지 입법적 조치 및 행정적 조치를 위한 가이드라인으로 활용하는 경우
- 사법적 판단에 있어 3단계 테스트를 만족하는지 여부를 근거로 삼는 경우
- 위의 경우들 다수를 동시에 채택하는 경우

---

236) *The Copyright Directive (2001/29/EC) - UK Implementation, Consultation Paper of the Patent Office*, http://www.patent.gov.uk/about/consultations/eccopyright/impact.htm

3단계 테스트 자체를 저작권제한의 절대적 요건으로 설정하는 데 대해서는 앞서 이루어졌던 미국의 공정이용 규정이 3단계 테스트와 합치하는지 여부에 대한 것과 같은 맥락에서 허용된다고 볼 수 있을 것이다. 두 번째 경우는 3단계 테스트를 가장 엄격하게 이행하는 것으로 평가되지만, 세 번째 경우에는 입법화되는 내용이나 행정의 내용을 구체적으로 판단하여 준수여부를 따질 수밖에 없을 것이다. 사법부가 명문의 규정 없이 3단계 테스트를 원용할 수 있는지 여부는 국제법의 직접효력 문제와도 연결되는 것으로 당해 조약에 가입한 것만으로 사인간의 관계에서 직접 원용할 수 있는지에 대해서는 논란이 있을 수 있다. 그러나 입법부, 행정부 및 사법부 모두 저작권 관련 국제조약의 수범자라는 점에서 3단계 테스트를 적절한 방법으로 국내적으로 이행해야 함은 명백하며, 국제조약의 불이행은 국제적으로 국가책임을 야기하는 결과를 낳을 것이다.

(3) 우리 저작권법 개정안의 저작권제한

우리나라는 2007년 4월 한미 FTA 협상을 타결하였다.[237] 그에 따라 우리나라의 지적재산권 보호는 향후 이행입법을 통하여 매우 강화될 것으로 보인다. 이 경우 또 다른 측면에서 고려하여야 할 것은 권리자와 이용자의 이익 측면에서의 균형과 조화의 문제이며, 강화된 권리자 보호에 상응하여 이용자 보호를 위한 조치가 뒤따라야 할 것이다. 정부는 협상타결 직후 이용자들의 이용환경이 제약될 수 있다는 우려를 불식시키기 위하여 시사보도, 교육, 연구 등 공익적 목적을 위한 공정한 이용의 경우에는 저작권을 제한하는 '포괄적 공정이용(fair use) 조항'의 도입 가능성의 검토를 천명한 바 있다.

한미 FTA 협정이 서명됨에 따라 동 협정의 이행에 필요한 관련 규정을 개정함에 있어 국내 저작권법에도 다수 조항의 수정 또는 신설이 불가피하게

---

237) 한미 FTA 협정은 저작권의 제한에 관하여, "각 당사국은 배타적 권리에 대한 제한 또는 예외를 저작물·실연 또는 음반의 통상적인 이용과 충돌하지 아니하고 권리자의 정당한 이익을 불합리하게 저해하지 아니하는 특정한 경우로 한정한다."고 규정하고 있다(제18.4조 10항 가호).

"With respect to this Article and Articles 18.5 and 18.6, each Party shall confine limitations or exceptions to exclusive rights to certain special cases that do not conflict with a normal exploitation of the work, performance, or phonogram, and do not unreasonably prejudice the legitimate interests of the right holder."

되었다. 정부가 마련한 개정안은 일시적 복제의 인정, 공정이용조항 신설, 저작권보호기간 연장, 배타적 이용권의 신설, 암호화된 방송신호의 보호, 온라인서비스제공자의 면책규정 개정, 기술적 보호조치 보호의무 강화, 법정손해배상제도의 도입, 정보제공 및 비밀유지명령제도 도입, 위조라벨 제작행위 금지, 영화도촬행위 처벌, 비친고죄 대상 확대 등을 주요 내용으로 하고 있다. 2007년 12월 28일에 국회로 제출된 한미 FTA의 이행을 위한 저작권법 개정안을 보면, 공정이용에 관한 부분이 신설되었음을 알 수 있다.[238] 이는 한미 FTA로 저작권이 더욱 강화됨에 따라 이용자 입장에서의 이용활성화의 필요성을 고려한 조항이다.

한미 FTA 이행입법안은 저작권제한과 관련하여 베른협약 및 TRIPs 협정 등에서 천명하고 있는 '3단계 테스트'를 명시적으로 규정하고 있다고 볼 수 있다. 2007년 12월 국회에 제출된 한미 FTA 이행을 위한 저작권법 개정안 및 컴퓨터프로그램보호법 개정안에서는 "저작물의 통상적인 이용 방법과 충돌하지 아니하고 저작자의 정당한 이익을 부당하게 해치지 아니하는 예외적인 경우에는 저작물을 이용할 수 있다."라고 규정하여 TRIPs 협정상의 문구를 차용하였고, 그 판단시 고려요소를 정함에 있어서는 미국 저작권법 제107조의 내용과 미국판례법에서 인정되고 있는 판단기준을 차용하여 규정함으로써 한미 FTA 타결시 그 이행입법과 관련하여 발생할 수 있는 마찰요소를 최소화하고자 한 것으로 보인다.[239] 이 개정안들은 FTA 협정 이행과 관련하여

---

238) 저작권법 일부개정법률안(2007. 12. 28. 국회제출)

제35조의3(저작물의 공정한 이용) ① 제23조부터 제35조의2까지의 경우 외에 저작물의 통상적인 이용 방법과 충돌하지 아니하고 저작자의 정당한 이익을 부당하게 해치지 아니하는 예외적인 경우에는 저작물을 이용할 수 있다.

② 저작물이용 행위가 제1항에 해당하는지를 판단할 때에는 다음 각 호의 사항을 고려하여야 한다.

1. 영리성 또는 비영리성 등 이용의 목적 및 성격
2. 저작물의 종류 및 용도
3. 이용된 부분이 저작물 전체에서 차지하는 비중과 그 중요성
4. 저작물의 이용이 그 저작물의 현재 시장 또는 가치나 잠재적인 시장 또는 가치에 미치는 영향

239) 컴퓨터프로그램보호법 일부개정법률안(2007. 12. 13. 국회제출)

제12조의4(프로그램의 공정한 사용) ① 제12조, 제12조의2 및 제12조의3의 경우 외에 프로그램의 통상적인 이용 방법과 충돌하지 아니하고 프로그램저작권자의 합법적인 이익을 부당하게 해치지 아니하는 특정한 경우에는 프로그램을 사용할 수 있다.

영미판례법상 발전해온 공정이용 법리를 일부 수용한 것으로 평가할 수 있다.[240)]

4. 우리의 대응

이번 절에서는 저작권의 제한과 예외에 대한 국제적 기준들에 대해서 살펴보았다. 베른협약 등에 명시적이고 열거적으로 규정되어 있는 특정 제한 및 예외도 있었지만, 이른바 "묵시적 예외"로 불리는 사소한 예외의 법리와 복제권 제한에 대한 표준에서 저작권제한 전반에 대한 표준으로 자리매김한 3단계 테스트가 큰 의미를 갖게 되었다.

3단계 테스트는 WTO TRIPs 협정을 비롯한 최근에 성립된 대부분의 저작권 관련 국제적 합의에서 채택되고 있으며, WTO 미국 저작권법 사건을 통해 국제적 차원에서의 사법적 판단도 이루어졌다. 이렇듯 3단계 테스트의 의미가 더해가는 상황에서 국내에서의 본 테스트의 이행이 문제될 수도 있을 것이다. 어떻게 이행해야 할 것인지 여부에 대한 대응이 필요할 것이지만, 무엇보다 입법에서뿐만 아니라 행정과 사법에 있어서도 당해 원칙이 존중되어야 함을 명심해야 할 것이다. 아울러 3단계 테스트가 새로운 매체와 기술발전에 따른 저작물 유통구조의 변화 속에서 어떻게 기능할 수 있는지, 이러한 상황의 변화가 저작권제한에 미치는 영향은 무엇인지 생각해보아야 할 것이다.

3단계 테스트를 반영한 저작권법과 컴퓨터프로그램보호법 개정안은 한미 FTA 협정으로 인해 일시적 복제의 인정과 접근통제형 기술적 보호조치의 무

---

② 프로그램의 사용행위가 제1항에 해당하는지를 판단할 때에는 다음 각 호의 사항을 고려하여야 한다.

1. 상업성 또는 비영리성 등 사용의 목적과 성격
2. 프로그램의 종류와 용도
3. 사용된 부분이 프로그램 전체에서 차지하는 비중과 그 중요성
4. 프로그램의 사용이 그 프로그램의 현재 시장 또는 가치나 잠재적인 시장 또는 가치에 미치는 영향

240) 2008년 2월 새 정부 출범 이후 정부조직법 개정에 따라 정보통신부가 폐지되고 각 부처 관할 사항이 조정됨에 따라 향후 저작권법과 컴퓨터프로그램보호법은 하나의 통합된 저작권법(통합저작권법)으로 탄생할 것으로 보이나, 저작권법 개정안의 주요내용은 그대로 유지될 것이다.

력화 금지 등 저작권자의 권리가 대폭 강화되는 데 따라 이용자의 정당한 이용과의 균형을 도모하기 위한 것으로 이해될 수 있다. 특히 미국과의 협상의 결과를 상쇄하기 위한 것으로 미국의 제도를 그대로 도입하는 것은 적어도 미국의 명시적인 반대를 피할 수 있다는 점에서 편리한 접근이기도 하다. 대륙법의 전통에서 구체적인 제한규정들을 열거함과 동시에 이에 보충적으로 공정이용이 적용될 수 있음을 규정하여 영미법적 전통과의 조화를 모색했다고 평가할 수 있을 것이다.

이러한 일반규정이 우리 법체계상 친숙하지 않은 접근이라는 점에서 향후 운용에 있어서 미국의 해석론이 많은 참고가 될 것으로 보이는바, 규정 자체의 계수뿐만 아니라 구체적인 해석론의 계수도 이루어질 것으로 전망된다. 국제조약상의 3단계 테스트의 요건과의 관계 등에 관한 충분한 검토 없이 한미 FTA 협정의 이행이라는 제한된 상황에서 성급하게 입법이 되지 않았나 하는 아쉬움이 남지만, 우리나라도 이제는 저작권에 대한 인식이 매우 제고되었고, 우리 법원도 그 동안 의미 있는 사례들을 많이 축적하여 온 점 등을 고려해 보면 앞으로 공정이용 조항의 해석에 있어서 권리자와 이용자의 균형을 모색하는 법원의 현명한 판단이 기대된다.

IV. WTO TRIPs 협정과 저작권분쟁 사례

1. WTO TRIPs 협정과 저작권분쟁

최근 들어 주요 선진국들은 물론, 우리나라에서도 저작권과 저작권산업의 중요성이 갈수록 증가하고 있고, 2007년 타결되어 비준을 준비 중인 한미 FTA 협상에 있어서도 일시적 복제와 접근통제, 저작권보호기간 연장 등에 대한 FTA상의 의무에 대한 이행방안이 논의의 대상이 되고 있다.

지적재산권의 보호에 관한 각종 조약들이 이미 다수 존재함에도 불구하고, WTO는 우루과이 라운드를 통하여 무역관련 지적재산권 보호에 관한 새로운 협정을 WTO 부속서의 하나로 채택하여 그 활동영역을 확장하였다. 이는 그 동안 지적재산권의 보호에 관한 WIPO의 각종 조약들과 GATT 내의 지적재산권 보호 관련 조항이 존재하여 왔으나,[241] 그 실질적 효력이 미미하고, 지적재산권이 차지하는 무역상의 중요성이 증가함에 따라 기존의 각종 지적재산권 조약들을 종합적으로 아우르는[242] 하나의 새로운 협정을 채택, 지적재산권의 이행제도와 국경조치를 규정하여 지적재산권 침해에 대한 단속을 강화함으로써 선진국의 입장을 많이 반영한 것으로 보인다.

WTO 분쟁해결기구에 부탁되었던 지적재산권 관련 분쟁사례 중에서 직접적으로 저작권과 관련된 분쟁사례로서 보고서가 나온 것은 미국 저작권법 사건 한 건에 불과하지만, 보고서가 나오지 않은 두 개의 사건이 있었고, 지적재산권의 집행에 관한 사건도 수건에 이르고 있다. 이하에서는 저작권과 직접 관련된 세 건의 사안에 대하여 주요 법적 쟁점과 보고서의 주요내용, 판정의 의의 등을 살펴보고자 한다.

[WTO TRIPs 협정상의 저작권분쟁 일람]

연번	사건번호	제소일자	제소국	피소국	사건종결일	주요 쟁점
1-1	WT/DS28	1996. 2. 9.	미국	일본	1997. 1. 24.	음반제작자에 대한 50년 보호기간과 관련 1971년 1월 1일 이전 고정된 음반에 소급 적용시킨 저작인접권 규정의 TRIPs 협정 합치성 여부
1-2	WT/DS42	1996. 5. 4.	EC	일본	1997. 11. 24.	
2-1	WT/DS124	1998. 4. 30.	미국	EC	2001. 3. 20.	영화와 방송프로그램의 효과적인 보호 여부
2-2	WT/DS125	1998. 4. 30.	미국	그리스	2001. 3. 20.	
3	WT/DS160	1999. 1. 26.	EC	미국	2000. 7. 27.	저작권제한의 구체적 범위와 한계 및 저작권제한 3단계 테스트

241) 예컨대 GATT 제9조 6항, 제12조 3항 (c)(iii), 제18조 10항, 제20조 (d) 등을 참조. 특히 GATT 제9조 6항은 위조상품 방지를 위한 국제적 협력을 규율하고 있으며, 제20조 d항은 특허, 상표, 저작권 등의 보호를 위하여 수출입을 금지할 수 있음을 규정하고 있다.

242) TRIPs 협정은 이른바 "기존협약 플러스 방식"을 채택하여, 기존의 베른협약, 파리협약 등을 포함하도록 규정하고 있으며, 지리적 표시, 영업비밀의 보호, 반경쟁 관행의 통제 등을 새로이 규정하고 있다.

2. 일본－음반에 관한 조치 사건[243)]

TRIPs 협정 제14조 5항은 음반제작자에 대한 저작인접권의 보호기간은 고정이 된 역년의 말로부터 50년 기간의 말까지로 되어 있고, 동조 제6항은 기존 저작물에 소급 적용된다고 규정하고 있다. 그런데 당시의 일본저작권법은 그 부칙에서 1971년 1월 1일 이전에 고정된 레코드는 소급적용되지 않는다고 규정되어 있었다.[244)] 미국 및 EC는 일본 저작권법 저작인접권 규정의 TRIPs 협정과의 합치성 여부를 다투었다.

(1) 분쟁의 법적 쟁점

TRIPs 협정 제14조 5항은 실연자 및 음반제작자에 대한 가능한 보호기간을 적어도 고정이 되거나 또는 실연이 이루어진 역년의 말로부터 50년 기간의 말까지 보장하고 있으며, 동조 제6항 단서는 베른협약(1971년) 제18조의 규정(기존 저작물에 소급적 적용을 하는 것을 규정)도 음반에 있어서의 실연자 및 음반제작자의 권리에 준용된다고 규정하고 있다. TRIPs 협정 제70조는 기존 음반상의 음반제작자 및 실연자의 권리에 관한 의무는 이 협정 제14조 6항에 의해 적용되는 베른협약(1971년) 제18조에 의해서만 결정된다고 규정하고 있다.

미국은 일본의 저작권법이 음반 저작물에 관하여 실연자, 음반제작자, 방송사업자의 보호를 규정한 TRIPs 협정 제14조 등을 위반하였으며,[245)] 베른협약 제18조의 완전한 소급적 적용을 주장하였다. 또한 EC도 같은 쟁점에 관하여 WT/DS28 사건에 제3국으로서 참가하였고,[246)] 동시에 일본에 대하여 TRIPs 협정 제14조 6항 및 제70조 2항 등의 위반을 주장하였다.[247)] 양국의 주장은 실연 및 레코드녹음물에 관한 보호기간은 50년의 보호기간이 만료하지 않은 기존 음악녹음물에 관하여, 구 저작물의 권리가 발생한 국가 또는 보호가 요구되

---

243) *Japan — Measures Concerning Sound Recordings*, WT/DS28; *Japan — Measures Concerning Sound Recordings*, WT/DS42 (EC에 의한 신청).

244) 부칙 제2조 3항에 의하면, 1971년 1월 1일에 시행된 일본 저작권법 중의 저작인접권에 관한 규정은 동법 시행 전에 행한 실연, 동법 시행 전에 그 음이 최초로 고정된 레코드는 적용되지 아니한다.

245) WT/DS28/1.

246) WT/DS28/3.

247) WT/DS42/1.

는 국가에서, 보호기간의 만료까지 연장되어야 한다는 것이었다. 한편 일본은 소급적용에 대하여는, TRIPs 협정에서 원용하고 있는 베른협약 제18조는 회원국의 합리적인 재량의 여지를 인정한다는 취지를 주장하였다.

(2) 구체적 합의내용

일본은 미국과 EC 각각 합의에 도달하였다. 1996년 12월 26일 일본정부는 일본 저작권법을 개정하여 과거의 공연물(실연) 및 현존하는 음악녹음물에 대해서 50년의 보호를 부여하는 저작권법 개정[248]을 단행하였다.

(3) 사안의 분석

WTO 분쟁해결기구(DSB)의 해석이 내려지기 전에, 일본정부는 "TRIPs 협정의 해석을 변경하는 것은 아니지만, 다른 선진국과의 협조를 도모한다고 하는 새로운 정책판단"에 따라 일본 저작권법을 개정하였다.

일본은 조약 발효 전에 고정된 음반에 대해 불소급원칙을 규정한 로마협약[249] 제73조 3항에 따라서 소급적용을 하지 않았다. 일본정부의 해석은 1971년 베른조약 제18조는 동맹국이 합리적인 재량을 행하는 정도의 유연성을 부여한 것이라는 견해에 기초하고 있는 것으로 보인다.[250] TRIPs 협정 제14조 6항은 1971년 베른조약 제18조의 준용을 규정한 것이고, 본 사건에서는 상술한 유연한 해석이 가능한 것인지가 논점이었지만 패널은 이에 대하여 판단할 기회를 갖지 못했다.

3. EC(그리스)－영화 및 TV프로그램에 대한 지적재산권 집행 사건[251]

TRIPs 협정상 WTO의 회원국 중 선진국들은 1996년 1월 1일부터 지적재산권의 집행에 관한 TRIPs 협정 제3부의 규정을 준수할 의무를 부담한다. 미

---

248) 19968년 법률 제117호(1996년 12월 26일 공포, 1997년 3월 25일 시행).

249) 일본은 1979년 가입하였다.

250) Ojima Akira/Ohtsuka Masahiro, "WTOにおけるTRIPS關聯紛爭の概要[第一回]," 「지재연フォーラム」 Vol. 58 (2004), 32면.

251) *EC (Greece)— Enforcement of Intellectual Property Rights for Motion Pictures and Television Programs*, WT/DS124(WT/DS125).

국의 주장에 따르면, 상당수의 그리스 방송국들은 저작권자의 허락 없이 저작권에 의해 보호받는 영화나 TV 프로그램을 정규적으로 방송하고 있었지만, 이에 대한 효과적인 구제수단이 제공 또는 집행되고 있지 않았다.

미국 저작권자들은 이러한 침해를 방지하기 위하여 노력을 하였으나, 미국의 저작권이 반복적으로 침해 받았으며, 또한 계속 침해가 이루어지고 있다고 주장하였다. 미국은 그리스의 방송국들이 저작권자의 허락 없이 영상저작물을 정기적으로 방송하는 것을 금지할 수 있는 규정이 없는 것은 TRIPs 협정 제41조와 제61조를 위반한 것이라며 그리스(WT/DS125)와 EC(WT/DS124)에 대하여 협의를 요청하였으며,[252] 2001년 3월 20일에 상호 만족할 수 있는 합의에 도달하였다고 DSB에 통지하였다.[253]

(1) 분쟁의 법적 쟁점

TRIPs 협정 제41조는 각 회원국이 침해에 대한 효과적인 권리행사절차(침해방지를 위한 신속한 구제조치 및 추가적 침해를 억제하기 위한 구제조치를 포함)를 확보할 것과 그 절차는 합법적인 무역에 장애가 되지 아니하고, 남용에 대한 보호 장치를 제공하는 방법으로 적용되어야 한다고 규정하고 있다. TRIPs 협정 제61조는 회원국은 적어도, 고의로 상표 또는 저작권을 상업적 규모로 침해한 경우에 적용될 형사절차와 처벌을 규정하여야 한다고 규정하고 있다. 그리스의 제도가 TRIPs 협정의 전술한 규정에 위반하는지의 여부가 쟁점이었다.

(2) 구체적 합의내용

그리스는 1998년 10월 13일 1998년 법률 2644호를 제정하였는데, 동법 제17조는 그리스 국내 TV방송국에 의하여 저작권이 침해된 저작권자를 위한 추가적인 구제수단을 규정하고 있다. 즉, 동법은 저작권을 침해한 TV 방송국의 즉시 폐쇄를 규정하고 있으며, 그리스 정부는 동법 제17조에 기초하여 미국저작물을 위법하게 방송한 것으로 밝혀진 4개의 방송국을 폐쇄하였다. 1998년 이후 그리스의 TV에 의한 저작권 침해행위는 현저하게 감소하였고 TV로 인한 해적행위에 대한 유죄판결도 내려졌다. 이러한 그리스의 법집행을 감안하여 미

252) WT/DS124/1; WT/DS125/1.

253) WT/DS124/2; WT/DS125/2.

국, 그리스 및 EC는 다음과 같이 합의하였다.

i) 미국, 그리스 및 EC는 음성・영상(audio visual)저작물에 관한 저작권 및 관련권리의 보호 및 효과적인 행사를 위하여 적절한 입법이 필요하다는 것을 합의한다.
ii) 그리스는 그 법집행제도가 TV방송국이 행한 저작권침해에 대하여 효과적이고 즉각적인 조치를 인정하고 추가적인 침해에 대한 효과적인 억제를 한다는 것을 재확인한다.
iii) 그리스는 국내에서의 TV 해적행위의 증가에 대한 효과적인 억제수단을 강구하고 그 목적을 달성하기 위하여 미국은 미국의 저작권자와 그리스 당국이 저작권 및 관련 권리에 관한 특정 청구의 정당성에 대하여 접촉할 것을 장려한다.
iv) 그리스는 해적행위를 효과적으로 억제하기 위하여 1998년 법률 제2644호의 제17조, 1995년 법률 제2328호의 제4조 및 저작권법 기타 그리스 법의 관련규정을 집행하는 것을 계속한다.
v) 그리스는 TV방송국이 음성・영상(audio visual)저작물에 관한 저작권 및 관련권리를 준수하는 것과 관련하여 효과적인 행정감독을 달성하기 위하여 가능한 한 노력한다.
vi) 미국, 그리스 및 EC는 국제적 의무 및 국내법의 효과적인 집행에 대한 정보와 견해를 교환하는 것을 목적으로 하는 접촉을 계속한다.
vii) 이러한 발전을 전제로 미국, 그리스 및 EC는 본건에 대한 협의를 종료시키고, 미국은 DSU 규정에 의거하여 본건을 정식으로 취하한다.
viii) 이 합의는 미국, 그리스 및 EC의 TRIPs 협정상의 권리의무에 영향을 미치지 않는다.

(3) 사안의 분석

협의단계에 있어서 미국은 그리스제도의 어떤 점이 어떻게 TRIPs 협정상의 의무에 위반하는가를 구체적으로 지적하는 것이 아니라, 그리스 텔레비전 방송국에 의한 저작권침해에 대해서는 TRIPs 협정 제41조 및 제61조가 규정하고 있는 민사절차 및 형사절차와 함께 구제수단 및 억제가 불충분하다는 것을 주장하였다. 그리스 정부가 미국의 협의를 받고, 즉시 법개정을 함에 따라 미국은 그 법개정과 집행상황을 보고, 구제 및 억제수단이 타당하다고 인정하여 화해한 것으로 보인다.

또 EC를 협의 당사국에 추가하는 것에 대해서는 i) 회원국의 협정위반이 즉시 EC의 협정위반이 되는 것인가, ii) 만약 EC가 그리스제도에 대해서 그것을 개정하는 권한을 갖고 있지 않은 경우, 협의 당사국으로서의 적격을 인정할 수 있을 것인가, iii) 만일 본건이 패널절차에 들어가 미국의 주장이 인정된 경우, 미국은 그리스뿐만 아니라 기타 EC 회원국의 수입품에 대해서 제재를 가할 수 있을 것인가 등은 통상법적 측면에서는 매우 흥미 있는 사항이다.

4. 미국－저작권법 제110조 5항 사건[254)]

EC는 1998년 10월 27일에 '음악라이선스공정화에 관한 법률(Fairness in Music Licensing Act of 1998)'에 의하여 개정된 미국 저작권법 제110조 5항이 TRIPs 협정에 위반된다고 하여 WTO에 문제를 제기하였다. EC는 동 조항은 일정한 요건을 충족하는 경우, 술집, 가게, 식당 등의 공공장소에서 로열티의 지급 없이도 라디오와 텔레비전 음악을 트는 것을 허용하고 있는데,[255)] 이는 본 규정이 TRIPs 협정 제9조 1항[256)]에 의해 TRIPs 협정의 일부가 된 베른협약 제11조의2 제1항 3호와 제11조 1항 2호상의 의무를 위반한 것이므로, 이를 TRIPs 협정상의 의무에 합치되도록 수정해야 한다고 주장하였다.[257)] 음악라이선스공정화에 관한 법률(1998년 10월 27일 성립)에 의하여 개정된 미국 저작권법 제110조 5항이 사용료를 지급하지 아니하고 공공장소 등에서 라디오・라이브 음악의 연주를 허락하고 있는데, 이는 회원국에 대하여 베른협약 제1조에서 제20조의 준수를 요구하고 있는 TRIPs 협정 제9조 1항의 의무에 합치하지 아니한다는 주장이다.

---

254) *US－Section 110(5) of the US Copyright Act*, WT/DS160. 이하의 내용은 박덕영과 김병일, 「계간 저작권」(2006.10.)에 게재된 미국 저작권법 사건에 관한 글을 일부 수정한 것이다.

255) 아일랜드의 음악저작권기구인 IMRO에 의해 처음 제기되었으며, IMRO는 미국 저작권법의 동 조항으로 인한 피해액이 2650만 달러에 이른다고 주장하였다.

256) TRIPs 협정 제9조 1항(베른협약의 준용) "회원국은 베른협약(1971) 제1조 내지 제21조 및 부속서를 준수하여야 한다…." Article 9 [Relation to Berne Convention] (1) Members shall comply with Articles 1-21 and the Appendix of the Berne Convention(1971).

257) WT/DS160/5.

EC는 1999년 1월 26일에 미국에 대하여 상기와 저작권법에 대하여 협의를 요청하였으며, 호주, 캐나다, 스위스 등이 협의 참가를 요청하였다. 1999년 3월 2일 EC와 미국 간의 협의가 있었으나 결렬되었다. EC는 미국의 저작권법 제110조 5항은 미국이 부담하는 TRIPs 협정 제9조를 비롯한 동 협정상의 의무와 합치하지 않는다고 주장하면서 1999년 4월 15일 분쟁해결기구(Dispute Settlement Body, DSB)에 패널설치를 요청하였고, DSB는 1999년 5월 26일 단일 패널을 설치하였다.

(1) 분쟁의 법적 쟁점

미국 저작권법 제110조 5항은 이른바 "영업용 예외(business exemption)"와 "가정용 예외(homestyle exemption)"를 규정하고 있었다. '영업용 예외' 규정은 요식업자, 유흥업자 또는 소매상들이 저작권자의 허락이나 로열티의 지급 없이 음악방송을 트는 것을 허용하고 있다. 다만, 이 규정은 일정 규모 이하의 영업

[미국저작권법 제110조 5항 권리제한규정의 개요]

<table>
<tr><th></th><th>(A)</th><th colspan="2">(B)</th></tr>
<tr><td>대상</td><td>저작물의 실연 또는 전시를 수록하는 수신의 전달, 그러나 (B)에서 규정한 경우는 제외</td><td colspan="2">연방통신위원회에 의해 허가받은 라디오 또는 텔레비전 방송사에 의한, 일반 공중에 의한 수신을 목적으로 비연극적 음악저작물의 실연 또는 전시를 수록한 송신 또는 재송신의 전달, 또는 유선방송 또는 위성방송에 의한 시청각적 송신</td></tr>
<tr><td>범위</td><td>(B)경우 이외의 저작물</td><td colspan="2">비연극적 음악저작물</td></tr>
<tr><td rowspan="5">권리제한요건</td><td rowspan="2">가정집에서 통상적으로 사용하는 단일한 수신기에 전달하는 것</td><td colspan="2">· 음식점시설 이외의 시설: 2000평방피트(186㎡) 미만
· 음식점시설: 3750평방피트(348㎡) 미만</td></tr>
<tr><td>· 음식점시설이외의 시설: 2000평방피트 이상
· 음식점시설: 3750 평방피트 이상</td><td>· 청각적 수단에 의해서만 이루어지는 실연: 확성기 6개 이내
· 시청각 수단에 의한 실연·전시: 시청각장치 4개 이내
스크린 55인치 미만
확성기 6개 이내</td></tr>
<tr><td colspan="3">그 송신이나 재송신을 보거나 듣기 위해 직접적으로 지불이 이루어지지 않을 것</td></tr>
<tr><td colspan="3">송신이나 재송신이 그것이 수신되는 시설을 넘어서서 더 이상 송신되지 않을 것</td></tr>
<tr><td></td><td colspan="2">저작권자에 의해 그렇게 공개적으로 실연되고 전시될 것이 허락되었을 것</td></tr>
</table>

소에만 적용된다. '가정용 예외' 규정은 소규모 식당과 소매상들이 저작권자의 허락이나 로열티의 지급 없이 '가정용 기기'로 음악방송을 트는 것을 허용하고 있다. 결국 문제의 미국 저작권법 규정이 TRIPs 협정의 제13조에서 규정하고 있는 위의 세 가지 조건을 충족하였는가가 주요쟁점이 되었다. 3단계 테스트의 전반적인 요건에 대해서는 앞의 "저작권의 제한과 TRIPs 협정" 부분에서 이미 보았으므로 여기서는 사건의 개요와 3단계 테스트의 해석과 관련한 각국의 입장, 패널의 평결을 중심으로 분석해보고자 한다.

(2) 패널보고서의 주요내용[258)]

이 사건에서 패널은 다음과 같은 이유로 '영업용 예외' 규정은 TRIPs 협정의 위반이나, '가정용 예외' 규정은 동 협정의 위반이 아니라고 판정하였다.[259)] '영업용 예외' 규정은 TRIPs 협정 제13조의 요건을 충족하지 못하였으므로 TRIPs 협정 제9조 1항에 의하여 준용되는 베른협약 제11조의2 제1항 3호와 제11조 1항 2호를 위반하였지만, '가정용 예외' 규정은 TRIPs 협정 제13조의 요건을 충족하였으므로 위반이 아니라는 것이다. 특히 패널은 절반에 가까운 요식업자와 소매상들이 '영업용 예외' 규정의 적용을 받는다는 것과 '가정용 예외' 규정과 관련하여서는 그 적용대상, 허용되는 기기, 저작물의 종류, 미국 법원의 관행 등을 강조하였다.[260)]

1) 패널에 의한 TRIPs 협정 제13조의 해석

㈎ TRIPs 협정 제13조의 세 가지 기준

TRIPs 협정 제13조는 저작권자의 배타적 권리의 제한과 예외를 인정받기 위해서는 세 가지 요건을 충족시켜야 한다고 규정하고 있다. 그 요건들이란 첫째, 제한과 예외는 일부 특별한 경우로 한정되어야 하며, 둘째, 저작물의 통상적인 사용과 저촉되지 않아야 하고, 셋째, 저작권자의 정당한 이익을 불합리하

258) 이하의 내용은 박덕영, 「WTO 저작권분쟁사례 —미국저작권법 사건—」(서울: 저작권심의조정위원회, 2003)에 수록된 "WTO 미국 저작권법 사건 개요"의 내용을 요약, 재분석하고, 이해를 돕기 위하여 몇 개의 도표를 추가하였다. 상세한 분석은 G.M. Grossman & P. Mavroidis, "US — Section 110(5) Copyright Act," in H. Horn & P. Mavroidis, *The WTO Case Law of 2001* (Cambridge: Cambridge University Press, 2003), pp.281-299 참조.

259) WT/DS160/R.

260) *Id.*

게 해하지 않아야 한다는 것이다. 이 세 가지 요건은 누적적(cumulative)으로 적용되며, 각각의 조건은 개별적으로 독립해서 모두 충족되어야 한다.[261] 이를 고찰함에 있어 미국은 이 제한과 예외가 적용되는 데 있어 저작권자에게 가해지는 즉각적이고 직접적인 영향에 중점을 두고, EC는 저작권자가 그들의 배타적인 권리를 행사하는 데 있어서 어떠한 영향을 끼치게 되는지를 중요시한다.[262] 미국은 보다 현실적이고, 개별 저작재산권 중립적인 입장인 것에 비해 EC는 보다 규범적이고, 개별 배타적 권리와 관련된 판단을 선호하고 있다 하겠다.

a) 첫 번째 기준 – 일부 특별한 경우(certain special cases)

배타적인 권리에 대한 제한과 예외는 일부 특별한 경우로 한정되어야 한다는 첫 번째 기준에 관해 미국은 미국 저작권법 제110조 5항의 A호와 B호는 이 기준을 충족시킨다고 주장하였다. 이에 반해 EC는 예외규정은 정확하게 정의되어야 하며, 첫 번째 기준을 만족시키는 범위를 좁게 해석하여야 한다고 주장하였다.

패널은 일부 혹은 특정한(certain)이라는 용어의 해석과 관련해서, 동 사안에서는 각 국가내의 법규에 의한 예외나 제한은 명확하게 정의되어야 한다는 것을 의미한다고 보았다. 그러나 각각의 모든 가능한 상황을 정해둘 필요는 없으며, 법적인 명확함(legal certainty) 정도의 수준이면 족하다고 하였다. 또, 특별함(special)이라는 요건과 관련해서는 certain의 의미보다 더욱 명확한 정의를 필요로 함을 뜻한다고 보고, 나아가, 제한이나 예외의 범위는 그 목적을 고려해서 좁혀지는 것이 적절하다고 한다. 달리 말하면, 첫 번째 기준을 만족시키기 위해 각 국가에서 정한 제한이나 예외는 첫째 명확하게 정의되어야 하고, 둘째 그 범위가 좁아야 한다는 것이다.

패널은 미국이 주장한 것처럼 비록 실질적으로는 사업상 면제의 적용을 받을 사업장의 수가 줄어들 수도 있지만, 일단은 EC의 주장을 받아들여서 잠재적으로 이 혜택을 받을 수 있는 사업장의 수를 판단의 대상으로 하였다. 또, 미국이 실질적으로 사업상 면제의 적용을 받을 사업장의 수가 줄어들 것이라면서 그 이유로 제시한 주장들도 설득력을 갖지 못하였다. 그리고 미국은 이 면제를 누릴 수 있는 대상을 사업장의 물리적인 크기에 의해 선정하는데, 왜

261) WT/DS160/R para. 6.97.

262) WT/DS160/R paras. 6.100 - 6.101.

그런 차별을 두는지가 분명하지 않다. 법조항의 내용을 살펴보면, 일정 규모 이상의 사업장은 같은 종류의 영업을 하는 곳, 즉 음식점 등일지라도 저작권 이용료를 내도록 하고 있다. 패널은 해당 내용이 TRIPs 협정 제13조의 첫 번째 조건, 즉 "일부 특별한 경우" 요건을 만족시키지 못한다고 결정하였다.

한편 패널은 '가정용 면제'에서 허용하고 있는 가정용(homestyle) 기기라는 말은 국가에 따라 서로 다른 의미로 사용될 수 있는 것일 뿐 아니라, 기술의 발전과도 관계가 있는 것이라고 하였다. 나아가, 패널은 "일부 특별한 경우"의 의미는 "알려지고 특정되어야 하지만 명백히 지정될 필요는 없다(known and particularized, but not explicitly identified)"고 하였다. 따라서 이는 TRIPs 협정이 요구하는 요건을 만족하는 것이라는 결론을 내렸다. 덧붙여, B호의 사업용 면제가 비실연적 음악 저작물에만 적용되는 것과 달리, A호의 가정용 면제는 이러한 제한을 가지지 않는 것에 대해서도 별다른 문제가 없다고 하였다.

한편 EC는 인터넷송신(internet transmission)의 방법으로 이루어지는 전달이 당 면제의 적용을 받을 여지가 있고, 이는 앞으로 더욱 큰 문제를 불러일으킬 수 있다고 주장하였다. 이에 대해, 패널은 EC의 지적에 대해서는 일단 동의를 하지만, 이러한 방법으로 이루어지는 저작물의 전송이 앞으로 어느 정도의 영향력을 가질지 확신할 수 없고, 그것이 이러한 면제의 적용을 받을 수 있는 요건을 충족시킬 가능성도 배제할 수 없다고 결정하였다.

b) 두 번째 기준 – 저작물의 통상적 사용에 저촉되지 않을 것(not conflict with a normal exploitation of the work)

TRIPs 협정 제13조가 요구하는 저작권제한의 두 번째 요건은 그 저작물의 통상적 사용에 저촉되지 않아야 한다는 것이다. 패널의 설명에 따르면 여기서 말하는 사용(exploitation)이란 "배타적인 권리를 가지는 저작권자가 그 저작물을 통해 경제적인 이익을 획득하는 것"을 의미한다.[263] 다음, 정상적인 사용의 통상적(normal)이라 함은 경험적(empirical), 그리고 어느 정도 더욱 규범적(normative)이라는 두 가지 의미를 내포하는데, 패널은 이를 해석함에 있어 조약법에 관한 비엔나협약 제31조에 입각해 조화로운 해석을 해야 한다고 보았다.[264] 통상적 사용이라는 것이 배타적인 권리에 대한 면제를 주는 것으로 사

263) WT/DS160/R para. 6.165.

264) WT/DS160/R para. 6.166.

용되는 것이라는 점에서 예외 조항인 TRIPs 협정 제13조의 "통상적" 사용의 범위는 "배타적" 사용보다 좁아야 할 것이다.[265]

이러한 점을 고려해서 패널은 통상적 사용이라는 것의 의미를 배타적인 사용과 관련이 되어 있는 모든 것들을 의미하지만, 그 범위는 더 좁다는 결론을 내리고 있다. 또, 배타적 사용의 구체적인 내용에 대해서는 각 권리별로 다양하게 고찰될 수 있다고 한다.[266] 이와 관련하여 패널은 스위스 정부와 지적재산권보호를 위한 BIRPI의 대표자로 구성된 전문가 그룹의 의견을 소개하고 있는데, "배타적 권리의 예외로 인정되는 통상적인 사용이 되기 위해서는 그 목적이 그 저작물을 통해 경제적 이익을 얻고자 하는 원저작자의 이익을 침해하지 않아야 한다."고 밝히고 있다.[267]

EC는 미국 저작권법 제110조 5항의 B호에서 말하는 사업상 면제가 저작물의 통상적 사용에 저촉되는 것이라고 주장하였고, 미국은 이에 대해 반박하였다. 패널은 음식업 사업자 중 절대다수, 그리고, 소매업자의 절반 정도가 사업상 면제 혜택을 받을 수 있는데, 이는 베른협약 제11조의2 제1항이 규정하고 있는 배타적 권리를 행사하여 저작권료를 받을 수 있는 경우이므로 이것이 저작물의 통상적 사용에 저촉되는 것이라는 결정을 한다고 밝혔다.[268]

미국은 미국 저작권법 110조 5항 A호의 가정용에 대한 면제는 영리를 목적으로 하지 않는 저작물 실연에 대하여 저작권료를 지급하지 않도록 한 것이기 때문에, 경제적인 가치를 얻고자 하는 저작물의 사용에 반하는 것이 아니라고 하였다. 패널은 미국이나 다른 나라에서는 음식점이나 소매업소에서 오페라, 오페레타, 뮤지컬과 같은 드라마적 작품실연의 공중전달과 관련하여 허가를 주는 경우는 거의 없기 때문에 가정용 면제조항으로 인하여 저작재산권자에게 커다란 경제적 영향을 끼치지 않는다고 보고, 미국 저작권법 제110조 5항 A호의 가정용 면제에 대한 규정은 TRIPs 협정 제13조의 두 번째 요건과 충돌하지 않는다고 결론지었다.

c) 세 번째 기준 - 저작권자의 정당한 이익을 불합리하게 침해하지 않

---

265) WT/DS160/R para. 6.167.

266) WT/DS160/R paras. 6.171 - 6.173.

267) WT/DS160/R para. 6.179.

268) WT/DS160/R paras. 6.206 - 6.211.

을 것(not unreasonably prejudice the legitimate interests of the right holder)

TRIPs 협정상의 세 번째 요건은 저작권의 제한과 예외가 저작권자의 정당한 이익을 불합리하게 해하지 않아야 한다는 것이다. 이를 고찰함에 있어서, "이익(interest)"이나 "정당한(legitimate)"의 용어는 비교적 명확하다. 즉, "이익"은 "재산권 또는 그 사용, 수익권(a legal right or title to a property or to use or benefit of a property)"을 의미한다.[269] 다음, "정당한"은 법실증주의적인 관점에서 완전히 적법한 것을 의미한다.[270] 여기서 문제가 되는 것은 과연 어느 정도가 불합리하게(unreasonably) 저작권자의 적법한 이익을 저해하는 것인지 그 정도를 결정하는 것인데, 패널은 이를 고찰함에 있어 각 당사국이 제출한 시장의 상황 등을 고려해서 판단할 것임을 밝혔다.[271]

이들은 사업상 면제가 적용됨으로 인해서 저작권자의 수입이 어느 정도 감소했는지 구체적인 조사를 하여 그 결과를 패널에 제출하였다. 패널은 이를 고찰함에 있어 잠재적인 피해를 줄이려는 의도로 미국이 제시한 여러 가지 사실들을 완전히 받아들이지는 않았고, 한편, 이로 인한 잠재적인 피해를 조사하는 것이 상당히 어려운 것이라는 점을 감안해서 다양한 측면에서 이를 검토하였다.[272] 피해액을 계산할 때에도 미국과 EC는 서로 다른 방법을 사용하였는데, 미국은 미국의 가장 큰 음반 회사와 두 번째로 큰 음반회사의 1996년부터 1998년까지의 평균 수입을 기준으로 하는 "top-down"방식을 취해 그 손실액을 연간 $294,133에서 $586,332 사이로 추정하였다.

반면 EC는 처음부터 모든 권리자에게 사업상 면제 조항이 어느 정도 영향을 끼치는지를 조사하였고, "bottom-up"방식을 사용하였다. 패널은 이렇게 다양한 손해 산출 방법에 대해 어느 것이 옳다는 결정을 내리지는 않았다. 다만, 궁극적인 입증책임에 있어서, 사업상의 면제로 인해 저작권자들의 정당한 이익이 불합리하게 침해되지 않았다는 것을 전적으로 미국이 입증해야 하는데, 미국은 제대로 입증을 하지 못하였다고 밝혔다.[273] 따라서, 미국 저작권법 110조 5항 B호의 사업상 면제는 TRIPs 협정 제13조의 세 번째 요건을 충족시키

---

269) WT/DS160/R para. 6.223.

270) WT/DS160/R para. 6.224.

271) WT/DS160/R para. 6.236.

272) WT/DS160/R para. 6.251.

273) WT/DS160/R para. 6.265.

지 못한다고 판정하였다.[274)]

가정용 면제와 관련하여 미국은 가정용 면제 조항은 권리자의 정당한 이익을 전혀 침해하지 않는다고 주장하였고, EC는 가정용 면제로 인해 저작권자의 손해가 두 배로 늘었다는 보고서를 인용하면서 이에 대해 반박하였다.[275)] 패널은 가정용 장비를 이용해서 음악을 실연하는 것은 저작권자에게 큰 손해를 끼치지 않고, 이를 입증할 만한 어떠한 실체적인 증거도 없다는 이유로 미국 저작권법 110조 5항 A호의 가정용 면제는 TRIPs 협정 제13조의 세 번째 요건에 반하지 않는다는 판정을 내렸다.[276)]

㈏ 사소한 예외 법리(minor exception doctrine)

a) 사소한 예외 법리의 내용 및 쟁점

사소한 예외의 법리(minor exception doctrine)라 함은 종교적인 행사, 군악대, 아동 및 성인의 교육상 필요한 경우와 같이 비영리적인 저작물의 공중 실연의 경우에는 저작권자의 배타적인 권리가 제한될 수 있다는 원칙으로 베른협약 개정을 위한 1948년 브뤼셀 회의에서 논의되기 시작하였다.[277)] 미국은 TRIPs 협정 제13조는 기존의 사소한 예외의 법리를 구체화하고 확실하게 하는 역할을 하고 있다고 주장하였고, 패널은 일단 사소한 예외의 법리가 TRIPs 협정하에서도 인정이 될 수 있는지 여부를 판단하였다. 이를 살펴보기 위해 첫째, 이 원칙이 베른협약의 어떤 부분을 구성하고 있는지를 살펴보고, 둘째, 이 원칙이 베른협약하에서 유효하게 인정되는 것이라면, 베른협약이 TRIPs 협정 제9조 1항에 의해 동 협정의 일부가 되어 있는 제1조 내지 제21조에 속하는 것인지 여부를 살펴보았다.[278)] 이는 조약의 해석문제에 관한 검토 작업이라고 할 수 있을 것이다.

b) 베른협약상 사소한 예외법리의 법적 지위

베른협약은 협약에서 규정된 배타적인 권리에 대해 제한과 예외를 허용

---

274) WT/DS160/R para. 6.266.

275) WT/DS160/R paras. 6.267 - 6.268.

276) WT/DS160/R paras. 6.271 - 6.272.

277) 한꿈통상법연구회, “미국 저작권법 사건,” 「WTO 분쟁사례연구 Ⅱ」, 639-640면 각주 274 재인용.

278) WT/DS160/R para. 6.42.

하는 명시적인 규정뿐만 아니라 회원국으로 하여금 특정 권리에 대해 제한과 예외를 둘 수 있게 하는 "내재적 예외(implied exception)"에 대해서도 언급하고 있다. 이는 소위 "사소한 유보" 혹은 "사소한 예외" 법리(혹은 원칙)로, 공중 실연(public performance)이나 다른 특정 배타적 권리와 관련해서 논의가 되었다.[279] 이렇게 특정 배타적 권리에 대해 예외를 둘 수 있는 것은 "사소한 유보" 원칙으로 논의되었지만, 여기에서의 유보는 비엔나 협약상의 유보와는 다르기 때문에 이러한 용어를 쓰는 것은 일반국제법상 조약의 유보와 오해를 불러일으킬 수가 있다. TRIPs 협정 제72조는 체약국은 다른 모든 체약국의 동의가 없는 한 유보를 할 수 없도록 하고 있어 이 점은 더욱 분명해진다 하겠다.[280]

문제가 된 사소한 예외의 법리는 베른협약 제11조가 도입된 1948년 브뤼셀에서 추가된 것인데, 베른협약 제11조에서 정한 배타적 권리의 내용 자체에는 어떤 구체적인 예외 규정도 존재하지 않았다. 그러나 브뤼셀에서 처음으로 일반적인 공중 실연에 관한 권리가 생겼을 때, 브뤼셀회의의 일반보고서(General Report of the Brussels Conference)에는 사소한 예외에 관한 언급이 있었다.[281] 베른협약 제11조의2 제1항 2호와 3호를 설명하면서 사소한 예외의 법리는 협약 제11조의2에 의해 인정되는 배타적인 권리에도 적용되어야 한다고 하고 있다.[282]

다음과 같은 이유로 패널은 사소한 예외의 법리는 조약법에 관한 비엔나협약 제31조[283]상의 "합의(agreement)"를 의미하는 것이며, 각 국가의 법령을 통해 이 사소한 예외를 둘 수 있게 되었다고 결론지었다. 첫째, 협약 제11조의2 제1항 3호와 제11조 1항 2호는 일반보고서에서 명시적으로 사소한 예외의 법리를 설명하고 있는 것과 동시에 신설되었다. 둘째, 이 원칙은 베른협약을 개정하면서 새롭게 신설된 배타적인 권리의 범위를 제한하는 것과 밀접한 관련이 있다. 셋째, 모든 당사국간의 "합의(agreement)"가 존재한다. 따라서 사소한 예외의 법리는 조약을 해석하는 데 있어 비엔나협약 제31조에서 규정하고 있

279) WT/DS160/R para. 6.48.

280) WT/DS160/R para. 6.49.

281) WT/DS160/R para. 6.50.

282) WT/DS160/R para. 6.51.

283) 조약법에 관한 비엔나협약 제31조는 조약해석의 기본원칙에 관한 규정으로 조약문의 문맥 및 조약의 대상, 그 조약의 목적을 고려하여 그 조약의 문맥에 부여되는 통상적 의미에 따라 성실하게 조약이 해석되어야 한다고 규정하고 있다.

는 "합의(agreement)"에 해당하는 것으로, 해석의 일반원칙의 기준이 되는 문맥(context)으로 인정된다.[284] 뿐만 아니라, 다른 여러 나라에서 이 사소한 예외의 법리에 근거해서 배타적인 권리에 예외를 두고 있는 점 또한 사소한 예외의 법리가 베른협약에서 인정되는 것이라는 것을 뒷받침해 준다.[285]

c) 사소한 예외법리의 범위

패널은 브뤼셀과 스톡홀름 회의의 목적을 고려해 볼 때, 그 보고서상의 예시들, 즉 종교적인 행사, 군악대, 아동 및 성인의 교육상 필요한 경우에 대해 권리제한을 인정하도록 한 것은 모두 예시적인 것이며, 브뤼셀과 스톡홀름 회의 각각의 보고서에서 나타나는 이러한 예시들이 동일한 의미를 가지는 것은 아니라고 한다. 나아가, 그 예시들은 베른협약 제11조의 1항의 문맥과 관련해서 제시되었고, 이는 다른 세부 규정 없이도 제11조의2, 제11조의3, 제13조, 제14조에 사소한 예외의 법리에 근거해서 예외를 둘 수 있다는 것을 명확하게 하고 있다고 한다. 현존하고 있는 예외의 법리는 각 나라별로 매우 다양하고, 패널에 보고된 바에 따르면, 사소한 예외의 법리에 근거해서 각 국가별로 시행되고 있는 예외는 매우 다양하다고 한다. 또한 학술적인 견해들도 이러한 예시의 모습들은 열거적인 것이 아니라고 하고 있으며,[286] 또 예외가 되기 위해 배타적 권리를 사용하려는 목적이 반드시 전적으로 비영리적이어야 할 필요도 없다고 한다.[287] 즉, 패널은 EC의 주장을 받아들이지 않았다.

d) TRIPs 협정상 사소한 예외법리의 법적 지위

사소한 예외의 법리가 베른협약을 해석하는 데 있어 문맥(context)이 된다면, 다음으로 베른협약상의 이 원칙이 TRIPs 협정에서는 어떠한 의미를 갖는지를 살펴보아야 할 것이다.[288] 즉, 이 원칙이 TRIPs 협정 제9조에 의해 그 일부가 된 베른협약 제1조 내지 제21조와 함께 TRIPs 협정에 포함되었는지 여부를 살펴보아야 한다. TRIPs 협정 제9조는 명시적으로 사소한 예외의 법리를 동 협정에 포함시키지도, 제외시키지도 않았다.

---

284) WT/DS160/R para. 6.53.

285) WT/DS160/R para. 6.55.

286) WT/DS160/R para. 6.57.

287) WT/DS160/R para. 6.58

288) WT/DS160/R paras. 6.60 - 6.66.

베른협약 제11조와 제11조의2가 TRIPs 협정의 규정으로 편입됨에 있어서, 베른협약의 세부 조항에 존재하던 사소한 예외의 법리는 배제해야 한다고 해석할 근거는 없다. 만약, 베른협약의 제1조 내지 제21조에 기술된 내용 그 자체만을 규정과 관련된 전체 내용은 배제한 채 TRIPs 협정에 포함시킬 의도였다면, TRIPs 협정 자체에 명시적으로 언급을 했을 것이다. 그러나 TRIPs 협정상에 예외를 배제한다는 명시적인 내용이 없으므로 베른협약 제11조와 제11

[미국 저작권법 제110조 5항(A)에 대한 판단]

3단계 테스트	EU의 주장(제소국)	미국의 주장(피제소국)	패널의 판단	
"특별한 경우"	[가정용 수신장치]라는 말이 국가에 따라 다른 의미로 사용될 수 있을 것일 뿐 아니라, 기술의 발전과도 관계가 있기 때문에 "특별한 경우"라고 말할 수 없음	[가정용 수신장치]가 이용되는 경우에 한정함	○	· 충분히 규정되어 있음
저작물의 통상적인 이용과 저촉하지 않을 것	없음	· 대상시설은 상업적 배경음악(BGM)의 계약을 할 만큼 크지 않음 · 개정에 의해 연극적 음악저작물에 한정됨	○	· 오페라, 뮤지컬 등의 음악에 규정되어 있음 · 음식점이 그런 저작물을 이용하는 것에 있어 어떤 국가도 라이선싱을 고려하지 않음
저작권자의 적법한 이익을 부당하게 저해하지 않을 것	· 1998년 개정 전 조항을 기초로 한 예외에 대하여 특별히 중대한 경제적 영향이 있다는 판례가 있었음	· 1998년 개정 이전의 조항에 있어서도 경제적 영향은 작았음. · 이와 반대로 소규모음식점 등은 라이선싱을 통해 청취를 금지할 수 있음 · 소규모점포는 장치도 미약함. · 관리단체도 적극적으로 라이선싱을 하려 하지 않음 · 개정에 의해 연극적 음악저작물에 한정됨	○	· 소규모 상업시설에 한정 · 가정용 수신장치에 한정 · 오페라, 뮤지컬 등의 음악에 한정 · 권리자에게 있어 중요 수입원이 아님

[미국저작권법 제110조 5항(B)에 대한 판단]

3단계 테스트	EU의 주장 (신청국측)	미국의 주장 (피신청국측)	패널의 판단	
"특별한 경우"	예외범위는 명확히 규정되어 있지만, 그 범위가 넓어서 "특별한 경우"에 해당하지 않음	· 예외범위가 충분히 규정되어 있고 적용이 제한적인 경우(well-difined and limited application)는 특별한 경우에 해당 · (B)의 경우는 권리제한대상이 되고 음식점면적을 명시하면 특별한 경우에 해당함	×	· 음식점의 과반수가 해당함 · 소매점의 거의 절반이 해당함
저작물의 통상적인 이용과 저촉하지 않을 것	라이선싱이 곤란한 경우와 권리제한이 적용되는 경우를 동시에 논의할 수 없음	· 이 조항에 해당되는 음식점 등의 수는 매우 많고 권리자측이 라이선싱하는 것은 실제 매우 곤란함 · 1998년 개정 전 조항에 의해 (B)에서 대상으로 되는 것은 이전과 같이 권리제한의 대상이 됨 · 이 예외는 미국의 저작권관리단체가 단체계약을 하는 것이 특히 어려워져 있는 예외와 거의 같음	×	이 규정에 의해 유료 레코드음악과 라이브 음악은 배제되고, 무료 라디오, 텔레비전 음악을 사용하는 것만 해당됨
저작권자의 적법한 이익을 부당하게 저해하지 않을 것	· 음식점의 70%, 소매점의 45%가 무조건 (B)의 예외에 해당 · 권리자측은 매년 5365만 달러의 손해를 봄	· EU의 손해액산정은 라디오, 텔레비전 이외의 CD와 상업용 BGM 서비스경우를 뺀 것이 아님	×	· 이익을 부당하게 저해하고 있는 것을 판단하는 것은 실제의 효과와 잠재적 효과 두 가지를 분석해야 함 · 입증책임이 있는 미국은, 부당하게 저해하지 않는다는 것을 충분하게 증명하지 못함.

조의2가 편입되면서 이와 관련된 사소한 예외의 법리 역시 TRIPs 협정의 일부가 된 것으로 보아야 할 것이다. 또한 TRIPs 협정 준비 서면에서 이 사소한 예외의 법리를 설명하는 내용을 찾아볼 수도 있어, 이 원칙이 TRIPs 협정의 일부가 된다는 패널의 판정을 뒷받침해 주고 있다.

그리고 베른협약과 TRIPs 협정은 다자간 저작권보호의 기초가 되는 협정으로 대부분의 WTO 회원국은 동시에 베른협약의 체약국이기도 하다. 따라서 TRIPs 협정을 베른협약과 다르게 해석하려는 시도는 지양되어야 하며, 이는 WTO 패널들과 항소기구가 다양한 사건의 해결과정에서 밝힌 바와 같이 국제법의 해석은 협정 간의 충돌을 피하고 조화를 이루는 방향으로 행하여져야 한다는 원칙과도 일맥상통한다.

(3) 사안의 분석과 패널판정의 이행

1967년 미국저작권법 제110조 5항의 개정은 직전의 에이켄 사건에서의 연방대법원판례를 반영하여 "가정용 수신장치를" 통한 "공연"을 침해하지 아니한다는 권리제한규정이지만 개정 후에도 그 해석을 둘러싸고 여러 가지 판례가 나왔고 그 애매함과 불안정성이 문제가 되고 있다. 미국에서는 약 25년간 40건의 사건 중에서 예외적용이 인정된 것은 3건뿐이며 미국법원은 예외를 좁게 적용하여 왔었다. 전반적인 판례경향은 세련된 음향시스템을 갖추고 에이켄 사건에서 인정된 620평방피트를 크게 상회하는 규모시설에서의 공연은 예외적용을 인정하지 아니하며 또 하원보고서(1976년)에서도 에이켄 사건의 실무관계가 본 예외적용의 최대한도라고 설명되어 있었다.

1998년 개정은 미국에서의 라이선스실무를 반영한 권리관리단체(PROs)와의 타협산물이었다. 미국 제1제출서면에 의하면 1990년대 소규모사업자로부터 권리단체들의 비합리적 라이선스 활동에 대하여 대응하기 위하여 사업자단체연합(Coalition)이 제창한 가정예외를 의회가 고려했다고 한다. 1995년에 사업자단체연합의 유력멤버인 NLBA가 PROs와 화해하고 개별그룹라이선스계약을 체결하였다. 이러한 권리자단체와 소매업자, 레스토랑업자와의 타협에 따라 저작권법 제110조 5항이 개정되고 가정예외와 비즈니스예외가 신설되었다.

그러나 본 패널판정으로 인하여 미국 내 이해관계자간 타협결과로 생겨난 입법을 부정하는 결과가 되었다. 이것은 바로 TRIPs 협정에 편입한 베른조약의 분쟁해결시스템이 국내법까지도 규율하는 국면이라고 볼 수 있다. 미국 내에서도 본 개정이 베른조약상의 의무위반 및 TRIPs 협정위반의 의심이 있다는 견해가 일찍부터 표시되어 있었다.

WTO 패널은 저작권제한이론으로 자국의 저작권법을 합리화하려던 미국의 주장을 받아들이지 않았으며, 미국은 패널의 판정에 따라 저작권법 제110

조 5항을 개정할 의무를 지게 되었다. DSU 규정에 의하면 패널 판정의 이행과 관련하여 분쟁의 양 당사자는 합리적인 이행기간을 합의할 수 있으며, 양 당사자가 이행기간에 관한 합의를 못 이루는 경우 패널의 판정이 채택된 날로부터 90일 이내에 기속적인 중재를 통하여 확정적인 이행기간을 부여받을 수 있다고 규정하고 있다.[289]

본 사건에서 미국과 EC는 합리적인 이행기간에 관한 합의를 이루지 못하여 이를 중재에 부탁하였는데 중재인 Julio Lacarte-Muro는 합리적인 기간을 12개월로 제시하였다. 그 후 2001년 7월 24일자 회의에서 DSB는 12개월 또는 미국의회의 회기가 끝나는 2001년 12월 31일까지 중 먼저 도래하는 기간을 합리적인 기간의 종료로 본다고 합의하였다. 따라서 미국은 궁극적으로 자국의 저작권법 제110조 5항을 WTO TRIPs 규정에 합치하도록 개정할 의무를 지고 있으며, 실제 개정이 이루어질 때까지 미국은 잠정적으로 EC와의 협의하에 보상조치를 할 수 있다.[290] 또한 EC는 미국이 패널 결정의 이행을 완료할 때까지 잠정적으로 DSB의 승인하에 미국에 대하여 비례의 원칙에 따라 상응하는 WTO 협정상의 의무나 양허의 정지를 할 권한을 보유한다.

미국은 이 사건의 이행문제와 관련하여 기본적으로는 자국의 저작권법은 개정할 의무를 부담하나, 국내적 사정으로 인하여 저작권법의 개정보다는 잠정적 구제조치로서 EC와의 보상(compensation) 합의를 통하여 매년 일정액수의 저작권료를 지급하기로 하였다. 2002년 6월 23일 양국은 보상 문제에 대한 잠정합의에 도달하였는데 첫째, 미국은 EU의 음악공연권단체들이 설립하는 기금에 총액 330만 달러를 기부하며, 둘째, 이 출연금은 2001. 12. 21.일부터 3년간의 보상금이며, 셋째, 이 기간 종료 후에도 분쟁을 완전히 해결하지 못하면 DSU 제22조 6항에 따른 중재에 부탁하기로 합의한 것이다.[291]

한편, 패널보고서가 채택된 지 오랜 시간이 흘렀지만 미국 저작권법의 개정은 실현되지 않고 일시적 조정에 의한 미봉책만을 보여 주고 있다. 이러한 현실은 이러한 국제분쟁해결의 어려움과 WTO집행의 실효성에 의문을 제시할 수도 있어 향후 미국의 저작권법 개정여부에 주목할 필요가 있다.

---

289) DSU 제21조 3항.

290) DSU 제22조 1항.

291) 저작권심의조정위원회, 「저작권문화」(2003. 10), 26면.

V. 저작권관련 국경조치

지난 1995년 WTO가 출범한 이래 최근 몇 년간 각국의 FTA 체결이 매우 증가하는 추세에 있다. 특히 우리나라는 지난 2007년 4월 한미 FTA 협상을 타결한 바 있고, 한-EU FTA 협정은 현재 막바지 협상을 진행 중에 있다. FTA 체결에 따른 산업 경제적 이익 및 복리후생 등의 많은 이점이 강조되고 있지만, 피해를 입게 되는 산업군도 있게 마련이므로 이에 따라 국내산업의 피해를 조정하거나 구제하는 무역조정지원제도 및 무역구제제도의 필요성이 한 층 더 커지고 있다.

특히 21세기는 지적재산권이 창출하는 부가가치가 국가의 산업발전을 좌우할 정도로 그 중요성이 강조되고 있기 때문에 각국은 지적재산권을 보호하는 정책을 강화하고 있는데, 이는 각 국가들이 체결한 FTA를 보더라도 분명히 알 수 있다. 최근 체결되고 있는 FTA를 보면 지적재산권을 별도의 장(Chapter)으로 하여 TRIPs 협정에 규정되어 있는 보호정도를 넘어선 이른바 TRIPs-Plus 보호형태를 취하고 있다.

최근 지적재산권은 갈수록 통상문제로 발전하고 있으며, 지적재산권의 보호 자체와 더불어, 한일 간의 PDP 분쟁 등 관련 분쟁의 해결 문제도 주요 이슈로 떠오르고 있다.[292] 지적재산권은 일단 한번 침해되면 회복할 수 없을 정도의 광범위한 손해가 발생할 수 있으므로 지적재산권 보호 및 국경조치제도에 대한 문제가 주요한 이슈로 부각되고 있다. 지적재산권을 보호하기 위해서는 효율적인 집행수단이 반드시 확보되어야 하는바, 이하에서는 지적재산권 보호를 위한 국경조치제도에 관해 살펴보고자 한다.

특히 우리나라의 지적재산권 보호의 정도가 상당히 강화된 원인으로서 한미 FTA 협상 타결이 언급되고 있는데, 이미 많은 관련 법률 분야에서 법개정이 이루어진 상황이다. 국경조치와 관련된 국내 규정들도 다수 개정된 바 있는데, 이하에서는 우선 국경조치제도에 관한 이해를 위해 TRIPs 협정상의 관련

292) 고영국, 「SW지적재산권 관련 FTA 대응방안 연구」(서울: 프로그램심의조정위원회, 2005), 12면.

규정을 검토하고, 미국의 국경조치제도에 대해 알아보기로 한다. 또한 한미 FTA 협상 결과와 더불어 우리나라의 국경조치제도에 대해 살펴보기로 한다.

1. WTO TRIPs 협정상의 국경조치규정

(1) 국경조치의 의의 및 절차

국경조치(border measure)는 지적재산권 침해물품이 일단 한 국가의 국경[293]을 넘어 시장에 유통되는 단계에서는 단속 및 압류 등에 의한 효율적 집행이 어렵다는 점 때문에 민사 및 행정적 구제조치와 잠정조치에 더하여 집행의 효율성을 제고하기 위하여 미국 등 선진국들이 국내적으로 운영하여 오던 제도[294]를 WTO TRIPs 협정에 반영한 것이다. TRIPs 협정은 많은 국가들이 이 제도를 국내적으로 완비하고 있지 않다는 점을 고려하여 비교적 상세한 규정을 두고 있다.[295]

TRIPs 협정은 우선 상표권 및 저작권 침해상품에 대하여 유효한 근거를 가지고 있는 권리자가 행정 또는 사법관할 기관에 서면으로 침해물품의 유통을 저지하기 위하여 세관에 의한 통관정지를 청구할 수 있는 절차를 반드시 채택하도록 의무화하고 있다.[296] 상표권과 저작권 이외의 지적재산권에 대하여는 의무적으로 하지 않고 재량으로 절차를 둘 수 있도록 규정하고 외국에 수출되는 침해물품에 대하여도 의무가 아닌 재량사항으로 규정하였다.[297] 또한 TRIPs 협정이 권리소진문제에 대하여 명확하게 규정을 하지 않음으로써[298] 병

293) 국경선은 내국민대우원칙, 우선권 등 지적재산권의 국제적 보호를 위해서는 약화되나, 특허독립의 원칙 등 속지주의적용에서 강화되는 등 다양한 의미를 갖는다. 지적재산권, 특별히 저작권에 대하여 갖는 국경의 의미에 대하여는 Jane C. Ginsburg, “Berne without Borders: Geographic Indiscretion and Digital Communications,” *Intellectual Property Quarterly*, 2002, pp.111-122.

294) 예를 들어, EC Regulations, German Product Piracy Act(1990.3.7), French Law No. 94-102(1994.2.5) on the prevention of infringement and for the amendment of certain Provisions of the Code de la propriete intellectuelle (J.O. of Feb.8,1994, at 2151).

295) WTO TRIPs 협정상의 국경조치에 관한 상세한 내용은 이재곤, “TRIPs 협정의 국경조치 규정과 한국에서의 국내적 이행,” 대한국제법학회논총, 제51권 제2호(2006. 10), 95-122면 참조.

296) TRIPs 협정 제51조 전단.

297) TRIPs 협정 제51조 후단.

행수입에 대한 적용여부도 체약국의 재량으로 남아 있게 되었다.

세관에 통관정지를 청구하는 경우, 지적재산권 권리자는 관할기관에 수입국법에 의해 보호되는 자신의 지적재산권이 침해되었음을 주장하는 '일응 명백한'(prima facie) 적절한 증거를 제시하여야 하고, 관할기관이 용이하게 인지할 수 있도록 침해물품에 대한 상세한 설명을 첨부하여야 한다. 청구를 받은 관할기관은 합리적인 기간 내에 청구인에게 청구의 수락여부, 결정을 한 세관당국 및 통관정지 기간을 통보해야 한다.[299]

(2) 국경조치의 효과

세관에 의한 통관정지는 수입자에게 많은 불편과 손해를 발생시킬 수 있는 조치이기 때문에 관리자에 의한 남용 방지 및 남용되었을 시에 대비한 보호 장치가 필요하다. TRIPs 협정은 이를 위하여 청구인에게 충분한 예치금 또는 공탁금을 기탁하도록 요구할 수 있도록 규정하고 있다.[300] 또한 세관에 의한 통관정지청구에 의하여 디자인, 특허, 반도체집적회로배치설계 또는 영업비밀이 포함된 물품의 배포가 법원 또는 독립적 기관의 결정 이외의 결정으로 정지된 경우에는 정당한 권한을 가진 기관의 잠정구제결정이 없이 협정에 규정된 통관정지기간(최대 20일)이 경과하고 수입에 관한 기타 다른 조건을 충족한 경우에는 상기 물품의 소유자, 수입업자 혹은 수탁자는 침해에 대하여 권리자를 충분히 보호할 수 있는 정도의 공탁금을 예치하고 물품을 통관할 수 있는 권리를 규정하고 있다. 공탁금을 지불하였다고 하더라도 권리자는 다른 이용 가능한 구제수단을 이용할 수 있고 권리자가 합리적인 기간 내에 권리행사를 하지 못하는 경우 공탁금은 반환된다.[301] 수입업자와 통관정지청구인은 세관에 의한 통관정지조치에 따른 물품의 통관정지조치에 대하여 신속한 통보를 받아야 한다.[302]

수입업자와 관계기관의 보호를 위한 또 하나의 보장 장치는 통관정지기간의 제한이다. 청구인이 통관정지 통보를 받은 후 10'근무일'(working days) 이내

---

298) TRIPs 협정 제6조.

299) TRIPs 협정 제52조.

300) TRIPs 협정 제53조 제1항.

301) TRIPs 협정 제53조 제2항.

302) TRIPs 협정 제54조.

에 세관당국에 그 사안에 대한 소송절차가 피고가 아닌 당사자에 의하여 개시된 것으로 통보되지 않거나 정당한 권한을 가진 기관이 통관정지기간을 연장하는 잠정조치를 취하지 않는 한 그 물품에 대한 통관정지는 해제된다.[303] 적절한 경우 10근무일이 더 연장될 수 있다.[304]

TRIPs 협정은 또한 관계기관이 청구인에게 위법한 물품유치 또는 유치기간경과에 따라 통관정지가 해제된 물품의 유치로 야기된 손해에 대하여 수입업자, 수탁자 및 물품소유자에게 적절한 배상을 하도록 규정하고 있는데[305] 통관정지의 남용방지와 피고인의 보호취지가 있는 조항인 점에서 위 공탁금제도와 통관정지 기간제한과 같은 취지의 것이라고 하겠다.

TRIPs 협정은 각 체약국의 관할당국이 지적재산권권리자에게 자신의 주장을 입증하기 위해 세관에 의해 통관정지중인 물품을 조사할 충분한 기회를 줄 수 있는 권한을 부여하도록 요구하고 수입업자에게도 동등한 기회를 부여하도록 요구하고 있다.[306] 물론 이 과정에서 보호되어야 할 비밀정보의 보호가 이루어져야 한다. 통관정지를 결정하는 경우 관할당국이 권리자에게 송하인, 수입업자, 수하인의 성명과 주소 및 침해상품의 수량을 통보할 권한을 '부여할 수'(may) 있다.

TRIPs 협정은 관할당국이 지적재산권침해의 '일응 명백한'(prima facie) 증거를 가지고 있는 경우 '직권으로'(ex officio) 통관정지를 할 수 있도록 규정하고 있으며 이때 관할당국은 그러한 권한행사에 도움이 되는 정보를 권리자에게 언제든지 요구할 수 있고, 수입업자와 권리자에게 그 통관정지가 즉각 통보되고 수입업자가 통관정지에 대하여 관할당국에 이의(appeal)를 제기하면 앞서 설명한 통관정지기간의 제한규정이 준용되며, 체약국은 국가기관과 공무원이 선의로 취하여지거나 의도된 적절한 구제조치에 대하여만 책임을 면하도록 하여 직권에 의한 통관정지의 남용을 방지하고 있다.[307]

---

303) TRIPs 협정 제55조. "만약 신청인이 청구하지 않는다면 국경조치는 효력을 잃고 통관되게 된다. 즉 국경조치는 잠정조치나 다른 권한 기관에 청구하기 위한 전단계로서의 성질을 가진다." 전정기 · 이우석, "지적재산권 보호를 위한 일본의 통관보류제도: TRIPS와의 비교를 중심으로,"「통상법률」 통권 제67호(2006. 2), 100면.

304) 통관정지가 사법상 가보호조치에 의하여 시행되는 상태이거나 계속되고 있는 경우에는 TRIPs협정 제50조 제6항에 따라 20근무일 또는 30일이 적용된다. TRIPs 협정 제55조 후단.

305) TRIPs 협정 제56조.

306) TRIPs 협정 제57조.

TRIPs 협정은 지적재산권권리자에게 허용되는 다른 권리행사와 피고가 사법기관에 의한 재심사청구를 받을 수 있는 권리는 존중되고 관할당국은 침해물품의 폐기 또는 처분을 명할 권한을 갖는다고 규정하고 있다.[308] 위조상품의 경우 관계당국은 예외적인 상황을 제외하고는 다른 통관절차에 의해 또는 변경되지 않은 상태로 침해물품을 재수출하는 것을 허용하지 않아야 한다. 마지막으로 TRIPs 협정은 여행자가 휴대한 소량의 비상업목적의 물품이나 소량의 탁송물품에 대하여는 국경조치조항들을 적용하지 '않을 수 있다'(may)고 규정하고 있다.[309]

2. 미국의 국경조치제도

(1) 지적재산권 침해 불공정무역행위 조사제도와 잠정조치

미국 무역위원회(International Trade Commission: 이하 ITC)의 불공정무역행위 배제명령제도란 ITC가 권리자의 요청 내지 직권으로 미국에 등록된 특허 등의 침해여부를 판단하여 해당물품의 수입금지를 관세당국에 명령하는 제도를 말하며, 그 근거 법률은 관세법 제337조[310]이다.

미국 관세법 제337조는 ITC에게 수입시 특허권, 상표권, 저작권, 반도체배치설계권 등의 지적재산권 침해를 비롯한 불공정행위에 대해 준사법적 조사권을 부여하고 있다. ITC가 관세법 제337조 위반이라 판정하면 일반적으로 수입배제명령을 발동하고, 일정한 경우 압류조치를 행한다. 동 조치는 침해여부를 신속하게 결정하는 점에서 법원의 소송에 비해 장점이 있다. ITC는 관세법 제337조 조사를 수행한 후 대통령에게 결정내용을 통지한다. 대통령은 ITC의 결정통지 수령 후 60일 내에 '정책적 판단'에 근거하여 거부권을 행사할 수 있다. 대통령이 상기 기간 내에 거부권을 행사하지 않거나 결정을 추인하는 경우 ITC의 결정은 최종적인 효력을 갖는다. 동 결정은 법원의 제1심 판결과 같이

---

307) TRIPs 협정 제58조.

308) TRIPs 협정 제59조.

309) TRIPs 협정 제60조.

310) Section 337 of Tariff Act of 1930, 19 U.S.C.S. §1337. 하위 법규로는 19 C.F.R.(Code of Federal Regulations) §210.1 이하가 있다. 또한 절차적 문제와 관련해서는 미국 행정절차법(Administrative Procedure ACT)이 적용된다.

취급되어 미국 연방항소법원(CAFC)의 사법심사 대상이 된다.[311)]

1) 불공정무역행위의 유형 및 성립요건

미국은 관세법 제337조에 근거하여 불공정무역행위에 대한 조사를 실시하고 있다. 동 조는 표면상으로는 모든 불공정경쟁행위에 대해 적용되지만 사실상 주로 지적재산권 분쟁의 경우에 적용되며,[312)] 규제대상인 불공정행위를 두 가지 유형으로 나누어 규정하고 있다.

첫째는 상품의 소유자, 수입자, 또는 수탁인이 상품을 미국으로 수입 또는 판매하면서 불공정한 경쟁방법이나 행위를 사용하였고, 그로 인하여 미국 내 산업을 파괴하거나 실질적으로 피해를 입히는 등의 유해한 효과 또는 위협이 있는 경우, 이를 불공정한 행위로서 금지하는 절차이다.[313)]

둘째는 미연방법상 인정되는 지적재산권이 침해되는 경우로서, ① 유효하고 집행 가능한 지적재산권이 존재하고, 그 지적재산권을 침해하는 상품이 미국 내로 수입되었으며, ② 그 지적재산권의 보호를 받는 상품과 관련 있는 산업이 미국 내에 존재하거나 설립중이라는 사실을 입증하면 충분하고, 미국 내 산업에 피해가 있을 것을 요건으로 하지 않는다는[314)] 점에서 첫 번째 유형과 다르다. 이는 덤핑이나 보조금이 비난받을 행위임에 비해 지적재산권 침해는 명백한 조약위반행위이기 때문에 피해 여부에 대한 판단을 필요로 하지 않는 것이다.

이와 같이 첫 번째 유형은 불공정한 수입을 대상으로 하되, 미국의 국내산업에 피해를 주는 것이 요건으로 되어 있으나, 두 번째 유형은 지적재산권 침해를 그 대상으로 하고 있으며, 미국 국내산업에 피해를 주는 것을 요건으로 하지 않는다. 그 대신 ITC 제소대상 관련 물품에 관계되는 '국내산업'이 존재

311) 지적재산권 관련 미국통상법, 특히 관세법 337조의 상세한 내용에 대해서는 W. W. Herrington & G. W. Thompson, *Intellectual Property and United States International Trade Laws*, Oceana Publications, 2002를 참조.

312) John H. Jackson, William J. Davey & Alan O. Sykes, Jr., *Legal Problems of International Economic Relations,* 4th Ed. West Publishing Co. (2002), pp.951-960. 과거 GATT 시절에 미국 관세법 337조가 GATT 규범 위반이 아닌가의 문제가 GATT 분쟁해결에 제기된 바가 있었다. 이에 대해서는 같은 책, pp.485-494 참조.

313) 19 U.S.C.S. §1337(a)(1)(A).

314) 19 U.S.C.S. §1337(a)(1)(B)-(D), (a)(2).

할 것을 요건으로 하고 있다. 그러나 최근의 국제적인 지적재산권 보호강화 추세를 고려한다면 앞으로는 국내산업의 존재여부도 검토대상에서 제외될 가능성도 있다고 하겠다.

2) 관할기관

미국의 지적재산권 침해 불공정무역행위의 조사제도는 ITC의 관할이다.[315)] 즉 ITC는 관세법 제337조 위반여부에 대한 심사 및 최종결정권을 갖고 있고, 이에 대한 구제조치를 부과할 수 있으며, 대통령은 ITC의 결정에 대해 거부권을 행사할 수 있다. 관세법 제337조의 절차는 연방지방법원에서의 지적재산권 침해소송과 동시에 진행할 수 있으나, 관세법 제337조에 의한 권리구제가 더욱 신속하고 연방법원에서는 인정되지 않는 일반수입배제명령을 발할 수 있어서 관세법 제337조가 권리자에게 보다 더 유리한 규정이라고 할 수 있다.

3) 보호되는 지적재산권의 범위

관세법 제337조는 연방법에 의거하여 등록된 유효하고 집행 가능한 특허 및 저작권, 유효하고 집행 가능한 청구범위 내에 속하는 공정, 1946년 상표법(Trademark Act of 1946)에 따라 등록된 유효한 상표권, 연방법에 따라 등록된 반도체 마스크워크, 연방법상 보호되는 디자인에 대한 배타적 권리를[316)] 보호대상으로 규정하고 있다.

4) 조사절차

㈎ 조사절차의 개시

ITC의 관세법 제337조에 근거한 조사절차는 제소장의 접수 또는 ITC의 직권으로 개시된다.[317)] 조사신청서는 서면으로 USITC의 Dockets Branch에 접수해야 하며, 접수시에는 증빙자료를 첨부해야 한다. 신청서의 접수시 불공정조사실(Commission's Office of Unfair Investigations)은 관련 규정을 검토하고 조사개

315) ITC는 1916년 관세위원회(US Tariff Commission)로 발족하여 1974년 국제무역위원회로 개편되어 무역관련 산업피해구제 업무를 수행하고 있으며, 지적재산권 침해 불공정무역행위 조사업무는 불공정수입조사국(Office of Unfair Import Investigations)에서 담당하고 있다.

316) 19 U.S.C.S. §1337(a)(1)(B)-(E).

317) 관세법 337조에 적용되는 일반절차는 19 C.F.R. §210에 규정되어 있다.

시여부에 대한 의견을 첨부하여 위원회에 상정하게 된다. 위원회는 제소장 접수 후 30일 이내에 조사개시여부를 결정해야 하며 관보에 조사개시통지를 공표함으로써 본격적인 절차가 개시된다.

㈏ 답변서 제출

제소장과 조사개시 통지는 피제소인에게 발송되며 피제소인은 20일 이내에 답변서를 제출하여야 한다.[318] 답변서는 문서제출요건(19 C.F.R. 201.8)을 준수하여 제소사항 각각에 대해서 구체적으로 인정, 부인 또는 각각의 사실관계를 설명한 내용을 담고 있어야 한다. 이러한 답변서를 소정 형식에 따라 작성·제출하지 못한 경우에는 인정판결(Default Judgment)에 따라 제소장에 주장된 사실관계가 진실한 것으로 추정되어 불리한 판결을 받을 수 있다.

㈐ 조사기간의 결정

조사개시 이후 45일 이내에 행정판사(Administrative Law Judge: ALJ)[319]는 조사 완료의 목표일을 결정해야 하며, 조사기간은 보통 1년에서 18개월이 소요된다.[320]

㈑ 반소의 제기

증거청문절차(Evidentiary Hearing) 개시 10일 전에 피제소인은 ITC에 별도로 반소(Counter Claim)를 제기할 수 있다.

㈒ 증거조사(Discovery)

관세법 제337조에서 증거수집과 관련된 규정은, 연방민사소송에 적용되는

318) 19 C.F.R. §210.13(a).

319) ALJ는 행정적 목적을 가진 기관에서 일하는 사람이나, 행정기관은 ALJ를 임명할 권한이 없다. ALJ는 인사관리청(Office of Personal Management; OPM)이 제공하는 적격자 등록명부에서 선택된다. 등록명부에 기재되기 위해서는 OPM이 정한 일정한 요건을 갖추고, OPM이 실시하는 필답 및 구술시험을 통과해야 한다. 대안적으로 행정기관은 이미 다른 기관에서 근무했던 ALJ 또는 과거 ALJ 근무경력자 중에서 복직에 적당한 경우 임명할 수 있다. 위원회는 현재 4인의 ALJ를 두고 있으며, 이들은 행정판사실에 소속되어 있다. W. W. Herrington & G. W. Thompson, *op.cit.*, pp.43-44.

320) 19 U.S.C. §1337(b)(1).

증거개시규정과 모든 측면에서 동일하다. 관세법 제337조 절차의 당사자는 구두 또는 문서에 의한 증언녹취(Deposition), 질문장(Interrogatories), 문서제출 및 출입요청, 사실관계의 진정성 인정의 요청(Request for Admissions) 등의 방법을 활용할 수 있다.

㈓ 청문절차(Hearing)

ALJ는 쟁점의 단순화와 명확화, 청문범위, 변론변경의 필요성 등을 위하여 청문절차 전 회의(Prehearing Conference)를 개최할 수 있으며,[321] 청문절차는 법원의 공판(Trial)에 해당하는 핵심적인 절차이다. 모든 청문절차는 문서로 기록되며 보호명령(Protective Order)의 적용을 받는 비밀정보는 비공개로 처리된다.

㈔ ALJ의 잠정결정과 ITC의 최종결정

사건은 ITC의 행정판사가 담당하게 되며, 증거수집 등의 절차를 거쳐서 청문회를 개최하고, 청문절차를 통해 피소자의 위반여부를 판정(잠정결정)하게 된다.[322] 잠정결정은 조사완료 목표일이 조사개시 후 15개월 미만일 경우는 목표일 3개월 전, 15개월 이상일 경우는 목표일 4개월 전에 ITC에 제출되어야 한다. 당사자들이 잠정결정에 대해 ITC에 심사청원을 하지 않거나 ITC가 직권으로 심사를 명령하지 않으면 ITC의 결정으로 확정된다.

잠정결정의 심사청원은 결정 송달 후 10일(또는 5일) 이내에 접수되어야 하며, 45일(또는 30일) 이내에 청원의 수용여부가 결정된다. ITC의 6인 위원의 투표결과 최소 1인의 위원이 잠정결정에 대해 실수 또는 절차남용이 있었거나 검토해야 할 정책적 문제가 있다고 투표할 경우 심사청원이 수용된다. ITC는 ALJ의 잠정결정을 추인, 수정, 파기, 최소 또는 환송할 수 있다.

㈕ 재심사 청원

당사자는 ITC의 결정 송달 후 14일 이내에 동 결정의 재심사를 청원할 수 있다. 재심사청원은 ITC의 결정 또는 동 결정으로 명령된 조치에 의해서 새롭게 제기된 문제로서, 청원인의 의견을 제출할 기회를 갖지 못한 경우로 제

---

321) 19 C.F.R. §210.32(a)(3).

322) 19 C.F.R. §210.36(a).

한된다. 재심사청원이 송달된 후 5일 내에 동 청원을 반대하는 당사자는 답변서를 제출해야 하며, 동 청원은 ITC의 명령이 없는 한 ITC의 최종결정 절차를 정지시키지 못한다.

㈎ 대통령의 거부권

ITC가 관세법 제337조의 위반 또는 위반이라 믿을 만한 이유가 있다는 결정을 내리면, 동 결정을 관보에 공표하고 결정문과 해당조치를 대통령에게 전달하여야 한다. 대통령은 ITC의 결정 전달 후 60일 이내에 결정에 대해 '정책적 이유'에 의한 거부권을 행사할 수 있다.[323] 대통령이 거부권을 행사할 경우 ITC의 결정과 조치는 동 불승인이 통지된 일자에 효력을 상실한다. 실무적으로는 ITC가 관세법 제337조 보고서를 대통령 대신 미국무역대표부(USTR)에 전달하고, USTR은 이를 검토해서 대통령에게 거부권행사 여부에 대한 권고를 첨부해서 전달한다.

㈏ ITC 결정에 대한 항소

ITC의 결정에 대해서는 60일 이내에 연방항소법원에 이를 항소할 수 있다. ITC의 결정에 대한 사법심사의 범위는 ⅰ) ITC의 결정이 자의적이거나, ⅱ) 예측불가능했거나, ⅲ) 재량권을 남용했거나, ⅳ) 헌법상 권리에 반하는 결정을 내렸거나, ⅴ) 기타 법률상 절차를 따르지 않았거나, ⅵ) 기록상의 주요 증거를 따르지 않고 결정을 내렸는지의 여부로 제한된다.

5) 구제조치의 내용

미국 ITC는 어떠한 무역행위가 미국 관세법 제337조를 위반했다고 결정하는 경우 관련 물품의 미국 내 반입을 금지하는 '수입배제명령'(exclusion order)과 일정한 행위를 중지시키는 '중지명령'(cease and desist order)을 내릴 수 있고 세관이 이를 집행하게 된다.

또한 일종의 잠정적 구제조치로서 ITC는 믿을 만한 위반의 증거가 있다고 결정할 경우 조사 중에 일시적으로 수입(entry)을 배제하는 일종의 '잠정적 수입배제명령'(temporary exclusion orders: TEO)이 있다.

---

323) 19 U.S.C.S. §1337(j).

(가) 수입배제명령(exclusion order)

관세법 제337조 절차에서 ITC가 내릴 수 있는 가장 중요한 결정은 관세법 제337조를 위반한 것으로 판명된 물품의 수입을 금지시키는 "수입배제명령"(Exclusion Order)이다. ITC는 관세법 제337조 위반으로 결정된 물품의 수입금지가 공공보건과 복지, 미국 경제에서의 경쟁조건, 미국 내에서의 동종 또는 직접경쟁 상품의 생산과 미국 소비자에 미치는 영향 등을 고려하여 동 물품이 미국시장 진입에서 배제되면 안 된다는 결정을 하지 않는 한 수입 금지를 명령할 수 있다.[324] ITC는 재무장관에게 수입배제명령을 통지하고, 재무장관은 통지 수령시 세관에 동 상품의 미국시장 진입 금지를 명령한다.

수입배제명령은 원산지, 물품 생산자 또는 수입자의 위치와 상관없이 관세법 제337조 위반으로 결정된 모든 제품의 수입을 금지하는 '일반적 수입배제명령'(General exclusion orders: GEOs)과 ITC에 의해서 관세법 제337조를 위반하는 것으로 결정된 자의 수입품에 대해서만 수입을 금지하는 '제한적 수입배제명령'(Limited exclusion orders: LEOs)이 있는데, ITC는 제한적 수입배제명령을 발동하는 것이 원칙이다. 그러나 i) 특정한 조건, 즉 특정인의 상품에 대해서만 부과된 수입배제명령을 우회하는 것을 금지하기 위해 필요할 경우, 또는 ii) 그러한 결정을 위반하는 것이 유형화되어 위반상품의 원천, 즉 특정한 위반자 개인을 확인하기 어려울 경우에는 일반적 수입배제명령을 부과할 수 있다. 그러나 이러한 두 가지 배제명령은 일반적으로 GATT조항을 위반한 것으로 볼 수 있기 때문에 ITC는 특정명령(specific order)의 우회행위(circumvention)를 막기 위하여 필요하거나 책임 있는 자를 식별하기 어려운 경우에만 수입배제명령을 내리게 된다.[325]

(나) 중지명령(Cease and Desist Order)

'중지명령'(Cease and Desist Order: CDO)은 수입배제명령 대신 또는 수입배제명령과 함께 발동되는 결정으로, ITC는 관세법 제337조를 위반하거나 위반한 것으로 믿어지는 사람에게 해당 행위의 중단이 공공보건과 복지, 미국 경제에서의 경쟁조건, 미국 내에서의 동종 또는 직접경쟁상품 생산과 미국 소비자

324) 19 U.S.C.S. §1337(d)(1).

325) 윤충원, 「미국의 통상정책과 통상법」(집문당, 2004), 656면.

에 미치는 영향을 고려해서 동 행위를 중지하지 않으면 안 된다는 결정을 하지 않는 한, 동 불공정행위를 더 이상 하지 말 것을 명령하는 제도이다. ITC는 적절한 때 언제든지 이 명령을 수정 또는 철회할 수 있다. 이 중지명령은 수입배제명령에 대신 또는 추가하여 내릴 수 있고, 일시적 중지명령도 허용된다. 또한 ITC는 제소인에게 ITC가 결정한 금액을 담보로 공탁할 것을 요구할 수 있다.[326] 이후 ITC가 피제소인이 관세법 제337조를 위반하지 않았다고 판정하면, 동 담보는 피제소인에게 귀속될 수 있다. 이러한 최종 수입규제는 위원회의 최종결정이 있은 후 60일 이내에 대통령의 명령으로 결정된다.

수입배제명령에 부가하여 다음과 같은 일정한 요건에 해당되면 압류나 몰수(seizure and forfeiture)를 명할 수 있다.[327] 즉, ⅰ) 대상 수입품의 소유주, 수입자 또는 수탁인이 과거에 미국에 동 물품을 수입하고자 시도하였고, ⅱ) 대상 수입품이 과거에 수입배제명령에 의해서 수입이 금지된 적이 있으며, ⅲ) 그러한 수입금지 상황에서 재무장관이 대상 수입품의 소유주, 수입자, 또는 수탁인에게 동 명령과 이후에 동 명령 위반으로 초래할 수 있는 압류에 대해 서면으로 통지한 경우 ITC는 압류명령의 집행을 위해서 재무장관에게 압류명령을 통지하며, 동 명령을 수령한 재무장관은 이를 집행하게 된다. 또한 세관은 모든 항구당국에 동 명령의 적용을 받는 품목, 수입자 또는 수탁판매자를 통지해야 한다. 수입배제명령을 내릴 것인지의 여부를 결정하는 경우, ITC는 외국의 잠재적 특허권침해로부터 보호함으로써 얻는 제소자의 이익과 합법적인 무역을 정지시킬 필요성 등을 모두 고려하여 결정한다.[328]

㈐ 잠정적 수입배제명령 — 잠정조치

잠정적 수입배제명령은 연방법원에서의 임시금지명령(Temporary Restraining Order: TRO)와 유사한 제도이다.[329] 미 관세법 제337조 (e)(3)은 "위원회는 '민사소송절차에 관한 연방규칙'에 따라 예비적 금지명령과 잠정적 규제명령이 허용될 수 있는 것과 같은 정도로 동법 (e)항 또는 (f)항에 따라 예비구제조치

326) 19 U.S.C.S. §1337(f)(1).

327) 19 U.S.C.S. §1337(i)(1).

328) 윤충원, 앞의 책, 657면.

329) ITC가 내리는 잠정배제명령(TEO)은 일반적으로 예비구제조치(Preliminary relief), 임시금지명령(TRO)은 예비금지명령(preliminary injunction)으로 표현된다. 윤충원, 앞의 책, 657면.

(Preliminary Relief)를 발할 수 있다"고 규정하고 있다.[330] 세부적인 사항에 관하여는 미국 민사소송절차 임시조치에 규정되고 있는데, TRO(temporary restraining order)에 대해서는 일반적으로 CFR §210.52와 FCP(Federal Rules of Civil Procedure) Rule 65에 세부적인 사안들이 규정되어 있다.

관세법 제337조 절차의 진행 중 동 법규정의 위반이 있었다고 믿을 만한 이유가 있는 경우 잠정구제조치(Temporary Relief)를 취할 수 있다. 지적재산권침해를 이유로 불공정무역행위에 대한 잠정조치를 하고자 하는 자는 ITC에 세부적인 사항을 포함한 신청서를 제출하여야 한다.[331] 제소인이 ITC에 잠정구제조치를 신청하면 ITC는 연방항소법원(CAFC)이 하급법원의 예비적 금지가처분(Preliminary Injunction)의 추인에 적용하는 기준을 그대로 적용한다.[332]

ITC는 잠정적 수입배제명령의 발동조건으로서 제소인이 일정액을 담보(Bond)로 공탁하도록 요구할 수 있다. 또한 잠정적 수입배제명령 대신, 제소인의 청원이 최종적으로 인정되기 전까지 피제소인으로 하여금 제소인이 주장한 피해를 보호해 주기에 충분한 정도의 담보를 공탁하도록 요구할 수 있다.[333]

잠정조치 신청은 조사신청 후 신청할 수 있으나, 위원회의 조사개시 결정 이전에 신청해야 한다.[334] ITC는 불공정무역행위 조사신청시 잠정조치가 함께

330) 미국 관세법 제337조(e)(3): 무역위원회는 "민사소송절차에 관한 연방규칙"에 따라 예비적 금지명령과 잠정적 규제명령이 허용될 수 있는 것과 같은 정도 까지 (e)항 또는 (f)항에 따라 예비적 구제조치를 발 할 수 있다. [(e)(3) The Commission may grant preliminary relief under this subsection or subsection (f) of this section to the same extent as preliminary injunctions and temporary restraining orders may be granted under the Federal Rules of Civil Procedure.]

331) U.S. CFR §210.52 Motion for temporary relief

(b) The motion must also contain a detailed statement of facts bearing on:

(1) Whether the complaint should be required to post a bond as a prerequisite to the issuance of temporary relief; and

(2) The appropriate amount of the bond, if the Commission determines that a bond will be required.

332) 19 U.S.C.S. §1337(e).

333) 19 U.S.C.S. §1337(e)(1), (2).

334) U.S. CFR §210.53 Motion filed after complaint

(a) A motion for temporary relief may be filed after the complaint, but must be filed prior to the Commission determination under §210.10 on whether to institute an investigation. A motion filed after the complaint shall contain the information, documents, and evidence

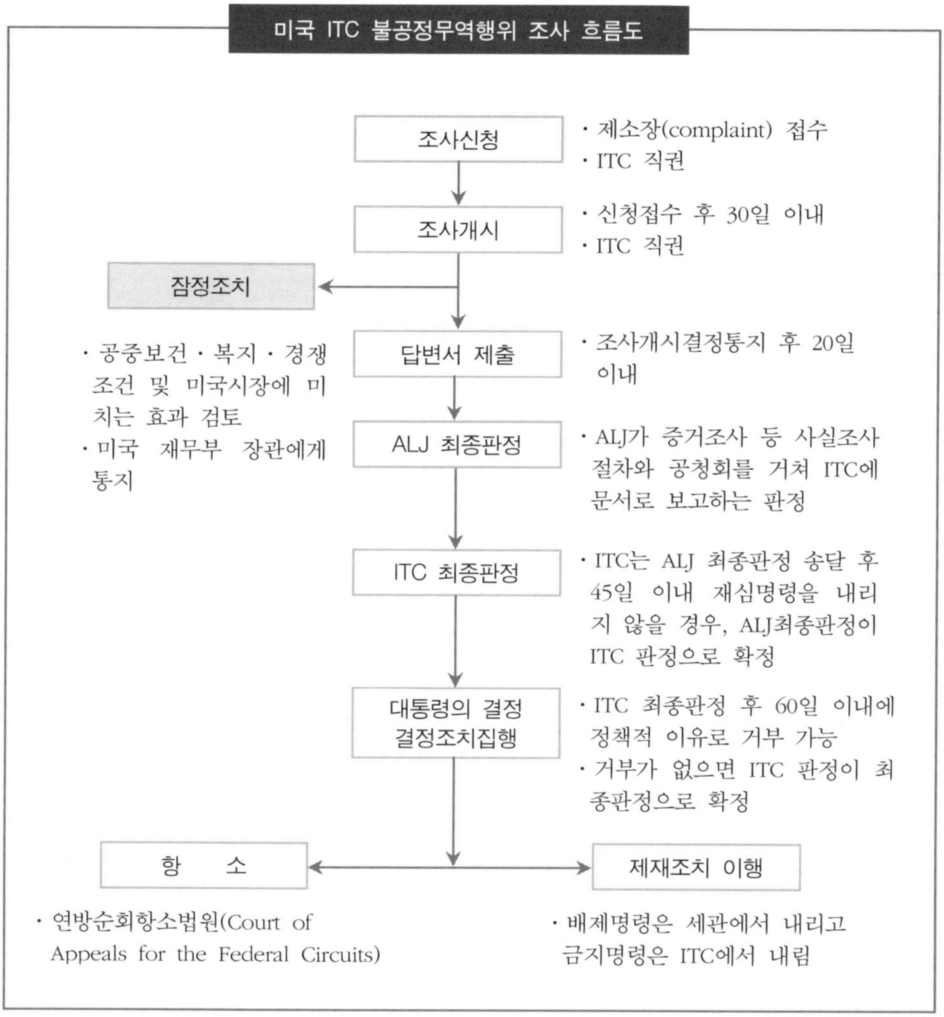

described in §210.52 and must also make a showing that extraordinary circumstances exist that the moving party was not aware, and with due diligence could not have been aware, of those circumstances at the time the complaint was filed. When a motion for temporary relief is filed after the complaint but before the Commission has determined whether to institute an investigation based on the complaint, the 35-day period allotted under §210.58 for review of the complaint and informal investigatory activity will begin to run anew from the date on which the motion was filed.

신청이 되면 35일 내에 조사개시 여부 및 잠정조치를 취할 것인지 여부를 결정하여야 한다. 잠정조치 신청을 수리하기 전에 위원회는 동 조치의 충분성 및 관련규정 준수여부를 검토하여야 한다.

조치내용은 예비적 금지명령(preliminary injunction)과 임시금지명령(temporary restraining order)을 허용하는 것과 같은 정도의 예비적 구제조치(preliminary relief)를 발할 수 있다. 잠정구제조치 단계에서도 증거수집, 강제절차, 청문절차는 보장된다. ALJ는 조사개시 공고가 관보에 공표된 후 70일 이내에 잠정구제조치의 허용 여부를 결정하는 잠정결정을 발표해야 한다. 사안이 더 복잡한 경우에는 120일의 기간이 허용된다.

(2) 세관의 통관금지조치

세관의 통관금지조치란 세관장이 세관에 신고[335)]된 상표권, 저작권 및 상호 침해물품의 통관금지를 말한다.

1) 세관의 지적재산권 침해물품에 대한 대응

미국세관(U.S. Customs and Border Protection)은 관세법(Tariff Act of 1930), 상표법(Lanham Act of 1946), 저작권법(Copyright Act of 1976)에 의하여 상표권, 저작권 및 상호에 관련된 침해여부를 결정할 법적 권한이 있다.[336)] 세관은 지적재산권 집행에 대해 강력한 대책을 마련하고 있다. 지적재산권위반상품의 유통에 대해서는 차단, 유치, 압류, 몰수 등의 실질적인 수단을 동원하여 이를 방지하고자 한다. 이를 위해 세관 내 전문가와 다른 정부기관 및 무역단체와의 공조체제를 이루어 나가고 있다.[337)] 미국세관은 우선 미국 ITC의 수입배제명령에 따라 해당물품에 관한 국경조치를 할 수 있고, 신고된 상표권 및 신고된 저작권에 관해서는 직권으로 국경조치를 취할 수 있으며, 신고되지 않은 경우도 이론적으로는 국경조치를 취하는 것이 가능하다.[338)]

---

335) 특허상표청과 저작권청의 등록(registration) 제도와 구별하기 위하여, 세관에의 "recordation"을 "신고"로 번역하였다.

336) Customs Enforcement of Intellectual Property Rights, US Customs Service (2001), p.1.

337) U.S. Customs and Border Protection
http://www.cbp.gov/xp/cgov/import/commercial_enforcement/ipr

338) 특히 2004년, 2005년의 상표권 및 저작권침해물품의 동향에 따라 2006년 Special 301 report에서는 "보다 더 강력하고 효율적인 집행 조치를 통해 해당물품이 미국 내로 유입

2) 보호되는 지적재산권의 범위

세관장은 세관에 신고된 상표와 저작권을 침해하였는지 여부를 판정할 수 있고, 침해라고 판단되면 세관이 수사, 압류 및 체포할 권한이 있다. 세관은 행정기관으로서 특허침해를 판단할 권한은 부여되어 있지 않으나, ITC의 수입배제명령을 집행하기 위하여 특허침해물품에 대하여 국경조치를 시행할 수 있다.

3) 절 차

상표, 상호 및 저작권이 세관에 신고된 경우에 이들 권리를 침해하는 것으로 판단되는 수입품은 통관절차에서 압류 또는 통관이 보류된다. 세관에 신고되지 않은 경우라도 연방법에 의해 등록된 상표나 저작권에 대해서 세관은 직권으로 조사할 수 있다.

지적재산권 침해물품으로 압류된 경우에는 수입자에게 즉시 통보하여야 하며 이에 불복하는 경우에 수입자는 행정구제나 사법절차에 의한 판단을 요청할 수 있다. 특허침해물품이 수입자가 이전에도 해당제품의 수입을 시도하였으나 수입이 금지되었고 압류와 몰수에 관하여 서면 통지가 있었던 경우에는 ITC의 압류명령에 따라 물품을 압류할 수 있다.[339)]

4) 미국세관의 저작권 침해에 대한 직권조치의 효용성

미국 세관에는 많은 권한이 부여되어 있는 것이 특징인데 상표권 및 저작권 신고제도를 통해 광범위한 데이터베이스를 운용하고, 직권절차 중심의 지적재산권 감시활동이 이루어지고 있으며, 이러한 과정에서 압류, 몰수된 상품의 처분에 관해서도 관세청 규칙에 직접 근거를 마련해 놓고 있고, 저작권 침해의심이 있는 경우에는 세관당국이 마치 준사법기관처럼 그 역할을 수행하기도 한다. 이러한 조치는 세관정책상 세관에 신고된 저작권에 대해 중점적으로 이루어진다. 특히 미국세관당국의 저작권 침해관련 조치는 저작권 침해가 명백한 경우는 상표권 침해와 크게 다를 바 없으나, 저작권 침해의 의심이 있는 물품이 수입되었을 경우에는 저작권자와 수입자 등 당사자를 침해여부 판단과정의 전문에 부각

되지 않도록 해야 한다."는 의견이 피력된 바 있다. 이러한 조치의 일환으로서 세관당국의 직권조치는 그 효율성의 측면에서 강조되고 있으며 이는 미국이 양자협상에서 상대국가에 관철하고자 요구하는 방안이기도 하다. Vicki Allums, "Special 301: TRIPS-plus--Alive and Kicking," *John Marshall Reveiw of Intellectual Property Law* (Summer, 2006), pp.651-654.

339) 19 C.F.R. §12.39(c).

시켜 주도적 역할을 수행하게 함으로써 마치 민사소송절차를 연상케 한다.[340]

3. 우리나라의 국경조치제도

(1) 무역위원회의 조사제도와 잠정조치

1) 지적재산권 침해 불공정무역행위 조사제도

무역위원회의 불공정무역행위 조사란 무역위원회가 신청 내지 직권에 의해 지적재산권침해 가능성이 있는 수출입품에 대해 조사, 시정조치를 내리는 제도를 말하며, 그 근거법률은 대외무역법 제39조[341] 및 불공정무역행위조사 및 산업피해구제에 관한 법률 제4조[342]이다.

---

340) 한미 FTA 협정문 제18.10.22조는 미국의 요구가 반영된 것으로 다음과 같다.
"각 당사국은 권한 있는 당국이 위조되거나 혼동을 일으킬 정도로 유사한 상표 상품 또는 불법복제된 저작권 상품으로 의심되는 수입·수출 또는 환적물품 또는 자유무역지역의 물품에 대하여 직권으로 국경조치를 개시할 수 있도록 규정한다."

341) 대외무역법 제39조(수입수량 제한조치) ① 지식경제부장관은 특정 물품의 수입 증가로 인하여 같은 종류의 물품 또는 직접적인 경쟁 관계에 있는 물품을 생산하는 국내산업이 심각한 피해를 입고 있거나 입을 우려가 있음이 「불공정무역행위 조사 및 산업피해구제에 관한 법률」 제27조에 따른 무역위원회의 조사를 통하여 확인되고 심각한 피해 등을 구제하기 위한 조치가 건의된 경우로서 그 국내산업을 보호할 필요가 있다고 인정되면 그 물품의 국내산업에 대한 심각한 피해 등을 방지하거나 치유하고 조정을 촉진하기 위하여 필요한 범위에서 물품의 수입수량을 제한하는 조치(이하 "수입수량제한조치"라 한다)를 시행할 수 있다. <개정 2008. 2. 29.>(일부 생략)

342) 불공정무역행위 조사 및 산업피해구제에 관한 법률 제4조(불공정무역행위의 금지) ① 누구든지 다음 각 호의 어느 하나에 해당하는 행위(이하 "불공정무역행위"라 한다)를 하여서는 아니 된다.
1. 대한민국의 법령이나 대한민국이 당사자인 조약에 따라 보호되는 특허권·실용신안권(實用新案權)·디자인권·상표권·저작권·저작인접권(저작인접권)·프로그램저작권·반도체집적회로의 배치설계권이나 지리적 표시 또는 영업 비밀을 침해하는 물품 등(이하 "지식재산권침해물품 등"이라 한다)에 관한 다음 각 목의 어느 하나에 해당하는 행위
가. 지식재산권침해물품 등을 수입하거나 수입된 지식재산권침해물품 등을 국내에서 판매하는 행위
나. 지식재산권침해물품 등을 수출하거나 수출을 목적으로 국내에서 제조하는 행위
2. 다음 각 목의 어느 하나에 해당하는 물품 등을 수출하거나 수입하는 행위
가. 원산지를 거짓으로 표시하거나 원산지를 오인(誤認)하게 하는 표시를 한 물품 등
나. 원산지 표시를 손상하거나 변경한 물품 등
다. 원산지 표시를 하지 아니한 원산지 표시 대상 물품

무역위원회의 불공정무역행위 조사대상 지적재산은 특허권, 실용신안권, 의장권, 상표권, 저작권, 반도체배치설계, 지리적 표시, 영업비밀 등이며, 조치내용은 해당물품의 수입・수출・판매・제조행위 중지, 반입배제 및 폐기처분, 위반사실 공표 등 불공정무역행위 시정조치이고, 급박한 피해가 우려되는 경우 최종 시정조치 전에 담보를 제공하고 잠정조치를 요청할 수도 있다.

㈎ 관계기관 및 근거법령

지적재산권침해수출입행위 기타 불공정무역행위로 인한 국내산업의 피해를 조사하고 구제하는 절차를 정하여 공정한 무역질서를 확립함으로써 국민경제의 건전한 발전에 기여하는 한편, 세계무역기구설립을 위한 마라케쉬 협정 등 무역에 관한 국제협약의 이행을 위하여 필요한 사항을 규정하기 위하여, 대외무역법상의 2개 조문에 불과한 불공정무역행위 등에 관한 규정을 별도의 입법으로 「불공정무역행위조사 및 산업피해구제에 관한 법률」(이하 "산업피해구제법"이라고 함)이 공포되어 2001년 5월 4일부터 시행되고 있다. 동법은 최근 개정 및 신설을 거쳐 제4조부터 제14조의3까지 지적재산권 침해 등 불공정무역행위조사에 관하여 규정하고 있다.

한국의 산업피해구제제도는 산업자원부 소속기관인 무역위원회에서 운영을 하고 있고 조사업무를 위해서 무역조사실을 두고 있다. 특히 지적재산권 침해 불공정무역행위에 대한 조사는 무역조사실 수출입조사과에서 조사업무를 수행하고 있다.[343] 산업자원부 산하 무역위원회에서는 지적재산권 권리자의 신청 또는 직권에 의해 지적재산권 침해 가능성이 있는 수출입행위를 불공정무역행위의 한 형태로 규정하여 수출입품에 관하여 조사를 행하고, 혐의가 발견되는 경우 이에 대한 시정조치를 내릴 수 있다. 동 제도는 미국의 관세법 제337조에서 규정한 지적재산권보호제도를 대외무역법에서 입법화한 것으로,[344] 산업피해구제법의 제정과 함께 불공정무역행위금지규정에 편입되었다.[345] 대외무역법과 산업피해구제법에 의하면 특허권, 실용신안권, 의장권, 의장권, 상표

3. 그 밖에 수출입 질서를 해칠 우려가 있는 행위로서 대통령령으로 정하는 행위
② 무역위원회는 제1항 제1호 및 제3호에 따른 위반행위의 유형 및 기준을 정하여 공고할 수 있다.<신설 2008. 12. 19.> [전문개정 2008. 3. 21.]

343) http://www.ktc.go.kr, 무역위원회 소개.

344) 김병학, 「대외무역법」(강원: 강원대학교 출판부, 1994), p.432.

345) 산업피해구제법 제4조.

권, 저작권, 저작인접권, 프로그램저작권, 반도체집적회로의 배치설계권 또는 지리적 표시 및 영업비밀을 침해하는 물품 등을 수입 또는 판매하는 행위 및 수출 또는 수출을 목적으로 제조하는 행위는 불공정무역행위로서 금지된다.[346)]

동법 이외에도 무역조사실은 특허권 등 지적재산권 침해를 판단하기 위해서 특허법·상표법·저작권 등 특허청 관할의 지적재산권 관련 법체계를 원용하고, 통관실적 파악 및 시정조치 시행을 위해서 관세청과 협력을 하고, 관세법을 원용하는 경우가 있다.

㈏ 조사절차

a) 조사신청

누구든지 불공정무역행위의 사실이 있다고 인정하는 때에는 무역위원회에 「불공정무역행위 조사절차 등에 관한 고시」 별지 서식상의 조사신청서에 필요한 내용을 기재하고 불공정무역행위 조사신청을 할 수 있다.[347)] 특징적인 것은 '누구든지' 조사신청을 할 수 있다고 규정하고 있으므로, 특허권 등의 침해를 '친고죄'로 규정하고 있는 특허법[348)]과는 다르다.

b) 조사개시결정

불공정무역행위 사실이 있다고 인정하는 자가 위반행위가 있는 날로부터 1년 이내에 이에 대한 조사를 무역위원회에 서면으로 신청한 경우에는 무역위원회는 20일 이내에 조사개시여부를 결정하여야 한다.[349)] 조사개시결정이 내려지면, 무역위원회는 피신청인 등 당사자에게 조사에 필요한 자료 또는 물건을 제출하도록 할 수 있고 당사자는 이를 따를 의무가 있다.[350)]

한편, 불공정무역행위의 혐의가 있어 이를 조사할 필요성이 있는 경우에는 무역위원회가 직권으로 조사할 수 있다.[351)] 이때 조사할 필요성이 있는 경우라 함은 ① 세관 등 국내외 관계기관으로부터 불공정무역행위로 인정할 만한 혐의 사실을 통보받은 경우, ② 불공정무역행위의 혐의 사실을 인지한

---

346) 대외무역법 제39조 제1항 제1호, 산업피해구제법 제4조 제1호.

347) 산업피해구제법 제5조 제1항.

348) 특허법 제225조. ② 제1항의 죄는 고소가 있어야 한다.

349) 산업피해구제법 제5조.

350) 산업피해구제법 제36조 제2항.

351) 산업피해구제법 제6조.

자로부터 당해 행위에 관한 정보와 증거가 제시되는 경우, ③ 기타 위원회가 불공정무역행위로 인정할 만한 혐의사실을 인지하는 경우를 말한다.[352]

c) 조 사

무역위원회 무역조사실 조사관은 조사개시결정 후 지적재산권 침해 불공정무역행위 여부에 대해서 조사를 하게 된다. 특징적인 것은 무역위원회는 조사신청을 받으면 20일 이내에 조사의 개시 여부를 결정하여야 하는데,[353] 이는 법원의 소송절차와는 달리 공정무역의 확립이라는 취지에서 시장질서를 신속하게 회복하기 위한 것으로 보인다.

d) 불공정무역행위 여부 판정

조사가 완료되면 무역위원회 무역조사실은 불공정무역행위 여부 판정을 위하여 안건을 무역위원회에 상정하게 된다. 무역위원회 회의는 재적위원 과반수의 출석으로 개의하고 출석의원 2분의 1 이상의 찬성으로 의결하게 된다.[354] 무역위원회는 조사개시의 결정을 하는 날로부터 6월 이내의 범위에서 판정시한을 정하여 조사를 신속하게 완료하여 판정하고, 판정의 결과를 당사자 및 이해관계인에게 신속하게 통지하여야 한다.[355]

㈐ 조치내용

a) 시정조치

산업피해구제법 제10조에는 불공정한 무역행위에 대한 시정조치를 규정하고 있다. 시정조치는 상당히 광범위하게 규정되어 있는데 수출・수입・판매・제조행위의 중지, 당해 물품 등의 반입배제 및 폐기처분, 정정광고, 법 위반으로 무역위원회로부터 시정명령을 받은 사실의 공표 등이 포함된다. 시정조치는 불공정무역행위를 금지함으로써 시장질서를 회복시키는 기능을 하게 된다.

b) 과 징 금

또한 동법 제11조는 불공정무역행위를 한 자에 대해 과징금을 부과할 수 있도록 규정하고 있는바, 2003년 동법 개정을 통하여 과징금액을 조사대상

352) 불공정무역행위 조사절차 등에 관한 규정(무역위원회 고시 제2008-5호) 제8조 제2항.

353) 산업피해구제법 제9조 제1항.

354) 산업피해구제법 제32조.

355) 산업피해구제법 제9조 제1항 및 제3항.

물품의 거래 금액의 100분의 2에서 100분의 30으로 상향조정하였다.356) 과징금은 위법 행위자에 대한 형벌의 성격이 있으며, 불공정무역행위의 재발을 방지하는 기능을 하게 된다. 특히 실효성이 있는 과징금 부과율은 무역구제제도의 실효성을 더욱 제고시킬 것이다.

㈑ 이의신청

시정조치 및 과징금에 관한 위원회의 처분에 불복하는 경우에는 30일 이내에 무역위원회에 이의를 신청할 수 있고, 위원회는 이의신청에 대해 60일 이내에 결정하여야 하며 동 기간은 30일 범위 내에서 연장될 수 있다.357)

무역위원회 불공정무역행위 조사절차 흐름도358)

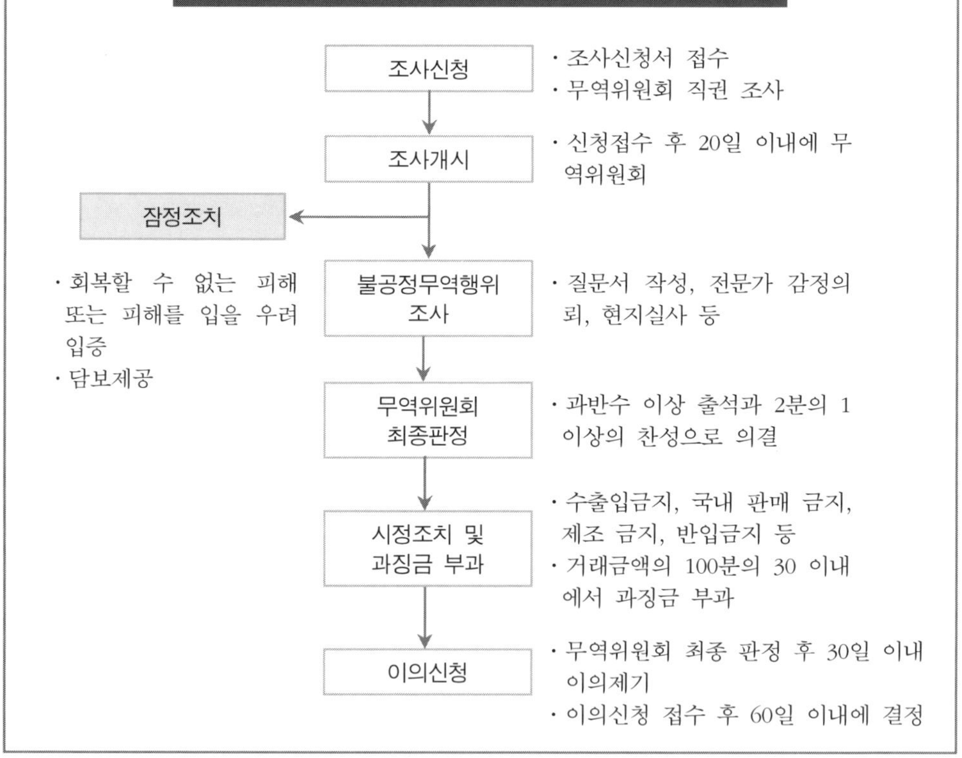

356) 2004년 1월 20일자 관보.

357) 산업피해구제법 제14조 제1항, 제2항.

358) 정진옥, "지적재산권 침해물품에 대한 통관보류 등 잠정조치에 관한 연구," 「무역구제」 제17호(2005. 1), 108면.

2) 지적재산권 침해물품에 대한 잠정조치제도

㈎ 근거법령

산업피해구제법 제7조는 잠정조치에 대해서 규정하고 있다.[359] 즉, 조사신청자의 신청 또는 무역위원회 직권으로 조사 중인 불공정무역행위로 인하여 회복할 수 없는 피해를 입고 있거나 입을 우려가 있는 자는 무역위원회에 불공정무역행위의 중지 또는 그 밖에 피해를 예방할 수 있는 조치, 즉 잠정조치를 신청할 수 있다. 다만 현행법상 동 조항에서 시행령에 세부적인 사항들을 위임하지 않고 있고, 「불공정무역행위조사절차 등에 관한 고시」에도 담보에 관한 사항만 규정하고 있을 뿐이다. 그러나 동법상 잠정조치 신청은 조사신청인의 권리로서 인정해 주고 있으므로 잠정조치는 무역위원회의 동 조항의 유권해석을 통해서 시행될 수 있을 것이다. 이하에서는 동 조항의 해석을 통한 잠정조치의 시행절차에 관하여 검토해 보고자 한다.

㈏ 잠정조치 시행절차

a) 잠정조치 신청

무역위원회에 조사를 신청하였거나 무역위원회가 직권으로 조사 중인 불공정무역행위로 인하여 회복할 수 없는 피해를 입고 있거나 입을 우려가 있는 자는 무역위원회에 불공정무역행위의 중지 그 밖에 피해를 예방할 수 있는 조치를 하여 줄 것을 신청할 수 있다.[360]

b) 잠정조치 시행결정

무역위원회는 잠정조치의 신청이 있는 경우 신속하게 조사를 완료하여 잠정조치의 시행여부를 결정하여야 한다.[361] 그런데 관련 법규상 조사기간에 관

---

359) 산업피해구제법 제7조(잠정조치) ① 무역위원회는 조사를 신청하였거나 무역위원회가 직권으로 조사 중인 불공정무역행위로 회복할 수 없는 피해를 입고 있거나 입을 우려가 있는 자는 무역위원회에 불공정무역행위의 중지나 그 밖에 피해를 예방할 수 있는 조치(이하 "잠정조치"라 한다)를 하여 줄 것을 신청할 수 있다.
② 무역위원회는 잠정조치의 신청을 받으면 신속하게 조사를 끝내고 잠정조치의 시행 여부를 결정하여야 하며, 잠정조치의 시행을 결정한 경우에는 지체 없이 해당 행위자에게 불공정무역행위의 중지를 명하거나 그 밖에 필요한 조치를 하여야 한다.
③ 무역위원회는 잠정조치를 시행하기 위하여 필요하다고 인정하면 관계 행정기관의 장에게 협조를 요청할 수 있다. [전문개정 2008. 3. 21.]

360) 산업피해구제법 제7조 제1항.

하여 규정되어 있지 않은바, 통상적인 조사신청에 대한 조사개시 기한인 30일로 봄이 적절하다고 생각된다. 특히 동법에서 '신속하게 조사를 완료하여'라고 규정하고 있는바 최종판정을 위한 조사기간보다는 단축되는 것이 타당하다고 생각된다.

c) 담보제공

잠정조치 신청시 신청인은 담보를 제공하여야 한다.[362] 담보제공과 관련한 절차는 국세기본법 제29조 내지 제32조의 규정을 준용하고 있으므로, 일반적인 절차에 따라 시행하면 될 것이다. 따라서 담보관련 절차에 관해서는 특별한 언급은 하지 않도록 하겠다.

d) 잠정조치의 종료

산업피해구제법에는 잠정조치의 신청을 받아들이지 않거나 불공정무역행위에 대한 조사·판정절차가 종료한 경우에 담보를 반환하도록 규정하고 있으나, 잠정조치의 종료에 관하여는 규정하고 있지 않다. 따라서 해석상 잠정조치신청을 위하여 담보를 제공한 신청인은 잠정조치가 시행된 후 무역위원회의 조사 사건에 대한 최종결론이 있을 때까지 담보를 반환받지 못한다고 볼 수 있다. 또한 동 조항을 유추 해석해 보면 잠정조치는 최종판정이 나기 전까지 지속될 수 있는 것으로 해석할 수 있다. 무역위원회의 잠정조치는 최종판정에 근거한 시정조치와 세부적인 조치 내용에서만 차이가 있을 뿐 그 효과 면에서는 차이가 없어 보인다.

㈐ 조치내용

a) 불공정무역행위의 중지

산업피해구제법 제7조에서 잠정조치의 내용 중 '불공정무역행위의 중지'

---

361) 산업피해구제법 제7조 제2항.

362) 산업피해구제법 제8조(담보제공) ① 잠정조치를 신청하는 자는 제7조 제2항에 따른 잠정조치의 시행 여부를 결정하기 전까지 무역위원회에 담보를 제공하여야 한다.
② 제1항에 따른 담보의 종류·평가·제공방법과 담보의 변경·보충에 관하여는 국세기본법 제29조부터 제32조까지의 규정을 준용한다. 이 경우 "세무서장"은 "무역위원회"로 본다.
③ 무역위원회는 잠정조치를 시행하지 아니하기로 결정하거나 제9조 제1항에 따라 불공정무역행위에 대한 조사·판정 절차를 끝낸 경우에는 담보를 되돌려 주어야 한다.
④ 제1항부터 제3항까지에 규정된 사항 외에 담보 제도의 운영에 관하여 필요한 사항은 대통령령으로 정한다. [전문개정 2008. 3. 21.]

가 있는바, 동법 제4조에서 지적재산권 침해물품 등을 수입・수출・국내판매・수출목적의 제조를 불공정무역행위라고 정의하고 있으므로 위의 행위들을 중지하는 조치를 취하는 것이 잠정조치의 내용이 될 것이다. 무역위원회가 잠정조치 또는 시정조치 시행을 결정하여 불공정무역행위의 중지를 명하였으나 그 명령을 위반한 경우에는 3년 이하의 징역 또는 3천만 원 이하의 벌금을 부과할 수 있다.[363]

b) 그 밖의 피해를 예방할 수 있는 조치

동법 제7조에서는 기타 잠정 조치로 '그 밖의 피해를 예방할 수 있는 조치'라고 규정하고 있다. 하위 법규에 이에 대한 규정이 없는바, 이에 대해 신청인이 적절한 조치를 제시하고 무역위원회가 신청에 따라 또는 직권으로 판단해야 할 것으로 보인다. 구체적으로 인정될 것으로 보이는 제도는 조사대상물품의 압류, 수입된 물품의 경우 반송 등이 포함될 것으로 보인다. 다만 잠정조치는 조치로 인한 피신청인의 권리와 이익이 회복될 것을 전제로 하는 것이므로 물품의 몰수 등은 인정될 수 없을 것이다.

(2) 관세청의 지적재산권 침해물품 통관보류제도

세관의 통관보류조치란 세관장이 신청(담보제공) 내지 직권에 의해 지적재산권 침해의심물품에 대하여 일정기간 통관을 보류하고 침해여부를 판단하는 것을 말하며, 그 근거 법률은 관세법 제235조[364]이다. 세관의 통관보류조치 대

---

363) 산업피해구제법 제40조 제1항.

364) 관세법 제235조(지적재산권 보호) ① 상표법에 의하여 등록된 상표권(이하 "상표권"이라 한다)을 침해하거나 「저작권법」에 따른 저작권과 저작인접권 또는 「컴퓨터프로그램보호법」에 따른 프로그램저작권(이하 이 조에서 "저작권 등"이라 한다)을 침해하는 물품은 수출 또는 수입할 수 없다. <개정 2007. 12. 31.>
② 관세청장은 상표권 또는 저작권 등을 침해하는 물품의 효율적인 단속을 위하여 필요한 때에는 상표권을 등록한 자 또는 「저작권법」 및 「컴퓨터프로그램보호법」에 따라 저작권 등을 등록한 자로 하여금 상표권 또는 저작권 등에 관한 사항을 신고하게 할 수 있다. <개정 2007. 12. 31.>
③ 세관장은 수출입신고된 물품이 제2항의 규정에 의하여 신고된 상표권 및 저작권 등을 침해하였다고 인정되는 때에는 그 상표권 및 저작권 등을 신고한 자에게 수출입신고사실을 통보하여야 한다. 이 경우 통보를 받은 상표권신고자 및 저작권 등 신고자는 세관장에게 담보를 제공하고 수출입신고된 물품의 통관보류를 요청할 수 있다. <개정 2007. 12. 31.>
④ 상표권 및 저작권 등을 보호받고자 하는 자는 세관장에게 담보를 제공하고 당해 물품

상이 되는 지적재산은 상표권과 저작권뿐이며, 특허권 등은 포함되지 않고 있다.[365] 또한 침해물품의 효율적 단속을 위해 상표권과 저작권의 사전신고제도를 운영하고 있다.[366]

1) 제도의 의의 및 근거 법률

지적재산권을 보호하기 위하여 체결된 TRIPs 협정에 따라 세관은 산업발전을 저해하고 소비자를 기만하는 행위로 국제적으로 금지되고 있는 불공정무역행위인 상표권 및 저작권을 침해하는 물품의 수출입을 금지하고 있다.

이에 따라 관세법 제235조는 산업발전을 저해하고 소비자의 이익을 침해하는 상표권 침해 및 저작권 침해물품의 수출입을 금지하고 침해 우려 상품에 대해 통관보류를 할 수 있음을 규정하고 있다. 관세법 제235조에 의하여 상표권 및 저작권 침해물품을 수출 또는 수입하는 행위는 금지된다. 이때 관세청장은 상표권 또는 저작권 등을 침해하는 물품의 효율적인 단속을 위하여 상표권 및 저작권, 저작권 등을 등록한 자로 하여금 상표권 또는 저작권 등에 관한

의 통관의 보류를 요청할 수 있다. <개정 2007. 12. 31.>

⑤ 제3항 및 제4항의 규정에 의한 요청을 받은 세관장은 특별한 사유가 없는 한 당해 물품의 통관을 보류하여야 한다. 다만, 수출입신고를 한 자가 담보를 제공하고 통관을 요청하는 때에는 다음 각 호의 물품을 제외하고는 해당 물품의 통관을 허용할 수 있다. <개정 2007. 12. 31.>

1. 위조 또는 유사한 상표를 부착한 물품
2. 저작권 등을 침해하는 불법복제된 물품

⑥ 제2항 내지 제5항의 규정에 의한 상표권 및 저작권 등에 관한 신고, 담보제공, 통관의 보류 및 허용 등 에 관하여 필요한 사항은 대통령령으로 정한다. <개정 2007. 12. 31.>

⑦ 세관장은 수출입물품이 상표권 및 저작권 등을 침해하였음이 명백한 경우에는 대통령이 정하는 바에 따라 직권으로 해당 물품의 통관을 보류할 수 있다. 이 경우 세관장은 해당 물품의 신고인에게 그 사실을 즉시 통보하여야 한다. <신설 2006. 12. 31, 2007. 12. 31.>

365) 전술한 대로, TRIPs 협정 제51조는 지적재산권 침해물품 통관조치 대상으로 상표권, 저작권은 의무사항으로, 특허권 등 기타 지적재산권은 선택사항으로 규정하고 있다.

366) 우리나라는 그 동안 상표권에 관해서는 세관당국의 직권에 의한 국경조치를 인정하고 있었으나, 저작권에 관해서는 사전신고제도도 없고, 세관직권에 의한 국경조치도 취한 적이 없다. 상표권과 비교해 볼 때 저작물은 그 침해여부를 판단하기가 상대적으로 더 어렵기 때문이다. 그러나 한미 FTA 협정문을 통해 국내의 법률이 개정되었고 향후 이를 위해서는 세관 내 저작권 관련 충분한 데이터 확보, 저작권 전문가 배치, 세관직원에 대한 저작권 관련법의 충분한 교육 등이 필요하다.

사항을 신고하게 할 수 있다.[367] 이 규정과 관련하여 관세청은 지적재산권 보호를 위한 수출입통관 사무처리에 관한 고시(관세청 고시 제2008-10호)를 통하여 지적재산권 관련물품의 수출입통관 사무처리 지침을 마련하고 있다.

관세청은 무역위원회 및 사법당국의 지적재산권 보호를 위한 제도와는 별개로 신속한 권리구제와 공정무역질서의 확립을 위하여 동 제도를 실시하고 있다.[368] 일본세관과는 달리 특허권 등에 대한 통관보류제도는 실시하지 않고 있고 상표권·저작권에 대해서만 적용하고 있는바, 이는 특허권 관련 사항은 고도의 기술적 판단을 요하므로 현재로서는 지적재산권에 관한 한 비전문기관인 관세청에서 관여해서는 안 된다는 취지를 담고 있다고 보인다. 또한 최종적인 침해여부 판단은 사법당국에 일임하고 있다.

삼성 SDI의 PDP에 대한 일본 세관의 통관보류 사건[369] 이후에 한국의 관세법에도 특허권 침해 우려 물품에 대해서도 통관보류를 적용해야 한다는 주장이 나오고 있으나 아직까지는 관세법 개정에 반영을 하고 있지는 않다.

2) 상표권 및 저작권 등의 사전신고제도

상표법에 의해 상표권을 등록한 자 및 저작권법 또는 컴퓨터프로그램보호법에 의하여 저작권 등을 등록한 자는 관련 서류를 세관장에게 제출하여 침해물품의 수출입으로부터 당해 상표권 및 저작권 등을 보호받을 수 있다.[370] 우리나라는 그 동안 저작권의 사전신고제도를 운용하고 있지 않았으므로 최근에서야 상표권 위주의 관련규정이 개정되어 저작권 관련 규정이 삽입되었다. 국경에서의 저작권 보호는 신고된 저작권 중심으로 이루어질 수밖에 없으므로 보호받고자 하는 저작권자들은 무엇보다 먼저 세관에 신고를 해야 할 것이고, 세관직원들도 저작권자들이 제공하는 정보를 기초로 수출입 통관업무에 임하게 될 것이다. 이를 위해서 현재 우리나라의 저작권 관련 업무를 맡고 있는 저작권위원회와의 자료 공유, 미국의 "지적재산권 모듈"과 같은 자동화된 전산체계를 통해 관련 정보들을 쉽게 검색하여 침해여부 판단에 도움을 줄 수 있

367) 관세법 제235조 제2항.

368) http://www.customs.go.kr, 지적재산권 보호.

369) 이와 관련하여 일본의 통관보류제도의 TRIPs 협정에의 합치성에 관한 자세한 연구는 전정기·이우석, 앞의 논문, 89-110면 참조.

370) 고시 제2-1조 제1항, 제2항.

는 장치의 고안 및 도입 등도 필요할 것이다.

3) 상표권 및 저작권 등 침해 물품의 통관보류절차[371)]

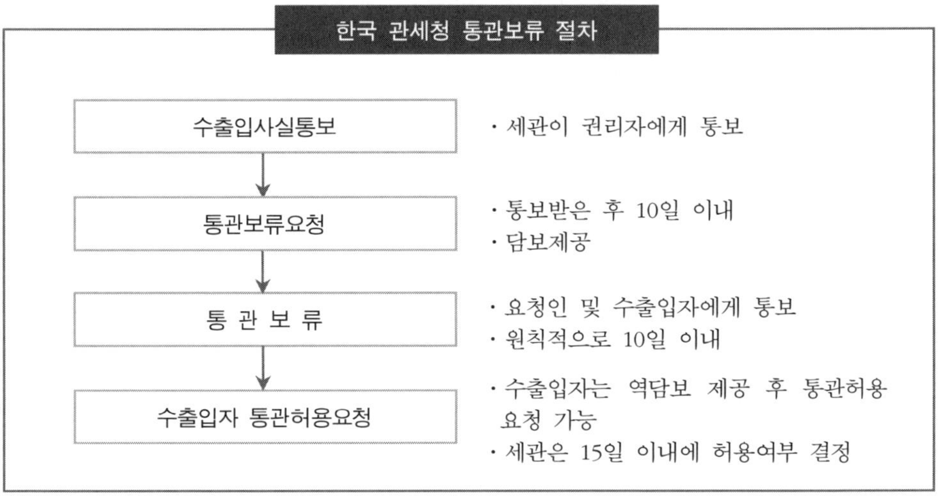

상표권 및 저작권 등을 보호받고자 하는 자는 세관장에게 담보를 제공하고 수출입신고된 물품의 통관보류를 요청할 수 있다.[372)] 세관장은 수출입물품이 상표권 및 저작권 등의 침해가 명백하여 통관보류된 경우, 수출입신고시 상표를 허위로 신고한 경우 등에는 상표법, 저작권법 또는 컴퓨터프로그램보호법 위반혐의로 조사를 의뢰하여야 한다.[373)]

㈎ 지적재산권 침해우려 물품 수출입사실 통보[374)]

상표권·저작권 등의 권리자는 자신의 권리를 효율적으로 보호받기 위하여 세관에 권리를 신고할 수 있다. 이에 근거하여 세관은 신고된 상표권·저작권 침해 우려 물품이 수출입신고가 되면 해당 권리의 신고인에게 동 사실을 통보하여야 한다.[375)]

---

371) 동 절차는 관세법 제235조 제7항에 의해 저작권에도 준용된다.

372) 관세법 제235조 제4항.

373) 「지적재산권보호를 위한 수출입통관 사무처리에 관한 고시」 제7-3조.

374) 고시 제2-1조.

375) 관세법 제235조 제3항, 고시 제2-1조 제3항.

㈏ 권리자의 통관보류 요청[376)]

세관으로부터 침해우려물품의 수출입사실을 통보받은 권리자는 10일 이내에 물품 과세가격의 120/100에 해당하는 담보를 제공하고 통관보류를 요청할 수 있다.

㈐ 통관보류[377)]

권리자의 통관보류요청을 접수한 세관장은 수출입물품이 신고된 상표권·저작권을 침해하였다고 인정되는 경우에는 당해물품의 통관을 보류하고 통관보류사실을 통관보류요청인 및 수출입업자에게 통보해야 한다.[378)] 통보를 받은 수출입신고자는 통보를 받은 날로부터 7일 이내에 세관장에게 당해물품이 상표권 또는 저작권 등을 침해하지 않았음을 소명하는 자료를 제출할 수 있다.[379)]

㈑ 통관보류기간[380)]

통관보류기간은 원칙적으로 통관보류요청인이 통관보류 사실을 통보받은 날로부터 10일 이내로 하며,[381)] 세관장은 통관보류요청인이 통관보류 사실을 통보받은 후 10일 이내에 법원에 제소한 사실을 입증하거나 통관보류를 계속하도록 하는 법원의 가처분결정 사실이 통보된 경우에는 당해물품에 대한 통관보류를 계속할 수 있다.

㈒ 수출입자의 통관허용 요청[382)]

수출입자는 권리자의 요청에 의하여 통관보류된 물품에 대하여 통관허용요청서 및 상표권 및 저작권 등을 침해하지 않았음을 증명하는 소명자료 등을 세관장에게 제출하고 통관보류요청인이 제공한 담보금액의 100분의 25를 가산한 금액을 담보로 제공하고 통관보류물품의 통관허용을 요청할 수 있다.[383)] 수

---

376) 고시 제4-1조.
377) 고시 제3-1조.
378) 고시 제3-1조.
379) 고시 제3-1조 제5항.
380) 고시 제4-2조, 고시 제4-3조.
381) 고시 제4-2조.
382) 고시 제5-1조 및 제5-3조.
383) 고시 제5-1조 제2항.

출입자의 통관허용요청을 접수한 세관장은 필요한 경우에 관세청장과 특허청장 등 관계기관과 협의하거나 관계전문가의 의견을 들어 15일 이내에 통관허용 여부를 결정해야 한다.[384)]

[불공정무역조치와 통관보류조치의 비교]

구 분	불공정무역조치	통관보류조치
근거법률	대외무역법 제39조 불공정무역행위조사 및 산업피해 구제에 관한 법률 제4조	관세법 제235조
목 적	불공정무역행위로 인한 지적재산권 권리자의 피해를 방지	상표권, 저작권 침해물품의 유입 방지
대상 지적재산권	특허권, 상표권, 저작권, 실용신안권, 의장권 등	상표권, 저작권
조사개시	직권 내지 신청 (자격제한 없음)	직권 내지 신청 (권리관계자)
결정기관	무역위원회	세관장
효 과	수입중지, 폐기처분, 위반사실공표	통관보류
장 점	국경선뿐만 아니라 국내시장으로 유입된 경우에도 가능	국경선에서 침해물품 통관보류, 세관장의 판단만으로 가능
단 점	잠정조치(통관보류)의 집행시 관세청 등의 협조가 필요	국경선을 통과하여 국내시장 유입시에는 조치불가능

4. 정 리

현대사회에서 지적재산권은 기술 산업 발전의 척도이며 부가가치를 창출하는 국가의 핵심 성장동력으로 각광받고 있다. 이에 따라 각국은 지적재산권 보호의 정도를 강화하고 있으며, 이는 국내 정책적인 현상일 뿐만 아니라 대외무역과 관련하여 특히 FTA 체결에서도 잘 드러나고 있다. 지적재산권은 한번 침해되면 막대한 손해가 초래될 수 있으므로 FTA 등의 협정에서는 지적재산권의 효율적인 보호를 위한 집행조치의 수준을 강화하고 있는 추세이다.

이러한 지적재산권의 집행의 효율성과 관련하여 지적재산권 침해물품이

384) 고시 제5-3조.

일단 국경을 넘어 시장에 유통되는 경우에는 단속 및 압류 등 효율적인 집행이 어렵기 때문에 미국 등 선진국에서는 이미 국내적으로 국경조치(border measure)를 시행하여 왔으며 이는 TRIPs 협정에 반영되었다. 최근 각국이 FTA 협정 등의 체결할 경우 지적재산권 집행에 관하여 TRIPs-plus 형태의 보호조치를 취하는 경우가 많고, 우리나라도 미국과의 FTA 체결로 지적재산권 집행의 수준이 상당히 강화되었다.

미국의 경우 무역위원회의 불공정무역행위 배제명령제도와 세관에 의한 통관금지조치를 시행하고 있다. 전자는 관세법 제337조에 근거하여 권리자의 요청 내지 직권에 따라 미국에 등록된 지적재산권의 침해여부를 판단하여 관세당국에 해당물품의 수입금지를 명령하는 제도이다. 또한 미국세관은 우선 미국 ITC의 수입배제명령에 따라 해당물품에 관한 국경조치를 할 수 있고, 신고된 상표권 및 저작권에 관해서는 직권으로 국경조치를 취할 수 있으며, 신고되지 않은 경우도 이론적으로는 국경조치를 취하는 것이 가능하다.

우리나라는 미국의 제도를 상당부분 반영하여 FTA 협상을 타결하였고 그 결과 관련 국내규정이 다소 개정된 바 있다. 우리나라의 국경조치제도를 살펴보면 무역위원회의 불공정무역행위 조사제도와 잠정조치 및 관세청의 지적재산권 침해물품 통관보류제도가 시행되고 있다. 한편 TRIPs 협정에 따라 세관당국은 불공정무역행위인 상표권 및 저작권을 침해하는 물품의 수출입을 금지하고 있는데, 관세법 제235조에 따라 관세청장은 상표권 또는 저작권 등을 침해하는 물품의 효율적인 단속을 위하여 상표권 및 저작권, 저작권 등을 등록한 자로 하여금 상표권 또는 저작권 등에 관한 사항을 신고하게 할 수 있다. 관세청의 통관보류제도는 무역위원회 및 사법당국의 지적재산권 보호를 위한 제도와는 별개로 신속한 권리구제와 공정무역질서의 확립을 위하여 실시되고 있다.

우리나라 관련 법률이 개정된 지 얼마 되지 않았고, 과거보다 지적재산권의 보호의 수준이 상당히 높아졌기 때문에 제도적 미비 및 시행 과정에서의 시행착오도 있으리라 생각된다. 이제 제도의 큰 틀이 마련된 만큼 이를 기회로 하여 지적재산권 침해물품에 대한 단속을 강화하고, 조사제도의 적극적인 활용을 통하여 국가의 장기적인 산업발전 및 신인도 향상을 도모해야 할 것이다.

제6장 한미 FTA 협정과 저작권법

I. 미국 스페셜 301조 보고서와 우리나라

국제무역에 있어서 지적재산권이 차지하는 중요성이 나날이 증가하고 있으며, 지적재산권법은 기술발전에 따라 급속도로 변하고 있고, 이를 둘러싼 국가 간의 이해관계 또한 첨예하게 대립하고 있다. 미국무역대표부(USTR)는 무역상대국들의 무역장벽과 지적재산권 이행상황에 지대한 관심을 갖고 있는바, 매년 3월 초에 무역정책의제(Trade Policy Agenda)를 발표하여 포괄적으로 자국의 무역정책을 밝히고 있으며, 각국에서 들어온 모든 분야의 무역장벽에 관한 정보들을 분석 종합하여 3월말에 미국이 무역상 이익을 갖는 전 분야에 걸친 국별무역장벽(NTE) 보고서를, 그리고 4월말에는 지적재산권 보호에 관한 스페셜 301조 보고서를 의회에 제출하고 있다.[1)] 즉 미국무역대표부가 무역과 관련하여 의회에 제출하는 가장 중요한 보고서가 바로 NTE 보고서와 스페셜 301조 보고서이다.[2)]

---

1) 미국헌법은 견제와 균형의 원리에 따라 관세 부과 권한을 비롯한 외국과의 통상에 관한 권한(power to regulate commerce with foreign nations)을 연방의회에 부여하고 있으며(미국 헌법 제1조 8항), 행정부는 의회의 위임 없이는 구체적인 권한행사를 하지 못한다. 실제 의회는 권한 행사를 행정부에 위임하는 대신에 행정부의 의회에 대한 각종 보고 의무를 부과하고 있다. 미국의 대외정책에 대한 의회의 역할에 대해서는 L. Henkin, *Foreign Affairs and the U.S. Constitution* (Oxford: Oxford University Press, 1996), pp.63-82 및 최인범, 「미국의 통상정책: 변천사와 형성과정」(서울: FKI미디어, 2002), 73-123면 참조.

미국무역대표부가 지적재산권 보호와 관련하여 각국의 이행상황을 매년 4월 30일까지 의회에 보고하는 스페셜 301조 보고서가 나오기까지의 과정을 보면, 매년 2월 중순에 국제지적재산권연맹(IIPA)이 미국의 지적재산권 관련업계의 의견을 수렴하여 각국의 지적재산권 보호 상황을 종합 정리한 지적재산권 이행보고서를 발간하고, 3월에는 주한미국상업회의소(AMCHAM)가 한국의 전반적인 무역장벽과 지적재산권 보호 상황을 본국의 무역대표부에 보고하고 있으며, 한국주재 미국대사관이 한국의 지적재산권 보호 상황을 본국에 보고함은 물론이다. 이러한 각종 보고서들을 USTR이 종합하여 매년 4월 30일 의회에 보고하는 것이 스페셜 301조 보고서이고, 이는 무역 상대국들의 지적재산권 관련 정책결정에 커다란 영향을 끼치고 있다.

먼저 미국 통상법 301조의 기본개념과 스페셜 301조 보고서의 의의를 알아보고, 그 준비 과정과 최근 2000년대에 발표된 보고서들의 주요내용을 알아본 후, 그 변화추이와 앞으로의 전망에 대해 생각해볼 것인데, 특히 우리나라 관련 부분에 주목할 것이다. 특히 2004년 스페셜 301조 보고서에서 우리나라가 감시대상국(WL)에서 우선감시대상국(PWL)으로 상향 조정된 배경과 2005년 다시금 감시대상국으로 조정된 것에 대한 배경,[3] 미국의 우리 정부에 대한 지적재산권 보호 요구사항과 우리 저작권법의 현실, 보고서가 우리에게 갖는 시사점 등을 알아보고, 나아가 우리의 대응방안은 어떠해야 할지를 검토해 보고자 한다.

1. 통상법 301조와 스페셜 301조 보고서

미국 통상법 301조는 일반적으로는 통상법 301조라고 통칭하고 있으나, 실제로는 미국종합무역법 301-309조를 의미하는 일반 301조, 310조로 대표되는 슈퍼 301조, 74년 통상법 182조로 대표되는 스페셜 301조 등으로 구성되어 있다. 이 세 가지의 궁극적인 목표는 동일하겠지만,[4] 실제 발동요건이나 절차

---

2) 미국뿐만 아니라 EU, 일본, 우리나라도 매년 외국의 통상장벽을 조사하여 발간하고 있다. 우리나라의 경우는 외교통상부, 「외국의 통상환경」(2008. 12.) 등 참조.

3) 2006~2008년에도 우리나라는 여전히 감시대상국으로 지정되어 미국의 불만의 대상이 되고 있다.

4) 가장 기본적인 목적은 미국기업에 대한 무역상대국의 시장접근기회 보장이라 할 수 있

등은 조금씩 다른 모습을 보이고 있다. 지적재산권보호와 관련한 미국 통상법이라 함은 1974년 통상법 182조에 근거를 둔 스페셜 301조와 미국 관세법 337조를 주로 일컫는다. 미국 관세법 337조란 미국에 수입되는 물품이 특히 미국의 특허권, 상표권, 저작권 등 지적재산권을 침해한 상품일 경우, 이를 불공정 수입으로 간주하여 당해 물품의 수입금지 등 엄격한 제재조치를 취하는 조항을 의미한다.

통상법 301조란 미국의 교역상대국이 자국에 대해 불공정무역관행을 실시하거나 불리한 무역정책을 채택하거나, 혹은 부당한 법률을 적용하는 경우, 미국 무역대표부가 기존 무역협정의 정지 또는 파기, 무역협상 추진, 관세율 인상, 수입제한 등 보복조치를 단행할 수 있도록 광범위한 재량권을 부여한 법률조항이다. 통상법 301조는 교역상대국과의 무역을 통하여 미국산업이 피해를 받는다고 판단되면, 그 국가에 대해 미국이 일방적으로 보복조치를 취할 수 있고,[5] 보복대상도 제한이 없는 것으로 규정하고 있다. 여기서 미국산업의 피해란 산업시설의 조업단축, 유통단계상의 재고증가, 고용감소 및 불완전 고용, 산업과 적정이윤의 감소 등을 의미한다.

통상법 301조는 자의적이고 광범위한 보복적 법률조항으로서 미국이 그 교역상대국의 상품시장과 서비스시장 개방을 관철시키기 위해 빈번히 활용하는 가장 강력한 비장의 무기로 사용하고 있다.[6] 외국의 불공정무역관행에 대한 일방적 조치를 허용하는 미국 통상법 301조에 대하여 세계 각국은 이 규정

다: M. K. Young, *United States Trade Law and Policy* (Durham: Carolina Press, 2001), pp.85-114. 통상법 301조와 관련한 상세한 내용은 J. Bhagwati & H. T. P. Patrick (ed.), *Aggressive Unilateralism: America's 301 Trade Policy and the World Trading System* (New York: Harvester Wheatsheaf, 1991)을 참조.

5) 바로 이러한 일방주의적 성격이 많은 비판의 대상이 되어 왔으며, 특히 WTO 출범 후 분쟁해결양해(Dispute Settlement Understanding: DSU)에서 다자주의를 규율하고 있는 DSU 제23조와의 충돌문제가 논의의 대상이 되어 왔다. 바나나분쟁으로 첨예하게 대립하던 EC가 이 문제를 WTO 분쟁해결기구에 제소하여 2000년 1월 패널보고서가 채택되었으며, 그 주된 내용은 미국이 동 301조를 WTO 규범에 합치되게 행사한다는 약속에 따라 한정적 합치 결정을 내렸다(WT/DS152: 2000년 1월 27일 채택).

6) 통상법 301조의 구체적 내용과 실제 발동 절차에 관한 국내문헌으로는 최승환, 「국제경제법」, 제2판(서울: 법영사, 2001), 491-505면; 이병호, 안덕근, "외국의 무역장벽 등에 대한 제도적 대응방안 검토," 「무역구제」(2002. 1. 겨울호), 5-24면 및 최원목, "우리나라 무역보복조치 제도의 발전방향," 「국제거래법연구」 제12집(2003), 201-226면 참조.

이 WTO DSU 제23조에 명시적으로 위반된다고 주장하여 왔으며, 미국과 바나나 분쟁으로 첨예하게 대립하던 EC가 이 문제를 WTO에 제소한 바가 있었으나 기대한 만큼의 성과를 거두지는 못하였다.[7)]

슈퍼 301조는 미국기업이 시장참여기회를 제한 받는 등 외국정부에 의해 차별을 받는 경우나 미국기업의 설립기회가 주어지지 않는 경우 발동되며, 그 법적 근거는 1988년 제정된 미국 종합무역법에 의해 신설되어 교역상대국에 대한 무차별 보복이 가능토록 규정한 통상법 310조를 의미한다.[8)] 즉, 슈퍼 301조는 미국이 자국에 대한 교역상대국의 불공정한 무역관행을 제거하기 위하여 우선협상대상관행을 지정하고, 통상협상을 추진하거나 혹은 이를 거치지 않더라도 무역보복조치를 단행할 수 있도록 규정하고 있다.[9)] 1997년 말 만료한 슈퍼 301조를 1999년 3월 31일 향후 3년간 부활한다고 밝힌 바 있었으나, 2002년 3월 이후 효력을 상실하였다.[10)]

스페셜 301조란 미국이 자국의 특허권, 상표권, 저작권 등 지적재산권을 보호하기 위하여 이를 침해한 나라[11)]를 우선협상대상국이나 우선감시대상국, 감시대상국으로 지정하여 그 나라와 지적재산권 분야에 관한 협상을 하거나 필요한 무역상의 보복조치를 단행할 수 있도록 한 미국 통상법 182조를 의미한다.[12)] 일반 301조나 슈퍼 301조가 모든 분야에 일반적 적용가능성을 갖는

---

7) 자세한 내용은 "WTO Dispute Involving Sections 301-10 of the US Trade Act of 1974," in: T. P. Stewart & A. S. Dwyer, *Handbook on WTO Trade Remedy Disputes: The First Six Years(1995-2000)*(New York: Transnational, 2001), pp.446-454 참조. WTO 체제상 일방적 보복조치의 정당성 문제에 대해서는 최승환, 앞의 책, 221-232면 참조.

8) 슈퍼 301조의 구체적 내용과 실제 적용 사례에 대해서는 T. O. Bayard & K. A. Elliott, *Reciprocity and Retaliation in U.S. Trade Policy* (Washington, DC: Institute for International Economics, 1994) 참조.

9) 실제 미국은 1980년대 우리나라에 지적재산권의 강력한 보호 요구를 하면서 이 조항을 많이 활용한 것으로 보인다. 한미 간의 지적재산권 협상 과정에 대해서는 임근영, "한미 지적재산권 협상의 역사적 고찰,"「창작과 권리」 2003년 봄호, 126-151면 참조.

10) 그러나 슈퍼 301조는 필요에 따라 행정명령으로 언제든지 부활시킬 수 있다. 미국 통상법 운용의 역사에 대해서는 W. A. Lovett, *et al.*, *U.S Trade Policy: History, Theory and WTO*, 2nd ed. (London: M. E. Sharpe, 2004), 국내문헌으로는 오영호, 「미국 통상정책과 대응전략」(서울: 나남출판, 2004) 참조.

11) 구체적으로는 효율적인 지적재산권 보호를 부인하거나 지적재산권 보호와 관계된 미국인에게 공정하고 공평한 시장접근을 부인하는 국가 등을 말한다.

12) Young, *op.cit.*, pp.107-111.

데 반하여, 스페셜 301조는 특히 지적재산권 분야에 한정되는 조항이라 할 수 있다. 미국이 일반 301조나 슈퍼 301조의 적용으로도 협상을 통해 불공정관행을 제거할 수 있음에도 불구하고 별도로 스페셜 301조를 제정한 것은 지적재산권 분야가 특히 1980년대 들어 미국의 비교우위산업임을 확인하고, 그 보호를 강화하고 미국의 무역상의 이익을 공고히 하려는 목적인 것으로 보인다.[13)]

미국의 1988년 종합무역법 제1303조와 제1304조는 지적재산권에 대한 적절한 보호 또는 시장접근을 부인하는 국가에 대하여 미국무역대표부가 우선협상대상국(PFC)으로 지정하고, 지정된 국가에 대하여는 301조에 의한 직권조사를 의무화하고 있다. PFC 지정 후 30일 이내에 조사개시여부 결정 및 6~9개월간 협의를 거쳐 보복조치 발동여부를 결정한다.[14)] 결정에 따른 보복조치로는 무역상의 특혜정지, 관세부과나 기타 수입제한, 그리고 구속력 있는 협정의 체결 등을 할 수 있으며, 개도국의 경우 일반특혜관세(GSP) 부여를 제한하기도 한다.

지정과정에서 미국무역대표부는 해당국가가 우선협상대상국으로 지정된 전례가 있는지를 비롯하여 해당국가의 지적재산권 법령 및 관행의 역사를 고려하여야 하고, 지적재산권에 대한 적절하고 효과적인 보호와 시행을 위한 노력 등을 평가하여야 한다. 그리고 미국무역대표부는 적절한 이유가 있다고 판단되면, 우선협상대상국가의 지정을 취소할 수 있으며, 추가로 지정할 수도 있다. 더욱 나아가 특정국가가 WTO TRIPs 협정을 준수하고 있다고 하더라도 지적재산권에 대한 적절한 보호를 하고 있지 않다고 무역대표부가 판단할 수도 있도록 되어 있는데, 이는 TRIPs 협정상 최소보호기준의 원칙[15)]과 충돌할

---

13) 미국은 이 무렵부터 특히 통상으로서의 지적재산권의 중요성을 인정하고 지적재산권의 국제적 보호에 많은 노력을 기울이게 된다. 상세한 내용은 H. Stalson, *Intellectual Property Rights and U.S. Competitiveness in Trade* (Washington, D.C.: National Planning Association, 1987), M. P. Ryan, *Knowledge Diplomacy: Global Competition and the Politics of Intellectual Property* (Washington, D.C.: Brookings Institution Press, 1998) 및 S. K. Sell, *Private Power, Public Law: The Globalization of Intellectual Property Rights* (Cambridge: Cambridge University Press, 2003) 등을 참조.

14) 그러나 실제 적용에 있어서는 WTO에 제기되었던 미국 통상법 301조 사건의 결과로 앞으로 WTO 회원국에 대해서는 WTO 분쟁해결 절차를 거치지 아니하고 보복절차에 들어가지는 못할 것이다.

15) TRIPs 협정 제1조 1항 참조.

여지가 있다고 하겠다.[16)]

미국 관세법 337조는 지적재산권의 보호만을 목적으로 한 것은 아니나, 그 주된 목적은 지적재산권 규정을 위반한 외국제품의 미국 내 반입을 금지시키는 것이라 할 수 있다.[17)] 관세법 337조는 특정제품의 미국 수입시 불공정한 경쟁방법과 불공정한 행위를 금지할 뿐만 아니라 미국의 지적재산권을 침해한 제품의 수입을 불법으로 규정하고 있다.[18)] 통상법 301조가 교역상대"국"의 불공정무역행위를 규제하기 위함인 데 반하여, 관세법 337조는 교역상대국 "수출업체"의 불공정행위의 제재인 점에서 서로 다른 성격을 지니고 있다. 대표적인 불공정 사례로는 특허권,[19)] 상표권, 저작권 위반 등은 물론이고, 상품형태 모방, 위조 및 유사품 판매, 기만적 허위광고 등도 불공정 사례로 간주되고 있다.

2. 스페셜 301조 보고서의 기본개념과 준비과정

국별 지적재산권 보호수준에 따라 발표되는 우선감시대상국(PWL: Priority Watch List)이나 감시대상국(WL: Watch List)의 지정은 미국이 각국의 지적재산권보호수준과 동향을 주의깊게 관찰하고 있다는 메시지를 교역대상국들에게 전달하기 위한 것으로 통상법 301조에 따른 조사 및 협상 절차가 개시되는 우

---

16) A. R. Miller & M. H. Davis, *Intellectual Property: Patents, Trade Marks, and Copyright* (St. Paul: West Group, 2000), pp.437-438.

17) 임철순, 「국제지적재산권 보호체제의 변화와 분쟁해결에 관한 연구」(청주대학교 대학원 박사학위논문, 1999.8), 118면. 발동요건과 절차는 최승환, 앞의 책, 503-505면 참조.

18) 미국 관세법 337조의 입법 과정과 구체적인 시행 절차 및 내용에 대해서는 W. W. Herrington & G. W. Thompson, *Intellectual Property Rights and United States International Trade Laws* (Dobbs Ferry: Oceana Publications, 2002) 참조. 과거 GATT 시절에 있었던 미국 관세법 337조 관련 사건에 대해서는 R. E. Hudec, *Enforcing International Trade Law* (London: Butterworths, 1993), pp.142-143 (Spring Assemblies Case) & 219-221 (Section 337 Case).

19) 최근 한국과 일본 간에 논란이 된 PDP-TV 통관 정지 사건은 특허 침해가 확정되지는 않았으나, 침해 여부를 놓고 소송 중인 제품에 대하여 당국이 통관을 금지할 수 있는가가 문제가 되었다. 양사는 향후 5년간 크로스 라이선싱을 하기로 합의하여 문제를 종결하였다. 미국 관세법 337조 (e)(1)은 침해여부를 놓고 ITC의 조사가 진행 중인 제품에 대해서도 침해라고 믿을 만한 정당한 사유가 있다고 결정하는 경우에는 통관을 금지할 수 있다. 이 경우 수입자는 공탁금을 걸고(under bond) 통관할 수 있다.

선협상대상국(PFC) 지정과는 달리 대상국에 대한 즉각적인 영향은 없지만, 실제로는 대상국가의 향후 지적재산권 관련 정책결정에 커다란 영향을 미친다. 우리나라의 경우도 외교통상부는 물론 다른 여러 정부부처가 매년 2, 3월경에 미국 업계의 의견 표명과 우리나라의 등급 지정과 관련하여 실제 스페셜 301조 보고서가 발표되기 전에 우리의 입장을 적극적으로 전달하는 등 많은 관심을 기울이고 있다.

[Special 301조 지정내용]

분 류	지 정 내 용
우선협상대상국 (PFC)	미국 지적재산권 상품에 대해 가장 심하게 부정적인 영향을 미치는 정책이나 관행을 유지하고 있거나, 이를 해결하려는 노력과 협상에 진전이 없을 때 지정함. PFC로 지정된 국가에 대해서는 30일 이내에 조사개시 여부를 결정함. 조사 결과에 따라 보복조치를 포함한 적절한 조치를 실행
우선감시대상국 (PWL)	지적재산권 보호수준이 미흡할 뿐만 아니라 지적재산권 관련 시장 접근에도 문제가 있는 국가에 대하여 지정하며, 경우에 따라 out-of-cycle review를 하기도 함
감시대상국 (WL)	주로 시장접근에 문제가 있는 경우에 지정

보고서가 나오기까지는 민간보고서들이 주요한 역할을 하고 있는데, 이에는 크게 두 가지가 있다. 미국 지적재산권보호 단체들의 연합체인 국제지적재산권연맹(IIPA)[20]이 업계와 소속단체들의 의견을 취합하여 매년 2월 중순에

20) URL: http://www.iipa.com

IIPA(International Intellectual Property Alliance, 국제지적재산연맹)는 1984년에 저작물의 국제적 보호를 증진시키려는 양자 및 다자적 노력의 일환으로 미국 저작권 관련 업체를 대표하기 위해 설립된 사적 연맹체이다. IIPA는 6개의 무역관련 협회로 구성되어 있으며, 각각은 미국 저작권 공동체의 중요한 일부를 형성한다. 이 회원 협회들은 세계적으로 저작권법에 의해 보호되는 저작물 —영업용 소프트웨어, 오락용 소프트웨어를 포함한 각종 유형의 컴퓨터 소프트웨어; 영화 필름, TV 프로그램, 가정용 비디오, 디지털 시청각 자료; 음악, 레코드, CD, 오디오카세트; 교재, 참고문헌 및 전문 서적과 저널 등— 을 제조하거나 배포하는 1,100개 이상의 미국 기업을 대표하고 있다. IIPA는 스페셜 301조 연례 재심에서 외국의 법령, 정책 혹은 관행이 지적재산권의 적절하고 효율적인 보호와 지적재산

IIPA 지적재산권 301조 보고서를 발표하고 있으며,[21] 이 보고서를 통하여 구체적으로 개별 나라들을 각각 PFC, PWL, WL 등 구체적인 등급으로 지정하여 줄 것을 USTR에 직접 건의한다.[22]

한편 미국 사무용소프트웨어연맹(BSA)은 비즈니스 소프트웨어 보호를 위하여 매년 6월 중순에 각국의 소프트웨어 보호실태와 각 국가별 소프트웨어 불법복제율, 그로 인한 미국 소프트웨어 업계의 손실추정액 등을 포함한 BSA 불법복제 보고서를 발표하고 있는데, 이는 미국이 각 개별국가들과 소프트웨어 지적재산권 보호를 위한 통상협상을 하는 데 있어서 매우 중요한 자료로 활용되고 있다.[23] 한국에 대해서는 소프트웨어 불법복제로 인한 손실액이 전체 저작물 불법복제 손실액의 80-90%를 차지하고 있다.[24]

에 의존하는 미국 국민의 공평하고 평등한 시장접근을 거부하는지에 관한 문제에 대해 미국 무역대표부와 긴밀히 협력하고 있다. 기술이 급속도로 발전함에 따라, IIPA는 고도의 저작권보호를 통해 국제 전자상거래 성장의 법적 기반으로서 중요한 구성요소가 될 것을 보장하는 데도 일익을 담당한다. IIPA의 회원 협회에는 AAP(Association of American Publishers, 출판협회), AFMA(American Film Marketing Association, 영화마케팅협회), BSA (Business Software Alliance, 사무용소프트웨어연맹), IDSA(Interactive Digital Software Association, 쌍방향디지털소프트웨어연맹), MPAA(Motion Picture Association of America, 영상물협회), RIAA(Recording Industry Association of America, 음반산업협회) 등이 있다.

IIPA는 한국을 2006년부터 줄곧 감시대상국(WL)으로 지정하고 있는데, 그 이전에 우선감시대상국(PWL)으로 분류했던 것에 비하면 한국의 저작권 상황에 대해 긍정적인 평가를 내리는 방향으로 입장이 바뀌고 있음을 알 수 있다. 다만, 동 협회에서 요구하는 저작권 보호의 정도는 상당히 높은 것이어서 감시대상국이라는 분류에서 제외되기 위해서는 상당한 시간이 소요될 것으로 보인다.

21) IIPA 스페셜 301조 보고서는 USTR의 보고서보다 훨씬 구체적인 내용을 담고 있으며, 업계의 의견을 종합하고 있는 관계로 USTR의 스페셜 301조 보고서 작성에 결정적인 영향을 끼친다.

22) 업계의 의견을 중요시하는 미국 정부 정책 결정의 특성상 우리나라의 등급을 낮추기 위해서는 우선적으로는 우리나라 지적재산권 법제의 정비가 중요하겠지만, IIPA, BSA, MPAA 등 업계 관계자와의 민간 외교도 중요한 역할을 할 것이다.

23) 자세한 내용은 www.bsa.org 참조. 2003년 6월 발표된 자료에 의하면 우리나라 영업용 소프트웨어의 경우 약 50%가 불법복제품이라고 한다.

24) 중국은 최근까지도 소프트웨어 불법복제율이 90%를 상회하고 있으며, 우리나라의 음반이나 게임 소프트웨어들도 중국에서 많이 불법복제되고 있는 것으로 보인다.

3. 최근 스페셜 301조 보고서의 주요내용

최근 수년 동안 발표된 스페셜 301조 보고서를 보면, 우리나라는 1999년 감시대상국(WL)에서 2000년과 2001년에는 우선감시대상국(PWL)[25]으로 조정되었다.[26] 2002년과 2003년에는 감시대상국(WL)으로 하향 조정되었으나, 2003년의 경우 비정기점검조건부 판정을 받아 가을에 비정기 점검을 통하여 2004년 1월 9일 다시 우선감시대상국(PWL)으로 상향 조정된 바 있으며, 2004년 정기보고서에서도 그대로 유지되었다. 그러던 중 2005년에 WL로 다시금 조정되었고, 2008년 현재까지 동 평가가 계속 유지되고 있다.

[한국에 대한 스페셜 301조 보고서의 연례심사 결과(2000-2008)]

연 도	2000	2001	2002	2003	2004	2005	2006	2007	2008
평 가	PWL	WL	WL	WL	PWL	WL	WL	WL	WL

(1) 2002년 스페셜 301조 보고서의 주요내용

2000년과 2001년의 경우 미국은 우리나라의 지적재산권 보호 상황에 있어서 스크린쿼터, 저작권 소급보호 대상기간 연장, 의약품 품목 허가시 제출된 시험자료의 보호문제, 약품의 보호시 특허권 침해여부 검토문제 등 지적재산권 분야에서의 기존 현안이 해결되지 않고 있음을 들고 있다. 그 후에 한국 정부는 특허법, 상표법, 실용신안법 등을 개정하여 이를 위반시 형량을 무겁게 하고, 벌금의 액수도 증가시켰지만, 미국은 저작권법과 컴퓨터프로그램보호법에 일시적 복제와 접근통제의 입법을 계속 요구하고, 불법복제 방지를 위한 법집

---

25) 우선감시대상국(PWL) 지정은 우선협상대상국(PFC) 지정과는 달리, 협상 개시 등 즉각적인 의무가 발생하는 것은 아니다. 우선협상대상국의 경우 PFC 지정 후 30일 이내에 조사개시 여부를 결정하고 6-9개월간 협의를 거쳐 보복조치 발동여부를 결정하도록 되어 있다. 우선협상대상국은 통상 1년에 한두 나라 정도가 지정될 뿐이다.

26) 우리나라의 연례심사 평가를 보면 89년 PWL, 90-91 WL, 92-96 PWL, 97-99 WL, 2000-01 PWL로 지정되었다. 2002년에는 WL로 하향 조정되었고, 2003년에는 WL을 유지하였으나, 가을에 비정기 점검을 통하여 2004년 1월 9일 다시 PWL로 상향 조정되었는데, 2005년부터는 다시 WL로 돌아와 현재에 이르고 있다.

행과 투명성 강화를 위한 통상압력을 가하였다.

2002년의 IIPA 및 USTR의 스페셜 301조 보고서에서는 저작권법에 있어서 기술적 보호조치의 강화, 온라인서비스제공자(ISP)의 책임제한 규정 입법, 소리바다 사건과 관련하여 저작인접권자에도 배타적 전송권을 부여할 것, 일시적 복제의 보호 등을 요구하였으며, 컴퓨터프로그램보호법과 관련하여 소프트웨어 불법복제 단속규정의 강화 및 보다 강력한 단속, 억지력 있는 처벌과 정보공개 등을 요구하였다. 그리고 우리나라의 WCT 및 WPPT 가입을 촉구하고,[27] WTO TRIPs 협정에 합치하는 지적재산권의 보호를 위하여 일방적 당사자의 구제조치 및 보다 실효성 있는 불법복제 단속 및 처벌을 요구하였다.[28] 2002년 4월 열렸던 한미통상 정례점검회의에서 한국의 법무부가 당시의 정보통신부의 소프트웨어 불법복제 단속공무원들에게 사법경찰권 부여를 약속함으로써 한국의 지적재산권보호 등급은 PWL에서 WL로 하향 조정되었다.

(2) 2003년 스페셜 301조 보고서의 주요내용

우리나라는 2002년과 마찬가지로 WL 등급을 유지하였으나, 소프트웨어 단속공무원에 대한 사법경찰권 부여 등의 약속 불이행으로 가을에 비정기점검(out-of cycle review)을 한다는 조건을 달고 있다. 당시의 검토에서는 미국 정부는 시청각미디어(optical media) 제품뿐만 아니라 인터넷을 통한 불법복제(internet piracy)에도 특별한 관심을 기울이고 있으며, 또한 각국의 WTO TRIPs 협정이행과 WCT 및 WPPT의 비준 및 각국 정부의 정품 소프트웨어 사용을 계속해서 권장하고 있음을 밝히고 있다. TRIPs 협정의 이행과 관련하여 여의치 않을 경우 WTO 분쟁해결절차에도 호소할 것임을 분명히 밝히고 있다.[29]

---

27) 문화관광부는 먼저 WCT에 대한 가입절차를 밟기로 하고, 2004년 3월 가입을 완료하였다. WCT의 국내이행에 대해서는 박덕영, "WIPO 저작권조약(WCT)의 국내이행과 향후과제," 「산업재산권」 제14호(2003), 225-251면 참조.

28) 기존의 WIPO 지재권 조약들이 절차법 위주의 내용으로 지적재산권 보호에 관한 집행의 문제를 소홀히 다룬 데 비하여, WTO TRIPs 협정의 특징은 강력한 집행제도를 규정하고 있으며, WTO의 분쟁해결제도를 이용할 수 있고, 경우에 따라서는 교차보복을 실시할 수 있다는 장점이 있다. WTO TRIPs 협정상의 저작권보호에 대해서는 박덕영, "WTO TRIPs 협정상의 저작권보호체계와 최근 동향," 「국제법학회논총」 제48권 제2호(2003), 43-74면 참조.

29) 그 동안 미국이 제소하였던 사례들에 대해서는 D. Gervais, *The WTO TRIPs Agreement*,

2003년 보고서에 따르면 미국 정부는 여전히 한국의 지적재산권 보호에 심각한 관심을 갖고 있음을 밝히고 있으며, 비정기 점검에서 다섯 가지 사항을 중점적으로 살필 것을 시사하였다. 미국의 가장 중요한 관심사는 여전히 소프트웨어 불법복제 단속의 강화와 소프트웨어 단속공무원에 대한 사법경찰권 부여인 것으로 보이며,[30] 또한 소리바다 문제와 관련하여 음반 산업 등 저작인접권자에 대한 전송권 부여 및 지적재산권의 강력한 보호와 단속에 있어서의 투명성 보장을 요구하고 있다. 그리고 새로운 현안으로 무선통신 시스템 표준화(WIPI)에 따른 지적재산권 위반문제 해결 및 영상물 등급부여와 관련하여 미국 저작권자의 허락을 받지 않은 비디오의 등급부여 금지 등을 들고 있고, 그 밖에도 일시적 복제의 보호, 데이터베이스 보호와 관련한 상호주의 규정 삭제, 일방당사자에 의한 구제(ex parte relief), 저작권의 소급보호 등 과거의 주장을 되풀이하고 있다.

미국은 2003년 하반기에 행하여졌던 비정기 점검을 통하여 음반제작자에 대한 전송권 규정 도입을 위한 저작권법 개정과 WIPI 문제에 대한 미국업계의 입장을 한국정부에 더욱 압박하기 위하여 우리나라의 지적재산권 보호가 자국의 기대치에 미흡하다는 판단을 하고, 2004년 1월 9일 한국을 감시대상국에서 우선감시대상국으로 상향 조정한다고 발표한 바 있다. 무선통신 시스템에 한국형 표준인 WIPI를 장착하는 문제는 그 후 협의를 통하여 한미 양국이

2nd ed. (London: Sweet & Maxwell, 2003) 참조. 미국은 WTO 출범 초기에 TRIPs 협정과 지적재산권의 국제적 보호를 조기에 정착시키기 위하여 정책적으로 WTO 분쟁해결제도를 많이 활용하였다.

30) 2002년 4월 열린 회의에서 우리 법무부가 정보통신부 소프트웨어 단속공무원에 대한 사법경찰권 부여를 약속하였으며, 같은 해 9월 "사법경찰관리의 직무를 행할 자와 그 직무범위에 관한 법률"의 개정을 입법예고하여 사법경찰권을 부여하기로 하였다. 이 개정안은 2003년 7월 18일 국회를 통과하였으며, 10월 19일 효력을 발생하였다. 정보통신부 지식정보산업과에 따르면 8개 체신청 소속 32명의 공무원이 소프트웨어 불법복제 단속을 전담하도록 되어 있으며, 2004년부터 30여 명의 증원을 추진하고 있다고 한다. 이들 공무원과 더불어 정보통신부 산하 프로그램심의조정위원회와 한국소프트웨어저작권협회가 단속에 따른 기술적 지원을 하고 있다. 소프트웨어 불법복제 단속과 관련한 각종 통계자료는 www.copy112.or.kr 참조. 그러나 미국 측이 주장하는 우리나라의 소프트웨어 불법복제율과 우리 정부가 조사한 바는 현격한 차이를 보이고 있다. 우리나라 정보통신부 단속통계에 의하더라도 불법복제율은 2002년 약 8%, 2003년 약 13%, 2004년 6.5일 현재 약 30% 정도로 해마다 증가하고 있는 형상이나, 이는 불법복제가 증가하였다기보다는 단속이 점차 보다 실질적으로 이루어지고 있다는 증거이다.

만족할 만한 합의[31]를 이끌어냄으로써 결국 2004년 보고서에서는 사라지게 되었다.

(3) 2004년 스페셜 301조 보고서의 주요내용

우리나라에 대해서는 음반제작자에 대한 권리보호 미흡 등을 이유로 2004년 1월 9일 비정기점검시에 상향 조정된 등급인 우선감시대상국(Priority Watch List)에[32] 그대로 유지키로 하였다. USTR은 특히 최근에 인터넷환경의 확산에 따라 급속하게 증가한 CD, DVD 등의 위조 및 온라인상의 불법복제(counterfeiting and digital piracy) 방지 문제에도 특별한 관심을 기울이고 있으며, FTA를 체결하는 데 있어서도 지적재산권 보호문제를 주요 이슈로 다루고 있다.[33] 그 밖에 의약품 판매 승인을 위해 제출된 테스트 데이터 보호에 관한 WTO TRIPs 협정 제39조 3항의 준수, WIPO 인터넷조약의 비준, 정부의 정품 소프트웨어 사용의무 부과[34] 등을 강조하고 있다.

2004년 보고서에 따르면[35] USTR은 2003년의 74개국보다 11개국이 늘어난 85개국에 대한 연례 재심을 실시하여 52개국의 지적재산권 보호제도에 불만을 나타내고 있다. 먼저 우크라이나가[36] 우선 협상대상국(PFC)[37]으로, EU,[38]

---

31) 정보통신부는 2004년 4월 "21일과 22일 워싱턴에서 개최된 한미통신전문가회의에서 양측은 무선인터넷 콘텐츠 개발 및 이용의 상호호환성 확보를 위해 국내에서 출시되는 신규 단말기 무선인터넷 플랫폼은 반드시 '위피'규격을 지원해야 한다는 데 합의했다"고 설명했다. 이데일리 2004년 4월 23일자 보도.

32) 보고서의 PWL 정의는 다음과 같다: "Countries or Economies on the PWL do not provide an adequate level of IPR Protection or enforcement, or market access for persons relying on intellectual property protection." *USTR Press Release, 2004-36* (May 3, 2004), p.2. www.ustr.gov

33) 2004 Special 301 Report, pp.1-3.

34) 미국은 APEC 지적재산권 전문가 그룹회의를 통하여 정부의 정품 소프트웨어 사용의무 선언 채택을 추구하고 있으나, 중국은 미온적인 입장을 취하고 있다. 한편 지적재산권 보호라는 같은 주제를 놓고도, 외교통상부 내에서 교섭상대에 따라 WTO과, 지역협력과, 북미통상과 등 담당 부서가 달라 유기적인 대처에 어려움이 있다.

35) 2004년도 보고서는 45면으로 구성되어 있으며, 요약과 미국의 통상관련 지재권 정책 표명 부분이 9면, 스페셜 301조 보고서의 법적 근거 소개 1면, 지적된 52개 각국의 지재권 보호 내용에 대해 24면, 그리고 2003-2004년에 일어난 각국의 지재권 보호 상황에 관한 연표가 10면 등으로 구성되어 있다.

36) 우크라이나는 4년 연속 PFC에 지정되고 있으며, 미국은 2002년 1월 이후 7천 500만 달

대만, 러시아,[39] 인도네시아, 인도, 브라질 등 15개국이 우선 감시대상국(PWL)으로, 한국을 포함하여 캐나다, 이태리, 이스라엘, 말레이시아, 태국, 베트남 등 34개국이 감시대상국(WL)으로 지정되었다. 지적재산권 보호 관련 양자협정에 근거하여 상대국의 지적재산권 보호조치 이행 여부 등을 감시하는 제306조 감시대상국에는 중국, 파라과이가 있으며, 최근 들어 미국은 특히 중국의 지적재산권 보호문제에 커다란 관심을 기울이고 있다.[40]

우리나라의 PWL 지정에 대해서는 2003년 가을 비정기점검의 결과로 이미 2004년 초에 PWL로 상향 조정된 바 있고, 2004년 2월 중순에 발표된 미국 IIPA 스페셜 301조 보고서에서도 미국의 지적재산권 업계가 한국의 PWL 지정을 건의하고 있어 충분히 예견된 일이었으며, 한국 정부도 범정부 차원에서 이미 지적재산권 보호를 위한 종합대책 마련을 준비하고 있었다.[41]

러 규모의 보복조치를 시행 중에 있다. 2004 Special 301 Report, p.1.

37) 보고서에 따르면 다음과 같은 나라들이 PFC에 지정된다: "Priority Foreign Countries are those countries that: (1) have the most onerous and egregious acts, policies and practices which have the greatest adverse impact (actual or potential) on the relevant U.S. Products; and (2) are not engaged in good faith negotiations or making significant progress in negotiations to address these problems." 2004 Special 301 Report, p.10.

38) EU가 PWL에 지정된 것은 매우 특이한 것으로 보이나 EU의 지리적 표시 관련 규정이 미국의 지리적 표시를 차별할 가능성이 있다고 하여 개정을 요구하고 있다. 미국이 PWL을 지정함에는 그 나라의 지재권 보호수준도 중요하지만, 미국이 구체적으로 추구하는 목표가 매우 중요한 역할을 하는 것으로 보인다. 현재 EU의 지리적 표시규칙(Council Regulation No.2081/92 of 14 July 1992 on the protection of geographical indications and designation of origin for agricultural products and foodstuffs)은 2003. 4. 23일 호주에 의하여 역외의 지리적 표시에 대하여 차별을 가하고 있다는 이유로 제소되어 패널이 설치되었다(WT/DS290).

39) 러시아는 최근 WTO 가입을 위한 노력을 강화하고 있으며, EU는 러시아의 가입에 동의한 바 있다. WTO에 가입하기 위해서는 개별국가들과의 협상을 거쳐야 하는데, 특히 미국과의 협상에 있어서 지재권보호 문제가 커다란 이슈가 될 전망이다. 중국도 2001년 11월 WTO 가입에 앞서 미국과의 협상에서 지적재산권의 철저한 보호를 약속한 바 있었다.

40) 중국의 지적재산권 집행 문제는 미국정부의 최우선 관심사이며, 4월에 중미 양자회담을 통하여 중국은 지적재산권 보호를 위한 일련의 조치를 취하기로 약속하였으며, 이러한 약속을 담보하기 위하여 미국은 2005년 1월에 비정기 점검을 하기로 되어 있다. 보고서 본문의 국별 지적재산권보호 내용에 관한 24면 중에서 중국에 대하여 2면 반 정도를 할애하고 있다. Report, pp.11-13.

41) 2005년 5월 3일자 중앙일보 보도에 따르면, 정부는 10개 부처 차관급 및 민간 전문가로 구성된 지적재산권보호정책협의회 1차 회의를 열고 지적재산권 보호 종합대책을 마련

(4) 2005년 이후 스페셜 301조 보고서의 주요내용

2005년 4월 29일 발표된 미국무역대표부 스페셜 301조 보고서는 우리나라와 관련하여 우선 그 지위를 PWL에서 WL로 하향조정하는 한편 지적재산권 분야에 있어 권리자 보호를 위한 그 동안의 활동을 고무적인 것으로 평가하였다. 그러나 저작권과 관련하여서는 저작권법에서 일시적 복제를 여전히 명시하지 않는 것, 기술적 보호조치의 보호 범위가 좁다는 것, 사적 복제의 허용 범위가 명확하지 않다는 것, 저작권 및 저작인접권의 보호기간이 국제적 추세에 미치지 못한다는 것 등을 문제점으로 지적하였다.

2006년 보고서에는 한국에 저작권보호센터가 설립된 것을 환영하면서 소프트웨어 불법복제에 대해 체신청 산하 불법저작물 상시단속반이 조직된 것에 대해서도 긍정적으로 평가하고 있다. 특히 한국의 디지털환경에 대해 주목하면서 이러한 환경에 걸맞은 수준의 보호가 이루어져야 한다고 강조하고 있다. 특히 기술적 보호조치와 관련하여 더욱 강력한 보호를 요구하고 있으며, 인터넷서비스제공자에 대한 책임규정도 강화하라는 요구를 하였다. 디지털음성송신에 대한 음반제작자의 권리범위, 사적 복제의 인정범위의 확정 내지는 축소, 저작권보호기간의 연장 등도 요구하였다. 무엇보다 더욱 강한 집행을 촉구하였고, 미국은 한국과의 FTA 협상을 통해 보호수준을 끌어올리기 위해 노력할 것이라고 밝히기도 하였다.

2007년과 2008년의 보고서에서도 한국에 대해 지적한 사항은 크게 다르지 않다. FTA에 타결에 대한 한국 정부의 노력에 대해 높게 평가하고 있으며, FTA에 따른 지적재산권 보호수준이 실효성 있게 높아지기를 바란다는 메시지가 들어 있다. 최근에는 이전에 나왔던 한국 관련 보고서의 내용과 비교하면,

---

했다고 한다. 이 대책에 따르면 온라인을 통해 확산하고 있는 영화, 음반, 게임, 컴퓨터프로그램, 교육 등의 불법복제행위에 대한 단속 규정이 강화되고 정부 합동단속반이 설치되며, 지적재산권 침해 사범에 대해 현행 친고죄 규정을 반의사불벌죄로 전환하는 방안을 추진할 것이라고 하는데, 이는 지적재산권 범죄 억지를 위하여 미국이 줄곧 주장해 온 친고죄 폐지를 일부 받아들인 것으로 보인다. 그 밖에도 합법적으로 손쉽게 저작권을 이용할 수 있게 하기 위해 저작권 이용 허락 표시제를 도입하고 저작권 신탁관리제를 활성화하는 방안, 저작권 정보 데이터베이스(DB)와 분배정산 시스템 구축 지원, 불법복제물 유통에 신속하게 대응하기 위해 컴퓨터프로그램보호법, 온라인 디지털콘텐츠산업발전법 등 관련 법률 개정을 통한 온라인 단속 근거 규정의 명확화, 온라인서비스제공자의 책무 규정 신설 등을 논의하였다.

한국에 대해 할애하고 있는 부분이 상당히 적고, 간략해진 점을 감안해 보았을 때, 우리의 지적재산권법 보호수준에 대한 긍정적 평가가 이루어지고 있음을 짐작해볼 수 있다.

4. 2008년 발표 IIPA 보고서의 주요내용

미국 정부가 발표하는 스페셜 301조 보고서와는 달리, 민간에서 발표하는 보고서는 보다 노골적이고 구체적인 요구를 하는 경향이 있다. 가장 최근에 발표된 2008년 IIPA 보고서는 2008년 2월 11일에 발표되었다. 2007년 6월에 서명된 한미 FTA 협정의 비준과 이행, 온라인상의 불법복제를 차단하기 위한 대응책 마련 등 2008년 우리나라가 취하여야 할 조치들에 대하여 제안하고 있다. 보고서는 일단 한국에서의 저작권 침해와 그에 따른 손실액을 제시하고 있다. 이러한 결과가 어떠한 과정에 의해 도출되었는지는 분명치 않으나 동 협회는 2007년의 잠정적인 사무용 소프트웨어의 불법복제율을 2006년보다 1% 낮아진 44%로 제시하고 있다. 그러나 불법복제율은 전년보다 낮아졌지만, 무역손실액은 오히려 증가하였다고 주장한다.

보고서는 이러한 통계를 제시한 이후에 한미 FTA라는 제목을 두어 FTA의 내용에 대해 간략하게 설명하고 있다. 보고서에서 다루어지는 내용은 FTA에 체결에 따른 한국 저작권법의 변화상에 대해 기술하고 있지만, FTA의 협정문 자체에 대한 평가보다는 이행의무에 대한 서술과 강조가 주를 이룬다. 특히 콘솔 게임기에 장착된 기술적 보호조치를 무력화하는 모드칩 및 게임 불법복제 장치 같은 기기들의 유통이 심각하나, 이들 불법 장치의 수입자나 판매자들은 세관이나 검찰에 의해 제재를 받지 않고 있다고 지적하고 있다.

이러한 불법복제 현황과 대안적 정책의 필요성에 대해 서술한 후, 한국에서 한미 FTA 협정문에 의거해 마련한 저작권법 개정안에 대한 평가가 이어지고 있다. 몇 가지를 살펴보면, 우선 FTA에서 일시적 복제를 복제권에 포함되도록 한 데 대해 우리 개정안은 "일시적 또는 영구적"으로 유형물에 고정하는 것이라고 하였는데, 보고서는 "어떠한 방법과 형태로든"이라는 말을 추가하여야 의미가 명확해지고, FTA 협정문의 문언과도 더욱 합치될 것이라고 주장하였다. 또 일시적 복제가 복제권에 포섭됨에 따라 발생할 수 있는 이용자의 정당한 이익보호를 위해 도입된 저작권제한규정에 대해서도 동 규정이 너무 넓은 예외를 인정해주고 있다고 지적한다. 단지 적용범위를 더욱 줄여야 한다는 것에서 더 나아가 그 구체적인 방법론에 대해서도 언급하고 있는데, 저작자에게 허락 없이 전송되는 과정에서의 복제가 예외사유가 되지 않음이 명백해져야 한다고 하고 있다. 이것은 하나의 예로서 IIPA가 제시하는 입법적 간섭의 폭은 매우 광범위하고 구체적이다.

5. 우리의 대응

미국무역대표부는 매년 3월말 국가별 통상장벽에 관한 NTE 보고서를 의회에 제출하고, 4월 30일 지적재산권에 관한 스페셜 301조 보고서를 발표하고 있다. 보고서 자체에서도 밝히고 있다시피, USTR은 이 보고서를 작성하기 전에 광범위한 자료와 정보를 수집하고 있다. 즉 업계(private sector)로부터의 보고서, 각국에 있는 자국의 대사관으로부터의 정보, NTE 보고서 등을 참고로 한다고 밝히고 있는데, 업계로부터의 보고서는 특히 한국에 대해서는 미국 IIPA의 보고서, AMCHAM 보고서 등이 커다란 영향을 끼치는 것으로 보인다. 따라서 이러한 보고서들의 면밀한 분석 검토는 한미통상과정의 대응에 있어 필수적이라 할 것이다.

한미 FTA 협상 이전에는 한미간에 분기별 통상회담이 개최되어 왔으나, 앞으로는 FTA 협정상의 의무를 얼마나 충실하게 이행하고 있는가를 따질 것으로 예상된다. 지적재산권과 관련한 통상회담이나 외교회의 등에 있어서 우리 정부는 들어줄 것은 신중히 검토하여 들어주고, 국내사정상 혹은 법제도와 법문화의 차이에 따라 받아들일 수 없는 것은 왜 그러한지를 상대국 또는 협상 파트너에게 상세히 알려주는 노력이 필요할 것이다. 그리고 실제 통상회담에 임하기에 앞서 외교통상부는 특허청, 문화체육관광부, 지식경제부, 검찰과 법무부 등과 정부부처간의 사전 조율 혹은 협의를 통하여 관련 지식과 대처방안을 상호 공유하고 국가이익을 위하여 한 목소리를 낼 수 있는 방안을 강구하여야 한다.

더욱 나아가 이제는 우리 정부도 미국의 지적재산권 보호요구에 대응하는 방어적인 측면뿐만 아니라, 우리나라의 지적재산권이 외국에서 어느 정도 침해되고 있는지 여부를 여러 경로를 통하여 사례를 수집하여 살펴보고, 우리 무역상대국의 법제에 불합리한 점은 없는지 등을 연구하여 그에 대한 정부의 적절하고 종합적인 대응책의 강구가 요구된다고 하겠다. 미국의 통상압력을 단순히 압력으로만 파악할 것이 아니라, 향후 해외시장에서 우리나라의 지적재산권을 보호하기 위한 학습의 기회로 활용하여 교훈을 얻어야 할 것이다.

또한 최근 민간분야에서 지적재산권 관련 무역 분쟁이 증가하고 있고,[42] 우리나라가 연간 지출하는 로열티로 인한 무역적자가 증가하고 있는 현실,[43] 그리고 인터넷의 발달로 인한 지적재산권 관련 분쟁의 국제화 등을 감안할 때, 앞으로 전자상거래의 국제적 규율문제, 무역과 지적재산권 관련 분쟁으로 인한 관할권과 준거법 결정 등 많은 문제점이 야기될 가능성이 매우 높아 보인다. 향후 이 분야의 연구에 있어서 통상과 지적재산권 분야 민관의 공동 연구를 통한 통상법적은 대응은 물론이고, 효율적인 라이선싱계약체결 방안,[44] 인터넷 공간의 관할권 문제 등 국제계약법, 국제사법 분야와 연계한 통합적 연구를 통하여 민간부문에서의 국가이익 보호를 도모하는 것도 매우 중요하리라 생각된다.

II. 한미 FTA 협정 저작권관련 주요내용

1. 협상경과

한미 FTA는 2006년 2월 3일 공식 협상출범을 선언한 이래로 2006년 6월 제1차 협상에서부터 2007년 3월까지 8차례의 공식협상과 고위급협상, 이 기간

---

42) 예컨대, 삼성전자와 일본 후지쓰사와의 특허분쟁으로 인한 PDP-TV 통관정지사건, 일본 X-Girls 상표의 국내 위조제품으로 인한 손해배상사건에서 한국법원이 손해배상을 부인한 사건(서울고등법원 2002나65044 판결) 등.

43) 2004년 5월 26일자 매일경제 보도에 따르면 2003년 우리나라가 외국에 로열티로 지불한 금액은 36억 달러에 달하고, 우리가 획득한 외화는 13억 달러에 불과하다고 한다. 2004년 1분기에도 로열티 대외 지급이 11억 5600만 달러로 사상 최대 규모를 기록한 것으로 밝혀졌다.

44) 우리나라 전자통신업계와 미국 퀄컴사 간의 기술도입계약은 최혜국대우조항을 포함하지 않은 것으로 알려져 있으며, 최근 DMB 서비스와 관련하여 로열티 협상이 진행되고 있다. 근본적인 해결방안은 원천기술의 중요성을 인식하고 정부와 업계가 기초과학기술 연구에 많은 지원과 투자를 하여야 할 것이다.

사이의 여러 차례의 비공식접촉을 통해 준비되었으며, 2007년 4월 2일 협정타결이 공식 발표되었다. 이후 두 차례의 추가협상이 있었고, 5월 25일과 7월 2일 각각 수정 전·후의 FTA 협정문이 공개되었으며,[45] 양국의 통상장관이 6월 30일 미국의 수도 워싱턴에서 서명하였다.

한미 FTA 협정은 수세대에 걸쳐 중대한 영향을 미칠 높은 수준의 경제통합협정임에도 치밀한 사전준비 없이, 국민과 국회의 동의도 없이 강행하는 것은 그 자체로 국민의 민주적 선택권에 대한 도전이라는 비판이 제기되었고, 각 업계간 이해관계도 첨예하게 대립하여 국회의 비준동의를 받아야 하는 지금까지도 논란과 문제제기는 계속되고 있다. 또한 미 의회·행정부간 합의한 "신통상정책" 관련 소식이 전해지면서 추가협상을 통하여 노동과 환경 문제에 대한 보완을 거쳤고, 최근 미국에서 비롯된 세계 경제위기와 더불어 2009년 1월 출범한 오바마 정부의 노동자 친화적 정책으로 인하여 한미 양국 모두 의회의 동의 여부와 비준 자체가 불투명한 상태에 놓여 있다.

이렇듯 우여곡절 끝에 서명된 FTA의 협상과정에서 저작권과 관련된 쟁점사항들은 고위급 회담의 의제가 될 정도로 첨예한 의견대립을 보였던 부분이었다.[46] 이하에서는 저작권 관련 주요쟁점과 한국과 미국 사이의 입장 차이를 확인해 보고, 향후의 이행을 위한 대책을 알아보고자 한다.

2. 한미 FTA 협정 저작권관련 주요쟁점

(1) 저작권보호기간의 연장[47]

우리 정부는 미국과 유럽 모두 저작자 사후 70년의 보호기간을 정하고 있으며, 심지어 미국은 발행 후 95년, 창작 후 120년의 보호기간을 협상과정에서 요구한 것으로 밝히고 있다.[48] 또 저작권보호기간은 저작자와 자손 2세대까지인 총 3대를 보호한다는 의미로 최근 평균수명 연장 등의 이유로 전 세계 약

45) 2007년 7월 2일의 협정문이 최종본이며, 기타 제안서 및 서한들은 FTA 협정 발효 3년 후에 공개키로 했다.

46) 송현수, "한·미 FTA 남은 쟁점 뭔가… 마지막 '牛환'," 연합뉴스, 2007. 3. 30.

47) 한미 FTA 협정문 제18.4조 4항. 협정발효 후 2년간의 유예기간을 둔 것에 대해서는 협정문 제18.12조 2항 참조.

48) 관계부처 합동, 「한·미 FTA 상세 설명자료」(2007), 220면.

70여개 국가가 70년 이상 보호하고 있다는 논거도 제시한다. 미국은 문화수입국으로서보다는 문화수출국으로서의 지위에 훨씬 근접해 있기 때문에 보호기간의 연장을 환영하고 있다.[49)]

그러나 우리나라에서는 "저작권은 저작권자의 권리보호와 저작물의 이용촉진이라는 2개의 수단을 통해 문화발전을 위한 법임"을 강조하면서[50)] 권리보호와 저작물이용 사이의 균형이 가장 중요하고, 그러한 이유에서 권리제한을 위한 가장 핵심적인 제도가 보호기간인데, 저작자 사후 70년은 지나치게 길고 저작권보호기간을 사실상 영구화하는 것으로서 저작권제도의 근본 균형을 훼손할 수 있다는 주장을 제기하였다.[51)] 미국의 1998년 저작권보호기간연장법(CTEA)[52)]에 대한 위헌판결을 제기했던 주체들이 저작권이 만료될 것을 예상하고 사업을 영위하고자 했던 사람들이었던 점을 감안한다면,[53)] 우리 출판업계 및 문화산업계에 미칠 파장이 클 것으로 예상할 수 있다.[54)] 더욱이 국내에는 저작권 관련 로열티 규모에 대한 기초 통계가 없다는 점은 저작권 시장규모

---

49) IIPA, *RE: Investigation No. TA-2104-024, US - Korea Free Trade Agreement* (2007), p.4. http://www.iipa.com/pdf/IIPAITCKORUSFTASubmission062507.pdf
당해 문건은 미국 무역위원회에서 한미 FTA가 시장과 산업에 미치는 영향에 대해 조사하는 과정에서 접수된 것이다. ITC Inv. No. TA-2104-024 (관련된 대부분의 문서들은 무역위원회 EDIS 시스템을 통해 검색·열람할 수 있음).

50) 저작권법 제1조.

51) 한미 FTA 저지를 위한 문화예술공동대책위원회 외, 「한미 FTA 문화분야 협상결과 검토의견서」(2007), 25면.

52) CTEA는 1998년 10월 7일 미국 의회 상·하원을 통과하고 10월 26일 클린턴 대통령이 법안에 서명함으로써 10월 28일 발효되었다 양영준, "미국 저작권보호기간 연장법 합헌판결에 대한 소고," 「계간 저작권」 제61호(2004), 23면. CTEA를 제정하게 된 배경은 첫째, 미국의 저작권보호기간을 EU의 보호기간에 일치시킴으로써 유럽에서 미국의 저작물들이 EU국가들과 동일한 보호를 받게 하기 위함이었고, 둘째, 1995년에 접어들면서 1920년대 및 1930년대에 창작된 저작물의 대부분이 보호기간 만료되어 월트디즈니사의 캐릭터 중 미키마우스는 2003년, 플루토는 2006년, 구피는 2008년에 저작권이 만료될 예정이었던 점 때문이었다. 윤선희, "지적재산의 소유와 공유"(제10회 국제지식경제포럼, 2005), 발표문 12면. 이에 이 법안에 반대하는 진영에서는 월트디즈니사가 미키마우스 등 자사 캐릭터들의 저작권보호기간을 연장하기 위하여 이 법안의 통과를 적극적으로 후원하였다는 이유로 CTEA를 일명 미키마우스법으로 불러야 할 것이라고 비난하기도 했다.

53) *Eldred v. Ashcroft*, 537 U.S. 186 (U.S. 2003).

54) 문화관광부는 FTA 타결 직후 출판업계에 5년간 1600억원을 투자한다고 할 정도였다. 이한수, "5년간 1600억 투입해 출판산업 지원," 조선일보, 2007. 4. 5.

파악과 보호기간 연장으로 인한 영향평가 및 대응방안 설정을 어렵게 만들 수 있다는 지적은 타당한 것으로 본다. 그나마 2년간의 유예기간을 얻어낸 점은 다행이라고 할 수 있을 것이다.

(2) 일시적 복제

컴퓨터프로그램이나 디지털화된 저작물 등을 컴퓨터를 통하여 이용하거나 인터넷을 통하여 검색·열람 또는 전송하는 경우에는 저작물 등이 컴퓨터 메모리(RAM)에 일시적으로 저장되게 되는데, 저장된 저작물은 다른 명령을 실행시키거나 또는 컴퓨터의 전원을 끄는 경우에 저장이 되지 않고 자동적으로 사라지게 된다. 이러한 컴퓨터 메모리에의 저장은 하드 디스크 등과 같은 보조기록장치에의 저장과는 달리 영속적으로 저장되지 않고 컴퓨터의 전원을 끄는 순간 사라진다는 의미에서 이를 일시적 복제(temporary reproduction) 또는 저장(storage)이라고 한다.

우리 정부는 이미 60개국 이상이 일시적 복제를 저작권법상 복제로 인정하고 있다는 점,[55] FTA 협정문상 공정이용(fair use)의 경우에는 예외규정을 둘 수 있도록 규정되어 있는 점 등을 들어 도입의 필요성을 강조하고 있다. 일시적 복제권의 도입을 옹호하는 입장에서는 일시적 복제가 중요한 이용형태로 부상했다는 점과 저작물의 최종소비자를 통제함으로써 저작권 집행의 실효성을 높일 수 있다는 점 등을 논거로 제시하기도 한다.[56]

일시적 복제권의 도입에 대해 반대하는 측에서는 저작자에 대한 과보호 가능성, 일시적 복제권을 도입하지 않더라도 사전단계에서 여타 다른 저작권의 행사를 통해 위법한 저작물이용을 통제할 수 있다는 점, 일시적 복제권에 대한 예외설정으로는 자유로운 저작물이용이 충분히 보장되기 어렵다는 점 등을 논거로 들고 있다.[57]

저작권법은 종전까지 최종이용자의 이용행위까지 통제하지는 않고 있었다.

---

55) 이대희, "한미자유무역협정의 쟁점 및 전망," 「계간 저작권」 제78호(저작권심의조정위원회, 2007), 7면은 80개국이라고 지적하고 있다.

56) 한미 FTA 졸속 체결에 반대하는 국회 비상시국회의 정책자문단, 「한미 FTA 협정문 분석 종합보고서」(2007), 476면(남희섭 집필부분)(이하 "정책자문단"으로 인용); IIPA, *op.cit.*, p.3.

57) 오승종 (2007), 414면 이하 참조.

따라서 글을 읽거나 음악이나 그림을 감상하는 것에는 저작권이 미치지 않는다고 보았다. 그러나 기술적 보호조치의 무력화금지 및 일시적 복제권이 등장하면서 최종이용자의 이용행위를 통제할 수 있게 되었다는 점은 저작권보호에 있어서 획기적인 변화라고 생각한다. 일시적 복제의 국내법적 수용에 대해서는 한미 FTA 협정 이행을 위한 저작권법 개정 부분에서 살펴보기로 한다.

(3) 접근통제 기술보호조치 무력화의 금지

한미 FTA 협상 타결로 기술적 보호조치의 법적 보호 영역에서 가장 두드러진 변화는 접근통제적 보호조치를 보호대상에 포함시킨 점이다. 기술적 보호조치(technological protection measures)는 저작자・저작인접권자가 저작물 혹은 저작인접물에 대한 접근을 제한하거나 복제를 방지하기 위한 통제조치로 이용통제(use control 혹은 복제통제-copy control-)와 접근통제(access control)로 나누어진다. 우리나라는 이용통제를 위한 기술적 보호조치를 우회[58]하거나 좌절시키는 도구의 거래는 이미 금지하고 있으나, 기존의 판례는 우리 컴퓨터프로그램보호법상 금지되는 무력화 범위는 '저작권을 보호하는' 즉 접근통제적 기술적 보호조치의 무력화임을 시사하고 있다.[59]

우리 정부는 접근통제적 기술조치에 대해 이미 협정문상 명시적으로 인정되는 예외, 즉 허용되는 유형의 우회가 기술되어 있고,[60] 기술발전에 따라 추가적으로 예외가 필요하면 이를 국내법에 반영할 수 있도록 협정문상에 별도의 안전장치[61]를 마련해 놓았다고 설명하고 있다.[62] 한편 미국 저작권관련 업계에서도 당해 규정의 도입을 환영하고 있으며, 때로는 WCT 및 WPPT의 완전한 이행을, 때로는 FTA 협정문의 이행을 요구하면서 타국가의 기술적 보호조치 입법에 큰 관심을 보이고 있다.[63]

---

58) 우회 자체에 대해서는 컴퓨터프로그램보호법 제30조에만 규정되어 있다.

59) 현행법에 의해서도 접근통제적 기술조치에 대한 보호를 인정하는 듯한 저작권관련 판례로는 대법원 2006. 2. 24. 선고 2004도2743 판결 및 서울중앙지방법원 2007. 11. 22. 선고 2007노73 판결 등이 있다. 이에 대한 논의는 최진원, "수신제한시스템 우회에 관한 법적 고찰," 「인터넷법률」 통권 제45호(2009. 1.), 144-145면.

60) 한미 FTA 협정문 제18.4조 7항 라호 1목 이하.

61) 즉, 한미 FTA 협정문 제18.4조 7항 라호 8목.

62) 문화관광부, 「한미 FTA 문화산업 관련 Q&A」(2007), 10면.

63) IIPA, *op.cit.*, p.3; IIPA, *Senate Legal and Constitutional Affairs Committee Inquiry on Provisions of*

국내에서 제기되는 주요 비판은 접근통제적 조치의 보호는 저작권을 우회적으로 확대시킬 수 있고, 2차적 저작물의 창작과 시장형성에 악영향을 끼치며, 기술개발에 대한 경쟁력을 악화시키고, 저작물을 이용하여 의사를 개진할 수 있는 표현의 자유를 억압한다는 내용 등이다.[64]

한미 FTA 협정이 서명되어 협정문에 대한 수정이 불가능해진 현시점에서 우리에게 남겨진 재량권은 많지 않은 것으로 보인다. 접근통제적 기술조치를 우회할 수 있는 제한적인 행위유형은 3년을 주기로 정할 수 있게 되어 있으므로 가급적 구체적인 사례수집과 영향평가를 통해 강화된 저작자보호에 상응하는 이용자보호를 위한 예외규정을 적절하게 설정해내는 것이 우리의 과제라고 할 수 있다.[65]

3. 한미 FTA 협정 주요규정의 분석

정부발표에 따르면, 저작권 분야의 경우 "한미 FTA 협상으로 저작권보호수준은 전반적으로 향상되었으나 일각에서 우려하는 바와 같이 일반인들의 저작물이용환경에 심각한 위축을 초래하지는 않을 것"이라고 한다. 즉, 디지털환경하에서 저작권, 특히 문화콘텐츠 산업의 발전을 촉진시킬 수 있는 권리들을 최대한 선별하여 수용하는 한편, 저작권보호가 과도할 경우 나타날 수 있는 이용자들의 저작물이용감소로 인한 후생손실효과를 방지하기 위해 최선을 다하였다는 것이 우리 정부의 입장이다.

그 동안의 분기별 한미 통상협상 과정에서 우리 정부가 줄곧 반대하여 왔던 주요 쟁점사항들을 모두 수용한 것을 가리켜 한미 FTA 협상의 전체적인 구도의 결과라고 솔직하게 인정하지 않고, 선진화의 기회라고 주장하는 것은 무리가 있어 보인다. 이하에서는 지금까지 살펴본 쟁점사항을 포함하여 협정문상 저작권관련 규정을 구체적으로 살펴본다.

Copyright Amendment Bill 2006: Submission of the International Intellectual Property Alliance (IIPA) (2006), p.3 이하 등 참조.

64) 정책자문단, 485면 이하.

65) 최진원, "KORUS FTA와 DRM 우회금지의 예외 -Rulemaking 절차를 중심으로," 「연세법학연구」 제18권 2호(2008), 209-236면 참조.

(1) 저작권관련 국제조약에 대한 가입의무

한미 FTA 협정 제18.1조 2항에서 WTO 협정에 부속된 TRIPs 협정상의 권리와 의무를 한미 상호간에 이행할 것을 확인하고 있는데, 한국과 미국 모두 WTO의 회원국으로서 상호간에 WTO 협정에서 정한 의무를 부담하는 것은 당연한 것이므로 당해 규정은 단지 TRIPs 협정의 내용을 확인한다는 의미만을 갖는다. TRIPs 협정 중 제9조 내지 제14조의 내용이 저작권과 관련된 것으로 우리나라는 현행법에 의해서도 모든 관련의무를 이행하고 있다고 할 수 있다.

협정 제18.1조 3항에서는 FTA 협정이 발효되기 이전에 협정문상 명시된 조약들에 가입·비준해야 한다고 정하고 있는데, 이 가운데 저작권 관련 국제조약은 베른협약과 이른바 위성조약으로 불리는 1974년의 "위성에 의하여 송신되는 프로그램 전달 신호의 배포에 관한 협약(Convention Relating to the Distribution of Programme — Carrying Signals Transmitted by Satellite)"[66] 그리고 WCT와 WPPT이다. 베른협약 및 WCT, WPPT에는 이미 가입하였으나, 그 밖의 조약에는 미가입 상태이므로 조만간 가입이 추진될 것으로 본다.[67]

(2) 저작자 및 저작인접권자의 권리

1) 복제권 및 배포권

제18.4조 1항에서는 저작자 및 저작인접권자[68]가 일시적 복제를 포함하여 복제권을 향유한다고 정하고 있다.[69] 당해 규정에서 복제에 전자적 형태의 일시적 저장(temporary storage in electronic form)을 포함한다고 하였고,[70] 일시적 복

---

66) 위성을 통한 방송신호의 무단이용을 규율하기 위한 국제조약으로 일반인에 의한 수신이 아닌 고정 서비스 위성을 통해 다른 기지국이나 방송국으로 송출되는 위성신호를 권한 없는 수신기 및 기지국이 수신·배포하는 것을 금지하고 방송신호를 보호하는 것을 내용으로 하고 있다. 2007년까지 모두 30개국이 참여하고 있으며, 미국과 FTA를 체결한 바레인도 2007년 2월 1일 가입하였다.

67) 한미 FTA에서 로마협약에 대한 가입의무는 없으나, EFTA와 체결한 FTA에 의해 2008년까지 가입하도록 노력해야 한다. 한-EFTA FTA 협정 부속서 13번.

68) 여기서 저작인접권자라 함은 우리 저작권법과는 대조적으로 방송사업자를 제외한 것이다. 그 이유는 미국은 방송사업자를 저작자 혹은 저작인접권자로 보고 있지 않으며, 이러한 점이 협정문에 반영되어 관련 규정은 실연자와 음반제작자만을 권리자로 제시하고 있다. 다만, 표현의 편의상 저작인접권자로만 표시한다.

69) 우리 저작권법상 저작자(제16조)는 물론, 실연자(제69조), 음반제작자(제78조), 방송사업자(제84조) 모두 복제권을 향유한다고 규정하고 있다.

제권자의 범위가 저작자뿐 아니라 저작인접권자에게까지 미친다는 점은 주목해야 할 것이다. 한편 미국은 저작권법에서는 저작권으로 보호를 향유하기 위한 요건으로 고정(fixation)을 요구하고 있는데,[71] 이러한 요건이 희석화되지 않도록 하기 위해서 각주 7에서 고정을 보호요건으로 정할 수 있음을 확인하고 있다.[72]

제18.4조 2항은 다소 특이한 규정형식을 가지는데, 저작자 등이 "판매 혹은 그 밖의 소유권 이전을 통하여 저작물 등을 공중에게 이용가능 하도록 하는 것"에 대한 배타적 권리를 갖는다는 내용이다. 우리 저작권법 제18조의 배포권에 해당하는 것으로, 여기서 공중에 제공한다는 "make available"이라는 술어는 공중전달권에 포함되는 이용제공권과는 다른 것임을 유의해야 한다.

2) 저작자의 공중전달권

협정문 제18.5조에서는 저작자가 공중전달권을 향유한다는 규정하고 있다. 당해 규정은 베른협약상의 규정들을 나열한 후 이 규정들을 해함이 없이 이용제공(making available)을 포함한 공중전달(communication to the public)에 대한 권리를 저작자가 갖는다고 정하고 있다.

제시된 베른협약 규정을 살펴보면, 우선 제11조 1항 2호는 연극·악극 및 음악저작물의 저작자가 자신의 저작물의 공연을 공중에 전달할 권리이며, 제11조의2 제1항 1호는 저작자가 방송하거나 또는 기타 무선송신의 방법으로 기호, 소리 또는 영상을 공중에 전달하는 권리, 제2호는 저작물을 방송하거나 재방송할 권리에 관한 것이다. 제11조의3 제1항 2호는 문학저작물의 저작자가 자신의 저작물에 대한 낭송을 공중에 전달할 권리이고, 제14조 1항 2호에서는 영상화된 저작물에 대한 원저작자의 공연 및 유선에 의한 공중전달권에 대해 정하고 있다. 마지막으로 제14조의2 제1항은 영상저작물의 저작자의 권리에

---

70) 미국 저작권법 제117조 c항 및 제512조 a항의 해석에 따라 미국은 일시적 복제를 복제권의 범위 내로 포섭하고 있음을 알 수 있다. 자세한 내용은 김현철·박덕영(2005), 43면 이하 참조.

71) 17 U.S.C. §102. 한편 미국 저작권법 제101조에서는 저작물은 복제물이나 음반에 최초로 고정된 때에 '창작'된 것이라고 하여 고정을 보호와 강하게 연계시키고 있다.

72) "The Parties reaffirm that it is a matter for each Party's law to prescribe that works and phonograms shall not be protected by copyright unless they have been fixed in some material form."

대한 것이다.

위 규정들은 공통적으로 그것이 유선이든 무선이든 저작물이 공중에 전달되는 상황을 염두에 둔 유형의 권리들이다. 이들 권리에는 유선방송, 무선방송, 유·무선에 의한 재방송 등이 포함되고, 웹캐스팅 등은 포함되지만, 공중의 구성원이 원하는 시간과 장소에 저작물에 접근·이용할 수 있도록 해두는 이용제공(making available)까지 포함하지는 않는 것으로 해석되어 왔다. 본조는 이러한 이용제공권까지를 포괄하는 공중전달권을 그 내용으로 하고 있으며, 그 내용상 공연(performance), 즉 직접적 공개실연에 대한 내용은 제외시키고 있다.

3) 저작인접권자의 권리

(가) 실연자의 권리

협정문에 따라 실연자는 우선 자신의 실연을 최초로 고정[73]할 권리[74] 및 고정되지 않은 실연에 대한 방송권 및 공중전달권을 갖는다.[75] 당해 규정은 로마협약 제7조 1항 a호 내지 c호 및 WPPT 제6조의 내용을 그대로 반영한 것으로 로마협약과 WPPT의 규정을 단지 확인하는 의미를 갖는 것으로 생각된다.[76]

한편 실연자가 자신의 실연에 대해서 방송과 이용제공 등을 포함한 공중전달권을 갖는다고 하면서도 당해 권리가 아날로그 송신[77] 혹은 공중파 방송[78]에까지 적용되는지 여부 및 적용된다고 하더라도 여기에 제한을 가할 것인지의 문제는 양 당사국이 재량으로 결정하도록 했다. 우리나라는 방송사업자가 판매용 음반에 수록된 실연을 보상금의 지급을 통해 방송할 수 있도록 하고 있다.[79]

---

73) "고정(fixation)"이라는 말 자체는 우리 저작권법상 복제개념에 해당하는 것이지, 미국 저작권법상의 보호요건으로서의 고정을 의미하는 것은 아니다.

74) 한미 FTA 협정문 제18.6조 2항 나호.

75) 한미 FTA 협정문 제18.6조 2항 가호.

76) 그러나 로마협약과의 근본적인 차이는 로마협약에서는 실연자를 보호할 것을 규정한 것뿐이며, 그 방법으로 배타적 권리의 부여를 요구하지는 않았다는 점이다.

77) 미국법상 실연자 및 음반제작자는 일반적 공연권 및 공중전달권을 갖지 않고, 디지털 오디오 송신(digital audio transmission)의 권리만을 갖는다고 하여 아날로그 전송에 대해서는 권리를 부여하지 않고 있다. 17 U.S.C. §106.

78) 미국에는 공공방송(public broadcasting)에 관한 강제허락제도가 있다. 17 U.S.C. §118.

실연자의 공중전달권에 대한 또 한 가지의 제한은 이른바 비쌍방향성(non-interactive) 송신에 대한 실연자의 권리를 제한할 수 있다는 것이다. 웹캐스팅 등을 위한 권리제한을 가능토록 하기 위한 규정으로 풀이된다.80) 우리나라는 디지털 음성송신사업자가 보상금 지급을 통해 실연을 디지털 음성송신할 수 있도록 정하고 있다.81)

㈏ 음반제작자의 권리

협정문 제18.6조 3항은 실연자와 함께 음반제작자가 공중전달권의 향유자가 된다고 하였으므로 실연자의 권리에 대한 내용이 그대로 적용될 수 있을 것이다. 우리 저작권법에서는 실연자에 대해서와 마찬가지로 음반제작자에 대해서도 보상금을 지급하는 조건으로 방송사업자 혹은 디지털 음성송신사업자가 음반을 이용할 수 있다고 정하고 있다.82)

㈐ 무방식주의

본래 로마협약의 체약국은 실연 및 음반의 발행에 대해 일정한 형식을 요구할 수 있는데, 이러한 형식을 부여하는 국가는 다른 체약국의 음반이 협약에서 정한 일정한 형식을 만족시키는 경우, 체약국 국내법상 형식요건을 만족시킨 것으로 보아야 한다.83) 즉, 음반에 발행연도와 ⓟ표시를 하고 권리자의 성명을 표시해주는 것만으로 다른 체약국에서 보호를 받을 수 있는 것이다.

㈑ 내국민대우의 부분적 배제

미국 정부전문가 및 업계의 FTA 협정에 대한 평가는 매우 만족스럽다는 것이다. 그럼에도 불구하고, 협상결과에 대해 가장 만족하지 못하는 부분으로 양자 모두 이른바 공중파 방송에서 음반을 이용하는 데 대해서 내국민대우원칙 대신 상호주의를 채택하였다는 점을 들고 있다.84)

---

79) 저작권법 제75조.

80) 17 U.S.C. §114(d)(1) 참조.

81) 저작권법 제76조.

82) 저작권법 제82조 및 제83조.

83) 로마협약 제11조.

84) IIPA, *op.cit.*, 4면; Industry Trade Advisory Committee on Intellectual Property Rights (ITAC-15), *The U.S. —Korea Free Trade Agreement (FTA): The Intellectual Property Provisions,*

즉, 협정문 제18.1조 6항 전반부에서 내국민대우원칙이 지적재산권 전반에 적용된다고 천명하면서도 후반부에서 "다만, 아날로그 통신, 아날로그 무료 공중파 라디오 방송 그리고 아날로그 무료 공중파 텔레비전 방송의 수단에 의한 음반의 이차적인 사용에 대하여는, 당사국은 다른 쪽 당사국의 실연자와 음반제작자의 권리를 다른 쪽 당사국의 영역에서 자국의 인에게 부여되는 권리로 제한할 수 있다"고 한 것이다.

이는 우리 저작권법 제75조 및 제82조 1항 단서에서 음반의 2차적 이용에 대한 방송사업자의 보상금지급의무를 타국이 우리 실연자·방송사업자에게 지급하는지 여부에 따라 부담시키거나 부담시키지 않도록 하는 규정에 상응하는 것이다. 앞서 살펴보았듯이 미국은 실연자와 음반제작자에 대해 오로지 디지털 오디오 송신권만을 부여하므로 우리 저작권법 제75조 및 제82조에 해당하는 의무가 발생하지 않는다.

만약 내국민대우원칙이 음반의 2차적 사용에까지 미쳤다면, 미국은 우리 국민에 의해 실연되거나 제작된 음반을 자유롭게 사용함에도 불구하고, 우리는 미국 국민의 음반에 대해 보상금을 지급해야 하는 불합리한 결과가 발생할 수 있었다.

4) 저작권과 저작인접권의 관계

제18.4조 3항에서는 저작자 및 저작인접권자가 각각 갖는 권리 사이에 서열관계에 따라 일방의 허락만 받으면, 다른 권리자의 허락을 필요로 하지 않는다는 해석을 명시적으로 배제시키는 규정을 두어야 한다고 정하고 있다.[85] 저작자와 저작인접권자들의 배타적 권리는 상호병존적인 것으로 하나의 권리가 다른 권리를 대체하거나 무력화할 수 없음을 분명하게 하기 위한 조치로 이해할 수 있다.[86]

Report of the Industry Trade Advisory Committee on Intellectual Property Rights (ITAC-15) (2007), p.13.

85) 우리 저작권법 제65조에서 저작권과 저작인접권이 서로 영향을 미치지 않음을 명시적으로 밝히고 있다.

86) 저작자의 복제권은 저작물에, 실연자의 복제권은 저작물의 실연에, 음반제작자의 복제권은 음반에 미치는 것으로 권리의 객체가 각자 상이하기 때문에 당해 규정은 다소 불필요하다고 느껴진다.

(3) 저작권보호기간의 기산

한미 FTA 협정문 제18.4조 4항은 저작권의 존속기간, 즉 저작물의 보호기간에 대해서 정하고 있는데, 70년이라는 보호기간의 원칙하에서 저작자 사망시기를 기준으로 하는 경우와 발행시기를 기준으로 하는 경우를 나누어 규정하고 있다. 즉, 저작자의 사망시기를 기준으로 하는 경우, 사망 후(post mortem auctoris) 70년간 보호를 향유하며, 발행시를 기준으로 하는 경우에는 발행한 연도 말로부터 70년, 창작시기로부터 25년간 미발행된 저작물[87]은 창작시점으로 70년간 보호를 향유한다는 것이다. 이러한 보호기간은 최소한 보호기간으로 70년 이상을 규정하는 것은 각국의 재량권에 맡겨져 있다.

우리 저작권법은 아직 사망·공표·창작 후 50년의 보호기간을 규정하고 있으며,[88] 업무상 작성된 저작물과 영상저작물 등에 공표시기를 기산점으로 한 보호기간을 인정하고 있다.[89] 주의할 점은 협정문상에는 우리 법에서 기산점으로 상정하고 있는 공표시기가 아닌 발행시기를 기준으로 삼고 있다는 점이다. 베른협약 제3조 3항[90] 및 미국 저작권법 제101조에 의하면, 저작물의 공연이나 공개 전시는 그 자체로 발행이 되지 않는다고 정하고 있다. 그런데 공연 및 전시 등에 의해서는 공표가 성립하고, 이 공표시기가 기산점이 되는 우리 저작권법으로 볼 때, 보호기간을 50년에서 70년으로 연장하는 것만으로 FTA의 동 규정에 부합하는지 생각해보아야 할 것이다.

동조 제5항은 베른협약 제18조와 TRIPs 협정 제14조 6항을 준용한다고 하였는데, 당해 TRIPs 협정 제14조 6항의 후반부에서는 다시 베른협약 제18조를 준용하고 있다. 베른협약 제18조는 저작물의 보호에 있어 보호기간이 소급하여

87) 우리나라는 50년간 미공표된 저작물로 정하고 있어 저작자에게 더 유리하다고 할 수 있다.

88) 저작권법 제39조.

89) 저작권법 제41조 및 제42조.

90) “The expression “published works” means works published with the consent of their authors, whatever may be the means of manufacture of the copies, provided that the availability of such copies has been such as to satisfy the reasonable requirements of the public, having regard to the nature of the work. The performance of a dramatic, dramaticomusical, cinematographic or musical work, the public recitation of a literary work, the communication by wire or the broadcasting of literary of artistic works, the exhibition of a work of art and the construction of a work of architecture shall not constitute publication.”

적용된다는 점을 분명히 하는 한편(전반부), 소급적용이 일단 보호기간의 만료로 공유영역에 들어간 저작물에는 적용되지 않음을 확인하고 있다(후반부). 음반에 실연이 고정된 경우, 당해 실연의 실연자 및 음반제작자 역시 보호기간에 있어 소급보호를 받는다.

(4) 저작권 및 저작인접권에 대한 처분의 자유

우리나라와 미국 모두 저작권을 자유롭게 양도할 수 있도록 하고 있다.[91] 또한 양국의 저작권법은 모두 저작재산권 중 하나의 지분권을 개별적으로 처분하거나 이용행위에 대한 구체적 조건을 붙여 양도할 수도 있도록 하였다.[92] 이러한 법적 태도는 협정문 제18.4조 6항 가호에 그대로 반영되어 있다. 업무상 저작물에 대해서 고용관계 혹은 근로관계에 관한 계약에 따라 저작된 저작물이나 기타 저작인접물에 대해서 정당한 권원이 있는 법인 등의 자유로운 이용을 보장해야 함을 별도의 규정을 통해 정하고 있다.[93]

(5) 기술적 보호조치 관련 규정

기술적 보호조치의 법적 보호에 대한 규정을 담고 있는 협정문 제18.4조 7항은 그 내용면에서 미국 DMCA 제1201조 이하의 규정과 매우 유사하다는 점을 확인해볼 수 있다.

우선 기술적 보호조치와 관련하여 협정문은 접근통제와 이용통제 중, 접근통제적 기술조치와 관련해서는 우회 및 거래 금지를 정하고 있고, 이용통제적 기술조치에 대해서는 거래금지만을 정하고 있다. 이는 미국이 이용통제적 기술조치에 대한 특별한 이해관계를 가지고 있다는 점[94]과 WCT나 WPPT에 의해 이용통제적 조치의 우회에 대한 보호가 이루어질 가능성이 있다는 점에서 기

---

91) 저작권법 제45조.

92) 저작권에 관한 이원론적 태도를 취하는 대륙법계 국가 및 영국 계열 저작권법을 갖는 국가들의 특징이다. 스위스는 이원론을 취하고 있어 저작권의 양도・부분양도를 인정하지만, 독일은 용익권 설정만을 인정하고 있다.

93) 한미 FTA 협정문 제18.4조 6항 나호.

94) 공정이용조항(fair use clause, 17 U.S.C. s 107) 때문으로 미국은 비열거적 저작권제한을 인정하는 태도를 취하고 있는데, 이러한 저작권제한을 향유하지 못하게 하거나 일부 허용되는 범위 내에서만 행사할 수 있도록 하는 것은 저작권법의 목적과 부합하지 않는다는 이유로 복제통제에 대한 우회금지 자체는 허용되는 것으로 보고 있다.

인했다고 생각된다. 또 기술조치에 대한 보호는 고의·과실에 의한 기술조치의 직접 우회의 금지[95](단, 복제통제적 보호조치에 대해서는 제외)와 거래행위의 금지(접근통제 및 복제통제 기술조치 모두에 인정됨)를 모두 포함한다.[96]

미국법과 마찬가지로 협정문에서도 기술조치에 대한 7개의 특정의 예외, 즉 역분석(reverse engineering), 정보의 스크램블링 또는 디스크램블링을 위한 기술의 취약성 등의 암호연구, 미성년자 보호, 컴퓨터 안정성의 시험, 개인정보의 수집 및 배포 방지, 법집행, 정보수집 및 기타 정부활동, 비영리 도서관 및 기록보존소에서의 구입의사결정 등을 위한 우회가 허용된다.[97] 이들 각 우회허용 사유가 적용되는 영역이 다른데, 협정문 제18.4조 7항 마호에 규정을 표로 정리해보면 다음과 같다.[98]

[한미 FTA 협정 제18.4조 7항 마호의 내용]

금지 / 예외	접근통제		B': 추가적인 위반 - 저작권을 보호하기 위한 기술적 보호조치를 좌절시키기 위한 기술 등 거래금지[가목 제2호]
	A: 접근을 통제하는 기술적 보호조치의 우회의 금지 [가목 제1호]	A': 접근을 통제하는 기술적 보호조치를 좌절시키기 위한 기술 등 거래금지 [가목 제2호]	
역분석 [제1목]	○	○	×
암호연구 [제2목]	○	○	×
미성년자에 대한 예외 [제3목]	○	○	×
안전성 시험 [제4목]	○	○	×
개인정보보호 [제5목]	○	×	×
법집행, 정보 기타 정부행위 [제6목]	○	○	○
비영리 도서관 등에 대한 예외 [제7목]	○	×	×

(○: 적용됨, ×: 적용되지 않음)

95) 이대희, 앞의 논문, 9면 참조.

96) 한미 FTA 협정문 제18.4조 7항 가호 1목 및 2목.

97) 17 U.S.C. §1201(d)-(j); 협정문 제18.4조 7항 라호 1목 내지 7목.

98) DMCA와 비교해보았을 때, 나열된 예외의 순서는 뒤바뀌어 있다.

미국은 접근통제적 기술조치에 대해 3년을 주기로 법문상 특정되어 있는 보호예외와는 별개의 예외사항을 정할 수 있도록 하고 있는데,[99] 이 규정 역시 협정문에 반영되었다. 즉, 비침해 이용에 미치는 실제적 또는 개연적인 부정적 영향이 입법 또는 행정절차[100]에서 실질적 증거(substantial evidence)에 의하여 확인된 경우, 특정 종류의 저작물·실연 또는 음반에 있어서 저작물·실연 또는 음반의 비침해 이용을 금지할 수 있다. 다만, 이에 근거하여 채택되는 제한이나 예외는 그러한 절차의 종결일로부터 갱신 가능한 3년 이하의 기간 동안만 효력을 가져야 한다고 정한 것이다.

예외를 정함에 있어 증거를 제시해야 하고, 그 증거가 실질적이고 상당한 수준에 도달해야 한다는 의미로 'substantial'이란 술어가 증거를 수식하도록 한 것으로 보인다. 미국에서도 저작권법의 법문으로만 본다면, 단지 부정적인 영향을 받게 되거나 받을 가능성이 있는지가 우회허용을 위한 유효한 척도인 것처럼 규정되어 있지만, 실제로 미국 저작권청과 의회도서관장, 즉 예외설정에 대한 실질적 권한자들은 실무적으로 실질적인(substantial) 영향이 있을 것으로 요구하고 있다.[101]

한편 미국 저작권법에 따르면, 기술적 보호조치 및 권리관리정보에 관한 규정의 위반에 의하여 손해를 입은 자는 누구나(any person injured by a violation) 그러한 위반에 대하여 연방지방법원에 민사소송을 제기할 수 있도록 하고 있다. 여기서 "누구나"에는 저작자·저작인접권자뿐 아니라 DRM 개발자 및 플랫폼 제공자 등도 포함된다고 해석되고 있다.

(6) 정부에 대한 정품 소프트웨어 사용 등에 관한 입법의무

중앙정부기관에 의해 이루어질지 모르는 라이선스를 취득하지 않은 소프트웨어 등의 이용을 방지하기 위한 규정이 협정문에 포함되어 있다.[102] 우리 저작권법은 비록 제23조에서 재판절차를 위하여 필요한 경우이거나 입법·행

99) 17 U.S.C. §1201(a)(1)(C).

100) 미국은 행정절차에 의한다.

101) "[T]here has been or is likely to be a substantial adverse effect on noninfringing uses by users of copyrighted works." Exemption to Prohibition on Circumvention of Copyright Protection Systems for Access Control Technologies, 71 Fed. Reg. 68,472, 68,473 (2006. 11.27).

102) 한미 FTA 협정문 제18.4조 9항.

정의 목적을 위한 내부자료로 필요한 경우에는 그 한도 안에서 저작물을 복제할 수 있다고 규정하고 있기는 하지만, 당해 규정이 정부의 업무상 이용되는 소프트웨어에까지 미치지 않음은 자명하다. 따라서 적어도 우리 저작권법의 맥락에 있어서 당해 규정은 법의 개정을 요구하는 내용이라기보다는 정품 소프트웨어의 이용에 대한 철저한 관리를 의무화하는 규정으로 풀이해 볼 수도 있을 것이다.

(7) 저작권 및 저작인접권 제한의 한계

협정문 제18.4조 10항은 국제적으로 확립된 저작권제한과 예외에 대한 기본원칙을 다시금 확인하고 있다. 협정문 제18.1조 2항에서 TRIPs 협정에서의 권리와 의무를 준수할 것을 확인하고, 동조 제3항에서 WCT, WPPT에 가입할 것을 의무지운 점에서 당해 저작권제한의 기준을 따라야 한다는 것은 자명한 것이다.

그러나 저작권의 제한에 관한 "3단계 테스트(three-step test)"의 각 요소를 적절하게 해석하고, 이를 실제 저작권제한이나 예외에 적절하게 적용하는 것은 그리 쉬운 일이 아니다. 단, WTO 패널에서 미국 저작권법 제110조 5항이 3단계 테스트에 합치되는 내용의 저작권 예외를 규정했는지 심사한 사례가 있으며, 이 판결을 통해 그 내용과 적용에 관한 단초를 얻을 수 있을 것이다.

3단계 테스트란 저작권의 제한이나 예외는 가능하면 구체적으로 규정되어야 하며, 수혜자의 범위가 가급적 좁고 특별해 지도록 해야 한다. 또 저작자가 통상적으로 시장에서 저작물을 이용하여 이익을 취하는 행위를 잠식할 만한 정도에 이르는 예외는 허용되지 않고, 시장이 존재하지 않거나 존재할 개연성이 매우 적어야 한다. 마지막으로 저작자의 저작물이용을 제한하더라도 극도로 제한된 범위에서의 이용을 제외하고는 보상청구권의 대상으로 삼아야 한다.

다만, 협정문상 동항 나호에서 방송신호를 인터넷을 통해 재전송하는 것은 어떠한 경우에도 허용해서는 안 된다는 취지의 규정을 두어 3단계 테스트와는 별도로 저작권제한의 한계를 다시금 설정해 놓았다. 그러나 당해 규정에 대한 주석에서 국내에서만 접근 가능한 가입형 서비스를 통한 재전송이 저작자・저작인접권자[103)]및 신호의 권리자[104)]의 권리가 제한되는 것이 허용된다고 하여

103) 협정문에는 "신호내용의 권리자(right holder of the content of the signal)"로 되어 있으므

한계의 한계를 다시금 설정해놓았다.[105][106]

(8) 암호화된 방송신호의 보호

기술적 보호조치의 한 유형으로도 이해될 수 있는 암호화된 방송신호에서 암호를 해제해주는 장치의 생산 및 거래에 대한 형사적 제재 및 민사적 구제 제도가 도입되었다.[107] 스크램블된 케이블·위성 방송신호의 암호를 무력화하여 디스크램블된 화면을 재생토록 하는 기기나 서비스를 고의·과실로 제조·조립·개조·수입·수출·판매·리스 및 다른 방법에 의해 배포하는 것은 형사적 처벌대상이자 손해배상을 포함한 민사적 구제의 대상이 되며(가호), 이는 암호가 해제된 신호를 수신·사용하거나 재배포하는 행위를 하는 경우에도 마찬가지이다(나호). 이는 미국 1996년 통신법(Telecommunication Act)의 규정을 모델로 한 것이다.[108]

이른바 Pay-TV의 신호를 권리자에게 시청료를 지불함이 없이 볼 수 있도록 해주는 장치가 나와 있는데, 이러한 장치는 암호화된 유료방송의 신호에서 암호를 해독하여 TV에서 시청 가능한 상태로 만들어주는 기능을 한다. 여기에는 당해 장치의 생산 및 거래에 대한 형사적 제재뿐 아니라 단순히 수신하거나 듣고 보는 행위가 모두 포함된다는 점을 주의해야 할 것이다.[109]

또 한 가지 주의할 점은 암호화되지 않은 신호에 대해서는 협정문 및 미국 통신법상의 규정이 적용되지 않는다는 점[110]과 협정문 제18.7조 2항에서 "암호화된 프로그램신호 또는 그 이해관계자를 포함하여, 제1항에 기술된 행위

로 저작자와 저작인접권자로 보아도 무방할 것이다.

104) 방송사업자를 의미하는 것으로 보이나 미국에는 방송신호 자체를 저작물이나 저작인접물로 보호하지 않으므로 "if any"라는 술어를 부가해놓은 것 같다.

105) 미국은 공중파 방송을 유선방송체계를 이용하여 재전송하는 것이 법정허락의 대상이 된다고 보고 통지의무와 납부의무만을 다하면, 공중파 방송을 재전송할 수 있도록 하고 있다. 17 U.S.C s 111(a).

106) 당해 주석에 따라 IPTV에서 공중파 방송을 재전송하는 것을 허용할 수 있는 가능성이 생기게 되었다고 평가해볼 수 있다.

107) 한미 FTA 협정문 제18.7조 1항.

108) 47 U.S.C. §605.

109) "보다 명확히 하기 위하여, 사용하다라 함은 사적 또는 상업적 여부에 관계없이 신호를 시청하는 것을 포함한다." 한미 FTA 협정문 제18장 주18.

110) 47 U.S.C. §605(b)(1).

에 의하여 피해를 입은 모든 자를 위하여 손해배상을 포함한 민사구제를 제공한다."라고 규정하여 이해당사자라면 누구라도 민사적 구제를 받을 수 있게 했다는 점이다.

(9) 그 밖의 규정

이용자의 저작권 침해행위에 대하여 온라인서비스제공자가 면책 받을 수 있는 요건이 보다 상세하게 정해졌으며, 저작권자가 소송의 제기를 위해 온라인서비스제공자로부터 온라인상 저작권을 침해한 자(네티즌)의 신원을 확인할 수 있는 정보를 획득할 수 있는 행정적 또는 사법적 절차를 규정하도록 하였다.[111] 저작권자의 손해를 보전하는 한편 신원정보 확인을 위한 불필요한 형사소송 제기를 줄인다는 점에서 긍정적인 효과도 있으나, 개인정보가 제공됨에 따른 남용 우려도 있으므로 협정을 이행함에 있어 이에 대한 적절한 제한이 뒤따라야 할 것이다.

저작권의 집행면에 있어서도 상업적 규모의 저작권의 침해가 있는 경우, 권리자의 고소 없이도 사법당국이 직권으로 기소할 수 있도록 하였다. 이미 2006년 12월 개정된 저작권법은 '영리를 위하여 상습적으로' 행한 저작권 침해에 대하여 비친고죄로 한 바 있는데, 한미 FTA 협정으로 인해 추가적인 개정이 필요할 것으로 보인다.[112]

저작권 침해시 실제로 저작권자에게 발생한 손해를 배상하도록 하는 외에 권리자의 선택에 따라 손해배상액의 상·하한을 법으로 정하여 그 가운데서 법원이 적정한 손해배상액을 산정하도록 하는 법정손해배상제도를 도입한 점도 주목된다. 과거에는 저작권을 침해하는 경우에 출판물과 음반 부수를 추정하는 규정을 두어 법정손해배상제도와 유사한 제도를 운영한 바 있었으나, 법정손해배상제도 자체가 대륙법계의 손해배상체계와 조금은 상이하므로, 특히 하한액의 설정 등에 있어 국내법 이행과정에서의 세심한 주의가 필요하다고

---

111) 온라인서비스제공자의 책임과 관련해서는 이대희, 앞의 논문, 15-16면 참조; 침해자의 정보제공제도에 관해서는 김병일, "한미FTA의 저작권 집행분야 주요 쟁점 및 그 이행에 관한 고찰,"「계간 저작권」 제78호(2007), 24면 이하 참조.

112) 과거에는 저작권자들이 친고죄의 폐지를 주장하였으나, 한미 FTA 협정 서명 후 국내입법을 정비하는 과정에서는 오히려 저작권자들이 친고죄의 존치를 주장하고 있다. 이는 친고죄 규정을 이용하여 합의를 압박하는 수단으로 활용하고자 하는 저작권자들의 이해관계가 반영된 것으로 보인다.

본다.

4. 국내이행방안의 전반적 고찰

이상에서는 FTA 협정문의 전반적인 내용에 대해 조망해보았다. 이 과정에서 주요쟁점 이외에도 법제도 개선이 요구되는 부분이 더러 발견된다. 그 중 입법시 고려되어야 하는 주요사항만을 제시해보고자 한다.[113)]

우선 저작권과 관련해서는 저작권법에서 복제의 정의에 일시적 복제가 포함되었다는 점이 가장 중요한 부분이라 하겠다. 협정문에 이미 일시적 복제가 복제개념에 포섭될 것이 의무화되어 있다면, 현시점에서 고민해야 할 부분은 일시적 복제권에 대한 제한설정을 효과적으로 하여 정당한 이용자의 이익을 보호해야 하는 점일 것이다. 물론 이러한 제한에는 3단계 테스트라는 한계점이 존재한다. 그러나 미국의 공정이용에 의한 저작권제한을 포괄적으로 허용하는 태도에 대해서 3단계 테스트의 첫 번째 기준인 특정·특별성을 만족할 수 없을 것이라는 우려에도 불구하고,[114)] 특정·특별성이 반드시 해당 행위유형이나 목적유형을 열거해야 하는 것으로 해석하기는 어려울 것이라고 견해들이 제기되고 있고,[115)] 현재까지 국제사회에서 공정이용에 대한 적극적 공세는 찾아보기 어려우므로 일시적 복제에 한하여 공정이용과 같거나 유사한 저작권제한을 인정하는 방법을 생각해 볼 수 있을 것이다.

둘째, 실연자·음반제작자의 공중송신권의 도입이 불가피해졌다. 현행법상 실연자 및 음반제작자에게 전송권[116)]만을 부여하고 있었으나 이제 여하한 형태의 저작물 전달에 대한 배타적 권리를 부여해야 한다.[117)] 입법시에 고려되어야 할 점은 미국이 방송사업자에 대한 보호를 등한시하는 데 반해, 우리는 저작인접권자로서 실연자와 음반제작자와 함께 방송사업자를 들고 있으므로 이

---

113) 이에 관한 선행연구로는 김현철(2007) 참조.

114) Tyler G. Newby, "What's Fair Here Is Not Fair Everywhere: Does the American Fair Use Doctrine Violate International Copyright Law?" 51 *Stan. L. Rev.* 1633, 1660 (1999).

115) Standing Committee on Copyright and Related Rights, *WIPO Study on Limitations and Exceptions of Copyright and Related Rights in the Digital Environment*, SCCR/9/7, 2003, 69면 (prepared by Sam Ricketson).

116) 저작권법 제74조 및 제81조.

117) 물론 앞서 지적한 바대로 아날로그 송신에 대한 재량권은 각국에 유보되어 있다.

들의 상호관계를 따지지 않을 수 없다. 방송사업자에 대한 권리확대를 고려하고, 권리확대와 내국민대우의 적용의 역학관계를 따져서 미국의 내국민대우원칙의 남용을 억제할 필요가 있다는 것이다.

셋째, 보호기간과 관련하여 다소 고려해 볼 문제가 있다. 50년에서 70년으로 보호기간이 연장된 것은 분명하지만, 미국은 보호기간의 기산점을 저작자의 사망시기와 함께 발행(publication)의 시점을 제시하고 있지만, 우리 법은 공표된(made public)[118] 시점을 기준으로 하고 있다. 협정문 제18.1조 5항에 따르면 각 당사국은 협정에서 정한 것보다 강화된 보호를 규정할 수 있도록 되어 있는데, 협정문상의 발행시기를 우리법상 공표시기로 전환하는 것이 저작자에게 더욱 유리한 것인가의 문제에 대하여 대체로 부정적이다. 왜냐하면 대개 공표보다 발행시기가 더 늦을 수 있기 때문이다. 이러한 공표와 발행 사이의 차이를 고려하여 입법이 이루어져야 할 것이다.

마지막으로 기술적 조치에 대한 보호를 접근통제에 관한 조치까지 확대해야 하고, 거래금지뿐 아니라 우회 자체를 위법한 것으로 규정해야 하는데, 최근 들어 법으로 우회가 금지되는 기술조치를 저작권과 아무 상관없이 단지 시장에서 점유율을 높이기 위해서라거나 독점적 지위를 가지기 위해 사용하는 경우가 늘어나고 있다. 프린터의 잉크 카트리지[119]나 자동차의 부품 등과 같이 2차적 시장에서 우위를 차지하기 위해 임베디드 소프트웨어를 설치하고 기술조치를 걸어둔다거나 저작권법으로 보호 받기 어려운 콘텐츠에 간략한 인사말 정도를 추가하고 그것에 기술조치를 설치하여 경쟁회사의 혁신과 공정경쟁을 방해하려는 시도가 실제로 일어나고 있다.

미국에서 기술적 보호조치제도와 저작권제도가 별개로 운영되는 것은 분명한 것으로 보이지만,[120] 저작물로 인정되는 대상물의 범위가 점차 넓게 인정되고 있는 추세를 감안해 볼 때 저작물의 보호가 아닌 기술적 조치의 보호를 위한 명목상의 저작물이 작성되고 적용될 위험성이 높아졌다고 할 수 있다. 이

---

118) 베른협약 제7조 2항에는 “after the work has been made available to the public”이라고 되어 있으므로 공표시를 기준으로 하고 있는 것이다.

119) 예를 들어 *Lexmark Internationa, Inc. v. Static Control Components, Inc.*, 387 F.3d 522 (6th Cir. 2004).

120) *Chamberlain Group, Inc. v. Skylink Technologies, Inc.*, 381 F.3d 1178, 1192 (Fed. Cir. 2004); ITC Inv. No. 337-TA-497, ALJ Order 및 Final Order 참조.

러한 문제점은 3년마다 새롭게 부여할 수 있는 기술조치에 대한 보호의 예외 설정절차를 잘 운영함으로써 어느 정도 해결될 수 있을 것이다. 우리 정부는 협정문에 제시된 대로 기술조치 우회의 필요성을 입증할 수 있는 실질적인 증거(substantial evidence)를 적극 찾아내야 할 것이고, 이를 효과적으로 규범화시키는 데 많은 노력을 기울여야 할 것이다.

5. 저작권법 개정안의 검토

FTA 타결에 따라 정부는 국회에 2007년 12월 28일 저작권법 개정안을 제출한 바 있으나 동 개정안은 임기만료로 폐기되고 말았다. 그러나 내용적으로 같은 법안이 제18대 국회에 다시 제출되었는데, 온라인 서비스제공자에 대한 책임강화의 내용을 제외하고는 제1차 개정안과 거의 동일한 내용으로 되어 있다. 하지만 동 안에 대해서는 사실상 논의가 광범위하게 이루어지지 못했고, 법안이 입안되기 전후의 학계 내지 이해관계인의 의견개진도 많지 않았던 것으로 보인다. 계류 중인 저작권법 개정안은 법률로서 성립될 가능성을 미리 예측할 수 없으나 비슷한 개정안이 계속 제출되는 점에서 미루어 차후에도 FTA에 따른 저작권법 개정의 근간이 될 것이므로 관련된 내용을 살펴보는 것은 의의가 있다 할 것이다.

(1) 일시적 복제의 수용

현행 저작권법은 복제권의 대상이 되는 행위로서 복제에 일시적 복제가 포함되는지 여부가 분명하지 않았다. 현재 우리 저작권법 제2조는 다음과 같다.

> "복제"는 인쇄・사진촬영・복사・녹음・녹화 그 밖의 방법에 의하여 유형물에 고정하거나 유형물로 다시 제작하는 것을 말하며, 건축물의 경우에는 그 건축을 위한 모형 또는 설계도서에 따라 이를 시공하는 것을 포함한다.

개정안은 "일시적 또는 영구적으로 유형물에 고정"하는 등의 행위가 복제에 해당한다고 하여 일시적 복제가 복제권의 대상이 됨을 분명히 하였다.[121] 따라서 개정안에 의하면 저작자는 영구적 복제에 대해서는 물론이고, 일시적

121) 개정안 제2조 22항.

복제에 대해서까지 통제권을 갖는다고 할 수 있다. 그러나 일시적인 것이 무엇인지에 대한 정의가 결여되어 있고, 더욱이 "영구적 복제"가 일시적 복제를 제외한 기존의 모든 복제유형을 포괄하는지에 대해서도 의문이 제기된다.

일시적 복제권이 도입됨에 따라 발생할 수 있는 문제점을 해결하기 위한 규정도 마련되었다. 즉, 네트워크를 경유하는 정보들 중 저작물이 포함됨에 따라 네트워크의 단순이용 및 이용제공이 일시적 복제가 되어 복제권 침해책임을 부담하는 문제가 발생할 수 있는데, 이러한 문제를 해결하기 위한 규정이 마련된 것이다. 개정안은 제35조의2에서 "저작물이용과정의 일시적 복제"라는 제목 아래에서 다음과 같은 저작권제한규정을 마련하였다.

컴퓨터 등을 통하여 정당하게 저작물을 이용하는 기술적 과정의 일부로서 복제물이 만들어지는 것이 필수적으로 요청되는 경우에는 이를 일시적으로 복제할 수 있다. 다만, 해당 이용자가 불법복제물임을 알았거나 알 수 있었던 경우에는 그러하지 아니하다.

동 규정은 허용되는 이용범위에서 불법복제물로부터 일시적 복제가 이루어지는 것을 제외하고 있다는 점에서 저작권침해 가능성을 줄여주는 역할을 담당할 것으로 기대되지만, 2007년에 제출된 제1차 개정안에는 "불법복제물로부터 일시적 복제가 일어나는 경우에는 일시적 복제를 할 수 없다."[122)]라고 규정되어 이용자 혹은 이용매개자에게 저장되는 저작물이 적법한 것인지 불법한 것인지 탐지해야 하는 부담을 줄 소지가 있었다. 2008년 10월에 제출된 개정안에는 위에서와 같이 알았거나 알 수 있었을 경우에만 책임을 부담하도록 수정하였다.

(2) 공정이용조항

개정안에는 미국의 공정이용조항과 유사한 내용의 저작권제한규정이 포함되어 있는데, 그 내용은 다음과 같다.

제35조의3 (저작물의 공정이용)

① 제23조부터 제35조까지 및 제35조의2의 경우 외에 저작물의 통상적인 이용방법과

---

122) 원문은 단지 "불법복제물로부터 일시적 복제가 일어나는 경우에는 그러하지 아니하다."로 되어 있는데, 이를 이해를 돕기 위해 수정하였다.

충돌하지 아니하고 저작자의 정당한 이익을 부당하게 해치지 아니하는 예외적인 경우에는 저작물을 이용할 수 있다.

② 저작물이용 행위가 제1항에 해당하는지를 판단할 때에는 다음 각 호의 사항을 고려하여야 한다.

1. 영리성 또는 비영리성 등 이용의 목적 및 성격
2. 저작물의 종류 및 용도
3. 이용된 부분이 저작물 전체에서 차지하는 비중과 그 중요성
4. 저작물의 이용이 그 저작물의 현재 시장 또는 가치나 잠재적인 시장 또는 가치에 미치는 영향

이는 제1차 개정안의 같은 조[123]에서 다소의 문구를 수정한 것이다. 제1항의 내용은 위에서 살펴본 3단계 테스트의 내용이고, 제2항의 내용은 미국의 공정이용조항에서 공정한 이용을 예시해 둔 것을 제외하고는 완전히 동일하다. 조문의 구조를 보면, 마치 3단계 테스트를 만족시키는지 여부가 공정이용의 세 가지 요건과 긴밀한 관계가 있고, 당해 기준에 따라 판단될 수 있는 것처럼 보인다.

3단계 테스트의 각 요소가 공정이용의 그것과 중첩되어 유사성을 갖는 부분이 많지만, 공정이용의 도입이 3단계 테스트를 대체할 수 있다거나 한 요건의 만족이 다른 하나를 정당화시킬 수 있는 관계는 결코 아니다. 게다가 미국 공정이용조항 자체도 3단계 테스트에 부합하는지 여부에 대해 아직 확실치는 않은 상태이다.[124] 결국 본 조문은 3단계 테스트와 공정이용의 요소를 모두 고려하여 판단할 것을 요구하는 경우라고 해석해야 할 것이다.

---

123) ① 제23조로부터 제35조까지 및 제32조의2의 경우 외에도 저작물의 통상적인 이용 방법과 충돌하지 아니하고 저작자의 합법적인 이익(정당한 이익)을 불합리하게(부당하게) 해하지 아니하는 특정한 경우(예외적인 경우)는 저작물을 이용할 수 있다.

② 저작물이용 행위가 제1항의 공정이용에 해당하는지 여부를 판단함에 있어서 다음 각 호의 사항을 고려하여야 한다.

1. 영리 또는 비영리 등 이용의 목적 및 성격
2. 저작물의 종류 및 용도
3. 이용된 부분이 저작물 전체에서 차지하는 분량 및 비중(비중과 그 중요성)
4. 이용이 저작물의 현재 또는 장래의 시장이나 가치(현재 시장 또는 가치나 잠재적인 시장 또는 가치)에 미치는 영향

[제1차 개정안과 제2차 개정안의 차이를 강조표시 하였음]

124) Newby, 앞의 논문, p.1660은 3단계 테스트를 만족시키지 못한다는 견해이다.

(3) 배타적 이용권 제도

개정안 내에는 "배타적 이용권" 제도가 포함되었다. 우리 저작권법 제46조 3항은 다음과 같이 규정되어 있다.

> 제1항의 규정에 따른 허락에 의하여 저작물을 이용할 수 있는 권리는 저작재산권자의 동의 없이 제3자에게 이를 양도할 수 없다.

본조의 "저작물을 이용할 수 있는 권리"는 단지 채권적 권리라는 것이 거의 예외 없이 받아들여지는 학계의 입장이다.[125] 이러한 채권적 권리의 이전은 저작물이 화체된 유형물이 이전되는 것과 무관하며,[126] 저작자는 유형물의 이전과는 무관하게 이용허락이 이전되는 것을 자신의 동의 여부에 종속시킬 수 있는 권한을 갖는다는 것이 법문의 취지이다.

개정안은 현행법에서 출판권제도에 대해 다루고 있는 저작권법 제1장 7절의 제목을 출판권에서 "배타적 이용권"으로 변경하였다. 개정안의 관련규정들은 저작자가 배타적 이용권을 설정할 수 있도록 하였는데,[127] 배타적 권리의 설정은 시간적, 공간적 혹은 내용적으로 겹치지 않는 범위 내에서 계속하여 설정할 수 있도록 했다.

개정안 제123조 및 제125조의 규정으로 미루어, 그리고 출판권에 대한 과거의 태도에서 볼 때,[128] 배타적 이용권자는 자신의 권리에 근거하여 금지청구를 하거나 손해배상을 청구할 수 있다고 볼 수 있다. 따라서 배타적 이용권의 법적 성질이 명확한 것은 아니지만, 물권적인 권리이거나 이에 준한 권리라고 할 수 있을 것이다. 그러나 배타적 이용권은 저작재산권자의 허락 없이는 양도

---

125) 오승종(2007), 493면.

126) 앞의 책, 493면.

127) 저작권법 개정안 제57조 1항.

128) 대법원 2005. 9. 9. 선고 2003다47782 판결 — 이른바 "전략 삼국지" 사건.
"저작권법 제54조 소정의 출판권은 저작물을 복제·배포할 권리를 가진 자와의 설정행위에서 정하는 바에 따라 저작물을 원작 그대로 출판하는 것을 그 내용으로 하는 권리인바, 제3자가 출판권자의 허락 없이 원작의 전부 또는 상당 부분과 동일성 있는 작품을 출판하는 때에는 출판권 침해가 성립된다 할 것이지만(대법원 2003. 2. 28. 선고 2001도3115 판결 참조), 원작과의 동일성을 손상하는 정도로 원작을 변경하여 출판하는 때에는 저작자의 2차적 저작물작성권 침해에 해당할지언정 출판권자의 출판권 침해는 성립되지 않는다 할 것이다."

될 수 없고, 이용허락도 할 수 없다고 정한 데 대해서는 현행법의 태도가 유지되었다.[129] 다만, 제1차 개정안에서는 같은 규정에서 저작재산권자가 신의에 반하여 양도에 대한 동의를 거절할 수 없다고 하여 이용허락의 유통성이 다소나마 고려되었다고 할 수 있으나 제2차 개정안에서는 이러한 조치마저 사라졌다.

설령 신의에 반하여 동의를 거절할 수 없도록 해두었더라도 이러한 제도는 배타적 이용권에만 국한되는 것이며, 거절할 수 없다고 하였지 신의칙에 따라 동의를 구하지 않아도 된다고 하지는 않아서, 저작자에 의한 의사표시가 반드시 있어야 한다고 할 것이므로 저작물의 유통 보호측면에서 다소 부족함이 있었을 것이다.

본래 이용허락이 양도될 때마다 저작자로부터 허락을 구하도록 하는 제도는 독일과 오스트리아 같은 일원론 국가에서 기원한다.[130] 일원론에 따르면, 저작재산권과 저작인격권이 불가분의 관계를 이루기 때문에 저작재산권이 저작권에서 분리되어 양도될 수 없다고 보며, 오로지 이용허락만이 가능하다고 하고, 저작인격권 역시 저작재산권과 같은 보호기간을 향유한다고 하는 점은 일반적으로 잘 알려져 있다.[131]

그러나 이러한 일반론에서 더 나아가 저작자는 저작물이 이용됨에 있어 인격적 이익이 보호되어야 하며, 따라서 저작자는 저작물의 유통·이용 상황에 대해 인지할 수 있어야 하며, 필요에 따라 이용허락이 이전되어 원하지 않는 제3자에 의해 저작물이 이용되는 것을 거절할 수 있어야 한다는 관념이 생겨났다.[132] 이러한 저작권의 재양도 제한의 태도가 계속 유지될 필요가 있는지에 대해서 면밀히 검토하여 저작권 유통에 보다 기여할 수 있는 입법이 이루어지는 것이 바람직하다고 생각된다.

(4) 암호화된 방송신호의 보호

저작권법 개정안 제2조 8호의3은 암호화된 방송신호를 다음과 같이 정의하고 있다.

---

129) 개정안 제61조 1항.

130) Möhring/Nicolini/Spautz (2000), §34 UrhG para. 1.

131) Schack (2005), paras. 320 ff.

132) Möhring/Nicolini/Spautz (2000), loc cit.

> "암호화된 방송신호"는 방송사업자나 방송사업자의 동의를 얻은 자가 정당한 권한 없이 방송을 수신하는 것을 효과적으로 차단 또는 억제하기 위하여 전자적으로 암호화한 방송신호를 말한다.

암호화된 방송신호의 보호에 대해서는 방송사업자의 보호에 관하여 정하고 있는 부분에서 함께 규정하고 있으나 구체적으로 방송사업자에게 암호화된 방송신호를 이용할 수 있는 배타적인 권리를 부여하고 있지는 않고, 단지 누구든지 법에 정해진 행위를 하면 안 된다고 규정하고 있을 뿐이다. 개정안 제123조 1항에서는 동 제104조의4[133]를 위반한 경우, 여타의 저작권 혹은 저작인접권에 대한 침해와 마찬가지로 권리자가 침해의 정지 및 예방을 청구할 수 있도록 하였다. 안 제104조의7 제1항에 따라 저작권이나 저작권법에서 정하는 기타의 권리를 갖는 자가 보호를 주장할 수 있다.[134] 하지만 암호화업자 및 기술제공자 등에게는 권리가 미치지 않는다고 보아야 할 것이다.

또 개정안 제104조의7에서 준용에 따라 제123조의 방해배제·예방과 제125조의 손해배상, 제125조의2의 법정손해배상을 청구할 수도 있도록 되어 있다. 그러나 형사적 제재는 별론이 된다. 미국은 형사적 제재가 암호화된 방송신호의 보호의 중심이 되는 반면, 우리는 침해자에게 형사적 제재를 가함에서 더 나아가 권리자에게 민사적 구제책을 부여하는 것으로 정하였다.

금지되는 행위유형은 다음과 같다.

1. 암호화된 방송 신호를 복호화(復號化)하는 것을 주된 목적으로 하는 것을 알거나 과실로 알지 못하고 그러한 목적을 가진 장치·기술·서비스·제품 또는 그 주요부품을 방송사업자의 허락 없이 개발·제조·조립·변경·수입·수출·판매·대여하거나 그 밖의 방법으로 배포 또는 전송하는 행위. 다만, 제104조의2 제1항 제1호·제2호 또는 제4호에 해당하는 경우에는 그러하지 아니하다.
2. 정당한 권한에 의하여 복호화된 방송 신호를 방송사업자의 허락 없이

133) 제1차 개정안에서는 방송사업자의 보호에 대한 규정들과 함께 위치해 있었다(제85조의 2).

134) 제1차 개정안에서는 권리자를 특정하지 않고 있었고, 그 구제방법도 저작권 침해일반에 대한 제123조에 의하였으므로 방송사업자의 권리와 함께 규정되어 있음에 미루어 방송사업자가 권리자가 된다고 해석하는 것만이 가능하였다.

영리 목적으로 다른 사람에게 배포하거나 공중송신하는 행위

3. 방송사업자의 허락 없이 복호화된 방송 신호라는 것을 알면서 그러한 신호를 수신하여 청취 또는 시청하거나 다른 사람에게 배포 또는 공중송신하는 행위

제1호에 규정된 것은 복호화장치의 거래금지에 해당하며, 제2호는 복호화된 방송신호를 제3자에게 전달하는 것이 금지됨을 의미한다. 마지막 제3호는 이러한 신호를 수신하거나 복호화장치를 가지고 신호를 복호화하는 것이 위법이라는 의미를 가지는 것으로 이는 미국법의 태도를 그대로 답습한 것이다.

(5) 저작권보호기간의 연장

저작권 및 저작인접권에 대한 보호기간이 저작자 사후 50년과 공표 후 50년에서 70년으로 변경되었다. 앞서 지적하였지만, 미국은 저작자 사후의 기준과 함께 공표가 아닌 발행을 저작권보호기간 계산의 기산점으로 삼고 있다. 그래서 개정안에서 이렇게 50년이라는 기간을 70년으로 변경한 것만으로 한미 FTA 협정상 의무를 충족한 것이 되는지에 대해서는 다소의 의문이 생긴다.

또 미국은 방송사업자에 대해서는 배타적 권리를 부여하고 있지 않은데, 우리 법은 방송사업자를 다른 저작인접권자인 실연자 및 음반제작자와 차별하고 있지 않다. 그런데 FTA는 실연자와 음반제작자만을 지시하고 있으므로 방송사업자에 대해서는 저작권보호기간을 연장하지 않아도 되도록 하고 있다고 보아도 좋을 것이다. 개정안도 이러한 점을 감안하여 방송을 보호기간연장에서 제외시켰다. 방송사업자에게까지 70년이라는 확대보호를 부여해야 하는지에 대해서는 다소 의구심이 제기된다고 하겠다. 물론 대륙법계 국가 중에서 저작인접권자 사이에 권리의 보호기간을 차별하는 경우는 찾아보기 어렵고, 그러할 필요성이 제기되는 경우도 적기는 하다. 그렇지만 방송을 70년간이나 보호해주어야 하는지에 대해서는 저작인접권의 성격에 비추어 보았을 때, 다소 지나치다는 생각이 든다.

(6) 기술적 보호조치

FTA는 기술적 보호조치의 우회나 우회도구의 거래를 금지하고 있는데, 우리 법은 현재까지 접근통제적 기술조치에 대해서 다소 애매한 입장을 취하고 있었다. 그러나 개정안은 접근통제적 기술조치를 무력화하는 행위 및 무력화

도구의 거래가 위법임을 분명히 하고 있다. FTA의 협상내용을 거의 변경 없이 수용하고 있으므로 자세한 설명은 한미 FTA의 주요내용으로 갈음한다.[135)]

(7) 기타 규정

개정안은 제2조 8호의2에서 "방송전 신호"가 "장래의 방송을 위하여 방송사업자에게 송신되는 신호로서 공중의 직접 수신을 목적으로 하지 않는 것"이라고 정의하면서 이러한 방송전 신호도 저작인접권과 마찬가지의 조건하에서 보호된다고 정하고 있다.[136)]

외국인인 저작자는 베른협약, 세계저작권협약 등 저작권관련 국제협약에 의해 대한민국 내에서도 저작자로서 보호를 향유할 수 있는데, 보호기간에 있어서 베른협약 제7조 및 관련 규정들에 의해 이미 다른 회원국에서 자국회원국 저작자에게 부여하는 만큼만 보호해주면 좋다는 상호주의가 천명되고 있다. 따라서 국내법에서 다른 회원국 저작자에게 내국민에 비해 단기의 보호기간을 보호하도록 하는 것은 허용된다. 이러한 취지는 개정안 제3조 4항에서 "외국인의 저작물은 그 외국에서 대한민국 국민의 저작물에 대하여 이 법에 따른 보호기간보다 짧은 보호기간을 인정하는 경우에는 그 외국에서 인정하는 만큼 보호기간을 인정한다."라고 규정하면서 더욱 분명해졌다.[137)]

III. 한미 FTA와 지적재산권 집행

최근 지적재산권의 보호에 관한 논의가 다양하게 이루어지고 있고, 보호의 정도도 앞으로 높아질 것으로 보인다.[138)] 이는 무엇보다 지난 해 한미 FTA 협

135) 개정안 제104조의2 이하 참조.

136) 개정안 제64조 1항.

137) 개정안 제64조에 따라 저작인접권자에 대해서도 마찬가지의 원칙이 적용된다.

138) 최근 지적재산권의 집행을 강화하기 위한 새로운 국제적인 법적 시스템인 "위조 및 불법복제 방지협약(Anti-Counterfeiting Trade Agreement: ACTA)"이 준비되고 있는데, 이는 2005년 G8 정상회담에서 일본 총리가 동 조약의 필요성을 제창한 이래 미국, EU뿐 아니라 지적재산권의 보호에 높은 의지를 갖고 있는 개발도상국을 중심으로 동 조약의 실현을 위한 적극적인 논의가 진행되고 있다.

상의 타결로 인하여 지적재산권의 집행수준이 강화되는 것에 기인한다.[139] 지적재산권의 집행은 결국 지적재산권의 실효성 있는 보호를 위해 이루어지는 민·형사상의 제재조치라 볼 수 있는데, 한미 FTA 협정문을 보면 지적재산권의 보호를 담보하기 위한 조항들이 상당수 포함되어 있다.[140]

이하에서는 우선 한미 FTA 협상의 결과로서 채택된 집행관련 규정을 살펴보고, 우선 한미 FTA 지적재산권 집행분야에서 논의된 주요 내용, 특히 이와 관련된 한미 FTA에 대응하는 우리의 현행 제도에 관해서 살펴본다. 이 과정에서 지적재산권에 대한 다자간 협정인 WTO TRIPs 협정의 규정도 간단히 언급할 것이다.

1. 우리 지적재산권 집행제도 개관

우리나라와 미국 모두 WTO TRIPs 협정의 가입국이므로 관련사항에 대해서는 당해 협정이 적용되는 것은 공통적이지만, TRIPs 협정을 이행하는 방법과 TRIPs 협정 이행 이전의 고유한 규정들, 기타 실제적 상황에 의해 도입된 것들 때문에 우리만의 특이사항이 있을 것인데, 우선 간략하게 우리 제도 전반에 관해 살펴보기로 한다.

우리나라는 지적재산권의 집행에 관해 포괄적으로 규정하는 별개의 법률은 없고, 각 개별 지적재산권 법률에서 다루고 있을 뿐이다.[141] 산재하여 있는

---

139) 한미 FTA의 집행분야 협상내용에 대해서는 김병일, "한미FTA의 저작권 집행분야 주요 쟁점 및 그 이행에 관한 고찰," 「계간 저작권」 제78호(저작권심의조정위원회, 2007), 21면 이하 참조; 국내이행방안에 대한 상세한 내용은 이규호, "한미 FTA상 저작권 집행과 우리법의 대응(상), (하)," 「법조」(2007. 9), 281면 이하 및 「법조」(2007. 10), 377면 이하, 그리고 남형두, 「한미간 자유무역협정의 저작권집행 분야에 대한 연구」(문화관광부, 2007. 12) 참조; 한미 FTA 집행분야의 전반적 배경과 각국의 태도, 견해대립에 대해서는 이규호·이대희, 「KORUS FTA 집행분야 연구보고서」(법무부, 2006. 10) 참조.

140) 한미 FTA 협정문 제18장은 지적재산권에 대해 규정하고 있는데, 특히 제18.10조에서 지적재산권 집행에 대해 다루고 있다. 여기에는 일반적 의무, 민사 및 행정 절차와 구제, 대체적 분쟁해결, 잠정조치, 국경조치와 관련된 특별 요건, 형사절차와 구제 등이 언급되어 있으며, 이에 따라 국내의 법제가 개정될 것이고, 저작권과 관련해서는 이미 개정안이 발표된 바 있다.

141) 현재 우리나라는 특허법, 실용신안법, 디자인보호법, 상표법 등을 통해 산업재산권을 보호하고 있으며, 저작권법, 컴퓨터프로그램보호법, 부정경쟁방지 및 영업비밀보호에 관한

지적재산권 법률을 종합하여 살펴보기에는 다소 곤란하지만, 지적재산권 집행과 관련하여 규정되어 있는 구제수단은 그 양상이 비슷하다. 각 개별 법률에서는 당해 권리의 침해에 대한 구제방법이 규정되어 있어 사전 혹은 사후적으로 보호를 받을 수 있다.

그 구제수단 및 제재조치로서는 민·형사상의 방법이 있는데, 특허권의 경우, 특허권자 또는 전용실시권자는 해당 특허권이 침해되었거나 침해될 우려가 있을 때, 먼저 특허권 침해자 또는 침해의 우려가 있는 자에게 서면으로 경고할 수 있으며, 또 이에 응하지 않을 때에는 소를 제기하여 침해를 금지시키거나 손해배상, 부당이득반환 등을 청구할 수 있다.[142] 디자인보호법에서도 이와 유사하다.[143] 상표권이나 전용사용권의 침해에 대해서도 침해금지청구권을 행사할 수 있으며, 상표권자 또는 전용사용권자는 침해행위를 조성한 물건의 폐기, 침해행위에 제공된 설비의 제거 기타 침해의 예방에 필요한 행위를 청구할 수 있다.[144] 저작권을 침해한 자 또는 침해할 우려가 있는 자에 대해서도 그 침해의 정지 및 예방을 청구할 수 있으며, 이러한 형태의 보호는 지적재산권 전반에 걸쳐 모두 유사함을 보인다.[145]

2. 저작권 집행관련 쟁점별 주요내용

(1) 증거수집

지적재산권 보호를 시행하는 데 있어 관련 증거수집은 매우 중요한 사안이며, 민사절차규정상의 증거수집은 전반적으로 당해 증거가 상대방의 통제하에 있거나 정확한 특정에 의해서만 가능하다는 등의 어려움이 있다. 따라서 TRIPs 협정 제43조 1항은 소송의 일방당사자가 자신의 주장을 입증할 수 있는

법, 종자산업법, 반도체칩법, 온라인디지털콘텐츠산업발전법 등을 통해 여타의 지적재산권을 보호하고 있다.

142) 윤선희, 「지적재산권법」 7정판 (서울: 세창출판사, 2005), 119면 참고.

143) 앞의 책, 233면 참고.

144) 앞의 책, 342면 참고.

145) 그러나 현행 저작권법은 아직까지 저작권에 관한 전용사용권자나 배타적 이용권자 제도를 인정하고 있지 않다. 따라서 저작물의 배타적 이용권자가 자신의 이익을 위해 침해자에게 대항하기 위해서는 채권자대위권 등에 의할 수밖에 없다. 오승종, 「저작권법」(서울: 박영사, 2007), 500면 이하 참조.

관련 증거가 소송 상대방의 관할하에 있다는 것을 소명한 경우, 사법기관에 상대방에게 그 증거를 제출하도록 명령할 수 있는 권한을 부여하고 있으며, 아울러 그 요건도 규정하고 있다.[146)]

1) 한미 FTA 규정

한미 FTA에서도 정보제출명령에 관하여 규정하고 있으며,[147)] 지적재산권 집행과 관련된 민사소송에서 사법당국에 침해자가 가진 정보를 제출하도록 명령할 권한을 부여하고 있으며,[148)] 이러한 명령에 불응할 경우 제재를 부과할 수 있도록 하고 있다.[149)]

2) 우리 현행법의 태도

현행 우리법제와 관련하여 볼 때, 저작권자의 권리침해 주장에 대해 상대방에게 관련 서류의 제출을 명할 수 있는 근거는 민사소송법 제344조상의 문서제출명령이다.[150)] 현행법하에서 법원은 금융기관에 대한 문서제출명령으로

---

146) 그 요건은 “적절하다면 비밀정보 보호를 보장하는 조건”에 따라야 한다는 것이다. 여기서 적절성의 여부나 비밀정보의 정의 등에 대해서는 별다른 설명이 없고, 여타의 규정에서도 이를 찾아볼 수 없으므로 결국 그 범위는 회원국의 재량에 의해 결정된다고 보아야 할 것이다.

147) 자세한 내용은 이규호, 앞의 논문 (상), 310면 이하; 남형두, 앞의 책, 35면 이하 참조.

148) 한미 FTA 협정문 제18.10조 10항.

149) 한미 FTA 협정문 제18.10조 11항.

150) 민사소송법 제344조(문서의 제출여부) ① 다음 각 호의 경우에 문서를 가지고 있는 사람은 그 제출을 거부하지 못한다.

1. 당사자가 소송에서 인용한 문서를 가지고 있는 때
2. 신청자가 문서를 가지고 있는 사람에게 그것을 넘겨 달라고 하거나 보겠다고 요구할 수 있는 사법상의 권리를 가지고 있는 때
3. 문서가 신청자의 이익을 위하여 작성되었거나, 신청자와 문서를 가지고 있는 사람 사이의 법률관계에 관하여 작성된 것인 때. 다만, 다음 각목의 사유 가운데 어느 하나에 해당하는 경우에는 그러하지 아니하다.
   가. 제304조 내지 제306조에 규정된 사항이 적혀 있는 문서로서 같은 조문들에 규정된 동의를 받지 아니한 문서
   나. 문서를 가진 사람 또는 그와 제314조 각호 가운데 어느 하나의 관계에 있는 사람에 관하여 같은 조에서 규정된 사항이 적혀 있는 문서
   다. 제315조 제1호 각호에 규정된 사항 중 어느 하나에 규정된 사항이 적혀 있고 비밀을 지킬 의무가 면제되지 아니한 문서

은행거래내역을 제공받을 수 있다.[151] 민사소송법상 법원은 당사자의 신청 또는 직권으로 은행 등에 조사촉탁[152]의 방법으로 필요한 경우, 은행거래내역을 확보할 수 있는데, 이러한 촉탁은 실질적으로 법원의 명령(order)이라고 보아도 무방할 것이다. 이 외에도 상법상의 상업장부의 제출,[153] 특허법 및 상표법상의 서류의 제출,[154] 실용신안법 및 디자인보호법상의 서류의 제출,[155] 부정경쟁방지 및 영업비밀보호에 관한 법률상의 자료의 제출,[156] 금융실명거래 및 비

---

② 제1항의 경우 외에도 문서(공무원 또는 공무원이었던 사람이 그 직무와 관련하여 보관하거나 가지고 있는 문서를 제외한다)가 다음 각호의 어느 하나에도 해당하지 아니하는 경우에는 문서를 가지고 있는 사람은 그 제출을 거부하지 못한다.

1. 제1항 제3호 나목 및 다목에 규정된 문서
2. 오로지 문서를 가진 사람이 이용하기 위한 문서

151) 금융실명거래 및 비밀보장에 관한 법률 제4조(금융거래의 비밀보장) ① 금융기관에 종사하는 자는 명의인(신탁의 경우에는 위탁자 또는 수익자를 말한다)의 서면상의 요구나 동의를 받지 아니하고는 그 금융거래의 내용에 대한 정보 또는 자료(이하 "거래정보 등"이라 한다)를 타인에게 제공하거나 누설하여서는 아니 되며, 누구든지 금융기관에 종사하는 자에게 거래정보 등의 제공을 요구하여서는 아니 된다. 다만, 다음 각호의 1에 해당하는 경우로서 그 사용목적에 필요한 최소한의 범위 안에서 거래정보 등을 제공하거나 그 제공을 요구하는 경우에는 그러하지 아니하다. [개정 2002. 3. 30, 2006. 3. 24.] [시행일 2006. 6. 25.](편의상 중요한 제1호만 서술하기로 한다)

1. 법원의 제출명령 또는 법관이 발부한 영장에 의한 거래정보 등의 제공.

152) 민사소송법 제294조(조사의 촉탁) 법원은 공공기관·학교, 그 밖에 단체·개인 또는 외국의 공공기관에게 그 업무에 속하는 사항에 관하여 필요한 조사 또는 보관중인 문서의 등본·사본의 송부를 촉탁할 수 있다.

153) 상법 제32조(상업장부의 제출) 법원은 신청에 의하여 또는 직권으로 소송당사자에게 상업장부 또는 그 일부분의 제출을 명할 수 있다.

154) ·특허법 제132조(서류의 제출) 법원은 특허권 또는 전용실시권의 침해에 관한 소송에 있어서 당사자의 신청에 의하여 타당사자에 대하여 당해 침해행위로 인한 손해의 계산을 하는 데에 필요한 서류의 제출을 명할 수 있다. 다만, 그 서류의 소지자가 그 서류의 제출을 거절할 정당한 이유가 있는 때에는 그러하지 아니한다.

·상표법 제70조(서류의 제출) 법원은 상표권 또는 전용사용권의 침해에 관한 소송에 있어서 당사자의 신청에 의하여 타당사자에 대하여 당해 침해행위로 인한 손해의 계산을 하는 데 필요한 서류의 제출을 명할 수 있다. 다만, 그 서류의 소지자가 그 서류의 제출을 거절할 정당한 이유가 있는 때에는 그러하지 아니하다.

155) 실용신안법 제30조와 디자인보호법 제67조는 특허법 제132조를 준용하고 있다.

156) 부정경쟁방지 및 영업비밀보호에 관한 법률 제14조의3(자료의 제출): 법원은 부정경쟁행위 또는 영업비밀 침해행위로 인한 영업상 이익의 침해에 관한 소송에 있어서 당사자의 신청에 의하여 상대방 당사자에 대하여 당해 침해행위로 인한 손해의 액을 산정하는 데

밀보장에 관한 법률상의 거래정보 등의 제공[157]과 같은 것들이 있다.[158]

(2) 증거보전을 위한 잠정조치 – 일방적 압수명령제도

TRIPs 협정 제50조 1항 b호에서는 침해혐의에 관한 관련증거를 보전할 수 있는 잠정조치를 허용하고 있고, 동조 제3항에서는 그러한 잠정조치의 신청자에 대한 요건을 부과하고 있다.[159] 즉, 사법당국은 지적재산권 침해발생의 방지와 침해혐의에 관한 관련 증거보전을 목적으로 신속하고 효과적인 잠정조치를 명할 수 있고 이러한 잠정조치를 신청하는 권리자에 대하여 증거보전의 필요성에 대한 합리적인 이유의 제공을 요구할 수 있다. 또한 사법당국은 이러한 조치의 남용을 방지하고 상대방 당사자를 보호하기 위해 충분한 담보 또는 동등한 보증을 제공할 것을 권리자에게 명령할 권한도 갖는다.

1) 한미 FTA 규정

한미 FTA에서는 사전적 증거를 확보하는 것을 목적으로 하는 일방적 압수명령제도를 명시적으로 규정하지는 않았으나 해석상 존재한다고 보아야 하며,[160] 이에 대하여는 국내이행조치 등이 요구된다.[161] 또한 "각 당사국은 일

에 필요한 자료의 제출을 명할 수 있다. 다만, 그 자료의 소지자가 자료의 제출을 거절할 정당한 이유가 있는 때에는 그러하지 아니하다.

157) 금융실명거래 및 비밀보장에 관한 법률 제4조.

158) 아직까지 우리는 사법절차에서 입수한 비밀정보를 다른 용도로 사용한 데 대해서 제재할 수 있는 유효한 제재수단을 가지고 있지 않다. 그러나 일본 저작권법 제104조의6과 제122조의2는 이러한 비밀정보의 부정한 이용행위에 대해 제재를 가하고 있다.

159) 사법당국은 잠정조치를 위해서 "신청인이 권리자이며, 그의 권리가 침해당하고 있거나 그러한 침해가 임박하다는 데에 대해 사법당국을 충분히 확실한 정도로 납득시키기 위하여, 합리적으로 입수 가능한 모든 증거를 제공할 것"을 요청할 수 있도록 할 수 있다. 또 신청인이 잠정조치로 인해 피신청인이 불측의 침해를 받을 수 있는 침해를 방지하기 위해 담보나 보증을 제공하도록 제도적 장치를 마련하고 있는데, 이는 사법당국의 재량사항이다.

160) 한미 FTA 협정문 제18.10조 8항; FTA 협정문에서는 단순히 추상적으로 일방적 구제절차라고만 언급하고 있지만 이러한 문구가 TRIPs 협정 제50조 2항에 사용되고 있고, 동조항이 "권리자에게 회복할 수 없는 피해가 초래될 가능성"이 있는 경우뿐만 아니라 "증거가 훼손될 위험"이 있는 경우에도 일방적 조치를 취하도록 규정하고 있는 점에 미루어 보면, 이 규정은 일방적 압수명령(ex parte impoundment order)제도를 상대국에 두도록 하기 위한 것으로 추론할 수 있다. 박덕영, 김원오, 「지적재산권 집행분야 협상타결 대비 국내법 정비방안」(법무부 연구보고서, 2006. 12), 28면.

방적 잠정조치의 신청에 대하여 신속하게 대응한다."는 규정을 두고 있다.[162] 이는 미국 저작권법 제503조 a항 및 연방상표법(Lanham Act) 제1116조 d항과 같은 일방적 압수명령제도이다. 일방적 압수명령제도란 법원이 일방당사자의 주장만을 심리하여 압수명령을 발부하는 제도로서, ⅰ) 압수명령영장의 신청이 있는 경우에 상대방에 대한 통지 없이 신청인의 진술만을 검토하여 영장이 발부되는 점, ⅱ) 민사사건에 있어서도 상대방의 영역을 압수·수색할 수 있다는 점에 그 특색이 있다.[163]

2) 우리 현행법의 태도

우리 현행법하에서도 이러한 내용이 민사집행법상의 가처분[164]과 민사소송법상의 증거보전[165]에 이미 수용되어 있다고 볼 수 있다는 견해가 있다.[166]

---

161) 우리는 가령 저작권법 제123조 3항에서와 같이 저작권 침해품을 압류할 수 있도록 하고 있기는 하지만, 문언상 저작권 침해품을 만들기 위해 이용되거나 이용되었던 재료나 도구 등까지 압류할 수 있다고 해석할 수는 없다. 다만, 압류와 함께 "그 밖의 필요한 조치"를 취할 수 있도록 하여 이를 확대해석함으로써 도구나 재료 역시 압류할 수 있다고 볼 수도 있다. 입법에 의할 것인지 사법당국에 재량권을 줄 것인지는 우리 정부가 판단할 사안으로 보인다.

162) 한·미 FTA 제18.10조 17항. 원문은 다음과 같다.

"Each Party shall act on requests for provisional measures inaudita altera parte expeditiously."

163) 우리법은 임시의 지위를 정하는 가처분을 변론기일 혹은 채무자가 참석할 수 있는 심문기일에 열도록 하고 있으나 이를 생략할 수 있도록 하고 있으므로 이를 일방적 잠정조치로 이해할 수도 있을 것이다. 민사집행법 제304조; 한편 일방적 증거보전조치 역시 민사소송법 제375조에 의해 인정되고 있어서 적어도 일방성의 요건은 만족하고 있다고 할 것이다.

164) ·민사집행법 제300조(가처분의 목적) ① 다툼의 대상에 관한 가처분은 현상이 바뀌면 당사자가 권리를 실행하지 못하거나 이를 실행하는 것이 매우 곤란할 염려가 있을 경우에 한다.

② 가처분은 다툼이 있는 권리관계에 대하여 임시의 지위를 정하기 위하여도 할 수 있다. 이 경우 가처분은 특히 계속하는 권리관계에 끼칠 현저한 손해를 피하거나 급박한 위험을 막기 위하여, 또는 그 밖의 필요한 이유가 있을 경우에 하여야 한다.

·민사집행법 제304조(임시의 지위를 정하기 위한 가처분) 제300조 제2항의 규정에 의한 가처분의 재판에는 변론기일 또는 채무자가 참석할 수 있는 심문기일을 열어야 한다. 다만, 그 기일을 열어 심리하면 가처분의 목적을 달성할 수 없는 사정이 있는 때에는 그러하지 아니하다.

165) 민사소송법 제375조(증거보전의 요건) 법원은 미리 증거조사를 하지 아니하면 그 증거

개별 법률에서는 침해의 금지 및 예방에 관한 규정은 있어도 증거보전을 위한 잠정조치로서의 수단에 대한 명시적 규정은 없기 때문에 현행법하에서는 민사집행법상의 가처분제도로 관련 증거를 보전할 수밖에 없을 것이다.[167]

그러나 우리나라 저작권법 및 민사집행법상의 가처분제도는 서면심리만으로 가처분이 결정될 수 있는 점에서 '일방적'일 수는 있지만, 침해의 증거를 압수, 수색할 수 있는 것과는 거리가 멀다. 그러므로 증거수집과 관련하여 일방적 구제제도를 수용하기 위해서는 법률을 제정 또는 개정하는 형태를 취할 수밖에 없는데, 일방적 구제제도를 수용하는 것은 전체 법원의 관할 및 민사집행법 전체의 체제와도 관련된 사항이다. 한미 FTA 등 다른 협정의 실질적 이행을 위한 일방적 구제절차 혹은 압수명령 제도를 두기 위해서는 개별 지적재산권법에 미국 저작권법 제503조 a항과 같은 조문을 두는 것보다는 이를 뒷받침할 절차 내지 제도를 민사집행법에 신설하는 방안을 검토하여야 할 것이다.

(3) 침해행위의 예방 및 금지를 위한 일방적 잠정조치

지적재산권의 침해상품이 당해 국가의 관할권 내의 상거래로 유입되는 것을 방지하기 위해 사법당국이 취할 수 있는 잠정조치로서 TRIPs 협정에도 규정되어 있다.[168] 지적재산권 침해물품이 유통경로 내로 들어오는 것을 방지하기 위한 목적만을 명시하였으며, 압류나 인도 등의 구체적 수단에 대해서는 기술하지 않았다. 그리고 특히 지연으로 인해 권리자에게 회복할 수 없는 피해를 초래할 가능성이 있거나 증거훼손의 입증 가능한 위험이 있는 경우에도 같다.[169]

1) 한미 FTA 규정

한미 FTA에서는 저작권 또는 저작인접권 침해와 상표위조에 관한 민사사법절차에서, 각 당사국은 사법당국이 침해행위와 관련된 침해혐의가 있는 상품·재료 및 도구의 압류 그리고 최소한 상표위조에 대하여는 침해와 관련된

를 사용하기 곤란할 사정이 있다고 인정한 때에는 당사자의 신청에 따라 이 장의 규정에 따라 증거조사를 할 수 있다.

166) 이규호, 앞의 논문(하), 382면.

167) 남형두, 앞의 책, 55면.

168) TRIPs 협정 제50조 1항 a호.

169) TRIPs 협정 제50조 2항.

증거서류의 압류를 명령할 수 있는 권한을 가지도록 규정하고 있다.[170] 이는 불법복제 또는 위조상품과 이를 만드는 데 사용된 재료 및 설비를 폐기·제거하고, 타인의 상표권을 침해하는 불법상표를 부착한 상품이 단순히 부착상표만이 제거된 채 다시 유통되는 것을 방지하기 위한 규정이다.[171] 무보상 폐기·처분을 원칙으로 하여 제3자의 이익을 고려하지 않는다는 점에 그 특색이 있다. 또한 복제 또는 위조사실이 민사소송절차를 통하여 판명된 경우에 내리는 조치라는 점에서 본안절차를 전제로 하지 않고 침해행위 관련 물품 등과 상표위조 관련 서류에 대한 압류를 규정하는 제18.10조 9항[172]과 구별된다.

2) 우리 현행법의 태도

우리 현행법에 따르면 저작권법에서는 저작권침해의 권리구제와 관련하여 저작권자가 침해의 정지를 청구할 수 있는데, 특히 침해행위에 의해 만들어진 물건의 압류도 가능하게 되어 있다.[173] 저작권법 외의 다른 법률에서도 권리자

---

170) 한미 FTA 협정문 제18.10조 8항.

171) 이는 TRIPs 협정 제46조를 답습한 것으로, 단지 위조상표의 탈착만으로 물품을 다시 유통되도록 할 수 없다는 의미인데, 그 의미는 그렇게 심각한 것은 아니다. 따라서 잠정적으로 압류하다가 돌려주거나 경미한 행정적 제재만을 가하더라도 동 규정에서 정한 요건을 만족한다고 할 수 있다. FTA상의 증거서류의 압류는 TRIPs 협정 제46조에서 요구하는 조치에 해당한다고 볼 수 있을 것이다.

172) 동 규정은 특히 TRIPs 협정 제46조와 관련하여 "위조상표 상품에 관하여는 불법적으로 부착된 상표를 단순히 제거하는 것으로는 상품이 상거래로 반출되는 것을 허용하기에 충분하지 아니하다."라고 규정하고 있다.

173) 저작권법 제123조(침해의 정지 등 청구) ① 저작권 그 밖에 이 법에 따라 보호되는 권리(제25조·제31조·제75조·제76조·제82조 및 제83조의 규정에 따른 보상을 받을 권리를 제외한다. 이하 이 조에서 같다)를 가진 자는 그 권리를 침해하는 자에 대하여 침해의 정지를 청구할 수 있으며, 그 권리를 침해할 우려가 있는 자에 대하여 침해의 예방 또는 손해배상의 담보를 청구할 수 있다.

② 저작권 그 밖에 이 법에 따라 보호되는 권리를 가진 자는 제1항의 규정에 따른 청구를 하는 경우에 침해행위에 의하여 만들어진 물건의 폐기나 그 밖의 필요한 조치를 청구할 수 있다.

③ 제1항 및 제2항의 경우 또는 이 법에 따른 형사의 기소가 있는 때에는 법원은 원고 또는 고소인의 신청에 따라 담보를 제공하거나 제공하지 아니하게 하고, 임시로 침해행위의 정지 또는 침해행위로 말미암아 만들어진 물건의 압류 그 밖의 필요한 조치를 명할 수 있다.

④ 제3항의 경우에 저작권 그 밖에 이 법에 따라 보호되는 권리의 침해가 없다는 뜻의 판결이 확정된 때에는 신청자는 그 신청으로 인하여 발생한 손해를 배상하여야 한다.

의 권리가 침해될 우려가 있거나 침해된 경우에 있어서 그에 상응하는 여러 조치들에 관해 규정해 두고 있는데,[174] 현행법하에서도 지적재산권의 급박한 침해위험을 예방하기 위한 혹은 계속적 침해에 대하여 잠정적 조치(중간 금지 명령, interlocutory injunction)가 가능하다. 또한 침해의심물품의 압류도 현행법상 허용되며,[175] 이는 가처분으로도 가능할 것이다. '임시적인 조치'의 한 예로서 '침해행위의 계속이 반복적인 금전적 제재에 종속되게 하는 조치'는 현행법상

---

174) ・특허법 제126조(권리침해에 대한 금지청구권 등) ① 특허권자 또는 전용실시권자는 자기의 권리를 침해한 자 또는 침해할 우려가 있는 자에 대하여 그 침해의 금지 또는 예방을 청구할 수 있다.

② 특허권자 또는 전용실시권자가 제1항의 규정에 의한 청구를 할 때에는 침해행위를 조성한 물건(물건을 생산하는 방법의 발명인 경우에는 침해행위로 생긴 물건을 포함한다)의 폐기, 침해행위에 제공된 설비의 제거 기타 침해의 예방에 필요한 행위를 청구할 수 있다.

・실용신안법 제30조는 특허법 제126조를 준용한다.

・디자인보호법 제64조(권리침해에 대한 금지청구권 등) ① 디자인권자 또는 전용실시권자는 자기의 권리를 침해한 자 또는 침해할 우려가 있는 자에 대하여 그 침해의 금지 또는 예방을 청구할 수 있다. [개정 2004. 12. 31] [시행일 2005. 7. 1.]

② 제13조 제1항의 규정에 따라 비밀로 할 것을 청구한 디자인에 관한 디자인권자 및 전용실시권자는 산업자원부령이 정하는 바에 따라 그 디자인에 관한 다음 각호의 사항에 대하여 특허청장으로부터 증명을 받은 서면을 제시하여 경고한 후가 아니면 제1항의 규정에 따른 청구를 할 수 없다. [신설 2004. 12. 31.] [시행일 2005. 7. 1.]

1. 디자인권자 및 전용실시권자(전용실시권자가 청구하는 경우에 한한다)의 성명 및 주소(법인인 경우에는 그 명칭 및 주된 사무소의 소재지를 말한다)
2. 디자인등록출원번호 및 출원일
3. 디자인등록번호 및 등록일
4. 디자인등록출원서에 첨부한 도면・사진 또는 견본의 내용

③ 디자인권자 또는 전용실시권자는 제1항의 규정에 의한 청구를 할 때에는 침해행위를 조성한 물품의 폐기, 침해행위에 제공된 설비의 제거 기타 침해의 예방에 필요한 행위를 청구할 수 있다.

・부정경쟁방지 및 영업비밀보호에 관한 법률 제4조(부정경쟁행위의 금지청구권 등) ① 부정경쟁행위로 인하여 자신의 영업상의 이익이 침해되거나 침해될 우려가 있는 자는 부정경쟁행위를 하거나 하고자 하는 자에 대하여 법원에 그 행위의 금지 또는 예방을 청구할 수 있다. [개정 2001. 2. 3.][시행일 2001. 7. 1.]

② 제1항의 규정에 의한 청구를 할 때에는 그 부정경쟁행위를 조성한 물건의 폐기, 부정경쟁행위에 제공된 설비의 제거, 부정경쟁행위의 대상이 된 도메인이름의 등록말소 그 밖에 부정경쟁행위의 금지 또는 예방을 위하여 필요한 조치를 함께 청구할 수 있다. [개정 2004. 1. 20.] [시행일 2004. 7. 20.] [전문개정 1991. 12. 31.]

175) 저작권법 제123조 3항.

규정이 있다.[176)]

한편, 2008년 10월 10일을 즈음하여 몇 가지 법률에 대한 정부의 국회에 대한 의안제출이 있었다. 특히 상표법 개정안을 검토하여보면, 이러한 잠정적 · 예방적 구제조치는 저작권침해와 상표위조에만 적용된다고 볼 수 있다.[177)]

(4) 종국적 구제조치

TRIPs 협정에서는 사법당국이 침해금지명령, 손해배상청구 이외의 다른 구제조치를 취할 수 있도록 규정하고 있는데, 이러한 조치들을 취함에 있어 어떠한 보상도 지불하지 않으며 권리자에게 손해를 주지 않는 방법으로 침해상품을 상업적 유통에서 배제시키거나 헌법에 위반되지 않을 경우 파괴할 수 있는 권한을 갖는다고 규정하고 있다.[178)]

---

176) · 민법 제389조(강제이행) ① 채무자가 임의로 채무를 이행하지 아니한 때에는 채권자는 그 강제이행을 법원에 청구할 수 있다. 그러나 채무의 성질이 강제이행을 하지 못할 것인 때에는 그러하지 아니하다.
② 전항의 채무가 법률행위를 목적으로 한 때에는 채무자의 의사표시에 갈음할 재판을 청구할 수 있고 채무자의 일신에 전속하지 아니한 작위를 목적으로 한 때에는 채무자의 비용으로 제3자에게 이를 하게 할 것을 법원에 청구할 수 있다.
③ 그 채무가 부작위를 목적으로 한 경우에 채무자가 이에 위반한 때에는 채무자의 비용으로써 그 위반한 것을 제각하고 장래에 대한 적당한 처분을 법원에 청구할 수 있다.
④ 전3항의 규정은 손해배상의 청구에 영향을 미치지 아니한다.
· 민사집행법 제261조(간접강제)
① 채무의 성질이 간접강제를 할 수 있는 경우에 제1심 법원은 채권자의 신청에 따라 간접강제를 명하는 결정을 한다. 그 결정에는 채무의 이행의무 및 상당한 이행기간을 밝히고, 채무자가 그 기간 이내에 이행을 하지 아니하는 때에는 늦어진 기간에 따라 일정한 배상을 하도록 명하거나 즉시 손해배상을 하도록 명할 수 있다.
② 제1항의 신청에 관한 재판에 대하여는 즉시항고를 할 수 있다.

177) 2007년 8월 3일 상표법 일부개정안법률(안) 입법예고로 관련 내용은 다음과 같다.
· 제65조 제2항 중 "第1項의 規定에 의한"을 "제1항에 따른"으로, "제거 기타 침해의 예방에 필요한 행위"를 "제거나 그 밖에 필요한 조치"로 하고, 같은 조에 제3항을 다음과 같이 신설한다.
③ 제1항에 따른 침해의 금지 또는 예방을 청구하는 소가 제기된 경우 법원은 원고 또는 고소인(이 법에 따른 공소의 제기가 있는 경우만 해당한다)의 신청에 따라 임시로 침해행위의 금지, 침해행위에 사용된 물건 등의 압류나 그 밖에 필요한 조치를 명할 수 있다. 이 경우 법원은 원고 또는 고소인에게 담보를 제공하게 할 수 있다.

178) TRIPs 협정 제46조.

1) 한미 FTA 규정

한미 FTA 협정문에서도 예외적인 상황을 제외하고는 권리자의 요청이 있는 경우, 불법복제 되거나 위조된 것으로 판명된 상품은 폐기하며 이에 이용된 재료・도구의 폐기에 대해서도 사법당국이 보상 없이 상거래 밖에서 처분되도록 명령할 수 있는 권한을 갖는다고 명시하고 있다. 또한 단순히 위조상표를 제거하는 것만으로는 상거래로의 반출이 허용되어서는 안 된다고 규정하고 있다.[179)]

2) 우리 현행법의 태도

우리 현행법하에서는 그 침해행위에 의하여 만들어진 물건의 폐기나 설비의 제거, 그 밖의 필요한 조치를 취할 수 있다. 그러나 회수명령과 제거명령은 우리 현행법상 인정되지 않는 형태의 명령인 것으로 보인다. 특히 판매된 물품의 회수는 그 자체로 비용이 많이 들 뿐만 아니라 생산 등에 소요된 비용조차도 회수할 수 없도록 하므로 매우 치명적인 조치라고 할 것이다.

3. 우리의 대응

지적재산권의 집행은 지적재산권을 실효성 있게 보호하는 것이므로 무엇보다 침해를 사전에 예방하는 측면과 사후에 정지시켜 후속피해를 방지하는 것이 그 주된 수단이 될 것이다. 또한 조치를 취하는 데 있어 상대방을 강제할 수 있는 측면이 있어야 할 것인데, 이러한 측면에서 침해의 증거를 수집하

---

179) 이상의 한미 FTA 협정문의 내용은 제18.10조 9항에 언급되어 있다. 원문은 다음과 같다.
"Each Party shall provide that:

(a) in civil judicial proceedings, at the right holder's request, goods that have been found to be pirated or counterfeit shall be destroyed, except in exceptional circumstances;

(b) its judicial authorities shall have that authority to order that materials and implements that have been used in the manufacture or creation of such pirated or counterfeit goods be, without compensation of any sort, promptly destroyed or, in exceptional circumstances, without compensation of any sort, disposed of outside the channels of commerce in such a manner as to minimize the risks of further infringement; and

(c) in regard to counterfeit trademarked goods, the simple removal of the trademark unlawfully affixed shall not be sufficient to permit the release of goods into the channels of commerce."

고, 그러한 증거를 보전하는 것이 매우 중요하다 할 것이다.

또한 이미 지적재산권 침해물품이 제조 및 생산된 경우에는 이들이 유통경로 내로 들어오지 못하도록 조치를 취해야 할 필요성이 제기된다. 이에 대한 잠정 및 예방조치로서 가처분과 가압류가 이루어질 수 있다. 그 밖에 침해자가 권리자에게 지적재산권에 대한 효과적인 구제를 위하여 침해물품의 제조 및 배포에 관여한 제3자 및 물품의 유통체계 등에 관한 정보를 제공할 것을 명령할 수 있도록 사법당국에 당해 권한을 허여하는 규정도 있어 지적재산권 보호의 실효성을 높여주고 있다. 또한 종국적 구제조치로서 지적재산권 침해물품을 상업적 유통과정에서 배제하거나 폐기할 수 있는 권한도 인정하는 등의 제재조치를 허용하고 있다.

지금까지 살펴본 한미 FTA 협상결과는 물론이고, 현재 진행되고 있는 한-EU FTA 협상결과 역시 우리나라 현행법상의 지적재산권 보호 정도를 상회하는 수준이 될 것으로 보인다. 물론 한미 FTA를 통해 상당한 수준의 후속 입법이 예상되지만, 지적재산권의 보호가 지금보다 훨씬 더 강화될 것이라는 사실에는 변함이 없다. 앞으로 국내이행을 위한 후속 입법과정에서 이용자와 권리자에 대한 균형 있는 입법을 통하여 국내적으로는 상호 만족할 수 있는 결과를 도출하고, 국제적으로는 협정의 이행과 관련한 신뢰를 확보하여 결과적으로 향후 지적재산권 선진국가로 발돋움해 나갈 수 있는 발판을 마련하여야 할 것이다.

제 7 장 저작권과 통상문제의 향후 과제

지금까지 저작권관련 국제조약과 저작권과 통상문제의 역사와 발전, 현재 상황과 미래에 대한 조망까지 다양한 측면에서의 접근을 시도해보았다. 이들은 서로 영향을 주고받으며, 발전경향을 공유하고 있고, 이러한 과정은 세계화와 자유무역 시대를 맞이하고 있는 오늘날 더욱 심화될 것으로 보인다. 본 장에서는 국제저작권법 및 저작권과 통상문제와 관련된 최근의 몇 가지 쟁점에 대해 언급하고자 한다.

특히 최근 위조방지에 대한 노력이 국제적으로 이루어지고 있는데, 구체적으로 2007년 10월에 협상개시를 공식적으로 선언하고 현재 협상이 진행 중인 지적재산권의 집행과 관련된 국제협약으로 "위조 및 불법복제 방지협약(Anti-counterfeiting Trade Agreement, ACTA)"이 있다. 이 조약의 체결을 위한 협상에는 현재 우리나라를 포함하여 미국, 호주, 캐나다, EU, 일본, 요르단, 멕시코, 모로코, 뉴질랜드, 싱가포르, 스위스, 아랍에미리트 등이 참여하고 있다. 2008년 8월 제2차 협상까지 진행된 상황으로 당사국들은 연내 타결을 목표로 협상을 진행하였다. 2008년 7월의 G8 정상회담 '세계경제' 합의문서에서도 ACTA를 확립하기 위한 협상을 가속하여 2008년 말까지 완료할 것을 촉구하였으나 아직까지 이렇다 할 성과가 나오지는 않은 상황이다.[1)]

미국, 캐나다, 호주 등이 ACTA에의 협상 참여의사를 표명하고 있는 바에

1) Office of the Press Secretary (USA), *G8 Declaration on the World Economy* (2008), http://www.whitehouse.gov/news/releases/2008/07/20080708-2.html

따르면, ACTA는 증가하고 있는 위조상품과 불법복제물의 교역에 대해 보다 효과적으로 대응하기 위하여 지적재산권의 집행에 관한 새로운 국제적인 기준을 확립하려는 데 그 목적이 있다고 한다. 이를 위해 ACTA는 i) 국제협력의 증진, ii) 집행을 위한 모범 사례(best practice)의 확립, iii) 상품위조 및 불법복제에 대응하기 위한 보다 효과적인 법적 체계의 제공에 중점을 둘 것임을 밝히고 있다.[2)]

구체적으로는 우선 '국제협력' 분야에서는 특별히 관세당국을 포함하는 법집행당국 간의 정보의 교환과 협력이 강조될 것이며, 강력한 집행을 위한 역량 강화 및 기술적 지원 등의 내용이 포함될 것이라고 한다. 두 번째 '집행관행' 측면에서는 공식적 또는 비공식적인 공적·사적 자문단, 지적재산권 사건의 효율적인 처리를 위하여 법집행기관 내의 지적재산권 전문가의 양성, 지적재산권 보호의 중요성과 지적재산권 침해의 유해한 효과에 대한 소비자 공공인식의 증진을 위한 조치들이 포함될 것임을 밝히고 있다. 끝으로 '법적인 체계'의 측면에서는 민·형사 집행, 국경조치, 광디스크 불법복제, 인터넷을 통한 전달 등의 내용이 담길 것이라고 한다.

이상의 내용에서 특별히 주목되는 점은 세 번째 법적 체계의 측면이다. 예시조항에서 드러나듯이 지적재산권의 집행과 관련한 각국의 국내법의 개정을 요구하는 내용이 담겨질 가능성이 크다고 하겠다. 특히 ACTA 협상을 주도하고 있는 국가가 미국과 EU라는 점과 현재까지 보도 등을 통해 알려진 바를 기초로 보면, 대체로 이들 국가들이 우리나라를 비롯한 여러 나라들과 체결한 FTA 협정의 내용이 그 기초가 될 것임을 추정할 수 있다. 다만, FTA와는 달리 ACTA는 다자간 협상으로 진행됨에 따라 전체적인 측면에서는 다소 완화된 입장으로 정리될 가능성이 높다고 하겠다.

이러한 점에 비추어 보면, 이미 미국과의 FTA 협정을 통해 지적재산권의 집행에 관하여 상당한 수준의 개선을 합의한 우리나라의 입장에서는 적극적으

---

2) Australian Government Department of Foreign Affairs and Trade, *An International Proposal for a Plurilateral Anti - Counterfeiting Trade Agreement (ACTA)* (2007), http://www.dfat.gov.au/trade/acta/discussion-paper.html

Office of the United States Trade Representative, *Trade Facts: Anti-Counterfeiting Trade Agreement* (2007), http://www.ustr.gov/assets/Document_Library/Fact_Sheets/2007/asset_upload_file122_13414. pdf

로 협상에 참여하여 우리의 적극적인 지적재산권 보호 의지를 나타내는 한편 다른 나라에서의 우리 지적재산권 침해의 방지를 위한 대책을 강구하는 것이 바람직할 것으로 보인다.[3)]

국경조치나 무역구제에 대한 관심이 높아지는 것도 저작권과 국제통상의 관계가 얼마나 밀접해지고 있는지 잘 보여준다 하겠다. 이러한 최근의 경향은 기존의 국제통상법의 영역이나 저작권의 영역 사이를 서로 교차하는 측면도 있지만, 하나의 새로운 실체법과 절차법을 구성시키기도 한다.

최근 북한이 베른협약에 가입한 것 역시 저작권의 세계화 경향을 잘 보여준다 하겠다. WIPO는 북한이 2003년 1월 28일자로 베른협약에 가입하였다고 발표하였는데, 베른협약 제31조 3항의 규정에 따라 북한의 가입은 가입통고 3개월 후인 4월 28일자로 효력을 발생하였다. 북한은 가입과 동시에 협약 제33조 1항에 대한 유보를 선언하여 제33조 1항에서 정한 협약과 관련한 분쟁발생 시 당사국 사이의 합의에 이르지 못할 경우 국제사법재판소에 의한 강제관할권을 인정한다는 분쟁해결규정의 적용을 받지 않게 되었다. 우리 헌법에 비추어 북한 저작자의 저작물 역시 남한의 저작물과 마찬가지로 보호되지만, 적어도 북한이라는 폐쇄적 공동체에서 국제저작권법에 접근하려고 시도하는 것은 적지 않은 함의를 내포하고 있다고 하겠다.

과거 저작권은 유체물에 화체되어 거래되는 것이 일반적이었고, 이렇듯 저작권이 화체된 유형물의 거래를 규율하는 것이 과거와 가까운 현재까지의 주된 쟁점이었으며, 이러한 경향은 TRIPs 협정이라는 무역규범을 탄생하게 하였다. 그러나 이제 이러한 유체물의 교역이라는 측면보다는 저작권과 관련 비즈니스가 하나의 번들로서 거래되는 일이 많아졌다. 가령 온라인게임 등이 수출되는 상황을 가정해보자. 비단 저작물인 게임뿐만 아니라 관련 서버의 관리, 결제시스템, 아이템 거래시스템, 회원관리체계 등이 거래되고, 이에 대한 전문가들의 이동이 빈번해지고 있다. 이는 기존의 무역관련 규범의 규율영역이 아니었으나 무역관련 서비스협정에 의해 동 영역 역시 국제통상의 하나의 테마로 대두되었다. 이제 유체물 없는 저작권의 거래와 이동이 더욱 활성화될 것이고, 이는 결국 국제통상과 저작권이 교차하는 새로운 영역의 탄생을 예고하고

---

3) 2007년 10월 4일 동 협상에의 참가를 밝힌 외교통상부의 보도자료(위조 및 불법복제 방지협약 협상 참가)에도 이러한 의지가 포함되어 있다.

있다.

한편 EU의 최근 행보에도 주목할 필요가 있다. 최근에 나온 EU의 지적재산법 집행지침을 제외하고는, 각종 조치들은 저작물이 회원국 내에서 원활하게 이동할 수 있도록 하는 데 그 목적이 있다. 이는 국제통상의 영역에 TRIPs 협정이 포섭된 것과는 다소 다른 맥락에서 이해되어야 한다. TRIPs 협정은 국제적으로 지적재산법의 보호수준을 높이기 위한 목적이 크고, WTO의 분쟁해결제도와 무역보복제도를 활용하기 위한 목적 역시 컸다고 할 수 있다. 그러나 각국의 저작권제도가 다름에 따라 일국에서는 합법이나 타국에서는 불법이 되는 일은 상상 속에서만 존재하는 그런 것이 아니다. 따라서 주요 교역국간에는 보호수준을 상호간에 높이려는 노력이 있어야 함은 물론, 그 체계를 일원화할 수 있도록 노력해야 할 것이다.

또한 저작권이 국경을 초월하여 침해되고, 그 불법복제물이 온라인을 통해 유통되고 있는 현실에서 이러한 현상을 극복하기 위해서는 국내적 조치로는 불충분하다는 것이 여러 가지 증거들을 통해 드러나고 있다. 무엇보다 국가 간의 상호적 노력이 없다면, 이러한 저작물의 불법유통과 전파의 문제를 해결할 수 없을 것이다.

키케로는 규범의 본질이 만인의 안녕에 있다고 하였다. 굳이 공리주의적 접근을 하지 않더라도 법은 균형을 지향하며, 특정인에게만 지극히 유리하거나 불리해서는 안 될 것이다. 현재 국제통상법은 선진 통상국가들의 상품, 서비스 및 지적재산권에 대한 개방압력의 장으로서 기능하는 측면이 있고, 저작권법 영역 역시 저작권자의 권리옹호를 위한 법적 수단이 광범위하게 개발되고 있다. 특히 선진국들은 개발도상국이나 후진국의 보조금제도나 세이프가드 제도에 주목하면서 WTO법에 합치하는지 여부에 늘 촉각을 세우고 있다. 다소의 징후만 보이더라도 여기에 쉽게 반응하기도 하며, 국제적 이슈로 문제제기를 확산시키려는 경향을 보이기도 한다.

저작권법은 저작권이라는 권리를 중심으로 한 규범임에도 불구하고, 이제는 물리적인 보호수단인 기술적 보호조치와 권리관리정보까지 법에 의해 보호하도록 하였고, 더욱이 저작권의 보호를 위한 집행규정에 대해서도 일반 민사 및 형사절차와 다른 특수한 제도마련에 부심하고 있다. 더욱이 이러한 저작권의 문제는 세계적 규모의 조약체결이 시도되면서 이루어지기도 하였지만, 선진국들은 이제 개별적 접근에 더욱 무게를 두는 분위기이다. 실제로 DMCA의 기술적 보호조치관련 규정이 도입된 배경에는 WCT에서 동 조치에 대한 보호가 만족스럽지 못했던 미국이 이른바 글로벌 스탠더드로서 관련입법을 정비하여 전 세계에 전파하기 위한 목적이 있었다고 전해지기도 한다.[4)]

흔히 저작권법을 영미법계 전통에 터잡고 있는 Copyright 체계와 프랑스와 독일을 중심으로 하는 유럽대륙계통의 droit d'auteur 체계로 나누곤 한다. 우리 저작권법은 어느 법계의 것을 따르고 있는가. 사실 FTA 시대를 맞이하기 이전에는 우리 법이 대륙법적 성격을 강하게 가지고 있다고 말할 수 있었다. 그러나 한미 FTA 협정을 통해 이러한 평가는 더 이상 유효한 것이 되지 못한다. 어쩌면 우리는 FTA를 통해 유럽식 저작권 모델과 미국식 모델, 대륙법 모델과 영미법 모델을 조화시키는 실험을 하고 있는지도 모른다. 외부적 요소가 주는 막연한 거부감보다는 사려 깊게 상황에 대처하여 가장 적절하고 균형에 맞는 제도와 정책을 만들어가는 것이 시대적 과제라고 생각된다.

---

4) Bill D. Herman & Oscar H. Gandy, Jr., "Catch 1201: A Legislative History and Content Analysis of the DMCA Exemption Proceedings," 24 *Cardozo Arts & Ent. L. J.* 121, 128 (2006).

부록 저작권과 통상관련 국제조약

1. 베른협약 (발췌)
2. 로마협약 (발췌)
3. WCT (발췌)
4. WPPT (발췌)
5. WTO TRIPs 협정 (발췌)
6. 한미 FTA 협정문 (발췌)

1. 베른협약 (발췌)

Berne Convention
for the Protection of Literary and Artistic Works
of September 9, 1886
completed at PARIS on May 4, 1896

revised at BERLIN on November 13, 1908,
completed at BERNE on March 20, 1914,
revised at ROME on June 2, 1928,
at BRUSSELS on June 26, 1948,
at STOCKHOLM on July 14, 1967,
and at PARIS on July 24, 1971,
and amended on September 28, 1979

(Preamble)

The countries of the Union, being equally animated by the desire to protect, in as effective and uniform a manner as possible, the rights of authors in their literary and artistic works,
Recognizing the importance of the work of the Revision Conference held at Stockholm in 1967,
Have resolved to revise the Act adopted by the Stockholm Conference, while maintaining without change Articles 1 to 20 and 22 to 26 of that Act.
Consequently, the undersigned Plenipotentiaries, having presented their full powers, recognized as in good and due form, have agreed as follows:

Article 1 [Establishment of a Union]

The countries to which this Convention applies constitute a Union for the protection of the rights of authors in their literary and artistic works.

Article 2 [Protected Works: 1. *"Literary and artistic works"; 2. Possible requirement of fixation; 3. Derivative works; 4. Official texts; 5. Collections; 6. Obligation to protect; beneficiaries of protection; 7. Works of applied art and industrial designs; 8. News*]

(1) The expression "literary and artistic works" shall include every production in the literary, scientific and artistic domain, whatever may be the mode or form of its expression, such as books, pamphlets and other writings; lectures, addresses, sermons and other works of the same nature; dramatic or dramatico-musical works; choreographic works and entertainments in dumb show; musical compositions with or without words; cinematographic works to which are assimilated works expressed by a process analogous to cinematography; works of drawing, painting, architecture, sculpture, engraving and lithography; photographic works to which are assimilated works expressed by a process analogous to photography; works of applied art; illustrations, maps, plans, sketches and three-dimensional works relative to geography, topography, architecture or science.

(2) It shall, however, be a matter for legislation in the countries of the Union to prescribe that works in general or any specified categories of works shall not be protected unless they have been fixed in some material form.

(3) Translations, adaptations, arrangements of music and other alterations of a literary or artistic work shall be protected as original works without prejudice to the copyright in the original work.

(4) It shall be a matter for legislation in the countries of the Union to determine the protection to be granted to official texts of a legislative, administrative and legal nature, and to official translations of such texts.

(5) Collections of literary or artistic works such as encyclopaedias and anthologies which, by reason of the selection and arrangement of their contents, constitute intellectual creations shall be protected as such, without prejudice to the copyright in each of the works forming part of such collections.

(6) The works mentioned in this Article shall enjoy protection in all countries of the Union. This protection shall operate for the benefit of the author and his successors in title.

(7) Subject to the provisions of Article 7(4) of this Convention, it shall be a matter for legislation in the countries of the Union to determine the extent of

the application of their laws to works of applied art and industrial designs and models, as well as the conditions under which such works, designs and models shall be protected. Works protected in the country of origin solely as designs and models shall be entitled in another country of the Union only to such special protection as is granted in that country to designs and models; however, if no such special protection is granted in that country, such works shall be protected as artistic works.

(8) The protection of this Convention shall not apply to news of the day or to miscellaneous facts having the character of mere items of press information.

Article 2*bis* [Possible Limitation of Protection of Certain Works: 1. *Certain speeches; 2. Certain uses of lectures and addresses; 3. Right to make collections of such works*]

(1) It shall be a matter for legislation in the countries of the Union to exclude, wholly or in part, from the protection provided by the preceding Article political speeches and speeches delivered in the course of legal proceedings.

(2) It shall also be a matter for legislation in the countries of the Union to determine the conditions under which lectures, addresses and other works of the same nature which are delivered in public may be reproduced by the press, broadcast, communicated to the public by wire and made the subject of public communication as envisaged in Article 11bis(1) of this Convention, when such use is justified by the informatory purpose.

(3) Nevertheless, the author shall enjoy the exclusive right of making a collection of his works mentioned in the preceding paragraphs.

Article 3 [Criteria of Eligibility for Protection: 1. *Nationality of author; place of publication of work; 2. Residence of author; 3. "Published" works; 4. "Simultaneously published" works*]

(1) The protection of this Convention shall apply to:

(a) authors who are nationals of one of the countries of the Union, for their works, whether published or not;

(b) authors who are not nationals of one of the countries of the Union, for their works first published in one of those countries, or simultaneously in a country outside the Union and in a country of the Union.

(2) Authors who are not nationals of one of the countries of the Union but who have their habitual residence in one of them shall, for the purposes of this Convention, be assimilated to nationals of that country.

(3) The expression "published works" means works published with the consent of their authors, whatever may be the means of manufacture of the copies, provided that the availability of such copies has been such as to satisfy the reasonable requirements of the public, having regard to the nature of the work. The performance of a dramatic, dramatico-musical, cinematographic or musical work, the public recitation of a literary work, the communication by wire or the broadcasting of literary or artistic works, the exhibition of a work of art and the construction of a work of architecture shall not constitute publication.

(4) A work shall be considered as having been published simultaneously in several countries if it has been published in two or more countries within thirty days of its first publication.

Article 4 [Criteria of Eligibility for Protection of Cinematographic Works, Works of Architecture and Certain Artistic Works]

The protection of this Convention shall apply, even if the conditions of Article 3 are not fulfilled, to:

(a) authors of cinematographic works the maker of which has his headquarters or habitual residence in one of the countries of the Union;

(b) authors of works of architecture erected in a country of the Union or of other artistic works incorporated in a building or other structure located in a country of the Union.

Article 5 [Rights Guaranteed: *1. and 2. Outside the country of origin; 3. In the country of origin; 4. "Country of origin"*]

(1) Authors shall enjoy, in respect of works for which they are protected under this Convention, in countries of the Union other than the country of origin, the rights which their respective laws do now or may hereafter grant to their nationals, as well as the rights specially granted by this Convention.

(2) The enjoyment and the exercise of these rights shall not be subject to any

formality; such enjoyment and such exercise shall be independent of the existence of protection in the country of origin of the work. Consequently, apart from the provisions of this Convention, the extent of protection, as well as the means of redress afforded to the author to protect his rights, shall be governed exclusively by the laws of the country where protection is claimed.

(3) Protection in the country of origin is governed by domestic law. However, when the author is not a national of the country of origin of the work for which he is protected under this Convention, he shall enjoy in that country the same rights as national authors.

(4) The country of origin shall be considered to be:

(a) in the case of works first published in a country of the Union, that country; in the case of works published simultaneously in several countries of the Union which grant different terms of protection, the country whose legislation grants the shortest term of protection;

(b) in the case of works published simultaneously in a country outside the Union and in a country of the Union, the latter country;

(c) in the case of unpublished works or of works first published in a country outside the Union, without simultaneous publication in a country of the Union, the country of the Union of which the author is a national, provided that:

(i) when these are cinematographic works the maker of which has his headquarters or his habitual residence in a country of the Union, the country of origin shall be that country, and

(ii) when these are works of architecture erected in a country of the Union or other artistic works incorporated in a building or other structure located in a country of the Union, the country of origin shall be that country.

Article 6 [Possible Restriction of Protection in Respect of Certain Works of Nationals of Certain Countries Outside the Union: 1. *In the country of the first publication and in other countries;* 2. *No retroactivity;* 3. *Notice*]

(1) Where any country outside the Union fails to protect in an adequate manner the works of authors who are nationals of one of the countries of the Union,

the latter country may restrict the protection given to the works of authors who are, at the date of the first publication thereof, nationals of the other country and are not habitually resident in one of the countries of the Union. If the country of first publication avails itself of this right, the other countries of the Union shall not be required to grant to works thus subjected to special treatment a wider protection than that granted to them in the country of first publication.

(2) No restrictions introduced by virtue of the preceding paragraph shall affect the rights which an author may have acquired in respect of a work published in a country of the Union before such restrictions were put into force.

(3) The countries of the Union which restrict the grant of copyright in accordance with this Article shall give notice thereof to the Director General of the World Intellectual Property Organization (hereinafter designated as "the Director General") by a written declaration specifying the countries in regard to which protection is restricted, and the restrictions to which rights of authors who are nationals of those countries are subjected. The Director General shall immediately communicate this declaration to all the countries of the Union.

Article 6*bis* [Moral Rights: *1. To claim authorship; to object to certain modifications and other derogatory actions; 2. After the author's death; 3. Means of redress*]

(1) Independently of the author's economic rights, and even after the transfer of the said rights, the author shall have the right to claim authorship of the work and to object to any distortion, mutilation or other modification of, or other derogatory action in relation to, the said work, which would be prejudicial to his honor or reputation.

(2) The rights granted to the author in accordance with the preceding paragraph shall, after his death, be maintained, at least until the expiry of the economic rights, and shall be exercisable by the persons or institutions authorized by the legislation of the country where protection is claimed. However, those countries whose legislation, at the moment of their ratification of or accession to this Act, does not provide for the protection after the death of the author of all the rights set out in the preceding paragraph may provide that some of these rights may, after his death, cease to be maintained.

(3) The means of redress for safeguarding the rights granted by this Article shall be governed by the legislation of the country where protection is claimed.

Article 7 [Term of Protection: 1. *Generally; 2. For cinematographic works; 3. For anonymous and pseudonymous works; 4. For photographic works and works of applied art; 5. Starting date of computation; 6. Longer terms; 7. Shorter terms; 8. Applicable law; "comparison" of terms*]

(1) The term of protection granted by this Convention shall be the life of the author and fifty years after his death.

(2) However, in the case of cinematographic works, the countries of the Union may provide that the term of protection shall expire fifty years after the work has been made available to the public with the consent of the author, or, failing such an event within fifty years from the making of such a work, fifty years after the making.

(3) In the case of anonymous or pseudonymous works, the term of protection granted by this Convention shall expire fifty years after the work has been lawfully made available to the public. However, when the pseudonym adopted by the author leaves no doubt as to his identity, the term of protection shall be that provided in paragraph (1). If the author of an anonymous or pseudonymous work discloses his identity during the above-mentioned period, the term of protection applicable shall be that provided in paragraph (1). The countries of the Union shall not be required to protect anonymous or pseudonymous works in respect of which it is reasonable to presume that their author has been dead for fifty years.

(4) It shall be a matter for legislation in the countries of the Union to determine the term of protection of photographic works and that of works of applied art in so far as they are protected as artistic works; however, this term shall last at least until the end of a period of twenty-five years from the making of such a work.

(5) The term of protection subsequent to the death of the author and the terms provided by paragraphs (2), (3) and (4) shall run from the date of death or of the event referred to in those paragraphs, but such terms shall always be deemed to begin on the first of January of the year following the death or such event.

(6) The countries of the Union may grant a term of protection in excess of those provided by the preceding paragraphs.

(7) Those countries of the Union bound by the Rome Act of this Convention which grant, in their national legislation in force at the time of signature of the present Act, shorter terms of protection than those provided for in the preceding paragraphs shall have the right to maintain such terms when ratifying or acceding to the present Act.

(8) In any case, the term shall be governed by the legislation of the country where protection is claimed; however, unless the legislation of that country otherwise provides, the term shall not exceed the term fixed in the country of origin of the work.

Article 7*bis* [Term of Protection for Works of Joint Authorship]

The provisions of the preceding Article shall also apply in the case of a work of joint authorship, provided that the terms measured from the death of the author shall be calculated from the death of the last surviving author.

Article 8 [Right of Translation]

Authors of literary and artistic works protected by this Convention shall enjoy the exclusive right of making and of authorizing the translation of their works throughout the term of protection of their rights in the original works.

Article 9 [Right of Reproduction: *1. Generally; 2. Possible exceptions; 3. Sound and visual recordings*]

(1) Authors of literary and artistic works protected by this Convention shall have the exclusive right of authorizing the reproduction of these works, in any manner or form.

(2) It shall be a matter for legislation in the countries of the Union to permit the reproduction of such works in certain special cases, provided that such reproduction does not conflict with a normal exploitation of the work and does not unreasonably prejudice the legitimate interests of the author.

(3) Any sound or visual recording shall be considered as a reproduction for the

purposes of this Convention.

Article 10 [Certain Free Uses of Works: *1. Quotations; 2. Illustrations for teaching; 3. Indication of source and author*]

(1) It shall be permissible to make quotations from a work which has already been lawfully made available to the public, provided that their making is compatible with fair practice, and their extent does not exceed that justified by the purpose, including quotations from newspaper articles and periodicals in the form of press summaries.

(2) It shall be a matter for legislation in the countries of the Union, and for special agreements existing or to be concluded between them, to permit the utilization, to the extent justified by the purpose, of literary or artistic works by way of illustration in publications, broadcasts or sound or visual recordings for teaching, provided such utilization is compatible with fair practice.

(3) Where use is made of works in accordance with the preceding paragraphs of this Article, mention shall be made of the source, and of the name of the author if it appears thereon.

Article 10*bis* [Further Possible Free Uses of Works: *1. Of certain articles and broadcast works; 2. Of works seen or heard in connection with current events*]

(1) It shall be a matter for legislation in the countries of the Union to permit the reproduction by the press, the broadcasting or the communication to the public by wire of articles published in newspapers or periodicals on current economic, political or religious topics, and of broadcast works of the same character, in cases in which the reproduction, broadcasting or such communication thereof is not expressly reserved. Nevertheless, the source must always be clearly indicated; the legal consequences of a breach of this obligation shall be determined by the legislation of the country where protection is claimed.

(2) It shall also be a matter for legislation in the countries of the Union to determine the conditions under which, for the purpose of reporting current events by means of photography, cinematography, broadcasting or communication to

the public by wire, literary or artistic works seen or heard in the course of the event may, to the extent justified by the informatory purpose, be reproduced and made available to the public.

Article 11 [Certain Rights in Dramatic and Musical Works: *1. Right of public performance and of communication to the public of a performance; 2. In respect of translations*]

(1) Authors of dramatic, dramatico-musical and musical works shall enjoy the exclusive right of authorizing:

(i) the public performance of their works, including such public performance by any means or process;

(ii) any communication to the public of the performance of their works.

(2) Authors of dramatic or dramatico-musical works shall enjoy, during the full term of their rights in the original works, the same rights with respect to translations thereof.

Article 11*bis* [Broadcasting and Related Rights: *1. Broadcasting and other wireless communications, public communication of broadcast by wire or rebroadcast, public communication of broadcast by loudspeaker or analogous instruments; 2. Compulsory licenses; 3. Recording; ephemeral recordings*]

(1) Authors of literary and artistic works shall enjoy the exclusive right of authorizing:

(i) the broadcasting of their works or the communication thereof to the public by any other means of wireless diffusion of signs, sounds or images;

(ii) any communication to the public by wire or by rebroadcasting of the broadcast of the work, when this communication is made by an organization other than the original one;

(iii) the public communication by loudspeaker or any other analogous instrument transmitting, by signs, sounds or images, the broadcast of the work.

(2) It shall be a matter for legislation in the countries of the Union to determine the conditions under which the rights mentioned in the preceding paragraph may be exercised, but these conditions shall apply only in the countries where they

have been prescribed. They shall not in any circumstances be prejudicial to the moral rights of the author, nor to his right to obtain equitable remuneration which, in the absence of agreement, shall be fixed by competent authority.

(3) In the absence of any contrary stipulation, permission granted in accordance with paragraph (1) of this Article shall not imply permission to record, by means of instruments recording sounds or images, the work broadcast. It shall, however, be a matter for legislation in the countries of the Union to determine the regulations for ephemeral recordings made by a broadcasting organization by means of its own facilities and used for its own broadcasts. The preservation of these recordings in official archives may, on the ground of their exceptional documentary character, be authorized by such legislation.

Article 11*ter* [Certain Rights in Literary Works: *1. Right of public recitation and of communication to the public of a recitation; 2. In respect of translations*]

(1) Authors of literary works shall enjoy the exclusive right of authorizing:

(i) the public recitation of their works, including such public recitation by any means or process;

(ii) any communication to the public of the recitation of their works.

(2) Authors of literary works shall enjoy, during the full term of their rights in the original works, the same rights with respect to translations thereof.

Article 12 [Right of Adaptation, Arrangement and Other Alteration]

Authors of literary or artistic works shall enjoy the exclusive right of authorizing adaptations, arrangements and other alterations of their works.

Article 13 [Possible Limitation of the Right of Recording of Musical Works and Any Words Pertaining Thereto: *1. Compulsory licenses; 2. Transitory measures; 3. Seizure on importation of copies made without the author's permission*]

(1) Each country of the Union may impose for itself reservations and conditions on the exclusive right granted to the author of a musical work and to the

author of any words, the recording of which together with the musical work has already been authorized by the latter, to authorize the sound recording of that musical work, together with such words, if any; but all such reservations and conditions shall apply only in the countries which have imposed them and shall not, in any circumstances, be prejudicial to the rights of these authors to obtain equitable remuneration which, in the absence of agreement, shall be fixed by competent authority.

(2) Recordings of musical works made in a country of the Union in accordance with Article 13(3) of the Conventions signed at Rome on June 2, 1928, and at Brussels on June 26, 1948, may be reproduced in that country without the permission of the author of the musical work until a date two years after that country becomes bound by this Act.

(3) Recordings made in accordance with paragraphs (1) and (2) of this Article and imported without permission from the parties concerned into a country where they are treated as infringing recordings shall be liable to seizure.

Article 14 [Cinematographic and Related Rights: *1. Cinematographic adaptation and reproduction; distribution; public performance and public communication by wire of works thus adapted or reproduced; 2. Adaptation of cinematographic productions; 3. No compulsory licenses*]

(1) Authors of literary or artistic works shall have the exclusive right of authorizing:

  (i) the cinematographic adaptation and reproduction of these works, and the distribution of the works thus adapted or reproduced;

  (ii) the public performance and communication to the public by wire of the works thus adapted or reproduced.

(2) The adaptation into any other artistic form of a cinematographic production derived from literary or artistic works shall, without prejudice to the authorization of the author of the cinematographic production, remain subject to the authorization of the authors of the original works.

(3) The provisions of Article 13(1) shall not apply.

Article 14*bis* [Special Provisions Concerning Cinematographic Works: *1. Assimilation to "original" works; 2. Ownership; limitation of certain rights of*

certain contributors; 3. Certain other contributors]

(1) Without prejudice to the copyright in any work which may have been adapted or reproduced, a cinematographic work shall be protected as an original work. The owner of copyright in a cinematographic work shall enjoy the same rights as the author of an original work, including the rights referred to in the preceding Article.

(2) (a) Ownership of copyright in a cinematographic work shall be a matter for legislation in the country where protection is claimed.

(b) However, in the countries of the Union which, by legislation, include among the owners of copyright in a cinematographic work authors who have brought contributions to the making of the work, such authors, if they have undertaken to bring such contributions, may not, in the absence of any contrary or special stipulation, object to the reproduction, distribution, public performance, communication to the public by wire, broadcasting or any other communication to the public, or to the subtitling or dubbing of texts, of the work.

(c) The question whether or not the form of the undertaking referred to above should, for the application of the preceding subparagraph (b), be in a written agreement or a written act of the same effect shall be a matter for the legislation of the country where the maker of the cinematographic work has his headquarters or habitual residence. However, it shall be a matter for the legislation of the country of the Union where protection is claimed to provide that the said undertaking shall be in a written agreement or a written act of the same effect. The countries whose legislation so provides shall notify the Director General by means of a written declaration, which will be immediately communicated by him to all the other countries of the Union.

(d) By "contrary or special stipulation" is meant any restrictive condition which is relevant to the aforesaid undertaking.

(3) Unless the national legislation provides to the contrary, the provisions of paragraph (2)(b) above shall not be applicable to authors of scenarios, dialogues and musical works created for the making of the cinematographic work, or to the principal director thereof. However, those countries of the Union whose legislation does not contain rules providing for the application of the said

paragraph (2)(b) to such director shall notify the Director General by means of a written declaration, which will be immediately communicated by him to all the other countries of the Union.

Article 14*ter* ["Droit de suite" in Works of Art and Manuscripts: *1. Right to an interest in resales; 2. Applicable law; 3. Procedure*]

(1) The author, or after his death the persons or institutions authorized by national legislation, shall, with respect to original works of art and original manuscripts of writers and composers, enjoy the inalienable right to an interest in any sale of the work subsequent to the first transfer by the author of the work.

(2) The protection provided by the preceding paragraph may be claimed in a country of the Union only if legislation in the country to which the author belongs so permits, and to the extent permitted by the country where this protection is claimed.

(3) The procedure for collection and the amounts shall be matters for determination by national legislation.

Article 15 [Right to Enforce Protected Rights: *1. Where author's name is indicated or where pseudonym leaves no doubt as to author's identity; 2. In the case of cinematographic works; 3. In the case of anonymous and pseudonymous works; 4. In the case of certain unpublished works of unknown authorship*]

(1) In order that the author of a literary or artistic work protected by this Convention shall, in the absence of proof to the contrary, be regarded as such, and consequently be entitled to institute infringement proceedings in the countries of the Union, it shall be sufficient for his name to appear on the work in the usual manner. This paragraph shall be applicable even if this name is a pseudonym, where the pseudonym adopted by the author leaves no doubt as to his identity.

(2) The person or body corporate whose name appears on a cinematographic work in the usual manner shall, in the absence of proof to the contrary, be presumed to be the maker of the said work.

(3) In the case of anonymous and pseudonymous works, other than those referred to in paragraph (1) above, the publisher whose name appears on the work shall, in the absence of proof to the contrary, be deemed to represent the author, and in this capacity he shall be entitled to protect and enforce the author's rights. The provisions of this paragraph shall cease to apply when the author reveals his identity and establishes his claim to authorship of the work.

(4) (a) In the case of unpublished works where the identity of the author is unknown, but where there is every ground to presume that he is a national of a country of the Union, it shall be a matter for legislation in that country to designate the competent authority which shall represent the author and shall be entitled to protect and enforce his rights in the countries of the Union.

(b) Countries of the Union which make such designation under the terms of this provision shall notify the Director General by means of a written declaration giving full information concerning the authority thus designated. The Director General shall at once communicate this declaration to all other countries of the Union.

Article 16 [Infringing Copies: *1. Seizure; 2. Seizure on importation; 3. Applicable law*]

(1) Infringing copies of a work shall be liable to seizure in any country of the Union where the work enjoys legal protection.

(2) The provisions of the preceding paragraph shall also apply to reproductions coming from a country where the work is not protected, or has ceased to be protected.

(3) The seizure shall take place in accordance with the legislation of each country.

Article 17 [Possibility of Control of Circulation, Presentation and Exhibition of Works]

The provisions of this Convention cannot in any way affect the right of the Government of each country of the Union to permit, to control, or to prohibit, by legislation or regulation, the circulation, presentation, or exhibition of any work or production in regard to which the competent authority may find it necessary to exercise that right.

Article 18 [Works Existing on Convention's Entry Into Force: *1. Protectable where protection not yet expired in country of origin; 2. Non-protectable where protection already expired in country where it is claimed; 3. Application of these principles; 4. Special cases*]

(1) This Convention shall apply to all works which, at the moment of its coming into force, have not yet fallen into the public domain in the country of origin through the expiry of the term of protection.

(2) If, however, through the expiry of the term of protection which was previously granted, a work has fallen into the public domain of the country where protection is claimed, that work shall not be protected anew.

(3) The application of this principle shall be subject to any provisions contained in special conventions to that effect existing or to be concluded between countries of the Union. In the absence of such provisions, the respective countries shall determine, each in so far as it is concerned, the conditions of application of this principle.

(4) The preceding provisions shall also apply in the case of new accessions to the Union and to cases in which protection is extended by the application of Article 7 or by the abandonment of reservations.

Article 19 [Protection Greater than Resulting from Convention]

The provisions of this Convention shall not preclude the making of a claim to the benefit of any greater protection which may be granted by legislation in a country of the Union.

Article 20 [Special Agreements Among Countries of the Union]

The Governments of the countries of the Union reserve the right to enter into special agreements among themselves, in so far as such agreements grant to authors more extensive rights than those granted by the Convention, or contain other provisions not contrary to this Convention. The provisions of existing agreements which satisfy these conditions shall remain applicable.

Article 21 [Special Provisions Regarding Developing Countries: *1. Reference to Appendix; 2. Appendix part of Act*]

(1) Special provisions regarding developing countries are included in the Appendix.

(2) Subject to the provisions of Article 28(1)(b), the Appendix forms an integral part of this Act.

* * *

2. 로마협약 (발췌)

International Convention for the Protection of Performers, Producers of Phonograms and Broadcasting Organizations (Rome Convention)

Done at Rome on October 26, 1961

(Preamble)

The Contracting States, moved by the desire to protect the rights of performers, producers of phonograms, and broadcasting organisations,

Have agreed as follows:

Article 1 [Safeguard of Copyright Proper]

Protection granted under this Convention shall leave intact and shall in no way affect the protection of copyright in literary and artistic works. Consequently, no provision of this Convention may be interpreted as prejudicing such protection.

Article 2 [Protection given by the Convention; Definition of National Treatment]

1. For the purposes of this Convention, national treatment shall mean the treatment accorded by the domestic law of the Contracting State in which protection is claimed:
   (a) to performers who are its nationals, as regards performances taking place, broadcast, or first fixed, on its territory;
   (b) to producers of phonograms who are its nationals, as regards phonograms first fixed or first published on its territory;
   (c) to broadcasting organisations which have their headquarters on its territory, as regards broadcasts transmitted from transmitters situated on its territory.
2. National treatment shall be subject to the protection specifically guaranteed, and the limitations specifically provided for, in this Convention.

Article 3 [Definitions: (a) Performers; (b) Phonogram; (c) Producers of Phonograms; (d) Publication; (e) Reproduction; (f) Broadcasting; (g) Rebroadcasting]

For the purposes of this Convention:

(a) "performers" means actors, singers, musicians, dancers, and other persons who act, sing, deliver, declaim, play in, or otherwise perform literary or artistic works;

(b) "phonogram" means any exclusively aural fixation of sounds of a performance or of other sounds;

(c) "producer of phonograms" means the person who, or the legal entity which, first fixes the sounds of a performance or other sounds;

(d) "publication" means the offering of copies of a phonogram to the public in reasonable quantity;

(e) "reproduction" means the making of a copy or copies of a fixation;

(f) "broadcasting" means the transmission by wireless means for public reception of sounds or of images and sounds;

(g) "rebroadcasting" means the simultaneous broadcasting by one broadcasting organisation of the broadcast of another broadcasting organisation.

Article 4 [Performances Protected; Points of Attachment for Performers]

Each Contracting State shall grant national treatment to performers if any of the following conditions is met:

(a) the performance takes place in another Contracting State;

(b) the performance is incorporated in a phonogram which is protected under Article 5 of this Convention;

(c) the performance, not being fixed on a phonogram, is carried by a broadcast which is protected by Article 6 of this Convention.

Article 5 [Protected Phonograms: 1. Points of Attachment for Producers of Phonograms; 2. Simultaneous Publication; 3. Power to exclude certain Criteria]

1. Each Contracting State shall grant national treatment to producers of

phonograms if any of the following conditions is met:

(a) the producer of the phonogram is a national of another Contracting State (criterion of nationality);

(b) the first fixation of the sound was made in another Contracting State (criterion of fixation);

(c) the phonogram was first published in another Contracting State (criterion of publication).

2. If a phonogram was first published in a non-contracting State but if it was also published, within thirty days of its first publication, in a Contracting State (simultaneous publication), it shall be considered as first published in the Contracting State.

3. By means of a notification deposited with the Secretary-General of the United Nations, any Contracting State may declare that it will not apply the criterion of publication or, alternatively, the criterion of fixation. Such notification may be deposited at the time of ratification, acceptance or accession, or at any time thereafter; in the last case, it shall become effective six months after it has been deposited.

Article 6 [Protected Broadcasts: 1. Points of Attachment for Broadcasting Organizations; 2. Power to Reserve]

1. Each Contracting State shall grant national treatment to broadcasting organisations if either of the following conditions is met:

(a) the headquarters of the broadcasting organisation is situated in another Contracting State;

(b) the broadcast was transmitted from a transmitter situated in another Contracting State.

2. By means of a notification deposited with the Secretary-General of the United Nations, any Contracting State may declare that it will protect broadcasts only if the headquarters of the broadcasting organisation is situated in another Contracting State and the broadcast was transmitted from a transmitter situated in the same Contracting State. Such notification may be deposited at the time of ratification, acceptance or accession, or at any time thereafter; in the last case, it shall become effective six months after it has been deposited.

Article 7 [Minimum Protection for Performers: 1. Particular Rights; 2. Relations between Performers and Broadcasting Organizations]

1. The protection provided for performers by this Convention shall include the possibility of preventing:
   (a) the broadcasting and the communication to the public, without their consent, of their performance, except where the performance used in the broadcasting or the public communication is itself already a broadcast performance or is made from a fixation;
   (b) the fixation, without their consent, of their unfixed performance;
   (c) the reproduction, without their consent, of a fixation of their performance:
      (i) if the original fixation itself was made without their consent;
      (ii) if the reproduction is made for purposes different from those for which the performers gave their consent;
      (iii) if the original fixation was made in accordance with the provisions of Article 15, and the reproduction is made for purposes different from those referred to in those provisions.
2. (1) If broadcasting was consented to by the performers, it shall be a matter for the domestic law of the Contracting State where protection is claimed to regulate the protection against rebroadcasting, fixation for broadcasting purposes and the reproduction of such fixation for broadcasting purposes.
   (2) The terms and conditions governing the use by broadcasting organisations of fixations made for broadcasting purposes shall be determined in accordance with the domestic law of the Contracting State where protection is claimed.
   (3) However, the domestic law referred to in sub-paragraphs (1) and (2) of this paragraph shall not operate to deprive performers of the ability to control, by contract, their relations with broadcasting organisations.

Article 8 [Performers acting jointly]

Any Contracting State may, by its domestic laws and regulations, specify the manner in which performers will be represented in connection with the exercise of their rights if several of them participate in the same performance.

Article 9 [Variety and Circus Artists]

Any Contracting State may, by its domestic laws and regulations, extend the protection provided for in this Convention to artists who do not perform literary or artistic works.

Article 10 [Right of Reproduction for Phonogram Producers]

Producers of phonograms shall enjoy the right to authorize or prohibit the direct or indirect reproduction of their phonograms.

Article 11 [Formalities for Phonograms]

If, as a condition of protecting the rights of producers of phonograms, or of performers, or both, in relation to phonograms, a Contracting State, under its domestic law, requires compliance with formalities, these shall be considered as fulfilled if all the copies in commerce of the published phonogram or their containers bear a notice consisting of the symbol (P), accompanied by the year date of the first publication, placed in such a manner as to give reasonable notice of claim of protection; and if the copies or their containers do not identify the producer or the licensee of the producer (by carrying his name, trade mark or other appropriate designation), the notice shall also include the name of the owner of the rights of the producer; and, furthermore, if the copies or their containers do not identify the principal performers, the notice shall also include the name of the person who, in the country in which the fixation was effected, owns the rights of such performers.

Article 12 [Secondary Uses of Phonograms]

If a phonogram published for commercial purposes, or a reproduction of such phonogram, is used directly for broadcasting or for any communication to the public, a single equitable remuneration shall be paid by the user to the performers, or to the producers of the phonograms, or to both. Domestic law may, in the absence of agreement between these parties, lay down the conditions as to the sharing of this remuneration.

Article 13 [Minimum Rights for Broadcasting Organizations]

Broadcasting organisations shall enjoy the right to authorize or prohibit:

(a) the rebroadcasting of their broadcasts;

(b) the fixation of their broadcasts;

(c) the reproduction:

(i) of fixations, made without their consent, of their broadcasts;

(ii) of fixations, made in accordance with the provisions of Article 15, of their broadcasts, if the reproduction is made for purposes different from those referred to in those provisions;

(d) the communication to the public of their television broadcasts if such communication is made in places accessible to the public against payment of an entrance fee; it shall be a matter for the domestic law of the State where protection of this right is claimed to determine the conditions under which it may be exercised.

Article 14 [Minimum Duration of Protection]

The term of protection to be granted under this Convention shall last at least until the end of a period of twenty years computed from the end of the year in which:

(a) the fixation was made - for phonograms and for performances incorporated therein;

(b) the performance took place - for performances not incorporated in phonograms;

(c) the broadcast took place - for broadcasts.

Article 15 [Permitted Exceptions: 1. Specific Limitations; 2. Equivalents with copyright]

1. Any Contracting State may, in its domestic laws and regulations, provide for exceptions to the protection guaranteed by this Convention as regards:

(a) private use;

(b) use of short excerpts in connection with the reporting of current events;

(c) ephemeral fixation by a broadcasting organisation by means of its own facilities and for its own broadcasts;

(d) use solely for the purposes of teaching or scientific research.

2. Irrespective of paragraph 1 of this Article, any Contracting State may, in its domestic laws and regulations, provide for the same kinds of limitations with regard to the protection of performers, producers of phonograms and broadcasting organisations, as it provides for, in its domestic laws and regulations, in connection with the protection of copyright in literary and artistic works. However, compulsory licences may be provided for only to the extent to which they are compatible with this Convention.

Article 16 [Reservations]

1. Any State, upon becoming party to this Convention, shall be bound by all the obligations and shall enjoy all the benefits thereof. However, a State may at any time, in a notification deposited with the Secretary - General of the United Nations, declare that:
   (a) as regards Article 12:
      (i) it will not apply the provisions of that Article;
      (ii) it will not apply the provisions of that Article in respect of certain uses;
      (iii) as regards phonograms the producer of which is not a national of another Contracting State, it will not apply that Article;
      (iv) as regards phonograms the producer of which is a national of another Contracting State, it will limit the protection provided for by that Article to the extent to which, and to the term for which, the latter State grants protection to phonograms first fixed by a national of the State making the declaration; however, the fact that the Contracting State of which the producer is a national does not grant the protection to the same beneficiary or beneficiaries as the State making the declaration shall not be considered as a difference in the extent of the protection;
   (b) as regards Article 13, it will not apply item (d) of that Article; if a Contracting State makes such a declaration, the other Contracting States shall not be obliged to grant the right referred to in Article 13, item (d), to broadcasting organisations whose headquarters are in that State.
2. If the notification referred to in paragraph 1 of this Article is made after the

date of the deposit of the instrument of ratification, acceptance or accession, the declaration will become effective six months after it has been deposited.

Article 17 [Certain countries applying only the "fixation" criterion]

Any State which, on October 26, 1961, grants protection to producers of phonograms solely on the basis of the criterion of fixation may, by a notification deposited with the Secretary - General of the United Nations at the time of ratification, acceptance or accession, declare that it will apply, for the purposes of Article 5, the criterion of fixation alone and, for the purposes of paragraph 1(a)(iii) and (iv) of Article 16, the criterion of fixation instead of the criterion of nationality.

Article 18 [Withdrawal of reservations]

Any State which has deposited a notification under paragraph 3 of Article 5, paragraph 2 of Article 6, paragraph 1 of Article 16 or Article 17, may, by a further notification deposited with the Secretary - General of the United Nations, reduce its scope or withdraw it.

Article 19 [Performers' Rights in Films]

Notwithstanding anything in this Convention, once a performer has consented to the incorporation of his performance in a visual or audio - visual fixation, Article 7 shall have no further application.

Article 20 [Non - retroactivity]

1. This Convention shall not prejudice rights acquired in any Contracting State before the date of coming into force of this Convention for that State.
2. No Contracting State shall be bound to apply the provisions of this Convention to performances or broadcasts which took place, or to phonograms which were fixed, before the date of coming into force of this Convention for that State.

Article 21 [Protection by other means]

The protection provided for in this Convention shall not prejudice any protection otherwise secured to performers, producers of phonograms and broadcasting organisations.

Article 22 [Special agreements]

Contracting States reserve the right to enter into special agreements among themselves in so far as such agreements grant to performers, producers of phonograms or broadcasting organisations more extensive rights than those granted by this Convention or contain other provisions not contrary to this Convention.

* * *

3. WCT (발췌)

WIPO Copyright Treaty (WCT)

(adopted in Geneva on December 20, 1996)[1)]

(Preamble)

The Contracting Parties,

Desiring to develop and maintain the protection of the rights of authors in their literary and artistic works in a manner as effective and uniform as possible,

Recognizing the need to introduce new international rules and clarify the interpretation of certain existing rules in order to provide adequate solutions to the questions raised by new economic, social, cultural and technological developments,

Recognizing the profound impact of the development and convergence of information and communication technologies on the creation and use of literary and artistic works,

Emphasizing the outstanding significance of copyright protection as an incentive for literary and artistic creation,

Recognizing the need to maintain a balance between the rights of authors and the larger public interest, particularly education, research and access to information, as reflected in the Berne Convention,

Have agreed as follows:

Article 1 [Relation to the Berne Convention]

(1) This Treaty is a special agreement within the meaning of Article 20 of the

1) Entry into force: March 6, 2002.

Note: The agreed statements of the Diplomatic Conference that adopted the Treaty (WIPO Diplomatic Conference on Certain Copyright and Neighboring Rights Questions) concerning certain provisions of the WCT are reproduced in footnotes below.

Berne Convention for the Protection of Literary and Artistic Works, as regards Contracting Parties that are countries of the Union established by that Convention. This Treaty shall not have any connection with treaties other than the Berne Convention, nor shall it prejudice any rights and obligations under any other treaties.

(2) Nothing in this Treaty shall derogate from existing obligations that Contracting Parties have to each other under the Berne Convention for the Protection of Literary and Artistic Works.

(3) Hereinafter, "Berne Convention" shall refer to the Paris Act of July 24, 1971 of the Berne Convention for the Protection of Literary and Artistic Works.

(4) Contracting Parties shall comply with Articles 1 to 21 and the Appendix of the Berne Convention.[2)]

Article 2 [Scope of Copyright Protection]

Copyright protection extends to expressions and not to ideas, procedures, methods of operation or mathematical concepts as such.

Article 3 [Application of Articles 2 to 6 of the Berne Convention]

Contracting Parties shall apply mutatis mutandis the provisions of Articles 2 to 6 of the Berne Convention in respect of the protection provided for in this Treaty.[3)]

---

2) **Agreed statements concerning Article** 1(4): The reproduction right, as set out in Article 9 of the Berne Convention, and the exceptions permitted thereunder, fully apply in the digital environment, in particular to the use of works in digital form. It is understood that the storage of a protected work in digital form in an electronic medium constitutes a reproduction within the meaning of Article 9 of the Berne Convention.

3) **Agreed statements concerning Article** 3: It is understood that in applying Article 3 of this Treaty, the expression "country of the Union" in Articles 2 to 6 of the Berne Convention will be read as if it were a reference to a Contracting Party to this Treaty, in the application of those Berne Articles in respect of protection provided for in this Treaty. It is also understood that the expression "country outside the Union" in those Articles in the Berne Convention will, in the same circumstances, be read as if it were a reference to a country that is not a Contracting Party to this Treaty, and that "this Convention" in Articles 2(8), 2bis(2), 3, 4 and 5 of the Berne Convention will be read as if it were a reference to the Berne Convention and this Treaty. Finally, it is understood that a reference

Article 4 [Computer Programs]

Computer programs are protected as literary works within the meaning of Article 2 of the Berne Convention. Such protection applies to computer programs, whatever may be the mode or form of their expression.[4)]

Article 5 [Compilations of Data (Databases)]

Compilations of data or other material, in any form, which by reason of the selection or arrangement of their contents constitute intellectual creations, are protected as such. This protection does not extend to the data or the material itself and is without prejudice to any copyright subsisting in the data or material contained in the compilation.[5)]

Article 6 [Right of Distribution]

(1) Authors of literary and artistic works shall enjoy the exclusive right of authorizing the making available to the public of the original and copies of their works through sale or other transfer of ownership.

(2) Nothing in this Treaty shall affect the freedom of Contracting Parties to determine the conditions, if any, under which the exhaustion of the right in paragraph (1) applies after the first sale or other transfer of ownership of the original or a copy of the work with the authorization of the author.[6)]

---

in Articles 3 to 6 of the Berne Convention to a "national of one of the countries of the Union" will, when these Articles are applied to this Treaty, mean, in regard to an intergovernmental organization that is a Contracting Party to this Treaty, a national of one of the countries that is member of that organization.

4) **Agreed statements concerning Article** 4: The scope of protection for computer programs under Article 4 of this Treaty, read with Article 2, is consistent with Article 2 of the Berne Convention and on a par with the relevant provisions of the TRIPs Agreement.

5) **Agreed statements concerning Article** 5: The scope of protection for compilations of data (databases) under Article 5 of this Treaty, read with Article 2, is consistent with Article 2 of the Berne Convention and on a par with the relevant provisions of the TRIPS Agreement.

6) **Agreed statements concerning Articles 6 and** 7: As used in these Articles, the expressions "copies" and "original and copies," being subject to the right of distribution and the right of rental under the said Articles, refer exclusively to fixed copies that can be put into circulation as tangible objects.

Article 7 [Right of Rental]

(1) Authors of

(i) computer programs;

(ii) cinematographic works; and

(iii) works embodied in phonograms, as determined in the national law of Contracting Parties,

shall enjoy the exclusive right of authorizing commercial rental to the public of the originals or copies of their works.

(2) Paragraph (1) shall not apply

(i) in the case of computer programs, where the program itself is not the essential object of the rental; and

(ii) in the case of cinematographic works, unless such commercial rental has led to widespread copying of such works materially impairing the exclusive right of reproduction.

(3) Notwithstanding the provisions of paragraph (1), a Contracting Party that, on April 15, 1994, had and continues to have in force a system of equitable remuneration of authors for the rental of copies of their works embodied in phonograms may maintain that system provided that the commercial rental of works embodied in phonograms is not giving rise to the material impairment of the exclusive right of reproduction of authors.[7)][8)]

Article 8 [Right of Communication to the Public]

Without prejudice to the provisions of Articles 11(1)(ii), 11bis(1)(i) and (ii), 11ter(1)(ii), 14(1)(ii) and 14bis(1) of the Berne Convention, authors of literary and

---

7) **Agreed statements concerning Articles 6 and 7**: As used in these Articles, the expressions "copies" and "original and copies," being subject to the right of distribution and the right of rental under the said Articles, refer exclusively to fixed copies that can be put into circulation as tangible objects.

8) **Agreed statements concerning Article 7**: It is understood that the obligation under Article 7(1) does not require a Contracting Party to provide an exclusive right of commercial rental to authors who, under that Contracting Party's law, are not granted rights in respect of phonograms. It is understood that this obligation is consistent with Article 14(4) of the TRIPs Agreement.

artistic works shall enjoy the exclusive right of authorizing any communication to the public of their works, by wire or wireless means, including the making available to the public of their works in such a way that members of the public may access these works from a place and at a time individually chosen by them.[9)]

Article 9 [Duration of the Protection of Photographic Works]

In respect of photographic works, the Contracting Parties shall not apply the provisions of Article 7(4) of the Berne Convention.

Article 10 [Limitations and Exceptions]

(1) Contracting Parties may, in their national legislation, provide for limitations of or exceptions to the rights granted to authors of literary and artistic works under this Treaty in certain special cases that do not conflict with a normal exploitation of the work and do not unreasonably prejudice the legitimate interests of the author.

(2) Contracting Parties shall, when applying the Berne Convention, confine any limitations of or exceptions to rights provided for therein to certain special cases that do not conflict with a normal exploitation of the work and do not unreasonably prejudice the legitimate interests of the author.[10)]

---

9) **Agreed statements concerning Article 8**: It is understood that the mere provision of physical facilities for enabling or making a communication does not in itself amount to communication within the meaning of this Treaty or the Berne Convention. It is further understood that nothing in Article 8 precludes a Contracting Party from applying Article 11bis(2).

10) **Agreed statement concerning Article 10**: It is understood that the provisions of Article 10 permit Contracting Parties to carry forward and appropriately extend into the digital environment limitations and exceptions in their national laws which have been considered acceptable under the Berne Convention. Similarly, these provisions should be understood to permit Contracting Parties to devise new exceptions and limitations that are appropriate in the digital network environment.

It is also understood that Article 10(2) neither reduces nor extends the scope of applicability of the limitations and exceptions permitted by the Berne Convention.

It is also understood that Article 10(2) neither reduces nor extends the scope of applicability of the limitations and exceptions permitted by the Berne Convention.

Article 11 [Obligations concerning Technological Measures]

Contracting Parties shall provide adequate legal protection and effective legal remedies against the circumvention of effective technological measures that are used by authors in connection with the exercise of their rights under this Treaty or the Berne Convention and that restrict acts, in respect of their works, which are not authorized by the authors concerned or permitted by law.

Article 12 [Obligations concerning Rights Management Information]

(1) Contracting Parties shall provide adequate and effective legal remedies against any person knowingly performing any of the following acts knowing, or with respect to civil remedies having reasonable grounds to know, that it will induce, enable, facilitate or conceal an infringement of any right covered by this Treaty or the Berne Convention:

(i) to remove or alter any electronic rights management information without authority;

(ii) to distribute, import for distribution, broadcast or communicate to the public, without authority, works or copies of works knowing that electronic rights management information has been removed or altered without authority.

(2) As used in this Article, "rights management information" means information which identifies the work, the author of the work, the owner of any right in the work, or information about the terms and conditions of use of the work, and any numbers or codes that represent such information, when any of these items of information is attached to a copy of a work or appears in connection with the communication of a work to the public.[11)]

* * *

11) **Agreed statements concerning Article** 12: It is understood that the reference to "infringement of any right covered by this Treaty or the Berne Convention" includes both exclusive rights and rights of remuneration.

It is further understood that Contracting Parties will not rely on this Article to devise or implement rights management systems that would have the effect of imposing formalities which are not permitted under the Berne Convention or this Treaty, prohibiting the free movement of goods or impeding the enjoyment of rights under this Treaty.

4. WPPT (발췌)

WIPO Performances and Phonograms Treaty (WPPT)[1)]
(adopted in Geneva on December 20, 1996)

(Preamble)

The Contracting Parties,

Desiring to develop and maintain the protection of the rights of performers and producers of phonograms in a manner as effective and uniform as possible,

Recognizing the need to introduce new international rules in order to provide adequate solutions to the questions raised by economic, social, cultural and technological developments,

Recognizing the profound impact of the development and convergence of information and communication technologies on the production and use of performances and phonograms,

Recognizing the need to maintain a balance between the rights of performers and producers of phonograms and the larger public interest, particularly education, research and access to information,

Have agreed as follows:

CHAPTER I. General Provisions

Article 1 [Relation to Other Conventions]

(1) Nothing in this Treaty shall derogate from existing obligations that Contracting Parties have to each other under the International Convention for the Protection of Performers, Producers of Phonograms and Broadcasting Organizations done in Rome, October 26, 1961 (hereinafter the "Rome Convention").

---

1) **Entry into force**: May 20, 2002.

(2) Protection granted under this Treaty shall leave intact and shall in no way affect the protection of copyright in literary and artistic works. Consequently, no provision of this Treaty may be interpreted as prejudicing such protection.[2)]

(3) This Treaty shall not have any connection with, nor shall it prejudice any rights and obligations under, any other treaties.

Article 2 [Definitions]

For the purposes of this Treaty:

(a) "performers" are actors, singers, musicians, dancers, and other persons who act, sing, deliver, declaim, play in, interpret, or otherwise perform literary or artistic works or expressions of folklore;

(b) "phonogram" means the fixation of the sounds of a performance or of other sounds, or of a representation of sounds, other than in the form of a fixation incorporated in a cinematographic or other audiovisual work;[3)]

(c) "fixation" means the embodiment of sounds, or of the representations thereof, from which they can be perceived, reproduced or communicated through a device;

(d) "producer of a phonogram" means the person, or the legal entity, who or which takes the initiative and has the responsibility for the first fixation of the sounds of a performance or other sounds, or the representations of sounds;

(e) "publication" of a fixed performance or a phonogram means the offering of copies of the fixed performance or the phonogram to the public, with the

---

2) **Agreed statement concerning Article 1(2)**: It is understood that Article 1(2) clarifies the relationship between rights in phonograms under this Treaty and copyright in works embodied in the phonograms. In cases where authorization is needed from both the author of a work embodied in the phonogram and a performer or producer owning rights in the phonogram, the need for the authorization of the author does not cease to exist because the authorization of the performer or producer is also required, and vice versa.

It is further understood that nothing in Article 1(2) precludes a Contracting Party from providing exclusive rights to a performer or producer of phonograms beyond those required to be provided under this Treaty.

3) **Agreed statement concerning Article 2(b)**: It is understood that the definition of phonogram provided in Article 2(b) does not suggest that rights in the phonogram are in any way affected through their incorporation into a cinematographic or other audiovisual work.

consent of the rightholder, and provided that copies are offered to the public in reasonable quantity;[4)]

(f) "broadcasting" means the transmission by wireless means for public reception of sounds or of images and sounds or of the representations thereof; such transmission by satellite is also "broadcasting"; transmission of encrypted signals is "broadcasting" where the means for decrypting are provided to the public by the broadcasting organization or with its consent;

(g) "communication to the public" of a performance or a phonogram means the transmission to the public by any medium, otherwise than by broadcasting, of sounds of a performance or the sounds or the representations of sounds fixed in a phonogram. For the purposes of Article 15, "communication to the public" includes making the sounds or representations of sounds fixed in a phonogram audible to the public.

Article 3 [Beneficiaries of Protection under this Treaty]

(1) Contracting Parties shall accord the protection provided under this Treaty to the performers and producers of phonograms who are nationals of other Contracting Parties.

(2) The nationals of other Contracting Parties shall be understood to be those performers or producers of phonograms who would meet the criteria for eligibility for protection provided under the Rome Convention, were all the Contracting Parties to this Treaty Contracting States of that Convention. In respect of these criteria of eligibility, Contracting Parties shall apply the relevant definitions in Article 2 of this Treaty.[5)]

(3) Any Contracting Party availing itself of the possibilities provided in Article 5(3) of the Rome Convention or, for the purposes of Article 5 of the same Convention, Article 17 thereof shall make a notification as foreseen in those provisions to the Director General of the World Intellectual Property

---

4) **Agreed statement concerning Articles 2(e), 8, 9, 12, and 13**: As used in these Articles, the expressions "copies" and "original and copies," being subject to the right of distribution and the right of rental under the said Articles, refer exclusively to fixed copies that can be put into circulation as tangible objects.

5) **Agreed statement concerning Article 3(2)**: For the application of Article 3(2), it is understood that fixation means the finalization of the master tape ("bande-mère").

Organization (WIPO).[6)]

Article 4 [National Treatment]

(1) Each Contracting Party shall accord to nationals of other Contracting Parties, as defined in Article 3(2), the treatment it accords to its own nationals with regard to the exclusive rights specifically granted in this Treaty, and to the right to equitable remuneration provided for in Article 15 of this Treaty.
(2) The obligation provided for in paragraph (1) does not apply to the extent that another Contracting Party makes use of the reservations permitted by Article 15(3) of this Treaty.

CHAPTER II. Rights of Performers

Article 5 [Moral Rights of Performers]

(1) Independently of a performer's economic rights, and even after the transfer of those rights, the performer shall, as regards his live aural performances or performances fixed in phonograms, have the right to claim to be identified as the performer of his performances, except where omission is dictated by the manner of the use of the performance, and to object to any distortion, mutilation or other modification of his performances that would be prejudicial to his reputation.
(2) The rights granted to a performer in accordance with paragraph (1) shall, after his death, be maintained, at least until the expiry of the economic rights, and shall be exercisable by the persons or institutions authorized by the legislation of the Contracting Party where protection is claimed. However, those Contracting Parties whose legislation, at the moment of their ratification of or accession to this Treaty, does not provide for protection after the death of the

---

6) **Agreed statement concerning Article 3**: It is understood that the reference in Articles 5(a) and 16(a)(iv) of the Rome Convention to "national of another Contracting State" will, when applied to this Treaty, mean, in regard to an intergovernmental organization that is a Contracting Party to this Treaty, a national of one of the countries that is a member of that organization.

performer of all rights set out in the preceding paragraph may provide that some of these rights will, after his death, cease to be maintained.

(3) The means of redress for safeguarding the rights granted under this Article shall be governed by the legislation of the Contracting Party where protection is claimed.

Article 6 [Economic Rights of Performers in their Unfixed Performances]

Performers shall enjoy the exclusive right of authorizing, as regards their performances:

(i) the broadcasting and communication to the public of their unfixed performances except where the performance is already a broadcast performance; and

(ii) the fixation of their unfixed performances.

Article 7 [Right of Reproduction]

Performers shall enjoy the exclusive right of authorizing the direct or indirect reproduction of their performances fixed in phonograms, in any manner or form.7)

Article 8 [Right of Distribution]

(1) Performers shall enjoy the exclusive right of authorizing the making available to the public of the original and copies of their performances fixed in phonograms through sale or other transfer of ownership.

(2) Nothing in this Treaty shall affect the freedom of Contracting Parties to determine the conditions, if any, under which the exhaustion of the right in paragraph (1) applies after the first sale or other transfer of ownership of the original or a copy of the fixed performance with the authorization of the performer.8)

---

7) **Agreed statement concerning Articles 7, 11 and 16**: The reproduction right, as set out in Articles 7 and 11, and the exceptions permitted thereunder through Article 16, fully apply in the digital environment, in particular to the use of performances and phonograms in digital form. It is understood that the storage of a protected performance or phonogram in digital form in an electronic medium constitutes a reproduction within the meaning of these Articles.

8) **Agreed statement concerning Articles 2(e), 8, 9, 12, and 13**: As used in these Articles,

Article 9 [Right of Rental]

(1) Performers shall enjoy the exclusive right of authorizing the commercial rental to the public of the original and copies of their performances fixed in phonograms as determined in the national law of Contracting Parties, even after distribution of them by, or pursuant to, authorization by the performer.

(2) Notwithstanding the provisions of paragraph (1), a Contracting Party that, on April 15, 1994, had and continues to have in force a system of equitable remuneration of performers for the rental of copies of their performances fixed in phonograms, may maintain that system provided that the commercial rental of phonograms is not giving rise to the material impairment of the exclusive right of reproduction of performers.[9)]

Article 10 [Right of Making Available of Fixed Performances]

Performers shall enjoy the exclusive right of authorizing the making available to the public of their performances fixed in phonograms, by wire or wireless means, in such a way that members of the public may access them from a place and at a time individually chosen by them.

CHAPTER III. Rights of Producers of Phonograms

Article 11 [Right of Reproduction]

Producers of phonograms shall enjoy the exclusive right of authorizing the direct or indirect reproduction of their phonograms, in any manner or form.[10)]

---

the expressions "copies" and "original and copies," being subject to the right of distribution and the right of rental under the said Articles, refer exclusively to fixed copies that can be put into circulation as tangible objects.

9) **Agreed statement concerning Articles 2(e), 8, 9, 12, and 13**: As used in these Articles, the expressions "copies" and "original and copies," being subject to the right of distribution and the right of rental under the said Articles, refer exclusively to fixed copies that can be put into circulation as tangible objects.

10) **Agreed statement concerning Articles 7, 11 and 16**: The reproduction right, as set out in

Article 12 [Right of Distribution]

(1) Producers of phonograms shall enjoy the exclusive right of authorizing the making available to the public of the original and copies of their phonograms through sale or other transfer of ownership.

(2) Nothing in this Treaty shall affect the freedom of Contracting Parties to determine the conditions, if any, under which the exhaustion of the right in paragraph (1) applies after the first sale or other transfer of ownership of the original or a copy of the phonogram with the authorization of the producer of the phonogram.[11)]

Article 13 [Right of Rental]

(1) Producers of phonograms shall enjoy the exclusive right of authorizing the commercial rental to the public of the original and copies of their phonograms, even after distribution of them, by or pursuant to, authorization by the producer.

(2) Notwithstanding the provisions of paragraph (1), a Contracting Party that, on April 15, 1994, had and continues to have in force a system of equitable remuneration of producers of phonograms for the rental of copies of their phonograms, may maintain that system provided that the commercial rental of phonograms is not giving rise to the material impairment of the exclusive rights of reproduction of producers of phonograms.[12)]

Articles 7 and 11, and the exceptions permitted thereunder through Article 16, fully apply in the digital environment, in particular to the use of performances and phonograms in digital form. It is understood that the storage of a protected performance or phonogram in digital form in an electronic medium constitutes a reproduction within the meaning of these Articles.

11) **Agreed statement concerning Articles 2(e), 8, 9, 12, and 13**: As used in these Articles, the expressions "copies" and "original and copies," being subject to the right of distribution and the right of rental under the said Articles, refer exclusively to fixed copies that can be put into circulation as tangible objects.

12) **Agreed statement concerning Articles 2(e), 8, 9, 12, and 13**: As used in these Articles, the expressions "copies" and "original and copies," being subject to the right of distribution and the right of rental under the said Articles, refer exclusively to fixed copies that can be put into circulation as tangible objects.

Article 14 [Right of Making Available of Phonograms]

Producers of phonograms shall enjoy the exclusive right of authorizing the making available to the public of their phonograms, by wire or wireless means, in such a way that members of the public may access them from a place and at a time individually chosen by them.

CHAPTER IV. Common Provisions

Article 15 [Right to Remuneration for Broadcasting and Communication to the Public]

(1) Performers and producers of phonograms shall enjoy the right to a single equitable remuneration for the direct or indirect use of phonograms published for commercial purposes for broadcasting or for any communication to the public.

(2) Contracting Parties may establish in their national legislation that the single equitable remuneration shall be claimed from the user by the performer or by the producer of a phonogram or by both. Contracting Parties may enact national legislation that, in the absence of an agreement between the performer and the producer of a phonogram, sets the terms according to which performers and producers of phonograms shall share the single equitable remuneration.

(3) Any Contracting Party may, in a notification deposited with the Director General of WIPO, declare that it will apply the provisions of paragraph (1) only in respect of certain uses, or that it will limit their application in some other way, or that it will not apply these provisions at all.

(4) For the purposes of this Article, phonograms made available to the public by wire or wireless means in such a way that members of the public may access them from a place and at a time individually chosen by them shall be considered as if they had been published for commercial purposes.[13][14]

---

13) **Agreed statement concerning Article 15**: It is understood that Article 15 does not represent a complete resolution of the level of rights of broadcasting and communication to the public that should be enjoyed by performers and phonogram producers in the digital age. Delegations were unable to achieve consensus on differing proposals for aspects of exclusivity to be provided in certain circumstances or for rights to be provided without the

Article 16 [Limitations and Exceptions]

(1) Contracting Parties may, in their national legislation, provide for the same kinds of limitations or exceptions with regard to the protection of performers and producers of phonograms as they provide for, in their national legislation, in connection with the protection of copyright in literary and artistic works.

(2) Contracting Parties shall confine any limitations of or exceptions to rights provided for in this Treaty to certain special cases which do not conflict with a normal exploitation of the performance or phonogram and do not unreasonably prejudice the legitimate interests of the performer or of the producer of the phonogram.[15)16)]

Article 17 [Term of Protection]

---

possibility of reservations, and have therefore left the issue to future resolution.

14) **Agreed statement concerning Article 15**: It is understood that Article 15 does not prevent the granting of the right conferred by this Article to performers of folklore and producers of phonograms recording folklore where such phonograms have not been published for commercial gain.

15) **Agreed statement concerning Articles 7, 11 and 16**: The reproduction right, as set out in Articles 7 and 11, and the exceptions permitted thereunder through Article 16, fully apply in the digital environment, in particular to the use of performances and phonograms in digital form. It is understood that the storage of a protected performance or phonogram in digital form in an electronic medium constitutes a reproduction within the meaning of these Articles.

16) **Agreed statement concerning Article 16**: The agreed statement concerning Article 10 (on Limitations and Exceptions) of the WIPO Copyright Treaty is applicable mutatis mutandis also to Article 16 (on Limitations and Exceptions) of the WIPO Performances and Phonograms Treaty. [The text of the agreed statement concerning Article 10 of the WCT reads as follows: "It is understood that the provisions of Article 10 permit Contracting Parties to carry forward and appropriately extend into the digital environment limitations and exceptions in their national laws which have been considered acceptable under the Berne Convention. Similarly, these provisions should be understood to permit Contracting Parties to devise new exceptions and limitations that are appropriate in the digital network environment.

"It is also understood that Article 10(2) neither reduces nor extends the scope of applicability of the limitations and exceptions permitted by the Berne Convention."]

(1) The term of protection to be granted to performers under this Treaty shall last, at least, until the end of a period of 50 years computed from the end of the year in which the performance was fixed in a phonogram.
(2) The term of protection to be granted to producers of phonograms under this Treaty shall last, at least, until the end of a period of 50 years computed from the end of the year in which the phonogram was published, or failing such publication within 50 years from fixation of the phonogram, 50 years from the end of the year in which the fixation was made.

Article 18 [Obligations concerning Technological Measures]

Contracting Parties shall provide adequate legal protection and effective legal remedies against the circumvention of effective technological measures that are used by performers or producers of phonograms in connection with the exercise of their rights under this Treaty and that restrict acts, in respect of their performances or phonograms, which are not authorized by the performers or the producers of phonograms concerned or permitted by law.

Article 19 [Obligations concerning Rights Management Information]

(1) Contracting Parties shall provide adequate and effective legal remedies against any person knowingly performing any of the following acts knowing, or with respect to civil remedies having reasonable grounds to know, that it will induce, enable, facilitate or conceal an infringement of any right covered by this Treaty:
  (i) to remove or alter any electronic rights management information without authority;
  (ii) to distribute, import for distribution, broadcast, communicate or make available to the public, without authority, performances, copies of fixed performances or phonograms knowing that electronic rights management information has been removed or altered without authority.
(2) As used in this Article, "rights management information" means information which identifies the performer, the performance of the performer, the producer of the phonogram, the phonogram, the owner of any right in the performance or phonogram, or information about the terms and conditions of use of the performance or phonogram, and any numbers or codes that represent such

information, when any of these items of information is attached to a copy of a fixed performance or a phonogram or appears in connection with the communication or making available of a fixed performance or a phonogram to the public.[17)]

Article 20 [Formalities]

The enjoyment and exercise of the rights provided for in this Treaty shall not be subject to any formality.

Article 21 [Reservations]

Subject to the provisions of Article 15(3), no reservations to this Treaty shall be permitted.

Article 22 [Application in Time]

(1) Contracting Parties shall apply the provisions of Article 18 of the Berne Convention, mutatis mutandis, to the rights of performers and producers of phonograms provided for in this Treaty.

(2) Notwithstanding paragraph (1), a Contracting Party may limit the application of Article 5 of this Treaty to performances which occurred after the entry into force of this Treaty for that Party.

---

17) **Agreed statement concerning Article** 19: The agreed statement concerning Article 12 (on Obligations concerning Rights Management Information) of the WIPO Copyright Treaty is applicable *mutatis mutandis* also to Article 19 (on Obligations concerning Rights Management Information) of the WIPO Performances and Phonograms Treaty. [The text of the agreed statement concerning Article 12 of the WCT reads as follows: "It is understood that the reference to 'infringement of any right covered by this Treaty or the Berne Convention' includes both exclusive rights and rights of remuneration.

"It is further understood that Contracting Parties will not rely on this Article to devise or implement rights management systems that would have the effect of imposing formalities which are not permitted under the Berne Convention or this Treaty, prohibiting the free morvement of goods or impeding the enjoyment of rights under this Treaty."]

Article 23 [Provisions on Enforcement of Rights]

(1) Contracting Parties undertake to adopt, in accordance with their legal systems, the measures necessary to ensure the application of this Treaty.

(2) Contracting Parties shall ensure that enforcement procedures are available under their law so as to permit effective action against any act of infringement of rights covered by this Treaty, including expeditious remedies to prevent infringements and remedies which constitute a deterrent to further infringements.

* * *

5. WTO TRIPs 협정 (발췌)

Agreement on Trade-Related Aspects of Intellectual Property Rights (TRIPs)
(signed in Marrakesh, Morocco on 15 April 1994)

(Preamble)

Members,

Desiring to reduce distortions and impediments to international trade, and taking into account the need to promote effective and adequate protection of intellectual property rights, and to ensure that measures and procedures to enforce intellectual property rights do not themselves become barriers to legitimate trade;

Recognizing, to this end, the need for new rules and disciplines concerning:

(a) the applicability of the basic principles of GATT 1994 and of relevant international intellectual property agreements or conventions;

(b) the provision of adequate standards and principles concerning the availability, scope and use of trade-related intellectual property rights;

(c) the provision of effective and appropriate means for the enforcement of trade-related intellectual property rights, taking into account differences in national legal systems;

(d) the provision of effective and expeditious procedures for the multilateral prevention and settlement of disputes between governments; and

(e) transitional arrangements aiming at the fullest participation in the results of the negotiations;

Recognizing the need for a multilateral framework of principles, rules and disciplines dealing with international trade in counterfeit goods;

Recognizing that intellectual property rights are private rights;

Recognizing the underlying public policy objectives of national systems for the protection of intellectual property, including developmental and technological objectives;

Recognizing also the special needs of the least-developed country Members in respect of maximum flexibility in the domestic implementation of laws and regulations in order to enable them to create a sound and viable technological base;

Emphasizing the importance of reducing tensions by reaching strengthened commitments to resolve disputes on trade-related intellectual property issues through multilateral procedures;

Desiring to establish a mutually supportive relationship between the WTO and the World Intellectual Property Organization (referred to in this Agreement as "WIPO") as well as other relevant international organizations;

Hereby agree as follows:

Part I. General Provisions and Basic Principles

Article 1 [Nature and Scope of Obligations]

1. Members shall give effect to the provisions of this Agreement. Members may, but shall not be obliged to, implement in their law more extensive protection than is required by this Agreement, provided that such protection does not contravene the provisions of this Agreement. Members shall be free to determine the appropriate method of implementing the provisions of this Agreement within their own legal system and practice.
2. For the purposes of this Agreement, the term "intellectual property" refers to all categories of intellectual property that are the subject of Sections 1 through 7 of Part II.
3. Members shall accord the treatment provided for in this Agreement to the nationals of other Members.[1] In respect of the relevant intellectual property right, the nationals of other Members shall be understood as those natural or legal persons that would meet the criteria for eligibility for protection provided for in the Paris Convention (1967), the Berne Convention (1971), the Rome Convention and the Treaty on Intellectual Property in Respect of Integrated

---

1) When "nationals" are referred to in this Agreement, they shall be deemed, in the case of a separate customs territory Member of the WTO, to mean persons, natural or legal, who are domiciled or who have a real and effective industrial or commercial establishment in that customs territory.

Circuits, were all Members of the WTO members of those conventions.[2] Any Member availing itself of the possibilities provided in paragraph 3 of Article 5 or paragraph 2 of Article 6 of the Rome Convention shall make a notification as foreseen in those provisions to the Council for Trade-Related Aspects of Intellectual Property Rights (the "Council for TRIPS").

Article 2 [Intellectual Property Conventions]

1. In respect of Parts II, III and IV of this Agreement, Members shall comply with Articles 1 through 12, and Article 19, of the Paris Convention (1967).
2. Nothing in Parts I to IV of this Agreement shall derogate from existing obligations that Members may have to each other under the Paris Convention, the Berne Convention, the Rome Convention and the Treaty on Intellectual Property in Respect of Integrated Circuits.

Article 3 [National Treatment]

1. Each Member shall accord to the nationals of other Members treatment no less favourable than that it accords to its own nationals with regard to the protection[3] of intellectual property, subject to the exceptions already provided in, respectively, the Paris Convention (1967), the Berne Convention (1971), the Rome Convention or the Treaty on Intellectual Property in Respect of

---

2) In this Agreement, "Paris Convention" refers to the Paris Convention for the Protection of Industrial Property; "Paris Convention (1967)" refers to the Stockholm Act of this Convention of 14 July 1967. "Berne Convention" refers to the Berne Convention for the Protection of Literary and Artistic Works; "Berne Convention (1971)" refers to the Paris Act of this Convention of 24 July 1971. "Rome Convention" refers to the International Convention for the Protection of Performers, Producers of Phonograms and Broadcasting Organizations, adopted at Rome on 26 October 1961. "Treaty on Intellectual Property in Respect of Integrated Circuits" (IPIC Treaty) refers to the Treaty on Intellectual Property in Respect of Integrated Circuits, adopted at Washington on 26 May 1989. "WTO Agreement" refers to the Agreement Establishing the WTO.

3) For the purposes of Articles 3 and 4, "protection" shall include matters affecting the availability, acquisition, scope, maintenance and enforcement of intellectual property rights as well as those matters affecting the use of intellectual property rights specifically addressed in this Agreement.

Integrated Circuits. In respect of performers, producers of phonograms and broadcasting organizations, this obligation only applies in respect of the rights provided under this Agreement. Any Member availing itself of the possibilities provided in Article 6 of the Berne Convention (1971) or paragraph 1(b) of Article 16 of the Rome Convention shall make a notification as foreseen in those provisions to the Council for TRIPS.

2. Members may avail themselves of the exceptions permitted under paragraph 1 in relation to judicial and administrative procedures, including the designation of an address for service or the appointment of an agent within the jurisdiction of a Member, only where such exceptions are necessary to secure compliance with laws and regulations which are not inconsistent with the provisions of this Agreement and where such practices are not applied in a manner which would constitute a disguised restriction on trade.

Article 4 [Most-Favoured-Nation Treatment]

With regard to the protection of intellectual property, any advantage, favour, privilege or immunity granted by a Member to the nationals of any other country shall be accorded immediately and unconditionally to the nationals of all other Members. Exempted from this obligation are any advantage, favour, privilege or immunity accorded by a Member:

(a) deriving from international agreements on judicial assistance or law enforcement of a general nature and not particularly confined to the protection of intellectual property;

(b) granted in accordance with the provisions of the Berne Convention (1971) or the Rome Convention authorizing that the treatment accorded be a function not of national treatment but of the treatment accorded in another country;

(c) in respect of the rights of performers, producers of phonograms and broadcasting organizations not provided under this Agreement;

(d) deriving from international agreements related to the protection of intellectual property which entered into force prior to the entry into force of the WTO Agreement, provided that such agreements are notified to the Council for TRIPS and do not constitute an arbitrary or unjustifiable discrimination against nationals of other Members.

Article 5 [Multilateral Agreements on Acquisition or Maintenance of Protection]

The obligations under Articles 3 and 4 do not apply to procedures provided in multilateral agreements concluded under the auspices of WIPO relating to the acquisition or maintenance of intellectual property rights.

Article 6 [Exhaustion]

For the purposes of dispute settlement under this Agreement, subject to the provisions of Articles 3 and 4 nothing in this Agreement shall be used to address the issue of the exhaustion of intellectual property rights.

Article 7 [Objectives]

The protection and enforcement of intellectual property rights should contribute to the promotion of technological innovation and to the transfer and dissemination of technology, to the mutual advantage of producers and users of technological knowledge and in a manner conducive to social and economic welfare, and to a balance of rights and obligations.

Article 8 [Principles]

1. Members may, in formulating or amending their laws and regulations, adopt measures necessary to protect public health and nutrition, and to promote the public interest in sectors of vital importance to their socio-economic and technological development, provided that such measures are consistent with the provisions of this Agreement.
2. Appropriate measures, provided that they are consistent with the provisions of this Agreement, may be needed to prevent the abuse of intellectual property rights by right holders or the resort to practices which unreasonably restrain trade or adversely affect the international transfer of technology.

Part II. Standards concerning the Availability, Scope and Use of Intellectual Property Rights

Section 1: Copyright and Related Rights

Article 9 [Relation to the Berne Convention]

1. Members shall comply with Articles 1 through 21 of the Berne Convention (1971) and the Appendix thereto. However, Members shall not have rights or obligations under this Agreement in respect of the rights conferred under Article 6bis of that Convention or of the rights derived therefrom.
2. Copyright protection shall extend to expressions and not to ideas, procedures, methods of operation or mathematical concepts as such.

Article 10 [Computer Programs and Compilations of Data]

1. Computer programs, whether in source or object code, shall be protected as literary works under the Berne Convention (1971).
2. Compilations of data or other material, whether in machine readable or other form, which by reason of the selection or arrangement of their contents constitute intellectual creations shall be protected as such. Such protection, which shall not extend to the data or material itself, shall be without prejudice to any copyright subsisting in the data or material itself.

Article 11 [Rental Rights]

In respect of at least computer programs and cinematographic works, a Member shall provide authors and their successors in title the right to authorize or to prohibit the commercial rental to the public of originals or copies of their copyright works. A Member shall be excepted from this obligation in respect of cinematographic works unless such rental has led to widespread copying of such works which is materially impairing the exclusive right of reproduction conferred in that Member on authors and their successors in title. In respect of computer programs, this obligation does not apply to rentals where the program itself is not the essential object of the rental.

Article 12 [Term of Protection]

Whenever the term of protection of a work, other than a photographic work or a work of applied art, is calculated on a basis other than the life of a natural person, such term shall be no less than 50 years from the end of the calendar year of authorized publication, or, failing such authorized publication within 50 years from the making of the work, 50 years from the end of the calendar year of making.

Article 13 [Limitations and Exceptions]

Members shall confine limitations or exceptions to exclusive rights to certain special cases which do not conflict with a normal exploitation of the work and do not unreasonably prejudice the legitimate interests of the right holder.

Article 14 [Protection of Performers, Producers of Phonograms (Sound Recordings) and Broadcasting Organizations]

1. In respect of a fixation of their performance on a phonogram, performers shall have the possibility of preventing the following acts when undertaken without their authorization: the fixation of their unfixed performance and the reproduction of such fixation. Performers shall also have the possibility of preventing the following acts when undertaken without their authorization: the broadcasting by wireless means and the communication to the public of their live performance.
2. Producers of phonograms shall enjoy the right to authorize or prohibit the direct or indirect reproduction of their phonograms.
3. Broadcasting organizations shall have the right to prohibit the following acts when undertaken without their authorization: the fixation, the reproduction of fixations, and the rebroadcasting by wireless means of broadcasts, as well as the communication to the public of television broadcasts of the same. Where Members do not grant such rights to broadcasting organizations, they shall provide owners of copyright in the subject matter of broadcasts with the possibility of preventing the above acts, subject to the provisions of the Berne

Convention (1971).

4. The provisions of Article 11 in respect of computer programs shall apply *mutatis mutandis* to producers of phonograms and any other right holders in phonograms as determined in a Member's law. If on 15 April 1994 a Member has in force a system of equitable remuneration of right holders in respect of the rental of phonograms, it may maintain such system provided that the commercial rental of phonograms is not giving rise to the material impairment of the exclusive rights of reproduction of right holders.
5. The term of the protection available under this Agreement to performers and producers of phonograms shall last at least until the end of a period of 50 years computed from the end of the calendar year in which the fixation was made or the performance took place. The term of protection granted pursuant to paragraph 3 shall last for at least 20 years from the end of the calendar year in which the broadcast took place.
6. Any Member may, in relation to the rights conferred under paragraphs 1, 2 and 3, provide for conditions, limitations, exceptions and reservations to the extent permitted by the Rome Convention. However, the provisions of Article 18 of the Berne Convention (1971) shall also apply, *mutatis mutandis*, to the rights of performers and producers of phonograms in phonograms.

* * *

Part III. Enforcement of Intellectual Property Rights

Section 1: General Obligations

Article 41

1. Members shall ensure that enforcement procedures as specified in this Part are available under their law so as to permit effective action against any act of infringement of intellectual property rights covered by this Agreement, including expeditious remedies to prevent infringements and remedies which constitute a deterrent to further infringements. These procedures shall be applied in such a manner as to avoid the creation of barriers to legitimate trade and to provide

for safeguards against their abuse.

2. Procedures concerning the enforcement of intellectual property rights shall be fair and equitable. They shall not be unnecessarily complicated or costly, or entail unreasonable time-limits or unwarranted delays.
3. Decisions on the merits of a case shall preferably be in writing and reasoned. They shall be made available at least to the parties to the proceeding without undue delay. Decisions on the merits of a case shall be based only on evidence in respect of which parties were offered the opportunity to be heard.
4. Parties to a proceeding shall have an opportunity for review by a judicial authority of final administrative decisions and, subject to jurisdictional provisions in a Member's law concerning the importance of a case, of at least the legal aspects of initial judicial decisions on the merits of a case. However, there shall be no obligation to provide an opportunity for review of acquittals in criminal cases.
5. It is understood that this Part does not create any obligation to put in place a judicial system for the enforcement of intellectual property rights distinct from that for the enforcement of law in general, nor does it affect the capacity of Members to enforce their law in general. Nothing in this Part creates any obligation with respect to the distribution of resources as between enforcement of intellectual property rights and the enforcement of law in general.

Section 2: Civil and Administrative Procedures and Remedies

Article 42 [Fair and Equitable Procedures]

Members shall make available to right holders[11)] civil judicial procedures concerning the enforcement of any intellectual property right covered by this Agreement. Defendants shall have the right to written notice which is timely and contains sufficient detail, including the basis of the claims. Parties shall be allowed to be represented by independent legal counsel, and procedures shall not impose overly burdensome requirements concerning mandatory personal appearances. All parties to such procedures shall be duly entitled to substantiate their claims and to present all relevant evidence. The procedure shall provide a means to identify and

11) For the purpose of this Part, the term "right holder" includes federations and associations having legal standing to assert such rights.

protect confidential information, unless this would be contrary to existing constitutional requirements.

Article 43 [Evidence]

1. The judicial authorities shall have the authority, where a party has presented reasonably available evidence sufficient to support its claims and has specified evidence relevant to substantiation of its claims which lies in the control of the opposing party, to order that this evidence be produced by the opposing party, subject in appropriate cases to conditions which ensure the protection of confidential information.
2. In cases in which a party to a proceeding voluntarily and without good reason refuses access to, or otherwise does not provide necessary information within a reasonable period, or significantly impedes a procedure relating to an enforcement action, a Member may accord judicial authorities the authority to make preliminary and final determinations, affirmative or negative, on the basis of the information presented to them, including the complaint or the allegation presented by the party adversely affected by the denial of access to information, subject to providing the parties an opportunity to be heard on the allegations or evidence.

Article 44 [Injunctions]

1. The judicial authorities shall have the authority to order a party to desist from an infringement, inter alia to prevent the entry into the channels of commerce in their jurisdiction of imported goods that involve the infringement of an intellectual property right, immediately after customs clearance of such goods. Members are not obliged to accord such authority in respect of protected subject matter acquired or ordered by a person prior to knowing or having reasonable grounds to know that dealing in such subject matter would entail the infringement of an intellectual property right.
2. Notwithstanding the other provisions of this Part and provided that the provisions of Part II specifically addressing use by governments, or by third parties authorized by a government, without the authorization of the right holder are complied with, Members may limit the remedies available against

such use to payment of remuneration in accordance with subparagraph (h) of Article 31. In other cases, the remedies under this Part shall apply or, where these remedies are inconsistent with a Member's law, declaratory judgments and adequate compensation shall be available.

Article 45 [Damages]

1. The judicial authorities shall have the authority to order the infringer to pay the right holder damages adequate to compensate for the injury the right holder has suffered because of an infringement of that person's intellectual property right by an infringer who knowingly, or with reasonable grounds to know, engaged in infringing activity.
2. The judicial authorities shall also have the authority to order the infringer to pay the right holder expenses, which may include appropriate attorney's fees. In appropriate cases, Members may authorize the judicial authorities to order recovery of profits and/or payment of pre-established damages even where the infringer did not knowingly, or with reasonable grounds to know, engage in infringing activity.

Article 46 [Other Remedies]

In order to create an effective deterrent to infringement, the judicial authorities shall have the authority to order that goods that they have found to be infringing be, without compensation of any sort, disposed of outside the channels of commerce in such a manner as to avoid any harm caused to the right holder, or, unless this would be contrary to existing constitutional requirements, destroyed. The judicial authorities shall also have the authority to order that materials and implements the predominant use of which has been in the creation of the infringing goods be, without compensation of any sort, disposed of outside the channels of commerce in such a manner as to minimize the risks of further infringements. In considering such requests, the need for proportionality between the seriousness of the infringement and the remedies ordered as well as the interests of third parties shall be taken into account. In regard to counterfeit trademark goods, the simple removal of the trademark unlawfully affixed shall not be sufficient, other than in exceptional cases, to permit release of the goods into the channels of commerce.

Article 47 [Right of Information]

Members may provide that the judicial authorities shall have the authority, unless this would be out of proportion to the seriousness of the infringement, to order the infringer to inform the right holder of the identity of third persons involved in the production and distribution of the infringing goods or services and of their channels of distribution.

Article 48 [Indemnification of the Defendant]

1. The judicial authorities shall have the authority to order a party at whose request measures were taken and who has abused enforcement procedures to provide to a party wrongfully enjoined or restrained adequate compensation for the injury suffered because of such abuse. The judicial authorities shall also have the authority to order the applicant to pay the defendant expenses, which may include appropriate attorney's fees.
2. In respect of the administration of any law pertaining to the protection or enforcement of intellectual property rights, Members shall only exempt both public authorities and officials from liability to appropriate remedial measures where actions are taken or intended in good faith in the course of the administration of that law.

Article 49 [Administrative Procedures]

To the extent that any civil remedy can be ordered as a result of administrative procedures on the merits of a case, such procedures shall conform to principles equivalent in substance to those set forth in this Section.

Section 3: Provisional Measures

Article 50

1. The judicial authorities shall have the authority to order prompt and effective

provisional measures:

(a) to prevent an infringement of any intellectual property right from occurring, and in particular to prevent the entry into the channels of commerce in their jurisdiction of goods, including imported goods immediately after customs clearance;

(b) to preserve relevant evidence in regard to the alleged infringement.

2. The judicial authorities shall have the authority to adopt provisional measures inaudita altera parte where appropriate, in particular where any delay is likely to cause irreparable harm to the right holder, or where there is a demonstrable risk of evidence being destroyed.
3. The judicial authorities shall have the authority to require the applicant to provide any reasonably available evidence in order to satisfy themselves with a sufficient degree of certainty that the applicant is the right holder and that the applicant's right is being infringed or that such infringement is imminent, and to order the applicant to provide a security or equivalent assurance sufficient to protect the defendant and to prevent abuse.
4. Where provisional measures have been adopted inaudita altera parte, the parties affected shall be given notice, without delay after the execution of the measures at the latest. A review, including a right to be heard, shall take place upon request of the defendant with a view to deciding, within a reasonable period after the notification of the measures, whether these measures shall be modified, revoked or confirmed.
5. The applicant may be required to supply other information necessary for the identification of the goods concerned by the authority that will execute the provisional measures.
6. Without prejudice to paragraph 4, provisional measures taken on the basis of paragraphs 1 and 2 shall, upon request by the defendant, be revoked or otherwise cease to have effect, if proceedings leading to a decision on the merits of the case are not initiated within a reasonable period, to be determined by the judicial authority ordering the measures where a Member's law so permits or, in the absence of such a determination, not to exceed 20 working days or 31 calendar days, whichever is the longer.
7. Where the provisional measures are revoked or where they lapse due to any act or omission by the applicant, or where it is subsequently found that there has been no infringement or threat of infringement of an intellectual property

right, the judicial authorities shall have the authority to order the applicant, upon request of the defendant, to provide the defendant appropriate compensation for any injury caused by these measures.

8. To the extent that any provisional measure can be ordered as a result of administrative procedures, such procedures shall conform to principles equivalent in substance to those set forth in this Section.

Section 4: Special Requirements related to Border Measures[12)]

Article 51 [Suspension of Release by Customs Authorities]

Members shall, in conformity with the provisions set out below, adopt procedures[13)] to enable a right holder, who has valid grounds for suspecting that the importation of counterfeit trademark or pirated copyright goods[14)] may take place, to lodge an application in writing with competent authorities, administrative or judicial, for the suspension by the customs authorities of the release into free circulation of such goods. Members may enable such an application to be made in respect of goods which involve other infringements of intellectual property rights, provided that the requirements of this Section are met. Members may also

---

12) Where a Member has dismantled substantially all controls over movement of goods across its border with another Member with which it forms part of a customs union, it shall not be required to apply the provisions of this Section at that border.

13) It is understood that there shall be no obligation to apply such procedures to imports of goods put on the market in another country by or with the consent of the right holder, or to goods in transit.

14) For the purposes of this Agreement:

(a) "counterfeit trademark goods" shall mean any goods, including packaging, bearing without authorization a trademark which is identical to the trademark validly registered in respect of such goods, or which cannot be distinguished in its essential aspects from such a trademark, and which thereby infringes the rights of the owner of the trademark in question under the law of the country of importation;

(b) "pirated copyright goods" shall mean any goods which are copies made without the consent of the right holder or person duly authorized by the right holder in the country of production and which are made directly or indirectly from an article where the making of that copy would have constituted an infringement of a copyright or a related right under the law of the country of importation.

provide for corresponding procedures concerning the suspension by the customs authorities of the release of infringing goods destined for exportation from their territories.

Article 52 [Application]

Any right holder initiating the procedures under Article 51 shall be required to provide adequate evidence to satisfy the competent authorities that, under the laws of the country of importation, there is prima facie an infringement of the right holder's intellectual property right and to supply a sufficiently detailed description of the goods to make them readily recognizable by the customs authorities. The competent authorities shall inform the applicant within a reasonable period whether they have accepted the application and, where determined by the competent authorities, the period for which the customs authorities will take action.

Article 53 [Security or Equivalent Assurance]

1. The competent authorities shall have the authority to require an applicant to provide a security or equivalent assurance sufficient to protect the defendant and the competent authorities and to prevent abuse. Such security or equivalent assurance shall not unreasonably deter recourse to these procedures.
2. Where pursuant to an application under this Section the release of goods involving industrial designs, patents, layout-designs or undisclosed information into free circulation has been suspended by customs authorities on the basis of a decision other than by a judicial or other independent authority, and the period provided for in Article 55 has expired without the granting of provisional relief by the duly empowered authority, and provided that all other conditions for importation have been complied with, the owner, importer, or consignee of such goods shall be entitled to their release on the posting of a security in an amount sufficient to protect the right holder for any infringement. Payment of such security shall not prejudice any other remedy available to the right holder, it being understood that the security shall be released if the right holder fails to pursue the right of action within a reasonable period of time.

Article 54 [Notice of Suspension]

The importer and the applicant shall be promptly notified of the suspension of the release of goods according to Article 51.

Article 55 [Duration of Suspension]

If, within a period not exceeding 10 working days after the applicant has been served notice of the suspension, the customs authorities have not been informed that proceedings leading to a decision on the merits of the case have been initiated by a party other than the defendant, or that the duly empowered authority has taken provisional measures prolonging the suspension of the release of the goods, the goods shall be released, provided that all other conditions for importation or exportation have been complied with; in appropriate cases, this time-limit may be extended by another 10 working days. If proceedings leading to a decision on the merits of the case have been initiated, a review, including a right to be heard, shall take place upon request of the defendant with a view to deciding, within a reasonable period, whether these measures shall be modified, revoked or confirmed. Notwithstanding the above, where the suspension of the release of goods is carried out or continued in accordance with a provisional judicial measure, the provisions of paragraph 6 of Article 50 shall apply.

Article 56 [Indemnification of the Importer and of the Owner of the Goods]

Relevant authorities shall have the authority to order the applicant to pay the importer, the consignee and the owner of the goods appropriate compensation for any injury caused to them through the wrongful detention of goods or through the detention of goods released pursuant to Article 55.

Article 57 [Right of Inspection and Information]

Without prejudice to the protection of confidential information, Members shall provide the competent authorities the authority to give the right holder sufficient opportunity to have any goods detained by the customs authorities inspected in order to substantiate the right holder's claims. The competent authorities shall also have authority to give the importer an equivalent opportunity to have any such goods inspected. Where a positive determination has been made on the merits of a case, Members may provide the competent authorities the authority to inform the right holder of the names and addresses of the consignor, the importer and the consignee and of the quantity of the goods in question.

Article 58 [Ex Officio Action]

Where Members require competent authorities to act upon their own initiative and to suspend the release of goods in respect of which they have acquired *prima facie* evidence that an intellectual property right is being infringed:

(a) the competent authorities may at any time seek from the right holder any information that may assist them to exercise these powers;

(b) the importer and the right holder shall be promptly notified of the suspension. Where the importer has lodged an appeal against the suspension with the competent authorities, the suspension shall be subject to the conditions, *mutatis mutandis*, set out at Article 55;

(c) Members shall only exempt both public authorities and officials from liability to appropriate remedial measures where actions are taken or intended in good faith.

Article 59 [Remedies]

Without prejudice to other rights of action open to the right holder and subject to the right of the defendant to seek review by a judicial authority, competent authorities shall have the authority to order the destruction or disposal of infringing goods in accordance with the principles set out in Article 46. In regard to counterfeit trademark goods, the authorities shall not allow the re-exportation of the infringing goods in an unaltered state or subject them to a different customs procedure, other than in exceptional circumstances.

Article 60 [*De Minimis* Imports]

Members may exclude from the application of the above provisions small quantities of goods of a non-commercial nature contained in travellers' personal luggage or sent in small consignments.

Section 5: Criminal Procedures

Article 61

Members shall provide for criminal procedures and penalties to be applied at least in cases of wilful trademark counterfeiting or copyright piracy on a commercial scale. Remedies available shall include imprisonment and/or monetary fines sufficient to provide a deterrent, consistently with the level of penalties applied for crimes of a corresponding gravity. In appropriate cases, remedies available shall also include the seizure, forfeiture and destruction of the infringing goods and of any materials and implements the predominant use of which has been in the commission of the offence. Members may provide for criminal procedures and penalties to be applied in other cases of infringement of intellectual property rights, in particular where they are committed wilfully and on a commercial scale.

* * *

6. 한미 FTA 협정문 (발췌)

FREE TRADE AGREEMENT
BETWEEN THE UNITED STATES OF AMERICA
AND THE REPUBLIC OF KOREA
(signed in Washington D.C. on 30 June 2007)

(Preamble)

The Government of the United States of America (United States) and the Government of the Republic of Korea (Korea) (the Parties):

Recognizing their longstanding and strong partnership, and desiring to strengthen their close economic relations;

Convinced that a free trade area will create an expanded and secure market for goods and services in their territories and a stable and predictable environment for investment, thus enhancing the competitiveness of their firms in global markets;

Desiring to raise living standards, promote economic growth and stability, create new employment opportunities, and improve the general welfare in their territories by liberalizing and expanding trade and investment between their territories;

Seeking to establish clear and mutually advantageous rules governing their trade and investment and to reduce or eliminate the barriers to trade and investment between their territories;

Agreeing that foreign investors are not hereby accorded greater substantive rights with respect to investment protections than domestic investors under domestic law where, as in the United States, protections of investor rights under domestic law equal or exceed those set forth in this Agreement;

Resolved to contribute to the harmonious development and expansion of world trade by removing obstacles to trade through the creation of a free trade area and to avoid creating new barriers to trade or investment between their territories that could reduce the benefits of this Agreement;

Desiring to strengthen the development and enforcement of labor and environmental laws and policies, promote basic workers' rights and sustainable development, and implement this Agreement in a manner consistent with environmental protection and conservation;

Building on their respective rights and obligations under the Marrakesh Agreement Establishing the World Trade Organization and other multilateral, regional, and bilateral agreements and arrangements to which they are both parties; and

Committed to furthering their economic leadership in the Asia Pacific region, in particular by seeking to reduce barriers to trade and investment in the region;

HAVE AGREED as follows:

* * *

CHAPTER EIGHTEEN INTELLECTUAL PROPERTY RIGHTS

ARTICLE 18.1: GENERAL PROVISIONS

1. Each Party shall, at a minimum, give effect to this Chapter.

International Agreements

2. Further to Article 1.2 (Relation to Other Agreements), the Parties affirm their existing rights and obligations with respect to each other under the TRIPS Agreement.
3. Each Party shall ratify or accede to the following agreements by the date this Agreement enters into force:
   (a) the *Patent Cooperation Treaty* (1970), as amended in 1979;
   (b) the *Paris Convention for the Protection of Industrial Property* (1967) (the Paris Convention)
   (c) the *Berne Convention for the Protection of Literary and Artistic Works* (1971) (the Berne Convention)
   (d) the Convention Relating to the Distribution of Programme-Carrying Signals Transmitted by Satellite (1974);
   (e) the *Protocol Relating to the Madrid Agreement Concerning the International Registration of Marks* (1989);
   (f) the *Budapest Treaty on the International Recognition of the Deposit of*

Microorganisms for the Purposes of Patent Procedure (1977), as amended in 1980;

(g) the *International Convention for the Protection of New Varieties of Plants* (1991);

(h) the *Trademark Law Treaty* (1994)[1)]

(i) the *World Intellectual Property Organization (WIPO) Copyright Treaty* (1996); and

(j) the *WIPO Performances and Phonograms Treaty* (1996).

4. Each Party shall make all reasonable efforts to ratify or accede to the following agreements:

(a) the *Patent Law Treaty* (2000);

(b) the Hague Agreement Concerning the International Registration of Industrial Designs (1999); and

(c) the Singapore Treaty on the Law of Trademarks (2006).

More Extensive Protection and Enforcement

5. A Party may provide more extensive protection for, and enforcement of, intellectual property rights under its law than this Chapter requires, provided that the more extensive protection does not contravene this Chapter.

National Treatment

6. In respect of all categories of intellectual property covered in this Chapter, each Party shall accord to nationals[2)] of the other Party treatment no less favorable than it accords to its own nationals with regard to the protection[3)]

---

1) A Party may satisfy the obligation in Article 18.1.3(h) by ratifying or acceding to the Singapore Treaty on the Law of Trademarks (2006), provided that treaty has entered into force.

2) For purposes of paragraphs 6 and 7 and Articles 18.2.14(a), and 18.6.1, a "national" of a Party shall include, in respect of the relevant right, any person (as defined in Article 1.4 (Definitions)), of that Party that would meet the criteria for eligibility for protection of that right provided for in the agreements listed in paragraph 3 and the TRIPS Agreement.

3) For purposes of paragraph 6, "protection" includes : (1) matters affecting the availability, acquisition, scope, maintenance, and enforcement of intellectual property rights as well as matters affecting the use of intellectual property rights specifically covered by this Chapter; and (2) the prohibition on circumvention of effective technological measures set out in Article 18.4.7 and the rights and obligations concerning rights management information set out in

and enjoyment of such intellectual property rights and any benefits derived from such rights. With respect to secondary uses of phonograms by means of analog communications, analog free over-the-air radio broadcasting, and analog free over-the-air television broadcasting, however, a Party may limit the rights of performers and producers of phonograms of the other Party to the rights its persons are accorded in the territory of the other Party.

7. A Party may derogate from paragraph 6 in relation to its judicial and administrative procedures, including requiring a national of the other Party to designate an address for service of process in its territory, or to appoint an agent in its territory, provided that such derogation is:
   (a) necessary to secure compliance with laws and regulations that are not inconsistent with this Chapter; and
   (b) not applied in a manner that would constitute a disguised restriction on trade.

8. Paragraph 6 does not apply to procedures provided in multilateral agreements to which either Party is a party concluded under the auspices of the WIPO in relation to the acquisition or maintenance of intellectual property rights.

Application of Agreement to Existing Subject Matter and Prior Acts

9. Except as it provides otherwise, including in Article 18.4.5, this Chapter gives rise to obligations in respect of all subject matter existing at the date this Agreement enters into force that is protected on that date in the territory of the Party where protection is claimed, or that meets or comes subsequently to meet the criteria for protection under this Chapter.

10. Except as otherwise provided in this Chapter, including in Article 18.4.5, a Party shall not be required to restore protection to subject matter that on the date this Agreement enters into force has fallen into the public domain in the territory of the Party where the protection is claimed.

11. This Chapter does not give rise to obligations in respect of acts that occurred before the date this Agreement enters into force.

Transparency

12. Further to Article 21.1 (Publication), and with the object of making the

---

Article 18.4.8.

protection and enforcement of intellectual property rights transparent, each Party shall ensure that all laws, regulations, and procedures concerning the protection or enforcement of intellectual property rights are in writing and are published,[4] or where publication is not practicable made publicly available, in its national language in such a manner as to enable governments and right holders to become acquainted with them.

* * *

ARTICLE 18.4: COPYRIGHT AND RELATED RIGHTS

1. Each Party shall provide[7] that authors, performers, and producers of phonograms[8] have the right to authorize or prohibit[9] all reproductions of their works, performances,[10] and phonograms, in any manner or form, permanent or temporary (including temporary storage in electronic form).[11]
2. Each Party shall provide to authors, performers, and producers of phonograms the right to authorize or prohibit the making available to the public of the original and copies[12] of their works, performances, and

4) For greater certainty, a Party may satisfy the requirement in paragraph 12 to publish a law, regulation, or procedure by making it available to the public on the Internet.

7) The Parties reaffirm that it is a matter for each Party's law to prescribe that works and phonograms shall not be protected by copyright unless they have been fixed in some material form.

8) "Authors," "performers," and "producers of phonograms" in this Chapter refer also to any successors in title.

9) With respect to copyrights and related rights, the "right to authorize or prohibit" for purposes of this Chapter refers to exclusive rights.

10) With respect to copyright and related rights, a performance for purposes of this Chapter means a performance fixed in a phonogram unless otherwise specified.

11) Each Party shall confine limitations or exceptions to the rights described in paragraph 1 to certain special cases that do not conflict with a normal exploitation of the work, performance, or phonogram, and do not unreasonably prejudice the legitimate interests of the right holder. For greater certainty, each Party may adopt or maintain limitations or exceptions to the rights described in paragraph 1 for fair use, as long as any such limitation or exception is confined as stated in the previous sentence.

12) As used in paragraph 2, "copies" and "original and copies", being subject to the right of

phonograms through sale or other transfer of ownership.

3. In order to ensure that no hierarchy is established between rights of authors, on the one hand, and rights of performers and producers of phonograms, on the other hand, each Party shall provide that in cases where authorization is needed from both the author of a work embodied in a phonogram and a performer or producer owning rights in the phonogram, the need for the authorization of the author does not cease to exist because the authorization of the performer or producer is also required. Likewise, each Party shall provide that in cases where authorization is needed from both the author of a work embodied in a phonogram and a performer or producer owning rights in the phonogram, the need for the authorization of the performer or producer does not cease to exist because the authorization of the author is also required.
4. Each Party shall provide that, where the term of protection of a work (including a photographic work), performance, or phonogram is to be calculated:
   (a) on the basis of the life of a natural person, the term shall be not less than the life of the author and 70 years after the author's death; and
   (b) on a basis other than the life of a natural person, the term shall be:
      (i) not less than 70 years from the end of the calendar year of the first authorized publication of the work, performance, or phonogram or
      (ii) failing such authorized publication within 25 years from the creation of the work, performance, or phonogram, not less than 70 years from the end of the calendar year of the creation of the work, performance, or phonogram.
5. Each Party shall apply Article 18 of the Berne Convention and Article 14.6 of the TRIPS Agreement, *mutatis mutandis*, to the subject matter, rights, and obligations in this Article and Articles 18.5 and 18.6.
6. Each Party shall provide that for copyright and related rights, any person acquiring or holding any economic right in a work, performance, or phonogram:

---

distribution in this paragraph, refer exclusively to fixed copies that can be put into circulation as tangible objects.

(a) may freely and separately transfer that right by contract; and

(b) by virtue of a contract, including contracts of employment underlying the creation of works, performances, and phonograms, shall be able to exercise that right in that person's own name and enjoy fully the benefits derived from that right.

7. (a) In order to provide adequate legal protection and effective legal remedies against the circumvention of effective technological measures that authors, performers, and producers of phonograms use in connection with the exercise of their rights and that restrict unauthorized acts in respect of their works, performances, and phonograms, each Party shall provide that any person who:

(i) knowingly, or having reasonable grounds to know, circumvents without authority any effective technological measure that controls access to a protected work, performance, phonogram, or other subject matter; or

(ii) manufactures, imports, distributes, offers to the public, provides, or otherwise traffics in devices, products, or components, or offers to the public or provides services, that:

(A) are promoted, advertised, or marketed by that person, or by another person acting in concert with, and with the knowledge of, that person, for the purpose of circumvention of any effective technological measure;

(B) have only a limited commercially significant purpose or use other than to circumvent any effective technological measure; or

(C) are primarily designed, produced, or performed for the purpose of enabling or facilitating the circumvention of any effective technological measure,

shall be liable and subject to the remedies set out in Article 18.10.1 3.[13)] Each Party shall provide for criminal procedures and penalties to be applied when any person, other than a nonprofit library, archive,

13) In addition, each Party shall provide that any person who, unknowingly and without reasonable grounds to know, circumvents without authority any effective technological measure that controls access to a protected work, performance, phonogram, or other subject matter shall be liable and subject at least to the remedies set out in subparagraphs (a), (c), and (d) of Article 18.10.13.

educational institution, or public noncommercial broadcasting entity, is found to have engaged willfully and for purposes of commercial advantage or private financial gain in any of the foregoing activities. Such criminal procedures and penalties shall include the application to such activities of the remedies and authorities listed in subparagraphs (a), (b), and (e) of Article 18.10. 27 as applicable to infringements, *mutatis mutandis*.

(b) In implementing subparagraph (a), neither Party shall be obligated to require that the design of, or the design and selection of parts and components for, a consumer electronics, telecommunications, or computing product provide for a response to any particular technological measure, so long as the product does not otherwise violate any measures implementing subparagraph (a).

(c) Each Party shall provide that a violation of a measure implementing this paragraph is a separate cause of action, independent of any infringement that might occur under the Party's law on copyright and related rights.

(d) Each Party shall confine exceptions and limitations to measures implementing subparagraph (a) to the following activities, which shall be applied to relevant measures in accordance with subparagraph (e):[14]

(i) noninfringing reverse engineering activities with regard to a lawfully obtained copy of a computer program, carried out in good faith with respect to particular elements of that computer program that have not been readily available to the person engaged in those activities, for the sole purpose of achieving interoperability of an independently created computer program with other programs;

(ii) noninfringing good faith activities, carried out by an appropriately qualified researcher who has lawfully obtained a copy, unfixed performance, or display of a work, performance, or phonogram and who has made a good faith effort to obtain authorization for such activities, to the extent necessary for the sole purpose of research consisting of identifying and analyzing flaws and vulnerabilities of technologies for

14) Either Party may request consultations with the other Party to consider how to address, under subparagraph (d), activities of a similar nature that a Party identifies after the date this Agreement enters into force.

scrambling and descrambling of information;

(iii) the inclusion of a component or part for the sole purpose of preventing the access of minors to inappropriate online content in a technology, product, service, or device that itself is not prohibited under the measures implementing subparagraph (a)(ii);

(iv) noninfringing good faith activities that are authorized by the owner of a computer, computer system, or computer network for the sole purpose of testing, investigating, or correcting the security of that computer, computer system, or computer network;

(v) noninfringing activities for the sole purpose of identifying and disabling a capability to carry out undisclosed collection or dissemination of personally identifying information reflecting the online activities of a natural person in a way that has no other effect on the ability of any person to gain access to any work;

(vi) lawfully authorized activities carried out by government employees, agents, or contractors for the purpose of law enforcement, intelligence, essential security, or similar governmental purposes;

(vii) access by a nonprofit library, archive, or educational institution to a work, performance, or phonogram not otherwise available to it, for the sole purpose of making acquisition decisions; and

(viii) noninfringing uses of a work, performance, or phonogram in a particular class of works, performances, or phonograms when an actual or likely adverse impact on those noninfringing uses is demonstrated in a legislative or administrative proceeding by substantial evidence, provided that any limitation or exception adopted in reliance on this clause shall have effect for a renewable period of not more than three years from the date the proceeding concludes.

(e) The exceptions and limitations to measures implementing subparagraph (a) for the activities set forth in subparagraph (d) may only be applied as follows, and only to the extent that they do not impair the adequacy of legal protection or the effectiveness of legal remedies against the circumvention of effective technological measures:

(i) Measures implementing subparagraph (a)(i) may be subject to exceptions and limitations with respect to each activity set forth in subparagraph (d).

(ii) Measures implementing subparagraph (a)(ii), as they apply to effective technological measures that control access to awork, performance, or phonogram, may be subject to exceptions and limitations with respect to activities set forth in subparagraph (d)(i), (ii), (iii), (iv), and (vi).

(iii) Measures implementing subparagraph (a)(ii), as they apply to effective technological measures that protect any copyright or any rights related to copyright, may be subject to exceptions and limitations with respect to activities set forth in subparagraph (d)(i) and (vi).

(f) **Effective technological measure** means any technology, device, or component that, in the normal course of its operation, controls access to a protected work, performance, phonogram, or other protected subject matter, or protects any copyright or any rights related to copyright.

8. In order to provide adequate and effective legal remedies to protect rights management information:

(a) Each Party shall provide that any person who without authority, and knowing, or, with respect to civil remedies, having reasonable grounds to know, that it would induce, enable, facilitate, or conceal an infringement of any copyright or related right,

(i) knowingly removes or alters any rights management information;

(ii) distributes or imports for distribution rights management information knowing that the rights management information has been removed or altered without authority; or

(iii) distributes, imports for distribution, broadcasts, communicates or makes available to the public copies of works, performances, or phonograms, knowing that rights management information has been removed or altered without authority,

shall be liable and subject to the remedies set out in Article 18.10.13. Each Party shall provide for criminal procedures and penalties to be applied when any person, other than a nonprofit library, archive, educational institution, or public noncommercial broadcasting entity, is found to have engaged willfully and for purposes of commercial advantage or private financial gain in any of the foregoing activities. These criminal procedures and penalties shall include the application to such activities of the remedies and authorities listed in subparagraphs (a), (b), and (e) of Article 18.10.27 as applicable to infringements, *mutatis mutandis*.

(b) Each Party shall confine exceptions and limitations to measures implementing subparagraph (a) to lawfully authorized activities carried out by government employees, agents, or contractors for the purpose of law enforcement, intelligence, essential security, or similar governmental purposes.

(c) **Rights management information** means:

(i) information that identifies a work, performance, or phonogram; the author of the work, the performer of the performance, or the producer of the phonogram; or the owner of any right in the work, performance, or phonogram;

(ii) information about the terms and conditions of the use of the work, performance, or phonogram; or

(iii) any numbers or codes that represent such information,

when any of these items is attached to a copy of the work, performance, or phonogram or appears in connection with the communication or making available of a work, performance, or phonogram to the public.

(d) For greater certainty, nothing in this paragraph shall be construed to obligate a Party to require the owner of any right in the work, performance, or phonogram to attach rights management information to copies of the work, performance, or phonogram, or to cause rights management information to appear in connection with a communication of the work, performance, or phonogram to the public.

9. Each Party shall provide appropriate laws, orders, regulations, government-issued guidelines, or administrative or executive decrees providing that its central government agencies not use infringing computer software and other materials protected by copyright or related rights and only use computer software and other materials protected by copyright or related rights as authorized by the relevant license. These measures shall provide for the regulation of the acquisition and management of software and other materials for government use that are protected by copyright or related rights.

10. (a) With respect to this Article and Articles 18.5 and 18.6, each Party shall confine limitations or exceptions to exclusive rights to certain special cases that do not conflict with a normal exploitation of the

work, performance, or phonogram, and do not unreasonably prejudice the legitimate interests of the right holder.

(b) Notwithstanding subparagraph (a) and Article 18.6.3(b), neither Party may permit the retransmission of television signals (whether terrestrial, cable, or satellite) on the Internet without the authorization of the right holder or right holders of the content of the signal and, if any, of the signal.[15)]

ARTICLE 18.5: COPYRIGHT

Without prejudice to Articles 11(1)(ii), 11bis(1)(i) and (ii), 11ter(1)(ii), 14(1)(ii), and 14bis of the Berne Convention, each Party shall provide to authors the exclusive right to authorize or prohibit the communication to the public of their works, by wire or wireless means, including the making available to the public of their works in such a way that members of the public may access these works from a place and at a time individually chosen by them.

ARTICLE 18.6: RELATED RIGHTS

1. With respect to the rights accorded under this Chapter to performers and producers of phonograms, each Party shall:
   (a) accord those rights to the performers and producers of phonograms who are nationals of the other Party; and
   (b) accord those rights with respect to performances and phonograms that are first published or first fixed[16)] in the territory of the other Party.[17)]
2. Each Party shall provide to performers the right to authorize or prohibit:
   (a) the broadcasting and communication to the public of their unfixed performances, except where the performance is already a broadcast

---

15) For purposes of subparagraph (b) and for greater certainty, retransmission within a Party's territory over a closed, defined, subscriber network that is not accessible from outside the Party's territory does not constitute retransmission on the Internet.

16) For purposes of Article 18.6, "fixation" includes the finalization of the master tape or its equivalent.

17) With respect to the protection of phonograms, a Party may apply the criterion of fixation instead of the criterion of publication.

performance; and

(b) the fixation of their unfixed performances.

3. (a) Each Party shall provide to performers and producers of phonograms the right to authorize or prohibit the broadcasting and any communication to the public of their performances or phonograms, by wire or wireless means, including the making available to the public of those performances and phonograms in such a way that members of the public may access them from a place and at a time individually chosen by them.

(b) Notwithstanding subparagraph (a) and Article 18.4.10, the application of this right to analog transmissions and free over-the-air broadcasts, and exceptions or limitations to this right for such activity, shall be a matter of each Party's law.

(c) Each Party may adopt limitations to this right in respect of other noninteractive transmissions in accordance with Article 18.4.10, provided that the limitations do not prejudice the right of the performer or producer of phonograms to obtain equitable remuneration.

4. Neither Party may subject the enjoyment and exercise of the rights of performers and producers of phonograms provided for in this Chapter to any formality.

5. For purposes of this Article and Article 18.4, the following definitions apply with respect to performers and producers of phonograms:

(a) **broadcasting** means the transmission to the public by wireless means or satellite of sounds or sounds and images, or representations thereof, including wireless transmission of encrypted signals where the means for decrypting are provided to the public by the broadcasting organization or with its consent; "broadcasting" does not include transmissions over computer networks or any transmissions where the time and place of reception may be individually chosen by members of the public;

(b) **communication to the public** of a performance or a phonogram means the transmission to the public by any medium, other than by broadcasting, of sounds of a performance or the sounds or the representations of sounds fixed in a phonogram;

(c) **fixation** means the embodiment of sounds, or of the representations thereof, from which they can be perceived, reproduced, or communicated through a device;

(d) **performers** means actors, singers, musicians, dancers, and other persons who act, sing, deliver, declaim, play in, interpret, or otherwise perform literary or artistic works or expressions of folklore;

(e) **phonogram** means the fixation of the sounds of a performance or of other sounds, or of a representation of sounds, other than in the form of a fixation incorporated in a cinematographic or other audiovisual work;

(f) **producer of a phonogram** means the person who, or the legal entity which, takes the initiative and has the responsibility for the first fixation of the sounds of a performance or other sounds, or the representations of sounds; and

(g) **publication** of a performance or a phonogram means the offering of copies of the performance or the phonogram to the public, with the consent of the right holder, and provided that copies are offered to the public in reasonable quantity.

ARTICLE 18.7: PROTECTION OF ENCRYPTED PROGRAM-CARRYING SATELLITE AND CABLE SIGNALS

1. Each Party shall make it a criminal offense:

(a) to manufacture, assemble, modify, import, export, sell, lease, or otherwise distribute a tangible or intangible device or system, knowing or having reason to know that the device or system is primarily of assistance in decoding an encrypted program-carrying satellite or cable signal without the authorization of the lawful distributor of such signal; and

(b) willfully to receive and make use of,[18] or further distribute, a program-carrying signal that originated as an encrypted satellite or cable signal knowing that it has been decoded without the authorization of the lawful distributor of the signal, or if the signal has been decoded with the authorization of the lawful distributor of the signal, willfully to

18) For greater certainty, "make use of" includes viewing of the signal, whether private or commercial.

further distribute the signal for purposes of commercial advantage knowing that the signal originated as an encrypted program-carrying signal and that such further distribution is without the authorization of the lawful signal distributor.

2. Each Party shall provide for civil remedies, including compensatory damages, for any person injured by any activity described in paragraph 1, including any person that holds an interest in the encrypted programming signal or its content.

* * *

ARTICLE 18.10: ENFORCEMENT OF INTELLECTUAL PROPERTY RIGHTS

General Obligations

1. Each Party shall provide that final judicial decisions and administrative rulings of general application pertaining to the enforcement of intellectual property rights be in writing and state any relevant findings of fact and the reasoning or the legal basis on which the decisions and rulings are based. Each Party shall also provide that those decisions and rulings be published[25] or, where publication is not practicable, otherwise made available to the public, in its national language in such a manner as to enable governments and right holders to become acquainted with them.
2. Each Party shall publicize information on its efforts to provide effective enforcement of intellectual property rights in its civil, administrative, and criminal systems, including any statistical information that the Party may collect for such purposes.[26]
3. In civil, administrative, and criminal proceedings involving copyright or related rights, each Party shall provide for a presumption that, in the absence of proof to the contrary, the person whose name is indicated as the author, producer, performer, or publisher of the work, performance, or phonogram in

25) A Party may satisfy the publication requirement in paragraph 1 by making the decision or ruling available to the public on the Internet.

26) For greater certainty, nothing in paragraph 2 is intended to prescribe the type, format, and method of publication of the information a Party must publicize.

the usual manner is the designated right holder in such work, performance, or phonogram. Each Party shall also provide for a presumption that, in the absence of proof to the contrary, the copyright or related right subsists in such subject matter. In civil, administrative, and criminal proceedings involving trademarks, each Party shall provide for a rebuttable presumption that a registered trademark is valid. In civil and administrative proceedings involving patents, each Party shall provide for a rebuttable presumption that a patent is valid, and shall provide that each claim of a patent is presumed valid independently of the validity of the other claims.

Civil and Administrative Procedures and Remedies

4. Each Party shall make available to right holders[27] civil judicial procedures concerning the enforcement of any intellectual property right.
5. Each Party shall provide that:
   (a) in civil judicial proceedings, its judicial authorities shall have the authority to order the infringer to pay the right holder:
      (i) damages adequate to compensate for the injury the right holder has suffered as a result of the infringement[28] or
      (ii) at least in the case of copyright or related rights infringement and trademark counterfeiting, the profits of the infringer that are attributable to the infringement, which may be presumed to be the amount of damages referred to in clause (i) and
   (b) in determining damages for infringement of intellectual property rights, its judicial authorities shall consider, inter alia, the value of the infringed good or service, measured by the market price, the suggested retail price, or other legitimate measure of value submitted by the right holder.
6. In civil judicial proceedings, each Party shall, at least with respect to works, phonograms, and performances protected by copyright or related

27) For purposes of Article 18.10, "right holder" includes a federation or an association having the legal standing and authority to assert such rights, and also includes a person that exclusively has any one or more of the intellectual property rights encompassed in a given intellectual property.

28) In the case of patent infringement, damages adequate to compensate for the infringement shall not be less than a reasonable royalty.

rights, and in cases of trademark counterfeiting, establish or maintain pre-established damages, which shall be available on the election of the right holder. Pre-established damages shall be in an amount sufficient to constitute a deterrent to future infringements and to compensate fully the right holder for the harm caused by the infringement.[29)]

7. Each Party shall provide that its judicial authorities, except in exceptional circumstances, shall have the authority to order, at the conclusion of civil judicial proceedings concerning copyright or related rights infringement, patent infringement, or trademark infringement, that the prevailing party shall be awarded payment by the losing party of court costs or fees and, at least in proceedings concerning copyright or related rights infringement or willful trademark counterfeiting, reasonable attorney's fees. Further, each Party shall provide that its judicial authorities, at least in exceptional circumstances, shall have the authority to order, at the conclusion of civil judicial proceedings concerning patent infringement, that the prevailing party shall be awarded payment by the losing party of reasonable attorneys' fees.
8. In civil judicial proceedings concerning copyright or related rights infringement and trademark counterfeiting, each Party shall provide that its judicial authorities shall have the authority to order the seizure of allegedly infringing goods, materials, and implements relevant to the act of infringement, and, at least for trademark counterfeiting, documentary evidence relevant to the infringement.
9. Each Party shall provide that:
   (a) in civil judicial proceedings, at the right holder's request, goods that have been found to be pirated or counterfeit shall be destroyed, except in exceptional circumstances;
   (b) its judicial authorities shall have the authority to order that materials and implements that have been used in the manufacture or creation of such pirated or counterfeit goods be, without compensation of any sort, promptly destroyed or, in exceptional circumstances, without compensation of any sort, disposed of outside the channels of commerce in such a manner as to minimize the risks of further infringements; and

29) Neither Party is required to apply paragraph 6 to actions for infringement against a Party or a third party acting with the authorization or consent of a Party.

(c) in regard to counterfeit trademarked goods, the simple removal of the trademark unlawfully affixed shall not be sufficient to permit the release of goods into the channels of commerce.

10. Each Party shall provide that in civil judicial proceedings concerning the enforcement of intellectual property rights, its judicial authorities shall have the authority to order the infringer to provide, for the purpose of collecting evidence, any information that the infringer possesses or controls regarding any person or persons involved in any aspect of the infringement and regarding the means of production or distribution channel of such goods or services, including the identification of third persons involved in the production and distribution of the infringing goods or services or in their channels of distribution, and to provide this information to the right holder or the judicial authorities.

11. Each Party shall provide that its judicial authorities have the authority to:

(a) fine, detain, or imprison, in appropriate cases, a party to a civil judicial proceeding who fails to abide by valid orders issued by such authorities; and

(b) impose sanctions on parties to a civil judicial proceeding, their counsel, experts, or other persons subject to the court's jurisdiction, for violation of judicial orders regarding the protection of confidential information produced or exchanged in a proceeding.

12. To the extent that any civil remedy can be ordered as a result of administrative procedures on the merits of a case, each Party shall provide that such procedures conform to principles equivalent in substance to those set out in this Chapter.

13. In civil judicial proceedings concerning the acts described in paragraphs 7 and 8 of Article 18.4, each Party shall provide that its judicial authorities shall, at the least, have the authority to:

(a) impose provisional measures, including seizure of devices and products suspected of being involved in the prohibited activity;

(b) provide an opportunity for the right holder to elect award of either actual damages it suffered or pre-established damages;

(c) order payment to the prevailing right holder at the conclusion of civil judicial proceedings of court costs and fees, and reasonable attorney's fees, by the party engaged in the prohibited conduct; and

(d) order the destruction of devices and products found to be involved in the prohibited activity.

Neither Party may make damages available under this paragraph against a nonprofit library, archives, educational institution, or public noncommercial broadcasting entity that sustains the burden of proving that it was not aware and had no reason to believe that its acts constituted a prohibited activity.

14. In civil judicial proceedings concerning the enforcement of intellectual property rights, each Party shall provide that its judicial authorities shall have the authority to order a party to desist from an infringement, in order, inter alia, to prevent infringing imports from entering the channels of commerce and to prevent their exportation.

15. In the event that a Party's judicial or other competent authorities appoint technical or other experts in civil proceedings concerning the enforcement of intellectual property rights and require that the parties to the litigation bear the costs of such experts, the Party should seek to ensure that such costs are closely related, inter alia, to the quantity and nature of work to be performed and do not unreasonably deter recourse to such proceedings.

Alternative Dispute Resolution

16. Each Party may permit use of alternative dispute resolution procedures to resolve civil disputes concerning intellectual property rights.

Provisional Measures

17. Each Party shall act on requests for provisional measures inaudita altera parte expeditiously.

18. Each Party shall provide that its judicial authorities have the authority to require the plaintiff, with respect to provisional measures, to provide any reasonably available evidence in order to satisfy themselves with a sufficient degree of certainty that the plaintiff's right is being infringed or that such infringement is imminent, and to order the plaintiff to provide a reasonable security or equivalent assurance set at a level sufficient to protect the defendant and to prevent abuse, and so as not to unreasonably deter recourse to such procedures.

Special Requirements Related to Border Measures

19. Each Party shall provide that any right holder initiating procedures for its

competent authorities to suspend release of suspected counterfeit or confusingly similar trademark goods, or pirated copyright goods[30] into free circulation is required to provide adequate evidence to satisfy the competent authorities that, under the laws of the country of importation, there is prima facie an infringement of the right holder's intellectual property right and to supply sufficient information that may reasonably be expected to be within the right holder's knowledge to make the suspected goods reasonably recognizable by its competent authorities. The requirement to provide sufficient information shall not unreasonably deter recourse to these procedures. Each Party shall provide that the application to suspend the release of goods shall apply to all points of entry to its territory and remain applicable for a period of not less than one year from the date of application, or the period that the good is protected by copyright or that the relevant trademark registration is valid, whichever is shorter.

20. Each Party shall provide that its competent authorities shall have the authority to require a right holder initiating procedures to suspend the release of suspected counterfeit or confusingly similar trademark goods, or pirated copyright goods, to provide a reasonable security or equivalent assurance sufficient to protect the defendant and the competent authorities and to prevent abuse. Each Party shall provide that the security or equivalent assurance shall not unreasonably deter recourse to these procedures. Each Party may provide that the security may be in the form of a bond conditioned to hold the importer or owner of the imported merchandise harmless from any loss or damage resulting from any

---

30) For purposes of paragraphs 19 through 25:

(a) **counterfeit trademark goods** means any goods, including packaging, bearing without authorization a trademark that is identical to the trademark validly registered in respect of such goods, or that cannot be distinguished in its essential aspects from such a trademark, and that thereby infringes the rights of the owner of the trademark in question under the law of the country of importation; and

(b) **pirated copyright goods** means any goods that are copies made without the consent of the right holder or person duly authorized by the right holder in the country of production and that are made directly or indirectly from an article where the making of that copy would have constituted an infringement of a copyright or a related right under the law of the country of importation.

suspension of the release of goods in the event the competent authorities determine that the article is not an infringing good. In no case shall an importer be permitted to post a bond or other security to obtain possession of suspected counterfeit or confusingly similar trademark goods, or of pirated copyright goods.

21. Where its competent authorities have seized goods that are counterfeit or pirated, a Party shall inform the right holder within 30 days of the seizure of the names and addresses of the consignor, importer, exporter, or consignee, and provide to the right holder a description of the merchandise, the quantity of the merchandise, and, if known, the country of origin of the merchandise.

22. Each Party shall provide that its competent authorities may initiate border measures ex officio[31)] with respect to imported, exported, or in-transit merchandise,[32)] or merchandise in free trade zones, that is suspected of being counterfeit or confusingly similar trademark goods, or pirated copyright goods.

23. Each Party shall provide that goods that have been suspended from release by its customs authorities, and that have been forfeited as pirated or counterfeit, shall be destroyed, except in exceptional circumstances. In regard to counterfeit trademark goods, the simple removal of the trademark unlawfully affixed shall not be sufficient to permit the release of the goods into the channels of commerce. In no event shall the competent authorities be authorized, except in exceptional circumstances, to permit the exportation of counterfeit or pirated goods or to permit such goods to be subject to other customs procedures.

24. Where an application fee or merchandise storage fee is assessed in connection with border measures to enforce an intellectual property right, each Party shall provide that the fee shall not be set at an amount that unreasonably deters recourse to these measures.

25. Each Party shall provide the other Party, on mutually agreed terms, with

---

31) For greater certainty, the Parties understand that ex officio action does not require a formal complaint from a private party or right holder.

32) For purposes of paragraph 22, **in-transit merchandise** means goods under "Customs transit" and goods "transshipped," as defined in the International Convention on the Simplification and Harmonization of Customs Procedures (Kyoto Convention).

technical advice on the enforcement of border measures concerning intellectual property rights, and the Parties shall promote bilateral and regional cooperation on these matters.

Criminal Procedures and Remedies

26. Each Party shall provide for criminal procedures and penalties to be applied at least in cases of willful trademark counterfeiting or copyright or related rights piracy on a commercial scale. Willful copyright or related rights piracy on a commercial scale includes:
   (a) significant willful copyright or related rights infringements that have no direct or indirect motivation of financial gain; and
   (b) willful infringements for purposes of commercial advantage or private financial gain.[33)]

   Each Party shall treat willful importation or exportation of counterfeit or pirated goods as unlawful activities subject to criminal penalties.[34)]

27. Further to paragraph 26, each Party shall provide:
   (a) penalties that include sentences of imprisonment as well as monetary fines sufficient to provide a deterrent to future infringements, consistent with a policy of removing the infringer's monetary incentive. Each Party shall further encourage judicial authorities to impose those penalties at levels sufficient to provide a deterrent to future infringements, including the imposition of actual terms of imprisonment when criminal infringement occurs for purposes of commercial advantage or private financial gain;
   (b) that its judicial authorities shall have the authority to order the seizure of suspected counterfeit or pirated goods, any related materials and implements used in the commission of the offense, any documentary evidence relevant to the offense, and any assets traceable to the infringing activity. Each Party shall provide that such orders need not individually identify the items that are subject to seizure, so long as they fall within general categories specified in the order;

---

33) For purposes of paragraph 26 and Articles 18.4.7(a), 18.4.8(a), and 18.10.27 and for greater certainty, "financial gain" includes the receipt or expectation of anything of value.

34) A Party may comply with the obligation in paragraph 26 in relation to exportation of pirated goods through its measures concerning distribution.

(c) that its judicial authorities shall have the authority to order, among other measures, the forfeiture of any assets traceable to the infringing activity;

(d) that its judicial authorities shall, except in exceptional cases, order

(i) the forfeiture and destruction of all counterfeit or pirated goods, and any articles consisting of a counterfeit mark; and

(ii) the forfeiture and/or destruction of materials and implements that have been used in the creation of pirated or counterfeit goods.

Each Party shall further provide that forfeiture and destruction under this subparagraph and subparagraph (c) shall occur without compensation of any kind to the defendant;

(e) that, in criminal cases, its judicial or other competent authorities shall keep an inventory of goods and other material proposed to be destroyed, and shall have the authority temporarily to exempt these materials from the destruction order to facilitate the preservation of evidence on notice by the right holder that it wishes to bring a civil or administrative case for damages; and

(f) that its authorities may initiate legal action ex officio with respect to the offenses described in this Chapter, without the need for a formal complaint by a private party or right holder.

28. Each Party shall also provide for criminal procedures and penalties to be applied, even absent willful trademark counterfeiting or copyright piracy, at least in cases of knowing trafficking in:

(a) counterfeit labels or illicit labels affixed to, enclosing, or accompanying, or designed to be affixed to, enclose, or accompany: a phonogram, a copy of a computer program or other literary work, a copy of a motion picture or other audiovisual work, or documentation or packaging for such items; and

(b) counterfeit documentation or packaging for items of the type described in subparagraph (a).

29. Each Party shall also provide for criminal procedures to be applied against any person who, without authorization of the holder of copyright or related rights in a motion picture or other audiovisual work, knowingly uses or attempts to use an audiovisual recording device to transmit or make a copy of the motion picture or other audiovisual work, or any part thereof, from

a performance of the motion picture or other audiovisual work in a public motion picture exhibition facility.

Liability for Service Providers and Limitations

30. For the purpose of providing enforcement procedures that permit effective action against any act of copyright infringement covered by this Chapter, including expeditious remedies to prevent infringements and criminal and civil remedies that constitute a deterrent to further infringements, each Party shall provide, consistent with the framework set out in this Article:

(a) legal incentives for service providers to cooperate with copyright[35] owners in deterring the unauthorized storage and transmission of copyrighted materials; and

(b) limitations in its law regarding the scope of remedies available against service providers for copyright infringements that they do not control, initiate, or direct, and that take place through systems or networks controlled or operated by them or on their behalf, as set forth in this subparagraph (b).[36]

(i) These limitations shall preclude monetary relief and provide reasonable restrictions on court-ordered relief to compel or restrain certain actions for the following functions, and shall be confined to those functions:[37]

(A) transmitting, routing, or providing connections for material without modification of its content, or the intermediate and transient storage of such material in the course thereof;

(B) caching carried out through an automatic process;

(C) storage at the direction of a user of material residing on a system or network controlled or operated by or for the service provider; and

(D) referring or linking users to an online location by using

35) For purposes of paragraph 30, "copyright" includes related rights.

36) Subparagraph (b) is without prejudice to the availability of defenses to copyright infringement that are of general applicability.

37) Either Party may request consultations with the other Party to consider how to address under subparagraph (b) functions of a similar nature that a Party identifies after the date this Agreement enters into force.

information location tools, including hyperlinks and directories.

(ii) These limitations shall apply only where the service provider does not initiate the chain of transmission of the material, and does not select the material or its recipients (except to the extent that a function described in clause (i)(D) in itself entails some form of selection).

(iii) Qualification by a service provider for the limitations as to each function in clauses (i)(A) through (D) shall be considered separately from qualification for the limitations as to each other function, in accordance with the conditions for qualification set forth in clauses (iv) through (vii).

(iv) With respect to functions referred to in clause (i)(B), the limitations shall be conditioned on the service provider:

(A) permitting access to cached material in significant part only to users of its system or network who have met conditions on user access to that material;

(B) complying with rules concerning the refreshing, reloading, or other updating of the cached material when specified by the person making the material available online in accordance with a generally accepted industry standard data communications protocol for the system or network through which that person makes the material available;

(C) not interfering with technology consistent with industry standards accepted in the Party's territory used at the originating site to obtain information about the use of the material, and not modifying its content in transmission to subsequent users; and

(D) expeditiously removing or disabling access, on receipt of an effective notification of claimed infringement, to cached material that has been removed or access to which has been disabled at the originating site.

(v) With respect to functions referred to in clauses (i)(C) and (D), the limitations shall be conditioned on the service provider:

(A) not receiving a financial benefit directly attributable to the infringing activity, in circumstances where it has the right and ability to control such activity;

(B) expeditiously removing or disabling access to the material residing on its system or network on obtaining actual knowledge of the infringement or becoming aware of facts or circumstances from which the infringement was apparent, such as through effective notifications of claimed infringement in accordance with clause (ix); and

(C) publicly designating a representative to receive such notifications.

(vi) Eligibility for the limitations in this subparagraph shall be conditioned on the service provider:

(A) adopting and reasonably implementing a policy that provides for termination in appropriate circumstances of the accounts of repeat infringers; and

(B) accommodating and not interfering with standard technical measures accepted in the Party's territory that protect and identify copyrighted material, that are developed through an open, voluntary process by a broad consensus of copyright owners and service providers, that are available on reasonable and nondiscriminatory terms, and that do not impose substantial costs on service providers or substantial burdens on their systems or networks.

(vii) Eligibility for the limitations in this subparagraph may not be conditioned on the service provider monitoring its service, or affirmatively seeking facts indicating infringing activity, except to the extent consistent with such technical measures.

(viii) If the service provider qualifies for the limitations with respect to the function referred to in clause (i)(A), court-ordered relief to compel or restrain certain actions shall be limited to terminating specified accounts, or to taking reasonable steps to block access to a specific, non-domestic online location. If the service provider qualifies for the limitations with respect to any other function in clause (i), court-ordered relief to compel or restrain certain actions shall be limited to removing or disabling access to the infringing material, terminating specified accounts, and other remedies that a court may find necessary, provided that such other remedies are the least burdensome to the service provider among comparably effective forms of relief. Each Party shall provide that any such relief shall be issued with due regard for the relative burden to the service provider and harm to the copyright owner, the technical feasibility and effectiveness of the remedy and whether less burdensome, comparably effective enforcement methods are available. Except for orders ensuring the preservation of evidence, or other orders having no material adverse effect on the operation of the service provider's communications network, each Party shall provide that such relief shall be available only where the service provider has received notice of the court order proceedings referred to in this subparagraph and an opportunity to appear before the judicial authority.

(ix) For purposes of the notice and take down process for the functions referred to in clauses (i)(C) and (D), each Party shall establish appropriate procedures in its law or in regulations for effective notifications of claimed infringement, and effective counter-notifications by those whose material is removed or disabled through mistake or misidentification. Each Party shall also provide for monetary remedies against any person who makes a knowing material misrepresentation in a notification or counter-notification that causes injury to any interested party as a result of a service provider relying on the misrepresentation.

(x) If the service provider removes or disables access to material in good faith based on claimed or apparent infringement, each Party shall provide that the service provider shall be exempted from liability for any resulting claims, provided that, in the case of material residing on its system or network, it takes reasonable steps promptly to notify the person making the material available on its system or network that it has done so and, if such person makes an effective counter-notification and is subject to jurisdiction in an infringement suit, to restore the material online unless the person giving the original effective notification seeks judicial relief within a reasonable time.

(xi) Each Party shall establish an administrative or judicial procedure enabling copyright owners who have given effective notification of claimed infringement to obtain expeditiously from a service provider information in its possession identifying the alleged infringer.

(xii) For purposes of the function referred to in clause (i)(A), **service provider** means a provider of transmission, routing, or connections for digital online communications without modification of their content between or among points specified by the user of material of the user's choosing, and for purposes of the functions referred to in clauses (i)(B) through (D) **service provider** means a provider or operator of facilities for online services or network access.

* * *

ARTICLE 18.12: TRANSITIONAL PROVISIONS

1. Each Party shall give effect to this Chapter on the date this Agreement enters into force.
2. Notwithstanding paragraph 1, Korea shall fully implement the obligations of Article 18.4.4 within two years after the date this Agreement enters into force.

[Confirmation Letter (Limitations on Liability for Internet Service Providers)]

June 30, 2007

The Honorable Susan C. Schwab
United States Trade Representative
Washington, D.C.

Dear Ambassador Schwab:

I have the honor to confirm the following understanding reached between the delegations of the Republic of Korea and the United States of America during the course of negotiations regarding Article 18.10.30(b)(ix) (Enforcement of Intellectual Property Rights) of the Free Trade Agreement between our two Governments signed this day:

In meeting the obligations of Article 18.10.30(b)(ix), the United States shall apply the pertinent provisions of its law,[1] and any amendments thereto, and Korea shall adopt requirements for: (a) effective written notification to service providers with respect to materials that are claimed to be infringing, and (b) effective written counter-notification by those whose material is removed or disabled and who claim that it was disabled through mistake or misidentification, as set forth in this letter. Effective written notification means notification that substantially complies with the elements listed in section (a) of this letter, and effective written counter-notification means counter-notification that substantially complies with the elements listed in section (b) of this letter.

(a) Effective Written Notification, by a Copyright[2] Owner or Person

---

1) 17 U.S.C. Sections 512(c)(3)(A) and 512(g)(3).

2) For purposes of this letter, "copyright" includes related rights, and "works" includes the subject matter of related rights.

Authorized to Act on Behalf of an Owner of an Exclusive Right, to a Service Provider's Publicly Designated Representative[3)]

In order for a notification to a service provider to comply with the relevant requirements set out in Article 18.10.30(b)(ix), that notification must be a written communication, which may be provided electronically, that includes substantially the following:

1. The identity, address, telephone number, and electronic mail address of the complaining party (or its authorized agent);
2. Information reasonably sufficient to enable the service provider to identify the copyrighted work(s)[4)] claimed to have been infringed;
3. Information reasonably sufficient to permit the service provider to identify and locate the material residing on a system or network controlled or operated by it or for it that is claimed to be infringing, or to be the subject of infringing activity, and that is to be removed, or access to which is to be disabled;[5)]
4. A statement that the complaining party has a good faith belief that use of the material in the manner complained of is not authorized by the copyright owner, its agent, or the law;

---

3) The Parties understand that a representative is publicly designated to receive notification on behalf of a service provider if the representative's name, physical and electronic address, and telephone number are posted on a publicly accessible portion of the service provider's website, and also in a register accessible to the public through the Internet, or designated in another form or manner appropriate for Korea.

4) If multiple copyrighted works at, or linked to from, a single online site on a system or network controlled or operated by or for the service provider are covered by a single notification, a representative list of such works at, or linked to from, that site may be provided.

5) In the case of notifications regarding an information location tool pursuant to paragraph (b)(i)(D) of Article 18.10.30, the information provided must be reasonably sufficient to permit the service provider to locate the reference or link residing on a system or network controlled or operated by or for it, except that in the case of a notification regarding a substantial number of references or links at a single online site residing on a system or network controlled or operated by or for the service provider, a representative list of such references or links at the site may be provided, if accompanied by information sufficient to permit the service provider to locate the references or links.

5. A statement that the information in the notification is accurate;
6. A statement with sufficient indicia of reliability (such as a statement under penalty of perjury or equivalent legal sanctions) that the complaining party is the holder of an exclusive right that is allegedly infringed, or is authorized to act on the owner's behalf; and
7. The signature of the person giving notification.[6)]

(b) Effective Written Counter-Notification by a Subscriber[7)] Whose Material was Removed or Disabled as a Result of Mistake or Misidentification of Material

In order for a counter-notification to a service provider to comply with the relevant requirements set out in Article 18.10.30(b)(ix), that counter-notification must be a written communication, which may be provided electronically, that includes substantially the following:

8. The identity, address, and telephone number of the subscriber;
9. The identity of the material that has been removed or to which access has been disabled;
10. The location at which the material appeared before it was removed or access to it was disabled;
11. A statement with sufficient indicia of reliability (such as a statement under penalty of perjury or equivalent legal sanctions) that the subscriber has a good faith belief that the material was removed or disabled as a result of mistake or misidentification of the material;
12. A statement that the subscriber agrees to be subject to orders of any court that has jurisdiction over the place where the subscriber's address is located, or, if that address is located outside the Party's territory, any other court with jurisdiction over any place in the Party's territory where the service provider may be found, and in which a copyright infringement suit could be brought with respect to the alleged infringement;

---

6) A signature transmitted as part of an electronic communication satisfies this requirement.

7) For purposes of this letter, "subscriber" refers to the person whose material has been removed or disabled by a service provider as a result of an effective notification described in section (a) of this letter.

13. A statement that the subscriber will accept service of process in any such suit; and
14. The signature of the subscriber.[8)]

I have the honor to propose that this letter and your letter in reply confirming that your Government shares this understanding shall constitute an integral part of the Free Trade Agreement.

Sincerely,

Hyun Chong Kim

8) A signature transmitted as part of an electronic communication satisfies this requirement.

[Confirmadtion Letter (Promoting Protection and Effective Enforcement of Copyrighted Works)]

June 30, 2007

The Honorable Susan C. Schwab
United States Trade Representative
Washington, D.C.

Dear Ambassador Schwab:

I have the honor to confirm the following understanding reached between the delegations of the Republic of Korea and the United States of America during the course of negotiations regarding Chapter Eighteen (Intellectual Property Rights) of the Free Trade Agreement between our two Governments signed this day:

The Parties recognize the importance of preventing illegal copying and distribution of copyrighted works on university campuses and providing effective enforcement against book piracy. Therefore, consistent with Korea's May 2004 Master Plan for Intellectual Property Rights, Korea agrees to continue to increase its efforts to improve awareness of copyright infringement activities and book piracy on university campuses and reduce illegal reproduction and distribution of copyrighted works. In furtherance thereof, Korea agrees to take the following actions as soon as possible, but no later than six months after the date this Agreement enters into force:

1) continue to implement policies that work to promote the use of legitimate materials by students, lecturers, bookstores, and photocopy shops on university campuses, and develop and implement further such policies, if necessary. Within this framework, seek cooperation and information from all universities, and consider the need for follow-up action;
2) enhance training activities in the territory of Korea on book-piracy enforcement, thereby raising awareness among enforcement personnel of

illegal book printing activities as well as commercial scale operations of illegal reproductions of copyrighted works;

3) enhance enforcement activities with respect to underground book piracy operations; and

4) develop and pursue public education campaigns to raise general awareness in the public sector of illegal book printing activities as well as commercial scale operations of illegal reproductions of copyrighted works.

I have the honor to propose that this letter and your letter in reply confirming that your Government shares this understanding shall constitute an integral part of the Free Trade Agreement.

Sincerely,

Hyun Chong Kim

[Confirmation Letter (Online Piracy Prevention)]

June 30, 2007

The Honorable Susan C. Schwab
United States Trade Representative
Washington, D.C.

Dear Ambassador Schwab:

I have the honor to confirm the following understanding reached between the delegations of the Republic of Korea and the United States of America during the course of negotiations regarding Chapter Eighteen (Intellectual Property Rights) of the Free Trade Agreement between our two Governments signed this day:

The Parties agree on the objective of shutting down Internet sites that permit the unauthorized reproduction, distribution, or transmission of copyright works, of regularly assessing and actively seeking to reduce the impact of new technological means for committing online copyright piracy, and of providing generally for more effective enforcement of intellectual property rights on the Internet. Korea agrees that internet piracy of works and other subject matter protected by copyright[1] (including unauthorized reproduction and distribution of such works and other subject matter on the Internet) is a matter of priority for law enforcement of intellectual property rights. Korea also agrees on the objective of shutting down sites that permit the unauthorized downloading (and other forms of piracy) of copyright works, including so-called webhard services, and providing for more effective enforcement of property rights on the Internet, including in particular with regard to peer-to-peer (P2P) services. To this end, Korea will strengthen enforcement of intellectual property rights in Korea, and work to investigate, and prosecute Internet piracy. As part of this effort, Korea will work with the private sector and with the United States and other foreign authorities.

1) For purposes of this letter, "copyright" also includes related rights.

In furtherance thereof, Korea agrees to issue as soon as possible, but no later than six months after the date the Agreement enters into force, a policy directive establishing clear jurisdiction for a division or joint investigation team to engage in effective enforcement against online piracy. This team will investigate and initiate criminal actions to address online piracy, including with respect to U.S. and other foreign works, whether ex officio or at the request of a right holder. The team will take these actions in a manner that is transparent to right holders. In addition to prosecuting direct infringers, Korea agrees to prosecute individuals and companies that profit from developing and maintaining services that effectively induce infringement.

I have the honor to propose that this letter and your letter in reply confirming that your Government shares this understanding shall constitute an integral part of the Free Trade Agreement.

Sincerely,

Hyun Chong Kim

| 참고문헌 |

다음에 소개되는 문헌은 본서에서 여러 장에 걸쳐 자주 인용된 문헌 및 저작권에 관한 주요 참고문헌이다. 본문에서 다음의 문헌을 인용한 때는 경우에 따라서는 단지 저자명과 발행연도, 면수(혹은 단락번호, 기타 위치표시)만으로 완전한 인용에 갈음하였다.

본문 중에 인용된 웹페이지와 각종 통계자료 등은 별도의 표시가 없는 한, 2009년 2월 1일을 기준으로 유효성이 확인된 것이다.

Correa, Carlos, *Trade Related Aspects of Intellectual Property Rights: A Commentary on the TRIPS Agreement* (Oxford: Oxford University Press, 2007).

Cornish, William & David Llewelyn, *Intellectual Property: Patent, Copyright, Trade Marks and Allied Right*, 5th ed. (London: Sweet & Maxwell, 2003).

Dreier, Thomas & P. B. Hugenholtz, *Concise European Copyright Law* (The Hague: Kluwer Law International, 2006).

Ficsor, Mihály, *The Law of Copyright and the Internet: The 1996 WIPO Treaties, their Interpretation, and Implementation* (Oxford: Oxford University Press, 2002).

Ficsor, Mihály, *Guide to the Copyright and Related Rights Treaties Administered by WIPO and Glossary of Copyright and Related Rights Terms* (Geneva: WIPO, 2003).

Garnett, Kevin M., Gillian Davies, Gwilym Harbottle & Walter Arthur (ed.), *Copinger and Skone James on Copyright*, 15th ed. (London: Sweet & Maxwell, 2005).

Gervais, Daniel, *The TRIPs Agreement: Drafting History and Analysis*, 2nd ed. (London: Sweet & Maxwell, 2003). [3rd edition, 2008]

Goldstein, Paul, *International Copyright: Principles, Law, and Practice* (Oxford: Oxford University Press, 2001).

Goldstein, Paul, *Goldstein on Copyright*, 3rd ed. (New York: Aspen, 2005).

Jehoram, H. C., Keuchenius, P. & L. M. Brownlee (ed.), *Trade-Related Aspects of Copyright* (Deventer: Kluwer, 1996).

Leaffer, Marshall A., *Understanding Copyright Law*, 4th ed. (New York: LexisNexis, 2005).

Lewinski, Silke von, *International Copyright Law and Policy* (Oxford: Oxford University Press, 2008).

Lipszyc, Dellia, *Copyright and Neighbouring Rights* (Paris: UNESCO, 1999).

Macmillan, Fiona (ed.), *New Directions in Copyright Law I & II* (Cheltenham: Edward Elgar, 2005).

Makeen, Fouad, *Copyright in a Global Information Society: The Scope of Copyright Protection under International, US, UK, and French Law* (The Hague: Kluwer Law International, 2000).

McKeown, John S. & Harld G. Fox, *Canadian Law of Copyright and Industrial Designs*, 4th ed. (Toronto: Carswell, 2003).

Nimmer, Melville & David Nimmer, *Nimmer on Copyright* (New York: Matthew Bender, 1963ff.).

Nordemann, Wilhelm, Vinck, Kai, Hertin, Paul-Wolfgang & Gerald Meyer, *International Copyright and Neighboring Rights Law: Commentary with Special Emphasis on the European Community* (New York: VCH, 1990).

Osterberg, Robert C. & Eric C. Osterberg, *Substantial Similarity in Copyright Law* (New York: Practising Law Institute, 2006).

Patry, William F., *Patry on Copyright* (New York: West, 2007).

Ricketson, Sam, *WIPO Study on Limitations and Exceptions of Copyright and Related Rights in the Digital Environment*, SCCR/9/7 (Geneva: WIPO, 2003).

Ricketson, Sam & Gerald Ginsburg, *International Copyright and Neighbouring Rights: The Berne Convention and Beyond*, 2nd ed. (Oxford: Oxford University Press, 2006).

Schwartz, Eric J., *International Copyright Law and Practice: United States* (New York: Matthew Bender & Company, 2004).

Senftleben, Martin, *Copyright, Limitations and the Three-Step Test: An Analysis of the Three-Step Test in International and EC Copyright Law* (Boston: Kluwer, 2004).

Sterling, J. A. L., World Copyright Law, 3rd ed. (London: Sweet & Maxwell, 2008).

Stewart, George R., Myra J Tawfik & Maureen Irish, *International Trade and Intellectual Property: The Search for a Balanced System* (Boulder: Westview Press, 1994).

Büren, Roland von, David, Lucas (Hrsg.), *Schweizerisches Immaterialgüter- und Wettbewerbsrecht II/2, Urheberrecht und Verwandte Schutzrechte*, 2. Aufl. (Basel: Helbing & Lichtenhahn, 2005).

Dreier, Thomas & Gernot Schulze, *Urheberrechtsgeset: Urheberrechtswahrnehmungsgesetz, Kunsturhebergesetz: Kommentar* (München: C. H. Beck, 2004).

Ellins, Julia, *Copyright law, Urheberrecht und ihre Harmonisierung in der Europäischen Gemeinschaft: von den Anfängen bis ins Informationszeitalter* (Berlin: Duncker & Humblot, 1997).

Knöbl, Herald P., *Die "kleine Münze" im System des Immaterialgüter- und Wettbewerbsrechts: Eine rechtsvergleichende Analyse des deutschen, schweizerischen, französischen und US-amerikanischen Rechts* (Hamburg: Dr. Kovac, 2002).

Möhring, Philipp & Käte Nicolini, *Urheberrechtsgesetz: Kommentar*, 2nd ed. (München: F. Vahlen, 2000).

Rehbinder, Manfred, *Urheberrecht,* 13. Aufl. (München: C.H. Beck, 2004).

Schack, Haimo, *Urheber- und Urhebervertragsrecht*, 3. Aufl. (Tübingen: Mohr Siebeck, 2005) & 4. Aufl. (2008).

Schricker, Gerhard, *Urheberrecht: Kommentar,* 3. Aufl. (München: C. H. Beck, 2006).

Wandtke, Artur-Axel & Winfried Bullinger, *Praxiskommentar zum Urheberrecht*, 2nd ed. (München: C. H. Beck, 2006).

박덕영, 「WTO 통상조약집」(서울: 박영사, 2006).

박성호, 「저작권법의 이론과 현실」(서울: 현암사, 2006).

방석호, 「디지털시대의 미디어와 저작권」(서울: 커뮤니케이션북스, 2007).

송영식 · 이상정, 「저작권법개설」제4판 (서울: 세창출판사, 2007).

송영식 · 이상정 · 김병일, 「지적재산법」8정판 (서울: 세창출판사, 2007).

송영식 · 이상정 · 황종환, 「지적소유권법」(상),(하) (서울: 육법사, 2005).

오승종, 「저작권법」(서울: 박영사, 2007).

윤　경, 「저작권법」(서울: 육법사, 2005).

이대희, 「인터넷과 지적재산권법」(서울: 박영사, 2002)

이해완, 「저작권법」(서울: 박영사, 2007).

임원선, 「실무자를 위한 저작권법」(서울: 저작권위원회, 2007)

정상조, 「저작권법 주해」(서울: 박영사, 2007).

최경수, 「국제지적재산권법」(서울: 한울아카데미, 2001).

김현철 · 박덕영, 「FTA 체결시 저작권 분야 대응방안 연구」(서울: 저작권위원회, 2005).

김현철, 「한미 FTA 이행을 위한 저작권법 개정방안 연구」(서울: 저작권위원회, 2007).

박덕영, 「WTO 저작권 분쟁사례 -미국 저작권법 사건-」(서울: 저작권위원회, 2003).

이호흥, 「저작권법과 디자인법의 교차영역에 관한 연구」(서울: 저작권위원회, 2007).

찾아보기

ㄱ

| ㅇ |

| ㅈ |

| ㅊ |

| ㅋ |

| ㅌ |

■ 저자 약력 ■

▷ 박 덕 영 (Deok-Young PARK)
연세대학교 법과대학 졸업
연세대학교 대학원 법학석사, 법학박사
국비유학시험 합격 (국제법 분야)
영국 University of Cambridge 법학석사 (LL.M.)
영국 University of Edinburgh 박사과정 마침
프로그램심의조정위원회 수석연구원 / 지적재산권팀장
숙명여자대학교 법과대학 조교수
사법시험, 외무고시, 행정고시, PSAT 출제위원
연세대학교 법학전문대학원 조교수 (현)
연세대학교 법학연구원 EU법센터 소장 (현)
외교통상부 FTA 민간자문위원 (현)
대한국제법학회 연구이사 (현)
한국국제경제법학회 부회장 (현)

<주요 저술>
미국법과 법률영어 (번역), 박영사
한국저작권 50년사 (공동), 저작권위원회
국제법 기본조약집 / WTO 통상조약집 (편저), 박영사
WTO, 인터넷과 디지털콘텐츠의 교역 (번역), 방송위원회
국제경제법 (국제경제법학회 공동), 박영사
통상분쟁 속의 한국 — WTO 한국분쟁사례 분석 — (공동), 학영사
FTA 체결시 저작권분야 대응방안 연구 (공동), 저작권심의조정위원회
국제법 주요판례집 (공동), 연세대학교 출판부
"WTO EC-석면사건과 첫 환경예외의 인정,"「국제법학회논총」(2006.12) 외
국제법, 국제통상법, 국제저작권 분야 논문 다수

▷ 이 일 호 (Il Ho LEE)
연세대학교 법과대학 졸업
연세대학교 대학원 법학석사
연세대학교 법학연구원 연구원 (현)
독일 University of Munich 박사과정 입학예정

<주요 저술>
저작권법상 전시권의 실효성 확보방안에 관한 비교법적 연구 (석사학위논문)
"독일 저작권법 개정과 우리의 과제,"「계간 저작권」(2008.6)
"방송콘텐츠의 보호와 DRM,"「지적재산권」(2007.8)
"지적재산권침해 구제조치의 보완을 통한 효율적 무역구제제도운용에 대한 연구,"「무역구제」(2007.1)
"퍼블릭 뷰잉에 관한 소고 —스포츠중계를 중심으로—,"「계간 저작권」(2006.9)

국제저작권과 통상문제

2009 년 3 월 15 일 초판 인쇄
2009 년 3 월 25 일 초판 발행

공 저 박덕영 · 이일호

발행인 이 방 원
발행처 세창출판사
서울 서대문구 냉천동 182 냉천빌딩 4층
전화 723 - 8660 팩스 720 - 4579
E-mail: sc1992@empal.com
Homepage: www.sechangpub.co.kr
신고번호 제300-1990-63호

정가 32,000 원

ISBN 978-89-8411-266-7 93360